齐国国君评传

武振伟/著

山东人民出版社·济南

国家一级出版社 全国百佳图书出版单位

图书在版编目（CIP）数据

齐国国君评传/武振伟著. -- 济南：山东人民出版社，2022.3
ISBN 978 - 7 - 209 - 13621 - 1

Ⅰ. ①齐… Ⅱ. ①武… Ⅲ. ①诸侯—评传—中国—齐国（前 11 世纪—前 221） Ⅳ. ①K827 = 26

中国版本图书馆 CIP 数据核字（2022）第 024059 号

齐国国君评传

QIGUO GUOJUN PINGZHUAN

武振伟 著

主管单位　山东出版传媒股份有限公司
出版发行　山东人民出版社
出 版 人　胡长青
社　　址　济南市市中区舜耕路 517 号
邮　　编　250003
电　　话　总编室（0531）82098914
　　　　　市场部（0531）82098027
网　　址　http：//www. sd - book. com. cn
印　　装　山东华立印务有限公司
经　　销　新华书店

规　　格　16 开（169mm ×239mm）
印　　张　28.75
字　　数　438 千字
版　　次　2022 年 3 月第 1 版
印　　次　2022 年 3 月第 1 次
ISBN 978 - 7 - 209 - 13621 - 1
定　　价　88.00 元
　　　　　如有印装质量问题，请与出版社总编室联系调换。

序

　　齐文化概念的提出和全面研究已历四十余年，至今方兴未艾，取得的成果可谓蔚为壮观。

　　齐国史的研究在 20 世纪 90 年代收获颇丰，王阁森、唐致卿二先生主编的《齐国史》堪称齐国史的划时代之作，但距今已有三十年时间，宣兆琦、杨宏伟二先生主编的《齐国史话》，李玉洁先生所著《齐国史》距今也近乎二十年时间。当下，新的研究成果层出不穷，特别是随着考古发现中出土文献的不断出现，极大地改变了历史研究的格局，传世文献与出土文献相结合的研究正逐渐成为主流。如何系统地、全面地将这些研究成果应用到齐国史的研究中去，是值得思考的问题。与齐文化并称的先秦地域文化，如秦文化、楚文化、晋文化、吴越文化等，近年来佳作频出，亮点即在于对考古发现、出土文献的整理和发掘上。简帛等出土文献的研究，可以说是当下的显学。清华简、北大简、上博简等，特别是海昏侯墓简牍的发现，已然成为学界的焦点。出土文献虽有不足，但其补史证史的作用是不可或缺的。笔者认为，出土文献的研究成果要在齐国史的构建中发挥重要的作用。这一点，齐国史研究的开拓者们已经做了很多，作为后学，要在前人的基础上，吸收最新研究成果，将齐国史的研究推向深入。

对齐国史的研究，离不开对齐国人物的研究。齐太公、齐桓公、齐威王、齐宣王、管仲、晏婴、孙武、孙膑等，这些我们耳熟能详的人物为人们所喜闻乐道。明君贤相开创的伟业为后人所钦仰、所追慕，为明君贤相立碑作传历代皆有。明君与贤相的君臣际遇，为历代君臣所讴歌、赞誉。20世纪90年代编纂的《齐文化丛书》专门拿出两册的篇幅，为名君、名臣、名将、名士作传，至今仍不失为重要的开拓之作。作为名君、名臣的齐太公、齐桓公、管仲、晏婴等，不断被创作为小说、散文、戏剧等文学作品，被搬上荧屏的也不在少数。

作为齐国这样一个大国、强国的统治者，齐国国君的能力、品行等对齐国的发展有重要的影响。王朝周期律在中国古代的不断重复，正是君主世袭制发展的必然结果。普列汉诺夫在《论个人在历史上的作用问题》中认为，"个人对社会的命运常常有重大的影响，不过这种影响是由社会的内部结构以及社会对其他社会的关系决定的"，"有影响的人物由于自己的智慧和性格的种种特点，可以改变事变的个别外貌和事变的某些局部后果，但它们不能改变事变的总的方向"。① 虽然国君居于金字塔的塔尖，对国家的发展发挥了非常重要的作用，但历史发展的总的方向并不会因个人而改变。

秦国之所以能够扫平六国、一统天下，其中的一个重要原因即在于自秦孝公以下六代国君无一昏君，在一百余年的时间里，秦国历代国君励精图治，君贤臣明，反观六国则不然，君主昏庸、自毁长城者有之，如赵王迁；君主暗弱、为臣下所挟持者有之，如齐王建；君主虽贤、时势不可为者有之，如代王嘉。世异则事异，六国灭于秦，虽有秦强的因素，但六国并非没有翻盘的机会，而是一次次丧失，直至灭亡。后世之人痛心于六国

---

① ［俄］普列汉诺夫：《论个人在历史上的作用问题》，商务印书馆2010年版，第39、44页。

之灭，不断总结教训，如宋人苏洵著名的《六国论》，虽脍炙人口，但仍失之于偏。

对于明君的研究固然重要，但对整个国君群体进行系统研究也很有必要。在以往的研究中，对某些所谓的"昏君"存在囿于传统儒家史学观而评价过低的问题，对某些所谓的"明君"也存在赞誉太过的问题。本书对于为世人所称颂的明君，如齐桓公、齐威王，在肯定其功绩的同时，也基于史实进行了批判；对于后人唾骂的昏君，如齐襄公、齐灵公，也从功与过两方面一分为二地进行客观评价，肯定其为齐国发展做出的贡献，也批判其因不当言行给国家发展造成的恶劣影响。对于有的张冠李戴的史料记载、主张予以纠正，如齐威王即位初年"委政不治"的记载，不应因循千年，应将其归之于田齐桓公，而非再让齐威王顶受"恶名"。

西汉史学家司马迁的《史记》开创了纪传体史书的先河，《齐太公世家》《田敬仲完世家》即为对姜齐和田齐两个时期齐国史事的记载，《世家》以齐国国君世系为主线，记载了八百年齐国波澜壮阔的历史画卷。本书的撰写，也分姜齐篇和田齐篇两个部分，为齐国35位国君立传。因西周二百余年的史料记载太少，我们对齐丁公至齐前庄公时期的历史知之甚少，故而无法为其间的每一位国君单独立传，只能合并作传，其中的史料既少，又多为辑佚史料，失之于少且真伪不明。本书对虽已即位，但在位时间较短，且无谥号的国君不单独立传，附于其后任国君传中，如齐君舍、安孺子等；对《春秋经》《左传》中不以国君视之的公孙无知、公子无亏等也作了评说。本书之所以定名为评传，即是在为国君立传时，对历史事实有考证、有评说。本书在撰写之初，即对历代评说给予了重点关注，因而在评传中对历代评说有所借鉴和使用。对于《春秋经》的解读，《春秋》三传即多有不同的阐释，后世的评说甚至大相径庭，说明自战国以来即存在严重的分歧，因而对人物的评价不应囿于一家，而应兼顾其他。本书在撰写过程中力图保持客观的态度，不溢美，不菲薄，对历史人物保持足够的敬意。

本书试图以唯物史观来关照历史，通过对齐国国君的传与评，考镜源流，考辨史疑，力图客观地为齐国国君画像，通过齐国国君来串联起整个齐国史。学史以明智，知古可鉴今。唐太宗李世民曾说："以古为镜，可以知兴替；以人为镜，可以明得失。"对于齐国国君的研究，未尝不作如是观。齐文化的兴衰，有着深层次的历史原因。对于齐国国君的历史关照，是笔者探究齐国历史文化奥秘的一个探索。笔者不敢以"究天人之际，通古今之变，成一家之言"（司马迁《报任少卿书》）相标榜，但希望能通过对齐国国君的研究，可以给齐文化研究者和爱好者以一定的参考，笔者之初衷即已达到。

兹以为序。

武振伟

目　录

田齐篇

姜齐篇

齐太公评传

简评：

　　齐太公吕尚可谓传奇人物，前半生穷困潦倒，看透世间百态，又博闻强记，终为周文王所赏识，成为周邦之重臣；后半生辅周灭商，出谋最多，被称为"良臣""圣臣"，因首功而被封于齐国，通过尊贤尚功、因俗简礼、商工立国的政策方针，奠定了齐国发展成为大国的基础。齐国八百年的历史，造就了独具特色的齐文化，齐文化的奠基者正是齐太公。因太公为两世周王之师，又为齐国开国之君，因而被尊称为"周师齐祖"。齐太公深邃的政治和军事思想为后世所发扬光大，对于太公的祭祀和封赠，则始于唐代。齐太公的事迹被历代称颂，因了文学作品和民间传说的传播，齐太公逐渐成为半人半神的人物，成为神上之神。作为历史人物的齐太公与神话传说人物的姜子牙，是需要区别对待的。

　　齐太公，俗称姜太公，姜姓，吕氏，名尚，字牙，周王朝的开国元勋、齐国的始封国君，齐文化的创始人。

　　由于年代久远，关于齐太公的史料不多且芜杂，其姓名、生卒年、里籍、生平等，学术界至今莫衷一是。

一、齐太公的名号

　　学术界一般认为，齐太公姜姓、吕氏、名尚、字子牙，其姓氏无异议，但其名与字仍需商榷。清人崔述《丰镐考信录》卷八《齐太公》中对齐太公名号有一个概说："盖望,其名也;尚父,其字也;吕,其氏也;姜,其姓也;师,其官也;公,其爵也;太公,齐人之追谥也。"① 实际上,春秋战国之前,古人的姓和氏是分开的,"姓"产生于母系社会,所以多带有女字旁,"氏"则是进入到父系氏族社会之后才出现的。"姓者所以别婚姻,氏者所以别贵贱","男子称氏,女子称姓"。西周时期,姓、氏并存;春秋战国时期,以氏为主。由周武王尊称其"师尚父"可知,"尚"是其字,"牙"乃其名。所以,齐太公也被称为姜尚、姜牙、吕尚、吕牙。齐太公的姓名,史籍记载至少有18种。出土文献清华简《耆夜》作"吕上(尚)甫(父)",上博简《武王践阼》作"师上(尚)父"。有研究者指出,"吕尚父"是"吕尚"的习用名之一,首见于唐代文献,以后沿用。② 按《史记·齐太公世家》的记载:"太公望吕尚者,东海上人。"司马迁的这一记载,还混合了"太公望"这一称呼,这一称号源自周文王,《史记·齐太公世家》:"(周文王曰)'吾太公望子久矣'。故号之曰'太公望'。""太公望"的意思大概是"我的太公所盼望已久的贤人"。因此齐太公又有姜望、吕望之称。《史记·齐太公世家》索隐:"谯周曰:'姓姜,名牙。炎帝之裔,伯夷之后,掌四岳有功,封之于吕,子孙从其封姓,尚其后也。'按:后文王得之渭滨,云'吾先君太公望子久矣',故号太公望。盖牙是字,尚是其名,后武王号为师尚父也。"民间流传姜太公字子牙,但"姜子牙"这一称呼,在东汉之前的史料中是找不到的,大约魏晋之后才出现。这一称呼最早出现于南朝梁代学者阮孝绪所撰的《七录》。《史记·留侯世家》正义引《七录》云:"《太公兵法》一表三卷。太公,姜子牙,周文王师,封齐侯也。"当代学者编著的著作,也多认为姜太公名"尚",字"子牙"。如《齐国史话》:"姜太公,名尚,字子牙,号太公望,简称太公,武王尊他为师尚父。"③《封神演义》等小说中,姜太公还有个别号,叫"飞

---

① 仝晰纲、王耀祖编:《姜太公研究资料汇编》,山东文艺出版社2007年版,第754页。
② 房德邻:《清华简注释之商榷》,《中国高校社会科学》2014年第2期。例:唐代杨遂《唐故朔方节度十将游击将军左内率府率臧府君(晔)墓志铭并序》:"公有二子,长曰昌裔,晓张留侯之《三略》,兼吕尚父之《六韬》。"崔儒《严先生钓台记》:"则吕尚父不应饵鱼。"
③ 宣兆琦、杨宏伟:《齐国史话》,兰州大学出版社1997年版,第31页。

熊"。① 姜太公虽然可称"吕尚""吕牙",极少的典籍中也称其为"吕太公",如《吕氏春秋·长见》:"吕太公望封于齐。"

二、齐太公的出身里籍

齐太公的籍贯一直存在争议,目前争夺齐太公故里的地方,大概涉及山东、安徽、河南、江苏四个省九个市县,有日照说、汲县说、冀州说、魏邑说等,目前学术界比较认可的是日照说。《史记·齐太公世家》说齐太公是"东海上人",宋人裴骃《史记》集解引《吕氏春秋》曰:"东夷之土。"东海,在先秦时期指现在山东东部的黄海,"东夷之土",即指齐地。此处转引应有误,查《吕氏春秋·首时》:"太公望,东夷之士也。"可见,"土"当为"士"。宋代董逌在《广川书跋》卷六《太公碑》一文中指出:"其谓'东海上人',则得于《孟子》。"② 查《孟子·离娄上》:"太公辟纣,居东海之滨。"董逌认为,司马迁是根据《孟子》里的这段话,记载姜太公是"东海上人"。显然,"东海上"的意思是"东海之滨",乃指一个比较大的地域范围。查《汉语大字典》,"上"字的第九个意思,便是"侧畔"。唐代《元和郡县志》卷十一《河南道七·密州》记载:"汉海曲县,在(莒)县东一百六十里……地有东吕乡、东吕里,太公望所出也。"宋代《太平寰宇记》卷二十四《河南道二十四》:"汉海曲县城,在县东北六十里,属琅邪郡。有盐官。《博物志》曰:'此地有东莒乡、东莒里,太公望所出也。'"《博物志》为西晋张华所编撰之书,可见,魏晋时期已有太公里籍的确切记载,指向今山东日照。

据《史记》记载,齐太公祖先出身高贵,先祖是炎帝的后裔,曾经当过"四岳"(统领四方诸侯的四大诸侯长)之一,辅佐大禹治水,在虞舜、夏禹两代权力交接之际,封于吕地或申地,夏商两代时,其后裔枝庶子孙封于申地和吕地,因此产生了姜姓的申氏和吕氏两个分支。《史记·齐太公世家》:"(齐太公)其先祖尝为四岳,佐禹平水土甚有功。虞夏之际封于吕,或封于

---

① 以上辩证参考李钟琴:《姜太公名字辨》,《2020 年齐文化与稷下学高峰论坛论文集》。
② 仝晰纲、王耀祖编:《姜太公研究资料汇编》,山东文艺出版社 2007 年版,第 388 页。

申，姓姜氏。夏商之时，申、吕或封枝庶子孙，或为庶人，尚其后苗裔也。本姓姜氏，从其封姓，故曰吕尚。"无地可封的姜姓吕氏枝庶子孙成为"庶人"（普通人），齐太公吕尚就是姜姓吕氏的枝庶子孙。

虽然齐太公祖先出身高贵，但到太公时，家族已经没落，出生时家境贫寒，不得不从事各种职业以谋生，《战国策·秦策五》："太公望，齐之逐夫，朝歌之废屠，子良之逐臣，棘津之雠不庸，文王用之而王。"汉人高诱注曰："太公望吕尚，老妇所逐。卖肉于朝歌，肉上生臭，不售，故曰废屠。子良不用而斥逐也。钓鱼于棘津，鱼不食饵。卖佣作又不能自售也。"西汉刘向《说苑·尊贤》也记载："太公望，故老妇之出夫也，朝歌之屠佐也，棘津迎客之舍人也。"秦汉之前，齐地有长女不嫁、男子入赘的风俗。出身低贱的男子就婚、定居于女家，称为赘婿。成婚后，男人在女家也没有地位，形同奴仆。如著名的稷下先生淳于髡，就出身于"齐之赘婿"。齐太公年轻时，由于家境贫寒，也做了赘婿。后来，太公被妻子赶出了家门。除了出身微贱，太公还做过"朝歌之废屠，子良之逐臣"，大概是他在商都朝歌（今河南鹤壁市淇县）做屠夫卖肉，肉卖不出去而变臭；给商朝贵族子良做家臣，因不善结交权贵而被驱逐。"棘津之雠不庸"，是说他跑到棘津（今河南洛阳孟津县）打工，却无人雇佣他。唐代司马贞《史记》索隐引三国时期蜀汉学者谯周的话说："吕望尝屠牛于朝歌，卖饮于孟津。"《尉缭子·武议》也记载："太公望年七十，屠牛朝歌，卖食盟津。"可知齐太公前半生家境贫困，曾经在商朝都城朝歌做过屠夫，还曾在孟津卖过饭。据此可以推测，齐太公被妻子赶出家门后，来到商都朝歌，以宰牛为业，成了一名屠夫；做这个行当不成功，他又跑到孟津摆摊卖饭，结果也挣不到钱，生活相当困顿。到了七十岁左右的时候，齐太公仍贫穷落魄，一事无成。

三、太公入周，辅周灭商

当太公穷困潦倒之时，正当商纣王在位，朝政黑暗，民不聊生。据《史记·齐太公世家》记载，齐太公曾做过殷纣王的官。"或曰，太公博闻，尝事纣。纣无道，去之。游说诸侯，无所遇，而卒西归周西伯。"可以看出司马迁对于此说也不能确定，因而紧跟着又记载："或曰，吕尚处士，隐海滨。"其他史籍多有记载齐太公不曾为商纣之官的，《孟子·离娄上》："太公辟纣，居东海之滨，闻文王作，兴曰：'盍归乎来！吾闻西伯善养老者。'"《汉书·董仲舒传》也说："至于殷纣，逆天暴物，杀戮贤知，残贼百姓，伯夷、太公皆当世贤者，隐处而不为臣。"太公听说西伯姬昌善待老年人，遂来到西周，通过垂钓际会西伯姬昌。《史记·齐太公世家》言："吕尚盖尝穷困，年老矣，以渔钓奸①周西伯。西伯将出猎，卜之，曰'所获非龙非螭，非虎非罴；所获霸王之辅'。于是周西伯猎，果遇太公于渭之阳，与语大说，曰：'自吾先君太公曰"当有圣人适周，周以兴"。子真是邪？吾太公望子久矣。'故号之曰'太公望'，载与俱归，立为师。"在周文王将出猎之际，占卜之人对周文王说："您这次打猎，所收获的不是龙，不是螭，不是虎，也不是熊，而是将得到一位帮你成就霸王之业的辅佐之才。"果然在周文王出猎之后，遇到了太公。这就是众所皆知的姜太公钓鱼的故事。

西伯姬昌与太公在垂钓之地一席详谈，西伯大喜，与之俱归，立为太师。"太公"最初指的是周文王姬昌的"先君太公"，"太公望"指姬昌的太公所盼望的人。那么姬昌的"先君太公"是谁呢？一说是指姬昌的父亲季历，一说是指姬昌的祖父古公亶父。但在后世，太公这一称号几乎成了齐太公的专有称号。

齐太公在渭水之滨钓鱼际会周文王的记载，最早见于战国时期的典籍。如《吕氏春秋·具备》："太公尝隐于钓鱼矣，贤非衰也，智非愚也，皆无其具也。故凡立功名，虽贤必有其具，然后可成。"《六韬》记载得就比较详细。目前学术界一般认为，《六韬》虽托名姜太公所作，但应不是姜太公亲作，属于战国晚期的作品，当无疑义。

《六韬·文韬》开篇便记载姜太公钓鱼之事，"文王将田，史编布卜曰：'田于渭阳，将大得焉。非龙、非螭，非虎、非罴，兆得公侯。天遣汝师，以之佐昌，施及三王。'文王曰：'兆致是乎？'史编曰：'编之太祖史畴，为禹

----

① "奸"同"干"，求见之意。

占，得皋陶兆比于此。'文王乃斋三日，乘田车，驾田马，田于渭阳，卒见太公，坐茅以渔"。周文王对此次出猎极为重视，故而对于与太公的相见至为惊奇，两人相见后，有一番详谈，太公围绕"仁""德""义""道"几个方面，教周文王如何做到"天下归之"。《史记》的记载，可以说是《六韬》记载的缩减版，《史记》的记载很有可能源自《六韬》。

司马迁认为，姜太公钓鱼之意不在鱼，而在于想借机求见西伯姬昌。《六韬》中那个为西伯占卜的史官，则借卜辞故意引导西伯去见太公，很有可能太公早就通过某种途径说服了史官，否则不可能那么巧合。两人合谋促成了太公与西伯的风云际会。

战国之后，提及姜太公钓鱼之事的文献资料不胜枚举。如《战国策·秦策三》通过范雎之口也说明姜太公确实在渭水之畔钓过鱼："臣（范雎）闻始时吕尚之遇文王也，身为渔父而钓于渭阳之滨耳。"《韩诗外传·卷八》载："太公望少为人婿，老而见去，屠牛朝歌，赁于棘津，钓于磻溪，文王举而用之，封于齐。"

太公垂钓之处，据说在今陕西省宝鸡市的磻溪，《史记·齐太公世家》正义："《括地志》云：兹泉水源出岐州岐山县西南凡谷。《吕氏春秋》云：'太公钓于兹泉，遇文王。'郦元云：'磻磎中有泉，谓之兹泉。泉水潭积，自成渊渚，即太公钓处，今人谓之凡谷。石壁深高，幽篁邃密，林泽秀阻，人迹罕及。东南隅有石室，盖太公所居也。水次有磻石可钓处，即太公垂钓之所。'"太公垂钓之处、太公居处极有可能是后人的附会。

太公入周，尚有其他说法，《史记·齐太公世家》："周西伯拘羑里，散宜生、闳夭素知而招吕尚。吕尚亦曰：'吾闻西伯贤，又善养老，盍往焉。'三人者为西伯求美女奇物，献之于纣，以赎西伯。西伯得以出，反国。言吕尚所以事周虽异，然要之为文武师。"西伯姬昌被商纣王囚禁于羑里，周国的大臣散宜生、闳夭招揽太公谋划营救西伯，三人满天下搜求美女宝物，献于纣王，纣王大喜，将西伯姬昌放还，并赐予西伯以征伐权。《史记·周本纪》："乃赦西伯，赐之弓矢斧钺，使西伯得征伐。"正是通过此次营救行动，使得西伯认识到太公的贤智，并引以为谋士。

太公归周，另有史籍认为，并不那么顺利，太公与周文王的际会，是通过不断磨合而达成的。《鬼谷子·忤合》记载："吕尚三就文王，三入殷，而不能有所明，然后合于文王。"太公三次臣服周文王，三次臣服商纣王，其才能主张还未显露于世，最后归服了周文王。

太公归周以后，辅佐西伯施行德政，与殷商王朝争夺民众，倾力颠覆商王朝，《史记·齐太公世家》："周西伯昌之脱羑里归，与吕尚阴谋修德以倾商政，其事多兵权与奇计，故后世之言兵及周之阴权皆宗太公为本谋。"西伯去世前，虽然没有最终灭掉商纣王，但通过讨伐崇国、打击密须、征服犬夷，大规模建设丰邑，从岐山迁都丰邑，已做到"天下三分，其二归周"，"太公之谋计居多"，周国的兴起与太公的计谋是分不开的。

西伯去世之后，周武王即位，尊西伯为周文王，以太公为太师，尊称之为师尚父，太公全力辅佐周武王，《史记·周本纪》："武王即位，太公望为师，周公旦为辅，召公、毕公之徒左右王，师修文王绪业。"《史记·齐太公世家》集解引刘向《别录》曰："师之，尚之，父之，故曰师尚父。"周武王继承了周文王灭商的大志，为灭商继续积攒力量，并争取天下诸侯的支持。周武王九年，周武王与太公挥师东进，阅兵于孟津。出师之日，太公左杖黄钺，右持白旄，威风凛凛地号令军队。"师尚父左杖黄钺，右把白旄以誓，曰：'苍兕苍兕，总尔众庶，与尔舟楫，后至者斩！'"（《史记·齐太公世家》）各诸侯国闻知周武王与太公东征，不待周武王征召，也纷纷前来相助，不期而会者竟有八百诸侯。孟津后来又叫"盟津"，即由诸侯在此会盟而得名。众诸侯皆跃跃欲试，劝武王乘此时机征伐商纣王，武王仍担心力量不足，自感无必胜信心。当时虽然各诸侯国已归附于周，但商纣王仍掌握着强大的军事力量。

对于强大的商王朝，周人时刻予以关注，《吕氏春秋·贵因》："武王使人候殷，反报岐周。"在使者三次反报商王朝内部"谗慝胜良""贤者出走""百姓不敢诽怨"之后，太公对周武王说："谗慝胜良，命曰戮；贤者出走，命曰崩；百姓不敢诽怨，命曰刑胜。其乱至矣，不可以驾矣。"孟津观兵之后两年，商纣王更加昏乱暴虐，杀害王子比干，囚禁了箕子，王子比干和箕子都是商朝著名的贤人，天下之人日益与商纣离心。太公曾在商都朝歌生活过，对商王朝有着深刻的认识，他感到征伐商纣王的时机到来了，故而《孙子兵法·用间》说："周之兴也，吕牙在殷。"太公让周武王向天下诸侯发出征讨商纣的檄文，《史记·周本纪》："武王遍告诸侯曰：'殷有重罪，不可以不毕伐。'乃遵文王，遂率戎车三百乘，虎贲三千人，甲士四万五千人，以东伐纣。"《尚书·牧誓》："武王戎车三百两，虎贲三百人，与商战于牧野，作《牧誓》。时甲子昧爽，王朝至于商郊牧野，乃誓。"当时周国出动的兵力，计有战车三百乘、虎贲三千人、甲士四万五千人。

然而此次伐商之军事行动，在大军出发之前，即卜筮不吉，周武王因此对伐纣之事有所动摇，诸多史籍都有记载：

> 《史记·齐太公世家》："武王将伐纣，卜，龟兆不吉，风雨暴至。群公尽惧，唯太公强之劝武王，武王于是遂行。"
>
> 《韩诗外传·卷三》："武王伐纣，到于邢丘，楯折为三，天雨，三日不休。武王心惧，召太公而问曰：'意者，纣未可伐乎？'太公对曰：'不然。楯折为三者，军当分为三也。天雨、三日不休，欲洒吾兵也。'……（武王）乃修武勒兵于宁，更名邢丘曰怀，宁曰修武，行克纣于牧之野。"
>
> 《论衡·卜筮》："周武王伐纣，卜筮之逆，占曰：'大凶。'太公推蓍蹈龟而曰：'枯骨死草，何知而凶？'……武王从之，卒克纣焉。"
>
> 《荀子·儒效》："武王之诛纣也，行之日以兵忌，东面而迎太岁，至汜而泛，至怀而坏，至共头而山隧。霍叔惧曰：'出三日而五灾至，无乃不可乎？'周公曰：'刳比干而囚箕子，飞廉、恶来知政，夫又恶有不可焉？'遂选马而进，朝食于戚，暮宿于百泉，厌旦于牧之野。鼓之而纣卒易乡，遂乘殷人而诛纣。"

以上记载各不相同，但都说明，在伐商之前的占卜是不利行动的，这在极重占卜的先秦时代是足以左右行动的，周武王左右的大臣也都非常恐惧，唯有太公坚持按原计划伐商，认为占卜和自然现象并非阻止周伐商之示警，坚定了周武王伐商之信心，消除了武王的顾虑，稳定了军心，这对之后周灭商起到关键性作用。

周国伐商大军行至牧野之时，周武王作《牧誓》，以鼓舞军心，《史记·周本纪》记载："二月甲子昧爽，武王朝至于商郊牧野，乃誓。"周武王十一年二月①甲子日清晨，周师与商纣之军在牧野展开决战，此时的商纣王早已人心尽失，且商朝的军队主力正在征伐东夷人②，只能仓促征集兵力以抵御周师，"帝纣闻武王来，亦发兵七十万人距武王"。面对数十倍于自己的商朝军队，周武王和太公并没有被吓住，太公虽年事已高，但老当益壮，亲率敢死队从正面冲击敌阵，《史记·周本纪》："武王使师尚父与百夫致师，以大卒驰帝纣师。纣师虽众，皆无战之心，心欲武王亟入。纣师皆倒兵以战，以开武王。武王驰之，纣兵皆崩畔纣。纣走，反入登于鹿台之上，蒙衣其殊玉，自燔于火而死。"《史记》集解引郑玄曰："致师者，致其必战之志也。古者将战，先使勇力之士犯敌焉。"商军人数虽众，但军心不稳，在周师的猛烈冲击下，许多商朝士兵临阵倒戈，刹那间，商军一败涂地，一日之间，周师占领商都朝歌。《尚书·武成》记载："甲子昧爽，受率其旅若林，会于牧野，罔有敌于我师，前途倒戈，攻于后以北，血流漂杵。"双方激战，血流成河，竟能将大木棒漂起来，虽是夸张的笔法，亦可见当时战斗之激烈。牧野一战，商纣王见大势已去，自焚于鹿台。

《诗经·大雅》中有诗《大明》，歌颂了太公在牧野之战中的风采：

> 牧野洋洋，檀车煌煌，驷骈彭彭。维师尚父，时维鹰扬。凉彼武王，肆伐大商，会朝清明。

牧野之战后的第二天，太公与卫康叔、史佚等众臣辅佐周武王在社坛向神灵祭告伐商灭纣之事，《史记·齐太公世家》："明日，武王立于社，群公奉明水，卫康叔封布采席，师尚父牵牲，史佚策祝，以告神讨纣之罪。"清代道光

---

① 《史记·齐太公世家》作"正月"。
② 《左传·昭公十一年》："纣克东夷而殒其身。"

末年陕西岐山礼村出土的天亡簋，又称大丰簋或朕簋，为四耳方座簋，现藏中国国家博物馆。器内底有铭文8行77字，铭文中记载天亡随武王祭祀，而且是极重要的有关国家兴亡的大祭，并且在祭祀中是主要的襄助人。于省吾、杨向奎等认为，天亡应作"太亡"，即"太望"，也即"太公望"。① 天亡簋可以说是太公作为周王朝重要辅佐的实物见证。

周人一直称自己为"小邦周"，而称商为"大邑商"。小邦周打败了大邑商，看似强大的商王朝轰然倒地，因而周人提出"天命靡常，唯德是依"的天命观，以敬德保民的天命观，确立自己君临天下的合法性。

商王朝虽然灭亡，但殷商人的势力还很强大，为了争取殷商人的支持，周武王采取了以下措施，一是赈济百姓，释放以箕子为代表的贤人，"散鹿台之钱，发钜桥之粟，以振贫民。封比干墓，释箕子囚"。（《史记·齐太公世家》）"命召公释箕子之囚。命毕公释百姓之囚，表商容之闾。命南宫括散鹿台之财，发钜桥之粟，以振贫弱萌隶。命南宫括、史佚展九鼎保玉。命闳夭封比干之墓。命宗祝享祠于军。"（《史记·周本纪》）二是封商纣王之子武庚禄父为诸侯，以统领殷商遗民，为加强对禄父的控制，周武王以其弟管叔、蔡叔、霍叔辅佐禄父，实际上是加以监视，不使其反周，"封商纣子禄父殷之余民。武王为殷初定未集，乃使其弟管叔鲜、蔡叔度相禄父治殷。已而命召公释箕子之囚。迁九鼎，修周政，与天下更始"。（《史记·周本纪》）三是大封同姓、异姓诸侯，以藩屏周王朝，"封功臣谋士，而师尚父为首封。封尚父于营丘，曰齐。封其弟周公旦于曲阜，曰鲁。封召公奭于燕。封弟叔鲜于管，弟叔度于蔡。余各以次受封"。（《史记·周本纪》）太公因灭商大功而首封于齐，《史记·齐太公世家》记载："武王已平商而王天下，封师尚父于齐营丘。"

四、太公封齐建国诸问题

周代的分封是建立在"亲亲"的原则之上，将宗亲贵戚按照血缘关系的远近而分封在离周朝王畿远近不同的地方上，这种分封以宗法制为保障，自上

---

① 于省吾：《关于天亡簋铭文的几点论证》，《考古》1960年第8期。

而下，层层分封。周朝的大规模分封有两次，一次是在周武王克商之后，一次是在周成王时。周初总共封了多少诸侯，史籍记载不一。《左传·昭公二十八年》载："昔武王克商，光有天下，兄弟之国十有五人，姬姓之国四十人，皆举亲也。"《荀子·儒效》谓周公"兼制天下，立七十一国，姬姓独居五十三人，而天下不称偏焉"。《吕氏春秋·观世》则说："此周之所封四百余，服国八百余，今无存者矣，虽存皆尝亡矣。"王志民先生在《齐鲁分封的比较研究》一文中写道："周天子将灭殷的军事统帅姜太公封于齐地这荒僻的海滨，又面对如此强悍的莱夷势力，其目的主要不是封赏，也不是派其实施对齐地的'统治'，而是来抵御莱夷势力对周人的威胁，亦即来巩固、拓展山东半岛一带的统治。"① 周武王首封太公于齐，再封周公旦于鲁，次封召公奭于燕。齐国和鲁国远在当时的东夷地区，燕国则与游牧民族山戎为邻，这三个地方皆远离周王朝的都城镐京，属于边塞之地，并非中原一带的繁华富庶之区。派太公、周公、召公到这三个地方，是要让他们肩负起镇守边疆、抵御外敌、屏护周室的重任。如《左传·定公四年》所言："昔武王克商，成王定之，选建明德，以藩屏周。"太公封齐建国的历史因史籍记载不一而产生了若干后人争论不休的问题。

（一）太公封齐的时间

周武王说。《史记·周本纪》和《史记·齐太公世家》都记载太公封齐是在周武王时，《史记·齐太公世家》记载了太公就国的过程，"东就国，道宿行迟。逆旅之人曰：'吾闻时难得而易失。客寝甚安，殆非就国者也。'太公闻之，夜衣而行，犁明至国。莱侯来伐，与之争营丘。营丘边莱。莱人，夷也，会纣之乱而周初定，未能集远方，是以与太公争国"。周王朝建立后，莱夷乘殷末之乱，认为新生的周王朝还没有能力来统治东夷地区，遂武力抢夺营丘，幸亏太公早到一步，击退莱人，方得以在齐立足。太公就国"夜衣而行"，下车伊始便与前来争夺营丘的莱人大战的记载，清人崔述怀疑此事"绝类战国策士之言"，笔者认

为不无道理。如果太公带着大队人马就国，一般会在途中安营休息，一个小小的旅店也容纳不了大队人马。再者，如果诸侯们就国各带走一支兵马，几十位就国的诸侯岂不将周武王的数万军队抽空？如果太公轻车简从以就国，到齐地后恐怕很难在短时间内组织起一支军队与莱侯大战。

周成王说。《汉书·地理志》记载："至周成王时，薄姑氏与四国共作乱，成王灭之，以封师尚父，是为太公。《诗·风》齐国是也。"西晋杜预《春秋释例》卷九《世族谱》："齐国，姜姓，太公望之后……太公股肱周室，成王封之于营丘，今临淄是也。"清人崔述在其《丰镐考信录》卷八《齐太公》中摘引了《史记》关于太公就国的记载后说："武王之封太公于齐，必先克其地也。克其地，必有人守之，莱人安能与争？太公至成王时犹在王室，是太公未尝亲就国也，安有夜衣而行之事乎？此文绝类战国策士之言，盖其所假托，故不录。"① 崔述认为，太公若被封于齐地，此地肯定已经被周人平定，并有人把守，莱人怎么会来争夺呢？到周成王之时，太公仍在周王朝辅政，并未就国。太公就封、夜衣而行之事，很像是战国时期的纵横家们编造出来的故事，并不可信。

民国时期，傅斯年先生提出，周武王先封太公、周公、召公于成周（今河南洛阳）附近的膏腴之地，在周公东征平定东夷后，再徙封太公于齐、周公于鲁、召公于燕。傅斯年先生认为："今以比较可信之事实订之，则知此三国者，初皆封于成周东南，鲁之至曲阜，燕之至蓟丘，齐之至营丘，皆后来事也。"② 在此且不涉及鲁、燕，只论齐国。傅斯年说："武王之世，殷未大定，能越之而就国乎？尚父侯伋两世历为周辅，能远就国于如此之东国乎？综合经传所记，则知太公封邑本在吕也。"③ 傅斯年先生推测，武王虽灭殷纣，但殷地未定，周的势力尚未到达东夷地区，太公怎么能越过重重殷人控制区到达齐地就封呢？太公始封应是在吕地。傅斯年先生的观点有很大影响，王阁森、唐致卿二先生同意这种观点，认为太公是在周公东征以后才改封于齐地。④ 这种

---

① 仝晰纲、王耀祖编：《姜太公研究资料汇编》，第 759 页。
② 欧阳哲生主编：《傅斯年全集》（第三卷），湖南教育出版社 2003 年版，第 55 页。
③ 欧阳哲生主编：《傅斯年全集》（第三卷），第 57 页。
④ 王阁森、唐致卿：《齐国史》，山东人民出版社 1992 年版，第 129—131 页。

推测虽然不无道理，但因没有史料支撑，未免难以服人。有学者联系到周公东征时灭掉作乱的薄姑氏，将此地封给了太公，《左传·昭公二十年》记载，晏婴对齐景公说："昔爽鸠氏始居此地，季萴因之，有逢伯陵因之，蒲姑（即薄姑）氏因之，而后大公因之。"于是，得出了太公封齐在成王之世的结论。如陈恩林先生就认为："鲁、齐、燕的始封在成王之世，而不在武王时。"① 李玉洁先生在研究"太公望受封齐国的时间"问题时认为，根据《史记·鲁周公世家》的记载，当太公望和周公长子伯禽就封国以后，都还报政于周公，说明周公已经是西周王朝的实际执政者。如果太公望受封国是在武王克商时，那么就应该还报政于周武王。但古文献的记载根本不见太公望报政武王的任何蛛丝马迹，故太公望在武王克商时就封于齐的说法可能只是历史上的误传。她在傅斯年先生太公改封说的基础上，又提出太公望在西周初年的封国应在今陕西北部，距离镐京不太远的地方的新说法。② 笔者认为，李玉洁先生以报政于周公这条史料来立论有一定的道理，但也不能作为确切的证据。李钟琴根据史料分析提出，周武王初封太公于齐之营丘，这是没有问题的。周公东征之后，又将薄姑加封给了太公，而非灭薄姑之后才改封太公。齐国得到"五侯九伯"的征伐权在"三监之乱"之后无疑，岂能以成王始封太公于齐的"诰命"之辞视之？商亡后，"诸侯毕从"，天下大体平定。各地殷商方国与氏族部落起码在表面上是服从新政权的。太公经过殷地前往齐地就封并非不可能。《史记》的记载与《汉书·地理志》的说法并不矛盾，乃是后人理解有误而已。③笔者认为，在没有确切史料依据的情况下，应依从《史记》的说法，即太公封于周武王时。

（二）太公封地大小

周王朝立国之初，分封了很多诸侯国，号称万国，可见每个诸侯国的疆域并不大。《孟子·告子下》："周公之封于鲁，为方百里也；地非不足，而俭于

① 陈恩林：《鲁、齐、燕的始封及燕与郾的关系》，《历史研究》1996 年第 4 期。
② 李玉洁：《齐国史》，科学出版社 2007 年版，第 75、77 页。
③ 李钟琴：《姜太公封齐就国问题探赜》，《管子学刊》2020 年第 4 期。

百里。太公之封于齐也,亦为方百里也;地非不足也,而俭于百里。"这里,孟子认为鲁国与齐国方圆差不多,都是一百里。与之相对应的是,《孟子·万章下》记载:"天子之制,地方千里,公侯皆方百里,伯七十里,子、男五十里,凡四等。"而《晏子春秋·内篇杂下·第十九》则说:"昔吾先君太公受之营丘,为地五百里,为世国长。"明言太公初封之地为五百里。西汉司马迁则在《史记·十二诸侯年表》中说:"齐、晋、秦、楚其在成周微甚,封或百里,或五十里。"周朝早期的分封,各国疆土虽有所不同,但都不大。《史记·汉兴以来诸侯王年表》曰:"殷以前尚矣。周封五等:公,侯,伯,子,男。然封伯禽、康叔于鲁、卫,地各四百里,亲亲之义,褒有德也;太公于齐,兼五侯地,尊勤劳也。武王、成、康所封数百,而同姓五十五,地上不过百里,下三十里,以辅卫王室。"说当时的大国不过百里,小国三十里。太公初封时的齐国疆域,大约也在方圆百里左右。不管是百里还是四百里、五百里,皆概言之耳。在周初,"地方百里"就算大国了。

(三)周王室厚鲁薄齐之说

太公分封的齐地,在当时还是不毛之地。《史记·货殖列传》记载:"太公望封于营丘,地潟卤,人民寡。"地潟卤,就是盐碱地,不适宜耕种,因此人口稀少。《汉书·地理志》也说:"太公以齐地负海舄卤,少五谷而人民寡。"而与太公同时分封的鲁国,则是在土地肥沃的曲阜。杨伯峻先生曾说:"姬姓所封诸国,多在古黄土层,或冲积地带,就当时农业生产而论,是最好或较好之土地。"①

按宗周礼制,诸侯在受封之时,周王室应赐予封君宝器,《左传·昭公十五年》记载,籍谈对周王说:"诸侯之封也,皆受明器于王室,以镇抚其社稷,故能荐彝器于王。"《左传》也记载,在分封之时,鲁公伯禽得到了殷民六族和大量宝物的赏赐,殷民六族就是跟随伯禽就封鲁国的中坚力量,《左传·定公四年》:"分鲁公以大路、大旂、夏后氏之璜、封父之繁弱,殷民六族:条氏、徐氏、萧氏、索氏、长勺氏、尾勺氏,使帅其宗氏,辑其分族,将其类丑,以法则

---

① 杨伯峻:《春秋左传注》,中华书局 1990 年版,第 423 页。

周公，用即命于周。是使之职事于鲁，以昭周公之明德。分之土田、陪敦，祝、宗、卜、史，备物、典策，官司、彝器。因商奄之民，命以伯禽，而封于少皞之虚。"卫国、蔡国、唐国等同姓国分封之时，也有殷商遗民和大量赏赐，独齐国在史籍记载中没有殷商遗民的分配。正如《汉书·地理志》所言："有分土，亡（无）分民。"土地分封给你，但能不能打下来并守住，完全靠封君的能力了。虽然姬周的同姓国得到了最好的封地，但姬姓子孙在发展中逐渐没落，相反，那些分封时处境艰难的，逐渐发展成为霸主。《史记·十二诸侯年表》："晋阻三河，齐负东海，楚介江淮，秦因雍州之固，四海迭兴，更为伯主，文武所褒大封，皆威而服焉。"《吕氏春秋·长见》更是因此得出以下结论："昔者太公望封于营丘之渚，海阻山高，险固之地也。是故地日广，子孙弥隆。吾先君周公封于鲁，无山林溪谷之险，诸侯四面以达。是故地日削，子孙弥杀。"这完全是事后评判的态度，而非基于事实的分析。

太公受封之时，显然没有得到殷商遗民的赏赐，但可能得到一定数量的宝器，太公之子丁公吕伋时曾得到周康王的赏赐，《左传·昭公十二年》："昔我先王熊绎，与吕伋、王孙牟、燮父、禽父并事康王，四国皆有分，我独无有。今吾使人于周，求鼎以为分，王其与我乎？"楚国对周王赐予鲁、晋、卫、齐宝器非常不满，"齐、晋、鲁、卫，其封皆受宝器，我独不。"齐国为什么能够得到宝器，是因为齐国与周王室的姻亲关系，太公之女邑姜为周武王之王后，周成王为太公之外甥，如《史记·楚世家》所说："齐，王舅也。"《史记·周本纪》正义曰："武王娶太公女为后，故呼舅氏。"《史记·晋世家》集解引服虔曰："邑姜，武王后，齐大（太）公之女。"齐国与周王室的关系，虽比鲁国等同姓国为远，但作为与周王室的姻亲之国，仍较他国为尊崇。

（四）太公是否杀狂矞、华士与营荡

太公就国后诛杀狂矞、华士之事，先秦两汉典籍中多有记载，《韩非子·外储说右上》："太公望东封于齐，齐东海上有居士曰狂矞、华士，昆弟二人者立议曰：'吾不臣天子，不友诸侯，耕作而食之，掘井而饮之，吾无求于人也。无上之名，无君之禄，不事仕而事力。'太公望至于营丘，使吏执而杀之以为首诛"；"太公望东封于齐，海上有贤者狂矞。太公望闻之往请焉，三却

17

马于门而狂矞不报见也，太公望诛之"。《荀子·宥坐》："太公诛华仕……皆异世同心，不可不诛也。"（《尹文子·大道下》有相同记载）《淮南子·人间训》："狂谲不受禄而诛。"狂矞、华士二人不为人臣，不结交诸侯，自耕自足，不求助于他人。太公认为："彼不臣天子者，是望不得而臣也。不友诸侯者，是望不得而使也。耕作而食之，掘井而饮之，无求于人者，是望不得以赏罚劝禁也。且无上名，虽知，不为望用；不仰君禄，虽贤，不为望功。不仕则不治，不任则不忠。"因此而杀之。

《春秋繁露·五行相胜》记载太公就国之后，司寇营荡以仁义乱齐，太公杀之。"太公封于齐，问焉以治国之要，营荡对曰：'任仁义而已。'太公曰：'任仁义奈何？'营荡对曰：'仁者爱人，义者尊老。'太公曰：'爱人尊老奈何？'营荡对曰：'爱人者，有子不食其力；尊老者，妻长而夫拜之。'太公曰：'寡人欲以仁义治齐，今子以仁义乱齐，寡人立而诛之，以定齐国。'"

对于太公诛杀以上贤士的行为，历来多有争论，清人崔述《丰镐考信录》卷八《齐太公》认为："太公佐文、武以开周，孟子列太公于'见知'之数，则太公必以仁义治国者也，乌有怒人之不仕而杀之者哉！……此乃法家之徒疾士之高尚，欲强天下贤人使入己彀，而伪托之于太公者"；"此乃名、法之徒毁仁义者之所为说，《繁露》误采之耳"。[1] 有研究者指出，狂矞、华士以及营荡的行为是齐地人士的非暴力不与太公合作。两事件的真实性如何并不重要，重要的是它告诉我们，太公用强硬手段剪除不合作的逆政治化力量。[2] 此论有一定的道理。

五、太公的治国方略

《说苑·政理》记载："武王问于太公曰：'治国之道若何？'太公对曰：'治国之道，爱民而已。'"武王又问太公如何做到爱民，太公回答道："利之而勿害，成之勿败，生之勿杀，与之勿夺，乐之勿苦，喜之勿怒，此治国之道，使民之谊也，爱之而已矣。"太公治国的方略正是从爱民的角度出发的。

---

[1] 仝晰纲、王耀祖编：《姜太公研究资料汇编》，第758页。
[2] 宣兆琦、李金海：《齐国史话》，兰州大学出版社1997年版，第50页。

（一）尊贤尚功的人才政策

在政治上，太公实行"尊贤尚功"的政策，尊重贤才，崇尚政绩，举贤任能，唯才是举。《汉书·地理志下》："初，太公治齐，修道术，尊贤智，赏有功。"而西周统治者的治国理念，崇尚以血缘关系为基础的"尊尊亲亲"的用人办法。相比之下，太公的用人政策无疑更有利于人才脱颖而出，更有利于干事创业。

太公治理齐国与鲁公伯禽治理鲁国的政策是截然相反的。据《淮南子·齐俗训》的记载，太公与周公受封之后，两人之间有一番关于治国方略的对话。太公问周公："你怎么来治理鲁国？"周公回答说："尊尊亲亲。"①即重用与自己血缘关系近的人，也就是任人唯亲。太公于是慨叹道："鲁从此弱矣！"周公反问太公："你怎么治理齐国呢？"太公说："举贤而尚功。"周公曰："后世必有劫杀之君。"即以后齐国会出现弑君自立的人。在周公看来，注重政绩，任人唯贤，会使大臣中的能人专权；臣子掌权，君权必然受到限制，最终会有权臣弑君篡位之事发生。《说苑·政理》总结说："尊贤，先疏后亲，先义后仁也"，"亲亲者，先内后外，先仁后义也。"后来齐国与鲁国的历史，都印证了两个人的论断。齐国"尊贤尚功"，人才辈出，国势日强。到春秋末期，陈（田）氏家族权势日重，最后取代了吕氏政权，虽然政权改姓，但齐国国势依然强盛，名列"战国七雄"；而鲁国虽然没有臣子篡位，但国君为三桓所控制，国力渐衰，国土日蹙，到战国时已经沦落为一个无足轻重的小国，最终被楚国所灭。《吕氏春秋·长见》和《汉书·地理志》都有相似的记载。齐鲁两国治国方针的不同，决定了两国不同的发展走向。

（二）商工立国的经济政策

在经济上，太公实行商工立国的方略，"通商工之业，便鱼盐之利"（《史记·齐太公世家》）。齐国虽然土地不适合农耕，但因为濒临大海，有丰富的鱼盐之利。近些年来，在渤海南岸地区考古工作者发现了十余处规模巨大的商代盐业遗址群，加上一些小的盐场遗址，总计三百多处。其中山东寿光双王城

---

① 《吕氏春秋·长见》作"亲亲上恩"。

盐业遗址群是目前沿海地区所发现的规模最大的盐业遗址群，也是目前国内发现的最早的海盐制造遗址。说明太公封齐建国的时候，齐地就已经是传统的海盐生产基地了，盐业为齐国成为大国奠定了坚实的经济基础。

太公根据齐国的自然条件，大力发展商业和手工业，将渔业和盐业作为国家的支柱产业。盐碱地不适合粮食生产，但适合桑麻生长，于是太公大力发展养蚕业、纺织业，使齐国迅速成为生产纺织品的基地。生产发展了，产品必须卖出去才能转化为财富。所以太公特别重视商业贸易。司马迁特意说"通商工之业"，将"商"放在"工"的前面，可谓微言大义。一个"通"字，说明齐国经济是开放型、外向型的经济，这在太公时期就形成了齐文化崇商、重工、开放的显著特色。《汉书·食货志下》记载："太公为周立九府圜法：黄金方寸而重一斤；钱圜函方，轻重以铢；布、帛广二尺二寸为幅，长四丈为匹。故货宝于金，利于刀，流于泉，布于布，束于帛。太公退，又行之于齐。"太公望采用了金帛两种本位，规定金（实际为铜），每块一寸见方，重一斤，以这种统一规格的金为币材铸成钱币，并以铢为单位以定轻重价值；布帛则以二尺二寸宽为一幅，四丈长为一匹作为单位。有研究者提出，太公是我国历史上用法律的形式将"钱圆函方，轻重以铢"的货币制式予以确认的第一人。《史记·货殖列传》记载："故太公望封于营丘，地潟卤，人民寡，于是太公劝其女功，极技巧，通鱼盐，则人物归之，繦至而辐凑。故齐冠带衣履天下，海岱之间敛袂而往朝焉。"太公鼓励女功，提高纺织技术水平，使齐国的纺织业快速发展，成为当时的服装鞋帽生产大国，其他国家的人民纷纷移民齐国，财富也滚滚而来，号称"冠带衣履天下"。

（三）因俗简礼的文化政策

在文化上，太公实行"因其俗，简其礼"的开明政策。《史记·齐太公世家》："太公至国，修政，因其俗，简其礼。"俗，指的是东夷的民俗；礼，指礼仪制度。当时的齐国，东夷文化、夏文化、商文化、周文化交织在一起，共同影响着这片古老的土地。其中东夷文化是齐地的本土文化，历史悠久，影响最大。那么，齐地的风俗有什么特色呢？《史记·货殖列传》载："齐带山海，膏壤千里，宜桑麻，人民多文采布帛鱼盐。临菑亦海岱之间一都会也。其俗宽缓阔达，而足智，好议论，地重，难动摇，怯于众斗，勇于持刺，故多劫人者，大国之风也。其中具五民。"齐地依山濒海，沃野千里，适宜桑麻生长，当地人民大多从事丝绸、布帛和鱼盐业。临淄是渤海和泰山之间的一个大都市。民俗宽厚豁达，而又足智多谋，喜发议论，乡土观念重，不愿迁徙，怯于聚众斗殴，却敢于持刀剑杀人，因此经常有人抢劫，这是大国之风尚。这里士、农、工、商、贾五民俱全。太公建国伊始，尊重东夷人的文化传统，不强制推行周文化（即周礼），实行宽松的文化和社会管理政策，得到了齐地人民的拥护。据《史记·鲁周公世家》记载："鲁公伯禽之初受封之鲁，三年而后报政周公。周公曰：'何迟也？'伯禽曰：'变其俗，革其礼，丧三年然后除之，故迟。'太公亦封于齐，五月而报政周公。周公曰：'何疾也？'曰：'吾简其君臣礼，从其俗为也。'及后闻伯禽报政迟，乃叹曰：'鸣呼，鲁后世其北面事齐矣！夫政不简不易，民不有近；平易近民，民必归之。'"太公治理齐国五个月，便向周王朝述职，周公感到很惊讶，说："怎么这么快？"太公回答道："我简化了齐国的君臣礼节，尊重他们的风俗习惯。"当初，周公被封到鲁国，因为他需要留在西周辅政，所以派长子伯禽去治理鲁国，结果伯禽三年后才去向周公述职。周公问："怎么这么慢？"伯禽回答说："我变革当地的风俗礼仪，所以来迟了。"周公叹道："鲁国后世将臣服于齐了。政令不简便易行，百姓就不会亲近；政令平和易行，百姓必定归附。"事实证明，太公"因俗简礼""平易近民"的政策，促进了周文化与东夷文化的融合，奠定了独具特色的齐文化的发展基础。

六、太公治齐的影响

周灭商后二年，周武王病逝，成王即位，因年幼，由周公代行王事，此举引起了武王之弟管叔及群弟的不满和猜忌，散播谣言说周公将要取成王而代之。本来监视商纣太子武庚的管、蔡反与武庚联合作乱，殷商旧地东夷的徐、奄、薄姑等方国也叛乱反周，严重地威胁了周王朝的安全。周公团结召公奭和太公，采取果断措施，亲率大军东征。经过三年的努力，终于平定了叛乱，杀了管叔，放逐了蔡叔；还诛杀了武庚，以纣王庶兄微子继承殷祀，建宋国。

《史记·周本纪》："成王少，周初定天下，周公恐诸侯畔周，公乃摄行政当国。管叔、蔡叔群弟疑周公，与武庚作乱叛周。周公奉成王命，伐诛武庚、管叔，放蔡叔。以微子开代殷后，国于宋……初，管、蔡畔周，周公讨之，三年而毕定。"平叛之初，为了争取太公的支持，周公派召公向太公宣布成王的诏命，齐国获得"五侯九伯"广大区域的征伐权，《史记·齐太公世家》："及周成王少时，管蔡作乱，淮夷畔周，乃使召康公命太公曰：'东至海，西至河，南至穆陵，北至无棣，五侯九伯，实得征之。'齐由此得征伐，为大国。"周公之所以派召公去赋予太公征讨其他诸侯的大权，意在笼络太公支持他的东征行动。平叛之后，参与叛乱的薄姑国、奄国被灭，周王室遂将齐国附近的薄姑国加封给太公，将奄国加封给伯禽。齐国获得征伐权，对于齐国的发展可谓如虎添翼，有了王命的招牌，更加合法地拓展疆域领土。这也是数百年之后齐桓公伐楚时应对楚国的正当理由。

对于人民稀少的实际情况，太公治齐采取了一系列的政策，重在争取民众对齐国的支持，在太公的不懈努力下，齐国率先脱颖而出。《史记·齐太公世家》："人民多归齐，齐为大国。"太公确立的治国之策被历代齐国国君所遵守，齐国逐渐崛起成为东方大国。

七、太公到底活了多少岁

齐太公的生卒年一直众说纷纭，他到底活了多少岁，也就成了一个困扰人们两千多年的问题。司马迁《史记·齐太公世家》记载："盖太公之卒百有余年，子丁公吕伋立。""百有余年"也就是一百多岁的意思。

先秦两汉的典籍中多有记载太公是在七十余岁时遇到周文王的，《荀子·君道》："夫文王非无贵戚也，非无子弟也，非无便嬖也，倜然乃举太公于州人而用之……则夫人行年七十有二，齯然而齿堕矣。"《尉缭子》："太公望年七十，屠牛朝歌，卖食盟津。"《韩诗外传·卷四》云："太公年七十二，齯然而齿堕矣。"牧野之战距姜太公初遇文王又过了十七年，从中可见，太公始封于齐时，已经近九十岁了。

太公去世于哪一年呢？《太公吕望墓表》引用《古本竹书纪年》云："康

王六年,齐大公望卒。"① 但此说不确。《尚书·顾命》中说:"太保命仲桓、南宫毛俾爰齐侯吕伋,以二干戈、虎贲百人,逆子钊于南门之外。"提到齐侯吕伋的名字,说明周成王去世之时,太公已经去世,其子吕伋成为齐国的国君。可以说,太公大概活了一百多岁,去世于周成王在位期间。

史籍记载,太公去世后,并没有葬在齐都临淄。《礼记·檀弓上》曰:"大公封于营丘,比及五世,皆反葬于周。君子曰:'乐,乐其所自生;礼,不忘其本。'古之人有言曰:'狐死正丘首,仁也。'"说明太公去世后葬在西周某地。不仅姜太公,其后四代齐国君主,都返葬于周。为什么呢?因为他们虽然被封在齐地,但都是周朝的大臣,死后葬回周地,象征"不忘其本"。太公五代之后的齐国国君,才得以葬在齐,而不再葬到周地。

虽然《礼记》明确记载太公死后葬在西周,但齐国却出现了好几处太公墓。如:

《史记·齐太公世家》集解引《皇览》曰:"吕尚冢在临淄县城南,去县十里。"

《后汉书·郡国志》在临淄条目下引《皇览》云:"吕尚冢在县南,去县十余里,在齐桓公冢南。"

《太平寰宇记》卷十八在益都条目下引《述征记》云:"太公冢在尧山西。"

清人阎循观在其《西涧草堂集》卷三中说:"雍正八年大水,(木梁)台崩,得古碣,云:'齐太公之墓',碣旋裂。"

其中临淄太公墓,相传即是太公的衣冠冢。其他地方的太公墓,应该连衣冠冢也算不上。

《明一统志》和(乾隆)《大清一统志》均采纳了《礼记》的记载,《明一统志》卷二十四:"太公冢,在临淄县南一十里。太公望葬于周,齐人思其

---

① 范祥雍:《古本竹书纪年辑校订补》,上海古籍出版社 2011 年版,第 29 页。

德，葬衣冠于此。"

而返葬于周的太公墓在什么地方呢？咸阳、镐京（今陕西西安市长安区）、卫辉（今属河南省）等地都有名为太公墓的遗存，尚存争议，需要做进一步的考证。

八、高青陈庄遗址的发现

2008年至2010年，山东省文物考古研究所对淄博高青陈庄城址进行了大规模勘探和发掘，发现了属于西周早中期的城址，并发掘贵族墓葬、车马坑、祭坛等重要遗迹。陈庄西周城址是目前山东地区所确认的最早的西周城址。出土有陶器、青铜器、玉器、刻辞卜甲、骨器、蚌器、海贝等随葬品。其中7件出土青铜器有"祖甲齐公"的铭文。"齐公"是金文中首次被发现，而且与前面的"祖甲"共同出现，意义非同寻常。据李学勤、李零、王恩田等学者研究，认为铭文中的"齐公"即齐国开国之君齐太公。金文中，凡是谥称"公"字前加国名的，都应该是这个国家的第一任国君。

史籍中关于周公、召公以一子就封，另有子"世为王臣"的史实记载比较明确，但对于同为开国重臣姜太公是否有子"世为王臣"，则文献无征。据李学勤先生通过近年来出土西周青铜器的考证，认为姜太公长子吕伋之后世为齐君，同时还有两子留于王朝，封在畿内郭地的郭公一支继承太公的大师职位，幼弟郭季一支也在大师属下，同周公、召公家族情形相似。①

结　语

太公与周文王的际会成就了周王朝的兴起，也成就了太公的非凡功业，彪炳史册。如无周文王，太公就是一个穷困潦倒的老者；如无太公，周王朝的大业可能就不能建立。《史记·范雎蔡泽列传》中范雎对此说的好："昔者吕尚之遇文王也，身为渔父而钓于渭滨耳。若是者，交疏也。已说而立为太师，载

---

① 李学勤：《论西周王朝中的齐太公后裔》，《烟台大学学报（哲学社会科学版）》2010年第4期。

与俱归者，其言深也。故文王遂收功于吕尚而卒王天下。乡使文王疏吕尚而不与深言，是周无天子之德，而文武无与成其王业也。"太公辅佐姬周两代君王，成就王业，是周文王和周武王最为重要的谋臣，被后世称为"圣臣""良臣"，《荀子·臣道》："周之太公，可谓圣臣矣。"清华简《良臣》将太公列入良臣之列，"文王有闳夭，有泰颠，有散宜生，有南宫适，有南宫夭，有芮伯，有伯适，有师尚父，有虢叔。武王有君奭，有君陈，有君牙，有周公旦，有召公，遂佐成王"。师尚父即太公，而君牙应也指太公。

《六韬》旧题为太公所著，但历来普遍认为是后人托名太公所作，又称《太公六韬》《太公兵法》《素书》，因书中多战国时期内容，一般认为此书成于战国时代。全书以太公与文王、武王对话的方式编成，其中虽然包含了一些太公的思想，但不可将其中内容完全等同于太公之思想。《史记·齐太公世家》："后世之言兵及周之阴权，皆宗太公为本谋。"北宋神宗元丰三年（1080），《六韬》被列为《武经七书》之一，为武学必读之书。

齐太公，在后世成为一个极富传奇色彩、神话传说般的人物，太公的形象更是随着古典名著《封神演义》的传播而在中国乃至世界家喻户晓、妇孺皆知。民间传说中，他是居于众神之上的封神之人，是诸神的管理者；老百姓盖新房上梁的时候，要在梁头上贴一张红纸，上书"姜太公在此，百无禁忌"；在文艺作品中，他仙风道骨，足智多谋，是一个半人半神的全知全能者……

对于太公的祭祀，太公之后即已有之，是作为齐国的宗庙设置的。《左传·襄公二十五年》记载："盟国人于大宫。"据杜预注，大宫即太公之庙。后世太公庙始建于唐贞观年间。《新唐书·礼乐志》云："贞观中，以太公兵家者流，始令磻溪立庙。"唐玄宗开元十九年（731），诏令两京及天下诸州各置太公庙一所，庙中奉祀太公塑像，以汉留侯张良配飨。天宝六年（747），诏令乡贡武举人上省，须到太公庙行乡饮酒礼，出师命将，师行之日到太公庙引辞，凯旋之日要到太公庙告捷。上元元年（760），唐肃宗追封太公为"武成王"。依照文宣王之制建庙，选择古今名将配飨。历史上孔子被尊为"大成至圣文宣王"，太公被尊为"昭烈神圣武成王"。孔子是"百代宗师"，太公是"百家宗师"。

齐丁公至齐前庄公评传

因为史料的缺乏，西周时期齐国国君的事迹留存较少，我们只能从零散的史料中得知一些蛛丝马迹。齐太公之后，西周时期齐国历经十一位国君，而进入东周时期。

齐太公去世之后，太公之子丁公即位。齐丁公，名伋，《史记·齐太公世家》集解："徐广曰：一作'及'。"齐丁公在位时间大致在周成王和周康王时期。据《史记·楚世家》："楚子熊绎与鲁公伯禽、卫康叔子牟、晋侯燮、齐太公子吕伋俱事成王。"《左传·昭公十二年》："昔我先王熊绎，与吕伋、王孙牟、燮父、禽父并事康王。"

周成王在位期间，齐丁公担任周王室的虎贲氏一职，周成王病重时，召见诸侯以及太保奭、芮伯、彤伯、毕公、卫侯、毛公、师氏、吕伋、百官之长和负责具体事务的官员。周成王死后，太保召公命令仲桓和南宫毛跟从齐侯吕伋，二人分别拿着干戈，率领一百名勇士，在南门外迎接太子钊即位。《毛诗·齐谱》记载："（齐侯）伋以二干戈虎贲百人逆子钊于南门之外，成王之崩，职掌虎贲，又事康王，明为王官也。"孔安国注云："伋为天子虎贲氏。"《尚书·顾命》也有更为详细的记载："越翼日乙丑，王崩。太保命仲桓、南宫毛俾爰齐侯吕伋，以二干戈、虎贲百人逆子钊于南门之外。延入翼室，恤宅宗。丁卯，命作册度。"可见，齐丁公为周成王甚为信赖之大臣，在嗣君即位的重大节点，齐丁公率军保驾，起到了重要的作用，保证了君位的正常继承。在周康王（姬钊）即位后，齐丁公又以辅政大臣的身份，辅佐周康王。周康王分给鲁、晋、卫、齐四国诸侯以珍宝之器,《左传·昭公十二年》:"昔我先王熊绎,与吕伋、王孙牟、燮父、禽父并事康王,四国皆有分,我独无有。今吾使人于周,求鼎以为分,王其与我乎?"楚国对周王赐予鲁、晋、卫、齐宝器非常不满,"齐、晋、鲁、卫,其封皆受宝器,我独不"。这是因为周王朝尊尊亲亲的治国原则所决定的,"齐,王舅也;晋及鲁、卫,王母弟也。楚是以无分而彼皆有"。(《史记·楚世家》)齐国与周王室的关系,虽比鲁国等同姓国为远,但作为与周王室的姻亲之国,仍较他国为尊崇。

齐丁公除在周王室有一定的职责外,还是齐国的国君,有统治齐国的责任。齐国边莱,莱人的势力在西周前期还很强大,齐国时刻面临莱人的威胁,齐丁公曾率齐军攻打莱人。《晏子春秋·内篇谏下·第三》记载晏婴对齐景公说:"丁公伐曲沃,胜之,止其财,出其民。公日自莅之,有舆死人以出者,公怪之,令吏视之,则其中金与玉焉。吏请杀其人,收其金玉。公曰:'以兵降城,以众图财,不仁。且吾闻之,人君者,宽惠慈众,不身传诛。'令舍之。"据王念孙、苏时学等学者考证,曲沃当为曲城,苏时学引《纪年》:"成王十四年,齐师围曲城,克之。"曲城遗址在今烟台莱州东北。① 齐丁公所伐曲城,即为莱国之城邑。从齐丁公释放私藏珠宝者之行为看,齐丁公是一位"宽惠慈众"的国君。招远曲城遗址曾出土铜器齐仲簋,王恩田先生认为:"山东招远曲城遗址出土的齐仲簋,是姜齐太公之子丁公吕伋作器。齐仲簋的年代应属周昭王时期,是目前所知年代最早的西周齐国铜器。《晏子春秋》有'丁公伐曲城'的记载。齐仲簋在招远曲城出土,与齐丁公伐曲城有关。"②

齐丁公去世之后,其子齐乙公即位。齐乙公,名得,生卒年不详。据《史记·三代世表》,齐乙公在位期间约在周昭王时。

齐乙公去世之后,其子齐癸公即位。齐癸公,据《史记·齐太公世家》索隐:"《系本》作'厨公慈母'。谯周亦曰'祭公慈母'也。"可见,齐癸公

---

① 吴则虞:《晏子春秋集释》,中华书局1962年版,第108页。

② 王恩田:《曲城齐仲簋与"丁公伐曲城"——兼说铜资源与齐国强弱的因果关系》,《管子学刊》2016年第4期。

之谥号，尚有二说。齐癸公的生平事迹和生卒年均不详，据《史记·三代世表》，齐癸公在位期间约在周穆王时。

值得注意的是，自齐太公至齐癸公，其称号均为日名，而非后世寓含褒贬的谥号。山东高青陈庄城址出土铜器给出新的实证，李学勤先生曾撰文认为："以甲乙等日干作为庙号的习俗始于夏代，盛行于商代，至西周而逐渐为文武成康之类的谥法所取代。高青陈庄器铭'文祖甲齐公'则证明，西周初期，吴、齐、燕等封国与周王室一样保留了日名，直到西周早期后段才逐渐完成了由日名过渡到谥法。"①《史记·齐太公世家》正义曰："《谥法》：述义不克曰丁。"显而易见，这种谥法是不合于齐国初年国君之称号的。

齐癸公去世后，其子齐哀公即位。齐哀公，名不辰，据《史记·齐太公世家》索隐："《系本》作'不臣'。谯周亦作'不辰'。宋忠曰：'哀公荒淫田游，国史作《还》诗以刺之也。'"《还》为《诗经·齐风》中一首诗，《诗序》言："刺荒也。哀公好田猎，从禽兽而无厌。"同是《齐风》中《鸡鸣》，《诗序》言："思贤妃也。哀公荒淫怠慢，故陈贤妃贞女夙夜警戒相成之道焉。"

可能正是因为齐哀公的荒淫无度，遭到了邻国纪国国君的陷害，纪侯向周王说齐哀公的坏话，周王一怒之下，将齐哀公召至镐京，烹杀于大鼎之中。《史记·齐太公世家》："哀公时，纪侯谮之周，周烹哀公而立其弟静，是为胡公。"《史记》集解："徐广曰：'周夷王'。"认为齐哀公是被周夷王所杀，《史记·周本纪》正义引《古本竹书纪年》："（周夷王）三年，致诸侯，烹齐哀公于鼎。"据《史记·三代世表》，齐哀公被烹杀是在周懿王时。齐哀公被杀之原因，史籍不载。

对于齐哀公被烹的原因，王恩田先生认为，高青陈庄城址发现的夯土台基，从平面看，中心为圆圈，其外依次为方圈、长方形圈、圆圈、椭圆形圈等多个形状不同的圈环环相套。从剖面看，上下共有 9 层土色深浅有别的夯土堆积相叠压。这个形制奇特、有九层堆积的夯土台基应是天体的模型，古代称为

---

① 李学勤：《论高青陈庄器铭"文祖甲齐公"》，《东岳论丛》2010 年第 10 期。

圜丘，明代以后又名天坛。其主要功能是用以祭天。这个考古发现表明很有可能与齐国建圜丘祭天有关。周制祭天是天子特权。齐国建圜丘祭天，属于僭越行为，哀公由此而被烹杀，应是合乎情理的推断。[①] "陈庄遗址的重要发现就在于补充了齐国迁临淄之前的历史空白，具有改写齐国史的划时代意义，而解读这部分史实的关键则在于对祭天圜丘的初识。"[②]

有研究者指出"周夷王致诸侯、烹齐哀侯的事件反映了王权日渐衰弱，王者力不从心的情形"，"周夷王必然会打击那些对自己不敬的诸侯，行使天子杀伐之权以此来树立权威，于是齐哀公成为周夷王儆人的牺牲品"。[③] 但正因此事件，齐国发生数十年的内乱，齐、纪两国因此结怨，直至春秋前期齐襄公将纪国吞并。

陈庄遗址出土的引簋铭文记载了周王任命引管理齐国军队，授权其作战，引奉命后聚合人众，取得战斗胜利，俘获兵器的内容。李学勤先生认为，铜簋铭文记载的是周王朝对齐国的一次军事行动，和周夷王废齐哀公有一定关系。[④] 李零先生认为，引的官爵是由周天子在周共王的太室亲自任命，赏赐规格很高，可见齐师并非齐侯之私属，而是受周天子节制，驻屯东方的一支不可忽视的军事力量。[⑤] 魏成敏、孙敬明等先生认同此说，认为齐师或与西六师、成周八师的性质相近，属于驻扎在齐地但直接听命于周王的一支军队，由周王室直接管理。[⑥] 这恐怕是齐国无力对抗周王朝、束手就擒的重要原因。

齐哀公被烹杀是西周中期发生的一件大事，不仅直接影响了齐国的国政，而且对于周王朝对天下诸侯的控制有直接的影响。

据《礼记·檀弓上》记载："太公封于营丘，比及五世，皆反葬于周。"齐太公及后五世齐国国君在死后皆返葬于周地，这应是周王室给予齐国的一项

---

① 李学勤等:《山东高青县陈庄西周遗址笔谈》,《考古》2011 年第 2 期。
② 王戎:《"高青陈庄西周遗址发掘专家座谈会"侧记》,《东岳论丛》2010 年第 7 期。
③ 李凯:《先秦巡狩研究》,北京师范大学出版社 2017 年版,第 112—113 页。
④ 李学勤等:《山东高青县陈庄西周遗址笔谈》,《考古》2011 年第 2 期。
⑤ 山东省文物考古研究所:《海岱考古》(第四辑),科学出版社 2011 年版,第 376 页。
⑥ 魏成敏:《陈庄西周城与齐国早期都城》,《管子学刊》2010 年第 3 期;孙敬明《陈庄遗存——齐地、齐师》,《管子学刊》2012 年第 2 期。

特殊恩遇。如此记载确实，则齐太公至齐哀公都应葬于周地。但清人顾炎武《日知录》卷六《太公五世反葬于周》中认为："夫齐之去周二千余里，而使其已化之骨，跋履山川，触冒寒暑，自东徂西，以葬于封守之外，于死者为不仁。"① 顾炎武认为齐国国君反葬于周并非事实，但也只是据礼推测而已。王阁森、唐致卿二先生认同顾炎武之说，认为："从太公'因其俗为'的建国方针看，他死后还要千里迢迢地返葬于宗周，既无必要，也不合太公既定方针。"② 今淄博市临淄区齐都镇西关南村南有古墓，传为齐丁公墓，未知真假。

齐哀公被烹之后，周夷王直接干预齐国的君位继承，立哀公异母弟吕静（《国语·楚语下》作"靖"）为齐国国君，是为齐胡公。按照周王朝的宗法制原则，齐国国君应立嫡立长，齐哀公死后，如无太子，则应立哀公同母弟，绝无改立异母弟之道理。周王直接改立齐胡公，令齐国诸公子不服，公室内部矛盾非常尖锐。齐胡公即位后，为了能够掌控局势，逃离矛盾的漩涡中心营丘，将齐国国都从营丘迁往薄姑。《史记·齐太公世家》："胡公徙都薄姑，而当周夷王之时。"《史记》正义引《括地志》云："薄姑城在青州博昌县东北六十里。"薄姑应在今滨州市博兴县境内。

齐哀公同母弟吕山对齐胡公即位不服，怨恨齐胡公抢了本该属于自己的君位，在经过长时间的准备后，率领党羽和营丘中反对齐胡公的人，突然杀入薄姑，将齐胡公杀死。《史记·齐太公世家》："哀公之同母少弟山怨胡公，乃与其党率营丘人袭攻杀胡公而自立，是为献公。"《史记》索隐引宋忠曰："其党周马繻人将胡公于贝水杀之，而山自立也。"《国语·楚语下》也有近似记载："昔齐驹马繻以胡公入于具水。"韦昭注曰："驹马繻，齐大夫也。胡公，齐大公玄孙之子胡公靖繻。具水，水名。胡公虐马繻，马繻弑胡公，内之具水。"齐胡公可能在吕山攻入薄姑后，被臣子驹马繻所弑。按照《逸周书·谥法解》："保民耆艾曰胡，弥年寿考曰胡。"保护百姓中的老年人的谥号"胡"，年高寿长的谥号"胡"。则齐胡公可能在位时间较长，已年龄较大。

---

① 顾炎武撰，黄汝成集释：《日知录集释》，中华书局 2020 年版，第 319 页。
② 王阁森、唐致卿：《齐国史》，山东人民出版社 1992 年版，第 146 页。

　　吕山攻杀齐胡公后，自立为国君，是为齐献公。齐献公即位后，立即将齐胡公之子驱逐出齐国，又把都城从薄姑迁到临淄。《史记·齐太公世家》："献公元年，尽逐胡公子，因徙薄姑都，治临菑。"目前齐国三都中只有第三个都城临淄的地理位置明确，临淄与营丘之关系，自汉代以来就多有争议。营丘为临淄说由来已久，主要依据古代文献资料。《汉书·地理志》："临淄，师尚父所封"；"临淄名营丘"。后世《水经注》《括地志》《路史》等均力主临淄为营丘，近现代学者多认可这种说法。北魏郦道元在《水经·淄水注》中分析了临淄的地形："今临淄城中有丘，在小城内，周回三百步，高九丈，北降丈五，淄水出其前，迳其左，故有营丘之名，与《尔雅》相符。城对天齐渊，故城有齐城之称。"从地貌上看，临淄满足了可定为营丘的必要条件。从对临淄齐故城的考古发现看，在没有发现新的可靠证据之前，临淄作为西周初年太公所都之营丘的可能性最大，也就是说齐献公在即位后，将国都从薄姑迁回营丘，因营丘临近淄水，遂改名临淄。

　　齐献公发动政变，自立为国君，是公然向周王朝挑战的举动，但并没有遭到周王朝的惩罚，默许了齐献公的君位，说明此时周王朝已经日渐衰弱，对诸侯的控制力减弱。齐献公驱逐齐胡公诸子的做法，为其后胡公诸子作乱埋下了隐患。齐献公在位九年，齐献公去世后，其子吕寿即位，是为齐武公。据《史记·十二诸侯年表》索隐："宋衷曰：'武公十年，宣王大臣共行政，号曰共和。'"共和元年（公元前841）当齐武公十年，则往前推算，齐献公应卒于公元前851年，于公元前859年即位，齐献公发动的政变是在公元前860年。

　　齐武公在位二十六年，卒于公元前825年。齐武公去世后，其子无忌即位，是为齐厉公。齐厉公暴虐无道，搞得民怨沸腾，齐厉公九年（公元前816），之前被齐献公驱逐的齐胡公诸子趁机杀回临淄，与反对齐厉公的临淄人攻打齐厉公，在混战中，齐厉公被杀，齐胡公诸子也全部战死。《史记·齐太公世家》："厉公暴虐，故胡公子复入齐，齐人欲立之，乃与攻杀厉公。胡公子亦战死。齐人乃立厉公子赤为君，是为文公，而诛杀厉公者七十人。"齐厉公之子吕赤被拥立为国君，是为齐文公。齐文公即位后，诛杀了七十多个参与杀害齐厉公的人，齐文公通过铁血的措施，铲除了内部反叛势力，结束了自齐哀公以来内乱的局面，使齐国重新回归安定。《晏子春秋·内篇谏上·第十八》记载晏子曾对齐景公说："若使古而无死，太公、丁公将有齐国，桓、襄、文、武将皆用之。"从中可见，齐文公、齐武公都是齐国的有为国君。

齐文公在位十二年（公元前815—前804），文公去世后，其子吕脱即位，是为齐成公。齐成公之名，《史记·齐太公世家》索隐云："《系本》及谯周皆作'说'。"《史记·十二诸侯年表》作"齐成公说"，索隐："《系家》'说'作'脱'。"齐成公在位九年（公元前803—前795）而卒，其子吕购即位，是为齐前庄公（因春秋中后期另有一为齐庄公，加"前"以别之）。齐前庄公之名，《史记·齐太公世家》："成公九年卒，子庄公购立。"《史记·十二诸侯年表》作"齐庄公赎"，索隐："系家及《系本》并作'购'。"

齐庄公在位六十四年（公元前794—前731），是齐国在位时间最长的国君。齐庄公在位第二十四年（公元前771），周幽王被犬戎所杀，西周灭亡。司马迁在《史记·十二诸侯年表》序言中说："齐、晋、秦、楚其在成周微甚，封或百里或五十里。晋阻三河，齐负东海，楚介江淮，秦因雍州之固，四海迭兴，更为伯主，文武所褒大封，皆威而服焉。"西周时期，齐国受到周王室的压制，发展受到阻碍，但在进入东周以后，随着周王室对诸侯控制力的衰退，齐国迅速崛起，经过近百年的发展，成就了春秋首霸的功业。

齐僖公评传

简评：

齐僖公是春秋前期齐国承上启下的一位有为国君，上承齐前庄公之余烈，下启齐襄公、齐桓公之霸业，通过在诸侯间的灵活外交，提高了齐国的政治地位，开创了"小霸"的局面，开启了齐国争霸中原的序幕。

西周末年，周王室衰微，周宣王时期虽一度出现中兴，但王室衰弱的趋势不可逆转，至周幽王时，倒行逆施，废嫡立幼，烽火戏诸侯，公元前771年，申侯、曾侯引犬戎攻入周都镐京，周幽王被杀，西周灭亡。据《古本竹书纪年》记载，"先是，申侯、鲁（应为曾）侯及许文公立平王于申，以本大子，故称天王。幽王既死，而虢公翰又立王子余臣于携。周二王并立"；"二十一年，携王为晋文公（为晋文侯之误）所杀。以本非适，故称'携王'"。太子宜臼被申侯、许侯等拥立为王，是为平王；而虢公则拥立王子余臣为王，是为携王。一时之间，周二王并立，周王室陷于分裂状态。二十一年后，携王被晋文侯所杀，结束了二王并立的局面。

在西周王朝灭亡之时，齐国正值齐前庄公在位。之所以用前庄公名之，是因为在春秋后期还有一位谥号为"庄"的齐国国君，为示区分，以前后别之。齐前庄公，名购（《史记·十二诸侯年表》《系本》作"赎"），齐成公之子，公元前794年至公元前731年在位，在位64年，是齐国在位时间最长的国君。在西周灭亡之年（公元前771），正值齐庄公在位之二十四年。齐国因远离周都，

33

在西周灭亡之际的动乱中，没有受到波及，国内保持了长期稳定，但也因此失去了匡扶周王室的重要机会。公元前770年，周平王东迁洛邑，晋国、郑国是周天子主要依赖的诸侯。随着周王室的衰弱，诸侯中的强国纷纷登场，代替周天子而唱起主角，《史记·周本纪》记载："平王之时，周室衰微，诸侯强并弱，齐、楚、秦、晋始大，政由方伯。"齐庄公时期，齐国渐强，为齐僖公主盟诸侯、齐襄公灭纪国、齐桓公春秋首霸，打下政治和经济基础，齐庄公算得上是齐国霸业的奠基者。《国语·郑语》记载史伯曾预言道："夫国大而有德者近兴，秦仲、齐侯，姜、嬴之隽也，且大，其将兴乎？"韦昭注曰："齐侯，齐庄公，姜姓之有德者也。"史伯预言，齐庄公时期，齐国将开始走向强盛。

齐庄公时期，齐国通过婚姻关系，与中原各国广泛联系，《诗经·卫风·硕人》："齐侯之子，卫侯之妻。东宫之妹，邢侯之姨，谭公维私。"《左传·隐公三年》："卫庄公娶于齐东宫得臣之妹，曰庄姜，美而无子，卫人所为赋《硕人》也。"得臣为齐庄公之太子，应是未得立而先死。庄姜为太子之妹，嫁于卫庄公。从《硕人》看，齐庄公先后嫁女于邢国和谭国国君，与齐国的三个邻国成为姻亲之国。

齐庄公卒后，其子齐僖公（《史记·齐太公世家》作"齐釐公"，僖、釐，古字通用）即位。齐僖公，名禄甫或禄父（《史记·齐太公世家》作"禄甫"，《春秋·桓公十四年》《史记·十二诸侯年表》作"禄父"。父、甫，古字通用），公元前730年至公元前698年在位。《史记·齐太公世家》："（齐庄公）六十四年，庄公卒，子釐公禄甫立。"

齐僖公是有雄才大略的国君，生当东周初年，不甘心在诸侯中平平无奇，他审时度势，制定了灵活的外交政策，趁机在春秋前期发挥大国的作用。具体来说，齐僖公的策略可以概括为：结盟郑、卫；打、拉鲁、宋；吞并纪国。齐庄公、僖公父子当权近一百年的时间，齐国逐渐成为举足轻重的中原大国，号称"小霸"，开启了齐国争霸中原的序幕。

一、结盟郑国

《左传·隐公十一年》中记载，郑庄公说："王室而既卑矣，周之子孙日失其序。"周王朝在东迁之后，实力大大削弱，郑国和晋国在周室东迁过程中发挥了重要的作用。《左传·隐公六年》记载："我周之东迁，晋郑焉依。"周王朝东迁之后，晋国不久之后也陷入内乱之中。在周室东迁中发挥过重要作用的晋文侯死后，其弟成师封于曲沃，经过近七十年的内乱，最终曲沃代翼，曲沃桓叔一系取代了晋公室，成为诸侯。晋国内乱，自顾不暇，无力顾及周王室，而郑国地处中原，通过吞并邻国而发展壮大，又距离周王朝都城洛邑较近，因而对周王室影响最大的莫过于郑国。郑国初封之君郑桓公是周厉王之子、周宣王之弟，与王室血缘关系最近。《左传·僖公二十四年》："郑有平、惠之勋，又有厉、宣之亲，弃嬖宠而用三良，于诸姬为近。"《国语·周语中》也记载："郑在天子，兄弟也。郑武、庄有大勋力于平、桓，我周之东迁，晋、郑是依。"郑国又在东迁过程中出力最多，以至于周王室在东迁之初即受到郑国的挟制。齐僖公十一年（公元前720），发生了周、郑交质事件。《左传·隐公三年》："郑武公、庄公为平王卿士，王贰于虢。郑伯怨王，王曰：'无之。'故周、郑交质，王子狐为质于郑，郑公子忽为质于周。"郑武公和郑庄公相继担任周王朝的卿士，把持朝政大权，引起周平王不满。周平王想以虢公参政来分郑庄公之权，郑庄公怨恨周王，不朝见周王，周平王为了打消郑庄公疑虑，周王与郑国交换人质，以证明互信，这在以往是不曾出现的，也是不可想象的，周王室的地位已经一落千丈。从此一事件可以看出，郑国在东周初期地位非常重要，周天子对郑国非常忌惮，任用大臣也受到郑国的压制。

郑庄公也是一位雄才大略的国君，在位四十三年，利用自身担任王朝卿士的便利条件，常"以王命讨不庭"（《左传·隐公十年》），打着周天子的大旗，调动王朝军队王师和其他诸侯的军队，征伐不听话的诸侯。清人高士奇评价说："郑庄公，春秋诸侯中枭雄之姿也，其阴谋忮忍，先自翦弟始，而后上及于王，下及于四邻与国。"① 齐僖公九年（公元前722），郑庄公以王师、虢师伐卫国南部边境。齐僖公十三年（公元前718），郑庄公又以王师伐宋。齐僖公看到了郑国的特殊地位和蒸蒸日上的国力，审时度势，与郑国结为盟国，可

---

① [清]高士奇:《左传纪事本末》,中华书局1979年版,第606页。

谓强强联合，对于提高齐国在诸侯国中的地位大有裨益。据《左传·隐公三年》记载："冬，齐、郑盟于石门，寻卢之盟也。"杜预注曰："卢盟在《春秋》前。"齐僖公十一年（公元前720），齐僖公与郑庄公在石门会盟。在石门（今山东长清西南约七十里）会盟之前，齐国与郑国已经在卢地（今山东长清西南约二十五里）会盟，而石门会盟是重温两国卢地会盟的誓言，加强两国的盟国关系。元人刘实曾评论说："郑庄挟齐以自强，而齐僖亦资郑以纠合。自是齐郑之党合，天下始多故，而诸侯遂无王矣。"① 郑国立国较晚，又是靠兼并邻国起家，与邻国宋国、卫国关系紧张②，经常发生战争，郑国与齐国结盟，主要是为了对抗宋国和卫国。齐国与郑国的联合，可谓两国都有利益诉求，两国的联合对于春秋前期的诸侯国际局势产生重要的影响。齐、郑石门会盟的第二年，宋、陈、蔡、卫四国会盟伐郑，"此诸侯会伐之始，亦东诸侯分党之始"③。自此之后，中原诸侯间开启了分党会伐的局面。《春秋·隐公四年》："宋公、陈侯、蔡人、卫人伐郑。秋，翚帅师会宋公、陈侯、蔡人、卫人伐郑。"《左传·隐公四年》："宋公、陈侯、蔡人、卫人伐郑，围其东门，五日而还……秋，诸侯复伐郑。"这一年，宋、陈、蔡、卫两次伐郑，第二次伐郑，鲁国的公子翚也率军参与。

郑庄公在位期间，齐国是郑国的亲密盟友，为了缓和宋、卫与郑国的紧张关系，齐僖公积极居中调和，最终促成了宋、卫与郑国的和好。《春秋·隐公八年》："秋七月庚午，宋公、齐侯、卫侯盟于瓦屋。"《左传·隐公八年》："齐人卒平宋、卫于郑。秋，会于温，盟于瓦屋，以释东门之役，礼也。"齐僖公十六年（公元前714），齐僖公与宋殇公、卫宣公在瓦屋（今河南温县西北）会盟，宋、卫两国与郑国尽弃前嫌。四年之前宋、卫曾围郑东门五日，为此，郑国与宋、卫互相攻伐，此次瓦屋会盟，意在使宋、卫与郑不再因此再

---

① 宋元人注：《春秋三传》，《四书五经》（下册），天津市古籍书店1988年版，第45页。
② 宋穆公之位传自其兄宋宣公，宋穆公为报兄恩，传位于宋宣公之子宋殇公，命其子公子冯出居郑国。宋殇公害怕公子冯回国与其争位，故而与郑国多有战争。公元前710年，华督杀死宋殇公，迎立公子冯继位，是为宋庄公。郑庄公弟弟叔段的儿子公孙滑出奔卫国，卫君州吁曾联合其他诸侯伐郑。
③ 宋元人注：《春秋三传》，《四书五经》（下册），第47页。

动干戈。此次会盟，郑庄公没有参加，杨伯峻先生认为："齐僖公早与郑庄公相亲而谋议，足以代表郑国表示其尽弃旧嫌之心，故此会虽平宋、卫于郑，而郑庄公可以不与盟。"① 齐僖公对自己能够平息三国之怨而洋洋自得，派人到鲁国告知鲁隐公此事，"冬，齐侯使来告成三国。公使众仲对曰：'君释三国之图，以鸠其民，君之惠也。寡君闻命矣，敢不承受君之明德'"。（《左传·隐公八年》）瓦屋会盟，对于齐国来说是一件大事，证明了齐僖公的威望和齐国的地位。此次会盟也被认为是齐僖公"小霸"的表现。《国语·郑语》："齐庄、僖于是乎小伯。"韦昭注曰："小伯，小主诸侯盟会。"瓦屋会盟是齐僖公主导的一次成功的诸侯盟会。为了感谢齐僖公的调停，在瓦屋会盟后不久，郑庄公引荐齐僖公朝见周桓王。可知，此前齐僖公并未朝见过周王，与周王室关系疏远，与郑庄公位居朝廷卿士的地位不可相提并论。

在齐、郑结盟之后，齐、郑经常联合行动。齐僖公十八年，联合伐宋、伐郕；齐僖公十九年，联合伐许；齐僖公二十一年，宋国内乱，会盟于稷，承认新即位的宋庄公；齐僖公二十四年，齐僖公与郑庄公合谋伐纪；即使是在郑国与周王室发生繻葛战事、大败周王之后②，齐僖公仍坚定地站在郑庄公一边。齐僖公二十五年，北戎伐齐，齐僖公向诸侯求救，郑庄公派太子忽率军救齐；齐僖公二十六年，联合讨伐叛郑的盟、向二邑，迫使周桓王将两邑的民众迁徙到王城附近；齐僖公二十九年，联合伐鲁。

齐僖公为了加强与郑国的盟国关系，两次欲与郑国结为姻亲之国。《左传·桓公六年》记载："公之未昏于齐也，齐侯欲以文姜妻郑大子忽。大子忽辞，人问其故，大子曰：'人各有耦，齐大，非吾耦也。《诗》云："自求多福。"在我而已，大国何为？'君子曰：'善自为谋。'及其败戎师也，齐侯又请妻之，固辞。人问其故，大子曰：'无事于齐，吾犹不敢。今以君命奔齐之急，而受室以归，是以师昏也。民其谓我何？'遂辞诸郑伯。"在齐僖公之女

① 杨伯峻：《春秋左传注》，中华书局1990年版，第59页。
② 齐僖公与郑庄公朝纪后不久，周桓王不让郑庄公参与周朝政，郑庄公也不再入朝觐见，周桓王率领蔡、卫、陈等诸侯联军讨伐郑庄公，郑国在繻葛（今河南长葛东北）大败周王及诸侯军队，并箭射周王肩膀。

文姜未嫁给鲁桓公之前，齐僖公曾想将文姜嫁给郑太子忽，但郑太子忽以"齐大非偶"为由拒绝了，到了齐僖公二十五年，北戎伐齐，太子忽率军救齐，齐僖公再次提出要嫁女于太子忽，又被太子忽拒绝。《左传·桓公十一年》也记载："郑昭公之败北戎也，齐人将妻之，昭公辞。祭仲曰：'必取之。君多内宠，子无大援，将不立。三公子，皆君也。'弗从。"郑国执政之卿祭仲劝说太子忽娶齐女为妻，以为己援，但太子忽不听劝告，执意不娶齐女。齐僖公与郑国交好的意图十分明显，意图通过姻亲关系加强两国的盟国关系，但郑太子忽的拒亲，不仅使齐僖公的结亲意图落空，也使得太子忽在后来争夺君位过程中因无强援而失败被杀。对于齐僖公与郑结亲之事，《史记·齐太公世家》记载："二十五年，北戎伐齐。郑使太子忽来救齐，齐欲妻之。忽曰：'郑小齐大，非我敌。'遂辞之。"《史记·郑世家》记载基本相同。显而易见，齐僖公欲嫁女于郑太子忽有两次，而《史记》将两次并作一次记载，因而令后人产生了诸多误会。齐僖公第二次提出与郑结亲时，文姜早在齐僖公二十二年已嫁给鲁桓公，因而齐僖公第二次提出嫁女时，另有其他女儿，而非文姜。

齐僖公三十年（公元前701），郑庄公卒，郑国发生内乱。太子忽首先即位，是为郑昭公，但不久之后，宋国人诱执郑国执政之卿祭仲，逼迫他改立公子突为君，是为郑厉公。郑昭公出奔卫国，四年之后，昭公复立，厉公出奔，此后郑国国君走马灯似的更换，郑国内乱二十余年，实力大大削弱，与齐国的关系也不再像郑庄公在位时期那么紧密。郑庄公之死，使齐僖公失去了一位亲密的盟友。

二、结盟卫国

春秋前期，齐国与卫国是姻亲之国，齐僖公的夫人中有一位来自卫国，为公子小白（即后来的齐桓公）之母。《史记·齐太公世家》记载："（齐襄公）次弟小白奔莒，鲍叔傅之。小白母，卫女也，有宠于釐公。"卫庄公娶齐前庄公之女为夫人。《左传·隐公三年》记载："卫庄公娶于齐东宫得臣之妹，曰庄姜，美而无子，卫人所为赋《硕人》也。"其后卫宣公也娶齐僖公之女为夫人，是为宣姜。《左传·桓公十六年》："（卫宣公）为之（宣公长子急子）娶于齐而美，公取之，生寿及朔。"卫国虽然经常与宋国联合行动，但一直是齐国忠实的盟国，受齐国的影响较大。

卫国本与郑国有矛盾，与宋国联盟，联合抗郑，但在齐国的调停下，与郑国达成和解，促成了瓦屋之盟。齐僖公二十二年（公元前709），齐僖公与卫宣公在蒲地（今河南长垣县治东）相见，巩固两国同盟关系。《左传·桓公三年》："夏，齐侯、卫侯胥命于蒲，不盟也。"齐僖公二十六年（公元前705），卫国跟随齐国、郑国讨伐叛郑的盟、向二邑，又在齐僖公二十九年（公元前702），卫国与齐国、郑国联合伐鲁。齐僖公三十年（公元前701），齐僖公、郑庄公、卫宣公在恶曹（今河南延津县东南）会盟。《春秋·桓公十一年》："十有一年春正月，齐人、卫人、郑人盟于恶曹。"《左传》记载宋国也与盟。齐僖公极力缓和郑国与卫国的紧张关系。齐僖公三十二年（公元前699），卫国参加齐、宋、燕一方，与鲁、纪、郑三国大战，齐、卫一方大败。

卫国作为中原有影响的诸侯国，在齐僖公在位期间，卫国参与了齐国主持或参加的会盟和征伐活动，对于齐国影响力的扩大起到了很大的作用。可以说，齐僖公联卫的策略是成功的。

三、打拉鲁国

鲁国是周公的封国，是齐国的南部邻国，与周王室关系亲近，周成王赋了了鲁国"郊祭文王""奏天子礼乐"的资格，地位特殊，但又与齐国长期处于敌对状态。进入春秋前期，齐僖公意欲缓和与鲁国的关系。齐僖公十四年（公元前717），齐僖公与鲁隐公在艾地（今山东新泰西北约五十里）会盟。《左传·隐公六年》："夏，盟于艾，始平于齐也。"杜预注曰："春秋前，鲁与齐不平，今乃弃恶结好，故言始平于齐。"有学者认为，"此齐、鲁交好之始。"① 实际上，齐僖公之夫人中有鲁女，《史记·齐太公世家》："初，襄公之醉杀鲁桓公，通其夫人，杀诛数不当，淫于妇人，数欺大臣，群弟恐祸及，故次弟纠奔鲁。其母鲁女也。"此鲁女为何人，已不可考。可见，早在齐、鲁

---

① 宋元人注：《春秋三传》，《四书五经》（下册），第52页。

艾之盟前，齐、鲁已经联姻，但两国并没有交好。艾之盟后的第二年，为了巩固两国友好关系，齐僖公派其弟夷仲年聘问鲁国，"齐侯使夷仲年来聘，结艾之盟也"。（《左传·隐公七年》）齐僖公十八年（公元前713），齐僖公、鲁隐公、郑庄公在中丘（今山东临沂东北）相会，又在邓地（鲁国地名）盟誓，约定日期共同伐宋。随后，三国之师在老桃（宋国地名）会合，鲁国军队大败宋国军队，郑国军队占领了郜和防两邑，为了感谢鲁国出兵相助，郑国将二邑送与鲁国。齐僖公十九年（公元前712），齐、鲁、郑三国联合伐许；齐僖公二十一年（公元前710），宋国发生政变，宋殇公被弑，郑、齐、鲁、陈四国联合出兵宋国，"以成宋乱"，承认了宋庄公（公子冯）即位的合法性，鲁国收取宋国贿赂的郜大鼎而还。可以看出，鲁国自从跟随齐国和郑国征伐以来，收获颇丰。

为了巩固与鲁国同盟关系，齐僖公二十二年（公元前709），齐僖公与鲁桓公在嬴地（今山东莱芜西北）相会，齐僖公将女儿文姜嫁于鲁桓公，齐、鲁成为姻亲之国，自此齐、鲁世代联姻，"周公及武公娶于薛，孝、惠娶于商，自桓以下娶于齐，此礼也则有"。（《左传·哀公二十四年》）对于此次齐鲁联姻，齐僖公特别重视，不仅鲁桓公派公子翚到齐国迎接，而且齐僖公亲自送女至鲁国的讙邑（齐鲁边境，今山东宁阳北），鲁桓公亲到讙邑与齐僖公相见。《春秋·桓公三年》记载："公子翚如齐逆女。九月，齐侯送姜氏于讙。公会齐侯于讙。夫人姜氏至自齐。"这次齐侯嫁女可谓隆重非常，齐僖公越过国境送女成婚，在周礼看来，是不合礼制的行为。《左传·桓公三年》："齐侯送姜氏于讙，非礼也。凡公女嫁于敌国，姊妹则上卿送之，以礼于先君；公子则下卿送之。于大国，虽公子亦上卿送之；于天子，则诸卿皆行，公不自送；于小国，则上大夫送之。"按照礼制要求，就算鲁国是大国，齐侯嫁女只需上卿相送，完全不需要齐僖公自己跑一趟，《穀梁传》《公羊传》也批评齐僖公的不合礼制的行为，如《穀梁传·桓公三年》说："礼，送女，父不下堂，母不出祭门，诸母兄弟不出阙门……送女逾竟，非礼也。"从齐僖公越境送女的行为可以看出，一方面齐僖公对齐鲁联姻的重视，另一方面也有齐僖公对女儿文姜过分的疼爱。在鲁桓公与文姜成婚后，齐僖公还派其弟夷仲年到鲁国聘问，"冬，齐仲年来聘，致夫人也。"一时之间，齐、鲁关系瞬间升温。

齐僖公积极拉拢鲁国，两国联姻背后的目的即在于分化鲁国与纪国同盟，图谋吞并纪国。纪国是齐国的东部邻国，其都城在今山东寿光境内，国境西与齐国相接壤，其西部城邑酅邑（今山东临淄东）距齐都临淄不过数公里。西周初年，两国相安无事，到齐哀公时，因纪侯之谗言，齐哀公被周夷王烹杀。《古本竹书纪年》记载："（周夷王）三年，王致诸侯，烹齐哀公于鼎。"《史记·齐太公世家》记载："哀公时，纪侯潜之周，周烹哀公而立其弟静，是为胡公。"齐与纪成为世仇。

东周以后，王室衰微，齐国开始图谋兼并纪国。但是，春秋初期，齐国的对外扩张过程，一直有鲁国积极干预其中的身影。据《春秋大事表》统计，在鲁桓公执政的十八年间，齐、鲁两国共交兵三次，都与纪国有关。齐、鲁之间的暗中较量极其激烈，鲁国外交的头等大事便是通过援纪而牵制齐。纪国为了对抗齐国，与鲁国结盟，与鲁国联姻。鲁隐公二年，鲁伯姬嫁于纪侯；鲁隐公七年，鲁叔姬又嫁于纪侯。鲁国与纪国关系一直非常紧密，鲁国充当了纪国保护国的角色。鲁国还积极调停纪国与莒国之间的矛盾，促成两国和好。

据《公羊传·桓公三年》记载，就在齐、鲁联姻的当年，鲁桓公与纪侯在盛地相会①，可以看出，鲁国并没有因为齐、鲁联姻而放弃了对纪国的支持。齐僖公二十四年（公元前707），齐僖公与郑庄公联合到纪国访问，对于这次朝纪事件，《左传·桓公五年》记载："夏，齐侯、郑伯朝于纪，欲以袭之。纪人知之。"杨伯峻先生认为："齐、郑大国，齐僖、郑庄且当时雄主。纪，小国耳，竟联袂来朝，其别有用心可以知之。"② 齐僖公朝纪，意在探听纪国虚实，加兵于纪国，纪国人也知晓了其吞并纪国的图谋，齐僖公只得暂时作罢，而纪国积极奔走自救。齐僖公二十五年，鲁桓公与纪侯在成地（今山东省宁阳县）会面。《左传·桓公六年》："夏，会于成，纪来谘谋齐难也。"

① 《左传》《穀梁传》都将"纪"作"杞"，"盛"作"郕"，杞国为子爵，不应称侯，应以《公羊传》为是。
② 杨伯峻：《春秋左传注》，第104页。

"冬，纪侯来朝，请王命以求成于齐，公告不能。"齐国的步步紧逼，已经压得纪国喘不过气来，灭国之危险日渐临近。纪侯与鲁桓公会面商讨如何应对齐国灭纪的举动。同年冬天，纪侯又到鲁国朝见鲁桓公，请求鲁桓公向周桓王请求王命，让周桓王干预齐对纪的吞并，但鲁桓公告诉纪侯，请王命这件事他做不到，纪侯并没有因此放弃努力。齐僖公二十七年（公元前704），纪国终于与周王室联姻，周桓王娶王后于纪国，《左传·桓公八年》："祭公来，遂逆王后于纪，礼也。"按照礼制，天子不自主婚，而托同姓诸侯主持，因而此次周桓王娶王后，由鲁桓公主持。纪国意图通过与周天子联姻以自固，但周室衰微，齐国根本没有将周、纪联姻看在眼里。齐僖公二十九年（公元前702），齐、卫、郑三国伐鲁，战于郎地。此次战事的起因，按照《左传·桓公十年》的说法："初，北戎病齐，诸侯救之，郑公子忽有功焉。齐人饩诸侯，使鲁次之。鲁以周班后郑。郑人怒，请师于齐。齐人以卫师助之，故不称侵伐。"齐国给诸侯的军队馈送食物，让鲁国确定馈送的次序。鲁国按周室封爵的次序把郑国排在后面，没有把有功的郑太子忽放在前面，引起太子忽的不满。北戎伐齐，诸侯救齐是在齐僖公二十五年，距此已有五年，《左传》所言之原因应非主要原因。联系此前一年即齐僖公二十八年（公元前703），周、纪联姻成功，《左传·桓公九年》："九年春，纪季姜归于京师。"齐国怨恨鲁国在周、纪联姻中发挥作用，应是此次三国伐鲁的主要原因，还是与齐国图谋纪国有关。

齐僖公三十年（公元前701），一代雄主郑庄公卒，郑国发生内乱，郑国霸业中衰，一时中原群龙无首，鲁国、宋国都想继郑庄公而起，特别是鲁国，鲁桓公试图充当霸主，《左传·桓公十二年》："十二年夏，盟于曲池，平杞、莒也。公欲平宋、郑。秋，公及宋公盟于句渎之丘。宋成未可知也，故又会于虚。冬，又会于龟。宋公辞平，故与郑伯盟于武父。遂帅师而伐宋，战焉，宋无信也。"这一年，鲁国外交频频，在诸侯间穿梭，先与纪国①、莒国盟于曲池，与两国结为同盟，此举也被认为是对抗齐国谋纪之举，元人吴澂认为："纪为齐难，危急甚矣，鲁桓切切为纪谋，故屡会焉，而大国无与同心者。此

---

① 《左传》作"杞"，而《公羊传》《穀梁传》俱作"纪"，应以《公羊》《穀梁》为是。

会也，仅能与小弱之莒偕。"① 鲁桓公又调和郑国与宋国的关系，与宋庄公盟于句渎之丘，由于不知道宋国对议和有无诚意，再会于虚，又会于龟，终于促成了郑、宋与鲁盟于武父。会盟之后，因为宋国失信，与郑国联合伐宋。这一年，鲁桓公在诸侯间十分活跃，屡主诸侯盟会，有代郑庄公为盟主之势。

齐僖公在吞灭纪国问题上一直没有很大的作为，与鲁国的阻挠是分不开的。齐僖公后期，因为郑国与鲁国的结盟，使得齐国对付鲁国的有效手段不多，反而是鲁国通过扶持纪国，达到了抑制齐国发展的目的。

四、齐僖公三十二年诸侯之战的分析

齐僖公三十二年（公元前 699），中原爆发了一场两个诸侯集团之间的战争，一方是齐国、宋国、卫国和燕国，另一方是鲁国、郑国和纪国。史籍中对这场战争记载模糊，战于何地也不清楚。《春秋·桓公十三年》记载："十有三年春二月，公会纪侯、郑伯。己巳，及齐侯、宋公、卫侯、燕人战。齐师、宋师、卫师、燕师败绩。"战争的起因，《左传》认为是宋国因拥立公子突为国君，而向郑国多次索取财货，郑国不能忍受，因而郑国联合鲁国、纪国与齐国、宋国一方发生战争。《左传·桓公十三年》："宋多责赂于郑，郑不堪命，故以纪、鲁及齐与宋、卫、燕战。不书所战，后也。"但众多史家都认为这场战争与齐、鲁之间的纠葛有关。

郑国本是齐国的盟国，但在此次战争中与鲁国站在一边，原因即在于此时郑国在位的国君是郑厉公，郑厉公是靠宋国胁迫郑国执政祭仲而立为国君的，但宋国多次向郑国索要贿赂，使郑厉公不能忍受，郑厉公便请鲁桓公从中调停，鲁、宋两国国君在齐僖公三十年这一年多次会面，但宋庄公贪图郑国贿赂，拒不接受鲁国的调停，《左传·桓公十二年》："宋公辞平，故与郑伯盟于武父，遂帅师而伐宋。"鲁桓公与郑厉公在武父会盟，鲁、郑联合伐宋，郑厉公感激鲁桓公，鲁国与郑国结为同盟，站在了一边。齐僖公三十二年，鲁国又

① 宋元人注：《春秋三传》，《四书五经》（下册），第82页。

与郑国和纪国会面，三国同盟结成。而另一方齐、宋、卫、燕的联合，则由于鲁、郑、纪的联合而导致。宋与郑不和，齐与纪不和，齐、卫为盟国，可以说，齐、宋、卫、燕的联合不如鲁、郑、纪联合之紧密，也导致了四国的失败。

这场战争战于何地？《左传》未载，"不书所战，后也"。认为《春秋》没有记载战争的地点，是由于鲁桓公迟到，没有赶上战事。但《公羊传》认为战事发生在鲁国，《公羊传·桓公十三年》："何以不地？近也。恶乎近？近乎围。郎亦近矣，郎何以地？郎犹可以地也。"认为这场战争发生鲁国国都近郊，近乎围城而战。而《穀梁传》则认为在纪国，《穀梁传·桓公十三年》："其不地，于纪也。"认为战事发生于纪国地盘上。可以看出，《春秋》三传所言各异，历代解经作传者也解释各异，笔者认为，这场战争是以齐、纪矛盾为中心而展开的。有一种说法颇有道理，宋儒胡安国说："赵匡考据经文，内兵则以纪为主，而先于郑，外兵则以齐为主，而先于宋，独取穀梁之说。盖齐、纪者，世仇也。齐人合三国以攻纪，鲁、郑援纪而与战，战而不地，于纪也。不然，纪惧灭亡不暇，何敢将兵越国助鲁、郑以增怨乎？"① 齐国合三国之力以伐纪，较为符合齐国图谋纪国的行动节奏，而鲁国自然不愿坐视纪国被齐国灭亡，必然出兵相助，因郑与鲁结盟，因而郑国也出兵相助。这场战争的胜败关键在于郑国的站队，而郑厉公一反郑庄公联齐的策略，郑国站到了鲁国一边。故而元人吴澂说："昔郑庄助齐谋纪者也，鲁桓数为郑会宋，继又同郑伐宋，郑厉德鲁，故助鲁救纪，而反其父之所为。"②

这场战争可谓当时的一场中原大战，当时中原主要诸侯国都参与其中，战争以齐、宋、卫、燕一方的大败告终。《左传·庄公十一年》："凡师，敌未陈曰败某师，皆陈曰战，大崩曰败绩。"这一战，终结了齐僖公吞并纪国的图谋。战后第二年，齐僖公卒，应与此战的失败有很大的关系，可谓含恨而亡，灭纪大业等到其子齐襄公时期才得以完成。

---

① 宋元人注：《春秋三传》，《四书五经》（下册），第84—85页。
② 宋元人注：《春秋三传》，《四书五经》（下册），第85页。

五、关于齐"庄、僖小伯"的讨论

对于齐国历史，人们往往对"庄僖小霸"津津乐道，《国语·郑语》云："及平王之末，而秦、晋、齐、楚代兴，秦景、襄于是乎取周土，晋文侯于是乎定天子，齐庄、僖于是乎小伯，楚蚡冒于是乎始启濮。"韦昭注曰："小伯，小主诸侯盟会。"瓦屋会盟是齐僖公主导的一次比较成功的诸侯盟会，成功调停了宋国、卫国与郑国的关系，令三国和好，齐僖公也对此自鸣得意，专门派人到鲁国报告这一盟会结果。童书业先生认为："是齐僖有平三国之举，隐为盟主矣。"[1] 而恶曹之盟则是齐僖公小霸事业的顶峰。《左传·桓公十一年》："十一年春，齐、卫、郑、宋盟于恶曹。"童书业先生认为："此次恶曹之盟，盖亦以齐僖为主，此盟为郑庄小伯之极峰，亦为齐僖小伯之极峰也……然齐僖时国力并不甚强，既不能御北戎之侵，其后与宋、卫、燕之联军又为鲁、郑、纪联军所打败，此次大败后，齐僖'小伯'之局盖告终矣。"[2] 吴爱琴认为："郑国依靠尊威尚在的周王室，加上郑庄公的谋力经营，形成了中原地区郑国独强的局面"；"从齐与郑的关系上来看，春秋初期的齐国更多的是依仗郑国。"[3] 从史料记载来看，所论可谓切中肯綮。真正的"小霸"实际上是郑庄公，而非齐僖公。虽然郑国的对立国家有宋、卫等国，但能够"以王命讨不庭"的只有郑国，在郑庄公时期，郑国的实力可为中原诸国之首，当时的齐国是不能与郑国抗衡的。

六、齐僖公的失误

1. 齐僖公过分宠爱其侄公孙无知，导致齐襄公被弑之祸。公孙无知为齐僖公同母弟夷仲年之子，因齐僖公与夷仲年亲近，故而僖公对公孙无知非常宠爱，《左传·庄公八年》："僖公之母弟曰夷仲年，生公孙无知，有宠于僖公，

---

[1] 童书业：《春秋左传研究》，上海人民出版社 2019 年版，第 42 页。
[2] 童书业：《春秋左传研究》，第 43—44 页。
[3] 吴爱琴：《郑国史》，科学出版社 2020 年版，第 61—62 页。

衣服礼秩如适（嫡）。襄公绌之。二人因之以作乱。"《史记·齐太公世家》也记载："三十二年，釐公同母弟夷仲年死。其子曰公孙无知，釐公爱之，令其秩服奉养比太子……襄公元年，始为太子时，尝与无知斗，及立，绌无知秩服，无知怨。"① 僖公让公孙无知的衣服礼仪等种种待遇都和国君嫡子（太子）一样。公孙无知作为太子之堂兄弟，本不应享受太子之待遇，而齐僖公让公孙无知僭越享用国君嫡子的待遇，使其产生了非分之想，在齐襄公将其待遇降低后，即心怀怨恨，蓄谋发动叛乱，不仅导致襄公被杀，也导致自己在自立为君不久之后也被杀。可以说，襄公被弑之祸，源于齐僖公不合礼制的行为。

2. 齐僖公为二子——公子纠和公子小白各树党羽，埋下了日后诸公子争夺君位的隐患。《史记·齐太公世家》："次弟纠奔鲁。其母鲁女也。管仲、召忽傅之。次弟小白奔莒，鲍叔傅之。"齐僖公让管仲、召忽辅佐公子纠，鲍叔牙辅佐公子小白。在齐襄公被弑、公孙无知被杀之后，公子纠与公子小白为争夺君位，上演了一出手足相残的惨剧。管仲为使公子纠顺利即位，在公子小白回国途中箭射小白，小白佯死，躲过一劫，抢先回国即位，逼迫鲁国杀死了公子纠。

结　语

齐僖公，谥"僖"或"釐"，据《逸周书·谥法解》："有伐而还曰釐，质渊受谏曰釐，慈惠爱亲曰釐。"② 即知难而退、不穷兵黩武的，思虑深远又接受规劝的，周爱亲族的，谥号为"釐"，是一个美谥。从齐僖公在位期间的作为看，和好诸侯，小主诸侯盟会，有所作为，虽图谋纪国，但以失败告终，基本符合"釐"谥的内涵。

---

① 《史记·十二诸侯年表》："齐釐公三十二年，釐公令毋知秩服如太子。""无知"又作"毋知"。

② "慈惠爱亲"一条有移到"孝"条下的。《史记正义·谥法解》作"有罚而还"。

齐襄公评传

简评：

　　齐襄公是进入春秋时期后齐国第三位国君，上承庄僖小霸，下启桓公首霸，承前启后之功重大。因其父与弟之功业卓著，齐襄公之功业被低估，且在史书中存在严重的贬抑评说，在《春秋》三传中也有着不一样的评说，通过分析史料，可以发现齐襄公的功业奠定了齐国首霸的基础，而其历史评说的污名化与齐桓公有直接的关系，重要的原因在于说明襄公失国的必然性和桓公得位的正当性与合法性。

　　齐襄公，名诸儿，齐僖公长子，公元前697年至公元前686年在位。齐襄公是进入春秋时期后齐国第三位国君，其祖父为齐前庄公，父为齐僖公。庄公在位时期，正值两周交替之际，宗周的变乱没有影响东方的齐国，庄、僖二公统治时期政治稳定，庄公在位64年，僖公当政33年，父子连续治齐近百年之久，开启了史称"庄僖小霸"的政治局面。《国语·郑语》云："齐庄、僖于是乎小伯（霸）。"齐襄公之后是著名的齐桓公，为"春秋五霸"之首。齐襄公所处的时代，上承庄僖，下启齐桓，在古今评价中，因齐桓公"九合诸侯、一匡天下"的功绩，且因齐襄公死于非命，而将齐襄公的功业一带而过，或指摘过甚，这无疑都失之公允，齐襄公的功过需要进行深层次的梳理和研究。

一、齐襄公的功业

齐僖公之时，齐国国力有所发展，外交有了很大进展，遂有"庄僖小霸"之称。瓦屋之盟，齐僖公成功让宋、卫与郑讲和。《左传·隐公八年》："齐人卒平宋、卫于郑。秋，会于温，盟于瓦屋，以释东门之役，礼也。"齐僖公三十二年，爆发中原诸侯大战。《春秋·桓公十三年》记载："十有三年春二月，公会纪侯、郑伯。己巳，及齐侯、宋公、卫侯、燕人战。齐师、宋师、卫师、燕师败绩。"《左传》云："宋多责赂于郑，郑不堪命，故以纪、鲁及齐与宋、卫、燕战。"齐、宋四国大败，此战之后第二年，齐僖公卒，可以说，齐僖公是赍志以殁，"小霸"之业未竟而终。真正使齐国首先称雄于诸侯的要属齐襄公。齐襄公在位期间，通过在诸侯间的纵横捭阖，完成以下功业，奠定了齐国之后强盛的基础。

定许。齐襄公元年（公元前697），齐、鲁两国国君在艾地会盟，以商议安定许国之事。《左传·桓公十五年》："许叔入于许。公会齐侯于艾，谋定许也。"许穆公在居外十五年之后，回到许都。

定卫。卫宣公死后，卫国发生内乱，卫惠公即位，而之前被卫惠公所害的太子急子和公子寿之徒不服，发动叛乱，卫惠公出奔齐国。《春秋·桓公十六年》："十有一月，卫侯朔出奔齐。"《左传》："左公子泄、右公子职立公子黔牟。惠公奔齐。"襄公三年（公元前695），鲁、齐、纪三国在黄地盟会，其中一项重要的内容就是商议恢复卫惠公的君位。襄公七年，齐国与鲁国联合伐卫；襄公九年，齐、鲁、宋、陈、蔡联合伐卫，第二年，卫惠公回国，恢复君位。通过扶持卫惠公，使卫国成为齐国的盟国。

服鲁。鲁国在春秋前期，一直是齐国较强的对手。为缓和与鲁国的关系，鲁隐公六年，齐僖公与鲁隐公在艾地会盟，其后，鲁桓公聘齐僖公之女文姜为夫人，齐、鲁交好的局面维持了较长的时间。但鲁国却是齐国兼并纪国的一个很大的障碍。齐僖公在灭纪上一直没有很大的作为，与鲁国的阻挠是分不开的。齐僖公死后，齐襄公即位，灭纪的行动可谓继承自僖公。《左传·桓公十七年》记载，鲁、齐、纪在黄地（今山东省淄博市淄川区）会盟，目的是促成齐、纪的和解，但齐襄公兼并纪国的政策不会因鲁国的阻挠而改变，当年夏，齐侵鲁，战于奚，齐襄公力图以武力迫使鲁国屈服。《左传·桓公十七年》："夏，及齐师战于奚①，疆事也。于是齐人侵鲁疆。"在鲁国不为所动的情况下，齐襄公在泺地与鲁桓公盟会时，由力士公子彭生杀死鲁桓公。《左传》将齐襄公杀鲁桓公的原因归于齐襄公与鲁桓公夫人文姜的私情败露。《左传·桓公十八年》："公会齐侯于泺，遂及文姜如齐。齐侯通焉。公谪之，以告。夏四月丙子，享公。使公子彭生乘公，公薨于车。鲁人告于齐曰：'寡君畏君之威，不敢宁居，来修旧好，礼成而不反，无所归咎，恶于诸侯。请以彭生除之。'齐人杀彭生。"童书业先生认为："未必尽因文姜故。"②鲁桓公是纪国的背后靠山，在拉拢、威逼不成的情况下，置鲁桓公于死地未必不为齐襄公之一步险棋。宋儒家铉翁说："齐与鲁虽为婚姻之国，盟会未几，战争相寻，盖敌国也，公一旦与姜氏如齐，殆天所以致其篡逆之诛，非人所能为也。"③鲁桓公死后，鲁庄公即位，面对齐襄公之强势，无力应对，对于桓公之死，也仅仅让齐国杀公子彭生而敷衍过去，对于齐国对纪国的兼并行动，更不可能再插手阻挠。在齐襄公的强势下，鲁国也服于齐。关于鲁桓公之死，也有不同的版本。马王堆帛书《春秋事语》之《鲁桓公与文姜会齐侯于乐》章中医宁评论说："今彭生近君，□无尽言，容行阿君，使吾失亲戚之，有（又）勒（力）成吾君之过，以二□邦之恶，彭生其不免〔乎〕，祸李（理）属焉。"④杀死鲁桓公，有可能并非齐襄公之授意，而是公子彭生见机而为。

正郑。郑国在郑庄公死后，即陷入内乱，郑昭公与郑厉公争夺君位。齐襄公元年，公子忽即位，是为郑昭公，公子突出奔栎。不久，权臣祭仲入宋时为公子突岳父雍氏所迫，改立公子突为郑国国君，是为郑厉公，郑昭公逃到了卫国。但郑厉公不满祭仲专权，谋杀祭仲。事泄，祭仲复迎郑昭公复位。据

① 《公羊传》与《穀梁传》均作"郎"。
② 童书业：《春秋左传研究》，上海人民出版社2019年版，第48—49页。
③ 〔宋〕家铉翁：《春秋集传详说》卷四，四库全书本。
④ 马王堆汉墓帛书整理小组：《马王堆汉墓出土帛书〈春秋事语〉释文》，《文物》1977年第1期。

《公羊传·桓公十五年》记载，齐襄公与鲁、宋、卫、陈会于侈地，商议伐郑，以恢复郑厉公之君位，但没有成功。其后，郑昭公与权臣高渠弥有私怨，在一次狩猎时，高渠弥射杀昭公。但高渠弥与祭仲不敢迎郑厉公复位，于是立公子亹为君，是为郑子亹。齐襄公会诸侯于首止，郑子亹去参加会盟，高渠弥随从。在此盟会上，齐襄公杀郑子亹，车裂了郑卿高渠弥。《左传·桓公十八年》："秋，齐侯师于首止。子亹会之，高渠弥相。七月戊戌，齐人杀子亹，而辕高渠弥。"清华简《系年》第二章记载有所不同："（郑）庄公即世，昭公即位。其大夫高之渠弥杀昭公而立其弟子眉寿。齐襄公会诸侯于首止，杀子眉寿，车辕高之渠弥，改立厉公，郑以始政。"① 子眉寿即郑子亹。从《系年》来看，郑国君位之争，因齐襄公之强力而得以正。《左传》记载，郑子亹死后，祭仲又立子仪为君，郑厉公并没有回到国都。《史记·郑世家》将齐襄公杀郑君的原因解释为私人恩怨："子亹自齐襄公为公子之时，尝会斗，相仇，及会诸侯，祭仲请子亹无行。子亹曰：'齐强，而厉公居栎，即不往，是率诸侯伐我，内厉公。我不如往，往何遽必辱，且又何至是！'卒行。于是祭仲恐齐并杀之，故称疾。子亹至，不谢齐侯，齐侯怒，遂伏甲而杀子亹。"齐襄公与郑子亹的私人恩怨仅见于《史记》，可能司马迁另有所本，但齐襄公在盟会上让郑厉公恢复君位的意图是非常明显的，不废子亹之君位，则郑厉公就不能复位。在当时的诸侯看来，子亹之君位的正当性和合法性都成问题，郑厉公虽然出奔，但仍是列国承认的郑国国君。故而宋儒高闶说："《春秋》皆没而不书者，以突为郑伯故也。"② 从这一方面看，齐襄公杀死子亹，并不能算杀死一国国君，而是替郑国杀了乱臣贼子。从《系年》来看，齐襄公达到了目的，而从《左传》和《史记》来看，郑国又自立国君，齐襄公的意图没有实现，终齐襄公之世，郑厉公都没有复位。但自是之后，郑国因内乱，再无力与齐抗衡，因服于齐。齐襄公七年（公元前691），当纪国生死存亡之际，鲁庄公与郑子仪会于滑，意图阻止齐国兼并纪国，"谋纪故也"，但"郑伯辞以难"

---

① 李学勤主编：《清华大学藏战国竹简》（贰），中西书局2011年版，第138页。
② ［宋］高闶：《春秋集注》卷七，四库全书本。

（《左传·庄公三年》），杨伯峻先生认为："盖厉公居栎，虎视眈眈，谋欲入郑，子仪自顾不暇，不能与齐大国为敌也。"[①] 因郑国的内乱，春秋初期的强国郑国彻底沦为了二流国家，再无力与齐抗衡，使齐襄公小霸功业得以逐步推进。

灭纪。齐僖公多次采取行动，联合郑国等国谋取纪国，因鲁国的阻挠和齐国实力尚不强盛而中止。齐襄公即位之后，灭纪成为其外交活动中的重点。通过谋杀鲁桓公、杀郑君子亹，确立了齐国的盟主地位，使两国不敢再对齐国的灭纪行动再行干涉。鲁桓公死后，齐国即开始行动，公元前693年，齐国占领了纪国的邢、鄑、郚三个城邑。《左传·庄公元年》："齐师迁纪邢、鄑、郚。"三邑分别在今昌邑、安丘县境，为纪之外围城邑。齐并吞邢、鄑、郚三邑之后，完成了从南、东、西方向对纪国的包围。齐襄公七年，在齐的压力下，纪侯之弟纪季以纪国之酅邑并入齐国，纪国一分为二。《左传·庄公三年》载："秋，纪季以酅（在今山东临淄东）入于齐，纪于是乎始判。"一年之后，纪侯去国，齐国彻底兼并纪国。《左传·庄公四年》载："纪侯不能下齐，以与纪季。夏，纪侯大去其国，违齐难也。"纪国领土并入齐国，使得齐的疆域大大扩展。

兼并纪国在齐国发展史上具有重要的意义。古代儒家学者对齐灭纪多持贬义，认为纪国无罪，如清人顾栋高认为："春秋诸亡国之中，惟纪侯无所失道，朝于鲁，昏于天王，继而会盟，继而会战，其图全宗社至矣。"[②] 清人高士奇论道："自哀公至襄公凡十世，而哀公乃其远伯祖也，于不共戴天之义似亦少杀。且襄公鸟兽其行，败伦伤化，忍心害理，彼又岂知有祖宗之仇者，不过假复之名，以利其土地耳。"[③] 但在现代学者看来，兼并纪国是齐国走向强盛的开端。没有齐襄公灭纪，齐国始终存在心腹之患。杨伯峻先生认为，齐国要扩张发展，兼并纪国是势所必然："齐之欲灭纪，盖纪国处于齐都临淄之东南，相距不过百余里，齐欲扩张，非并纪不可。纪之不能保存，其情势然

---

① 杨伯峻：《春秋左传注》，中华书局1990年版，第161页。
② ［清］顾栋高：《春秋大事表》，中华书局1993年版，第2487页。
③ ［清］高士奇：《左传纪事本末》，中华书局1979年版，第173页。

也。"① 杨宽先生认为:"纪国被齐兼并,齐的东境便扩大了。齐国的强大,就是从兼并纪国开始的。"② 有学者从考古发现上考察得出结论,认为:"纪国都城距离齐国的腹心之地不过百里,而且拥有丰富的海盐资源……齐国灭掉纪国,完全拥有了渤海南岸丰富的海盐资源及其巨大的经济收益,为进一步对外扩张、春秋时期齐国称霸以及战国时期成为东方强国奠定了良好的基础。"③齐襄公灭纪,应该说是齐襄公对齐国发展做出的最大贡献。

降郕。鲁庄公八年,齐国联合鲁国讨伐郕国,郕国降齐。《春秋·庄公八年》:"夏,师及齐师围郕④,郕降于齐师。" 对于此次围郕,元儒吴澂认为:"齐贪其地而连鲁、陈、蔡之兵伐之……盖齐欲围郕,而征兵于鲁与陈、蔡尔","郕畏齐而不畏鲁,故齐鲁同围而郕独降齐也"。⑤ 郕国,具体地望有多说,或在山东濮县废县东南,或在鄄城和郓城之间⑥,总之,其地在鲁西南,距离鲁国近而离齐国较远,齐国独受郕国之降,虽然引起鲁国不满,但鲁国并没有采取敌对行动,说明齐国当时已经强于鲁国。齐国的疆域南境已经越过泰山,而临近鲁国都城曲阜。

对于齐襄公,传统儒家学者评价基本都是负面的,如高士奇说:"襄公淫于文姜,而戕鲁桓,天理人心渐灭已尽。迹其生平,迁邴、鄑、郚三邑以逼纪,卒使大去其国。总天子之罪人,连五国以伐卫,而取其宝玉。会鲁围郕,而独纳其降。书于《(春秋)经》者,无一善状。"⑦ 可以说是对齐襄公全面的否定。而现代学者童书业先生的评价则是"颇雄桀有为",对于齐襄公在位期间的功业,童书业评价道:"齐襄公灭纪伐卫又服鲁,几乎成了桓公以前的伯主"⑧;"齐襄即位,颇雄桀有为,齐势渐强。鲁桓十七年,鲁与齐、纪盟,

① 杨伯峻:《春秋左传注》,中华书局 1990 年版,第 161 页。
② 杨宽:《西周史》,上海人民出版社 2016 年版,第 623 页。
③ 吴伟华:《鲁北地区考古发现与春秋时期齐国灭纪》,《中原文物》2011 年第 2 期。
④ 《公羊传》作"盛"。
⑤ [元]吴澂:《春秋纂言》卷三,四库全书本。
⑥ 杨伯峻:《春秋左传注》,第 40 页。
⑦ [清]高士奇:《左传纪事本末》,第 176 页。
⑧ 童书业:《春秋史》,上海世纪出版集团 2010 年版,第 128 页。

欲平二国，弗克，反引起齐、鲁冲突，战于奚。次年鲁桓会齐襄于泺，且与夫人姜氏如齐，为齐所害（未必尽因文姜故）。齐襄又师于首止，诱杀郑君子亹及其佐高渠弥，鲁、郑皆为齐所摧抑，卫后亦为齐所伐，齐襄已成'小霸'之局……然不久齐内乱，襄公被杀，齐霸之局未成"。① 这个评价应该是较为公允的，设若齐襄公未遭宫廷之变，齐国霸业也有可能在其手中建立起来。

齐襄公之所以取得以上功业，与其娴熟的外交策略和杀伐果断的外交手段是分不开的。

1. 娴熟的外交策略

娴熟地运用当时诸侯间所通用的外交原则，利用盟会确立自己的地位。齐襄公七年，纪季以酅入于齐，纪国行将被齐兼并，在此情况下，鲁庄公与郑君子仪会于滑地，以商议援救纪国之事，郑国因内乱自顾不暇。第二年，文姜又会齐襄公于祝丘，盟会内容没有记载，很有可能是鲁庄公在自身没有力量阻止齐襄公灭纪之时，试图通过文姜来劝阻齐襄公，但并没有奏效，很有可能反被齐襄公说服同意齐国的兼并行动，纪国灭亡之当年，鲁庄公还与齐襄公在禚地（或郜地，齐地名）田猎，即为其证。当年夏，齐国与郑国、陈国盟会于垂地，会盟内容虽无记载，但很有可能是在齐国灭纪问题上达成共识，齐国争取到其他诸侯国的支持。盟会之后不久，纪侯即大去其国，纪国灭亡。齐国灭亡并非小国的纪国，在当时是大事，且纪国与周王室通婚，但此举并没有遭到周天子及一众诸侯的反对和讨伐，无疑是齐国在外交上的重大胜利。

与周王室通婚也是齐国重要的外交手段。进入东周之后，周天子的地位虽日渐没落，朝见周天子的诸侯寥寥无几，但周天子作为天下共主的名义没有改变，适当时机打着周天子的名号，更具有合法性。鲁桓公八年，纪国嫁女于周王，《春秋·桓公八年》："祭公来，遂逆王后于纪。"此时为周桓王十六年。为了在兼并纪国的行动中取得对等的地位，齐国也提出周王室通婚，周庄王同意了这门亲事，襄公五年（公元前693），嫁女于齐襄公。《春秋·庄公元年》："王姬归于齐。"郑玄注曰："王姬，齐襄公之夫人。"齐国与当今周天子结亲，

---

① 童书业:《春秋左传研究》,上海人民出版社 2019 年版,第 48—49 页。

显然与周王室的地位，较之纪国更加亲近。齐襄公之后即位的齐桓公也与周天子通婚，祭起了尊王的大旗，造就了首霸的功业。

2. 杀伐果断的手段

与鲁国关系。战与和，玩弄于股掌之间。鲁桓公十三年的鲁、纪、郑与齐、宋、卫、燕之战，齐国一方联军大败，第二年，齐僖公病死，未必与齐国的大败没有关系。《东周列国志》第十一回对此进行了合理的想象："齐僖公为兵败于纪，怀愤成疾，是冬病笃，召世子诸儿至榻前，嘱曰：'纪，吾世仇也，能灭纪者，方为孝子。汝今嗣位，当以此为第一件事。不能报此仇者，勿入吾庙！'诸儿顿首受教。"鲁桓公十七年，鲁桓公试图通过盟会弥合齐国与纪国的关系，阻挠齐国兼并纪国，同年，齐襄公即与鲁国战于奚地，此举即告黄地会盟之失败。鲁桓公十八年，鲁桓公再次与齐襄公会于泺地，鲁桓公被杀，很大的一个原因即在于鲁国一再地阻挠齐国兼并纪国之事。文姜与齐襄公私通之事并非主因，《春秋》并无经文记载言及文姜淫乱，有研究者认为，《公羊传》《穀梁传》没有传文，只有《左传》在经文之外作传说文姜淫乱，而《左传》后出，《公羊传》和《穀梁传》均以阐说经文的微言大义为主，但在此处并无阐说，不得不令人起疑，说明文姜很可能并无淫乱之事。① 也有学者认为："在齐鲁关系史上，文姜更多地是充当了大国政治的一枚棋子。尽管如此，她的存在对于稳定鲁国国内政局、保持与齐国相对友好的关系，起到了重要的调节作用。而所谓的'文姜淫乱'，主要还是受儒家正统伦理道德思想影响的结果，是一种风俗与伦理的错位。"② 如《穀梁传》："泺之会，不言及夫人，何也？以夫人之伉，弗称数也。"只言文姜骄纵，未言淫乱之事，但《穀梁传》又言："君弑，贼不讨，不书葬，此其言葬，何也？不责逾国而讨于是也。"《公羊传》有相似的说法："贼未讨，何以书葬？雠在外也。"可见，鲁桓公应确实为齐襄公所杀，但是否与文姜有关则没有说明。实际上，《公羊传》对文姜与齐襄公杀鲁桓公之事也有记载，但不能因文姜参与杀害鲁桓公

① 刘金荣：《"文姜之乱"献疑》，《浙江社会科学》2009 年第 5 期。
② 刘洁：《重识历史上的文姜》，《管子学刊》2015 年第 4 期。

就断定文姜与齐襄公有染。《公羊传·庄公元年》记载："夫人谮公于齐侯，公曰：'同非吾子，齐侯之子也。'齐侯怒，与之饮酒。于其出焉，使公子彭生送之，于其乘焉，胁干而杀之。"文姜对齐襄公说，鲁桓公说其子姬同不是他的儿子，而是襄公的儿子，言外之意就是文姜与襄公私通，给鲁桓公戴了绿帽子，惹得齐襄公大怒，动了杀鲁桓公之心。但此说值得分析，文姜于鲁桓公三年嫁鲁之后，在鲁桓公六年生子姬同，直至鲁桓公十八年，并没有文姜归宁的记载。如果鲁桓公知道文姜与襄公私通，不可能不顾众议带文姜一起与襄公相会于泺地。文姜诬告鲁桓公之说法，可能仅仅是文姜向其兄襄公诉说的单方面之词而已。齐襄公是一个杀伐果断之人，断然将鲁桓公杀死。同年，在首止盟会上，杀死郑君子亹，说明齐襄公果断狠辣，顾忌较少。一年之中，齐襄公两杀他国国君，齐国已经足够他国畏惧。

二、齐襄公的过失与污名化

齐襄公十二年（公元前 686），戍守葵丘的将领连称、管至父联合公孙无知发动宫廷政变，齐襄公被杀，经过激烈的争斗，公子小白得以即位，是为齐桓公。桓公即位后，曾对齐襄公时期的政治进行了一番评论，在《国语》和《管子》中都有记载。

《国语·齐语》：桓公亲逆之于郊，而与之坐而问焉，曰："昔吾先君襄公筑台以为高位，田狩毕弋，不听国政，卑圣侮士，而唯女是崇。九妃、六嫔，陈妾数百，食必粱肉，衣必文绣。戎士冻馁，戎车待游车之□，戎士待陈妾之余。优笑在前，贤材在后。是以国家不日引，不月长。恐宗庙之不扫除，社稷之不血食，敢问为此若何？"

《管子·小匡》：公遂与归，礼之于庙，三酌而问为政焉。曰："昔先君襄公，高台广池，湛乐饮酒，田猎罼弋，不听国政，卑圣侮士，唯女是崇，九妃六嫔，陈妾数千，食必粱肉，衣必文绣，而戎士冻饥。戎马待游车之弊，戎士待陈妾之余。倡优侏儒在前，而贤大夫在后。是以国家不日益，不月长。吾恐宗庙之不扫除，社稷之不血食。敢问为之奈何？"

上述两则史料历来被史家引证广泛,以证齐襄公时期的政治混乱,使国家至于灭亡边缘,这应该是对齐襄公最早的污名化。然而从其中内容来看,上述话语出自齐桓公之口,其中大有深意。齐桓公为什么要说上述话语,其中重要的原因在于说明襄公失国的必然性和自己得位的正当性与合法性。

齐僖公有三个儿子,即公子诸儿、公子纠、公子小白,公子诸儿为长子。《管子·大匡》:"齐僖公生公子诸儿、公子纠、公子小白……诸儿长而贱,事未可知也。"按照周代宗法制,立嫡以长不以贤,在无嫡子的情况下,以长幼顺序确定立嗣人选。故而"僖公卒,以诸儿长,得为君,是为襄公"。《春秋·桓公十五年》:"夏四月己巳,葬齐僖公。"《史记·齐太公世家》:"三十三年,釐公卒,太子诸儿立,是为襄公。"从继承君位的法理上,齐桓公属于第三顺位继承人,其兄公子纠尚在其前。在抢先继承君位并逼死公子纠后,如何确立自己即位的合法性,必然是其考虑的重要问题。《管子》一书后出,托名管仲所作,管仲又辅佐齐桓公成就霸业,溢美齐桓而污名齐襄,实在是情理之中事。《国语》和《管子》中这段记载,多是以齐襄之过,映衬齐桓之功;以齐襄之失国,映衬齐桓之霸业,对比之心,昭然若揭。

以齐桓公指责齐襄公之过失,并不能成立,简单分析如下:

1. 好色好酒。关于齐襄公好色的记载,多以齐襄公与其妹鲁桓公之夫人文姜私通为例。但齐桓公也存在这样的问题。《左传·僖公十七年》:"齐侯之夫人三:王姬、徐嬴、蔡姬,皆无子。齐侯好内,多内宠,内嬖如夫人者六人。"《管子·小匡》中齐桓公自言:"寡人有污行,不幸而好色,而姑姊有不嫁者。"关于齐桓公好色的史料,先秦两汉文献中多有记载,不赘举。《汉书·地理志下》记载:"始桓公兄襄公淫乱,姑姊妹不嫁,于是令国中民家长女不得嫁。"班固将桓公淫乱之事安到了襄公身上,难道是为贤者讳?正如《淮南子·氾论训》所言:"齐桓有争国之丑……桓公以功灭丑,而皆为贤。"齐桓公也好酒。《管子·小匡》:"公曰:'寡人不幸而好酒,日夜相继,诸侯使者无所致,百官有司无所复。'"以此指责齐襄公,齐桓公实在理亏。

2. 好游猎。《左传》和《史记·齐太公世家》都记载了襄公游姑棼,猎沛丘之事。事实上,齐桓公好游猎,不在襄公之下。《管子·小匡》:"公曰:

'寡人不幸而好田，晦夜而至禽侧，田莫不见禽而后反。诸侯使者无所致，百官有司无所复。'"

3. 不尊贤。史籍中关于齐襄公的史料较少，看不到齐襄公不尊重贤人的记载，如果说有，公子彭生之死勉强可算一例。在连称、管至父发动的宫廷政变中，宫人费、石之纷如和孟阳不惜牺牲自己、拼死保护齐襄公，也可说明襄公深得宫人之拥护。《左传·庄公八年》："反，诛屦于徒人费。弗得，鞭之，见血。走出，遇贼于门，劫而束之。费曰：'我奚御哉！'袒而示之背，信之。费请先入，伏公而出斗，死于门中。石之纷如死于阶下。遂入，杀孟阳于床。"清人高士奇认为这恰是齐襄公"优笑在前"的证据："徒人费、石之纷如与夫孟阳之属，皆所谓优笑在前者也。"[1]

4. 不优待士卒。连称、管至父之乱可以算是，《左传·庄公八年》："齐侯使连称、管至父戍葵丘。瓜时而往，曰：'及瓜而代。'期戍，公问不至。请代，弗许。"戍期已到，而齐襄公却不兑现诺言，不体恤守边士卒之苦，也正因此而导致宫廷政变身死。《左传·庄公八年》："初，襄公立，无常。鲍叔牙曰：'君使民慢，乱将作矣。'"将襄公之死，归结于其行政"无常"。这无疑有些夸大其词。连称、管至父只因国君没有遵守诺言，而置守边之责于不顾，阴谋作乱，其过当诛。连称、管至父所带领的士卒，应该是家兵，是两位大夫的私人武装，与春秋后期崔杼之家兵杀死齐庄公是相同的。家兵只效忠于领主，对国君没有效忠的义务。

在《管子·小匡》中，齐桓公列举了自己好色、好酒、好田猎等几个大问题，但管仲认为这些都不影响称霸，影响称霸的是犹豫不决和不聪明睿智，"人君唯优与不敏为不可，优则亡众，不敏不及事。"为国君者需要在大事上，做事果断，聪明敏锐，方能成就大事。从齐襄公一生看，齐襄公即位后一系列的外交行动，有着明确的目标，可以看出齐襄公有着娴熟的外交手腕和狠辣果决的手段，这些也是称霸的重要条件，较之后来的齐桓公，更具魄力。

有研究者认为："襄公有庄、僖称霸的野心，却无庄、僖治国平天下的才

---

① [清]高士奇：《左传纪事本末》，中华书局1979年版，第176—177页。

能。他穷兵黩武,乱政误国,结果使齐国又一次跌入低谷。"① 齐襄公伐郑、伐卫、伐鲁、灭纪,杀死鲁、郑两国国君,恶化了齐国的对外关系,穷兵黩武,使齐国陷于孤立。其实不然,纵观为史家所称赞的齐僖公和齐桓公两个时期,对外军事行动并不比齐襄公时期少。齐桓公即位之初,鲁庄公十年,齐国一年两次伐鲁,先战于长勺,齐国失败,后又联合宋国伐鲁,因鲁国击败宋军,齐国撤退,劳而无功。齐军回国途中,还灭掉了谭国。《国语·齐语》记载其"即位数年,东南多有淫乱者,莱、莒、徐夷、吴、越,一战帅服三十一国";"兵车之属六,乘车之会三,诸侯甲不解缧,兵不解翳,瞋无弓,服无矢"。较之齐襄公,齐桓公更可以称得上"劳民伤财"。可以说,齐桓公之举与齐襄公并无二致,春秋无义战,各国之间的战与和、角力斗争更多的是各国之间的利益所在。褒桓贬襄,实是充斥了更多成王败寇的后世之评价。齐桓公较之齐襄公聪明的是,一方面抬出周天子,祭出了"尊王攘夷"的大旗,一方面又在诸侯之中广施恩惠,存亡继绝,赢得了诸侯的拥护。如《管子·中匡》所载:"管仲会国用,三分二在宾客,其一在国,管仲惧而复之。公曰:'吾子犹如是乎?四邻宾客,入者说,出者誉,光名满天下。入者不说,出者不誉,污名满天下。壤可以为粟,木可以为货。粟尽则有生,货散则有聚。君人者,名之为贵,财安可有?'管仲曰:'此君之明也。'"如王阁森、唐致卿《齐国史》所言:"庄襄的小霸地位,主要是靠武力征服造成。"② 而齐桓公的霸主地位,则是靠武力和恩惠兼施而造就的。这是齐桓公比齐襄公高明的地方所在。有研究者指出,齐桓公的个性"任性、张扬、好胜、虚荣",如果没有了管仲的理性和克制,齐桓公是无法站在巅峰之上的。③

三、如何评价齐襄公

齐襄公即位之初,齐国的形势并非如史家所说,继承了庄僖小霸的国力基

---

① 宣兆琦、李金海:《齐文化通论》,新华出版社 2000 年版,第 126 页。
② 王阁森、唐致卿:《齐国史》,山东人民出版社 1992 年版,第 177 页。
③ 李任飞:《穿越春秋品管仲》,中国青年出版社 2019 年版,第 216 页。

础，实则是处于日渐边缘化之中。鲁桓公十三年的失败，使齐国陷于极大的被动，从小霸沦为二流国家。齐僖公卒之年，齐国跟随宋国讨伐郑国，第二年，又与宋国、鲁国等国伐郑，以纳郑厉公。可见，齐襄公即位之初，齐国在诸侯当中并无大的话语权。

打击鲁国，是齐国霸业的开始。鲁桓公十一年，开创郑国小霸之业的郑庄公卒，因君位之争，郑国陷于内乱，郑国霸业中衰，一时中原群龙无首，鲁国、宋国都想继郑庄公而起，特别是鲁国，第二年，鲁国一方联盟大败齐、宋等国联军。鲁桓公十五年，鲁桓公与齐襄公会于艾地，商议定许国之计。当年，鲁国联合宋、卫等国伐郑，以纳郑厉公。第二年，鲁国又联合宋、卫等国伐郑。鲁桓公十七年，鲁桓公又与齐襄公会于黄地，"平齐、纪，且谋卫故也"。当年，鲁国又联合宋、卫等国伐邾国。鲁桓公十八年，鲁桓公到泺地，与齐襄公会盟，死于此次会盟。七年之间，鲁国势头正盛，无出其右。如果不是鲁桓公生命戛然而止，鲁国势必成为继郑国之后的小霸之国。

到了鲁桓公十八年（公元前694），即齐襄公四年，齐襄公在首止主持诸侯盟会，断然杀郑君，并车裂郑国之卿高渠弥，诸侯震动，惟齐国马首是瞻。齐襄公在位十二年间，齐国逐渐从僖公失败的阴影中复苏过来，并抓住郑庄公之后群龙无首的空档，使齐国又恢复了小霸的地位。

齐襄公兼并纪国，虽然为齐国争取了疆土，但在儒家思想的影响下，多将此举列为齐襄公的劣迹之一。对于齐襄公灭纪，《公羊传》是为数不多对齐襄公灭纪之举持赞扬态度的。《公羊传·庄公四年》称赞道："齐灭之。曷为不言齐灭之？为襄公讳也。《春秋》为贤者讳。何贤乎襄公？复仇也。何仇尔？远祖也。哀公亨（烹）乎周，纪侯谮之。以襄公之为于此焉者，事祖祢之心尽矣。尽者何？襄公将复仇乎纪，卜之曰：'师丧分焉'，'寡人死之，不为不吉也。'远祖者几世乎？九世矣。九世犹可以复仇乎？虽百世可也……上无天子，下无方伯，缘恩疾者可也。"《公羊传》认为齐灭纪是复仇之举，而襄公能复远祖之仇，即可视为贤者。襄公在占卜之时，未卜得吉卦，襄公自言即使自己战死，也不算不吉利，可见襄公灭纪之决心。《公羊传》认为，上无圣明天子，下无霸主，循着恩怨去复仇是可以的。两汉之时，公羊学盛行，对于齐襄公灭纪，多持肯定态度，如《汉书·匈奴传》："昔齐襄复九世之仇，《春秋》大之。"实际上，齐襄公兼并纪国的过程，没有出现大规模的战争，通过一步步逼迫，最终使纪侯自己"大去其国"，以比较和平的方式兼并了纪国，同时，灭国不灭其祀，以纪侯之弟纪季承奉纪国之祀，纪侯之夫人纪伯姬后来之葬也由齐襄公主持。《春秋·庄公四年》："六月，齐侯葬纪伯姬。"杜预注曰："纪季入酅，为齐附庸，而纪侯大去其国，齐侯加礼初附，以崇厚义，故摄伯姬之丧，而以纪国夫人礼葬之。"杜预认为，齐襄公以诸侯夫人之礼葬纪伯姬，恐怕是齐襄公对新收服的纪国民众安抚之策略。让纪季以酅邑奉其先祀，也保证了纪国公室不再以激烈方式反抗齐国的吞并。后世对纪季之行为大加赞赏，杜预注曰："先祀不废，社稷有奉，故书字（纪季）贵之"；"以国予季，季奉社稷，故不言灭，不见迫逐，故不言奔，大去者，不反之辞"。虽然赞赏纪季奉祀之行为，但纪季之奉祀实则是在齐襄公的允许下才能成行的。纪国之灭亡，也有自身的原因。《晏子春秋·内篇杂上·第十九》记载："景公游于纪，得金壶，乃发视之，中有丹书，曰：'食鱼无反，勿乘驽马。'"晏子认为，纪国上下过度奢侈，是其灭亡的重要原因。《国语·齐语》记载，齐桓公改革后，对外征伐的原则是"择天下之甚淫乱者而先征之"。如果放到齐襄公时期，兼并纪国也不违背这个原则。

公孙无知与连称、管至父之乱可以说是齐襄公霸业的终结者。《春秋·庄公八年》："冬十有一月癸未，齐无知弑其君诸儿。"齐襄公十二年（公元前686），公孙无知与连称、管至父发动叛乱，攻入公宫，齐襄公被杀，公孙无知自立为国君。但连称、管至父之乱只是一个偶然性事件。以宋国南宫长万之乱为例，鲁庄公十年，齐国联合宋国伐鲁，宋国在乘丘被鲁国击败，宋将南宫长万被俘，《左传·庄公十一年》："乘丘之役，公之金仆姑射南宫长万，公右遄孙生搏之。宋人请之，宋公靳之，曰：'始吾敬子，今子，鲁囚也。吾弗敬子矣。'病之。"鲁庄公十二年（公元前682），"秋八月甲午，宋万弑其君捷及其大夫仇牧"（《春秋·庄公十二年》）。因一句"吾弗敬子"的戏言，竟使南宫长万弑杀国君。在今天看来，这种弑君行为同儿戏一般。在春秋时期，这种因言语不慎而导致的弑君杀臣事件并不鲜见。齐襄公的被杀，与宋潜公被杀是非常相似的。

公孙无知作为太子之堂兄弟，本不应享受太子之待遇，而齐僖公因为喜欢公孙无知而让他享有太子同样的待遇。《左传·庄公八年》："僖公之母弟曰夷仲年，生公孙无知，有宠于僖公，衣服礼秩如适。襄公绌之。二人因之以作乱。"《史记·齐太公世家》记载略有不同："釐公爱之（公孙无知），令其秩服奉养比太子……襄公元年，始为太子时，尝与无知斗，及立，绌无知秩服，无知怨。"可以说，一开始错的就是齐僖公，他不应该让公孙无知僭越享用国君嫡子（太子）的待遇，使其产生了非分之想，而齐襄公或因之前的恩怨而罢去公孙无知的这种待遇，恰恰是符合礼制的，而公孙无知因此产生作乱的念头并付诸行动，则是"作乱"，是礼制所不允许的行为。宋儒胡安国评说道："无知曷为不称公孙，而以国氏，罪僖公也。弑君者无知，于僖公何罪乎？不以公孙之道待无知，使恃宠而当国也。按无知者，夷仲年之子。年者，僖公母弟也。私其同母，异于他弟，施及其子，衣服礼秩如适，此乱本也。"① 可谓精当。春秋末年，孔子之所以再次高举周礼的旗帜，正是看到了这种礼崩乐坏带来的实际危害。襄公被弑的第二年春，公孙无知因暴虐而被杀，《春秋·庄公九年》："九年春，齐人杀无知。"《左传》："九年春，雍廪杀无知。"公孙无知被雍廪人②所杀。按《穀梁传·庄公八年》："大夫弑其君，以国氏者，嫌也，弑而代之也。"《穀梁传·庄公九年》："无知之挈，失嫌也。称人以杀大夫，杀有罪也。"《穀梁传》认为公孙无知是弑君篡位，罪在公孙无知，公孙无知之被杀，是罪所当杀。按《公羊传·隐公四年》："其称人何？讨贼之辞也。"公孙无知有弑君大罪，其被杀也被视为讨贼、杀有罪之义举，公孙无知的国君之位不被《春秋》所承认。《春秋左传正义》曰："无知弑君自立，则是为齐君矣，而不言弑其君者，为未列于会，故不书爵，不书爵者，正谓不书

---

① ［宋］李明复：《春秋集义》卷十二，四库全书本。
② 雍廪，《史记·齐太公世家》作"雍林"，《左传》杜预注曰："雍廪，齐大夫。"高士奇《春秋地名考略》、杨伯峻《春秋左传注》也认为雍廪为人名，而非地名。详见杨伯峻：《春秋左传注》，第177页。

弑其君也。"①《史记·齐太公世家》记载表达的倾向也与二传相同："齐君无知游于雍林。雍林人尝有怨无知，及其往游，雍林人袭杀无知，告齐大夫曰：'无知弑襄公自立，臣谨行诛。唯大夫更立公子之当立者，唯命是听。'"《春秋繁露·王道》："齐人杀无知，明君臣之义，守国之正也。"公孙无知之弑君篡位行为不得人心，又暴虐无道，引起齐国人的广泛反对。故而明儒湛若水评说道："人者，众人也，称杀不称弑，称无知不称君，史之词也。连称、管至（父）欲立之，国人不与，未成其君也，书齐人杀无知，则诛乱贼之义见矣，夫杀无知者雍廪，而曰齐人者，国之众人共讨贼也。"②

从日后的管仲改革措施来看，齐襄公时期齐国在政治和军事两方面都还没有做好充分的准备，特别是在军事方面，没有建立国家常备军，在戍守葵丘一事上就可以看出，临时征发士卒戍守边境，要冒很大的风险。在春秋前期的背景下，国内没有充分的准备，要想在诸侯中确立霸主的地位，还需量力而行。当时齐国的国力并不甚强，齐襄公在鲁桓公死后四处出击，靠的是个人的杀伐果断和狠辣，诸侯对齐襄公更多的是惧怕，而非心悦诚服，这与齐桓公是不同的。

结　语

《春秋·庄公九年》："秋，七月，丁酉，葬齐襄公。"杜预注曰："九月乃葬，乱故。"杜预认为是因为齐国内乱才未按礼制规定安葬齐襄公。但按《榖梁传·昭公十三年》提出："弑君不葬，失德不葬，灭国不葬。"《春秋》不应记载"葬齐襄公"，但《春秋》突破了这个书写体例。

在齐襄公的评价上，应从功业与过失两方面进行公允的评价，不能失于简单草率。《逸周书·谥法解》曰："辟地有德曰襄，甲胄有劳曰襄。""襄"作为谥号，大意是指在开疆拓土、对外征战方面很有功劳。可以说，"襄"并非恶谥，齐国历史上以"襄"字为谥号的君主有"齐襄公"与"齐襄王"两个，

① 《春秋左传正义》，《十三经注疏》，上海古籍出版社1997年版，第1766页。
② ［明］湛若水：《春秋正传》卷八，四库全书本。

相比来看，齐襄公更当得起这个谥号。《晏子春秋·内篇谏上·第十八》载晏子说："若使古而无死，丁公、太公将有齐国，桓、襄、文、武将皆相之。"将襄公与桓公、文公、武公并列，也是将襄公作为齐国有为国君看待的。同样谥号为襄的诸侯国君有秦襄公、晋襄公、宋襄公等，都是较有作为的国君，可见，齐襄公谥号为襄，是较为恰当的。

齐桓公评传

简评：

公元前686年，齐襄公被杀，齐国政局动荡，直至齐桓公即位才终结了齐国的动乱。齐桓公即位后励精图治，延续"庄僖小霸"的遗风，继续走壮大齐国国力、争当中原诸侯霸主之路。他任用管仲为相，在隰朋、鲍叔牙等一批良臣的辅佐下，推行改革，齐国逐渐走向强盛，"九合诸侯，一匡天下"，最终建立了赫赫霸业。桓公三十五年的葵丘会盟成了齐桓公霸业的顶峰，但同时也是齐桓公霸业由盛而衰的转折点。自此以后，由于齐桓公志得意满，便开始居功自傲，引起了周王朝的不满和诸侯国的背叛，尽管他的霸主地位仍在，但是在征召诸侯联军、抵御外辱、安定中原的几次行动中，也都不尽如人意，齐国的霸主地位不复从前。齐桓公晚年，齐国存在种种弊政，在隰朋和鲍叔牙的谏议下，齐桓公推行改革。但是由于他年老体衰，力不从心，加之信用奸佞，朋党横行，而且管仲、隰朋等辅佐良臣相继去世，齐桓公最终饥寒交迫而惨死，这次改革因此走向失败。齐桓公喜好女色，多内宠，晚年对继承人的态度不明确，重用佞臣，为诸公子争夺君位埋下了祸根，齐国政局再次陷入动荡不安之中，国力走向衰弱，再也无法维持中原霸主的地位。

齐桓公，名小白，生年不详，是齐僖公幼子、齐襄公的异母弟，卒于鲁僖公十七年（公元前643）。

齐桓公在位43年，以葵丘会盟为界点，分为两个时期。前期齐桓公胸怀大志，励精图治，最终把齐国发展成了"东夷、西戎、南蛮、北狄、中诸侯国，莫不宾服"（《管子·小匡》）的中原强国，齐桓公也成为"帅诸侯而朝天子"（《国语·齐语》）的春秋首霸。后期齐桓公任性妄为，信用奸臣，导致齐国发生内乱，齐桓公"饿死胡宫，虫流而不得葬"（《新书·连语》）。纵观齐桓公的一生，是传奇的一生，也是备受争议的一生，他一度是傲视群雄、雄霸中原的霸主，最后却因饥寒交迫致死，竟至遗体腐烂生蛆，前后反差极大，而其所创立的赫赫霸业也随之消失，以致后世对其评价前后截然不同。本文对齐桓公创立霸业的过程进行了全面梳理，深入分析齐桓公创霸产生的历史影响，以期对其一生做出中肯的评价。

一、齐桓公的创霸之路

（一）争夺君位

齐僖公有三子，齐桓公是齐僖公的幼子。《管子·大匡》："齐僖公生公子诸儿、公子纠、公子小白。"齐僖公在位时，便让管仲、召忽辅佐公子纠，让鲍叔牙辅佐小白。《吕氏春秋·不广》记载："鲍叔、管仲、召忽三人相善，欲相与定齐国。"早年，管仲、鲍叔牙、召忽三人交好，并期望能够在齐国政坛中有一番作为。对于齐僖公的安排，鲍叔牙认为"君知臣不肖也，是以使贱臣傅小白也，贱臣知弃矣"，于是"称疾不出"。召忽也认为"吾三人者之于齐国也，譬之犹鼎之有足也，去一焉则必不立矣。吾观小白必不为后矣"。鲍叔牙和召忽都断定公子小白在齐国政坛上没有出头之日。但是管仲却提出了不同于鲍叔牙和召忽的观点，公子小白很可能会成为一匹黑马。"国人憎恶纠之母，以及纠之身，而怜小白之无母也。诸儿长而贱，事未可知也。夫所以定齐国者，非此二公子者，将无已也。小白之为人，无小智，惕而有大虑，非夷吾莫容小白。天不幸降祸加殃于齐，纠虽得立，事将不济。"（《管子·大匡》）在管仲的劝说下，鲍叔牙出任公子小白之师傅。

齐僖公去世后，齐僖公长子诸儿即位，是为齐襄公。齐襄公性格反复无常，刚愎自用，在位十二年，在宫廷政变中，被齐僖公的爱侄公孙无知杀害。公孙无知即位不足半年，又被齐人所杀。公孙无知死后，齐国处于无君的局面，亟待拥立新君。这就给了当时流亡在外的齐僖公的其他两个儿子机会。《左传·庄公八年》："初，襄公立，无常。鲍叔牙曰：'君使民慢，乱将作矣！'奉公子小白出奔莒。乱作，管夷吾、召忽奉公子纠来奔（鲁）。"按《榖梁传·庄公九年》："齐公孙无知弑襄公，公子纠、公子小白不能存，出亡。"将公子纠和公子小白的出亡时间定在公孙无知弑君之后。一个是避难在鲁的公子纠，另一个就是避难于莒的公子小白，公子纠与公子小白为君位展开了激烈的争夺。《春秋·庄公九年》："夏，公（鲁庄公）伐齐纳纠。齐小白入于齐。"鲁庄公九年（公元前685），公子小白率先赶到齐国都城临淄，抢先即位，是为齐桓公。

公子纠和公子小白在争夺君位的过程中，司马迁在《史记·齐太公世家》中有较为详细的叙述。"鲁闻无知死，亦发兵送公子纠，而使管仲别将兵遮莒道，射中小白带钩，小白详（佯）死，管仲使人驰报鲁。鲁送纠者行益迟，六日至齐，则小白已入，高傒立之，是为桓公。桓公之中钩，详死以误管仲，已而载温车中驰行，亦有高、国内应，故得先入立。"这段历史极其惊心动魄、极富戏剧性，而且也被人们普遍信从。但是结合其他史料来分析，齐桓公能够即位，与当时齐国国内外的政治环境和齐桓公的自身的政治才干有着紧密关系。

从政治环境上看。一是国内，公子纠的母亲是鲁国人，公子纠在管仲和召忽的辅佐下依附于鲁国；公子小白的母亲是卫国人，公子小白在鲍叔牙的辅佐下，避难于莒国。齐襄公醉杀鲁桓公之后，齐鲁两国结怨，"国人憎恶纠之母，以及纠之身"（《管子·大匡》），公子纠也因此受到影响。而"小白母，卫女也，有宠于釐（僖）公"（《史记·齐太公世家》），而且国人"怜小白之无母也"（《管子·大匡》）。得益于以上因素，公子小白获得了国内民众的拥护。二是国外，鲁国作为齐国邻国，是周王室初封的宗亲国，国力以及在诸侯国间的影响力，远胜于莒国，鲁国便仰仗于此，先是出于私利，后是狂妄轻敌，一再贻误公子纠取得君位的时机。按照当时的继承制度，"立嫡立长"仍然是周王室纲纪天下的基本制度，襄公被弑，年长的公子纠便是继承国君之位的首要人选，清人钟文烝认为："纠与小白皆僖公庶子，而纠为长。襄无嗣子，立庶弟宜立长者，故齐人迎纠。"① 杨树达先生在《春秋大义述·正继嗣第二十六》中认为："无子而立弟，则先长而后幼。故齐襄公无子，子纠宜为君……桓公目为篡。"并引后世多种史书为证，"《庄九年》：'夏，公伐齐，纳纠。齐小白入于齐。'《公羊传》曰：'其言入，何？篡辞也。'《穀梁传》曰：'大夫出奔，反，以好曰归，以恶曰入。齐公孙无知弑襄公，公子纠、公子小白不能存，出亡。齐人杀无知，而迎公子纠于鲁。公子小白不让公子纠先入，又杀之于鲁，故曰齐小白入于齐，恶之也。'《孔氏广森公羊通义》云：'《史记·齐世家》曰："襄公杀诛数不当，群弟恐祸及，故次弟纠奔鲁，次弟小白奔莒。"'《庄子》曰：'小白杀兄入嫂。'《荀子》曰：'齐桓，五霸之盛者也。前事则杀兄而争国。'《管子·大匡》曰：'齐僖公生公子诸儿（即襄公）、公子纠、公子小白。'检寻诸文，并是纠长。乃或专据薄昭诡词，以为桓兄纠弟，谬矣"②。齐人迎立公子纠为君是符合宗法制的，而公子小白抢先即位则是篡位。

再综合当时记载此事的史料来看：

《春秋·庄公九年》：九年春，齐人杀无知。公及齐大夫盟于蔇。夏，公伐齐，纳子纠。齐小白入于齐。

《左传·庄公九年》：九年春，雍廪杀无知。公及齐大夫盟于蔇，齐无君也。夏，公伐齐，纳子纠，桓公自莒先入。

《穀梁传·庄公九年》：九年春，齐人杀无知……公及齐大夫盟于暨。公不及大夫。大夫不名，无君也。盟，纳子纠也。不日，其盟渝也。当齐无君，制在公矣。当可纳而不纳，故恶内也。夏，公伐齐纳纠。当可纳而不纳，齐变而后伐，故乾时之战不讳败，恶内也。

《国语·齐语》韦昭注：桓公，齐太公之后、僖公之子、襄公之弟桓公小白也……齐人杀无知，逆子纠于鲁，鲁庄公不即遣，而盟以要之。齐

① ［清］钟文烝：《春秋穀梁经传补注》，中华书局 2009 年版，第 169 页。
② 杨树达：《春秋大义述》，上海古籍出版社 2013 年版，第 239 页。

大夫归逆小白于莒。庄公伐齐，纳子纠，桓公自莒先入。

所有史书均记载齐人杀了公孙无知，鲁庄公与齐国大夫结盟，"公及齐大夫盟于蔇"，会盟讨论的结果，《经》《传》虽只字未提，但据《国语》可知，鲁庄公是以拥立公子纠为要挟，从公子纠那里得到好处。据《春秋·庄公九年》杜预注曰："齐乱无君，故大夫得敌于公，盖欲迎子纠也。来者非一人，故不称名。蔇，鲁地。"从中得知，这次盟会的主要内容是"齐乱无君……盖欲迎子纠也"，同时也解释了参加此次重要盟会的齐大夫。结合《左传》载管仲言曰："臣，贱有司也。有天子之二守国、高在，若节春秋来承王命，何以礼焉？陪臣敢辞。"[1] 杜预注曰："国子、高子，天子所命为齐守臣，皆上卿也。"国、高二氏是周天子所命的"守臣"。《左传·宣公十年》云："凡诸侯之大夫违，告于诸侯曰：某氏之守臣某，失守宗庙，敢告。"故所谓"守臣"，其职责是"守宗庙"，这无疑与"宗子"相似。因而国、高二氏均为姜姓后裔，受封为齐国"守臣"，在齐国宗室内部的地位当属最高一级。当齐国无君时，能代表齐国与鲁国会盟于蔇的，必是二氏无疑。结合《榖梁传》的记载，齐国大夫遵守立嫡立长继承制的传统，迎立公子纠。但此时鲁国控制了公子纠而"盟以要之"，从"夏，公伐齐，纳子纠"来看，齐鲁两国就此事并未谈妥，鲁国继而出兵伐齐，但是这却为齐国大夫迎立公子小白获得了顺理成章的理由。就在两位公子竞相赶回齐国的过程中，鲁国又因为狂妄自大，误以为已经杀死公子小白，而"鲁送纠者行益迟，六日至齐，则小白已入齐"（《史记·齐太公世家》）。再次贻误了公子纠登上国君的时机。

从政治才干上看，齐桓公在未成年时，已经显露出了超群的政治才干。公子小白在年幼时，已经得到当时作为公子纠之傅管仲的高度评价，认为："小白之为人，无小智，惕而有大虑。非夷吾莫容小白，天不幸降祸加殃于齐，纠虽得立，事将不济。非子定社稷，其将谁也？"（《管子·大匡》）管仲当时甚至暗示将来只有公子小白能够安定社稷。而且在母亲早亡的背景下，齐桓公凭

---

① 杜预:《春秋经传集解》,《汉魏古注十三经》,中华书局 1998 年版,第 103 页。

个人的努力，便和当时齐之守国之臣高、国二氏交好，为日后实现自己的政治抱负铺平道路。《史记·齐太公世家》记载："小白自少好善大夫高傒。"在与公子纠激烈的君位之争中，高、国二氏不惧强邻鲁国的威胁，打破周王室赖以纲纪天下的嫡长子继承制，"及雍林人杀无知，议立君，高、国先阴召小白于莒"，然后"亦有高、国内应，故得先入立"，在与公子纠争位的过程中，两位世卿及时地为其通报信息，为齐桓公顺利继承君位发挥了至关重要的作用。

《管子·大匡》以"或曰"的形式记载了齐桓公即位的另外一种说法：

> 或曰：明年襄公逐小白，小白走莒。三年，襄公薨，公子纠践位，国人召小白。鲍叔曰："胡不行矣？"小白曰："不可。夫管仲知，召忽强武，虽国人召我，我犹不得入也。"……鲍叔乃为前驱，遂入国，逐公子纠。管仲射小白中钩。管仲与公子纠、召忽遂走鲁。桓公践位，鲁伐齐，纳公子纠而不能。

《管子·大匡》中的这一记载并无其他史书可以佐证。《管子》一书本身就存在较大争议，遑论所引"或曰"？所以此种说法应该不是历史事实。但尽管如此，这也体现出了齐襄公死后，公子纠继位应该是符合当时君位继承制度的，终因公子纠不得人心，最后公子小白才理所当然地继位，成为齐国国君。

（二）拜相管仲

齐桓公即位后，发兵拒鲁。齐鲁两国在乾时大战，鲁国大败。在稳定齐国局势之后，齐桓公开始考虑治国的问题，想要任命鲍叔牙为宰相，鲍叔牙推辞而且力荐管仲为相，并说明了自己在治理国家方面不如管仲的五个理由："宽惠柔民，弗若也；治国家不失其柄，弗若也；忠信可结于百姓，弗若也；制礼义可法于四方，弗若也；执枹鼓立于军门，使百姓皆加勇焉，弗若也。"（《国语·齐语》）齐桓公听取鲍叔牙的谏议，不计一箭之仇，欲重用管仲。在齐国的压力下，鲁人杀了公子纠，召忽自杀，管仲愿意作为囚犯而被押送回齐国。管仲回到齐国，鲍叔牙亲自为管仲举行了除灾仪式，并让他沐浴了三次。齐桓公亲自到郊外迎接管仲，并在庙堂之上以礼相待，迫不及待地向管仲请教为政治齐之道。很快，"桓公厚礼以为大夫，任政"（《史记·齐太公世家》）。管仲任齐国国相之后，为了便于治国，公开向齐桓公要名、要利、要地位。《韩非子·难一》："桓公解管仲之束缚而相之，管仲曰：'臣有宠矣，然而臣卑。'公曰：'使子立高、国之上。'管仲曰：'臣贵矣，然而臣贫。'公曰：'使子有三归之家。'管仲曰：'臣富矣，然而臣疏。'于是立以为仲父。霄略曰：'管仲以贱为不可以治国，故请高、国之上；以贫为不可以治富，故请三归；以疏为不可以制亲，故处仲父。管仲非贪，以便治也。'"针对管仲的这一行为，后人评价也是众说纷纭。《韩非子·难一》："或曰：管仲有失行，霄略有过誉。"《说苑·尊贤》："齐桓公使管仲治国，管仲对曰：'贱不能临贵。'桓公以为上卿……管仲对曰：'贫不能使富。'桓公赐之市租一年……管仲对曰：'疏不能制亲。'桓公立以为仲父。齐国大安，而遂霸天下。"《说苑·尊贤》载孔子评价此事说："管仲之贤，而不得此三权者，亦不能使其君南面而霸矣。"我们结合管仲"不羞小节而耻功名不显于天下"的远大志向，以及管仲为齐国的强盛霸业所做的贡献来分析，孔子对管仲这一行为的评价应该是中肯的，管仲的要求是符合当时治国需求的。从齐桓公不拘一格，不计前嫌，任用管仲为相，甚至拜管仲为仲父，体现了齐桓公称霸诸侯的雄心壮志。

（三）成就霸业

1. 推行改革。齐桓公以管仲为相，在鲍叔牙、隰朋、高傒等人的共同辅佐下，主要在政治、经济、军事、用人、社会保障和外交等几个方面进行改革，齐国逐渐走上了国富民强的道路。政治上，针对国家管理推行"参其国而伍其鄙"的政策，针对民众管理推行"四民分业定居"的方针。经济上，在发展农业方面，提出了"均地分力"的主张，推出了"相地而衰征"①的土地税收政策；在发展工商业方面，设立掌管财政货币的机构"轻重九府"（《史记·货殖列传》），实行"官山海"政策，实行盐铁国家专营制度；在招商引资方面也设立了多种优惠政策。这些根据齐国实际情况推行的经济上的改

---

① 以上引自《国语·齐语》。

革举措,很快使得"天下之商贾,归齐若流水"(《管子·轻重乙》)。在军事上,强调寓兵于民,"作内政而寄军令"(《国语·齐语》);在用人上,推行"三选法"的官吏选任制度;在社会保障方面,实行了"九惠之教"(《管子·入国》)。在外交上,加强与中原各诸侯国的联盟,尊王室,攘夷狄。总之,经过一系列全方位大刀阔斧的改革,齐国国内政治日趋稳定,经济日益繁荣,人民愈加富足,为齐桓公称霸奠定了坚实的基础。

2. 创立霸业。齐国的强大有目共睹,称霸亦是大势所趋,于是齐桓公通过"九合诸侯""尊王攘夷""一匡天下"等一系列外交政策,在华夏诸国中树立了威信,成为春秋时期第一位霸主。

首先制服鲁、宋、郑三国,成立五国同盟。齐、鲁都是西周分封的重要诸侯国。春秋初期,鲁国也很强大。《左传·庄公十年》载,公元前 684 年春,齐鲁两军在长勺(今山东曲阜)会战,鲁庄公运用曹刿一鼓作气、再而衰、三而竭的作战理念大败齐军,史称长勺之战。齐桓公不忿,又联合宋国来攻打鲁国。据《左传·庄公十年》载,同年六月,齐军、宋军驻扎在鲁国郎地(今山东曲阜)。鲁国采取了各个击破的战术,先攻击军容不整的宋军,结果鲁军在乘丘大败宋军。齐军看到宋军被打败,感到力量单薄,只好撤兵回国。齐国对鲁国战争连续失败后,开始实行内修国政,富国强兵;对外采取联合多数,孤立个别的政策。

《左传·庄公十一年》载,公元前 683 年,宋国为雪乘丘之役的耻辱起兵伐鲁,结果又失败了。两次伐鲁失败后,宋国内乱,宋闵公被杀。《左传·庄公十三年》载,为了平定宋国内乱,公元前 681 年春天,齐桓公在北杏(今山东东阿县境)与宋、陈、蔡、邾四国会盟。对于这次会盟,杨伯峻先生认为:"以诸侯而主天下之盟会,以此为始。"① 齐桓公自此开始以大国诸侯的身份主持天下的盟会。

北杏之盟后,因为遂国是鲁国的附庸国,不肯参加会盟,当年夏,齐国出兵灭了遂国,并派兵戍守遂地。齐国灭遂后,出兵伐鲁,鲁国军队作战不利,

---

① 杨伯峻:《春秋左传注》,中华书局 1990 年版,第 193 页。

将要兵败之际，鲁庄公请求献出遂邑求和，齐桓公答应了鲁国的请求，齐鲁会盟于柯地。在柯地会盟上，鲁将曹沫用匕首劫持齐桓公，逼迫桓公归还鲁国与齐军三次作战失败而失去的国土，齐桓公在管仲的劝说下，为了取信于诸侯，答应了曹沫的要求。《史记·齐太公世家》："于是遂与曹沫三败所亡地于鲁。诸侯闻之，皆信齐而欲附焉。"① 《公羊传·庄公十三年》称赞说："要盟可犯，而桓公不欺。曹子可仇，而桓公不怨。桓公之信著乎天下，自柯之盟始焉。"《穀梁传·庄公十三年》："曹刿之盟也。信齐侯也。"

柯地会盟表面上看，齐国丧失了一部分土地，但齐国君臣以大局为重，不计较个人恩怨，反而因祸得福，为齐国在诸侯国间赢得了广泛的声誉。齐桓公此举使鲁国信服，也赢得其他诸侯国的信任，为齐桓公称霸诸侯打下了良好的基础。

柯地会盟同年，宋国见齐、鲁和好，便背叛北杏之盟。第二年（公元前680）春，齐桓公联合陈、曹共同伐宋，并向周王室请求援助，周王室派单伯带兵参与伐宋。在这种情况下，宋国向齐屈服。对于齐桓公"请师于周"这件事情，《左传·庄公十四年》杜预注曰："齐欲崇天子，故请师，假王命以示大顺。"这是齐桓公第一次取得周王室的支持和认可。

就在齐、陈、曹伐宋的同年，郑国再次发生内乱，出奔在外的郑厉公杀掉郑君子仪后复位。郑厉公为了站稳脚跟，于公元前680年冬与齐结盟。这次结盟不但有齐、郑两国，还有周天子所派的代表单伯以及宋、卫两国国君。为了巩固五国同盟，公元前679年春，齐桓公与宋、陈、卫、郑四国国君在鄄地会盟。《春秋·庄公十五年》："齐侯、宋公、陈侯、卫侯、郑伯会于鄄。"齐国在短时间内，两次会盟宋、陈、卫、郑四国国君，这说明以齐国为首的五国同盟建立起来，因而《左传·庄公十五年》说："十五年春，复会焉，齐始霸也。"《史记·齐太公世家》也说："（齐桓公）七年，诸侯会桓公于甄②，而

---

① 《公羊传·庄公十三年》记载齐国归还鲁国的是汶阳之田。《管子·大匡》记载："桓公许诺，以汶为竟而归。"

② "甄"当为"鄄"之误。

桓公于是始霸焉。"此时，齐桓公的霸业只是制服强邻鲁国，得到了宋、陈、卫、郑等诸侯国的承认，并没有得到周天子的完全承认，而且同盟国也十分不稳定，这只能算是齐桓公称霸中原之初露锋芒。

其次是协调理顺中原诸侯国之间的矛盾，进一步扩大同盟。鄄地会盟后，诸侯国之间仍有矛盾，郑、宋两国之仇并没有完全解除。公元前 679 年秋，郑国趁齐、宋、邾三国伐郳国之机，攻打宋国。为了惩罚郑国违背鄄地会盟的行为，公元前 678 年，齐、宋、卫三国联合讨伐郑国。与此同时，楚国也以郑厉公复国晚告为借口伐郑，郑国两面受敌。郑厉公权衡利弊，最终屈服于齐国。同年冬天，齐与鲁、宋、陈、卫、郑、许、滑、滕八国会盟于宋国的幽地，齐国的同盟国进一步扩大。然而时隔不久，郑国再次叛离同盟。公元前 677 年，郑国背弃盟约不去朝见齐桓公，齐国于是拘留了郑国的执政大臣郑詹。而郑詹又从齐国逃到了鲁国，鲁国接纳了郑詹。齐桓公对此事耿耿于怀，于公元前 675 年冬，联合宋、陈两国，出兵攻打鲁国的西部边境。正在这时，周王室也发生了严重内乱。周惠王因王子颓之乱而被迫逃到了郑国，郑厉公和虢公帮助周惠王平定内乱，恢复了王位。叛乱的五大夫和王子颓被杀。周惠王于是将虎牢以东之地封赐给了郑厉公。郑厉公原想借周天子之势同齐国抗衡，但是不久之后，郑厉公于公元前 673 年夏突然死去，郑国从此失去了与齐抗衡的机会。就在这时，齐鲁两国因为联姻交睦，关系变得十分密切，齐国周边的诸侯国几乎都依附于齐国，这样就迫使郑、陈又重新加入齐国的同盟中来。公元前 667 年夏，齐、鲁、郑、宋、陈五国国君在幽地会盟。同年冬，周惠王派王室卿士召伯廖赴齐，赐命齐桓公为侯伯，承认齐国的霸主地位。《左传·庄公二十七年》："王使召伯廖赐齐侯命，且请伐卫，以其立子颓也。"《史记·周本纪》也记载："惠王十年，赐齐桓公为伯。"司马迁将周惠王赐命齐桓公之事，认为是承认齐桓公为霸主之事。自此，齐桓公名正言顺地成为中原霸主。公元前 666 年，齐桓公遵照周王命令，讨伐卫国，大败卫师，并以王命责备卫国的罪行，取得了卫国的财货回国。顾颉刚先生说："到这时，桓公的称霸才有了正式的根据，他统驭中原的工作也就有了正确的目标和计划。"齐桓公得到周天子的赐命，标志着他的霸业又向前推进了一大步。①

最后通过抵御夷狄，匡扶周王室，称霸诸侯。在安定中原诸侯国之后，齐桓公便转向攘夷，率领中原各国抵抗戎狄和南蛮楚国对中原的侵扰。

《左传·庄公三十年》载，公元前664年，山戎伐燕，燕国向齐国告急，请求援助。齐桓公为此而与鲁庄公在济水相会，商量征讨山戎一事，鲁庄公答应一同出兵。对于齐桓公联鲁讨伐山戎一事，《史记·齐太公世家》和《说苑·权谋》的记载可互为补充，从而能够更为详细地了解这一事件始末。

> 《史记·齐太公世家》：桓公二十三年，山戎伐燕，燕告急于齐。齐桓公救燕，遂伐山戎，至于孤竹而还。燕庄公遂送桓公入齐境。桓公曰："非天子，诸侯相送不出境，吾不可以无礼于燕。"于是分沟割燕君所至与燕，命燕君复修召公之政，纳贡于周，如成康之时。诸侯闻之，皆从齐。

> 《说苑·权谋》：齐桓公将伐山戎、孤竹，使人请助于鲁。鲁君进群臣而谋，皆曰："师行数十里，入蛮夷之地，必不反矣。"于是鲁许助之而不行。齐已伐山戎、孤竹，而欲移兵于鲁。管仲曰："不可。诸侯未亲，今又伐远而还诛近邻，邻国不亲，非霸王之道，君之所得山戎之宝器者，中国之所鲜也，不可以不进周公之庙乎？"桓公乃分山戎之宝，献之周公之庙。明年起兵伐莒，鲁下令丁男悉发，五尺童子皆至。

鲁庄公虽答应出兵，但出尔反尔，临阵退缩，并没有与齐国联合出兵，这一行为有违诸侯盟约精神，给了齐国以讨伐的借口。但齐桓公从善如流，听从管仲建议，不仅没有因为鲁国临行退却而打压报复鲁国，反而献捷于鲁国周公之庙，尊重了鲁国和周王室，在燕庄公礼送齐桓公时，又按照礼制，将燕庄公经过之齐地划归燕国，燕庄公筑燕留城以志纪念。② 齐国此举在诸侯国中树立

---

① 宣兆琦：《齐国政治史》，《齐文化丛书》（十四），齐鲁书社1997年版，第109页。
② 据《史记·燕召公世家》正义引《括地志》："燕留故城在沧州长卢县东北十七里。"

了极高的威信，这样做，既安定了鲁国，避免鲁国倒向楚国，也避免了中原诸侯国联盟的分裂。孔子称赞齐桓公的行动是"圣人转祸为福，报怨以德"。这次战役使北燕和鲁国都成为齐国的支持者，齐国在军事上，尤其在政治上获得了重大胜利。①

齐伐山戎不久，北方另一少数民族北狄入侵邢、卫等国。公元前662年，狄人伐邢。公元前661年，齐桓公联合宋、曹救邢。就这件事情，《春秋》《左传》《公羊传》《穀梁传》均有记载，记载有详有略，各有不同：

《春秋·庄公三十二年》：（公元前662年）冬十月己未……狄伐邢。

《春秋·闵公元年》：（公元前661年）元年春王正月。齐人救邢。

《左传·闵公元年》：狄人伐邢。管敬仲言于齐侯曰："戎狄豺狼，不可厌也。诸夏亲昵，不可弃也。宴安鸩毒，不可怀也。《诗》云：'岂不怀归，畏此简书。'简书，同恶相恤之谓也。请救邢以从简书。"齐人救邢。

《公羊传·闵公元年》：齐人救邢。

《穀梁传·闵公元年》：齐人救邢，善救邢也。

《春秋·僖公元年》（公元前659年）元年春王正月。齐师、宋师、曹伯次于聂北，救邢。夏六月，邢迁于夷仪。齐师、宋师、曹师城邢。

《左传·僖公元年》：诸侯救邢。邢人溃，出奔师。师遂逐狄人，具邢器用而迁之，师无私焉。夏，邢迁夷仪，诸侯城之，救患也。

公元前662年，狄伐邢，《春秋》中有记载，"三传"对此均无记载。公元前661年，齐人救邢，"三传"中都有记载，《左传》记载更为详尽，齐桓公听从管仲的建议救邢。通过《春秋》和《左传》互为补充的记载，我们得知，公元前659年正月，齐联合宋、曹救邢。但当齐军未到之际，狄人已攻破邢国，邢人大溃。之后，齐国遂与宋、曹驱逐狄人。齐桓公帅诸侯联军把邢国

① 王阁森、唐致卿：《齐国史》，山东人民出版社1992年版，第209页。

剩余的器具全部迁走，而且军纪严明，秋毫无犯。同年夏六月，齐桓公又帅诸侯军队帮助邢国筑夷仪新城，并迁邢于夷仪。这件事使齐桓公在想要成为中原霸主的进程中又迈进了一步。但是，《公羊传》《穀梁传》在记载这件事时，对齐桓公"救邢"过程中的态度和目的提出了质疑，对此评价也就褒贬不一。

《公羊传·僖公元年》：齐师、宋师、曹师次于聂北，救邢。救不言次，此其言次何？不及事也。不及事者何？邢已亡矣。孰亡之？盖狄灭之。曷为不言狄灭之？为桓公讳也。曷为为桓公讳？上无天子，下无方伯，天下诸侯有相灭亡者，桓公不能救，则桓公耻之。曷为先言次而后言救？君也。君则其称师何？不与诸侯专封也。曷为不与？实与而文不与。文曷为不与？诸侯之义，不得专封也。诸侯之义，不得专封，则其曰实与之何？上无天子，下无方伯，天下诸侯有相灭亡者，力能救之则救之可也。

夏六月，邢迁于陈仪①。迁者何？其意也。迁之者何？非其意也。齐师、宋师、曹师城邢。此一事也，曷为复言齐师、宋师、曹师？不复言师，则无以知其为一事也。

《穀梁传·僖公元年》：齐师、宋师、曹师次于聂北，救邢。救不言次，言次非救也。非救而曰救，何也？遂齐侯之意也。是齐侯与？齐侯也。何用见其是齐侯也？曹无师，曹师者，曹伯也。其不言曹伯，何也？以其不言齐侯，不可言曹伯也。其不言齐侯，何也？以其不足乎扬，不言齐侯也。

夏，六月，邢迁于夷仪。迁者，犹得其国家以往者也。其地，邢复见也。齐师、宋师、曹师城邢。是向之师也，使之如改事然，美齐侯之功也。

齐桓公救邢的初始，《公羊传》和《穀梁传》都认为，齐桓公帅诸侯盟军

---

① 《左传》作"夷仪"。

"次（驻扎之意）于聂北"，是"次"而不是救。但是针对"次"和"救"的分析，《公羊传》《穀梁传》的观点出现了分歧。《公羊传》认为，在救邢的过程中，书齐桓公"次"而非"救"，是因为邢已被狄人所灭，来不及救了。《穀梁传》则认为，如果齐桓公真的想救邢国，那就不会书"次"，本质上齐桓公并无"救"的想法，而《春秋》中又书"救"，不过是顺遂了齐桓公的心愿罢了。

针对齐桓公救邢这一历史事件，《公羊传》认为，在当时"上无天子，下无方伯"环境下，齐桓公作为大国国君，勇挑诸侯长的重担，义不容辞地肩负起了保护中原诸侯国不受夷狄侵犯的重任。元人汪克宽认同《公羊传》的看法，"王氏曰：说者谓邢被伐，逾年齐方往救，罪其缓也。按《经·庄三十二年》，冬，书'狄伐邢'，此年正月书'救邢'，则桓公之救未为缓矣。救邢之初，齐独出兵，将卑师少，既而狄又入卫，其势益张，齐恐其乘胜遂灭邢也，于是帅诸侯之兵共救之，邢几亡而复存者，小白之功也"①。《穀梁传》则认为，齐桓公并没有救邢于危难之际，并不值得赞扬。《春秋》之所以还记录齐桓公帅诸侯联军帮助邢迁于夷仪一事，不过是赞美齐桓公的功劳罢了。

再结合《管子·霸形》中的记载来看此事：

> 宋伐杞，狄伐邢、卫。桓公不救，裸体纫胸称疾。召管仲曰："寡人有千岁之食，而无百岁之寿，今有疾病，姑乐乎?"管子曰："诺。"于是令之县钟磬之榱，陈歌舞竽瑟之乐，日杀数十牛者数旬……狄已拔邢、卫矣。桓公起行筝虞之间，管子从，至大钟之西，桓公南面而立，管仲北乡对之，大钟鸣。桓公视管仲曰："乐夫，仲父!"管子对曰："此臣之所谓哀，非乐也。臣闻之，古者之言乐于钟磬之间者，不如此。言脱于口，而令行乎天下，游钟磬之间，而无四面兵革之忧。今君之事，言脱于口，令不得行于天下，在钟磬之间，而有四面兵革之忧。此臣之所谓哀，非乐也。"桓公曰："善。"于是伐钟磬之县，并歌舞之乐，宫中虚无人。桓公

---

① ［元］汪克宽：《春秋胡传附录纂疏》卷十，四库全书本。

曰："寡人以伐钟磬之县，并歌舞之乐矣，请问所始，于国将为何行？"
管子对曰："宋伐杞，狄伐邢、卫，而君之不救也，臣请以庆。臣闻之，
诸侯争于强者，勿与分于强。今君何不定三君之处哉？"于是桓公曰：
"诺。"因命以车百乘、卒千人，以缘陵封杞。车百乘、卒千人，以夷仪
封邢。车五百乘、卒五千人，以楚丘封卫。

这段记载为《左传·闵公元年》管仲进言桓公作了细节的补充。结合齐
桓公和管子君臣之间的对话，管仲劝说的结论是："狄伐邢、卫，而君之不救
也，臣请以庆。臣闻之，诸侯争于强者，勿与分于强。今君何不定三君之处
哉？"从中可以看出，狄伐邢之始，齐桓公并没有积极营救邢国，齐桓公的这
一做法是有私心的。《韩非子》对此事的记载更加证实了齐桓公"缓救邢"的
做法，《韩非子·说林上》："晋人伐邢，齐桓公将救之。鲍叔曰：'太蚤。邢
不亡，晋不敝；晋不敝，齐不重。且夫持危之功，不如存亡之德大。君不如晚
救之以敝晋，齐实利；待邢亡而复存之，其名实美。桓公乃弗救。'"综合这
些史书，我们可以推测出，狄伐邢是历史发展进程中的一个偶然事件，但是齐
桓公为了提高自己在诸侯国中的影响力，凸显自己的功绩，却充分利用了这一
偶然事件，通过"缓救"的策略，牺牲邢国，甚至不惜再花费大量财力、人
力帮助邢国筑城迁城，以此，使得自己称霸中原诸侯国之路往前深深地推进了
一步。齐桓公作为侯伯，第一次把诸侯长应当担负的"救患、分灾、讨罪"
责任明确下来。①

公元前660年冬，狄人又伐卫。卫懿公昏庸无能，被狄人所杀。卫国军民
大溃，逃到黄河岸边，宋桓公接应他们过河，并在曹地（今河南滑县西南之
白马故城）立公子申为君，是为卫戴公。齐桓公派公子无亏率车300乘、甲士
3000人帮助守城。卫戴公即位不到一年死去，齐国又立卫文公为国君，齐桓
公又带领各诸侯国为卫国修筑楚丘城，将卫国国都迁于楚丘。《左传·闵公二
年》言："邢迁如归，卫国忘亡。"

---

① 王阁森、唐致卿：《齐国史》，第210页。

在齐桓公帮助中原诸侯国抵御夷狄入侵之时，还帮助鲁国平息了内乱。《左传·庄公三十二年》载，公元前 662 年，鲁庄公死，鲁国发生争夺君位的内乱。庄公弟庆父杀鲁君公子般，立公子启方为君，是为闵公。据《左传·闵公二年》载，公元前 660 年，庆父欲自立为君，派大夫杀闵公，鲁国大乱。齐桓公此时采纳了齐国大夫仲孙湫的建议，没有乘人之危，伐灭鲁国，而是致力于帮助鲁国平息内乱。不久，鲁国国内要诛杀庆父，庆父逃亡莒国。庆父连杀二位国君，罪恶深重，鲁国要求莒国将他引渡回国，迫使他畏罪自杀。参与叛逆弑君的鲁庄公夫人哀姜逃到邾国，齐桓公派人取而杀之，将尸体归还鲁国。同年冬，齐桓公派上卿高傒与鲁国订盟。高子率领南阳的甲兵，帮助确立鲁僖公的君位，修复鲁国都城从鹿门至争门的城防。

齐桓公安鲁、存邢、救卫，达到了收揽人心、稳定中原的目的，在华夏诸国中引起了极大的反响。《国语·齐语》载："天下诸侯称仁焉。于是天下诸侯知桓公之非为己动也，是故诸侯归之。"

齐桓公内定诸侯、抵御夷狄之际，楚国逐渐强大起来，连连进攻中原诸侯国。《史记·楚世家》载："齐桓公始霸，楚亦始大。"

公元前 666 年，楚人伐郑，齐桓公召集齐、鲁、宋联军救郑。这是齐桓公首次遏制楚国北侵中原。公元前 659 年，楚国因郑国亲齐，派兵伐郑。齐桓公会合宋、鲁、郑、曹、邾的国君，讨论抗楚救郑。此后，公元前 658 年至公元前 657 年，楚国连续两年伐郑。郑国已经无力与楚国抗衡，想要和楚国讲和，郑国大臣孔叔认为不可："齐方勤我，弃德不祥。"（《左传·僖公三年》）郑文公才没有投降楚国。为了联络中原诸侯抗楚，公元前 658 年，齐、宋、江、黄四国国君在贯地会盟，公元前 657 年，齐、宋、江、黄四国又在阳谷会盟。

公元前 656 年，齐桓公因蔡人不恭，召集鲁、宋、陈、卫、郑、许、曹等诸侯国联兵讨伐楚国的同盟国蔡国，蔡人溃败，诸侯联军直驱伐楚。楚成王派使者屈完质问齐国："君处北海，寡人处南海，唯是风马牛不相及也。不虞君之涉我地也，何故？"管仲受命答复说："昔召康公命我先君太公，曰：'五侯九伯，汝实征之，以夹辅周室。'赐我先君履，东至于海，西至于河，南至于穆陵，北至于无棣。尔贡苞茅不入，王祭不共，无以缩酒，寡人是征。昭王南

79

征而不复，寡人是问。"楚使者说："贡之不入，寡君之罪也，敢不共给？昭王之不复，君其问诸水滨。"楚国只承认不纳贡之罪，并答应按时纳贡，但对昭王南征不复却不肯承担责任。齐桓公见楚人承认小罪，推诿大罪，便率联军进驻陉地。楚成王又派楚国大夫屈完与齐桓公议和，诸侯军退驻召陵。屈完在随同检阅诸侯联军军队时，齐桓公说："以此众战，谁能御之？以此攻城，何城不克？"对曰："君若以德绥诸侯，谁敢不服？君若以力，楚国方城以为城，汉水以为池，虽众，无所用之。"（《左传·僖公四年》）楚国使者辞令虽强硬，但是迫于齐国的压力也答应向周王室进贡。齐桓公也深知楚国优越的地理环境和强大的军事力量也是不敢轻视的，于是便率诸侯同楚国在召陵订立了盟约。召陵之盟既迫使楚国尊重周王室，按期向周王室纳贡，又遏制了其北向中原的步伐。

针对齐桓公南下兴兵伐楚，迫使楚国臣服周王室，并签订召陵之盟这一事件，后人评价不一。

《论语·宪问》载："子曰：晋文公谲而不正，齐桓公正而不谲。"注引郑玄曰："谲者，诈也；谓召于天子而使诸侯朝之。仲尼曰：'以臣召君，不可以训。'故书曰：'天王狩于河阳。'是谲而不正也。"引马融曰："伐楚以公义，责包茅之贡不入，问昭王南征不还，是正而不谲也。"（何晏《论语集解义疏》卷七）

[宋] 陈祥道在《论语全解》卷七载："齐桓公为会而封异姓，晋文公为会而灭同姓；桓责诸公以不贡天子，文会河阳以召天子；桓伐谭戎而不有，文灭曹而分其地；桓仇管仲而用，文亲舅犯而疑；桓寓内政以复古，文作三军以逼上；桓释曹沫之劫而遇以信，文念卫侯之怨而加以酖；此其正谲之不同也。晋文之谲，非无正也；齐桓之正，非无谲也。"

[宋] 朱熹编的《二程外书》卷六记载程颐对此事的看法曰："晋文公谲而不正，齐桓公正而不谲，此为作《春秋》而言也。晋文公实有勤王之心，而不知召王之为不顺，故谲掩其正。齐桓公伐楚责包茅，虽其心未必尊王，而其事则正，故正掩其谲。孔子言之以为戒，正者正行其事

耳，非大正也。亦犹管仲之仁，止以事功而言也。"

孔子认为齐桓公"正而不谲"，赞扬齐桓公"伐楚以公义"，是为周天子讨公道的。宋人陈祥道认为，齐桓公"责诸公不贡天子"，有正也有谲。宋代大儒学家程颐认为"齐桓公伐楚责包茅，虽其心未必尊王，而其事则正"。齐桓公此次伐楚，"尊王室"不论是旗号还是本意，都起到了助推其霸业的作用。《左传·昭公四年》载楚国大臣椒举之言："夏启有钧台之享，商汤有景亳之命，周武有盟津之誓，成有岐阳之搜，康有丰宫之命，穆有涂山之会，齐桓有召陵之师，晋文有践土之盟。"楚灵王曰："吾用齐桓。"《管子·小匡》载："（齐桓公）南据宋、郑，征伐楚，济汝水，逾方地，望文山，使贡丝于周室。成周反胙于隆岳，荆州诸侯莫不来服。"召陵之盟意味齐桓公已经在以一个诸侯长的身份，代周王布仁行诛，其势力范围不仅仅局限在中原，而且已经延伸到了荆楚，"东夷、西戎、南蛮、北狄、中诸侯国，莫不宾服"。召陵之盟标志着齐桓公的霸业得到了进一步的发展。①

召陵之盟后，中原诸侯国基本稳定。然而周王室内部却出现了不安宁的因素。据《左传·僖公五年》载，公元前655年，周惠王因宠爱少子带，有废黜太子郑而另立少子带的意向，齐桓公邀请鲁、宋、陈、卫、郑、许、曹七国国君与周太子郑在首止会盟，商量安定周王室。公元前653年底，周惠王去世。太子郑怕叔带作乱，不敢发丧，向齐国求援。公元前652年春，齐桓公率鲁、宋、许、卫、曹五国国君与陈世子及周太子郑派出的大夫在洮结盟，郑文公也来请盟，于是诸侯共同奉太子郑即位，是为周襄王。周襄王在王位确定后才为周惠王发丧。齐桓公以安定王室为己任，偕同盟国扶助周襄王继承王位，这就是所谓的"一匡天下"。周襄王即位后，对齐桓公匡扶即位之事感激不尽，也更加承认了他中原霸主的地位，这一切都预示着齐桓公的霸业即将达到顶峰。

从公元前683年的北杏会盟至公元前652年的洮地会盟，齐桓公通过"九

---

① 宣兆琦：《齐国政治史》，第110页。

合诸侯""一匡天下"建立了霸业。对此,《管子·小匡》中一段文字对齐桓公这段历史功绩进行了概述:

> 既反其侵地,正其封疆,地南至于岱阴,西至于济,北至于海,东至于纪随,地方三百六十里。三岁治定,四岁教成,五岁兵出,有教士三万人,革车八百乘。诸侯多沈乱,不服于天子,于是乎桓公东救徐州,分吴半,存鲁蔡陵,割越地。南据宋郑,征伐楚。济汝水,逾方地,望文山,使贡丝于周室,成周反胙于隆岳,荆州诸侯,莫不来服。中救晋公,禽狄王,败胡貉,破屠何,而骑寇始服。北伐山戎,制泠支,斩孤竹,而九夷始听。海滨诸侯,莫不来服。西征,攘白狄之地,遂至于西河。方舟投柎,乘桴济河。至于石沈,县车束马,逾大行。与卑耳之貉,拘秦夏。西服流沙西虞,而秦戎始从。故兵一出而大功十二。故东夷、西戎、南蛮、北狄、中国诸侯,莫不宾服。与诸侯饰牲为载书,以誓要于上下,荐神,然后率天下定周室,大朝诸侯于阳谷。故兵车之会六,乘车之会三,九合诸侯,一匡天下。

3. 霸业向衰。公元前 651 年夏,齐桓公与鲁、宋、卫、郑、许、曹六国诸侯在葵丘会盟。《左传·僖公九年》载:"夏,会于葵丘,寻盟,且修好,礼也。"明确了此次会盟是合乎礼法的,目的在于继续保持同盟友好关系。这次会盟与前面会盟不同的是,"王使宰孔赐齐侯胙……以伯舅耋老,加劳,赐一级,无下拜",周天子不仅派使臣宰孔参加,而且还赐给齐桓公祭肉,赐爵一级。周天子还嘱咐宰孔因齐桓公年老德高,可不必下拜受赐,齐桓公在管仲的建议下,仍然依礼下阶跪拜后上堂接受了赏赐。同年秋天,齐桓公又在葵丘与各诸侯国君会盟,据《孟子·告子下》载,盟誓的主要内容是:"葵丘之会,诸侯束牲、载书而不歃血。初命曰:'诛不孝,无易树子,无以妾为妻。'再命曰:'尊贤育才,以彰有德。'三命曰:'敬老慈幼,无忘宾旅。'四命曰:'士无世官,官事无摄,取士必得,无专杀大夫。'五命曰:'无曲防,无遏籴,无有封而不告。'曰:'凡我同盟之人,既盟之后,言归于好。'"葵丘会盟，从内容上看，齐桓公代替周天子重申了周朝赖以维持统治秩序的禁令；从形式上看，齐桓公以霸主身份主持了会盟，其霸主地位不但得到了周天子的完全承认，还得到了周天子的嘉奖。这次会盟，标志着齐桓公的霸业达到了顶峰。

凡事往往盛极而衰，葵丘会盟让齐桓公霸业达到了顶峰，但是齐国霸业并没有由此延续下去，反而急转直下。葵丘会盟成了齐桓公霸业由盛而衰的转折点。

首先，齐桓公功高震主，对周王室造成了威胁，引起周天子的不满。《战国策·韩策三》载："昔齐桓公九合诸侯，未尝不以周襄王之命，然则虽尊襄王，桓公亦定霸矣。九合之尊，桓公也，犹其尊襄王也。"尽管齐桓公表面上是尊王攘夷，以老耄之年见周天子的使者也要参见、下拜，实际上却是打着尊王室、攘夷狄的旗帜，建立自己的威信，暗中转移周天子的领导权。因此当齐桓公以霸主的身份出现在周天子的面前，不可避免地引起周天子的反感、疑惧和不安。① 因而周王室表面上使周公宰孔赐齐侯胙肉，并加劳封赐，但是暗地里却利用周王室的影响破坏齐桓公的盟会，《左传·僖公九年》载，盟会时，"宰孔先归，遇晋侯曰：'可无会也。齐侯不务德，而勤远略，故北伐山戎，南伐楚，西为此会也。东略之不知，西则否矣。其在乱乎！君务靖乱，无勤于行。'晋侯乃还"。在周公宰孔的劝说下，另一大国晋国便没有参加此次盟会。

其次，齐桓公成为中原霸主后，志得意满，便自我膨胀，甚至居功自傲，引起了周王室的不满和其他诸侯国的背叛。《公羊传·僖公九年》载："九月戊辰，诸侯盟于葵丘。桓之盟不日，此何以日？危之也……葵丘之会，桓公震而矜之，叛者九国。震之者何？犹曰振振然。矜之者何？犹曰莫若我也。"《史记·齐太公世家》不仅记载了此时的齐桓公"益有骄色"，而且还记载了齐桓公面对周天子给予的赏赐想要不跪拜，在管仲的劝说下，齐桓公"乃下拜受赐"。甚至，齐桓公还想要行封禅之礼，足见其狂傲自大，不可一世。《史记·齐太公世家》："桓公称曰：'寡人南伐至召陵，望熊山；北伐山戎、

---

① 李玉洁：《齐国史》，科学出版社 2007 年版，第 173 页。

离枝、孤竹；西伐大夏，涉流沙；束马悬车，登太行，至卑耳山而还。诸侯莫违寡人。寡人兵车之会三，乘车之会六，九合诸侯，一匡天下。昔三代受命，有何以异于此乎？吾欲封泰山，禅梁父。'管仲固谏，不听；乃说桓公以远方珍怪物至乃得封，桓公乃止。"也正因这样，诸侯背离的现象开始出现了，这与葵丘会盟前诸侯从之若流水形成了极大的反差。

最后，葵丘会盟之时的齐桓公已经进入了迟暮之年，其霸主地位虽然仍然维持，但个人精力大不如从前，而且齐桓公把摊子铺得太大，战线拉得过长，就其势力和能力而言，很难再向前推进。① 这主要表现在他没有很好地完成内安诸夏、外御诸夷的历史使命。公元前 649 年，周襄王之弟叔带觊觎王位，勾结伊、洛之戎作乱，秦、晋两国派兵伐戎救周。同年，亲齐的黄国因为不再向楚国进贡，而被楚国所灭。齐桓公都没有采取什么行动。直到第二年冬天，齐桓公才"使管夷吾平戎于王，使隰朋平戎于晋"，面对戎人的猖獗，齐桓公最后也只是调停了事。后来戎人、淮夷、楚国多次侵扰周王室及中原诸侯国，齐桓公虽也召集诸侯会盟进行商讨，也有征召诸侯之师保卫中原的行动，但最终的结果也都不尽如人意。

（四）晚年改革

齐桓公晚期的齐国政局，弊政连连，危机重重，国力走向衰弱。上博简《鲍叔牙与隰朋之谏》的记载对此也有所印证。根据简文中的人物关系以及日食记录，结合专家的考证，大致可以推算出简文所记载的内容应该发生在管仲病重至隰朋去世前的时间段内，大致在齐桓公四十年或四十一年，即公元前 645 年前后。② 鲍叔牙和隰朋借发生日食之异常天象，向齐桓公进谏齐国当下政局已经是"亡（无）道"，"公身为亡道，进华孟子，以驰于倪廷；迬逐畋，乡亡旗宅；或以竖刁与易牙为相，二人也，朋党群丑，娄朋取与，□公教而睘之，不以邦家为事，从公之所欲更。民弗乐，毒甚倍愿，疲弊齐邦，日盛于

① 宣兆琦：《齐国政治史》，第 111 页。
② 李秀亮：《上博简〈鲍叔牙与隰朋之谏〉与齐桓公史事研究》，《齐文化与稷下学论丛》（2020），齐鲁书社 2020 年版。

纵，弗顾前后，百姓皆惶惶，洒然将亡"。齐桓公也意识到了这些危机，决意采纳隰朋和鲍叔牙的谏议推行改革，试图改变现状，重振辉煌。"公乃身命祭有司：祭服毋薄，器必蠲洁，毋人残器，牺牲圭璧，必全毋者，加之以敬。乃命有司书籍，复老弱不刑；亩暵田，亩长百量。重命九月除路，十月而徒梁成，一之日而车梁成。乃命百有司曰：'有夏氏观其容以使，及其亡也，皆伪其容。殷人之所以代之，观其容，听其言，凭其所以亡，伪其容，伪其言。周人之所以代之，观其容，听其言，侯治者使，凭其所以衰亡，忘其侯治也。二三子勉之，寡人将侯治。'"① 针对隰朋和鲍叔牙列出的当时齐国的种种弊政，齐桓公从整治祭祀、减轻刑罚和徭役、任用贤能等方面进行了改革。但是可能由于国君年迈、力不从心、贤臣见绌、朋党盛行等原因，借助相关文献记载来看，简文中提到的齐桓公在晚年所作的诸项改革，并未起到理想的效果。

《史记·齐太公世家》记载，齐桓公四十一年（公元前645），管仲、隰朋相继病逝。此时，易牙、竖刁等佞臣把持朝政，政局混乱。再加上齐桓公"多内宠"，导致对继承人的态度不够明确，"管仲卒，五公子皆求立"，"桓公病，五公子各树党争立。及桓公卒，遂相攻，以故宫中空，莫敢棺。桓公尸在床上六十七日，尸虫出于户"。（《史记·齐太公世家》）诸子为争夺君位继承权，结党营私，最后直接将齐桓公囚禁在深宫之中，至公元前643年冬，齐桓公因饥寒交迫而惨死，且死后三月无人为其下葬。

齐桓公在位四十三年，伴随着一代霸主的溘然长逝，齐国的霸业也走向了结束，留给齐国的是五公子血雨腥风的君位争夺之战。

二、齐桓公首霸春秋的历史功绩

齐桓公创造的春秋五霸之首的功业，对中国历史的发展产生了极为重要且深远的影响。

1. 从国家统一和民族融合的角度看，首先是维护了周王室"天下一统、统一于周"的大格局，为后世孔子提出"大一统"思想做了实践层面的先驱。

---

① 李学勤：《试释楚简〈鲍叔牙与隰朋之谏〉》，《文物》2006年第9期。

齐桓公通过尊王攘夷，匡扶周王室，维持中原诸侯国的安定秩序，践行和维持了"天下"统一和安定的价值理念。诚如王志民先生所言，整饬和收拾了自西周以来由于周王室衰微所形成的中原华夏之国一盘散沙的分崩离析局面，大大减弱了中原各国相互之间的攻伐，维护了较长时间内统一的、较为稳定的局面。[1] 顾颉刚先生也在评价齐桓晋文霸业时说："靠着自己的国力和一班好辅佐，创造出'霸'的新政治来维持诸夏的组织和文化。"[2] 其次是加强了中原地区与周边各民族之间的文化交流和融合。随着齐桓公的不断会盟、征伐，当时不仅中原各诸侯国尊齐为盟主，而且强敌如北之戎狄，南之荆楚，也都加入齐国的结盟中来。[3] 这种通过尊王攘夷而致各地诸侯及周边民族会盟的过程，不仅整肃了周王朝的纲纪，也加强了中原各地区之间，以及中原地区与周边少数民族之间文化的交流和融合，各会盟者带着各自文化特点的会盟，实际为各地域文化之间的交融提供了良好契机，这从整体上促进了以华夏族为中心的中华民族早期文化的发展。

2. 从文化保存和传承的角度来看，首先是形成了开放、兼容、改革、创新的独具特色的齐文化。有研究者认为，齐文化的正式形成是在齐桓公时期才完成的。[4] 从齐国建立之初，齐太公制定了"因其俗，简其礼"的治国方略，齐太公之后几代国君仍然沿袭此治国方略，东夷文化虽然仍是齐国的主流文化，但随着齐国政权的稳定和势力范围的不断扩大，历经庄僖小霸，至齐桓公称霸中原，齐文化逐渐显示出了独有的特色，既不同于严格遵守周礼的鲁文化，又对东夷文化有所继承与革新。在中华民族形成过程中，齐文化作为传统文化的重要组成部分，其开放、兼容、改革、创新的文化内涵为民族精神的形成做了有益补充。其次是通过联盟诸侯各国抵御夷狄、南蛮的入侵，客观上还起到了遏制四方少数民族对中原先进文化的掠夺性破坏，保证了中原文化的健

---

① 王志民：《齐桓称霸对中国早期民族融合的贡献》，《齐鲁文化研究》（总第四辑），山东文艺出版社 2005 年版，第 249 页。

② 顾颉刚：《齐桓公的霸业》，《文史杂志》1944 年第 3 卷第 1、2 期合刊。

③ 童书业：《春秋左传研究》，上海人民出版社 2019 年版，第 52 页。

④ 王志民主编：《齐文化通论》，山东人民出版社 1993 年版，第 43 页。

康发展。这一点，孔子极力赞扬齐桓公的历史功绩，他说："管仲相桓公，霸诸侯，一匡天下，民到于今受其赐，微管仲，吾其披发左衽矣。"（《论语·宪问》）

3. 从顺应历史发展规律来看，开启了尊天子、盟诸侯的称霸方式。春秋时期，随着周王室的衰微，周天子的权威被大大削弱，但是作为天下共主的传统观念仍深入人心，中原诸侯国之间的争斗也都是在周王室之下的权威之争。在这样的社会环境下，齐桓公凭借着齐国强盛的国力，开启了一种尊王室、结盟诸侯国、号令天下的称霸方式。《史记·齐太公世家》中齐桓公说："寡人兵车之会三，乘车之会六，九合诸侯，一匡天下。"张守节的《史记》正义对此解读为，"兵车之会三"是指"鲁庄十三年，会北杏以平宋乱；僖四年，侵蔡，遂伐楚；六年，伐郑，围新城也"；"乘车之会六"是指"鲁庄十四年，会于鄄；十五年，又会鄄；十六年，同盟于幽；僖五年，会首止；八年，盟于洮；九年，会葵丘是也"。《穀梁传·庄公二十七年》载："衣裳之会十有一，未尝有歃血之盟也，信厚也。兵车之会四，未尝有大战也，爱民也。"孔子对此也做了评价："桓公九合诸侯，不以兵车，管仲之力也。如其仁，如其仁。"（《论语·宪问》）齐桓公称霸过程中顺应历史发展规律，九合诸侯，尽量不以兵车之力，而以衣裳之会，通过尊王、崇礼、攘夷、存亡、继绝、匡扶周王室等一系列行动，深深地折服了天下诸侯，乃至周天子，成了所有人心中当之无愧的春秋首霸。孟子称赞他："五霸，桓公为盛。"（《孟子·告子下》）自齐桓公起，整个春秋战国时期的称霸争雄，都是争夺诸侯号令权的盟主之争。而齐桓公建立的丰功伟业，也成了齐国后世历代国君想要企及的目标和追求，他们都心怀复兴桓公霸业的强烈愿望，都希望能够做到"迳嗣桓文，朝问诸侯"（陈侯因敦铭文）。

三、卓尔不群的政治才能

齐桓公之所以能够在诸侯争霸中脱颖而出，成为春秋首霸，与其自身远见的政治见识和卓尔不群的政治才干分不开的。

1. 政治上心怀远大抱负。齐桓公在未成年时就显露出了卓尔不群的政治才干，在前文"争夺君位"一节，已经做了叙述。齐桓公成为国君后，在政治上怀有远大抱负，"桓公忧中国之患，苦夷狄之乱，欲以存亡继绝，崇天子之位，广文、武之业"，试图在"天子卑弱，诸侯力征，南夷北狄，交伐中国，中国之不绝如线"（《淮南子·要略》）中有所作为，成就霸业。出于这种强烈的政治志向，齐桓公在早期的政治方略中励精图治，以任贤臣、得民心为急务，力求振兴齐国，匡扶周室。换言之，如果没有齐桓公自身内在的忧勤意识和事功志愿，日后也无法实现管仲为相、变法强国的发展，更遑论"九合诸侯，一匡天下"的历史兴盛。齐国之所以在春秋前期崛起和兴盛，与齐桓公自身杰出的政治见识和才干密不可分。

2. 在用人方面，知人善任，用人不疑，善于纳谏。对于历代有作为的统治者而言，只有做到知人善任，用人不疑，善于纳谏，才能治理好国家，成就一番伟业。齐桓公在使用人才上不求全责备，重其大节，用其所长，且用人不疑，使人尽其才，且从善如流，善于纳谏，显示出其雄才大略的政治家风采。

关于用人不疑，首先体现在他对管仲的重用上。管仲有治国之大才，如《国语·齐语》中施伯所说："夫管子，天下之才也。所在之国，则必得志于天下。"齐桓公以其宽广的胸襟，不计一箭之仇，经鲍叔牙举荐，不仅使管仲免于缧绁之中，而且任用管仲为相，拜为"仲父"。自此之后，在管仲的辅佐下，大胆革新齐国之政，齐国很快就国力大增，威震中原，不以兵戈之势而号令诸侯数十年。在管仲任相初期，管仲对于自己的执政行为还不确定是否能得到桓公的肯定，如对齐国财政收入的分配上，《管子·中匡》："管仲会国用，三分二在宾客，其一在国，管仲惧而复之。"管仲将三分之二的收入用于外交，对此管仲是忐忑不安的，但桓公对管仲的安排非常支持，认为："四邻宾客，入者说，出者誉，光名满天下。"之后数十年，齐桓公对管仲信任程度已经无以复加，《管子·小称》记载，桓公对管仲说："仲父命寡人东，寡人东。令寡人西，寡人西。仲父之命于寡人，寡人敢不从乎？"《韩非子·难二》中也记载，桓公完全将国事交于管仲处理，"齐桓公之时，晋客至，有司请礼。桓公曰：'告仲父'者三。而优笑曰：'易哉为君，一曰仲父，二曰仲父。'桓公曰：'吾闻君人者劳于索人，佚于使人。吾得仲父已难矣，得仲父之后，何为不易乎哉？'"孟子曾慨叹说："管仲得君，如彼其专也；行乎国政，如彼其久也。"（《孟子·公孙丑上》）正是因为有了管仲，桓公的霸业才得以建立。齐景公对桓公托国于管仲非常向往，也想仿效桓公而托国于晏婴，《晏子春秋·内篇问上·第七》记载："景公问晏子曰：'昔吾先君桓公，有管仲夷吾保乂齐国，能遂武功而立文德，纠合兄弟，抚存冀州，吴越受令，荆楚惛忧，莫不宾服，勤于周室，天子加德。先君昭功，管子之力也。今寡人亦欲存齐国之政于夫子，夫子以佐佑寡人，彰先君之功烈，而继管子之业。'"足见桓公与管仲的君臣际遇对于后世的影响之大。荀子曾评价说："夫齐桓公有天下之大节焉，夫孰能亡之？倓然见管仲之能足以托国也，是天下之大知也。安忘其怒，出忘其雠，遂立为仲父，是天下之大决也。立以为仲父，而贵戚莫之敢妒也；与之高、国之位，而本朝之臣莫之敢恶也；与之书社三百，而富人莫之敢距也；贵贱长少秩秩焉，莫不从桓公而贵敬之，是天下之大节也。诸侯有一节如是，则莫之能亡也；桓公兼此数节者而尽有之，夫又何可亡也？其霸也，宜哉！非幸也，数也。"（《荀子·仲尼》）因此，先有齐桓公对管仲重用不疑，才有管仲忠心全力的辅佐，然后齐桓公霸业可成，管仲贤相之名流芳百世，二人应该是相得益彰，相辅相成。任用管仲后，在人才使用方面推行改革，实行"三选法"，为下层贤能之士的晋升提供了机会。齐桓公见小臣稷的故事足见齐桓公之求贤若渴。《韩诗外传·卷六》载："齐桓公见小臣①，三往不得见。左右曰：'夫小臣，国之贱臣也，君三往而不得见，其可已矣！'桓公曰：'恶！是何言也！吾闻之：布衣之士不欲富贵，不轻身于万乘之君；万乘之君不好仁义，不轻身于布衣之士。纵夫子不欲富贵，可也，吾不好仁义，不可也。'五往而得见也。天下诸侯闻之，谓桓公犹下布衣之士，而况国君乎！于是相率而朝，靡有不至。桓公之所以九合诸侯，一匡天下者，此也。诗曰：'有觉德行，四国顺之。'"任用卫国贤人宁戚是齐桓公不避寒微、不拘小节从下层选贤任能的典型事例。《新序·杂事》载："宁戚欲干齐桓公，穷困无以进，于是为商旅，赁车以适齐，暮宿于郭门之外。桓公郊迎客，夜开门，辟赁

---

① 《吕氏春秋·下贤》《韩非子·难一》等史籍均作"小臣稷"。

车者，执火甚盛，从者甚众。宁戚饭牛于车下，望桓公而悲，击牛角疾商歌。桓公闻之，执其仆之手曰：'异哉！此歌者，非常人也。'命后车载之。桓公反至，从者以请。桓公曰：'赐之衣冠，将见之。'宁戚见，说桓公以合境内。明日复见，说桓公以为天下，桓公大说，将任之。"宁戚被任用前，很多大臣担心、怀疑宁戚是卫国派来的奸细，请求齐桓公慎重考虑，齐桓公却说："以人之小恶而忘人之大美，此人主之所以失天下之士也。"对宁戚委以重任，主管农业生产，为齐之富国强兵、称霸诸侯立下了卓著功勋，成为齐国霸业的功臣之一。对于管仲、宁戚等人来说，齐桓公是难得一遇的政治"伯乐"，"众人见其位之卑贱，事之污辱，而不知其大略，以为不肖"（《淮南子·氾论训》），若非齐桓公的识人之明、任贤之勇，管仲、宁戚也不过是一介囚徒或是社会中下层的一个普通士人，都不会为世人所重，更难有施展抱负、实现志向的政治良机；对于齐桓公来说，因为有海纳百川的容人之量，所以才能将二者"立之于本朝之上，倚之于三公之位"，使其成为"内不惭于国家，外不愧于诸侯"的贤相、良臣，桓公可谓"未有功而知其贤者"（《淮南子·氾论训》）。无怪乎如荀子曾慨叹："夫齐桓公有天下之大节焉，夫孰能亡之！倓然见管仲之能足以托国也，是天下之大知也。"（《荀子·仲尼》）

关于知人善任，历来英明的君主，针对身边众多才能优异的人，首先要做到知人识人，然后要能善用每一个人的能力，让他们的能力发挥到最大，只有做到慧眼识人和善用其才，政权才能得以兴盛和长久。齐桓公治齐，身边辅佐之臣除管仲外，还有鲍叔牙、隰朋、宁戚、宾虚无等。《国语·齐语》载，齐桓公"唯能用管夷吾、宁戚、隰朋、宾胥无、鲍叔牙之属而伯功立"。因而，齐桓公取得霸业，是以管仲为首，其他辅臣共同努力的结果，而这些人在政治才能和性格方面各有优长，又各有不足。《新序·杂事》载，叔向认为官员当中，"管仲善制割，隰朋善削缝，宾胥无善纯缘"。可以推知，管仲善于整体勾勒国家规划，颁布法律制度；隰朋善于实施国家制度；宾胥无善于处理国家的后续问题。管仲经鲍叔牙推荐，被任命为国相，辅助齐桓公制定治国之政策。《管子·小匡》载，隰朋因为"升降揖让，进退闲习，辨辞之刚柔"，被任命为负责处理与其他国家外交关系的"大行"，后又因为他才能优异、智慧超群，被管仲推荐接替他的国相的职位；宾胥无因"决狱折中，不杀不辜，不诬无罪"，被任命为"大司理"；东郭牙因"犯君颜色，进谏必忠，不辟死亡，不挠富贵"，担任"大谏之官"；宁戚因擅长"垦草入邑，辟土聚粟，多众尽地之利"，被任命为掌管农业生产的"大司田"。王子成父因擅长指挥打仗，"平原广牧，车不接辙，士不旋踵，鼓之而三军之士礼死如归"，被任命为"大司马"。《管子·小匡》记载："公子举，为人博闻而知礼，好学而辞逊，请使游于鲁，以结交焉。公子开方，为人巧转而兑利，请使游于卫，以结交焉。曹孙宿，其为人也，小廉而苟伏，足恭而辞结，正荆之则也，请使往游，以结交焉。遂立行三使者而后退。"因能而任用，齐国政治焕然一新。齐桓公知人善任，辅佐之臣各司其职，最终形成合力，开创了辉煌的霸业。《说苑·尊贤》载："桓公于是用管仲、鲍叔、隰朋、宾胥无、宁戚，三存亡国，一继绝世，救中国，攘戎狄，卒胁荆蛮，以尊周室，霸诸侯。"清人马骕评价说："桓公，中主也，得管子而名彰，圣人所以不称桓公而归美管仲者，为其持大体、正名分，兵力甲于天下，必不敢教其君为郑人繻葛之举也。"①

关于善于纳谏。这一点真正体现出了齐桓公作为首霸春秋的一代伟大政治家的博大襟怀。齐桓公向管仲问政时，管仲通过历数古代圣人任贤纳谏的事例，指出任贤纳谏的重要意义和价值："黄帝立明台之议者，上观于贤也。尧有衢室之问者，下听于人也。舜有告善之旌，而主不蔽也。禹立谏鼓于朝，而备讯唉。汤有总街之庭，以观人诽也。武王有灵台之复，而贤者进也。此古圣帝明王所以有而勿失，得而勿忘者也。"齐桓公听从管仲谏议，为了广寻天下贤才，设置"啧室之议"，并任命齐国大夫东郭牙主管此事，号召、鼓励人们"非上之所过""以正事争于君前"（《管子·桓公问》）。通过"啧室之议"这一制度，近臣可以对君王的过失进行规劝，内亲外戚可以对君王未察之事加以弥补，百工小民可以将下层社会对朝政的种种议论传递上来，然后君王对大家

---

① ［清］马骕：《左传事纬》卷二《齐桓霸业》，四库全书本。

所提供的意见和建议进行斟酌，修正以往政策的错误，或制定新政。在当时的历史环境下，齐桓公和管仲制定的这项"啧室之议"制度，开了以制度保证士民进谏、议政的先河。齐桓公纳谏如流，凡是有利于统治的谏议，他都能接受。《管子·小称》："桓公、管仲、鲍叔牙、宁戚四人饮。酒酣，桓公谓鲍叔曰：'阖不起为寡人寿乎？'鲍叔牙奉杯而起曰：'使公毋忘出如莒时也，使管子毋忘束缚在鲁也，使宁戚毋忘饭牛车下也。'桓公辟席再拜曰：'寡人与二大夫能无忘夫子之言，则国之社稷必不危矣。'"作为一国国君的齐桓公，在听到如此尖锐的祝酒辞时，能居安思危、自省自励，确实难能可贵。《新序·杂事》："齐桓公出游于野，见亡国故城郭氏之墟，问于野人曰：'是为何墟？'野人曰：'是为郭氏之墟。'桓公曰：'郭氏者，曷为墟？'野人曰：'郭氏者，善善而恶恶。'桓公曰：'善善而恶恶，人之善行也，其所以为墟者，何也？'野人曰：'善善而不能行，恶恶而不能去，是以为墟也。'桓公归，以语管仲。管仲曰：'其人为谁？'桓公曰：'不知也。'管仲曰：'君亦一郭氏也。'于是桓公招野人而赏焉。"能虚心接受别人的批评，且闻过则改，齐桓公可谓"善善而能行，恶恶而能去"。《韩非子·难二》载："齐桓公饮酒醉，遗其冠，耻之，三日不朝，管仲曰：'此非有国之耻也，公胡其不雪之以政？'公曰：'胡其善。'因发仓囷赐贫穷；论囹圄出薄罪。处三日而民歌之曰：'公胡不复遗冠乎！'"此事遭到了韩非子的非议，作为握有至高权力的一国之君，难免有追求声色犬马的劣根性，但作为一个有远见有抱负的政治家，他勇于接受臣属谏议和批评，能够闻过则改，也不失为一明君。《管子·戒》载："桓公明日弋在廪，管仲、隰朋朝。公望二子，弛弓脱釬而迎之，曰：'今夫鸿鹄，春北而秋南，而不失其时。夫唯有羽翼以通其意于天下乎？今孤之不得意于天下，非皆二子之尤也。'桓公再言，二子不对，桓公曰：'孤既言矣，二子何不对乎？'管仲对曰：'今夫人患劳，而上使不时。人患饥，而上重敛焉。人患死，而上急刑焉。如此而又近有色，而远有德，虽鸿鹄之有翼，济大水之有舟楫也，其将若君何！'桓公蹴然逡遁。管仲曰：'昔先王之理人也，盖人有患劳，而上使之以时，则人不患劳也。人患饥，而上薄敛焉，则人不患饥矣。人患死，而上宽刑焉，则人不患死矣。如此而近有德而远有色，则四封之内，视君其犹父母邪！四方之外归君其犹流水乎！'公辍射，援绥而乘，自御，管仲为左，隰朋参乘。朔月三日，进二子于里宫。再拜顿首曰：'孤之闻二子之言也，耳加聪而视加明，于孤不敢独听之，荐之先祖。'"齐桓公冷静大度地听取了管仲关于按时节役使人民、薄敛、宽刑的批评建议，生动地展现了从善如流的明君形象。齐桓公闻谏则改的例子在各类史书中不胜枚举，也正是因为这一点，他能够招揽到更多的贤臣良将，才能成为首霸春秋、千古流传的一代霸主。

3. 关注民生，收揽人心。齐桓公时期的齐国，不仅表现出明君贤臣的政治气象，而且反映出民众对齐国政治发展的认同，这与齐桓公关注民生、收揽民心的明智举措紧密相连。《说苑·建本》载："齐桓公问管仲曰：'王者何贵？'曰：'贵天。'桓公仰而视天，管仲曰：'所谓天者，非苍苍莽莽之天也；君人者以百姓为天，百姓与之则安，辅之则强，非之则危，背之则亡。'"《管子·治国》载："凡治国之道，必先富民……是以善为国者，必先富民，然后治之。"因而齐桓公和管仲的改革举措虽然本质目的是富国强兵，称霸中原，但是因其深谙君民之道，因而在一定程度上为齐国民众创造了一个宽松的政治环境，人民的生活也得到了改善。《管子·霸形》载："桓公变躬迁席，拱手而问曰：'敢问何谓其本？'管子对曰：'齐国百姓，公之本也。人甚忧饥，而税敛重。人甚惧死，而刑政险。人甚伤劳，而上举事不时。公轻其税敛，则人不忧饥。缓其刑政，则人不惧死。举事以时，则人不伤劳。'桓公曰：'寡人闻仲父之言此三者，闻命矣，不敢擅也，将荐之先君。'于是令百官有司，削方墨笔。明日皆朝于太庙之门，朝定，令于百吏。使税者百一钟，孤幼不刑，泽梁时纵，关讥而不征，市书而不赋。近者示之以忠信，远者示之以礼义。行此数年，而民归之如流水。"《淮南子·主术训》载："桓公立政，去食肉之兽、食粟之鸟、系罝之网，三举百姓说。"《淮南子·氾论训》载，在军事上，"齐桓公将欲征伐，甲兵不足，令有重罪者出犀甲一戟，有轻罪者赎以金分，讼而不胜者出一束箭。百姓皆说，乃矫箭为矢，铸金而为刃，以伐不义而征无道，遂霸天下"；经济改革中的"均地分力""相地而衰征"的土地税收政策，调动了民众潜力，激起了齐国农民的耕种热情；社会保障方面，直接推行

"九惠之教"的政策，通过对弱势群体的关怀，保障了社会下层人民的基本生活。《淮南子·人间训》认为，"故树黍者不获稷，树怨者无报德"，桓公的成功，绝非对君主权势及军事力量的简单依赖，而是有着较为深厚的民意基础。《淮南子》的这一评价应该是比较中肯的，桓管施行的种种政治举措，始终能从普通百姓的切身利益和感受出发，所以齐国的变革才能得到民众支持，实现良好的政治发展，最终齐国不仅迅速成为春秋前期深具影响的东方大国，而且齐桓公也荣居"五霸"之首。

四、过失酿成悲剧，霸业盛极而衰

后人对晚年的齐桓公评价是富有争议的，主要原因在于他所创立的辉煌霸业与其惨死结局反差太大，而且自此以后，齐国的霸业并没有延续下去，而是急转直下，由盛而衰。这种问题的出现，与齐桓公自身原因密不可分。

（一）个人生活方面，齐桓公好猎、好酒、好色

对此，齐桓公也深有自知之明。《管子·小匡》载，桓公对管仲说："寡人有大邪三……寡人不幸而好田，晦夜而至禽侧。田莫不见禽而后反。诸侯使者无所致，百官有司无所复……寡人不幸而好酒，日夜相继，诸侯使者无所致，百官有司无所复……寡人有污行，不幸而好色，而姑姊妹有不嫁者。"但是当时齐桓公正年轻气盛，志在图霸中原，身边有一众良臣辅佐，这些问题都没有引发严重后果。随着管仲、隰朋、鲍叔牙等人的去世，桓公进入暮年，霸业已成，"好田、好酒、好色"的生活习性更加放纵。这种过度荒淫奢靡的生活，一方面为易牙、开方等奸邪小人提供了可乘之机，另一方面也因其好女色，多内宠，导致对继承人的态度不够明确，为诸公子争夺君位、造成齐国内乱埋下了祸患。这两点也直接导致了齐桓公"尸在床上六十七日，尸虫出于户"（《史记·齐太公世家》）的晚年悲剧。

在喜好田猎方面，齐桓公受东夷人善射的传统影响，喜好田猎，而且射猎技术也很高，《管子·戒》载："桓公明日弋在廪，管仲、隰朋朝。"《管子·小问》载："桓公北伐孤竹，未至卑耳之溪十里，闟然止，瞠然视，援弓将射。"《说苑·政理》载："齐桓公出猎，逐鹿而走，入山谷之中。"春秋时期，

男子以射猎征战为本职，但是如果沉溺打猎，影响政事，那就是玩物丧志，不是明君所为了。上博简《鲍叔牙与隰朋之谏》中提出了齐桓公晚期行事"无道"之一便是"驱逐田乡，无期度"①，并将此项内容与任用奸佞之臣并列提出，足见齐桓公晚年没有节制地田猎，已经到荒废政事的地步了。

在喜好喝酒方面，饮酒本是东夷人习俗和礼仪的一种表现形式，但是饮酒过度，便会贻误政事。对于齐桓公的饮酒，史书记载颇多。《晏子春秋·内篇问下·第二》载："昔吾先君桓公，善饮酒穷乐。"《吕氏春秋·直谏》载："齐桓公、管仲、鲍叔、宁戚相与饮，酒酣。"《管子·大匡》载："桓公与宋夫人饮船中。"《韩非子·难二》载："齐桓公饮酒醉，遗其冠，耻之，三日不朝。"齐桓公好酒，也成了后世齐国国君警戒自己的重要一点。齐景公就曾说："昔吾先君桓公，善饮酒穷乐……何以能率诸侯以朝天子乎？"

在喜好女色方面，史书中多有记载，《左传·僖公十七年》载："齐侯之夫人三：王姬、徐嬴、蔡姬，皆无子。齐侯好内，多内宠，内嬖如夫人者六人……"齐桓公"好内"，不仅表现在宫中有众多夫人，而且是到了荒淫无度的程度，"昔者桓公宫中二市，妇闾二百，被发而御妇人"（《韩非子·难二》），"昔者桓公小白杀兄入嫂"（《庄子·盗跖》），"齐桓公好妇人之色，妻姑姊妹，而国中多淫于骨肉"（《新语·无为》），"将谓桓公清洁乎？闺门之内无可嫁者，非清洁也"（《说苑·尊贤》），甚至齐桓公后人齐景公也曾说"昔吾先君桓公，好色无别"（《晏子春秋·内篇问下》）。齐桓公还因为和内宠游玩引发了战争，《马王堆帛书》之《春秋事语》载："齐桓公与蔡夫人乘舟，夫人荡舟，禁之，不可，怒而归之，未之绝，蔡人嫁之……桓公率师以侵蔡，蔡人遂溃。"此事《左传》《史记》亦有记载。齐桓公还因宠溺女色，做出不符合礼制的事情，上博简《鲍叔牙与隰朋之谏》中，

---

① 季旭昇《上博五刍议（上）》，武汉大学《简帛网》，2006.02.18；《上博五·鲍叔牙与隰朋之谏》试读，《楚地简帛思想研究（三）》，湖北教育出版社 2007 年版，第 17 页。注：对于上博简《鲍叔牙与隰朋之谏》，很多专家进行了释读，这里采用了季旭昇的解读。

鲍叔牙与隰朋指出桓公"亡道"的首要一条就是"拥华孟子,以驰于郊廷"。有研究者认为,此华孟子应为宋国华氏女子,时为桓公宠姬。① 《说苑·尊贤》似对此事有评论:"将谓桓公恭俭乎?与妇人同舆,驰于邑中,非恭俭也。"

齐桓公因沉溺女色导致对继承人态度不明确,这一点给齐桓公本人和齐国政坛带来了无以复加的灾难。春秋时期"立嫡立长"仍为君位继承制的正统思想,而且齐桓公主持的葵丘会盟也明确提出了"无易树子,无以妾为妻"来维持统治秩序。齐桓公的三位夫人都无子,六位如夫人各有一子,《史记·齐太公世家》:"长卫姬,生无诡;少卫姬,生惠公元;郑姬,生孝公昭;葛嬴,生昭公潘;密姬,生懿公商人;宋华子,生公子雍。"按照周礼有嫡立嫡、无嫡立长的君位继承制原则,无诡(无亏)是长子当立,但桓公却把公子昭作为储君托付给宋襄公。其后,长卫姬勾结易牙,通过易牙向桓公进献食品时博得齐桓公欢心,齐桓公又答应立无亏为太子,却又不罢太子昭太子之位。管仲死后,齐桓公不听管仲遗言,又重用了易牙、竖刁等奸臣,以致惨死,《史记·齐太公世家》:"桓公病,五公子各树党争立。及桓公卒,遂相攻,以故宫中空,莫敢棺。桓公尸在床上六十七日,尸虫出于户。十二月乙亥,无诡立,乃棺赴。辛巳夜,敛殡。"《史记》论赞中评价:"小白致霸,九合诸侯。及溺内宠,衅钟虫流。"《韩非子·二柄》亦有类似评价,可谓切中要害:"齐桓公妒外而好内,故竖刁自宫以治内;桓公好味,易牙蒸其子首而进之……桓公虫流出户而不葬。"齐桓公死后,五子先后即位为君,齐国内乱数十年,极大削弱了齐国的国力,清人马骕对此曾有过精到的评说:"初管仲之寝疾也,桓公往问之,仲曰:臣愿君之远易牙、竖刁、开方也。桓公不听,使三子专权,又多内嬖,卒启五子之争,齐是以弑夺相寻四十余年,国犹不靖,皆由内外多宠而不用管仲之言也。"②

(二)用人方面,晚年的齐桓公重用奸佞小人,导致奸臣专权、朝政混乱

纵观齐桓公一生,成在用人,败也在用人。管仲病重,齐桓公去探望管

---

① 林志鹏:《楚竹书〈鲍叔牙与隰朋之谏〉补释》,武汉大学《简帛网》,2007.07.13。
② [清]马骕:《左传事纬》卷三《齐懿之弑》。

仲，询问谁可以继任齐国国相一事，管仲请求齐桓公驱逐竖刁、易牙、堂巫、卫公子开方等奸佞之臣。《管子·戒》《管子·小称》《史记·齐太公世家》《说苑·权谋》等典籍对此事均有记载。竖刁、易牙、开方是齐桓公晚年的三名近臣。竖刁为了接近齐桓公，自受宫刑，为齐桓公管理内宫而受宠；易牙为齐桓公管理饮食，为了讨齐桓公欢心，主动把自己的儿子杀死，蒸了让齐桓公吃；卫公子开方为了侍奉齐桓公，十五年不回国看望自己的父母双亲，甚至连父亲去世都没有回去送葬。齐桓公认为三人是不可多得的忠臣，甚至想在管仲去世后任用他们为相，管仲认为他们都是佞臣，连自己的身体、子女、父母都不爱的人，不可能爱国君，他们反常的行为只能出于非常的野心。如果他们受宠得势，只能是害君殃国。因此，管仲坚决反对他们为相，并力主立即驱逐他们。齐桓公四十一年（公元前645），管仲去世，齐桓公解除了竖刁等人的官职，并将他们驱逐出宫。不久，齐桓公却因"逐易牙而味不至，逐竖刁而宫中乱，逐公子开方而朝不治"（《管子·小称》），怀疑管仲对他们的评价，便没有听从管仲遗言，又恢复了他们的官职。上博简《鲍叔牙与隰朋之谏》也可以作为佐证，此文中记载了鲍叔牙和隰朋上书齐桓公在任竖刁、易牙为相后给齐国带来的种种弊端，"或以竖刁与易牙为相，二人也，朋党群丑，娄朋取与，□公教而睽之，不以邦家为事，从公之所欲更。民弗乐，毒甚倍愿，疲弊齐邦，日盛于纵，弗顾前后，百姓皆悒悒，洒然将亡"。建议齐桓公远离小人。但是当时的情况下，齐桓公年老体衰，已经力不从心，加之管仲去世后，不久隰朋也病逝，而且易牙、竖刁等小人当道，内外勾结，已经形成了一定的势力，导致齐桓公晚年的这次改革只是流于形式，而未起到理想的效果。《管子·小称》载，四人专权将近一年，于是开始作乱，建筑高墙，堵塞宫门，把病重的齐桓公软禁在一个屋子，不允许任何人出入，并在外假传齐桓公命令以号令群臣，齐桓公"饥而欲食，渴而欲饮，不可得"。《说苑·尊贤》评价为："失管仲、隰朋，任竖刁、易牙，身死不葬，虫流出户。一人之身荣辱俱施者，何者？其所任异也。由此观之，则任佐急矣。"《管子·小称》认为："桓公之所以身死十一日，虫出户而不收者，以不终用贤也。"《韩非子·十过》评价说："故桓公之兵横行天下，为五伯长，卒见弑于其臣，而灭高名，为天下笑者何也？不用管仲之过也。故曰：过而不听于忠臣，独行其意，则灭其高名，为人笑之始也。"这些论述可谓切中要害。

（三）在性格方面，齐桓公作为一代霸主，性格中带有狂妄自大、任性妄为的一面，也是导致其悲剧的重要一点

早年由于他善于纳谏，在管仲等一众良臣的辅佐下，励精图治，尊王攘夷，得到了其他诸侯国的拥戴，他的狂妄自大没有给他带来恶劣的后果。但是取得霸主地位之后，开始有恃无恐地自我膨胀，居功自傲，任性妄为，引起了周王朝的不满和盟国的背叛，而他本人变得不似争霸时期那样从善如流。葵丘会盟之后，齐桓公开始满足于所取得的成就，志得意满，骄气凌人。当周襄王派宰孔赐齐桓公祭肉，并允许齐桓公可以不用下拜的时候，齐桓公欲真不下拜，被管仲劝止。桓公甚至提出要封禅，管仲进行劝阻。封泰山、禅梁父，是古代帝王祭祀天地的大典，一般来说，只有在开国换代、江山易主或久乱之后，致使天下太平，才封泰山、禅梁父，向天地报告重整乾坤之功业，同时表示接受天命而治理人世。桓公自比古代圣王，陶醉于横行天下、称雄一世、人莫如我的感觉之中，尽管封泰山、禅梁父的欲望最终被管仲所谏止，但是他的骄傲自满的情绪给他的霸业带来了危害。尤其是齐桓公到了晚年，因功成名就，加上奸臣当道，已不似先前那样广开言路，闻过则改，而是堵塞言路，闭目塞听。上博简《鲍叔牙与隰朋之谏》中，鲍叔牙和隰朋借日食这种可能会给齐国带来灾害的异常天象，来历数齐国当时的种种弊政，齐桓公才听从了谏议推行改革。而简文记载齐桓公"拥华孟子，以驰于倪廷"。有研究者认为，齐桓公晚年带着宠妾华孟子竟公然驱车驰骋于郳廷之内，这是齐桓公携霸主之威，对郳国公室权威的践踏，属于明显的违法乱制的行为，齐桓公称霸后傲慢狂妄的心态也暴露无遗。①

结　语

对于齐桓公，需要进行客观的评价。早年的齐桓公励精图治，征服各诸侯

---

① 李秀亮：《上博简〈鲍叔牙与隰朋之谏〉与齐桓公史事研究》。

国，将齐国发展成为春秋时代最富号召力、最具影响力的东方大国，他本人也成了名垂青史的春秋首霸，孔子称道他"正而不谲"，孟子讴歌他"五霸，桓公为盛"，可以肯定地说，齐桓公是一个取得了巨大历史功绩的英明国君。但是桓公后期，却远不复早年的圣明，使得齐国逐步走向衰弱，乃至其本人也未得善终，成了警醒后世统治者的反面典型。从其"谥号"来看，据《逸周书·谥法解》，"桓"字是一个美谥："辟土服远曰桓，克敬勤民曰桓，辟土兼国曰桓。"① 概括来说，"桓"字用作谥号时，大致是指开疆拓土使远方归服，克勤克俭、敬天保民，克敌制胜、威震天下，齐桓公的谥号应该是能够概括其平生功绩的。

---

① 《史记正义·谥法解》作"克敬动民曰桓"。

齐孝公评传

简评:

公元前 643 年齐桓公死后, 齐国进入了一个桓公五子争夺君位继承权的内乱时期。齐桓公长子无亏在齐国佞臣易牙和竖刁等人的强力支持下率先登上君位, 但随后宋襄公受齐桓公和管仲之嘱托, 率诸侯联军伐齐, 拥立太子昭即位, 公子无亏在位不足三个月, 齐人被迫将其杀死, 因其仅在位三个月, 无谥。太子昭即位, 是为齐孝公。齐孝公在位十年, 趁晋楚两国争霸、无暇顾及其他之际, 欲重整霸业, 但却未行霸主之事, 在宋国泓之战大败之际, 不顾宋襄公的拥立之恩, 讨伐宋国; 又因鲁国和卫、莒盟会, 孤立齐国, 两次发动对鲁国的战争, 不但无果而终, 反而给了鲁、楚两国收留齐桓公其他诸公子的机会, 给齐国的稳定发展埋下了隐患。齐孝公在位十年, 想要恢复霸业, 最终以失败告终, 终其一生, 可谓碌碌无为。在他死后, 他的儿子也被他的弟弟公子潘杀死。

齐孝公, 名昭, 齐桓公之子, 生年不详, 公元前 642 年即位, 卒于公元前 633 年, 在位十年。母郑姬。

一、坎坷曲折的继位之路

齐桓公有三位夫人, 皆无子。但齐桓公"好内, 多内宠", 宠如夫人者六人, 各有生子。这六位如夫人所生的儿子, 倚仗着母亲有宠于齐桓公, 都在觊觊君位。为了避免诸公子因争夺君位引起内乱，齐桓公晚年在管仲的劝说下开始考虑立太子之事。《韩非子·难三》载："人有设桓公隐者曰：'一难、二难、三难，何也？'桓公不能对，以告管仲。管仲对曰：'一难也，近优而远士。二难也，去其国而数之海。三难也，君老而晚置太子。'桓公曰：'善。'不择日而庙礼太子。"《史记·齐太公世家》又载："桓公与管仲属孝公于宋襄公，以为太子。"《左传·僖公十七年》也有记载。最终齐桓公和管仲商议立公子昭为太子，同时还将立公子昭为储君之事托付给了当时齐国的盟友宋襄公。公子昭虽然在诸公子争夺太子之位中脱颖而出，最早被立为了太子，而且还有宋国的扶持，但是他的即位之路，却没有那么顺利，反而充满了血腥暴力。原因有两个方面：

首先，齐国君位承继制比较混乱，尤其是自齐前庄公以后，嫡长子承继君位的情况很少，反而是哪位夫人最受国君宠爱，其子被立为储君的机会就大，也更容易得到卿大夫和国人的支持。齐桓公和管仲并没有按照周礼"有嫡立嫡、无嫡立长"的宗法制原则，在没有嫡子的情况下，立庶长子无亏为太子，而是立了公子昭为太子。公子昭被立为储君，可能正是因为其母有宠的缘故。宋儒赵鹏飞说："立子以嫡，无嫡以长，齐之六子均庶也，均庶则无亏长，长当立矣，而托孝公于宋，何耶？母宠则子尊，桓公之私也。"[1] 从宗法制而言，立公子昭为太子，可谓名不正、言不顺，宋儒刘敞也认为太子昭之立不正，"立嫡以长不以贤，立子以贵不以长，贵钧以年，年钧以德，纳公子昭，非正也"[2]。齐桓公与管仲之所以将太子昭托于宋襄公，正是看到了太子昭日后继承君位不可能顺利，必须有强大外援才可以即位。正如郑国执政祭仲对郑太子忽所说："君多内宠，子无大援，将不立。三公子，皆君也。"（《左传·桓公十一年》）在齐桓公多内宠的情况下，桓公诸子都可以成为国君，齐桓公身后的齐国恰如此所说，桓公五子陆续通过弑君之路而即位为君。

---

① ［宋］赵鹏飞：《春秋经筌》卷七，四库全书本。
② ［宋］刘敞：《春秋传》卷六，四库全书本。

其次,齐桓公晚年不仅好色,而且还重用奸佞之臣易牙、竖刁①等人。尤其是在管仲去世后,"五公子皆求立""五公子各树党争立"(《史记·齐太公世家》)。齐桓公宠姬长卫姬和佞臣易牙、竖刁投桓公所好,博得桓公的欢心,齐桓公既立公子昭为太子,又答应立长子无亏为太子,虽然没有废掉公子昭的太子之位,但也造成了公子无亏君位继承的合法化。《史记·齐太公世家》:"雍巫②有宠于卫共姬,因宦者竖刀以厚献于桓公,亦有宠,桓公许之立无诡。"无诡即公子无亏,《左传·僖公十七年》:"(齐桓)公许之立武孟。"杨伯峻先生说:"无诡,《传》亦作无亏,无亏为名,武孟其字也。"③ 从中可见,公子无亏并无不可立之处,立太子只在桓公一念之间,如齐灵公所言"在我而已"(《左传·襄公十九年》),但正是因为这种立储的随意性,给齐国种下了内乱的种子。宋儒张洽说得好:"长幼有定分,桓公、管仲不能自制其尊卑正否之辨,而轻属幼少以为乱阶,公之君臣既失其制命之义矣。"④ 此时的齐国政局比较混乱,桓公的六个儿子⑤为了争夺储君之位,勾结权臣,朋党盛行,内乱可谓一触即发。这为太子昭顺利即位埋下了第二个隐患。

在齐桓公临终之际,公子无亏不顾桓公之死活,凭借桓公宠臣雍巫和竖刀(即竖刁)的帮助,率先登上君位。然而公子无亏⑥的即位之路是血腥的,佞臣易牙、公子开方和竖刁不惜杀戮群臣,诛除异己,《左传·僖公十七年》:"冬十月乙亥,齐桓公卒。易牙入,与寺人貂因内宠以杀群吏,而立公子无亏。"《史记·齐太公世家》:"冬十月乙亥,齐桓公卒。易牙入,与竖刀因内宠杀群吏,而立公子无诡为君。"《管子·戒》:"(齐桓)公薨,六子皆求立。易牙与卫公子,内与竖刁,因共杀群吏而立公子无亏。故公死七日不敛,九月

① 《史记·齐太公世家》作"竖刀",《左传·僖公十七年》作"寺人貂",《管子·戒》等史籍作"竖刁"。
② 《管子·小称》作"堂巫",《吕氏春秋》作"常之巫",与雍巫为一人。
③ 杨伯峻:《春秋左传注》,中华书局1990年版,第373页。
④ [宋]张洽:《春秋集注》卷四,四库全书本。
⑤ 《管子·戒》:"公薨,六子皆求立"。六子应指:公子无亏、孝公昭、昭公潘、懿公商人、惠公元、公子雍。
⑥ 《左传》作"无亏",《史记》作"无诡"。

102

不葬。"公子无亏虽即位为君,但其政治基础是脆弱的、不堪一击的,其后在宋国的压力下,被齐国大臣所杀,因其为君仅三个月,未及改元,故而无谥。公子无亏的即位,既有桓公生前之许诺,又于礼法并无不合,且无亏并非昏庸之辈,立为国君并无不可。清人马骕即认为:"其谁当立,以长则无亏矣,其次则惠公元也,废长立少,自孝公已为不顺,昭懿之徒咸怀觊觎矣。"① 清人高士奇替无亏喊冤抱屈,"桓公死,无亏立,国人相与奉之,逾年为君矣。宋襄拥孝公来伐,谕之以辞命可也,举齐国之众以拒之可也。拒之不敌,奉无亏以出,上告天王,下控方伯,徐图反正,亦无不可也。若何一战不胜,而遽以无亏为说,齐尚有人耶?然孝公篡而继其世者,昭公也"②。高士奇认为,无亏即位合法合理,而太子昭以宋国之力返国为君,实则篡位。清人邹美中《左传约编》引黄若诲说:"然使桓与仲早定无亏之位,二竖安能冒定策之功,宋襄安得市恤孤之德哉?"③ 如果公子无亏被立为太子,可能不会引发桓公身后的争位之乱。清人周大璋对此有过精到的评说:"桓公不能修身以齐其家,管仲不能格心以匡其主。舍长立幼,又惑雍巫之言,许立无诡,卒酿大乱。宋襄徇齐桓乱命,纳昭而杀无诡,以是知齐之乱,桓与仲始之,而宋襄成之也。"④ 周大璋认为,桓公之后的五子之乱,实由桓公废长立幼所启。齐桓公托太子昭于宋襄公,实际上已经预见到了其身后太子昭即位不可能顺利。

在公子无亏发难后,因为桓公和管仲曾向宋襄公托孤,太子昭为保全性命且争夺君位,所以第一反应是奔往宋国,寻求援助。这段历史各史书记载略有不同,互为补充。

《史记·齐太公世家》:孝公元年三月,宋襄公率诸侯兵送齐太子昭而伐齐。齐人恐,杀其君无诡。齐人将立太子昭,四公子之徒攻太子,太

---

① [清]马骕:《左传事纬》卷三《齐懿之弑》,四库全书本。
② [清]高士奇:《左传纪事本末》,中华书局 2015 年版,第 218 页。
③ 李卫军:《左传集评》,北京大学出版社 2016 年版,第 461 页。
④ [清]程余庆撰,高益荣等编撰:《历代名家评注史记集说》,三秦出版社 2011 年版,第458 页。

子走宋，宋遂与齐人四公子战。五月，宋败齐四公子师而立太子昭，是为齐孝公。

《春秋·僖公十八年》：十有八年春，王正月，宋公、曹伯、卫人、邾人伐齐。夏，师救齐。五月戊寅，宋师及齐师战于甗，齐师败绩。狄救齐。

《左传·僖公十八年》：十八年春，宋襄公以诸侯伐齐。三月，齐人杀无亏……齐人将立孝公，不胜四公子之徒，遂与宋人战。夏五月，宋败齐师于甗，立孝公而还。

结合以上史书记载可知，公元前642年，宋襄公在太子昭奔宋请援之后，联合曹、卫、邾三国讨伐齐国，这时的鲁国选择站在公子无亏一边，援助齐国。在诸侯大军的压力下，公子无亏被杀，太子昭进入临淄，他虽然得到齐国卿大夫的支持，但却遭到了异母兄弟公子潘、公子商人、公子元、公子雍四公子的武力对抗，依靠自身的力量无法战胜四公子的私人武装而顺利继承君位，"齐人将立孝公，不胜四公子之徒"，说明当时四公子的势力很强。据《史记·齐太公世家》的记载，因不能战胜四公子，太子昭再次出奔宋国。五月，宋襄公再次出兵齐国，在甗地（齐地，在济南历城境内）大败四公子的私人武装，立太子昭为国君，是为齐孝公。对于宋襄公伐齐立孝公之举，《公羊传》与《穀梁传》的评价截然相反，《公羊传》："战不言伐，此其言伐何？宋公与伐而不与战，故言伐。春秋伐者为客，伐者为主。曷为不使齐主之？与襄公之征齐也。曷为与襄公之征齐？桓公死，竖刁、易牙争权，不葬，为是故伐之也。"宋襄公伐齐，是因为奸臣弄权，桓公死而不得葬，伐齐之举完全是正义之举。而《穀梁传》则说："战不言伐，客不言及，言及，恶宋也。"对鲁国救齐之举说："善救齐也。"一恶一善，褒贬寓于其中。后儒多同意《穀梁传》之说，对宋襄公伐齐持贬斥态度，如宋儒陈傅良说："孝公奔宋，襄公以诸侯之师伐齐，立孝公而还，春秋贵义不贵惠，尚治不尚功，托人之孤而动天下之兵，至于交战，是伐丧而已矣。"[1] 而宋襄公伐齐纳孝公无疑是有私心的，

---

[1] ［宋］陈傅良：《春秋后传》卷五，四库全书本。

齐桓公死后,天下无霸主,宋襄公欲继齐桓公而为霸主,宋儒赵鹏飞说:"宋襄方有图霸之谋,而首从齐于邪,非义也,逐人之正而纳不正。"① 宋襄公扶持齐孝公即位,赵鹏飞认为不过是顺遂了"桓公之私",只是遵从了齐桓公的嘱托而已,并没有从齐国大局出发。不过从宋襄公践行齐桓公之托看,宋伐齐是有正当理由的,宋襄公大败四公子之徒而立孝公,确实也起到了安定齐国局势的作用,是值得肯定的。故而《史记·齐太公世家》说:"宋以桓公与管仲属之太子,故来征之。"

按《左传》《史记·齐太公世家》之记载,齐孝公即位三个月后,始葬齐桓公。前一年的十月乙亥(初七),桓公病逝,至十二月乙亥(初八),公子无亏即位后,向王室和各诸侯发出讣告,辛巳(十四日)夜,将桓公尸体大殓入棺,但举行葬礼则在孝公即位后,"以乱故,八月乃葬齐桓公"(《史记·齐太公世家》)。桓公一代霸主,死后悲凉,随着他逝去的还有齐国的霸业。

二、失败的重振霸业之路

齐桓公晚年,齐国国力已经开始由盛而衰,齐桓公去世后,齐国又历经大半年争夺君位的内乱。齐孝公即位后,国内四公子及其余党未除,反而受到了鲁国、狄人的保护;宋国自认为平复齐国内乱、护送齐孝公回国即位有功,欲图取代齐国做中原霸主。此时的齐孝公并没有很好地认清齐国当时的处境而韬光养晦,稳定朝政,发展国力;或是处理好与邻国的关系,铲除障碍,反而急于承继齐桓公之霸业,再次图霸中原,最终导致其子被杀。齐国再次发生动乱,对外则图霸失败,与中原其他诸侯国的关系也陷入紧张的境地。

(一)齐孝公以恶报德,伐宋围缗

宋襄公依照齐桓公和管仲的嘱托,两次征讨齐国,平定齐国内乱,扶助齐孝公登上君位。童书业先生则认为,宋襄公见齐国有乱,想乘机抢夺盟主的位子,就结合曹、卫、邾三国起兵伐齐。② 此时,齐、宋两国之间的关系比较微

① [宋]赵鹏飞:《春秋经筌》卷七,四库全书本。
② 童书业:《春秋史》,上海世纪出版集团2010年版,第151页。

妙，各有目的、互为利用。齐桓公去世，中原各诸侯国又陷入了群龙无首的局面，而宋襄公即位以来，宋国国力大增，在中原诸侯国中算是强国。此时，宋襄公起兵伐齐，客观上起到了平定齐国内乱，帮助齐孝公回国即位的目的，同时，也使得宋襄公在诸侯国中的声望也达到了一定的高度，由此宋襄公便滋生了继齐桓公做中原霸主的念头。

公元前 641 年，宋襄公先是拘捕了滕宣公，后又邀请曹、邾、鄫国会盟，却因鄫国国君迟到，便指使邾文公抓捕了鄫国国君，将其作为人牲祭祀睢水之社，妄图以此来迫使东夷诸国归附；而后又因曹国不服而围攻曹国都城。宋襄公急于称霸的一系列暴虐行为，不但没有起到震慑诸侯、称霸中原的目的，反而引起了诸侯的强烈不满。此外，中原诸侯国也处于上无天子、下无方伯的境地，各国互相攻伐，急需霸主来主持诸侯间的事务。公元前 642 年冬，邢、狄伐卫。公元前 641 年，卫人伐邢。在这样的背景下，陈穆公提出诸侯在齐会盟，以无忘齐桓公的德行。《春秋·僖公十九年》载："冬，会陈人、蔡人、楚人、郑人盟于齐。"《左传·僖公十九年》的记载阐明了此次会盟的目的："陈穆公请修好于诸侯，以无忘齐桓之德。冬，盟于齐，修桓公之好也。"此次会盟的国家有齐、鲁、陈、蔡、楚、郑。《左传》杜预注曰："宋襄暴虐，故思齐桓。"指明了此次会盟的原因。宋国没有参加此次会盟，但并非陈国与齐国没有邀请宋国参加，而是因为宋襄公想做霸主，不愿参加。《史记·齐太公世家》集解引服虔曰："宋襄公欲行霸道，不与盟。"这次会盟，名则思齐桓之德，实则是想借此结成一个与宋国对抗的联盟。童书业先生认为："此盟楚亦参与，鲁、郑、陈、蔡皆齐桓联盟中国家，而此时则皆楚党，陈穆公发起'修桓公之好'，盖楚人所指使，以楚本齐敌国，出面不便，故使陈人为之。'盟于齐'者，盖仍使齐处盟主虚位，而实际楚已为盟主，此盖楚、宋争衡中楚人之谋略。此盟中楚人仅列郑上，且远盟于齐，此在整个春秋时代为未有之举，亦可证齐桓霸业之盛，故其余烈如此。"① 童先生此说甚有道理，笔者同意此说。齐孝公即位后，还以霸主自居，可惜已经时移世易了。

---

① 童书业：《春秋左传研究》，上海人民出版社 2019 年版，第 52 页。

　　齐孝公借诸侯国缅怀齐桓公恩德之际，针对公元前641年卫伐邢一事，于公元前640年秋，齐国、狄人在邢国结盟，策划救援邢国以对付卫国的入侵。《左传·僖公二十年》："齐、狄盟于邢，为邢谋卫难也。于是卫方病邢。"此次会盟，是齐孝公试图恢复霸业的一次尝试，他想像齐桓公一样，通过召集诸侯国会盟的形式来处理诸侯国之间的矛盾。但是此时的齐国已经不似齐桓公时期那样有号召力和影响力，齐孝公此次的会盟并没有起到理想的效果，"明年，狄伐卫，盖为邢也"①。公元前639年春，狄人为了邢国讨伐卫国，并没有遵从齐国的号令。这件事充分表明了此时齐国已经没有实力承担霸主的责任去调解诸侯国之间的矛盾，但是齐孝公却没有认识到这一点，继续做恢复霸业的梦想。

　　此时，宋襄公也想以会盟的形式来争取霸主的地位。公元前639年，宋襄公在鹿上（宋地，今山东巨野西南）会盟齐、楚两国。《春秋·僖公二十一年》："春，宋人、齐人、楚人盟于鹿上。"《左传·僖公二十一年》："春，宋人为鹿上之盟，以求诸侯于楚。楚人许之。公子目夷曰：'小国争盟，祸也。宋其亡乎！幸而后败。'"杨伯峻先生认为："齐桓卒于僖十七年，中国失霸主。十八年，郑始朝楚；十九年，楚又与陈、蔡、郑盟于齐，则此时楚已得诸侯矣。故宋襄欲继齐桓之霸业，必求于楚而后可。"② 宋国是小国，宋襄公想要做霸主，并不能令诸侯信服，如杜预所说："宋无德而争盟，为诸侯所疾。"（《春秋·僖公二十一年》）宋襄公试图通过得到楚国的支持以号令诸侯。齐桓公死后，中原无霸主号令诸侯以压制楚国，此时的楚国已经将若干小国如陈、蔡、鲁、郑等划入自己的势力范围，宋国想要做霸主，没有楚国的同意是办不到的。吊诡的是，偏偏宋襄公没有看到一个仰人鼻息的霸主不是那么好当的。而齐国作为之前的霸主，也在宋襄公邀请之列，齐孝公亲自参加了此次会盟，史籍虽没有记载孝公的反应，但可从其后行动中看出，他没有想到宋襄公有争霸之举，楚国已经同意，齐国也没有理由公开反对，但从内心对宋襄公此举是

①　杨伯峻：《春秋左传注》，第387页。
②　杨伯峻：《春秋左传注》，第389页。

非常痛恨的。

宋襄公自不量力，不听从公子目夷的劝诫，一意孤行，认为在争得楚国和齐国支持后，便可以做中原霸主了。公元前638年，宋襄公攻伐已经臣服于楚的郑国。楚伐宋以救郑，宋、楚战于泓水，宋国大败，宋襄公被射伤，宋国谋取霸业以失败告终。在宋国大败之际，齐孝公以公元前641年宋不参加在齐国的会盟为由，兴兵讨伐宋国，包围了宋国的缗城①。《左传·僖公二十三年》："春，齐侯伐宋，围缗，以讨其不与盟于齐也。"《史记·齐太公世家》也记载："六年春，齐伐宋，以其不同盟于齐也。"杨伯峻先生认为："（僖公）十九年，陈穆公请修好于诸侯，以无忘齐桓之德，其实盖以摈宋，宋故不与会。今讨之者，亦乘宋有泓之败，此特其借口耳。"②杨伯峻先生认为，齐孝公以宋襄公没有参加三年之前齐国"无忘齐桓之德"的盟会为由，讨伐宋国，不过是借口而已。而且在此之前，齐孝公还参加过宋襄公召集的想要争霸中原的鹿上会盟，由此可看，齐孝公本次讨伐宋国的目的昭然若揭，不过是乘宋泓水之战战败之际，乘人之危，落井下石，打败宋国，以此来作为自己复霸的跳板。

对于齐孝公伐宋之事，虽然名义上是因为宋国不与齐国会盟，但《公羊传》和《穀梁传》都对此有着近乎一致的解释，对齐伐宋持贬斥态度，《公羊传·僖公二十三年》："邑不言围，此其言围何？疾重故也。"《穀梁传·僖公二十三年》："伐国不言围邑，此其言围何也？不正其以恶报恶也。"《公羊传》和《穀梁传》都通过对"围缗"做出阐释，来批判齐孝公"伐宋围缗"的不仁不义之举。"缗"为"缗邑"，是宋国的城邑。《公羊传》认为，对城邑不能说包围，在这里说包围是因为憎恨齐国加重宋国的旧创。"疾重故"，何休注："疾，痛也。重故，喻若重故创矣。襄公欲行霸，守正履信，属为楚所败。诸夏之君宜杂然助之，反因其困而伐之，痛与重故创无异，故言围。以恶其不仁

---

① 《穀梁传》作"闵"。
② 杨伯峻：《春秋左传注》，第402页。

也。"①《穀梁传》认为，攻伐一国，就不必记包围了城邑，这次之所以记载"伐宋围缗"，是认为齐国用恶回报恶是不对的，认为齐孝公此举是一次恶行。在齐伐宋之后不久，宋襄公因在泓水之战中旧伤复发而死，在宋襄公临终之际，未尝不痛心于齐孝公的忘恩负义。

后世对齐孝公"伐宋围缗"一事也多有评价。李明复《春秋集义》对"齐侯伐宋围缗"一事引谢湜曰："楚之败宋也，齐孝公失救之之道，且又乘宋之败，伐其国，围其邑，恶之大也。"又引胡安国曰："齐伯国之余业也，宋襄公既败于泓，荆楚之势益张矣。齐侯既无尊中国、攘夷狄、恤患灾、畏简书之意，又乘其弱而伐之，此尤义之所不得为者也。故书伐国而言围邑以著其罪。然则桓公伐郑围新城，何以不为贬乎？郑与楚合凭陵中国，桓公伐之，攘夷狄也。宋与楚战，兵败身伤。齐侯伐之，残中夏也。其事异矣。"② 李明复认为，齐孝公乘宋襄公泓水之败，而伐宋围缗，有失齐桓公担当中原霸主时"尊中国、攘夷狄"之德行。暂且不论承担"尊中国、攘夷狄"之重任，单就宋襄公扶持其即位来说，齐孝公伐宋就有失道义，更遑论宋国当时还处在战败的危机中、宋襄公身负重伤之时。齐孝公伐宋围缗实在是一次背信弃义之举。清人程余庆说："宋襄方入孝公于齐，而孝公即恶其求霸而伐之，非人情也。"③

在处理齐国与宋国的关系中，齐孝公企图以这次起兵伐宋的不仁不义之举来达到恢复齐国霸业的目的，充分表明了他既没有齐桓公的能力和魄力，更没有长远的谋略和霸主应具备的胸襟。此举不但没有达到恢复齐国霸业的目的，反而使得齐国陷入了背信弃义、失去人心的境地，更加失去了中原诸侯的拥护。

（二）齐孝公不修德行，伐鲁争霸

齐孝公六年（公元前637），宋襄公去世，楚宋争霸，宋国彻底失败，向

---

① 《春秋公羊传注疏》，《十三经注疏》，上海古籍出版社1997年版，第2259页。
② ［宋］李明复：《春秋集义》卷二十三，四库全书本。
③ ［清］程余庆撰，高益荣等编撰：《历代名家评注史记集说》，第459页。

楚国投降，楚国的气焰更是不可一世。齐孝公七年（公元前636），晋公子重耳回到晋国即位，是为晋文公。晋文公励精图治，发展国力，逐渐成为强国，走上争霸之路。此时的周王朝又发生了王子带内乱，中原频出危机，楚国在中原急剧扩张，中原急需新的霸主。童书业先生认为："这时齐国既不能再兴，于是第二次尊王攘夷的事业就落到黄河上游的唯一姬姓大国——晋国的手里去了。"① 齐孝公既无能力重振霸业，但仍做着恢复齐桓公霸业的美梦，试图通过讨伐鲁国，逼迫鲁国臣服于齐，实现齐国复霸的第一步。

齐孝公八年（公元前635）冬，鲁僖公、卫成公、莒国大夫莒庆在洮地（鲁地）会盟。《春秋·僖公二十五年》："冬十有二月癸亥，公会卫子、莒庆盟于洮。"第二年春，鲁僖公又与莒兹丕公、卫国大夫宁速在向（莒地）结盟。《春秋·僖公二十六年》："春，王正月，己未，公会莒子、卫宁速盟于向。"第二次会盟的目的是"寻洮之盟也"（《左传·僖公二十六年》）。鲁僖公频繁与莒、卫两国会盟，是为了调解鲁、莒两国关系，元人吴澂说："卫本欲平鲁、莒之怨，而洮之盟，莒子不亲至，僖公必欲与莒子盟，故复为此会也。"② 这种国家之间关系的调停本是霸主所应干的，可见鲁国在国际舞台上也想扮演大国的角色。这两次会盟，鲁国都没有邀请齐孝公参加，是明显的排斥齐国的行为，没有将齐孝公当作齐桓公霸业的继承人看待，齐孝公对此耿耿于怀，在三国会盟后不久，即以"讨是二盟"为借口而伐鲁，入侵鲁国的西部边境，但随后又主动撤军，到当年夏，再次伐鲁，入侵鲁国的北部边境。《春秋·僖公二十六年》："齐人侵我西鄙，公追齐师，至酅，不及。夏，齐人伐我北鄙。"对于齐孝公伐鲁之行为，鲁国并没有坐以待毙，不仅进行了抵抗，还追击齐军，只是没有追上，卫国为了支援鲁国，也起兵伐齐；在齐国第二次伐鲁后，鲁国乞请楚国出兵伐齐。

《左传·僖公二十六年》记载齐伐鲁的原因是"讨是二盟也"，《国语·鲁语上》也记载了齐孝公伐鲁之事，韦昭注曰："鲁僖公叛齐，与卫、莒盟于

---

① 童书业：《春秋史》，第154页。
② ［元］吴澂：《春秋纂言》卷五，四库全书本。

洮，又盟于向，故孝公伐鲁，讨此二盟。"杨伯峻先生认为："二盟，洮盟与向盟。齐孝公仍以霸主自居，不以鲁与他国盟会为然，竟以为讨。"① 可见，"讨是二盟"是齐孝公讨伐鲁国的主要原因。

齐孝公两次伐鲁，第一次是"齐人侵我西鄙，公追齐师，至酅，不及"（《春秋·僖公二十六年》），这次伐鲁，从《春秋》记载来看，是齐孝公失败而归。但是《穀梁传》《公羊传》对齐伐鲁有不同的阐释。《穀梁传》曰："人，微者也。侵，浅事也。公之追之，非正也……弗及者，弗与也，可以及而不敢及也。其侵也曰人，其追也曰师，以公之弗及，大之也。弗及，内辞也。"认为这次齐国伐鲁，用"侵"字，表明不是严重的事。僖公追逐齐军，是不对的。没追上，是指齐鲁两军并未交战，也就是说齐国本次伐鲁，目的不在攻打鲁国，而只是为了"讨此二盟"，给鲁国背叛齐国一点教训。《公羊传》曰："其言至酅弗及何？侈也。"认为齐国军队侵犯鲁国的西部边境，鲁僖公率兵追击，一直追到酅地，这只是夸大了鲁国的强大。结合"两传"可以看出，齐国此时伐鲁，只是为了"讨是二盟"，教训一下鲁国，战事不大。

第二次伐鲁，是"（同年）夏，齐人伐我北鄙"。结合"三传"记载，齐孝公未入鲁境时，鲁僖公一方面派大夫展喜以犒劳之名，迎住齐师，不让齐国的军队入境。鲁僖公特使展喜抓住齐孝公伐鲁是为了恢复齐桓公霸业这一目的，便通过重申先世盟约和齐桓公的功业来做文章，批评齐孝公背弃桓公遗命，不能担负起团结诸侯、匡救天下的使命。《左传·僖公二十六年》："（展喜对曰：）昔周公、大公股肱周室，夹辅成王。成王劳之而赐之盟，曰：'世世子孙无相害也。'载在盟府，大师职之。桓公是以纠合诸侯，而谋其不协，弥缝其阙，而匡救其灾，昭旧职也。及君即位，诸侯之望曰：'其率桓之功。'"展喜以此番义正词严的外交辞令说服了齐孝公班师回国。齐国罢兵而去，鲁僖公又派东门襄仲、臧文仲到楚国请援，以齐、宋两国不侍奉楚国为由，导引楚国军队攻打齐国，占领了谷地，并把齐孝公的兄弟公子雍安置在谷地，齐国佞臣易牙在谷地侍奉公子雍作为鲁国的后援，楚国申公叔侯戍守谷

① 杨伯峻：《春秋左传注》，第439页。

地。《左传·僖公二十六年》载："桓公之子七人，为七大夫于楚。"杜预注曰："言孝公不能抚公族。"齐桓公的七个儿子都在楚国做大夫。鲁、楚两国此举对齐孝公的君位构成了极大的威胁。

在处理齐国与鲁国的关系中，齐孝公两次发动对鲁国的战争，是齐孝公想要维持齐桓公霸业的具体体现，但并没有达到预期的效果，清人刘继庄对齐孝公伐鲁之行有深刻的评价："齐侯之伐我，岂以洮、向之盟耶？然孝公嗣桓九年以来，从无一事见于经传，勤王之举甘让晋人，其无志于率桓之功可知。然而不肖之子，决不甘自安于不肖。北鄙之伐，正窥其'室如县磬，野无青草'，而借题于卫、莒之渎盟，将以张惶其霸业也。"①鲁国借助楚国之手以伐齐，说明了此时齐国国力虽强盛于鲁国，但鲁国已经全然不视齐国为盟主了。鲁僖公借楚师伐齐之事，古人也早有中肯的评价，《公羊传》阐释说："乞师者何？卑辞也。曷为以外内同若辞？重师也。曷为重师？师出不正反，战不正胜也。"《穀梁传》也说："乞，重辞也。何重焉？重人之死也，非所乞也。师出不必反，战不必胜，故重之也。"杨树达先生认为："重民命，故公子遂乞师则讥。鲁僖以楚师伐齐则讥。"②对鲁僖公乞师于楚持否定态度。鲁僖公以"先王之命"说服齐孝公罢兵，反而又向齐兴兵，"先王之命"真可谓是不值一钱的鬼话，如清人谢有辉说："齐师归，东门襄仲如楚乞师，冬，公以楚师伐齐，取谷，何不复守先王之命也？"③齐国虽强，但是齐孝公却因个人能力有限，没有很好地处理好与鲁国的关系，最终的结果都是无功而返，不仅没有实现称霸的目标，反而受到了鲁国、楚国的威胁，各诸侯国已经不把齐孝公放在霸主的位置，齐孝公力图恢复霸业宣告彻底失败。

结　语

据《春秋·僖公二十七年》载："夏六月庚寅，齐侯昭卒。秋八月乙未，

---

① 李卫军：《左传集评》，第541页。
② 杨树达：《春秋大义述》，上海古籍出版社2013年版，第146—147页。
③ 李卫军：《左传集评》，第543页。

葬齐孝公。"《史记·齐太公世家》载:"十年,孝公卒,孝公弟潘因卫公子开方杀孝公子而立潘,是为昭公。"齐孝公是齐桓公和管仲生前确立的太子,但是他的继位之路却充满了血腥和暴力,最终在宋国的扶持下登上君位。齐孝公在位十年,他既没有安抚好对君位仍有觊觎的其他诸公子,彻底扫清对齐国稳定发展造成威胁的最大障碍,导致在其死后,其子遭到杀害;也没有认清齐国国力已经在逐渐走向衰微的现实,而是处心积虑地想要恢复齐桓公的霸业,最终却以失败告终。他在位的十年,是中原霸主空缺的十年,在恢复霸业的过程中,他既没有齐桓公的德行和能力,也没有长远的谋划和坚定的目标,所以霸业成了空中楼阁。在宋国处于危难之际,齐孝公乘人之危发动了伐宋的不仁不义的战争,既破坏了他和宋国的同盟国的关系,又为其他诸侯国所不耻;面对鲁国的背叛,他两次讨伐鲁国,都无果而终,反而让诸公子逃亡在外,依附于鲁国和楚国,使齐国受到了鲁国、楚国的威胁。

从其"谥号"来看,据《逸周书·谥法解》,"孝"字是一个美谥:"五宗安之曰孝,协时肇享曰孝,秉德不回曰孝,大虑行节曰孝。"但是从齐孝公在位十年的作为来看,这些评价似乎有些过誉了。

齐昭公评传

简评：

齐昭公在位二十年，此期间，正值晋国崛起，晋文公称霸诸侯之时，齐昭公不再像其兄长齐孝公那样以恢复齐桓公霸业为己任，"识时务者为俊杰"，对外采取了臣服晋国，结交鲁国的政策，为齐国的发展赢得了相对安定的外部环境。但是面对齐国国力日薄西山的境况，齐昭公也是无计可施，因而在位期间也是常常遭到狄族的入侵，幸好得益于晋国、鲁国等盟国的帮助，也未遭受很大的损失，反而最终将狄族灭国。

齐昭公，名潘，齐桓公之子，生年不详。公元前 633 年，公子潘依靠卫公子开方之力杀死孝公的儿子，得以立为国君，是为齐昭公。其卒年存在两种说法，《史记·齐太公世家》载："十九年五月，昭公卒。"《春秋·文公十四年》载："（公元前 613 年）夏五月乙亥，齐侯潘卒。"对此，杨伯峻先生认为："齐昭公以僖二十八年即位，凡二十年，《年表》云：'二十年，昭公卒。'与《传》合。然《齐世家》云：'十九年五月，昭公卒。'与《传》及《年表》相差一年，梁玉绳《史记志疑》已疑之矣。"① 综合分析，齐昭公应在位二十年，卒于公元前 613 年。其母葛嬴，是齐桓公宠如夫人的六位内嬖之一。

---

① 杨伯峻：《春秋左传注》，中华书局 1990 年版，第 600 页。

一、昭公即位

（一）暴力即位

史书中有关齐昭公的最早记载要追溯到齐桓公在位时期，《左传·僖公十七年》载："齐侯之夫人三：王姬、徐嬴、蔡姬，皆无子。齐侯好内，多内宠，内嬖如夫人者六人：长卫姬，生武孟；少卫姬，生惠公；郑姬，生孝公；葛嬴，生昭公；密姬，生懿公；宋华子，生公子雍。"齐昭公的母亲葛嬴是齐桓公的宠姬。《史记·齐太公世家》载："管仲卒，五公子皆求立。"齐桓公晚年，齐昭公依仗其母有宠于齐桓公，也在觊觎国君之位。《左传·僖公十八年》载："齐人将立孝公，不胜四公子之徒，遂与宋人战。"杨伯峻认为："无亏已死，除孝公外，唯余昭公潘、懿公商人、惠公元及公子雍耳，故曰四公子。与宋人战者，四公子之徒耳。"① 齐桓公去世后，公子潘也参与了争夺君位的斗争，但齐国四公子最终被宋国出兵打败，太子昭在宋襄公的帮助下立为国君。《史记·齐太公世家》载："十年，孝公卒。孝公弟潘因卫公子开方杀孝公子而立潘，是为昭公。"公元前633年，齐孝公去世，公子潘依靠桓公宠臣卫公子开方杀孝公子而得立，是为齐昭公。因而，齐昭公的继位并非名正言顺，而是建立在杀戮基础上，是齐桓公之后齐国内乱的延续，充满血腥和暴力。

（二）辅政之臣

1. 卫公子开方。卫公子开方是齐昭公继位过程中的一个关键人物。公子开方本名启方，如《吕氏春秋·知接》载"卫公子启方"，清华简《系年》第四章也作"启方"，因汉代避汉景帝刘启之讳而改作"开方"。开方帮助公子潘，杀死孝公之子，公子潘才有机会成了齐国国君。卫公子开方究竟是何人呢？《管子·大匡》载："公子开方之为人也，慧以给，不能久而乐始，可游于卫……乃游公子开方于卫。"《管子·小匡》亦载："公子开方，为人巧转而兑利，请使游于卫，以结交焉。"在齐桓公继位早期，公子开方便在齐国做

---

① 杨伯峻：《春秋左传注》，第378页。

事，因其聪敏灵活、擅长言辞而引起了齐桓公和管仲的注意，被派出访卫国。在齐桓公执政晚期，开方为了实现个人的极端利益而置亲情于不顾的行事风格遭到了管仲的强烈谴责，管仲临终前极力反对齐桓公任用开方，齐桓公也听从了管仲的谏议，但是齐国政局出现了"逐公子开方，而朝不治"（《管子·小称》）的局面，齐桓公又将开方召回。开方与竖刁、易牙等几个佞臣被齐桓公再次召回朝廷后，便迅速掌握了齐国政权，发动了宫廷政变，他们拥立公子无亏做齐国国君，最终以失败告终。这场政变导致齐国朝廷混乱，国力渐渐衰败。在此期间，开方又趁齐国混乱之际，"以书社七百下卫矣"（《管子·小称》），将齐国七百社的土地和人口送给了卫国，《吕氏春秋·知接》对此事亦有记载。由此可以看出，开方虽具有一定的政治管理才能，但更是一个为达目的而不择手段的小人和害君殃国的奸臣。

公元前 633 年，齐孝公去世。《史记·齐太公世家》载："孝公卒，孝公弟潘因卫公子开方杀孝公子而立潘，是为昭公。"此时历经齐桓公执政四十三年、齐孝公执政十年的开方，据推测已经进入耄耋之年，但是他还是紧紧地抓住了这次能够掌控齐国政局的机会，杀孝公子而拥立公子潘。而在孝公执政十年期间，公子潘有无和开方勾结、谋划政变，史书并无记载，但桓公之子觊觎君位者众多，开方能够拥立公子潘，自然是与公子潘成了同党。齐昭公即位后，开方对齐昭公而言，有拥立之功，齐昭公是否重用了开方，开方参加了齐国哪些政事活动，史书亦无记载。但是可以推测出来的是，开方应该影响了齐昭公时期的执政理念。

2. 国归父。国归父是齐昭公时期参与齐国外交政事较多、史料记载较多的一位辅政之臣。关于国归父，从时间上推测，应该是在齐桓公即位和争霸时期发挥了重要作用的国子的后人。国、高二氏皆为姜姓，出身于齐国公族，在齐国有着特殊地位。据《左传》记载，齐昭公元年（公元前 632），国归父与崔夭率领齐国军队作为晋国盟军参加了晋楚城濮之战。齐昭公二年（公元前 631），国归父代表齐国参加了晋国主持的翟泉之盟。齐昭公六年（公元前 627），齐昭公安排国归父到鲁国聘问。《左传·僖公三十三年》对此事如是记载："齐国庄子来聘，自郊劳至于赠贿，礼成而加之以敏。臧文仲言于公曰：

'国子为政,齐犹有礼,君其朝焉。臣闻之:服于有礼,社稷之卫也。'"在外交方面,国归父遵循周礼,使齐鲁两国修好。从鲁国大夫臧文仲的评价"国子为政"来看,国归父应该是齐昭公时期的主政重臣。

二、在位功业——服晋结鲁

齐昭公即位初期,齐国历经了齐桓公晚期霸业渐衰、齐孝公恢复霸业失败的过程,当时处于内外交困的状况,国内诸公子之间的君位争夺愈演愈烈,晋国崛起,与强楚势均力敌,争夺霸主之位,在如此严峻的内外形势下,齐昭公接受了齐国昔日作为霸主、而今大势已去的现实,不再以恢复霸业为目标,顺应历史发展趋势,对外采取了臣服晋国、结交鲁国的外交政策。

(一)臣服晋国

齐桓公卒后,楚国势力急剧扩张,从楚者有鲁、卫、莒、曹、陈、蔡、郑、许等国,童书业先生说:"是时楚人势力几席卷中原,为中原事实上之霸主矣。"① 公元前 633 年,宋国因背叛楚国,而遭到楚国的围攻,宋国向晋国求救。晋国没有直接救宋,而是通过进攻楚国的附庸国曹国、卫国,来减轻宋国的压力,使宋、齐两国免遭楚国攻击,晋国此举将军事行为和外交策略巧妙地结合起来,既打击了楚国,又赢得了昔日中原霸主齐国的支持,可谓一举两得。而此时,齐昭公依靠暴力取得君位,为了稳固自己的地位,也亟须得到当时综合实力较强的国家的支持,在晋楚争霸中,齐国选择了支持晋国。

齐孝公卒后,齐昭公即位之当年(第二年改元,是年仍为齐孝公十年),因宋国投靠晋国,楚国率陈、蔡、郑、许四国伐宋,包围了宋都。当年冬,楚国与诸侯在宋地会盟,共谋伐宋。《春秋·僖公二十七年》:"十有二月甲戌,公会诸侯盟于宋。"宋国紧急向晋国求救,《左传·僖公二十七年》记载:"冬,楚子及诸侯围宋。宋公孙固如晋告急。先轸曰:'报施救患,取威定霸,于是乎在矣。'狐偃曰:'楚始得曹而新昏于卫,若伐曹、卫,楚必救之,则

---

① 童书业:《春秋左传研究》,上海人民出版社 2019 年版,第 56 页。

齐、宋免矣。'于是乎蒐于被庐，作三军，谋元帅。"清华简《系年》第七章记载："晋文公立四年，楚成王率诸侯以围宋伐齐，戍谷，居缗。"此次楚国伐宋，直接威胁到齐国的安全。晋国君臣一致认为，取威定霸在此一战。为了争取齐国的支持，晋文公玩弄伎俩，诱使齐国站在晋国一边。据《国语·晋语四》记载："文公立四年，楚成王伐宋，公率齐、秦伐曹、卫以救宋。宋人使门尹班告急于晋，公告大夫曰：'宋人告急，舍之则宋绝，告楚则不许我。我欲击楚，齐、秦不欲，其若之何？'先轸曰：'不若使齐、秦主楚怨。'公曰：'可乎？'先轸曰：'使宋舍我而赂齐、秦，藉之告楚，我分曹、卫之地以赐宋人。楚爱曹、卫，必不许齐、秦。齐、秦不得其请，必属怨焉，然后用之，蔑不欲矣。'公说，是故以曹田、卫田赐宋人。"晋国让宋国送财物于齐国和秦国，通过齐、秦请求楚国退兵。晋国将获得的曹、卫两国的土地赐给宋国。楚国喜欢曹、卫，必定不答应齐、秦的请求。齐、秦两国请求不成，必然怨恨楚国，齐、秦两国就与晋国站在一边，而成为楚国的对立国了。正是因为晋文公玩弄伎俩的原因，孔子评价说："晋文公谲而不正。"（《论语·宪问》）通过连环操作，晋国在外交上取得了齐、秦两大国的支持。齐昭公元年（公元前632），晋齐两国在敛盂（卫地，今河南濮阳东南）会盟，齐晋两国结为同盟。《左传·僖公二十八年》载："晋侯、齐侯盟于敛盂。"

晋文公以当年流亡中曹、卫无礼为由，亲率兵车七百乘伐曹侵卫，首先打击楚国的盟国，为避楚军锋芒，晋军退避三舍，驻扎于城濮，齐国大夫国归父、崔夭所率齐军和秦国军队也到达城濮。楚国令尹子玉不听楚王号令，执意与晋国决战，晋、楚战于城濮，楚军败北。值得注意的是，《春秋》虽然记载："夏四月己巳，晋侯、齐师、宋师、秦师及楚人战于城濮，楚师败绩。"但据《左传》之记载，城濮之战中只有晋军与楚军作战，并未有齐、秦军队与楚交战的记载，杜预对此注解说："宋公、齐国归父、秦小子慭既次城濮，以师属晋，不与战也。"杜预认为，宋、齐、秦三国军队一并交予晋国指挥，故而没有提及。童书业先生则认为，当时晋寡楚众，楚军当在千乘左右，城濮之战中，晋国以本国七百乘独当楚、陈、蔡三国联军，以寡胜众，晋方之宋、齐、秦，楚方之郑、许，皆未参战，"宋、齐、秦之军不过为晋之声援，未必参战"①。笔者认为，当时晋国新兴，而楚霸已久，晋国尚未取得中原列国的认可，齐、秦对晋、楚之战尚有观战之想法。经此一战，晋国赢得了齐、秦的服从，奠定了晋国中原霸主的地位，并得到了周王室的认可。同年五月，齐昭公又参加了晋文公主持的践土之盟（践土，郑地，今河南原阳西南），正式承认了晋国的霸主地位。同年冬，晋、鲁、齐等国国君又在温地会盟。齐昭公二年（公元前631）六月，齐国参加了晋国主持的翟泉之盟，《春秋·僖公二十九年》载："夏六月，会王人、晋人、宋人、齐人、陈人、蔡人、秦人盟于翟泉。"此次会盟的目的是"寻践土之盟，且谋伐郑也"。此次会盟，意在加强同盟关系，讨伐叛盟的郑国。晋文公去世后，经历了晋襄公，再到年幼的晋灵公即位，齐昭公都表现出惟晋国马首是瞻的态度。《左传·文公七年》载："秋八月，齐侯、宋公、卫侯、陈伯、郑伯、许男、曹伯会晋赵盾盟于扈，晋侯立故也。"齐昭公十三年（公元前620），为了拥护晋灵公即位，齐昭公亲自参加了晋国所主持的扈地会盟（扈，郑地，今河南省原阳县西）。《左传·文公七年》："秋八月，齐侯、宋公、卫侯、郑伯、许男、曹伯会晋赵盾，盟于扈，晋侯立故也。公后至，故不书所会。"此次会盟由晋国执政赵盾主持，"赵盾专盟齐、宋、卫、郑、许、曹六国国君，为大夫主盟之始"②。

从史书记载来看，齐昭公在位期间，齐国参加了晋国所有会盟，极大地支持了晋国的霸业，同时也得到晋国的庇护，依靠晋国消解了来自楚国的威胁，为齐国的发展提供了稳定的外部环境。

（二）结盟鲁国

对于邻国鲁国，齐昭公采取了睦邻友好的政策。主要表现在三个方面：

其一，对于晋国的称霸，齐国和鲁国表现出了支持的态度，都参加了晋国主持的各种会盟，两国都是晋国的同盟国。

其二，两国联姻，形成互相依存、彼此帮扶的关系，这对齐鲁关系的发展起到了很大的促进作用。

① 童书业:《春秋左传研究》,第55页。
② 童书业:《春秋左传研究》,第59页。

齐昭公八年（公元前625），鲁文公派公子遂到齐国去送聘礼。《春秋·文公二年》载："公子遂如齐纳币。"《左传·文公二年》载："襄仲如齐纳币，礼也。凡君即位，好舅甥，修昏姻，娶元妃以奉粢盛，孝也。"杨伯峻先生认为："齐与鲁世为婚姻，鲁公屡娶齐女，齐与鲁为舅甥之国，遣使申好，故曰好舅甥。"① 因齐、鲁世为婚姻之国，这次"襄仲如齐纳币"便是为了进一步巩固齐、鲁两国的关系，替鲁文公向齐求婚。

齐昭公十年（公元前623），鲁国为文公到齐国迎娶夫人姜氏。《春秋·文公四年》载："夏，逆妇姜于齐。"《公羊传·文公四年》载："其谓之逆妇姜于齐何？略之也。高子曰：'娶乎大夫者，略之也。'"据《公羊传》阐释，鲁文公夫人应为齐国大夫之女。

齐昭公十五年（公元前618），鲁文公的夫人姜氏回齐省亲。《春秋·文公九年》载："九年春……夫人姜氏如齐……三月，夫人姜氏至自齐。"杜预注曰："归宁。"杨伯峻先生认为："盖以出姜为齐昭公之女，父母在乃归宁也。齐昭为齐桓之子，齐桓公死于僖十七年，距鲁文之立已十八年，鲁文娶其女，甚有可能。"②《左传·庄公十五年》杨伯峻注曰："父母在，则可归宁，《诗·周南·葛覃》'归宁父母'者是也；父母没，则使卿代为至母家问好。"③ 结合史书记载，此次鲁文公的夫人姜氏如齐"归宁"，说明父母健在。由此推断，夫人姜氏应为齐昭公的女儿，与《公羊传》记载不合，据杨伯峻先生的分析，齐昭公与鲁文公应为翁婿关系，进一步说明了此时齐、鲁两国关系非常紧密。

其三，齐昭公时期，齐鲁两国外交活动往来密切。

齐昭公六年（公元前627），一年之中齐、鲁两国按照最高规格的礼仪一来一往。《左传·僖公三十三年》载："齐国庄子来聘，自郊劳至于赠贿，礼成而加之以敏……冬，公如齐朝，且吊有狄师也。"齐、鲁交往频繁，两国之

---

① 杨伯峻:《春秋左传注》,第 526 页
② 杨伯峻:《春秋左传注》,第 569 页。
③ 杨伯峻:《春秋左传注》,第 199 页。

间的友好关系可窥一斑。

齐昭公七年（公元前626），鲁文公即位，首先派穆伯到齐国聘问通好，然后相继聘问各国诸侯。《左传·文公元年》载："穆伯如齐，始聘焉，礼也。凡君即位，卿出并聘，践修旧好，要结外援，好事邻国，以卫社稷，忠信卑让之道也。"按照礼制规定，诸侯新即位后，派卿大夫去各诸侯国进行朝聘之礼，一是通过聘问告知鲁国有新君即位；二是可以继续巩固之前与诸侯国的友好关系，团结外援，善待邻国，从而捍卫国家的安全和稳定。大国前往小国曰聘，小国前往大国则曰朝。《左传》在此记载为"穆伯如齐，始聘焉，礼也"。从中可以看出，齐国作为鲁文公的首要聘问之国，足见鲁国对齐国的重视以及齐鲁两国的友好同盟关系。

齐昭公在位期间实施的"服晋结鲁"的外交政策，使得齐国政局趋于稳定，外部发展环境利好，国家实力也逐渐恢复。

三、联合晋、鲁等国抵抗狄人入侵

齐昭公时期，虽然齐国有了稳定发展的环境，国力逐渐恢复，但是终因历经内乱，内耗严重，国力遭受重创，已大不如齐桓公称霸时期，因而多次遭到狄人的侵扰。

齐昭公三年（公元前630）春，狄人趁晋国无暇顾及齐国之际，侵扰齐国。《左传·僖公三十年》："三十年春，晋人侵郑，以观其可攻与否。狄间晋之有郑虞也，夏，狄侵齐。"齐昭公六年（公元前627）夏，狄人趁晋国国丧之机，再次侵扰齐国。八月，晋侯在箕地打败狄人。《春秋·僖公三十三年》"夏四月辛巳，晋人及姜戎败秦师于殽。癸巳，葬晋文公。狄侵齐……秋，晋人败狄于箕。"《左传·僖公三十三年》："狄侵齐，因晋丧也。"

此后，齐昭公十年（公元前623）、齐昭公十五年（公元前618）、齐昭公十七年（公元前616），狄人多次侵扰齐国。

《左传》对齐昭公十七年的狄人侵齐事件进行了详细记载，《左传·文公十一年》："鄋瞒侵齐，遂伐我。公卜，使叔孙得臣追之，吉。侯叔夏御庄叔，緜房甥为右，富父终甥驷乘。冬十月甲午，败狄于咸，获长狄侨如。富父终甥掐其喉，以戈杀之，埋其首于子驹之门，以命宣伯。"鲁文公派大臣叔孙得臣追赶狄人，俘获了其首领长狄侨如，并杀之。

另外，《左传》还将狄族的灭亡过程进行了梳理。《左传·文公十一年》："晋之灭潞也，获乔如之弟焚如。齐襄公之二年，郑瞒伐齐，齐王子成父获其弟荣如，埋其首于周首之北门。卫人获其季弟简如。鄋瞒由是遂亡。"杜预注："鄋瞒，狄国名，防风之后，漆姓。侨如，鄋瞒国之君。"杨伯峻先生认为："齐襄公之二年，鲁桓公之十六年，下距宣十五年焚如之被获一百零三年，亦决无是理。《鲁世家》作'齐惠公二年'，《齐世家》及《年表》同，则鲁宣公之二年，三兄弟之先后被获，相距不甚远，则合情理。'齐襄公'之'襄'字，当从《史记》改作'惠'。"①《公羊传·文公十一年》："狄者何？长狄也。兄弟三人，一者之齐，一者之鲁，一者之晋。其之齐者，王子成父杀之；其之鲁者，叔孙得臣杀之；则未知其之晋者也。"《穀梁传·文公十一年》："传曰：长狄也，弟兄三人，迭宕中国，瓦石不能害。叔孙得臣，最善射者也。射其目，身横九亩，断其首而载之，眉见于轼……其之齐者，王子成父杀之。则未知其之晋者也。"结合"三传"的记载和阐释，针对狄人对中原诸侯国的入侵，齐、鲁、晋三国分别对狄人进行了有力的回击，鲁文公派大臣叔孙得臣追赶狄人，俘获并斩杀了其首领长狄侨如。鲁宣公时期，齐人亦俘获了侨如的弟弟荣如，杀之。卫人抓获了乔如的弟弟简如，晋人俘虏了乔如的弟弟焚如。此事在《史记·鲁周公世家》亦有记载。最终，狄人在鲁、齐、晋、卫的共同打击下，被灭国。

纵观齐昭公在位的二十年，狄人先后五次入侵齐国，其中两次是狄人趁晋国无暇顾及齐国的时候，对齐国进行了侵扰。最后一次，齐国也是在鲁、晋的共同帮助下，才大败狄人，说明此时齐国的国力已经无法单独抵抗狄人的侵扰。正是得益于齐昭公施行的"服晋结鲁"外交政策，齐国在当时的霸主晋国的庇佑下，在与鲁国的友好关系下，狄人对齐国的入侵，齐国也未受到很大的影响。

---

① 杨伯峻：《春秋左传注》，第584页。

四、《春秋》对齐昭公的评价

有研究者统计，《春秋》共载一百六十四位诸侯卒葬，其中葬后举谥者九十六位，书卒无葬谥者六十八位，认为《春秋》书与不书诸侯葬谥有其独特的书法体例，即以内鲁和同盟为前提，国君之是否礼葬为书同盟诸侯的标准，而吴楚僭越、夷狄和灭国则不论同盟与否均不书。① 这六十八位仅书卒无葬谥者中，有四十四位鲁国和十四个盟国的国君，齐昭公便是其中之一。《春秋·文公十四年》载："夏五月乙亥，齐侯潘卒。"只书齐侯潘卒，未书其葬，未载谥号。《左传·隐公十一年》认为"不书葬，不成丧也"，即未按照国君葬例规制则不书。杜预注曰："或鲁慢而不往，或乱而不葬，或讳而见隐，或丧而不成，直言时事之详略，无较例也。"清人顾栋高因此说："昭公以乱故，不成礼以葬，鲁无从往会。"② 《公羊传》《穀梁传》二传释例相类似，《穀梁传·昭公十三年》提出："弑君不葬，失德不葬。"《春秋穀梁传注疏》中对此注释曰："失德不葬（无君道），弑君不葬（谓不讨贼，如无臣子），灭国不葬（无臣子也）。"③ 《春秋公羊传注疏·襄公二年》何休注云："《春秋》之内，诸侯之卒，不书其葬，非止一义而已：或讳背殡用兵，或讥其篡，或刺不讨贼，枉杀大夫。"④ 《春秋》记事用微言寄托大义，善恶褒贬尽蕴藏于记载事件的笔法中，齐昭公因是在储君被弑后而被拥立为君，其即位有"名不正、言不顺"之嫌，因而《春秋》只记其卒，未书其葬。结合三传的阐释来看，《春秋》对齐昭公应该是暗含贬斥之意的。

结　语

齐昭公在位二十年，能够认清齐国国力日渐衰败的现实，迫于当时内外交

---

① 董常保：《〈春秋〉书诸侯谥号体例考析》，《三峡大学学报（人文社会科学版）》2013 年第 1 期。

② ［清］顾栋高：《春秋大事表》，第 1525 页。

③ 《春秋穀梁传注疏》，《十三经注疏》，上海古籍出版社 1997 年版，第 2437 页。

④ 《春秋公羊传注疏》，《十三经注疏》，上海古籍出版社 1997 年版，第 2300 页。

困的基本国情，采取了臣服强晋、结盟鲁国的外交政策，并能与其他诸侯国共同抗击狄人的侵扰，为齐国创造了相对稳定的外部发展环境，总体上来说，是推动了齐国的发展，从这个角度而言，齐昭公是一个值得肯定的明智君主。但是从齐国内政的发展来看，齐昭公时期既无突出政绩，也无明显过错，可谓功业平平。

从其"谥号"来看，用"昭"字作谥号，据《逸周书·谥法解》载："昭德有劳曰昭，圣文周达曰昭。"大致是指彰明道德且立有功业，美名传播四方。"昭"字理应是一个美谥，但此字却没有避讳先君齐孝公之名，这确也是不符合常理的事情。清人顾炎武在《日知录集释》中也提到了此问题："文公十四年'齐侯潘卒'，《传》以为'昭公'。按僖公二十七年，经书'齐侯昭卒'（原注：孝公）。今此'昭公'即孝公之弟，不当以先君之名为谥，疑《左氏》之误（原注：经不书'葬'）。然僖公十七年传曰'葛嬴生昭公'，前后文同（原注：《史记》同）。先儒无致疑者。"① 实际上，宋人高闶曾经就此问题提出："夫孝公名昭而谥潘曰昭，非礼甚矣。《春秋》恶之。"② 中井积德则认为："昭公潘，以兄孝公之讳为谥，可见古人避讳之不严。"③ 后人选用了"昭"字做谥号，来总结齐昭公的生平功业，想要美化齐昭公，但似乎又有刻意之嫌。

---

① ［清］顾炎武撰，黄汝成集释，栾保群校点：《日知录集释》，中华书局 2020 年版，第 224 页。
② ［宋］高闶：《春秋集注》卷十九，四库全书本。
③ 韩兆琦：《史记笺证》，江西人民出版社 2004 年版，第 2238—2239 页。

齐懿公评传

简评：

齐懿公依仗母亲有宠于齐桓公，自齐桓公临终之际起，便一直蓄谋争夺君位。公元前613年，他弑齐昭公之子齐君舍，自立为君，成为齐桓公儿子中第四个成为齐国国君的公子。他即位后并没有安定民心，稳定政局，谋发展国家之良策，而是对外傲慢无礼，恶化了与邻国鲁国的盟友关系；对内骄纵跋扈，激起民愤，最终被臣子谋弑，抛尸于竹林中。齐懿公在位仅四年，对齐国的稳定发展几乎没有起到任何作用，算是一个彻头彻尾的昏庸无道的暴君。

齐懿公，名商人，齐桓公之子。生年不详，卒于公元前609年，在位仅四年。

一、残暴虚伪，弑君夺位

齐懿公为齐桓公之子，排行不明，据《史记·齐太公世家》载："齐桓公之夫人三：曰王姬、徐嬴、蔡姬，皆无子。桓公好内，多内宠，如夫人者六人，长卫姬，生无诡；少卫姬，生惠公元；郑姬，生孝公昭；葛嬴，生昭公潘；密姬，生懿公商人；宋华子，生公子雍……管仲卒，五公子皆求立。"《左传》亦有相同记载。齐懿公的母亲密姬是齐桓公的宠姬。齐桓公晚期，公子商人倚仗其母有宠于齐桓公，也在觊觎国君之位。齐桓公去世后，齐懿公作为叛乱的四公子之一，也参与了与齐孝公争夺君位的斗争。与齐孝公、齐昭公不同的是，公子商人之母密姬的母国并非大国，按杨伯峻先生等考证，密姬之母国颇为不明，这也意味着公子商人并没有可以依靠的强大外部势力作支持，只能依靠自己的发展。《左传·文公十四年》载："公子商人骤施于国，而多聚士，尽其家，贷于公有司以继之。""公有司"即掌管公室财务的官员。杜预注曰："家财尽，从公及国之有司富者贷。"此事《史记·齐太公世家》亦有记载："昭公之弟商人以桓公死争立而不得，阴交贤士，附爱百姓，百姓说。"公子商人一直在阴谋篡夺君位，私下里他甚至不惜散尽家财，再借公室之财来豢养门客，结交贤士，得到百姓的爱戴，取得国人的信任，为夺位积蓄力量。

齐孝公去世后，佞臣卫公子开方杀死孝公子而后拥立公子潘为君，是为齐昭公。齐昭公去世后，其子舍即位。因在位时间较短，无谥号，史称齐君舍。《春秋·文公十四年》载："（九月）齐公子商人弑其君舍。"杨伯峻先生认为："春秋之例，故君死，新君逾年即位，始称君……此舍未逾年亦称'君'书'弑'者，《传》云：'昭公卒，舍即位。'舍不待逾年便已即位，然仍不得改元，就君位于殡宫耳。"①《左传》："秋七月乙卯夜，齐商人杀舍。"昭公之子舍即位不足几个月，还未来得及改元，便被公子商人残忍杀害。齐桓公之后，短短三十年间，再次出现弑君事件，究其原因：一方面与齐国的继承制度有关，春秋时期的齐国继承制度比较混乱，没有严肃的继统，国君的夫人中，谁有宠，其子就有可能被立为太子。而齐君舍，因其母亲子叔姬无宠于昭公，因而在齐国势力孤弱，在国人中无威，《史记·齐太公世家》载："十九年五月，昭公卒，子舍立为齐君。舍之母无宠于昭公，国人莫畏。"《左传·文公十四年》："叔姬无宠，舍无威。"齐昭公没有给公子舍即位创造必要的条件，而这恰好给了齐懿公商人争夺君位的机会。另一方面，与齐懿公商人虚伪残暴的品性有关。《史记·齐太公世家》载："及昭公卒，子舍立，孤弱。即与众十月即墓上弑齐君舍。而商人自立，是为懿公。"经王叔岷先生考证，"十"当作

---

① 杨伯峻：《春秋左传注》，中华书局1990年版，第601页。

"七"字，为传写之伪。① 如此推测，公子商人很有可能趁齐君舍为齐昭公发丧之机刺杀了齐君舍，此弑君行为是很严重的违背周礼之行为，难以得到齐国卿大夫的支持。公子商人只能依靠广施恩惠来获得齐国卿大夫的支持。《春秋·文公十四年》："齐公子商人弑其君舍。"《左传·文公十四年》载："秋七月乙卯夜，齐商人杀舍。"杨伯峻先生认为："'杀'阮刻本作'弑'，校勘记云：'《传》文直书其事，作'杀'是也。'今据改。"② 《说文解字》中对"弑"的阐释是"臣杀君也"。无论是《春秋》《左传》，还是《史记》，都无一例外地直书商人残暴弑君一事。自齐太公封齐建国以来，齐国史上发生多次乱政事件，如鲁庄公八年"齐无知弑其君诸儿"，此种情况属于"凡弑君，称君，君无道也"，因国君残暴无道而被弑。再如，鲁庄公九年"齐人杀无知"、鲁僖公十八年"齐人杀无亏"，此种情况属于"君恶及国朝则称国以弑，君恶及国人则称人以弑"③，弑君，也算是为国除贼的正义行动。在此之前，与齐懿公残暴继位有相似点的是齐昭公，齐昭公杀孝公子而继位。齐懿公商人在齐桓公去世之后，便一直蓄谋争夺君位，趁齐昭公去世，齐君舍势单力薄之际，将其残忍杀害而自立。《穀梁传》和《公羊传》对此均有阐释，两传也一致认为商人弑君违背礼法，为后人所不齿。

> 《穀梁传·文公十四年》："舍未逾年，其曰君何也？成舍之为君，所以重商人之弑也。商人其不以国氏何也？不以嫌代嫌也。舍之不日何也？未成为君也。"

> 《公羊传·文公十四年》："此未逾年之君也，其言弑其君舍何？己立之，己杀之，成死者而贱生者也。"

齐懿公商人弑侄夺位的过程，将其残暴和虚伪暴露无遗。齐昭公之子舍虽

---

① 王叔岷：《史记斠证》，中华书局 2010 年版，第 1314 页。
② 杨伯峻：《春秋左传注》，第 603 页。
③ ［晋］杜预：《春秋释例》卷三，四库全书本。

无威，未改元，但已经即位为君，《春秋》及三传、《史记》均称舍为齐君，公子商人在齐君舍即位后弑君，与此前齐昭公因公子开方杀齐孝公子而即位，在性质上是不同的。弑君为大罪，史书于微言之中寓大义，对于公子商人弑君之行为贬斥之义明显。

在谋弑了齐君舍之后，公子商人还假惺惺地提出让位于公子元，《左传·文公十四年》载："秋七月乙卯夜，齐商人杀舍而让元。"公子元，即齐懿公之后的齐惠公，为桓公宠姬少卫姬所生。根据《左传·僖公十七年》载："长卫姬，生武孟；少卫姬，生惠公；郑姬，生孝公；葛姬，生昭公；密姬，生懿公……"杨伯峻先生认为，公子元为齐懿公之兄。不仅如此，公子元也是齐桓公去世后与齐孝公争夺君位的四公子之一。为了消除自己当政后的隐患，取得兄长公子元的支持，齐懿公在弑舍后，假惺惺地提出让位于公子元。《左传·文公十四年》对此有详细记载："元曰：'尔求之久矣。我能事尔，尔不可使多蓄憾，将免我乎？尔为之。'……齐公子元不顺懿公之为政也，终不曰'公'，曰'夫己氏'。"杜预注曰："犹言某甲。"正义曰："心恶其政，不以为'公'。凡与人言，欲称君者，终不谓之为'公'。曰'夫己氏'，斥懿公之名也。刘云：甲、己俱是名，故云'犹言某甲'。"①"夫己氏"即"那个人"的意思。公子元深知公子商人之为人，公子商人觊觎君位良久，绝不会拱手让君位于自己，他之所以虚伪让位，主要原因有两个方面，一是让自己有让贤之美名，以此来获得齐国卿大夫和民众的支持；二是有试探公子元之举，如公子元敢于接受君位，则无异于与自己争位，必遭其毒手。齐懿公的虚伪残暴，公子元是知道的，为避免自己遭到杀害，自然不会中齐懿公之计，但是从公子元对齐懿公的称呼来看，公子元并没有承认齐懿公的君位。公子商人即位后，公子元为保命，出奔其母亲之国——卫国。

公元前613年9月，齐懿公继齐昭公之后，成为齐国新君。《左传·文公十四年》载："秋七月乙卯夜，齐商人杀舍……齐人定懿公，使来告难，故书

① 《春秋左传正义》，《十三经注疏》，上海古籍出版社1997年版，第1854页。

以'九月'。""告难"即为"告舍被杀之难"①。杜预注曰:"齐人不服,故三月而后定。"正义曰:"商人实以七月弑舍,取其位,而齐人未服,三月而后定。定讫始来告,不告舍死之月,唯言商人弑舍。鲁史以其九月来告,即书之于九月。如此传文,告以九月,即书九月,明经之日月皆从赴而书,非褒贬详略也。杜言此者,排先儒言日月有褒贬之义。"② 齐懿公杀齐君舍在七月,因政局未定,齐人九月才承认懿公商人的君位,因而《春秋》记在九月。这也说明了虚伪残暴的齐懿公在杀死齐君舍后,并没有立即得到齐国人的拥护和支持,这也就为他即位四年便被弑埋下了伏笔。

二、暴虐施政,激起民愤

齐懿公依靠暴力手段夺得君位后,撕掉了即位之前礼贤下士、附爱百姓的伪装,对内施行暴政,激起民愤,对外残暴无礼,恶化了齐鲁两国的关系,致使其在位仅四年,便被弑杀,而后被抛尸于竹林中,得到了他应有的下场。

1. 傲慢无礼,导致与邻国鲁国关系恶化。齐君舍的母亲子叔姬为鲁国女子。齐懿公弑齐君舍,引起了鲁国的不满,鲁国派大夫襄仲报告周王,请求周天子出面让齐国放子叔姬回国。随后周王卿士单伯到齐国为鲁国请求接子叔姬回鲁,齐懿公不但不放人,还把单伯也扣留了起来,致使齐鲁两国关系恶化。对于这件事,《春秋》三传做出了不同的阐释。

> 《春秋·文公十四年》:"冬,单伯如齐。齐人执单伯。齐人执子叔姬。"杜预注曰:"单伯,周卿士。为鲁如齐,故书。诸侯无执王使之义,故不依行人例。"
>
> 《左传·文公十四年》:"襄仲使告于王,请以王宠求昭姬于齐,曰:'杀其子,焉用其母?请受而罪之。'冬,单伯如齐,请子叔姬。齐人执之。又执子叔姬。"杜预注曰:"恨鲁恃王势以求女故……欲以耻辱鲁。"

---

① 杨伯峻:《春秋左传注》,中华书局 1990 年版,第 606 页。
② 《春秋左传正义》,第 1854 页。

《公羊传·文公十四年》："执者曷为或称行人，或不称行人？称行人
而执者，以其事执也。不称行人而执者，以己执也。单伯之罪何？道淫
也。恶乎淫？淫乎子叔姬。然则曷为不言齐人执单伯及子叔姬？内辞也，
使若异罪然。"

《穀梁传·文公十四年》："私罪也。单伯淫于齐，齐人执之。叔姬同
罪也。"

《左传》认为，鲁国派大夫襄仲请示周王室后，单伯作为周王室的卿士如
齐为鲁国请子叔姬，齐国却先后将单伯和子叔姬抓了起来。《左传》的记载体
现了齐懿公的无礼和暴虐。根据杜预的注解，齐国作为诸侯，不能拘执王使，
为尊者讳，故可以"不依行人例"。齐懿公之所以无所顾忌地"执单伯，又执
子叔姬"，是因为齐懿公"恨鲁恃王势以求女故……欲以耻辱鲁"。《公羊传》
《穀梁传》则一致认为，因子叔姬和单伯有淫乱之私罪，所以齐懿公才将两人
抓了起来。《公羊传》还认为，单伯此行并非周王室所派之公事，其在齐国被
抓也是因为他确实有罪。《春秋》之所以将两人被抓分开记载，也是一种隐晦
的说辞，目的是让他们两人看起来似乎是犯了不同的罪行而被抓。

根据不同史料阐释，齐懿公把单伯和子叔姬抓起来似乎确有原因，但是在
当时齐国政局动荡不安、国人不附的情况下，齐懿公作为新任国君，不但对邻
国鲁国的请求置之不理，反而以无礼对抗无礼，将子叔姬和周卿士单伯抓了起
来，通过如此简单粗暴的外交手段来回应，实在不是明智之举。这必然会得罪
鲁国，对周王室也是一种挑衅，那么自然也不会得到其他诸侯国的拥护。此事
也能从侧面反映出此时周王室地位下降，权威已不胜当年。

齐懿公元年（公元前612），鲁国又请求晋国出面，让齐国放子叔姬回鲁。
在盟主晋国的压力下，齐国先后释放了单伯和子叔姬。《左传·文公十五年》
载："十五年春，季文子如晋，为单伯与子叔姬故也……齐人许单伯请而赦
之，使来致命。书曰'单伯至自齐'，贵之也……齐人来归子叔姬，王故也。"
齐懿公并没有通过释放单伯和子叔姬来缓和与鲁国之间的矛盾，而是在同年先
后释放两人之后，对鲁国进行了两次侵伐，以报复鲁国请晋国出面给齐国以压

力。《春秋·文公十五年》："秋，齐人侵我西鄙。"这是在齐国释放单伯之后齐国对鲁国的一次侵伐，鲁国执政季文子便向晋国报告了此事，请晋国出面惩罚齐国，晋国于是召集宋、卫、蔡等中原诸侯国在扈地会盟，商议讨伐齐国。《左传·文公十五年》载："冬十一月，晋侯、宋公、卫侯、蔡侯、陈侯、郑伯、许男、曹伯盟于扈，寻新城之盟，且谋伐齐也。齐人赂晋侯，故不克而还。于是有齐难，是以公不会。书曰：'诸侯盟于扈。'无能为故也。"杨伯峻先生认为："盖以齐数伐鲁，又尝执王使，而季文子往告之故。"① 齐懿公面对晋国的讨伐，也害怕起来，急忙贿赂晋灵公，晋国没有再对齐国进行讨伐。从中可见，齐懿公实在是一个色厉内荏之人。在齐国释放子叔姬归鲁后，齐国紧接着上一次的侵伐，再次入侵鲁国，而且还攻伐了鲁国的附庸国曹国。《春秋·文公十五年》："（十有二月）齐侯侵我西鄙，遂伐曹，入其郛。"鲁国作为盟主晋国的盟国，齐国再三侵犯鲁国，说明一个问题，齐懿公看到晋国内部矛盾尖锐，君权下移，卿大夫专权，晋国内部并非铁板一块。这恐怕是齐懿公敢于在扈地会盟之后敢于再次伐鲁的原因了。针对齐国的此番入侵，鲁国大夫季文子对齐懿公有一番中肯的评论，《左传·文公十五年》载："季文子曰：'齐侯其不免乎？己则无礼，（杜预注曰：执王使而伐无罪。）而讨于有礼者，曰：'女何故行礼！'礼以顺天，天之道也。己则反天，而又以讨人，难以免矣。《诗》曰：'胡不相畏，不畏于天？'君子之不虐幼贱，畏于天也。在《周颂》曰：'畏天之威，于时保之。'不畏于天，将何能保？以乱取国，奉礼以守，犹惧不终，多行无礼，弗能在矣！'"季文子直指齐懿公暴虐无礼，执王使，伐无罪，弑君自立，这一系列无礼之举终将导致其自我灭亡。尽管如此，面对齐国的入侵，在晋国不能主持公道的情况下，鲁国也无可奈何，只好和齐国会盟讲和。齐懿公二年（公元前611）春，因鲁文公身体有疾，派执政季文子与齐懿公在阳谷会盟，齐懿公觉得鲁文公不出面，是对齐国的蔑视，没有答应会盟。杨伯峻先生说："齐懿公以与大夫盟为失体，故不肯。"② 当年五月，

① 杨伯峻：《春秋左传注》，第613页。
② 杨伯峻：《春秋左传注》，第616页。

鲁文公派襄仲给齐懿公送了很多财物后，齐懿公答应与鲁国在郪丘会盟。《春秋·文公十六年》："六月戊辰，公子遂及齐侯盟于郪丘。"齐懿公最终还是与鲁国大夫公子遂在郪丘①（齐地，齐都临淄附近）结盟，从中可见，齐懿公是个贪财好利之人，在重利之下，也不顾与大夫结盟有失体面了。然而齐懿公并非一个遵守盟誓的君主，齐懿公三年（公元前610），齐国又侵伐鲁国西部边境。在齐国咄咄逼人的入侵下，晋国既然不能替鲁国出头，鲁国只能向齐国臣服，同年六月，鲁文公与齐懿公在谷地（齐地，在今山东东阿）会盟。当年冬，为了巩固齐鲁同盟关系，鲁文公派襄仲到齐国拜谢谷地之盟。《左传·文公十七年》载："襄仲如齐，拜谷之盟。复曰：'臣闻齐人将食鲁之麦。以臣观之，将不能。'齐君之语偷。臧文仲有言曰：'民主偷必死。'"杜预注曰："偷，犹苟且。"鲁国大夫襄仲察觉到齐懿公又欲行侵鲁之谋，但是襄仲也敏锐地预感到，齐懿公做事草率，说话极不严肃，将必死无疑。襄仲的预判是对的，第二年春，齐懿公准备再次兴师伐鲁，《左传·文公十八年》："十八年春，齐侯戒师期而有疾，医曰：'不及秋，将死。'"因为有病，齐懿公暂时放弃了伐鲁的计划，果然未到食麦之时，齐懿公便被臣下杀死。

2. 齐懿公之死。齐懿公为人残暴，从其为公子时便如此，即位后更加残暴。齐懿公为公子时，与齐国大夫邴歜②之父有矛盾，《左传·文公十八年》记载，齐懿公与邴歜之父争夺田地，而《史记·齐太公世家》记载是争夺田猎时的猎物，齐懿公在争夺中没有取胜，便怀恨在心。待到即位后，邴歜之父已死，懿公无法发泄仇恨，便下令将邴歜之父从墓中掘出，对邴歜父之尸体施以刖刑，砍断了尸体的脚，这在极为注重事死之时代是严重的侮辱行为；齐国另一大夫阎职③，因为妻子美貌，被齐懿公强行纳入后宫。二人可谓与齐懿公有着深仇大恨，但慑于齐懿公的权势，敢怒不敢言。齐懿公丝毫不以侮辱他人为意，让邴歜做他的车夫，阎职做他的骖乘，这无疑是对二人凌辱的继续。二

---

① 《公羊传》作"犀丘"，《穀梁传》作"师丘"。

② 《左传·文公十八年》作"邴歜"，《史记·齐太公世家》作"丙戎"，但《史记·卫康叔世家》作"邴歜"。

③ 《左传·文公十八年》作"阎职"，《史记·齐太公世家》作"庸职"。

人都在内心仇恨着齐懿公，同时又是齐懿公身边最近之人，与齐懿公朝夕相伴，有着较他人更多的机会接触齐懿公，谋杀齐懿公差的只是一根导火索。齐懿公是将两颗随时都会爆炸的炸弹放在了自己身边，可谓自作孽不可活。懿公四年夏五月戊戌日，齐懿公在临淄城外的申池游玩，邴歜与阎职二人随从，一番对话使二人结成同盟，《左传·文公十八年》记载："二人浴于池，歜以扑抶职。职怒。歜曰：'人夺女妻而不怒，一抶女庸何伤！'职曰：'与刖其父而弗能病者何如？'乃谋弑懿公，纳诸竹中。"邴歜用马鞭打阎职，阎职发怒。邴歜对阎职说："别人夺了你的妻子你不生气，打你一下，有什么妨碍？"阎职说："比砍了他父亲的脚而不敢怨恨的人怎么样？"瞬间二人的仇恨被激发出来，合谋杀死了齐懿公，将其尸体扔在了竹林里。《史记·齐太公世家》记载："职曰：'断足子！'戎曰：'夺妻者！'二人俱病此言，乃怨。谋与公游竹中，二人弑懿公车上，弃竹中而亡去。"这一段颇具故事性的历史记载，明人冯梦龙在《东周列国志·第四十九回》中有着精彩的演义，将邴歜、阎职的心理进行了细致入微的描写：

邴歜恨懿公甚深，每欲弑之，以报父仇，未得同事之人。知阎职有夺妻之怨，欲与商量，而难于启口。因在池中同浴，心生一计，故意以折竹击阎职之头。职怒曰："奈何欺我？"邴歜带笑言曰："夺汝之妻，尚然不怒，一击何伤，乃不能忍耶？"阎职曰："失妻虽吾之耻，然视刖父之尸，轻重何如？子忍于父，而责我不能忍于妻，何其昧也！"邴歜曰："我有心腹之言，正欲语子。一向隐忍不言，惟恐子已忘前耻。吾虽言之，无益于事耳。"阎职曰："人各有心，何日忘之，但恨力不及也。"邴歜曰："今凶人醉卧竹中，从游者惟吾二人，此天遣我以报复之机，时不可失！"阎职曰："子能行大事，吾当相助。"二人拭体穿衣，相与入竹林中。看时，懿公正在熟睡，鼻息如雷，内侍守于左右。邴歜曰："主公酒醒，必觅汤水，汝辈可预备以待。"内侍往备汤水。阎职执懿公之手，邴歜扼其喉，以佩剑刎之，头坠于地。二人扶其尸，藏于竹林之深处，弃其头于池中。

　　齐懿公之死，可谓罪有应得。《左传·文公十八年》载："（齐懿公被弑后，邴歜和阎职）归，舍爵而行。齐人立公子元。""舍爵"即"告奠于庙也"，齐国大夫邴歜和阎职杀死齐懿公之后，却敢于归告祖庙，然后再逃亡。杜预注曰："饮酒讫，乃去。言齐人恶懿公，二人无所畏。"《史记·齐太公世家》记载："懿公之立，骄，民不附。"齐懿公恃强凌弱，残暴不仁，臣民不附，最终招致杀身之祸。明人穆文熙在《春秋左传评林》中评论说："懿公多行不道，又密迩仇雠，安得不败？所以既弑而齐人终无怜之者也。"① 对于齐懿公之死，《春秋·文公十八年》记载："夏五月戊戌，齐人弑其君商人。"《公羊传·文公十六年》解释"宋人弑其君杵臼"说："弑君者，曷为或称名氏，或不称名氏？大夫弑君称名氏，贱者穷诸人。大夫相杀称人，贱者穷诸盗。"以此说看，则认为是因为邴歜和阎职卑贱，故而称"齐人"，但此说不占主导地位。对《春秋》所作"齐人"，杜预注曰："不称盗，罪商人。"认为齐懿公之死，罪在自身，是因为其为君不守君道。《左传·文公十六年》对《春秋》所记宋昭公被弑之辞"宋人弑其君杵臼"作了"君无道也"的解释，杜预作注解说："始发例于臣之罪，今称国人，故重明君罪。"廖平先生认为："称'人'以弑，众弑君之辞，故曰'君无道'"；"传例：凡弑君，称'人'，君无道。"② 这与《春秋·文公十四年》所记载的"齐公子商人弑其君舍"是完全不同的。正是因为齐懿公无道，《春秋》才记载是"齐人"弑君，这是对齐懿公无道的贬斥。清人顾栋高引汪克宽说："歜、职以仆御之贱，既毙商人，舍爵而行，略不畏忌，如肆行于无人之境，则齐人固恶商人而欲其毙也，《春秋》以弑君系之齐人宜矣。"③ 明人卓尔康《春秋辨义》说："齐懿公之弑，贼縠邴歜、阎职，应书曰盗，而书齐人……以国弑举又何也？懿公弑其君舍，罪逆未讨，俨然为君者四年，故于歜、职之弑，书举齐人，若曰是通国人

---

　　① 李卫军：《左传集评》，第750—751页。
　　② 廖平著，陈绪波校注：《春秋左传杜氏集解辨证》，华东师范大学出版社2020年版，第102—103页。
　　③ ［清］顾栋高：《春秋大事表》，中华书局1993年版，第2504页。

之所共弑也。"① 齐懿公弑齐君舍，作为大逆之人，懿公理应得到惩罚，反而为君四年，故而其被弑也是天理昭昭，人心所向。

齐懿公死后，因其无道，得不到国人的支持，其子并没有被立为国君，反而是重蹈孝公、昭公之覆辙，其子被废，之前逃亡在卫国的公子元被齐人迎立为国君。《史记·齐太公世家》载："齐人废其子而迎公子元于卫，立之，是为惠公。"

结　语

齐懿公罪恶深重，仅在位四年便被弑，可以说是咎由自取，罪有应得。对此，清人马骕说："（齐懿公）弑国君而执国母，构难于鲁，四年之中，三侵鲁鄙，违逆王命，蔑弃霸主，即其行事固好大喜功，而不能靖国者也。申池难发，国人不问，盖懿实不道。虑惠图位，亟战无度，民渐弗堪，二贼舍爵，固知懿之无助尔。子元顺国人之请，而居君位，竹中之罪亦无诛焉。"② 弑君本是大罪，弑君之人理应处以极刑，但弑齐懿公之二人并未得到处罚，只因齐懿公之被杀早已为国人所盼望。

《春秋·文公十八年》只书"齐人弑其君商人"，未书其葬，未载谥号。有研究者认为，鲁和盟国不载戕弑君葬谥者十六位，与《左传》"不成丧"相符，都是降低其礼仪等级而葬，即未以国君之礼葬之。齐懿公之所以不载葬谥，是因为弑君自立，《春秋》讳忌弑君恶名。③ 从谥号来看，"懿"字作齐懿公谥号，《说文解字》中"懿"释为"美好"，《逸周书·谥法解》载："温柔圣善曰懿。"孔晁注曰："性纯淑也。"大意是指性温柔，明事理而又善良。郑樵在《通志·谥略》中将"谥"分为上谥、中谥、下谥三类。其中"懿"字属于上谥，是极其褒奖之字。而齐懿公在位四年的所作所为与"懿"字所体现的美好完全不符，显然是德不配位。齐懿公恶贯满盈，但后人却用"懿"

---

① ［明］卓尔康：《春秋辨义》提要，四库全书本。
② ［清］马骕：《左传事纬》卷三《齐懿之弑》。
③ 董常保：《〈春秋〉书诸侯谥号体例考析》，《三峡大学学报（人文社会科学版）》2013年第1期。

字作其谥号，这也不得不让人好奇其中的原因。根据现存史料来推测，一方面是春秋时期人们开始接受根据诸侯的行迹制定谥号，谥号有善恶之分，这一时期溢美之词还是相对较多，与齐懿公谥号相同的还有卫懿公。卫懿公好鹤而亡国，谥号为"懿"，显然是名不副实的。当然，这也必定与后继者齐惠公的仁爱宽厚有关。另一方面关于齐懿公之死，历史上曾有人怀疑是公子元指使，明儒黄道周认为："齐惠公亦为不义，与曰彼己之称，亦有纳竹中之心。"① 从齐惠公称呼齐懿公"夫己氏"来看，齐惠公就很有嫌疑。清人顾栋高也认为："左氏载，齐懿公之弑也由邴歜、阎职，又安知非公子元使此二人贼杀之，而特归狱此二人乎？则其赴于鲁，而鲁史书之者，必在二人矣，而圣人不与也。其不与者何也？圣人之严也。"② 马骕之说与顾栋高有相似之处："懿之不仁，元所素恶，始虽让立，心实不平，商人被弑，亦惠公之志也。"③ 后继者齐惠公非常清楚齐懿公的为人和品性，而且对他的即位也始终心存不满。齐懿公被弑后，之所以能够得到如此美谥，是否也与齐惠公对自己弑君行为的粉饰有关？无史料可确证，也只是后人的猜测而已。

---

① ［明］黄道周:《表记集传》卷二,四库全书本。
② ［清］顾栋高:《春秋大事表》,第2498页。
③ ［清］马骕:《左传事纬》卷三《齐懿之弑》。

齐惠公评传

简评：

齐惠公是齐国历史上一位承上启下的国君。在惠公之前，是齐桓公诸子相继弑君篡位的乱局，而随着惠公之子顷公的即位，标志着齐国君位承继制混乱局面的终结，重回父死子继的君位承继制上来。相较于其诸兄弟，齐惠公是一位比较务实且有作为的国君，在其在位十年间，鲁国唯齐国马首是瞻，事齐唯谨；齐惠公嫁女于周王；向东攻打莱国，这都说明齐国国力逐渐恢复，开始对外扩张势力。《春秋》及三传所记载的齐惠公事迹并不多，但《春秋》所体现的微言大义引发了后世儒家学者的诸多评说。与当代齐国史研究不同的是，后世儒家治《春秋》学者对齐惠公即位、亲鲁、伐莱等行为多有批评意见。虽然是非功过任由后人评说，但在《春秋》学的视角下梳理关于齐惠公的历史评说，有助于对齐国中期历史的深入研究。

齐惠公，名元，齐桓公之子。生年不详，公元前609年即位，卒于公元前599年，在位十年。

一、惠公即位

齐惠公的母亲少卫姬是齐桓公的宠姬。《左传·文公十七年》："齐侯之夫人三：王姬、徐嬴、蔡姬，皆无子。齐侯好内，多内宠，内嬖如夫人者六人：长卫姬，生武孟；少卫姬，生惠公；郑姬，生孝公；葛嬴，生昭公；密姬，生懿公；宋华子，生公子雍。公与管仲属孝公于宋襄公，以为大子。雍巫有宠于卫共姬，因寺人貂以荐羞于公，亦有宠，公许之立武孟。管仲卒，五公子皆求立。"武孟即公子无亏。《史记·齐太公世家》有基本相同的记载。《管子·戒》记载略有不同："（齐桓）公薨，六子皆求立。"应该说，《管子·戒》更为准确一些，六子应指：公子无亏、孝公昭、昭公潘、懿公商人、惠公元、公子雍。齐惠公依仗母亲有宠于齐桓公，也参与了争夺君位的斗争。《左传·文公十八年》："十八年春，宋襄公以诸侯伐齐。三月，齐人杀无亏……齐人将立孝公，不胜四公子之徒，遂与宋人战。夏五月，宋败齐师于甗，立孝公而还。"《史记·齐太公世家》记载基本相同。在齐孝公依仗宋国势力返回齐国之时，齐惠公与公子潘、公子商人、公子雍联合起来武装抵抗齐孝公回国即位。在与齐孝公争位失败后，为避齐乱，齐惠公与其母亲出奔至卫国，"其母卫女，曰少卫姬，避齐乱，故在卫"。（《史记·齐太公世家》）齐惠公出奔卫国，应该有借助卫国之力伺机回国争位的打算。此时的卫国，正是卫文公在位，而卫文公为齐桓公所立，对齐国感恩戴德，齐孝公回国即位，卫国即是与宋国联合伐齐的诸侯，《春秋·僖公十八年》："十有八年春，王正月，宋公、曹伯、卫人、邾人伐齐。"齐惠公在卫避难，必然会得到较好的照顾。

齐孝公在位十年，齐昭公杀孝公子而篡位为君，二十年后，齐懿公弑昭公之子齐君舍，虚让齐惠公做齐君。齐惠公深知齐懿公觊觎君位已久，且其为人虚伪残暴，故推辞以自保。《左传·文公十四年》载："秋七月乙卯，夜，齐商人杀舍，而让元。元曰：'尔求之久矣。我能事尔，尔不可使多蓄憾，将免我乎？尔为之！'"当齐懿公即位以后，齐惠公因始终不满懿公的统治，因而也并不以国君视之，"齐公子元不顺懿公之为政也，终不曰'公'，曰'夫己氏'"。（《左传·文公十四年》）

齐懿公四年（公元前609），因齐懿公暴虐无道，其随从邴歜和阎职在临淄城外申池密谋杀死了齐懿公。《左传·文公十八年》记载："二人浴于池，歜以扑抶职。职怒。歜曰：'人夺女妻而不怒，一抶女庸何伤！'职曰：'与刖其父而弗能病者何如？'乃谋弑懿公，纳诸竹中。"因齐懿公暴虐不仁，不得民心，齐人废懿公子而迎立公子元为国君，是为齐惠公。《史记·齐太公世家》载:"懿公之立,骄,民不附。齐人废其子而迎公子元于卫,立之,是为惠公。"清儒马骕对惠公即位评说道:"子元顺国人之请而居君位,竹中之罪亦无诛焉。无他,懿之不仁,元所素恶,始虽让立,心实不平,商人被弑,亦惠公之志也。"① 弑君本是大罪,弑君之人理应处以极刑,但弑齐懿公之二人并未得到处罚,只因齐懿公之被杀早已为国人所盼望,或与齐惠公有关。明儒黄道周即认为:"齐惠公亦为不义,与曰彼己之称,亦有纳竹中之心。"② 从齐惠公称呼齐懿公"夫己氏"来看,齐惠公就很有作案的嫌疑。清儒顾栋高认为:"左氏载,齐懿公之弑也由邴歜、阎职,又安知非公子元使此二人贼杀之,而特归狱此二人乎?则其赴于鲁,而鲁史书之者,必在二人矣,而圣人不与也。其不与者何也?圣人之严也。"③ 无史料可确证,也只是后人的猜测而已。

从公元前 643 年齐桓公卒,至公元前 609 年齐惠公即位,三十五年间,桓公五子陆续登上君位。根据《左传·僖公十七年》载:"长卫姬,生武孟;少卫姬,生惠公;郑姬,生孝公;葛姬,生昭公;密姬,生懿公。"杨伯峻先生认为,公子元为齐懿公之兄。如此推测,齐惠公即位时,年龄大概已在五六十岁左右。历经齐国的兴衰与内乱,已介花甲之年的齐惠公即位后,必然是少了些急躁,多了些稳重。齐惠公是齐桓公去世后争夺君位的五个儿子中最后一个即位的,齐惠公去世后,其子无野即位,是为顷公,至此结束了因桓公五子争位造成齐国内乱近五十年的局面,齐国的政局走向稳定。

二、惠公欲亲鲁而许立鲁宣公

齐惠公即位后,为了取得鲁国的支持,与鲁国往来密切,开展了一系列的外交活动。首先面对的是鲁国的君位继承问题,而且非常棘手。

鲁文公之夫人姜氏系齐昭公十年(公元前 623)迎娶自齐,应是齐昭公之

---

① [清]马骕:《左传事纬》卷三《齐懿之弑》,四库全书本。
② [明]黄道周:《表记集传》卷二,四库全书本。
③ [清]顾栋高:《春秋大事表》,中华书局 1993 年版,第 2498 页。

女。齐鲁的联姻促进了两国的世代友好。鲁文公十八年（公元前609），鲁文公去世，鲁文公有两个妃子，元妃是齐女姜氏，生恶与视二子；次妃敬嬴，生子俀。《史记·鲁周公世家》："文公有二妃：长妃齐女为哀姜，生子恶及视；次妃敬嬴，嬖爱，生子俀。"按照宗法制，公子恶作为嫡长子应被立为国君。据《公羊传·文公十八年》的阐说："子卒者，孰谓？谓子赤也。"记载夫人姜氏所生嫡子为公子赤，与《左传》《史记》不同。

按鲁文公与姜氏成婚时间推算，姜氏所生公子恶的年龄尚幼，应在十二岁以下，公子视的年龄更小。虽然鲁文公以姜氏为夫人，但又嬖爱次妃敬嬴，敬嬴嫁于鲁文公的时间较姜氏为早，且已生公子俀，公子俀为庶长子。鲁文公对敬嬴的嬖爱使敬嬴和公子俀对鲁国国君之位产生非分之想。《左传·文公十八年》："敬嬴嬖而私事襄仲。宣公长而属诸襄仲。"《史记·鲁周公世家》："俀私事襄仲。"襄仲即公子遂，是鲁文公时期最为得势的大臣，多次代表鲁国出使、会盟。

在敬嬴和公子俀的私相交结下，襄仲欲背弃礼法，立公子俀为国君，但大夫叔仲则认为公子俀非嫡子，不当立。立公子俀，则要废嫡长子公子恶，公子恶为齐女姜氏之子，为齐国国君之外甥，废公子恶势必会引起齐国的干预。立公子俀，更需要得到齐国的同意。在埋葬鲁文公之后，公子恶作为嫡长子嗣位为君，但执政大夫襄仲则想拥立公子俀为君，欲挟齐以自重，先到齐国，一是贺齐惠公即位，二是拜谢齐国来会葬鲁文公，襄仲还有第三个目的，即是请求齐惠公支持改立公子俀为鲁君。《左传·文公十八年》载："秋，襄仲、庄叔如齐，惠公立故，且拜葬也……仲见于齐侯而请之。齐侯新立，而欲亲鲁，许之。"《左传》记载比较简单，认为齐惠公欲亲鲁而同意了襄仲的请求，但实情恐更复杂。

在得到齐惠公的同意后，鲁国大夫襄仲回国之后，即杀害了文公夫人姜氏所生公子恶与公子视，而立公子俀为国君。《春秋·文公十八年》记载："冬，十月，子卒。"《左传·文公十八年》："冬十月，仲杀恶及视而立宣公。"襄仲在这场宫廷政变中，还诈杀了不同意立公子俀的大臣叔仲。《史记·鲁周公世家》也有记载。《公羊传》对此阐释说："子卒者孰谓？谓子赤也。何以不日？

隐之也。何隐尔？弑也。弑则何以不日？不忍言也。"案嗣君之名例，君薨称子某，既葬称子，文公已葬，故经书"子"，而不书"子赤"。未逾年君被弑，此为大恶，《春秋》内大恶讳，故不言"弑"，而言"卒"。① 襄仲杀害嗣君的行为形同弑君。《公羊传·宣公元年》更是直言宣公为弑君篡位："继弑君不言即位，此其言即位何？其意也。"《春秋》书"公即位"，是著宣公之恶。作为"周礼尽在鲁"的鲁国，这是一起非常严重的废嫡立庶的违反宗法制的事件。

失去两子的文公夫人姜氏痛不欲生，在返回齐国之前，痛哭经过于鲁国之市，"夫人姜氏归于齐，大归也。将行，哭而过市曰：'天乎，仲为不道，杀适立庶。'市人皆哭，鲁人谓之哀姜"（《左传·文公十八年》）。"大归"即"不归"，失夫丧子的姜氏已经没有了在鲁国继续待下去的理由。明儒湛若水认为："鲁国臣子杀适立庶，敬嬴、宣公不能事主君、存适母，其罪不书而并见矣。"② 在姜氏返回齐国之后，不知齐惠公将如何面对她。正是齐惠公的一念之差，造成了哀姜的苦难。

齐惠公在嫡子出自齐女的情况下，同意鲁国废嫡立庶，令人颇为费解。公子恶是齐国外甥，较之公子俀，与齐国更为亲近，公子恶如即位为君，面对权臣襄仲，更会引齐国为强援，齐惠公从礼法和感情上，都不应允许鲁国大夫襄仲的胡作非为。其中原因，《春秋左传正义》孔颖达对此解释说："恶是齐甥，齐侯许废恶者，恶以世适嗣立，不受齐恩，宣以非分得国，荷恩必厚，齐侯新立，欲亲鲁为援，故许之。"③ 鲁宣公本是庶子，不当立为国君，但依靠齐国的支持得以即位，必将对齐惠公更加感恩戴德。孔说有一定的道理，笔者认为，有以下几点值得注意：

一是齐惠公新立，且得位不正，齐懿公并非无子，按宗法制，齐懿公之子当立为君，齐惠公虽因齐懿公暴虐、失去民心而得立为国君，但国人未附，也

---

① 黄铭、曾亦译注：《春秋公羊传》，中华书局 2016 年版，第 402 页。
② ［明］湛若水：《春秋正传》卷十八，四库全书本。
③ 《春秋左传正义》，《十三经注疏》，上海古籍出版社 1997 年版，第 1861 页。

希望通过交换条件而得到其他诸侯，如鲁国的支持；二是公子遂（襄仲）在鲁之势力强大，清儒马骕评说："及乎文公，（襄仲）得君益专，十八年之内，遂四交齐、两交晋、一盟雒戎、一救郑、一如宋，列国之事，遂必与闻。雒戎之盟，不待君命，三桓之子，亦不能与之亢宠也。夫文公政谕，弗堪自立，其所畏者晋齐而已，遂于晋则结赵盾，于齐则赂懿公，两国之交，皆由遂成。文公欲通晋齐，必恃乎遂，遂以多奸，又挟两大，功高震主，虽公亦且依赖之矣。行父世贤，反居其下，敬嬴内嬖，先托其子，威势日盛，不至易君之嗣不止也。"① 即使齐惠公不同意，很可能也阻挡不了襄仲废立国君，明人穆文熙曾评说："襄仲弑嫡立庶，又诈杀惠伯，弑逆凭其胸臆，而人无敢如之何，权势所积，盖非一日矣。"② 在襄仲废立国君后，齐国再行干预，也无济于事，襄仲既然为鲁国权臣，允许其废嫡立庶，实在是齐惠公欲通过襄仲而邀鲁国之欢心；三是鲁文公夫人姜氏是齐昭公之女，虽与齐惠公有亲，但齐昭公作为曾经与惠公激烈争夺君位的竞争对手，齐惠公可能对姜氏并无亲情可言，如按宗法制而立公子恶为君，则可能正如孔颖达所言齐无厚恩于鲁。清人马骕对齐惠公的冷漠无情进行了客观的批评："恶及视，齐出也，其母出姜，叔姬所生，叔姬既素无宠，齐又两易君矣，惠公初立，请命遂允，姜氏大归，齐人不恤，其视出姜曾不若鲁市人也。"③

后人对于齐惠公允许鲁国废嫡立庶多有指责，如清人周大璋说："（齐惠公）乃听襄仲之请杀嫡立庶以成鲁国之乱，则是与乎弑也，元岂介然疾恶者哉。"清人王系说："尤可异者，惠欲亲鲁，反杀其甥以徇贼遂，固谓遂能以鲁事齐，而不知遂实以齐胁鲁，岂非天哉？"④ 没有齐惠公的支持，襄仲的杀嫡立庶不可能进行得如此顺利，故而清儒马骕说："襄仲发难，先与齐成，言而后举事，宣公之位，齐实成之，故终始奉之惟谨尔。"⑤ 宋儒高闶批评说：

① ［清］马骕：《左传事纬》卷三《仲遂杀适立庶》。
② 李卫军：《左传集评》，北京大学出版社 2016 年版，第 752 页。
③ ［清］马骕：《左传事纬》卷三《仲遂杀适立庶》。
④ 李卫军：《左传集评》，第 752 页。
⑤ ［清］马骕：《左传事纬》卷三《仲遂杀适立庶》。

"齐惠公新遭弑逆之变而助成弑嫡之谋，不念出姜之戚，而继为丧婚之好，贪取济西之赂，而遂定篡者之位，废君臣兄弟夫妇之义，是谓以乱济乱者也。"①

鲁宣公虽得君位，但已成襄仲之傀儡，鲁国国君逐渐为三桓所控制。《史记·鲁周公世家》："鲁由此公室卑，三桓强。"《史记·十二诸侯年表》也记载："鲁立宣公，不正，公室卑。"造成这种局面的要溯源自鲁文公。后人评说："杀嫡立庶，成于襄仲，而实文公有以启之"；"鲁文以一嬖之故而酿三家之盛，先烈不复。"②

在齐惠公的支持下，鲁宣公于血腥政变中即位，为了表示对齐惠公的感谢，齐惠公元年（公元前608），鲁宣公派襄仲到齐国迎娶齐惠公的女儿为夫人，鲁国向齐国赠送济西之田，之后齐惠公与鲁宣公在平州（今济南市莱芜境内）会盟，以定鲁宣公之君位。《左传·宣公元年》载："元年春王正月，公子遂如齐逆女……三月，遂以夫人妇姜至自齐……夏，季文子如齐，纳赂以请会……会于平州，以定公位。东门襄仲如齐拜成。六月，齐人取济西之田，为立公故，以赂齐也。"鲁宣公于鲁文公卒后仅仅一年就迎娶齐女为夫人，鲁宣公得位不正，急于得到齐国的承认和支持，《公羊传》《穀梁传》多有讥讽。《公羊传·宣公元年》："夫人何以不称姜氏？贬。曷为贬？讥丧娶也。丧娶者公也，则曷为贬夫人？内无贬于公之道也。"《穀梁传·宣公元年》也说："其不言氏，丧未毕，故略之也。"平州之会，鲁国因贿赂齐国以济西之田而得会盟，杜预注曰："篡立者，诸侯既与之会，则不得复讨。臣子杀之，与弑君同。故公与齐会而位定。"一年之内，鲁国君臣四赴齐国，一盟平州，齐鲁两国之间的亲密关系达到了前所未有的高度。

之后，鲁宣公为了表示对齐国的感谢，"奉之惟谨"，分别在宣公四年、五年、九年、十年，四年五次亲自如齐朝见齐惠公。特别是在鲁宣公十年，年初鲁宣公如齐朝见齐惠公，返国后，夏四月闻听齐惠公去世后，鲁宣公再次赴齐奔丧，《左传·宣公十年》："公如齐奔丧。"杨伯峻先生引何焯《义门读书

---

① ［宋］高闶：《春秋集注》卷二十一，四库全书本。
② 李卫军：《左传集评》，第752页。

记》云："德惠公之定其位，故奔丧。"并云"古无诸侯奔诸侯丧之礼"①。清儒顾栋高说："（鲁）十二公无亲奔天子之丧，亲会天王之葬者，而亲往奔齐惠公之丧，随又遣卿会葬，是以天子之礼事齐也。宣公赖齐得国，故终身谨事，齐惠殁又加礼如此。"② 同年安葬齐惠公时，鲁宣公又派鲁国大夫公孙归父出使齐国。除亲自朝齐外，宣公八年，鲁宣公派公子遂如齐聘问，至齐国的黄地因疾病而返回鲁国。在齐惠公在位的十年里，鲁国事齐的政策一直没有改变，唯齐国马首是瞻。

鲁国对齐国的"谨事"还表现在齐国大夫高固"非礼"迎娶鲁女叔姬此一事件上。齐惠公五年（公元前604），鲁宣公到齐国朝见齐惠公，齐国大夫高固请齐惠公留住鲁宣公，请鲁宣公同意将宣公之姊妹叔姬嫁于高固。鲁宣公答应了高固之请求，当年九月，高固即自到鲁国迎娶叔姬。《左传·宣公五年》："五年春，公如齐。高固使齐侯止公，请叔姬焉……秋九月，齐高固来逆女，自为也。故书曰：'逆叔姬。'卿自逆也。"据《榖梁传·文公十二年》："其曰子叔姬，贵也，公之母姊妹也。"高固亲自到鲁国迎娶叔姬，这是非礼的行为，《榖梁传·宣公五年》："诸侯之嫁子于大夫，主大夫以与之。来者，接内也。不正其接内，故不与夫妇之称也。"按照礼制，诸侯嫁女给大夫，由本国大夫主持婚礼，而高固自为之，即不符合婚姻之礼制。高固不懂礼制，在齐顷公朝还有更多的表现。高固迎娶鲁公之女的行为，古人认为这是高固依仗齐国之势强娶，是鲁宣公的耻辱。宋儒胡安国说："诸侯嫁女于大夫，主大夫以与之者为体敌也，而公自为之主，压尊毁列，卑朝廷、慢宗庙矣……宣公以鲁国周公之后，逼于高固请婚其女，强委禽焉而不能止，惟不知以礼为守身之干，是以得此辱也。"③ 实际上，作为上卿的高固虽然不懂礼制，但其与子叔姬的婚姻对于齐鲁两国的亲密邦交有着更多的促进作用。

齐惠公十年（公元前599），齐惠公认为鲁国已顺服齐国，便归还了鲁国

---

① 杨伯峻：《春秋左传注》，第707页。
② ［清］顾栋高：《春秋大事表》，第1513—1514页。
③ ［宋］胡安国：《春秋传》卷十六，四库全书本。

的济西之田，《春秋·宣公十年》只记载："齐人归我济西田。"三传记载各不相同，《左传》认为："齐侯以我服故，归济西之田。"《公羊传》则阐释说济西之田齐国并未真的接受，实为鲁所有："齐已取之矣，其言我何？言我者，未绝于我也。曷为未绝于我？齐已言取之矣，其实未之齐也。"《穀梁传》阐释说齐国以兄弟之礼对待鲁国，故而归还济西之田，"公娶齐，齐由以为兄弟反之。不言来，公如齐受之也"。后世儒家学者仍以齐惠公助成鲁国杀嫡立庶而加以批评，宋儒评说可为代表，胡安国说："此独书我者，乃相亲爱惠遗之意，深著齐人助成弑逆之罪也。"二程说："齐鲁修好，故归鲁田，田，鲁有也，齐非义取，故云归我，不足为善也。"① 可以说是一边倒的批评之说。客观上说，齐惠公归鲁田之举，德鲁之成分居多，以强化齐鲁联盟为主要目的，这个目的齐惠公达到了。在齐惠公卒后，鲁宣公亲往奔丧，齐顷公即位后，鲁宣公又派季孙行父到齐祝贺。随后，鲁宣公又派公孙归父如齐，解释伐邾之事。之后，齐顷公派齐卿士国佐赴鲁聘问。齐鲁两国的友好同盟关系一直延续到了齐顷公即位之初。

三、齐惠公恢复霸业的努力

齐惠公在稳定国内局势后，将目光转向了国外，力图通过主盟诸侯、开拓疆土来扩大齐国的影响。

齐惠公二年（公元前607），齐国消灭了来犯之狄人，彻底解除了狄人对齐国的威胁。《史记·齐太公世家》："惠公二年，长翟来，王子城父攻杀之，埋之于北门。"据《左传·文公十一年》："晋之灭潞也，获乔如之弟焚如。齐襄公（当作"齐惠公"）之二年，郑瞒伐齐，齐王子成父获其弟荣如，埋其首于周首之北门。卫人获其季弟简如。鄋瞒由是遂亡。"杨伯峻先生认为："齐襄公之二年，鲁桓公之十六年，下距宣十五年焚如之被获一百零三年，亦决无是理。《鲁世家》作'齐惠公二年'，《齐世家》及《年表》同，则鲁宣公之二年，三兄弟之先后被获，相距不甚远，则合情理。'齐襄公'之'襄'字，

---

① ［清］王掞：《钦定春秋传说汇纂》卷二十，四库全书本。

当从《史记》改作'惠'。"① 狄人在鲁、齐、晋、卫等国的共同打击下，被灭国。

齐惠公四年（公元前 605），齐惠公和鲁宣公一起调停了莒国和郯国的纠纷。《春秋·宣公四年》："四年春，王正月，公及齐侯平莒及郯。莒人不肯，公伐莒，取向。"《左传》阐释说："公伐莒，取向，非礼也。平国以礼不以乱，伐而不治，乱也。以乱平乱，何治之有？无治，何以行礼？"此次调停因莒国不肯接受而告失败，鲁宣公挟齐国之强，讨伐莒国，攻取了向邑。清人周大璋说："莒、郯交恶，鲁及齐平之，可谓义举。而莒不肯者，以郯为鲁姻亲，而有所左右于其间，且挟齐以临之，宜莒人之不心服也。"② 此次调停，显然是鲁国欲借齐国之势以平诸侯之事，而从结果上看，莒国并没有买齐国与鲁国的面子，说明齐国霸业已远去，再不是当年桓公主盟诸侯的样子了。

齐惠公后期，惠公盯上了日益衰弱的东夷大国——莱国。自西周齐太公受封，与莱国争夺营丘以来，齐国向东扩张领土，必要讨伐莱国。齐桓公时期，"一战帅服三十一国"，其中也包括莱国，当时虽尚未灭亡莱国，但莱国已表面上服从了齐国。齐惠公七年（公元前 602）夏，齐惠公联合鲁国讨伐莱国。《左传·宣公七年》载："夏，公会齐侯伐莱，不与谋也。凡师出，与谋曰'及'，不与谋曰'会'。"鲁国与莱国之间相隔齐国，鲁国在齐国以西，莱国在齐国以东，鲁国与莱国自古以来并无恩怨纠纷，结合《左传》记载，鲁国此次出兵与齐国联合伐莱，事先并未谋划，也非主动愿意参战，而只是为了讨好齐国，巩固齐鲁两国的盟友关系，所以鲁国仅派兵助战。清人周大璋说："入春秋以来，书及、书会屡矣，至此始发例者，东莱本齐属国，与鲁风马牛，而会以伐之，故特明其不与谋也。"③ 而此次伐莱对齐国而言，意义却非同一般。此次鲁国助力齐国伐莱之后，时隔一年，齐惠公再次攻打莱国。《春秋·宣公九年》："齐侯伐莱。"伐莱结果如何，史籍没有记载。

---

① 杨伯峻：《春秋左传注》，第 584 页。
② 李卫军：《左传集评》，第 794 页。
③ 李卫军：《左传集评》，第 805 页。

对于齐惠公两次伐莱，表明了齐惠公扩张领土的志向，后儒评说多有切中肯綮者。"陆氏九渊曰：莱，微国也，三年之间，两勤兵于莱，齐侯之志可见于此矣。戴氏溪曰：莱于齐为近，故齐必欲服之。"① 对于齐惠公两次伐莱，后儒多有囿于儒家观点而持否定态度的："贯道王氏曰：莱东方之国近于齐，齐欲兼之，而鲁宣以兵助其虐。康侯胡氏（安国）曰：公与齐侯俱不务德，合党连兵，恃强凌弱，是以为此举也"；"许氏（翰）曰：狄比侵齐而齐不敢报，莱不犯齐而齐亟伐之，畏众强而弱微弱如此，于此可以观惠公之政矣。"② 这种观点颇为迂腐，与后儒对齐襄公灭纪极尽挞伐之能事极为相似，如宋儒家铉翁说："狄为齐患，齐不能伐，莱何负于齐而伐之，不过为逐利计耳，而又要鲁人俱出师，由前日伐莒取向，有以召之耳，取向，鲁之利也，伐莱，齐之利也，齐鲁交征利而百姓坐受其毒。去年秋螽，今兹大旱，而为邻国兴无名之师，伐无罪之国以自戕，其入春秋继伐莱而书大旱，志其不恤天灾而轻用民力，所以贬也。"③ 齐惠公伐莱也不能避免儒家学者的批评。齐惠公接连两次伐莱，实则开启了齐国向东开拓疆土的新篇章，至惠公之孙齐灵公时，齐国终于灭莱，将齐国以东的广大土地收入囊中。齐惠公伐莱，没有取得大的战果，说明此时齐国的国力尚不够强盛，但惠公伐莱的意义重大，表明齐国已经从内乱中平复过来，开始着眼于扩张领土、争夺诸侯领导权了。

四、齐国与周王室联姻，惠公不与晋国中原会盟

齐国与周王室联姻。齐惠公六年，周定王派大夫子服到齐国求亲，齐惠公答应，当年冬，周定王派大夫召桓公来齐迎娶惠公之女，即周定王之王后。《左传·宣公六年》："夏，定王使子服求后于齐……冬，召桓公逆王后于齐。"这是自齐桓公娶王姬为夫人之后齐国再次与周王室联姻。周王室虽已衰微，但正所谓"周德虽衰，天命未改"（《左传·宣公三年》）。周王室仍是天下共主，

---

① ［清］王掞：《钦定春秋传说汇纂》卷二十，四库全书本。
② ［元］程端学：《春秋本义》卷十六，四库全书本。
③ ［宋］家铉翁：《春秋集传详说》卷十五，四库全书本。

尊王的大旗还是要高举的，与王室联姻，对于齐国重新崛起有着重要的政治意义。

为何周定王此时想到与齐联姻？这与当时的国际环境有着紧密关系。晋襄公死后，晋灵公幼年即位，晋国朝政混乱，卿大夫专权，楚国势力趁势北上。齐惠公三年（公元前606），楚国讨伐陆浑戎，在周都洛邑附近进行盛大的阅兵，《左传·宣公三年》："楚子伐陆浑之戎，遂至于雒，观兵于周疆。定王使王孙满劳楚子。楚子问鼎之大小轻重焉。"楚庄王意气骄纵，竟问九鼎之轻重，有取代周室之心。而此时的中原霸主晋国对于楚国的北上竟无力阻止。僻处东方的齐国，虽然国力不复齐桓公时强盛，但仍为大国、强国，在诸侯中有重要的影响力，且齐惠公老成持重，齐国国力恢复，齐国不能不引起周王室的重视，引齐以为外援，或许正是周定王与齐联姻的目的。

齐国不参与晋国主导的中原会盟。齐惠公七年（公元前602），晋、鲁、宋、卫、郑、曹六国国君在黑壤会盟。《春秋·宣公七年》："冬，公会晋侯、宋公、卫侯、郑伯、曹伯于黑壤。"齐惠公没有参加会盟。晋成公即位后，重振霸业，黑壤会盟意在重建联盟，"以谋不睦"（《左传·宣公七年》）。鲁宣公因不朝见晋成公，被晋国扣留，以贿赂求免，鲁国被迫重新事晋。齐惠公九年（公元前600），晋、宋、卫、郑、曹五国国君在扈地会盟，"以讨不睦"（《左传·宣公九年》），陈国畏惧楚国，不与会盟，晋率诸侯伐陈。此次会盟，齐惠公与鲁宣公都没有参加。这个时期，齐不事晋，晋也对齐没有追究。元儒赵汸认为："宣公会齐侯伐莱，齐贰于晋也。"① 齐国伐莱，即是齐不事晋的表现。究其原因，晋国国力下降，且齐惠公治国有方，晋国无力纠缠齐国。但齐惠公不事晋国的行为，对其子齐顷公影响很大，最终导致了鞌之战的惨败，达成屈辱的袁娄之盟。元儒汪克宽因此说："齐自翟泉以来，不与晋之会盟者逾四十年，而袁娄以后，迨于悼公之终，历三十余载，无会之不同，无役之不与。"②

---

① ［元］赵汸:《春秋属辞》卷八,四库全书本。
② ［清］王掞:《钦定春秋传说汇纂》卷二十二,四库全书本。

结　语

　　虽然齐惠公时期的诸多举动备受后儒的诟病，但在今人看来，齐惠公统治齐国十年，是承上启下的关键期，其采取的睦邻结鲁的外交政策，使得齐国内政趋于稳定，国力也得以恢复和发展，在此期间，鲁国多次朝齐；齐国向东攻打莱国，扩张领土；与周王室联姻，扩大齐国影响。故而齐国史研究专家李玉洁先生认为："这些都表现齐惠公已经在东夷诸侯国中建立了威信，齐惠公其实就是一方伯主。"① 这个评价显然有些过高，但齐惠公应该是齐桓公诸子中较有作为的一位，经齐惠公一朝，齐国开始走向复兴。

　　齐惠公之谥"惠"，《说文解字》："惠，仁也。"《逸周书·谥法解》："柔质受课曰惠。"《史记正义·谥法解》中有二解："柔质慈民曰惠、爱民好与曰惠。"指的是统治者性格宽柔，而且能爱民如子，这与惠公十年的统治基本相当，应该说后人用"惠"字总结齐惠公一生还是颇为恰当的。

---

　　①　李玉洁:《齐国史》,科学出版社 2007 年版,第 192 页。

齐顷公评传

简评：

　　齐顷公在位十七年，顷公的即位结束了因桓公五子争位造成齐国内乱近五十年的局面，重新回到父死子继的嗣位传统上来。顷公七年，因在诸侯聘齐之时，顷公无礼于诸侯使节，而招致诸侯讨伐，鞌之一战，齐国国力大损，顷公忍辱负重，能屈能伸，对外唯晋国马首是瞻，对内勤政爱民，使得晋景公敬服顷公而令鲁国返还齐国因鞌之战所丧土地。顷公在位期间，正与晋国一代雄主晋景公相值，两位国君在位时间又相当，在晋景公的努力下，晋国之霸主地位再次得到诸侯认可，齐顷公后期贵在能够认清现实，以齐国之国力尚不足以抗衡晋国，与晋国争夺盟国也难以实现，转而重视本国发展，为其后齐灵公时期开地东土奠定了基础，后世将顷公后期齐国的发展称为"顷公中兴"。

　　齐顷公，名无野，齐惠公之子，生年不详，卒于公元前582年，在位十七年。齐惠公十年（公元前599），齐惠公卒，公子无野即位，是为齐顷公。《史记·齐太公世家》："（齐惠公）十年，惠公卒，子顷公无野立。"《春秋·成公九年》："秋七月丙子，齐侯无野卒。冬十有一月，葬齐顷公。"

　　关于齐顷公的身世，《搜神记·卷十四》记载了齐顷公出生后神奇的经历："齐惠公之妾萧同叔子见御有身，以其贱，不敢言也，取薪而生顷公于野，又不敢举也。有狸乳而鹕覆之。人见而收，因名曰无野，是为顷公。"齐惠公之妾萧同叔子怀孕，因为她的地位卑贱，所以不敢说出来，她拿了一些柴草把儿子生在田野中，又不敢抚养他，但顷公有如天助，野猫来喂奶，鹳鹰来掩护他，有人看见就把他收养起来，因而给他取名叫"无野"。这个记载与周之始祖弃的神话非常的相似，应是后世小说家言。

齐顷公在位期间，可以分为两个时期。以鞌之战为分界，前期任性妄为，戏弄诸侯使者，鞌之战，齐军大败，几乎致齐国于危难境地；后期励精图治，为盟主晋景公所敬服，齐国在其治下，恢复国力，为齐国再次强盛奠定基础。

一、齐顷公前期的外交关系

齐顷公即位之时，惠公为其留下了一个比较和谐的外交局面，齐鲁关系紧密，鲁宣公四年五次朝齐，特别是齐惠公十年春，鲁宣公朝齐，惠公以鲁服齐故，将当初鲁国贿赂齐国的济西之田归还鲁国。《穀梁传·宣公十年》："公娶齐，齐由以为兄弟，反之。不言来，公如齐受之也。"鲁宣公亲自到齐国接受返还的济西之田，鲁国对齐国感恩戴德，因而在四月齐惠公去世之后，鲁宣公当年再次朝齐，为惠公送葬，尽管被认为是"非礼"之举，但正可反映齐惠公在位十年，是齐鲁关系的蜜月期。齐惠公还与周王室联姻，嫁女于周天子，提升了齐国的政治地位。

顷公即位之初，齐鲁继续保持了良好的关系。顷公元年，鲁国公孙归父与齐国共同伐莒国；顷公四年，鲁国公孙归父在谷地与顷公会盟；顷公五年，鲁卿仲孙蔑与齐卿高固会于无娄①。

为了争夺地区霸权，齐顷公两次讨伐莒国。顷公元年，齐与鲁同伐莒；顷公三年，齐再次伐莒，"莒恃晋而不事齐故也"（《左传·宣公十三年》）。之前一年，晋国在邲之战中被楚国打败，楚国霸业达到鼎盛状态。晋国霸业被楚国打压，无暇东顾，顷公试图在此种情况下，确立对东方国家的霸主地位。

齐鲁关系的转折点发生在顷公七年，即鲁宣公十七年（公元前592）。这一年，晋景公欲为断道之会，派大夫郤克出使齐国，请齐国与会，而顷公在朝见时，无礼于郤克及其他诸侯使者，使郤克等人感到受到了极大的侮辱，认为

---

① 《左传》《穀梁传》作"无娄"，《公羊传》作"牟娄"。

必须要教训一下齐国。

此次出使齐国，《左传》《公羊传》《穀梁传》《国语》《史记》等记载不同，兹胪列如下：

《左传·宣公十七年》：十七年春，晋侯使郤克征会于齐。齐顷公帷妇人，使观之。郤子登，妇人笑于房。献子怒，出而誓曰："所不此报，无能涉河。"献子先归，使栾京庐待命于齐，曰："不得齐事，无复命矣。"郤子至，请伐齐，晋侯弗许。请以其私属，又弗许。

《穀梁传·成公元年》：冬，十月。季孙行父秃，晋郤克眇，卫孙良夫跛，曹公子手偻，同时而聘于齐。齐使秃者御秃者，使眇者御眇者，使跛者御跛者，使偻者御偻者。萧同侄子处台上而笑之。闻于客。客不说而去，相与立胥闾而语，移日不解。齐人有知之者，曰："齐之患，必自此始矣！"

《公羊传·成公二年》：前此者，晋郤克与臧孙许同时而聘于齐。萧同侄子者，齐君之母也，踊于棓而窥客，则客或跛或眇，于是使跛者迓跛者，使眇者迓眇者。二大夫出，相与踦闾而语，移日然后相去。齐人皆曰："患之起必自此始！"二大夫归，相与率师为鞌之战，齐师大败。

《国语·晋语五》：郤献子聘于齐，齐顷公使妇人观而笑之。郤献子怒，归，请伐齐。

《史记·晋世家》：（晋景公）八年，使郤克于齐。齐顷公母从楼上观而笑之。所以然者，郤克偻，而鲁使蹇，卫使眇，故齐亦令人如之以导客。郤克怒，归至河上，曰："不报齐者，河伯视之！"至国，请君，欲伐齐。

《史记·齐太公世家》：（齐顷公）六年春，晋使郤克于齐，齐使夫人帷中而观之。郤克上，夫人笑之。郤克曰："不是报，不复涉河！"归，请伐齐，晋侯弗许。

关于此次出使，诸书记载不一，差别很大，《左传》与《史记·晋世家》

一致，为齐顷公七年，而《史记·齐太公世家》记载为齐顷公六年，《穀梁传》则为齐顷公九年，《公羊传》没有记载。《春秋·宣公十七年》没有记载，但记载"己未，公会晋侯、卫侯、曹伯、邾子同盟于断道"。按《左传》记载，当年齐顷公因无礼于晋，不敢参加断道之会，派高厚等四大夫参加，高厚逃归，晏弱等三人被晋国扣押，拒绝齐国参加在卷楚的会盟，因而《春秋》记载的断道之会盟没有齐国参与，可证此次出使当以顷公七年为是。出土文献清华简《系年》第十四章也记载了郤克使齐之事：

> 清华简《系年》第十四章：晋景公立八年，随会率师，会诸侯于断道，公命驹之克先聘于齐，且召高之固曰："今春其会诸侯，子其与临之。"齐顷公使其女子自房中观驹之克，驹之克将受齐侯币，女子笑于房中，驹之克降堂而誓曰："所不复仇于齐，毋能涉白水。"

晋景公八年，即齐顷公七年，驹之克即郤克，亦可证郤克使齐在顷公七年。《系年》第十四章与《左传》记载最为近似，且增加了齐卿高固的记载，可知当时齐国由高固执政，与《左传》记载高固赴断道之会逃归可相印证。

此次出使的使者，诸书也记载不同，《左传》《国语》与《史记·齐太公世家》记载只有晋国使者郤克，《公羊传》记载是晋国郤克与鲁国臧孙许，《史记·晋世家》则是晋国郤克、鲁使、卫使，鲁、卫使者没有记载姓名，《穀梁传》记载则是四人，鲁国季孙行父、晋郤克、卫孙良夫、曹公子手（《春秋·成公二年》作"公子首"）。按《春秋·成公二年》："六月癸酉，季孙行父、臧孙许、叔孙侨如、公孙婴齐帅师会晋郤克、卫孙良夫、曹公子首及齐侯战于鞌。"则《穀梁传》记载的四人应该更符合史实，四国使者都在齐国受到了侮辱，因而同力伐齐。

使者受到侮辱的记载，诸书也记载不同。《穀梁传》记载最为详尽："季孙行父秃，晋郤克眇，卫孙良夫跛，曹公子手偻。"据《左传正义》沈文阿引《传》："晋郤克跛，卫孙良夫眇。"唐定本始跛、眇互易，宜改正。《公羊传》说二国使者"或跛或眇"，与此合。《史记·晋世家》："郤克偻，而鲁使蹇，卫使眇。"《左传》虽对郤克的外貌没有记载，但"郤子登，妇人笑于房"，应是指郤克跛足而言。①

按照礼制，诸侯使者出使本国，本国应有礼宾人员导引，顷公（或者顷公之臣，意欲博取君宠者）竟然让跛脚的引导有同样残疾的晋使郤克，让瞎眼的导引有同样残疾的卫使孙良夫，让秃头的导引有同样疾病的鲁使季孙行父，让驼背的导引有同样疾病的曹使公子首，四国使者同时朝见齐顷公，无疑形成一种喜剧效果。顷公在这种正式的外交场合，无视各国使者的人格，竟以各国使者的身体缺陷为取笑对象，只为博取其母一笑，与西周末年周幽王烽火戏诸侯、博褒姒一笑又何其相似，殊不知，这种玩笑已经置齐国于危险之中，因而《公羊传》《穀梁传》都说齐国之祸患自此开始。顷公之母萧同侄子（又作萧同叔子）作为国君之母，不顾礼仪，不仅没有劝阻顷公取消这种非礼之举，反而取笑诸侯使者于帷帐之后，尽显其不懂礼仪之缺憾。三年之后的鞌之战，齐国大败，便是此次各国使者因受辱而报复齐国的结果。

顷公在这次外交事件之后，本可以积极应对，消除负面影响，打消郤克等人复仇的欲望。郤克虽然先行回国，但令其副使栾京庐在齐待命，一定要争取齐国君臣参加会盟，而顷公因害怕晋及诸侯各国的报复，不敢赴晋国主盟的断道（今河南济源西南②）之会，只派高固、晏弱、蔡朝、南郭偃去参加会盟，而正卿高固因为听闻郤克因受辱而怒于齐，害怕被晋人所执，到敛盂（今河南濮阳东南）便逃归齐国，晏弱、蔡朝、南郭偃三人继续前去参加会盟。因为齐顷公的无礼、齐国对会盟的轻视，更令盟主晋国发怒，"晋人执晏弱于野王，执蔡朝于原，执南郭偃于温"（《左传·宣公十七年》）。三大夫被晋国扣

---

① 吕思勉先生认为："当时最重使命，尤重人之仪表，晋、鲁、卫岂有使偻者、蹇者、眇者出使之理？古代贵族，有恶疾不得继嗣，郤克果偻，鲁使果蹇，卫使果眇，又岂得为卿大夫乎？且当时未必有楼也。此皆东野人之言也。度当日郤克偶有失仪，而为妇人所笑，则有之尔。"见吕思勉：《先秦史》，上海古籍出版社2005年版，第171页。按：吕思勉先生此言从《史记·晋世家》而发，《史记》较之《公羊传》《穀梁传》成书为晚，二书虽记载有所不同，且《穀梁传》所传四人与《春秋》相合，因此不可轻易以二传为误。顾德融、朱顺龙《春秋史》也认为："齐顷公因郤克腿瘸而侮辱他"，见《春秋史》，上海人民出版社2019年版，第123页。

② 杨伯峻：《春秋左传注》，中华书局1990年版，第771页。

押，并拒绝齐国参加在卷楚（不详，当与断道相距不远）的盟誓，"盟于卷楚，辞齐人。"清华简《系年》第十四章也记载："（驹之克）乃先归，须诸侯于断道。高之固至莆池，乃逃归。齐三嬖大夫南郭子、蔡子、晏子率师以会于断道。既会诸侯，驹之克乃执南郭子、蔡子、晏子以归。"齐国在此次会盟上，可谓丢尽了面子。断道之会，晋与鲁、卫、曹、邾盟会，"讨贰也"（《左传·宣公十七年》），共同讨伐背叛同盟的国家，杨伯峻先生认为："贰，《传》未言何国，是时宋已与楚平，郑、陈、蔡亦皆附楚，贰或指诸国也。既征会于齐，则原不以齐为贰也。"① 杨先生之说有一定的道理，断道之会起初并不针对齐国，有清华简《系年》研究者认为："景公通过派遣郤克与召会高固向齐国君臣传递了务必与会的信息，可见断道之会最重要的目的是笼络齐国。"② 但因为齐国无礼于诸国，顷公不与断道之会，彻底激怒晋人，晏弱等三人的身份又较低，清华简《系年》的整理者将嬖大夫释为下大夫，与高固上卿的地位相去甚远，齐使赴会之后被执，并拒绝齐国参加盟誓，则会盟针对齐国的意味非常明显，第二年，晋与卫联合伐齐应该就是盟会之后的行动。有研究者认为："外交会盟，强调参与者身份的平等，齐国仅有三位下大夫出席，再次挫伤了晋国的尊严。这样一来，盟会的主题就变更为对齐国的声讨。"③ 齐国将为这一系列非礼的外交行为付出惨重的代价。

晏弱等三大夫在被扣押之后，《左传》记载，因苗棼皇的说情，晋国并没有杀害晏弱等人，放松了对三人的看管，之后，三人陆续逃归齐国。（《左传·宣公十七年》："晋人缓之，（晏弱）逸。"《左传·宣公十八年》："蔡朝、南郭偃逃归。"）《史记·齐太公世家》则记载，三人被晋国所杀，"齐使至晋，郤克执齐使者四人河内，杀之"。但从之后晏弱继续活跃在齐国政治舞台上看，《左传》记载应较《史记》为确。根据苗棼皇的说情之词看，晏弱等三人是冒险而来，"若绝君好，宁归死焉"。可以说，他们是以死犯险，是为完成

---

① 杨伯峻：《春秋左传注》，第 773 页。
② 方韬：《从清华简〈系年〉看郤克与鞌之战》，《南京师范大学文学院学报》2017 年第 2 期。
③ 代生：《清华简〈系年〉所见齐国史事初探》，《烟台大学学报（哲学社会科学版）》2015 年第 1 期。

国家使命而来，虽然晋国拒绝齐国盟誓，无疑与晏弱等三人无关，造成这种局面的是齐顷公及其母萧同叔子。

齐顷公八年（公元前591），晋国联合卫国伐齐，以报受辱之事。《左传·宣公十八年》："十八年春，晋侯、卫大子臧伐齐，至于阳谷。齐侯会晋侯盟于缯，以公子强为质于晋。晋师还，蔡朝、南郭偃逃归。"面对晋国的讨伐，齐顷公自知理亏，内心中又对晋国有一定的恐惧，因而与晋景公会盟于缯地，并以公子强为人质。通过此次讨伐，虽然齐国表面上服从晋国，但齐顷公内心中并不认同晋国的盟主地位。亲齐的鲁国大夫公孙归父被鲁卿臧孙许（在齐受辱者）所逐，出逃齐国，鲁国又在卷楚之盟上，站在晋国一边，齐国被孤立，齐、鲁关系也随之进入战争状态。

面对晋国的咄咄紧逼，齐顷公并没有坐以待毙，而是与楚国通好，结为同盟，借助楚国制衡晋国。《左传·成公元年》记载，鲁国臧宣叔为应对齐国的讨伐，整顿武装，并说："齐、楚结好，我新与晋盟，晋、楚争盟，齐师必至。虽晋人伐齐，楚必救之，是齐、楚同我也。"晋若伐齐，则齐国将与楚国联合伐鲁，而鲁国也积极应对，鲁成公元年（公元前590），鲁国"作丘甲"，并到晋国寻求援助，与晋国在赤棘会盟，冬天的时候，"臧宣叔令修赋、缮完、具守备"。顷公十年（公元前589），齐顷公率军伐鲁北部边境，《左传·成公二年》："二年春，齐侯伐我北鄙，围龙。顷公之嬖人卢蒲就魁门焉，龙人囚之。齐侯曰：'勿杀！吾与而盟，无入而封。'弗听，杀而膊诸城上。齐侯亲鼓士陵城，三日，取龙，遂南侵及巢丘。"齐国夺取了鲁国的龙邑①（今泰安东南），南侵至巢丘（距龙邑不远）。四月，齐军又战胜伐齐之卫国军队。《春秋·成公二年》："夏四月丙戌，卫孙良夫帅师及齐师战于新筑，卫师败绩。"《左传·成公二年》："卫侯使孙良夫、石稷、宁相、向禽将侵齐，与齐师遇。"卫国为报在齐受辱之事，再次伐齐，《史记·卫康叔世家》则认为是卫国为救援鲁国而出兵，"十一年，孙良夫救鲁伐齐"。《孔子家语·正论解》也记载："卫孙桓子侵齐，遇，败焉。齐人乘之，执。新筑大夫仲叔于奚以其

---

① 《史记·鲁周公世家》作"隆"，《左传》作"龙"。

众救桓子，桓子乃免。"孙良夫在此战中也曾被俘。齐顷公挟战胜鲁国之余威，在齐、卫边境又大败卫军，如若没有卫国援军前来，齐国将会取得更大战果。新筑之战后，卫国、鲁国都到晋国，希望晋国出兵伐齐。此时晋国由郤克执政，晋景公同意郤克出兵伐齐，出兵车八百乘，救援鲁、卫。《左传·成公二年》记载："郤克将中军，士燮佐上军，栾书将下军，韩厥为司马，以救鲁、卫。臧宣叔逆晋师，且道之。季文子帅师会之。"晋国出动三军，以郤克为主帅，卫军为前导，鲁军会合晋军，共同伐齐。根据《春秋》《穀梁传》的记载，诸侯联军中应还有曹国军队的参加，据《左传》鞌之战的记载，晋国军队中还有狄人军队，应是被晋国征服的狄人。

二、鞌之战中齐顷公之表现及战争影响

关于齐晋鞌之战的经过、结果，《春秋》《左传》《公羊传》《穀梁传》《史记》都有记载，记载有详有略，各有不同：

《春秋·成公二年》：六月癸酉，季孙行父、臧孙许、叔孙侨如、公孙婴齐帅师会晋郤克、卫孙良夫、曹公子首及齐侯战于鞌，齐师败绩。秋七月，齐侯使国佐如师。己酉，及国佐盟于袁娄……取汶阳田……丙申，公及楚人、秦人、宋人、陈人、卫人、郑人、齐人、曹人、邾人、薛人、鄫人盟于蜀。

《左传·成公二年》：师从齐师于莘。六月壬申，师至于靡笄之下……癸酉，师陈于鞌。邴夏御齐侯，逢丑父为右。晋解张御郤克，郑丘缓为右。齐侯曰："余姑翦灭此而朝食。"不介马而驰之。郤克伤于矢，流血及屦，未绝鼓音，曰："余病矣！"张侯曰："自始合，而矢贯余手及肘，余折以御，左轮朱殷，岂敢言病。吾子忍之！"缓曰："自始合，苟有险，余必下推车，子岂识之？然子病矣！"张侯曰："师之耳目，在吾旗鼓，进退从之。此车一人殿之，可以集事，若之何其以病败君之大事也？擐甲执兵，固即死也。病未及死，吾子勉之！"左并辔，右援枹而鼓，马逸不能止，师从之。齐师败绩。逐之，三周华不注。韩厥梦子舆谓

已曰："且辟左右。"故中御而从齐侯……丑父寝于轏中,蛇出于其下,以肱击之,伤而匿之,故不能推车而及。韩厥执絷马前,再拜稽首,奉觞加璧以进,曰:"寡君使群臣为鲁、卫请,曰:'无令舆师陷入君地。'下臣不幸,属当戎行,无所逃隐。且惧奔辟而忝两君,臣辱戎士,敢告不敏,摄官承乏。"丑父使公下,如华泉取饮。郑周父御佐车,宛茷为右,载齐侯以免……齐侯见保者,曰:"勉之!齐师败矣。"……晋师从齐师,入自丘舆,击马陉。

《公羊传·成公二年》:逢丑父者,顷公之车右也,面目与顷公相似,衣服与顷公相似,代顷公当左。使顷公取饮,顷公操饮而至,曰:"革取清者。"顷公用是佚而不反。逢丑父曰:"吾赖社稷之神灵,吾君已免矣。"克曰:"欺三军者,其法奈何?"曰:"法斩。"于是斩逢丑父。

《国语·晋语五》:靡笄之役,郤献子伤,曰:"余病喙。"张侯御,曰:"三军之心,在此车也。其耳目在于旗鼓。车无退表,鼓无退声,军事集焉。吾子忍之,不可以言病。受命于庙,受脤于社,甲胄而效死,戎之政也。病未若死,祗以解志。"乃左并辔,右援枹而鼓之,马逸不能止,三军从之。齐师大败,逐之,三周华不注之山。

《史记·齐太公世家》:(齐顷公十年)六月壬申,与齐侯兵合靡笄下。癸酉,陈于鞌。逢丑父为齐顷公右。顷公曰:"驰之,破晋军会食。"射伤郤克,流血至履。克欲还入壁,其御曰:"我始入,再伤,不敢言疾,恐惧士卒,愿子忍之。"遂复战。战,齐急,丑父恐齐侯得,乃易处,顷公为右,车絓于木而止。晋小将韩厥伏齐侯车前,曰"寡君使臣救鲁、卫",戏之。丑父使顷公下取饮,因得亡,脱去,入其军。晋郤克欲杀丑父。丑父曰:"代君死而见僇,后人臣无忠其君者矣。"克舍之,丑父遂得亡归齐。于是晋军追齐至马陵。

《史记·晋世家》:(晋景公十一年)夏,与顷公战于鞌,伤困顷公。顷公乃与其右易位,下取饮,以得脱去。齐师败走,晋追北至齐。

清华简《系年》第十四章:齐顷公围鲁,鲁臧孙许之晋求援。驹之克率师救鲁,败齐师于靡笄。齐人为成,赂以甗、玉爵与淳于之田。

　　鞌之战的经过，《左传》记载尤为详细，《史记·齐太公世家》次之，《国语》又次之。综合各书来看，齐国与以晋为首的诸侯联军此战战况惨烈，《左传·庄公十一年》："大崩曰败绩。"齐国大败，损失惨重，战后鲁、卫两国劝郤克说："（齐国）其死亡者，皆亲昵也。"战后，齐顷公"吊死问疾"，也正因为此战齐国伤亡惨重。据《汉书·五行志》记载："晋外灭二国，内败王师，又连三国之兵，大败齐师于鞌（师古曰：谓成二年晋郤克……及齐侯战于鞌，齐师败绩。鞌，齐地），追亡逐北，东临海水（师古曰：谓逐之三周华不注，又纵之，入自丘舆，击马陉，东至海滨也）。"20世纪50年代以来，山东临沂郯城马陵山附近出土了大量兵器，有铜箭镞、铜剑、铜戈等，特别是其中一件"郤氏左"戈，很可能即是晋国正卿郤克率军伐齐之时遗留①，也佐证了《史记》关于"晋军追齐至马陵"的记载。当时齐国大败之后，晋军深入攻略齐地，已经到达齐国南境。

　　鞌之战前，齐国刚刚战胜了鲁、卫两国，齐军士气正旺，顷公志得意满，狂傲自负，没有将晋国看在眼里，《左传》："齐侯曰：'余姑翦灭此而朝食。'不介马而驰之。"顷公狂傲地说，要在消灭敌军之后再吃早饭，马不披甲，就驶向敌军。这正是顷公轻敌致败之原因所在。齐卿高厚在阵前致师，挑战诸侯联军。"齐高固入晋师，桀石以投人，禽之而乘其车，系桑本焉，以徇齐垒，曰：'欲勇者贾余余勇。'"据郑玄注："致师者，致其必战之志也，古者将战，先使勇力之士犯敌焉。"而晋国郤克率军伐齐，志在必报在齐受辱之恨，《左传·宣公十七年》记载："献子怒，出而誓曰：'所不此报，无能涉河。'"《国语·晋语五》记载范武子说："夫郤子之怒甚矣，不逞于齐，必发诸晋国。"《史记·晋世家》也记载："郤克怒，归至河上，曰：'不报齐者，河伯视之！'"而鲁国、卫国也同样因使者在齐受辱，又新遭齐国之侵伐，伐齐之决心与郤克同样坚决，故而诸侯联军在与齐军作战时，能够同仇敌忾，奋勇作战。联军主帅郤克被射伤，伤势严重，仍击鼓不辍，齐军虽勇，但抵挡不住诸侯联军的进攻，开始溃败，顷公所乘之车也被晋将韩厥所追，如若没有逢丑父

①　王佳伟、陈兵枝：《马陵之战"郯城说"可信度较高》，《中国社会科学报》2020年3月12日。

之与顷公换位（《左传》："逢丑父与公易位。"逢丑父能够与顷公易位而不被认出，原因即《公羊传》所说："逢丑父者，顷公之车右也，面目与顷公相似，衣服与顷公相似，代顷公当左。"）顷公必被晋国俘虏，所受之侮辱必甚于郤克在齐受辱。后世儒家解经者如汉代何休在《公羊传》注中认为："丑父死君不贤之者，经有使乎大夫，于王法顷公当绝。如贤丑父，是赏人之臣绝其君也。若以丑父故不绝顷公，是开诸侯战不能死难也。如以衰世无绝顷公者，自齐所当善尔，非王法所当贵。"按何休的说法，顷公不应让逢丑父代替，而苟且偷生，逢丑父的做法也不应被赞赏，是开了诸侯不能在战争中死难的先河。何休的注释也算对此次战争的一种说法。

值得一提的是，在战争当中，齐顷公以韩厥为君子而不忍射杀，其中的文化因素值得分析。《左传》："韩厥梦子舆谓己曰：'且辟左右。'故中御而从齐侯。邴夏曰：'射其御者，君子也。'公曰：'谓之君子而射之，非礼也。'射其左，越于车下。射其右，毙于车中。綦毋张丧车，从韩厥，曰：'请寓乘从左右。'皆肘之，使立于后。韩厥俛，定其右。"正是因为齐顷公不忍射杀韩厥，最终几乎被韩厥所俘。《春秋左传正义》注曰："齐侯不知戎礼。"正义曰："僖二十二年传曰：'虽及胡耇，获则取之'；'明耻教，战求杀敌也。'宣二年传曰：'戎，昭果毅以听之之谓礼。杀敌为果，致果为毅。'是戎事以杀敌为礼。齐侯谓射君子为非礼者，乃是齐侯不知戎礼也。"① 可以作注脚的是，《左传·宣公十二年》记载晋将赵括、赵同曰："率师以来，唯敌是求，克敌得属，又何俟？"可见，齐顷公虽对韩厥惺惺相惜，但顷公认为的"礼"并不符合晋国所认可的"戎礼"，在韩厥看来，俘虏敌方君主才是最大的礼。反观公元前575年晋楚鄢陵之战，楚共王被射瞎一只眼睛，晋将魏锜也被射杀，此战当中完全不见"礼"的存在。究其原因，齐顷公在战争当中还非常讲"礼"，可能与《司马法》等古军礼在齐国的流传有关。齐灵公二十五年，齐伐鲁，齐军围成邑，鲁将孟孺子挑战，齐灵公认为孟孺子好勇，撤军以成其名。此战更将战争视同儿戏，可能也与"礼"有关。

---

① 《春秋左传正义》，《十三经注疏》，上海古籍出版社1997年版，第1894页。

免顷公于难的逢丑父,按《左传》《史记》记载,其行为被晋郤克所称许,"韩厥献丑父,郤献子将戮之。呼曰:'自今无有代其君任患者,有一于此,将为戮乎!'郤子曰:'人不难以死免其君。我戮之不祥,赦之以劝事君者。'乃免之"。《左传》记载将其释放;按《公羊传》,逢丑父被郤克所杀。逢丑父被俘,顷公脱身之后,即率军往救逢丑父,《左传》:"齐侯免,求丑父,三入三出。每出,齐师以帅退。入于狄卒,狄卒皆抽戈楯冒之。以入于卫师,卫师免之。"齐军虽败,但顷公之勇得到晋军中狄人和卫军的敬佩,不忍加害。清人刘继庄《左传快评》赞叹道:"齐顷公败而犹厉。每出齐师以帅退,三入三出,以求丑父,何其勇也!"①

在救援不成的情况下,顷公从徐关退守国都临淄。诸侯联军随即追击至临淄城下,《左传》和《史记》记载,诸侯联军并没有采取攻城行动,而《穀梁传》则言:"壹战绵地五百里,焚雍门之茨,侵车东至海。"② 齐国被迫接受城下之盟。顷公派国佐到晋师求和,郤克提出与齐媾和的四项条件,《穀梁传》:"反鲁、卫之侵地,以纪侯之甗来,以萧同侄子之母为质,使耕者皆东其亩,然后与子盟。"(《公羊传》基本与此相同)《左传》只记载:"齐侯使宾媚人赂以纪甗、玉磬与地。不可,则听客之所为。宾媚人致赂,晋人不可,曰:'必以萧同叔子为质,而使齐之封内尽东其亩。'"《古本竹书纪年》也记载:"(晋景公十一年),齐国佐来献玉磬、纪公之甗。"可知,郤克不仅要得到齐国的宝器,还要齐国返还侵夺鲁、卫之地,替鲁、卫主持正义,另外还要发泄私愤,必以顷公之母为人质,将齐国的田地走向改为东西走向。以国君之母为质,是对一个诸侯国的极大侮辱,而改变田地走向,以便于晋国随时征伐齐国,则齐国将国将不国,晋国兵车可随时到达齐国。作为齐国使者,国佐表现

---

① 李卫军:《左传集评》,第911页。
② 《穀梁传》之记载,笔者认为,可能与齐灵公二十七年平阴之役大败后,晋与诸侯联军兵临临淄城下,侵至潍河、沂河流域有所混同。《左传·襄公十八年》:"己亥,焚雍门及西郭、南郭……壬寅,焚东郭、北郭……甲辰,东侵及潍,南及沂。"清华简《系年》第十七章:"平公率师会诸侯,为平阴之师以围齐,焚其四郭,驱车至于东亩。"与《穀梁传》用语有相同之处。从齐使国佐软中带硬的回答来看,齐国不惜与晋国五战,决出胜负,则齐虽败,却不似灵公二十七年之惨败,尚有实力与晋对抗,《穀梁传》关于"侵车东至海"的记载当为错简,误系于鲁成公二年。

得非常镇静，对于要求齐国向晋国献出当年齐襄公灭纪之后所得纪侯甗（《穀梁传》注曰："甗，玉甑，齐灭纪，故得其宝。"）和返还鲁、卫侵地，国佐表示可以答应，但坚决不同意以国君之母为质和改变田亩走向，《左传》《公羊传》《穀梁传》都有记载，国佐的回答有理有利有节，非常精彩。

《左传》：（国佐）对曰：萧同叔子非他，寡君之母也。若以匹敌，则亦晋君之母也。吾子布大命于诸侯，而曰：必质其母以为信。其若王命何？且是以不孝令也。《诗》曰："孝子不匮，永锡尔类。"若以不孝令于诸侯，其无乃非德类也乎？先王疆理天下物土之宜，而布其利，故《诗》曰："我疆我理，南东其亩。"今吾子疆理诸侯，而曰尽东其亩而已，唯吾子戎车是利，无顾土宜，其无乃非先王之命也乎？反先王则不义，何以为盟主？其晋实有阙。四王之王也，树德而济同欲焉。五伯之霸也，勤而抚之，以役王命。今吾子求合诸侯，以逞无疆之欲。《诗》曰："布政优优，百禄是遒。"子实不优，而弃百禄，诸侯何害焉！不然，寡君之命使臣则有辞矣，曰："子以君师辱于敝邑，不腆敝赋，以犒从者。畏君之震，师徒桡败。吾子惠徼齐国之福，不泯其社稷，使继旧好，唯是先君之敝器、土地不敢爱。子又不许，请收合余烬，背城借一。敝邑之幸，亦云从也。况其不幸，敢不唯命是听。"

《公羊传》：国佐曰："与我纪侯之甗，请诺。反鲁、卫之侵地，请诺。使耕者东亩，是则土齐也。萧同侄子者，齐君之母也，齐君之母，犹晋君之母也，不可。请战，一战不胜，请再，再战不胜，请三，三战不胜，则齐国尽子之有也，何必以萧同侄子为质？"揖而去之。郤克矢鲁、卫之使，使以其辞而为之请，然后许之。逮于袁娄，而与之盟。

《穀梁传》：国佐曰："反鲁、卫之侵地，以纪侯之甗来，则诺。以萧同侄子之母为质，则是齐侯之母也，齐侯之母犹晋君之母也，晋君之母犹齐侯之母也，使耕者尽东其亩，则是终土齐也。不可。请壹战，壹战不克，请再，再不克，请三，三不克，请四，四不克，请五，五不克，举国而授。"于是而与之盟。

国佐之回答，软中带硬。从引《诗》言志来看，国佐知礼，并通晓当时诸侯国间的外交规则，如若晋国不答应齐国的媾和条件，齐国将不得不背城一战，与晋国决一死战，《春秋》三传记载不一，《公羊传》言齐不惜与晋三战，《穀梁传》则记载齐国不惜与晋国五战，如若五战不胜，将委国于晋。国佐出使敌营，不辱使命，在结城下之盟时，仍坚持为齐国争取最好的结果。鲁、卫两国作为齐国邻国，不愿与齐国结下深仇，力促晋与齐媾和。《左传》："秋七月，晋师及齐国佐盟于爰娄，使齐人归我汶阳之田。"爰娄，据《穀梁传》，在临淄以西五十里，据考古发掘，当在今淄博高新区四宝山街道隽山附近。①《穀梁传》杨士勋疏曰："爰娄去齐五十里，今在师之外，明晋师已逼到其国。师，谓晋师也。齐为晋所败，兵临城下，然则败军之将，不可以语勇；惊弦之鸟，不可以应弓。所以更能五战者，齐是大国，邑竟既宽，收拾余烬，足当诸国之师，故请以五也。"② 在国佐义正词严的抗争和鲁、卫两国的劝说调停之下，晋国也不愿彻底得罪齐国，如若齐、楚联盟，晋国霸主地位更将难以维持，故而郤克接受这样的媾和条件，答应与齐国结盟。

鞌之战前，齐与楚已经约定共同伐鲁，《左传·成公二年》："及共王即位，将为阳桥之役，使屈巫聘于齐，且告师期……将奔齐，齐师新败。"假设齐、楚能够在同一时间共同对抗晋及盟国，其结果可能是另一番模样。鞌之战后，楚国发兵北上，"楚令尹子重为阳桥之役以救齐"，"乃大户，已责，逮鳏，救乏，赦罪，悉师，王卒尽行"。楚国尽起精锐之师，联合蔡、许等国讨伐鲁、卫，以救齐国，两国抵挡不住，向楚求和，并与诸侯同盟于蜀（鲁地），齐国派大夫参加会盟。《春秋·成公二年》："丙申，公及楚人、秦人、宋人、陈人、卫人、郑人、齐人、曹人、邾人、薛人、鄫人盟于蜀。"这次楚国主持的会盟，诸侯达到十四个，这是春秋以来参加国最多的一次会盟，晋国畏惧楚军众多，躲避其锋芒，其霸主地位遭到极大的打击。齐国虽然莅盟，但

---

① 山东省文物考古研究所、淄博市文物局：《山东淄博隽山战国墓发掘简报》，《文物》2016 年第 10 期。

② 《春秋穀梁传注疏》，见《十三经注疏》，上海古籍出版社 1997 年版，第 2418 页。

齐顷公对与楚联盟显然已经另有考虑，此次盟会，齐国仅派大夫参加，没有派正卿参加，故而杜预注曰："齐国之大夫不书姓名，因其非卿。"

齐国之败，很大原因是齐顷公的轻敌所致，汉儒董仲舒曾说："齐顷公亲齐桓公之孙，国固广大，而地势便利矣，又得霸主之余尊，而志加于诸侯，以此之故，难使会同，而易使骄奢，即位九年，未尝肯一与会同之事，有怒鲁、卫之志，而不从诸侯于清丘断道，春往伐鲁，入其北郊，顾返伐卫，败之新筑；当是时也，方乘胜而志广，大国往聘，慢而弗敬其使者，晋鲁俱怒，内悉其众，外得党与卫曹，四国相辅，大困之鞌，获齐顷公，斩逢丑父。深本顷公之所以大辱身，几亡国，为天下笑，其端乃从慑鲁胜卫起；伐鲁，鲁不敢出；击卫，大败之；因得气而无敌国，以兴患也。故曰：得志有喜，不可不戒。"（《春秋繁露·竹林第三》）但是对于晋率盟国伐齐的正义性，后儒也多有诟病，如宋儒胡安国说："齐虽侵虐，未若荆楚之暴也，诸国大夫含愤积怒，欲雪一笑之耻，至于杀人盈野，非有击强扶弱之心。"宋儒陈傅良说："今晋为盟主，兴师讨齐，非有救乱诛暴之名，而起于郤克一怒之愤，故《春秋》不以齐为主，见晋鲁卫曹之大夫为志乎？是战虽得一朝之胜，不足道也……齐侯不义而四国之君不智，《春秋》盖同一贬焉。"元儒汪克宽说："此不书四国伐齐者，以郤克志在释己私忿，非能声齐顷陵弱犯寡之罪而讨之也……鞌之战虽能胜齐，然恃力而不能服之。"① 对于晋国大夫郤克出于泄愤而兴师伐齐持批评态度。

对于鞌之战的影响，徐勇先生认为："在这一阶段齐国参加的战争中，以晋齐鞌之战影响最大。这场战争晋军之所以能够取胜，除了实力对比较齐军略占优势外，主要是它战略方针正确，战术运用得当。这里要说明的是，晋国虽然在鞌之战中击败了齐国，但它从战略高度进行考虑，为了改变在与楚国争霸中原时的不利态势，并不真想彻底打垮齐国，而只是想通过战争达到制服齐国、使之与己结盟的目的。齐国虽然遭到惨败，被迫接受了晋国比较苛刻的媾和条件，但其军事实力并没有受到根本性的削弱，故而战后仍能维持大国的地

---

① ［清］王掞:《钦定春秋传说汇纂》卷二十二,四库全书本。

位，在春秋中期的列国事务中继续发挥比较重要的作用。"①

鞌之战是春秋中期一场重要的战争，对于中原地区的诸侯国无异于一次重新洗牌。因鞌之战，晋国始作六军，置六卿；鲁国执政季文子因鞌战之功而建立表示武功的建筑（武宫），晋国还向周天子进献齐国俘虏（献齐捷于周），为周定王所拒绝，"晋侯使巩朔献齐捷于周，王弗见，使单襄公辞焉"。单襄公辞谢晋国使者说："夫齐，甥舅之国也，而大师之后也，宁不亦淫从其欲以怒叔父，抑岂不可谏诲？"（《左传·成公二年》）周定王之王后为齐惠公之女，周王室与齐国为甥舅关系，晋国打击齐国，与周王室借助齐国抗衡晋国的意图正相背离。通过鞌之战，晋国国势重振，晋景公在中原复霸。

鞌之战后，齐国重新成为晋之盟国，顷公十一年（公元前588），齐顷公亲自到晋国朝见晋景公，《左传》《国语》《史记》等书都有记载：

　　《国语·晋语五》：靡笄之役也，郤献子伐齐。齐侯来，献之以得殒命之礼，曰："寡君使克也，不腆弊邑之礼，为君之辱，敢归诸下执政，以整御人。"

　　《左传·成公三年》：齐侯朝于晋，将授玉。郤克趋进曰："此行也，君为妇人之笑辱也，寡君未之敢任。"晋侯享齐侯。齐侯视韩厥，韩厥曰："君知厥也乎？"齐侯曰："服改矣。"韩厥登，举爵曰："臣之不敢爱死，为两君之在此堂也。"

　　清华简《系年》第十四章：明岁，齐顷公朝于晋景公，驹之克走援齐侯之带，献之景公，曰："齐侯之来也，老夫之力也。"

　　《史记·齐太公世家》：（顷公）十一年，晋初置六卿，赏鞌之功。齐顷公朝晋，欲尊王晋景公，晋景公不敢受，乃归。

　　《史记·晋世家》：（晋景公）十二年冬，齐顷公如晋，欲上尊晋景公为王，景公让不敢。晋始作六军。

---

　　① 徐勇：《先秦时代齐国参加的主要战争述略》，《烟台大学学报（哲学社会科学版）》1997年第2期。

齐顷公此次朝晋，是为谢罪而来，但作为晋国执政的郤克言行颇为不逊，按《国语》之记载，郤克让齐顷公"献之以得殒命之礼"，殒命之礼为被俘虏之国君所行之礼，"伐国获君，若秦获晋惠，是为殒命。今齐虽败，顷公不见得，非殒命也。故苗棼皇以郤克不知礼"①。郤克之言充斥着获胜后的狂傲和对齐顷公的羞辱，而其行为"走援齐侯之带"，则更是非礼的行为，羞辱齐顷公、发泄仇恨的目的十分明显。对于郤克的过分行为，晋国大夫苗棼皇评价说："郤子勇而不知礼，矜其伐而耻国君。"（《国语·晋语五》）

面对郤克的羞辱，齐顷公忍辱负重，没有再次做出非礼的举动来。据《史记》，齐顷公还做出了一个非常的举动，《左传·成公三年》："齐侯朝于晋，将授玉。"据《史记·齐太公世家》索隐："王劭按：张衡曰：'礼，诸侯朝天子执玉，既授而反之。若诸侯自相朝，则不授玉。'齐顷公战败朝晋而授玉，是欲尊晋侯为王，太史公探其旨而言。"顷公欲尊晋景公为王，晋景公不敢接受。抬高晋国的地位，降低自己的身份，齐顷公朝晋之行达到了化解齐晋矛盾的目的，没有招致晋国的再次讨伐，为齐国争取到了一个和平的环境。晋国通过鞌之战，一战分裂了齐楚同盟，齐国与楚国此后一段时期内没有再进行联合，虫牢之盟的举行，标志着齐国加入晋国盟国的行列。如清代《钦定春秋传说汇纂》卷二十二所言："晋将复修伯业，若不得齐，则鲁、卫、曹、邾，皆有依违观望之意。故盟于断道，谋楚即以谋齐。及爰娄既盟，而齐不背晋者二十余年，楚亦少敛其锋，晋人世伯之绪赖以不坠。则鞌之战亦安可少哉？"② 齐与晋近，与楚远，周边鲁、卫、莒、邾、曹等国都是晋之盟国，齐与晋结盟，符合齐国的国家利益，避免了齐国再次陷入与诸侯争斗的局面。

三、改过自新，励精图治

自晋国回国之后，齐顷公不再任性妄为，而是改过自新，赢得晋景公的尊重。据《公羊传·成公八年》："鞌之战，齐师大败，齐侯归，吊死视疾，七

① 徐元诰：《国语集解》，中华书局2002年版，第383页。
② ［清］王掞：《钦定春秋传说汇纂》卷二十二，四库全书本。

166

年不饮酒、不食肉。晋侯闻之曰:'嘻! 奈何使人之君,七年不饮酒、不食肉? 请皆反其所取侵地。'"《史记·齐太公世家》也记载:"归而顷公弛苑囿,薄赋敛,振孤问疾,虚积聚以救民,民亦大说。厚礼诸侯。竟顷公卒,百姓附,诸侯不犯。"回到齐国后,顷公开放自己游猎的园林,减轻赋税,赈济孤寡,吊问残疾,七年不饮酒食肉,拿出国家积蓄来赈济穷人,齐人因此十分高兴。齐顷公厚礼诸侯,与诸侯各国保持了友善的外交关系。直到顷公去世,百姓归附,没有发生诸侯侵犯齐国的事情。

除了国内改革内政、积蓄国力、勤政爱民之措施外,顷公一改之前与晋争夺地区霸权的态度,对外唯晋国马首是瞻,自顷公十三年至顷公十七年,晋国组织的会盟、征伐,齐国每次必参与。顷公十三年(公元前586),顷公与晋景公等诸侯会盟于虫牢(今河南封丘北);十五年(公元前584),顷公率军从晋救郑,盟于马陵(今河北大名东南);十六年(公元前583),齐军从晋伐郯;十七年(公元前582),顷公与晋等诸侯会盟于蒲(今河南长垣东)。齐鲁关系回归和平状态,齐国在顷公当政后期未再侵伐鲁国。

顷公十六年(公元前583),因齐服晋,且齐国因顷公励精图治而大治,晋国令鲁国归还齐国因鞌之战而得到的汶阳之田,《春秋·成公八年》:"八年春,晋侯使韩穿来言汶阳之田,归之于齐。"杜预注曰:"齐服事晋,故晋来语鲁使还二年所取田。"《公羊传》何休注曰:"晋侯闻齐侯悔过自责,高其义,畏其德,使诸侯还鞌之所丧邑。"[1] 而《穀梁传》杨士勋疏曰:"《公羊》以为齐侯败鞌之后,七年不饮酒,不食肉,晋侯高其德,遂反其所取侵地。此虽无传,齐顷是中平之主,安能以一败之后,七年不饮酒食肉乎? 故以为晋为盟主,齐还事晋,故使鲁还二年齐所反之田。"[2]《穀梁传》虽然不认可晋景公"高其义,畏其德"的说法,但晋国为了拉拢齐国,返还齐国土地确实是其重要措施之一。原因即在于齐国作为一个大国,已经完全是晋的盟国,而非敌对国家,顷公十七年,即鲁成公九年,顷公卒之当年,顷公还参与了蒲之会

---

① 《春秋公羊传注疏》,《十三经注疏》,上海古籍出版社1997年版,第2292页
② 《春秋穀梁传注疏》,《十三经注疏》,上海古籍出版社1997年版,第2419页。

盟，齐国已经坚定站在晋国同盟国行列，这也说明，进一步坚定齐国的亲晋态度可能是晋景公下这一步棋的重要考量。虽然鲁国对晋国此举多有讥讽，"霸主将德是以，而二三之，其何以长有诸侯乎？"（《左传·成公八年》）但相比于鲁国，在晋国眼里，争取齐国的支持更为重要。宋儒赵鹏飞评说一针见血："顷公屈己以事晋，晋自文公之后，齐盖以东夏强侯，未尝屈于晋也。战鞌一败，锐锋顿挫，虫牢之盟，救郑之役，执兵歃血，惟晋是从，晋得齐之服为荣大矣，故常以取其田为负也，鲁人得田，晋实无补而负齐为多，鲁人失田，晋实无伤而于齐为惠，故宁使鲁失田，而晋无负于齐。"①

结　语

齐顷公在位期间，虽有重大失礼行为，导致国家危难，但能改过自新，使齐国中兴，又做出了一定的贡献。对顷公的评价可从以下四个方面看：

1. 顷公能得人，人尽其力

顷公在位期间，朝内有国佐、晏弱等股肱之臣辅佐。在鞌之战后，诸侯联军兵临城下，国佐据理力争，终使齐国损失降低到最低程度；明知国君失礼，盟主可能要对使臣施以颜色，晏弱等三人仍坚持赴断道之会。鞌之战中，顷公之车右逢丑父能够在紧要关头，以身替君，说明顷公平时善待臣下，才能在危急时刻挺身而出。

2. 顷公有勇

齐顷公伐鲁攻龙邑，在鲁人杀死卢蒲就魁之后，顷公亲自击鼓，指挥攻城，三日而攻下，表现了顷公之勇。鞌之战中，顷公亲冒矢石，冲锋在前，虽然轻敌，但顷公之勇激发了齐军的士气，为救逢丑父，三入三出敌军之中。齐军虽败，但赢得了敌军的尊重。

3. 顷公有谋

鞌之战后，顷公能够认识到齐国的国力不足以与晋国抗衡，因而改弦更张，尊晋事晋，韬光养晦，不与晋争锋，虽朝晋受辱，终其在位后期，诸侯不

---

① ［宋］赵鹏飞:《春秋经筌》卷十，四库全书本。

侵，保住了齐国大国的地位。

4. 顷公不知礼

晋国主持断道之会，征会于齐，顷公在朝见之时，无礼于使者，导致诸侯伐齐，致国家于危难之中，是严重的外交事件。鞌之战中，因视晋将韩厥为君子而不忍射杀，几乎被韩厥所俘，顷公之礼与晋国所认可的戎礼不同，与宋襄公在泓之战中"君子不重伤，不禽二毛"的礼制原则有相似之处。

值得注意的是，齐顷公自公元前598年至公元前582年在位期间，与晋景公在位基本相值，晋景公在位时间为公元前599年至公元前581年。晋景公是一代雄主，在位期间，对内抑制卿族，对外逐渐争取盟国，与楚国争夺霸权，通过系列战役，晋国重又取得中原霸权。晋景公处事与顷公前期形成鲜明对比，对于郤克因受辱而请求伐齐，坚决不允，只有在鲁、卫两国至晋乞师才答应出兵救鲁、卫，可谓出师有名。在齐顷公朝晋之时，也没有因胜利而冲昏头脑，对于顷公的尊王之举，不敢接受，说明晋景公并没有利令智昏，反而头脑更加清醒，战后更加拉拢齐国，使齐国成为晋国忠实的盟国，为晋国霸业的重新取得奠定坚实的基础。齐顷公在齐国历任君主中，并非英明之主，才能也为中等水平，并非齐桓公式的中兴君主，虽有国佐、晏弱等智勇忠心之臣辅佐，但在晋景公这种雄主的压迫之下，齐国要重新取得桓公一样的霸业是很难的。韬光养晦、发展实力，号称中兴，顷公后期所作所为更符合齐国发展的实际。

纵观齐顷公一生，在位十七年，以顷公十年为界，前期任性妄为，后期外服晋国，内重图治，对于鞌之战后齐国国力恢复起到了积极的作用。齐顷公之谥"顷"，《逸周书·谥法解》："敏以敬顺曰顷。""《左传·昭公八年》《左传·昭公三十年》疏补：祗勤追惧曰倾、慈仁和民曰顷。"[1] 倾与顷通，上述顷之释义，均与顷公后期的行为相当，颇为恰当。

---

① 黄怀信等：《逸周书汇校集注》，上海古籍出版社2007年版，第655页。

齐灵公评传

简评：

齐灵公在位二十八年。这期间，正值第一次弭兵之会与第二次弭兵之会之间，虽名曰弭兵，但晋楚双方缺乏信任，晋楚争霸更为激烈，晋厉公与晋悼公两位晋国国君奋发有为，力克南楚，成复霸之势。齐灵公前期延续顷公时期之外交方针，尊晋国为盟主，追随晋国，讨伐盟会，无一不与。自灵公十一年之后，齐灵公渐有与晋争霸之心，但仍惧怕晋国，灵公十五年，齐国灭亡东方的莱国，实力大增；灵公二十三年，周天子赐齐侯命，求王后于齐，齐灵公开始叛晋，不断攻伐晋之盟国鲁国，并联合邾、小邾、滕、薛等国，成为游离于晋国大联盟之外的东方小联盟。晋国对齐国的背盟行为没有等闲视之，灵公二十七年，晋率诸侯共同伐齐，平阴之役，齐国大败，齐灵公在惊惧之中，第二年病死。综而言之，灵公在位期间，开拓东土，开地千里，使齐国国土拓展一倍，有了更广阔的纵深，国力更加强盛，奠定了其后齐景公复霸的基础；另一方面，齐灵公为政昏聩不明，偏听偏信，错杀股肱之臣，信任奸臣佞人，废长立幼，造成齐国内乱和大夫专权的局面，为其后齐庄公被权臣所弑留下了张本。平阴之役，齐灵公昏聩之表现凸显，既不守险，又不守都城，企图一跑了之，弃国家与社稷于不顾，其谥号"灵"（乱而不损曰灵），简单概括了灵公在位期间的特点。

齐灵公，名环（又作"瑗"，《公羊传·襄公十八年》："七月，辛卯，齐侯瑗卒。"）齐顷公之子，生年不详，卒于公元前554年，在位二十八年。齐顷公十七年（公元前582），齐顷公卒，公子环即位，是为齐灵公。《春秋·成公九年》："秋七月丙子，齐侯无野卒。"《春秋·襄公十九年》："秋七月辛卯，齐侯环卒。"《史记·齐太公世家》："（顷公）十七年，顷公卒，子灵公环立……（灵公二十八年）五月壬辰，灵公卒，庄公即位。"

后世史家对齐灵公的评价偏低，基本都是负面的评价，并不客观，我们对齐灵公的评价，应从其功过两方面来看。

一、齐灵公的功业

1. 攻灭莱国，开土千里

春秋战国之际，战争频繁，齐国与晋、楚、吴、秦等成为举足轻重的大国。《史记·十二诸侯年表》："齐、晋、秦、楚其在成周微甚，封或百里或五十里。晋阻三河，齐负东海，楚介江淮，秦因雍州之固，四海迭兴，更为伯主，文武所褒大封，皆威而服焉。"《墨子·非攻中》："南则荆、吴之王，北则齐、晋之君，始封于天下之时，其土地之方，未至有数百里也；人徒之众，未至有数十万人也。以攻战之故，土地之博，至有数千里也；人徒之众，至有数百万人。"

齐国能够成为雄霸东方的大国，与齐国历代国君的努力经营（攻战）是分不开的。自始封国君齐太公获得征伐权起，至春秋前期，齐襄公灭纪国，齐国以武力吞并的诸侯国以齐桓公时代为最多，可考者有谭、遂、郦、阳、介、牟、薛、夷等，大都是今山东境内的东夷族小国。然而，桓公时代"军谭、遂而不有也，诸侯称宽焉"（《国语·齐语》），对于很多小国又实行了存亡继绝的政策，齐国虽成为一流强国，但在国土扩展上远较晋国、楚国为少。公元前567年，即齐灵公十五年，齐国一举灭掉东夷大国莱国，使齐国的国土扩展到胶东半岛，国土扩展一倍以上，真正成为地方数千里的负海之国。开地东莱，拓土千里，是齐灵公对齐国发展做出的重大贡献，也是其不可磨灭的功业。

莱国是东夷族古国，是比齐国建立还早的国家，商代莱夷被封为侯国，

《路史·国名记丁》:"莱,子爵,来也。"《尚书·禹贡》:"海岱惟青州。嵎夷既略,潍、淄其道……莱夷作牧。"东夷族是一个尚武的部族,商代、西周早期,都曾针对东夷发动大规模的战争。齐国立国之初,莱人曾与齐太公争夺营丘,其后,从传世和出土青铜器铭文来看,莱人归服于周王朝的统治。1969年黄县归城小刘庄出土的启尊、启卣等铜器铭文显示,莱人曾跟随周昭王南征。师密簋铭文记载了莱国与齐国一起追随周王参与讨伐"东国"的行动,师寰簋铭文记载莱国与齐国一起随从周王讨伐淮夷。莱伯作旅鼎铭文记载了莱人跟从讨伐东夷。从铜器铭文看,不管是周王室贵族所作铜器,还是莱人自作铜器,都将莱国国君称作"莱伯",可见,莱国已经成为周王朝的封国。"至迟在(周)昭王时期,胶东半岛的大部分地区已纳入了周王朝的版图之内。"①

莱国和纪国与齐国为邻,齐丁公时,曾经伐东莱之曲城。《晏子春秋·内篇谏下·第三》:"丁公伐曲城。"《汉书·地理志》:"东莱郡有曲城县。"齐襄公灭纪之后,东方大国只剩莱国,春秋以后,莱国国力衰弱,齐桓公时,曾为齐国所伐,《国语·齐语》:"(齐桓公)即位数年,东南多有淫乱者,莱、莒、徐夷、吴、越,一战帅服三十一国。"齐国自惠公起,即有意吞并莱国。齐惠公七年、九年,两次伐莱,均未有大的战果。至齐灵公时,晋国为中原霸主,因齐国以西的鲁国、卫国、宋国等国均为晋国之盟国,无法西向,转而向东开拓国土。

齐灵公十一年(公元前571),齐国大举伐莱,莱国贿赂灵公幸臣夙沙卫,齐师罢兵。《左传·襄公二年》:"齐侯伐莱,莱人使正舆子赂夙沙卫以索马牛,皆百匹,齐师乃还。"当年,鲁成公夫人齐姜去世,齐姜为齐女,齐灵公令齐国诸姜(与齐同姓之女嫁于齐之大夫者)、宗妇(同姓大夫之妇)到鲁国为齐姜送葬,《左传》:"齐侯使诸姜宗妇来送葬。召莱子,莱子不会,故晏弱城东阳以逼之。"灵公让诸姜、宗妇送葬是不合礼制的行为,杨伯峻先生注曰:"《礼记·檀弓下》云:'妇人不越疆而吊人。'出国境吊丧尚且不可,出

---

① 曹峰:《周文化的统治的历史格局在"东土"的形成》,《考古》2017年第6期。

国境送葬自更不合当时之礼。"① 莱国国君没有前往送葬，其中原因唐代孔颖达说得非常明白，"齐侯召莱子者，不为其姓姜也。以其比邻小国，意陵蔑之，故召之，欲使从送诸姜宗妇来向鲁耳。莱子以其轻侮，故不肯会"②。齐灵公让莱国国君送葬，明显是一种轻侮的行为，将莱国视同齐国的附庸，借机试探莱国对齐国的态度。据理推测，当年春天，莱国贿赂灵公之宠臣，让齐国退兵，莱国定与齐国达成某项协议，莱国内附，作为齐国的附庸而存在，随时听从齐国之安排，否则不会凭空出现齐灵公召莱侯送葬之事。齐灵公通过此一事件，发觉被莱国欺骗，派晏弱"城东阳"以逼迫莱国。这种筑城以逼国的行为，在当时较为常见。同年，晋国率诸侯"城虎牢，郑人乃成"。郑国因此而屈服。可见，齐国试图通过修筑东阳城，以逼迫莱都，迫使莱国服从齐国。关于莱国都城的位置，一直聚讼纷纭，有黄县、临朐、昌邑等说。莱国都城的位置，尚有待于莱国故城遗址的考古发现。齐派晏弱城东阳以逼莱，则东阳距莱都不远，否则形不成威逼的形势，且东阳地处要害。东阳，杜预注曰："齐境上邑。"杨伯峻先生注曰："疑在今临朐县东。"清人顾祖禹《读史方舆纪要·山东青州府临朐县》："东阳城，在其东。"清人顾栋高《春秋大事表》也同意此种说法，谭其骧主编《中国历史地图集》将是将东阳标注于临朐东的位置。1981 年，山东临朐县五井镇泉头村发掘了一座春秋前期的大墓，其中出土两件青铜鬲，有"齐趞父"铭文，青铜匜有"齐侯子行"铭文，有专家研究认为墓主应是齐国的贵族，与公室关系密切③，也可证知此地在春秋早期即已为齐国领地，与逼迫莱都而修筑的东阳城距离不远。《左传·庄公二十八年》："邑曰筑，都曰城。"晏弱修筑之东阳城，应是一个大城的规模，清人顾栋高也认为东阳是齐国的险要之地。城东阳无疑是对莱国的一个重大威胁，但莱国并没有屈服于齐国的武力。

　　齐灵公十四年（公元前 568），灵公再派晏弱修筑东阳城，围困莱都。齐

---

① 杨伯峻：《春秋左传注》，中华书局 1990 年版，第 921 页。
② 《春秋左传正义》，《十三经注疏》，上海古籍出版社 1997 年版，第 1929 页。
③ 临朐县文化馆、潍坊地区文物管理委员会：《山东临朐发现齐、鄩、曾诸国铜器》，《文物》1983 年第 12 期。

灭莱的过程，《左传》记载较为详细：

> 《左传·襄公六年》："于郑子国之来聘也（鲁襄公五年），四月，晏弱城东阳，而遂围莱。甲寅，堙之，环城傅于堞。及杞桓公卒之月（鲁襄公六年三月），乙未，王湫帅师及正舆子、棠人军齐师，齐师大败之。丁未，入莱。莱共公浮柔奔棠。正舆子、王湫奔莒，莒人杀之。四月，陈无宇献莱宗器于襄宫。晏弱围棠，十一月丙辰，而灭之。迁莱于郳。高厚、崔杼定其田。"

此次围莱，齐灵公是决心灭亡莱国的，围困莱国都城长达一年，环绕莱都堆筑土山。莱国不想被齐国灭亡，因而抵抗比较激烈，齐国投入巨大人力物力，填塞池壕，靠近城根堆砌土山①，"傅于堞"是指土山已经接近守城者所占据的女墙，这一战术的目的是"使（土山）高与城等而攻之也"，即通过攀爬土山而攻入城内。可想而知，莱国都城历经数百年之经营，城守必然坚固，很难攻破，如清人高士奇所说："盖莱甚险固，故围之经年而后克也。"② 齐军采取了最为原始的办法，通过堆砌土山，以与城墙高度相当，便于攻城，因为当时攻城器具比较少，云梯一类的攻城器具尚未发明。据《墨子·公输》记载："公输盘为楚造云梯之械成，将以攻宋。"云梯迟至战国初年才得以发明。可想而知，当时齐军攻打莱都付出了巨大的牺牲。春秋末年诞生的《孙子兵法》也认为攻城是不得已而为之的事情，"故上兵伐谋，其次伐交，其次伐兵，其下攻城。攻城之法为不得已。修橹轒辒，具器械，三月而后成，距堙，又三月而后已。将不胜其忿而蚁附之，杀士三分之一而城不拔者，此攻之灾也。"（《孙子兵法·谋攻》）攻克坚城，不只要耗费很长的时间，还要牺牲大量的士卒。因而，孙子是不主张攻城作战的。莱国内忧外困，灵公十五年（公元前567）三月十五日，莱国不甘于灭亡，莱国大臣王湫（本为齐人，为

---

① 岑仲勉：《墨子城守各篇简注》，中华书局1958年版，第3页。
② ［清］高士奇：《春秋地名考略》卷十四，四库全书本。

国佐之党，因国佐被杀而奔莱）、正舆子和棠邑的军队援救莱都，被齐军打得大败。二十七日，齐军攻破莱都，莱共公浮柔逃奔棠邑。

传世铜器庚壶铭文记载齐军攻破莱都，器主庚在攻莱战役中立下战功，被齐灵公赏赐车马等物品：

> 铭文："齐三军围莱，衰（崔）子执鼓，庚大门之，执者献于灵公之所。公曰：庸庸，赏之以邑、嗣衣、裘、车、马。"（《殷周金文集成》9733，文字为隶定后之字）

"衰"字曾被释为"冉"字，结合文献，因此有学者将"冉子"解释为指挥围莱之役的晏弱，根据对铭文字形的深入研究，更多学者将此字释为"衰"，即"崔"，崔子即崔杼。① 据庚壶铭文"衰（崔）子执鼓"可知，崔杼不仅在战后奉命勘定莱田，而且直接参与了此次战争，从其"执鼓"来看，他应是齐军的统帅，器主庚则作为崔杼的部下直接参加了这次战斗。铭文中还提到"齐三军围莱"，可知齐国出动了三军，这应是齐国的常备军的全部。齐桓公时代改革军制，齐国建立三军。《国语·齐语》："管子作内政而寄军令，制三军，有中军之鼓，有国子之鼓，有高子之鼓。"春秋时代，齐国军制没有大的改变。执鼓之人为三军统帅，鞌之战中，晋将郤克执鼓；齐顷公围攻鲁国龙邑，亲自执鼓，可见，执鼓之人非统帅不可担任。齐国出动三军，是倾全国之军灭莱的。

莱共公逃到棠邑之后，齐军随即围棠（今山东平度东南），十一月十日（《春秋》作十二月），齐军攻克棠邑，莱国彻底灭亡。《公羊传·襄公六年》曰："曷为不言莱君出奔？国灭，君死之，正也。"何休注曰："明国当存，不书杀莱君者，举灭国为重。"莱共公在国灭之时被杀或殉国。齐国灭莱，最为

---

① 此字释为"衰"，基本已成学界共识，见李家浩：《庚壶铭文及其年代》，中国古文字研究会，《古文字研究（第十九辑）》，中华书局1992年版，第92页。王贵民、杨志清：《春秋会要》，中华书局2009年版，第242页。孙刚、李瑶：《庚壶铭文与齐军围莱问题补议》，《管子学刊》2016年第1期。

彻底。迁民分土，齐灵公彻底将莱国故地纳入齐国统治之下。

齐灭莱以后，齐灵公命陈无宇将莱国的宗庙重器献于齐惠公之庙（《左传》所言襄公之庙当为惠公之庙），大概是齐惠公始伐莱之故。齐国还将莱人迁到郳地（其地多有争论，后文有专门讨论），原莱地由崔杼和高厚勘定田亩，杨伯峻先生认为："齐既灭莱，必分配其土地与齐君臣，先由高、崔实地考察，定出方案与疆界。"①

1123年临淄出土的叔夷镈钟（现已失传）铭文记载了齐灭莱后，对莱国土地和人民的管理和分配情况，叔夷作为灭莱有功之臣，被齐侯赐予莱国土地三百县②和奴隶四千人，并被授权管理莱地：

　　铭文（隶定后）："余赐汝莱都、密、胶其县三百，余命汝嗣台莱，造铁徒四千，为汝敌寮……余赐汝车、马、戎兵、莱仆三百又五十家，汝以戒戎作。"（《殷周金文集成》273—274）

此铭文反映了莱被灭后，土地、人口被赏赐给灭莱有功之臣的情况。清人顾栋高认为："高密县为晏子封邑，盖亦以晏弱灭莱棠之故。"③陈（田）氏可能也在此时获得了胶东的封邑，1994年山东海阳市嘴子前春秋大墓的发掘，可能是陈氏家族远在东方的族墓和封邑。④齐国对莱国故地实行了较为彻底的占有，至灵公末年，莱国故地已经成为齐稳固的后方。灵公二十七年，晋国率诸侯联军伐齐，齐大败，齐灵公欲弃临淄而逃郳棠，郳棠正是莱国故地。

齐灵公对莱国的灭国行动，持续时间长，自城东阳开始，有五年的时间，自灵公十四年四月围莱，至灵公十五年十二月灭莱，军事行动又连续一年八个月。齐国灭莱并没有招致晋国及其他诸侯的干涉和讨伐，虽有后世儒家学者的

---

① 杨伯峻：《春秋左传注》，第948页。
② 齐国之县非如列国之县，齐国之县较小，详见武振伟：《齐国都邑制新考》，《齐文化与稷下学论丛（2019）》，齐鲁书社2020年版。
③ ［清］顾栋高：《春秋大事表》，中华书局1993年版，第633页。
④ 烟台市文物管理委员会、海阳县博物馆：《山东海阳县嘴子前春秋墓的发掘》，《考古》1996年第9期。

非议，如宋儒高闶批评说："灭国目齐侯，恶齐侯也。齐图莱久矣，自宣七年伐莱，至是而遂灭之。不言莱君出奔，国灭君死也。夫莱亦与齐同姓也，卫文公灭邢名，齐灵公灭莱不名，何也？卫文公可责，齐灵公不足责，故以文公一见之为法焉。"① 宋儒家铉翁说："灭国恶之大者而目其君，所以诛也。齐为无道，利人之土地，残暴而贼虐之，必为灭之之计，莱未尝有犯于齐也，目其君书曰齐侯灭莱，责之深矣，尚何爵之有哉？"② 明儒湛若水说："以大事小，国君之仁也；兴灭国、继绝世，先王之政也。齐侯恃其强大，逞其愤而灭小国，非仁矣，绝灭人之社稷、宗庙，定其田焉，其悖先王兴灭继绝之道矣，何以令天下乎？"③ 但与公元前 690 年齐襄公灭纪招致史家的鞭挞有着霄壤之别。这与纪国是中原诸侯国，且与周、鲁有联姻，且非小国有关，齐灭纪就相当于破坏了宗周的统治秩序。齐襄公凭借齐国国力，冒天下之大不韪，逐步吞并纪国，虽然招致史家的口诛笔伐，却为齐国的发展奠定了向东拓土的关键一步，如无灭纪，则灭莱就要推后。

后世史家对齐灵公灭莱为何没有大量的口诛笔伐，关键在于莱国为东夷之国。自齐桓公时代提出"尊王攘夷"口号以来，一直为中原诸侯国所尊奉。柯劭忞先生在《春秋穀梁传注·宣公七年》"秋，公至自伐莱"条注曰："从齐伐夷狄，远之，故后致，不月者，伐夷狄，略之。"④《穀梁传·襄公六年》记载莒人灭缯时说："中国日，卑国月，夷狄时。缯中国也，而时，非灭也。"记载中原诸侯的事件，要记载到日，而记载夷狄事件，只记载时令，《春秋》微言大义，表现了贬黜夷狄的主要观点。晋悼公曾说："戎狄无亲而贪，不如伐之。"（《左传·襄公四年》）孔子曾经说："夷狄之有君，不如诸夏之亡也。"（《论语·八佾》）贬斥夷狄是中原诸侯的共识，因而齐灵公灭莱并没有遭到诸侯的讨伐。

齐灵公灭莱，实在是不得已而采取之行动。齐国欲争霸中原，中原诸侯国

① ［宋］高闶：《春秋集注》卷二十八，四库全书本。
② ［宋］家铉翁：《春秋集传详说》卷十九，四库全书本。
③ ［明］湛若水：《春秋正传》卷二十五，四库全书本。
④ 柯劭忞：《春秋穀梁传注》，中华书局 2020 年版，第 268 页。

是争取的对象，自齐僖公时代开始，齐国在中原诸侯国之间纵横捭阖，向西拓展国土较多，然至灵公时代，晋国主盟中原，齐国西邻之鲁国、卫国、曹国等均为晋之盟国，齐国向西邻诸侯国开拓疆土，必然会受到盟国晋国的干预，灵公二十七年的平阴之役即为晋国率诸侯联军讨伐齐国侵鲁之战争。灵公七年（公元前 575），晋楚鄢陵之战，楚国大败，晋国复霸，灵公十年（公元前 572），晋悼公因齐国不参与围宋彭城之役而讨伐齐国，齐灵公派世子光为质于晋，齐国尚不能与晋争锋。齐国不能向西发展，齐灵公转而将目光投向东方，一个国土广阔、资源丰富而日益衰弱的莱国如一块肥肉一样让齐灵公垂涎欲滴，意欲吞并。莱国的畜牧业发达，灵公十一年，齐国伐莱，莱国贿赂灵公幸臣夙沙卫马牛各百匹；莱国沿渤海沿岸还有大量出产海盐的盐场，齐国以工商立国，齐桓公时期曾"通齐国之鱼盐于东莱"（《国语·齐语》），今渤海沿岸发现了大量先秦时期的盐业遗址①，即足以说明莱国盐业的发达，而控制盐业对齐国经济的重要性也不言而喻。除了开拓疆土原因外，齐国全面占有莱地的自然资源和人力资源，才是更为本质的原因。

齐灵公灭莱对齐国发展的贡献，可与秦穆公"霸西戎"相提并论。秦穆公在向东拓展受挫后，转而致力于对西部戎狄国土的经营。《史记·秦本纪》："（秦穆公）三十七年，秦用由余谋伐戎王，益国十二，开地千里，遂霸西戎。"与之相似的是，战国时期，燕国南下受阻，转而北上东进，燕将秦开"袭破走东胡，东胡却千余里"（《史记·匈奴列传》），燕国陆续设立上谷、渔阳、右北平、辽西、辽东五郡。齐灵公灭莱，相比于秦穆公"霸西戎"毫不逊色，也可称为"霸东夷"。

齐灵公灭莱，不仅消除了齐国向西争霸中原的后顾之忧，还为争霸提供了雄厚的物力财力基础。齐灵公灭莱，为其后齐景公复霸奠定了国力基础。

清人马骕《左传事纬》对于齐灵公灭莱评说道："及乎灵公谋莱鸷矣，衅

---

① 山东大学东方考古中心、寿光市博物馆：《山东寿光市大荒北央西周遗址的发掘》，《考古》2005 年第 12 期。山东大学东方考古中心、寿光市博物馆：《山东寿光市北部沿海环境考古报告》，《华夏考古》2005 年第 4 期。燕生东等：《山东寿光双王城发现大型商周盐业遗址群》，《中国文物报》，2005 年 2 月 2 日第 1 版。

挑于送葬，而祸深于围棠，惜哉小国不造密迩，强邻环城逾岁，而莫之救也，无霸也夫。晋悼公奋志有为，文襄是继，而鸡泽以后，凡厥会盟，齐惟使世子光从之，灵皆不预，至伐莱之役，独亲行焉，彼固雄长一方，其轻晋久矣。既轻晋，宁恤莱哉？数年之后，究竟叛晋，呜呼有自来矣！"①

马骕在此书中整体观点是尊晋抑齐，对于齐灭莱，他认为是因为中原无霸主，而是时晋悼公复霸之势已成，晋国没有干涉齐国灭莱，是因为贵华夏、贱夷狄，早已是中原诸侯的共识。春秋以来，莱国从未参与过中原会盟、征伐，已经被中原诸侯国排除于华夏之外，以夏变夷，恰是孔子所主张。齐灵公灭莱之后，信心大增，野心膨胀，如马骕之言，数年之后，齐国叛晋，与灭莱之后齐国国力的增强有直接的关系。

《春秋史》对齐国灭莱的评价是积极的："公元前567年，齐灭东夷大国莱（今山东黄县东南），齐国土地扩大一倍以上，其势力达到今河北南部一带。终春秋之世，齐国统一了今山东省的大部分地区。随军事兼并而来的，免不了文化上的强制，春秋末年，东夷族已融合于华夏。"② "大量的受过莱夷土著文化影响的莱人成为齐国的国民，使得齐国的政治、经济、文化、科技等方面更加丰富多彩。"③ 即是从民族和文化融合的角度来看待齐灭莱这一重大事件。这种文化融合，从考古发现上也可得到证实，"春秋时期胶东地区的夷人文化与齐文化逐渐相融合。在胶东地区发现的一些齐墓表明在齐灭莱后，两种文化的融合加速，至战国这个地区的随葬陶器与临淄一带基本相近了"④。

2. 收服小国，构建东方小联盟

齐灵公九年（公元前573），晋厉公被权臣所弑，同年晋悼公即位，虽然晋悼公实行了一系列内政外交措施，以加强晋国的盟主地位，但齐灵公在晋国政权交替中感到了晋国霸权衰弱的信号，一直试图恢复齐国的霸权，为此积极

---

① ［清］马骕：《左传事纬》卷六《齐灵灭莱》，四库全书本。
② 顾德融、朱顺龙：《春秋史》，上海人民出版社2019年版，第266页。
③ 宣兆琦、杨宏伟：《齐国史话》，兰州大学出版社1997年版，第174页。
④ 山东省文物考古研究所：《山东20世纪的考古发现和研究》，科学出版社2005年版，第439页。

在东方扩展齐国的势力，拉拢小国，背叛晋国，构建了游离于晋国主盟之外的小联盟。

泗水流域的滕国、薛国、小邾国在齐灵公时代开始活跃于春秋舞台上，凡是有齐国参加的盟会，三国基本都会参加，可以将三国称为齐国的附庸国。齐灵公十一年（公元前571），晋国主盟之戚之会，因齐不至，三小国均不参加。《左传·襄公二年》记载知武子曰："滕、薛、小邾之不至，皆齐故也。寡君之忧不唯郑。嬖将复于寡君，而请于齐。得请而告，吾子之功也。若不得请，事将在齐。"晋国已经意识到晋国霸权已经不再仅仅是与楚国争夺郑国，而是齐国等国叛晋的兆头已生。当年冬，晋国再次在戚会盟，因为晋国的压力，齐国被迫参加，三小国也都参加，可见齐国对三小国的影响力。齐国虽然不敢公然叛晋，但齐灵公已经逐渐开始经营齐国的势力范围，与晋争衡。齐灵公二十三年（公元前559），卫国发生内乱，卫献公被权臣孙林父驱逐，卫献公奔齐，齐灵公把卫献公安置在莱地。《左传·襄公十四年》："齐人以郏（莱）寄卫侯。"后来卫献公得以回国，在此之前，齐国安置出奔的卫侯，也是在争取卫国对齐国的支持。

邾国因附从齐国征伐，而得列爵于诸侯。童书业先生指出："庄十五年宋、齐、邾合师伐郳，盖邾自从齐桓伐郳后始列爵于诸侯……升陉之役，大败鲁师，国势自此渐强。文公子定公为齐出，得齐之卵翼，更与鲁为敌。"[1]（《左传·僖公二十二年》："八月丁未，公及邾师战于升陉，我师败绩。邾人获公胄，县诸鱼门。"）齐灵公时期，邾国国势最强，鲁人侵邾，邾宣公败之狐骀，"春秋时邾之全盛唯在中叶宣、悼二公时"[2]。邾国和莒国与齐国走得比较近，特别是邾国追随齐国，以打击晋国盟国鲁国来反叛晋国。《春秋·襄公十五年》："夏，齐侯伐我北鄙，围成。公救成，至遇。季孙宿、叔孙豹帅师城成郛。秋八月丁巳，日有食之。邾人伐我南鄙。"公元前558年，在齐灵公伐鲁之时，邾国配合齐国攻打鲁国南部，使鲁国被迫两线作战，感到了深深的

---

① 童书业：《春秋左传研究》，上海人民出版社2019年版，第72页。

② 童书业：《春秋左传研究》，第73页。

威胁，因而向盟主晋国乞求出兵伐齐。晋国也意识到，要制服齐国，首先要收服齐国的盟国，先向邾国和莒国下手。《左传·襄公十六年》："执邾宣公、莒犁比公，且曰：'通齐、楚之使。'"温之会，晋国与诸侯盟誓要"同讨不庭"，此举明显针对齐国，事前即因为为齐、楚传递消息，邾国、莒国两国国君都被晋国拘执，两国都没有被允许会盟，两国作为齐国的联盟在平阴大战之前即被晋国收服，齐国陷入孤军奋战的局面。

面对一个正在崛起的齐国，蜗居于洛邑的周灵王似乎看到了当年齐桓公霸业初起的样子，想借力于齐国，让齐灵公继续扛起尊王的大旗，以抗衡晋国独霸中原的态势，因而向齐国伸出了橄榄枝。齐灵公二十一年（公元前561），周灵王向齐求婚，求齐女为王后。《左传·襄公十二年》："灵王求后于齐。齐侯问对于晏桓子，桓子对曰：'先王之礼辞有之，天子求后于诸侯，诸侯对曰：'夫妇所生若而人。妾妇之子若而人。'无女而有姊妹及姑姊妹，则曰：'先守某公之遗女若而人。'齐侯许昏，王使阴里结之。"面对突如其来的周天子请婚，齐灵公竟不知如何应对，亏得晏弱通晓周礼，才使齐国没有在外交上失礼，齐灵公答应了周王通婚之请。

周灵王请婚成功，为突出齐国的地位，于齐灵公二十三年（公元前559），周灵王特别赐齐灵公诏命，命其克绍先祖太公之功业，忠心辅佐周王室，作周王室的股肱之臣。《左传·襄公十四年》："王使刘定公赐齐侯命，曰：'昔伯舅大公，右我先王，股肱周室，师保万民，世胙大师，以表东海。王室之不坏，繄伯舅是赖。今余命女环！兹率舅氏之典，纂乃祖考，无忝乃旧。敬之哉，无废朕命！'"《齐国史》对此评价说："这是在晋楚都相当衰弱时，周王室对齐国地位的肯定。"① 也有研究者指出，周灵王对齐灵公的主动锡命，是出于王室的利益需要，"自周惠王以来，王室内部争权夺利内讧不断，每次政治危机都离不开齐国的干预和帮助，增强了王室对齐国的政治依赖。周王室企图通过锡命齐灵公，使其衷心辅佐周室"②。齐灵公二十四年（公元前558），

---

① 王阁森、唐致卿：《齐国史》，山东人民出版社1992年版，第233页。
② 景红艳：《论春秋时期周王室的锡命礼及其历史特征》，《山西师大学报》2016年第2期。

周灵王派单靖公到齐，迎接齐女入周，齐女正式嫁入周王室。《春秋·襄公十五年》："刘夏逆王后于齐。"《左传》："官师从单靖公逆王后于齐。"1957 年，河南洛阳孟津县平乐公社境内邙山坡出土了一件青铜鉴，铭文作："齐侯作滕子仲姜宝盂，其眉寿万年，永保其身，子子孙孙，永宝用之。"（《殷周金文集成》10318）这件青铜鉴因铭文有"齐侯"二字，又被称为齐侯鉴（齐侯盂）。该器作于春秋晚期，正与齐国与周王室通婚时间相合，从该器铭文可知，齐灵公是将自己的二女儿嫁于周灵王，该器是齐国与周王室通婚的重要实物见证。[①] 周天子虽不复往日的威严，但仍为名义上的天下共主，齐国通过与周天子这场政治婚姻，无疑大大提高了齐国的政治地位，也使齐灵公增强了与晋争霸的信心，试图恢复如周王赐命中所说"右我先王，股肱周室，师保万民"的霸业，齐国于此年正式叛晋应与此有直接的关系。

如若齐灵公没有被周王的几句奉承话冲昏头脑，急于与晋国争霸，而是继续发展国力，齐灵公之功业可能会更加辉煌，历史没有假设，齐国因齐灵公之昏庸自大，终招致晋国与诸侯联军的讨伐，又因少勇无谋而导致平阴之役大败，齐国遭受前所未有的打击，灵公之图霸大业不得不戛然而止。

二、灵公之过失

（一）不自量力，恶化与盟主晋国关系

自鞌之战后，齐国一直视晋国为中原盟主，亦步亦趋，晋国组织的会盟、讨伐，无一不从，灵公即位后，继续执行了尊晋的外交方针。灵公九年之前，灵公亲自参加晋国主持的会盟和讨伐，而自九年之后，灵公便不再亲自参加会盟和讨伐，或派世子光，或派齐国卿大夫参加，其中一个时间节点是灵公九年，晋厉公被弑，新即位的晋悼公时年十四岁，晋悼公虽然年幼，但政治手腕十分了得，悼公五年，用魏绛和戎之策，"始复霸"，驾驭卿族势力，形成"四军无阙，八卿和睦"（《左传·襄公八年》）的局面，"八年之中，七合诸侯"（《国语·晋语七》）。齐灵公此时或已步入中年，灵公以晋悼公年幼而从

---

①　张剑：《齐侯鉴铭文的新发现》，《文物》1977 年第 3 期。

内心中已经生出轻视晋国的心思。

齐灵公在晋厉公在位期间，先后四次亲自参加晋国主持的会盟和征伐。灵公元年（公元前581），从晋伐郑；灵公四年（公元前578），从晋伐秦；灵公七年（公元前575），与晋及诸侯盟于沙随；灵公八年（公元前574），从晋伐郑，盟会于柯陵。柯陵之会后，齐灵公与国内卿大夫发生激烈矛盾冲突，齐灵公九年（公元前573），灵公指使刺客刺杀上卿国佐，而国氏为天子之命卿，地位高贵，灵公随意杀害上卿，也惧怕诸侯之讨，当年冬，齐灵公没有亲自参加晋国主持的虚杆之盟，而是派大夫崔杼参加，《春秋·成公十八年》："十有二月，仲孙蔑会晋侯、宋公、卫侯、邾子、齐崔杼同盟于虚杆。"

此后，灵公十年（公元前572），晋率诸侯伐宋，围彭城，齐国没有参与，晋国随即兴兵讨齐，齐灵公惧怕晋国，以太子光为质于晋而使得晋国退兵。灵公十一年（公元前571），晋国主持的戚之盟会，齐国没有参加，齐国的附庸滕、薛、小邾也没有参加，在晋国压力下，齐国与三小国再次与诸侯在戚会盟。灵公十二年（公元前570），晋国将要主持诸侯盟会，征求齐国意见，齐国欲不允，但又怕晋国讨伐，《左传·襄公三年》："齐侯欲勿许，而难为不协，乃盟于耏外。"杨伯峻先生认为："不协实暗指齐国，晋悼此次合诸侯，实欲加强联盟。"[1] 齐国被迫与晋在临淄城外盟誓，继而又派太子光参加鸡泽之盟。当年秋天，因为陈国服晋，诸侯大夫又与陈国大夫会盟。《穀梁传》曰："鸡泽之会，诸侯始失正矣，大夫执国权。"各国大夫开始代表国家会盟。清人钟文烝曰："大夫之专礼乐征伐萌于晋文、襄，而成于晋悼。"[2] 齐国的大夫专权也始于灵公。虽然齐灵公已经不服晋国，有叛盟的倾向，但仍惧怕晋国，在晋国武力威胁下，还留在晋国盟国内，不敢公开与晋叫板，但已经开始经营小国，构建自己的小联盟了。

面对齐国的背盟倾向，鲁国感到了深深的威胁。齐灵公十二年，鲁国大夫孟献子随鲁襄公到晋国朝见晋悼公，孟献子对晋国大夫知武子说："以敝邑介

---

① 杨伯峻：《春秋左传注》，第926页。
② ［清］钟文烝：《春秋穀梁经传补注》，中华书局2009年版，第528页。

在东表，密迩仇雠，寡君将君是望，敢不稽首。"（《左传·襄公三年》）第二年，孟献子又随鲁襄公如晋，请求以鄫国为鲁国附庸，再次提到鲁国"密迩于仇雠"（《左传·襄公四年》），因此晋悼公同意鲁国所请。杨伯峻先生注曰："齐、楚以至初兴起之吴，皆离鲁近而离晋远。尤以齐国于鲁更近。"① 可见，晋与鲁等国已经对齐国背盟有了戒心。

此后数年之间，齐国仍然跟从晋国盟会、征伐，并没有背盟。灵公十四年，从晋盟于戚，救陈；灵公十七年，参加邢丘之会；灵公十八年，从晋伐郑；灵公十九年，从晋盟于柤，又盟于钟离，伐郑；灵公二十年，两次从晋伐郑；灵公二十三年，从晋盟于向，伐秦。

《左传》认为齐国公开叛晋，脱离晋主盟之盟国，是在齐灵公二十三年，这一年，晋国大夫范宣子从齐国借走仪仗装饰"羽毛"而不归还，《左传·襄公十四年》："范宣子假羽毛于齐而弗归，齐人始贰。"羽及旄皆可用于舞，亦可作旗杆或仪仗之装饰。以晋国卿大夫之身份借走齐国国君之仪仗装饰而不还，无疑是对齐国极大的不尊重，是将晋卿地位凌驾于齐国国君之上，这一行为彻底激怒了齐灵公，自此之后，齐国背盟，彻底与晋对立。

齐国叛晋，是从伐晋之盟国鲁国开始的。灵公二十四年（公元前 558），齐灵公率军伐鲁之北鄙，围成邑②，同时，邾国响应齐国，伐鲁之南鄙。鲁国被迫两线作战，并向晋国求救。晋国因为晋悼公去世，没有能够兴兵救鲁讨齐。《左传·襄公十五年》："夏，齐侯围成，贰于晋故也。于是乎城成郛。秋，邾人伐我南鄙。使告于晋，晋将为会以讨邾、莒。晋侯有疾，乃止。冬，晋悼公卒，遂不克会。"《左传》认为齐灵公叛晋伐鲁，是因为去年范宣子之不合礼制行为导致的，鲁国在齐国退兵之后，抓紧修筑被损坏的成邑外城城墙。灵公二十五年（公元前 557）春，齐灵公再次伐鲁，围困成邑，没有攻克，秋天，齐灵公率军再次围困成邑，因欣赏鲁将孟孺子之勇而退兵。鲁国再次向晋国请兵救鲁。"穆叔曰：'以齐人之朝夕释憾于敝邑之地，是以大请！

---

① 杨伯峻：《春秋左传注》，第 926 页。
② 《左传》《穀梁传》作"成"，《公羊传》作"郕"。

敝邑之急，朝不及夕，引领西望曰："庶几乎！"比执事之间，恐无及也！'"因齐伐鲁之急，鲁国之存亡，只在朝夕之间，鲁国希望晋国尽快发兵，但晋国因晋悼公新丧，迟迟没有出兵。新即位的晋平公仍为一幼童①，国内政权由卿大夫主持。晋国的行动迟缓，使得灵公产生了晋国畏惧而不敢出兵的幻想，因而在第二年（灵公二十六年，公元前556）秋，齐灵公出动大军，兵分两路，直扑鲁国而来，一路由齐灵公亲自率领，围困桃邑②；一路由上卿高厚率领，围困防邑。鲁国也起兵援救防邑，在内有守军，外有援军的情况下，齐军撤走。这年冬，因为齐国伐鲁无功，邾国也起兵助齐伐鲁。灵公二十七年（公元前555），齐灵公再次发兵伐鲁北鄙。

自灵公二十四年至灵公二十七年，短短四年时间，齐国六次伐鲁，实际上是通过伐鲁来与晋国争夺霸权，宋儒家铉翁一语道破："一岁之间，再以师伐鲁，欲致晋而与之战，其志在于求霸而已矣。"③ 齐灵公将鲁国逼的不断向晋求救，催促晋国尽快伐齐，坚定了晋国伐齐的决心，且使伐齐出师有名。齐、鲁之间矛盾冲突实际上是齐、晋之间的矛盾冲突，齐国的步步紧逼，最终导致了晋国出兵伐齐。

齐灵公的叛晋背盟，实际上有两方面的原因：一是晋国卿族的骄横，动辄以武力相威胁，在盟会上多有拘执小国国君之事情，这是对小国的严重不尊重。《春秋·襄公十六年》："晋人执莒子、邾子以归。"《公羊传》何休注曰："录以归者，甚恶晋。有罪无罪皆当归京师，不得自治之。"④ 杜预注《春秋》说："不以归京师，非礼也。"另外，会盟、征伐每年皆有，诸侯必须跟从，并贡献车马粮草等物资，导致怨声载道。如《左传·襄公二十四年》所言："范宣子为政，诸侯之币重。郑人病之。"也正如郑国子产所言："诸侯之赂聚于公室，则诸侯贰。"晋国的索取无厌，已经引起诸侯的严重不满，一股叛晋的潜流正汹涌而来。齐虽大国，也不堪其扰，范宣子借齐国羽毛而不还，更激

---

① 晋悼公即位时为十四岁，在位十五年，未满30而卒，平公为悼公之子，即位时最多十几岁。
② 《左传》《穀梁传》作"桃"，《公羊传》作"洮"。
③ ［宋］家铉翁：《春秋集传详说》卷二十，四库全书本。
④ ［清］陈立：《公羊义疏》，中华书局2017年版，第2199页。

怒了齐灵公，点燃了齐国叛晋背盟的导火索；二是齐国叛晋背盟早已心有所想，只是没有合适的借口而已，自灵公十年始，齐国就已对晋国表现出不服的姿态，而经营小国，则是齐国游离于晋国大同盟的背后小动作。再就是，如童书业先生所说，"晋悼之末，晋霸已成强弩之末"，"（灵公二十四年）齐、邾伐鲁，晋弗能救，而悼公卒。是晋既西挫于秦，又东挫于齐，悼（公）之霸业衰矣"。① 三是晋悼公的英年早逝，以及新即位的晋平公尚幼，晋国卿大夫专权，又矛盾重重。而此时的齐灵公已经步入老年，经历晋景公、晋厉公、晋悼公、晋平公四位国君，早已对晋国国内情况了如指掌。综合来看，齐灵公叛晋背盟是偶然中的必然，可惜齐国当时国力尚不足以抗衡晋国，且并没有因为伐鲁而使鲁国屈从于齐。可以说，齐灵公伐鲁六次，劳而无功，国力耗损，将士疲敝，齐国也没有因伐鲁而取得霸权。可笑的是，齐灵公在围鲁成邑之时，竟然因为个人之喜好而置国家利益于不顾，将国家征伐行为视同儿戏。《左传·襄公十六年》："秋，齐侯围郕，孟孺子速徼之。齐侯曰：'是好勇，去之以为之名。'速遂塞海陉而还。"以齐国的退兵成就了敌将之勇。

清人马骕《左传事纬》对于齐灵公叛晋背盟十分不屑，认为齐灵公最后招致诸侯的共同讨伐，实在是咎由自取，不值得同情。"齐、晋匹敌，惟期同欲，故虽鸡泽以来，公不亲至，晋悼亦未肯深责焉。伐郑之役，子光先至，序先滕、薛。夫五爵之制，周有常典，自霸者作，而或以小国序大国之上，则以子、男而先伯者有矣。至于世子而长国君，则自晋悼之会始焉。越礼而跻，不问周班，晋之于齐，何其恭哉？两国世好，未尝兴戎，乃俄而构衅鲁国，不恤同盟，四年之间，而六伐其鄙，四围其邑，盖是时，晋悼卒矣，中国无霸，齐环弃好恃险自逞，诸侯莫不共疾，于是乎征会致讨，列国景从。"② 马骕的评说有一定的道理，但从齐灵公叛晋后的四年时间看，齐国并没有与鲁国之外的诸侯开战，特别是没有直接向晋国挑战，齐国周边国家除了鲁国，基本都已是齐国的同盟（如邾、滕、薛、小邾、莒等），因此根本谈不上齐国招致了众

① 童书业：《春秋左传研究》，上海人民出版社 2019 年版，第 71 页。
② ［清］马骕：《左传事纬》卷六《齐灵庄叛晋》，四库全书本。

怒。齐国的叛晋实则严重动摇了晋国的盟主地位，不制服齐国，则晋国的霸权尽失，将不再能够号令中原诸侯，因此，伐齐成为新即位的晋平公之首要任务，伐齐也成为重整晋国霸权的必然之举。对此，《中国历代战争史》分析说："齐灵公公然背叛盟约，兴兵进攻同盟之国，且进而与楚国结盟，故晋平公先为之会以作和平之制裁。迨会中齐国逃盟，莒邾卫薛等小国诸侯亦各怀异心，次年齐又伐鲁侵曹，于是晋国当局知事已无可挽救，乃决心乘齐楚之联盟尚未稳固时与齐以彻底之打击，盖亦师法晋景公时鞌战之固有方略也。"① 所论甚为精当。可惜，齐灵公对晋国的干涉没有足够的准备，灵公二十五年，晋国在盟会上拘执邾、莒两国国君，实际上是在打击齐国的盟国，齐国对此没有积极地应对，而且齐灵公对晋伐齐之决心预料不足，在晋及诸侯联军伐齐之时，仓促应战，大败而归。

（二）平阴之役少勇无谋

灵公二十七年（公元前555）冬，晋率诸侯联军伐齐。《春秋·襄公十八年》："冬十月，公会晋侯、宋公、卫侯、郑伯、曹伯、莒子、邾子、滕子、薛伯、杞伯、小邾子同围齐。"杨伯峻注曰："书'同围'，《春秋》唯此一次，故杜注云：'齐数行不义，诸侯同心俱围之。'合十二国，从晋诸侯无不至。"②《穀梁传》也说："诸侯同罪之也，亦病矣。"《公羊传》则说："未围齐，则其言围齐何？抑齐也。曷为抑齐？为其骄蹇也。或曰，为其骄蹇，使其世子处乎诸侯之上也。"按照《穀梁传》和《公羊传》的说法，齐国侵伐邻国，多行不义，招致诸侯同心讨伐，是咎由自取。

实际上，杜预之说并不尽然，从晋伐齐之十二国，多有齐之与国，如邾、薛、滕、小邾等，在晋国武力威胁之下，这些小国只能被迫和晋国绑在一辆战车上。伐齐之后第二年，邾国虽然跟随伐齐，但因曾助齐攻鲁，也被清算，在督扬之会上，邾悼公被拘执，邾国被迫割地给鲁国，《左传·襄公十九年》："执邾悼公，以其伐我故。遂次于泗上，疆我田。取邾田，自漷水归之于我。"

---

① （台湾）三军大学：《中国历代战争史》，军事译文出版社1983年版，第300页。
② 杨伯峻：《春秋左传注》，第1035页。

之后鲁国又单独伐邾，以报前仇。从晋伐齐之十二国，实际上只有鲁国等为数不多的铁杆盟国，多数小国只是被晋国裹挟而已。

在伐齐之前，晋国主持鲁济之会，再次盟誓"同讨不庭"。《左传·襄公十八年》："冬十月，会于鲁济，寻溴梁之言，同伐齐。"而此战晋国主帅荀偃（中行献子）因有弑晋厉公之大罪，伐齐之役抱必死之决心，沉玉璧于河，并誓言曰："齐环怙恃其险，负其众庶，弃好背盟，陵虐神主。曾臣彪将率诸侯以讨焉，其官臣偃实先后之。苟捷有功，无作神羞，官臣偃无敢复济。唯尔有神裁之！"（《左传》）荀偃历数齐灵公之罪过，"怙恃其险，负其众庶，弃好背盟，陵虐神主"，齐灵公依赖齐国地形险阻、人口众多，而叛晋背盟，凌虐百姓，并誓言此役如有功，其必死于此役。将诸侯伐齐视作正义之师，吊民伐罪之师。通过会盟，再次在诸侯各国中统一了伐齐的思想，坚定了伐齐的决心。毕竟齐国是一个举足轻重的大国，虽然尊晋为盟主，但几次盟会，晋国必先征求齐国的意见，可见齐国之重要地位，且齐国军事力量强大，灭莱之后，实力大增，晋国在伐齐之时不得不再三考量。自灵公二十四年齐伐鲁，鲁国向晋求救之时，直至四年之后的灵公二十七年，晋国才整合诸侯力量伐齐，其中的考量不可谓不缜密。

晋国首先剪除齐国的盟国邾国、莒国等，拘执邾、莒两国国君，迫使两国叛齐，重新加入晋国同盟；其次，通过昭告齐灵公罪过，使得出师有名，将一场争霸战争粉饰成正义之战；再次，战前对各诸侯国进行统一思想，勠力同心，誓言伐齐必得成功。

面对晋国的讨伐，齐灵公亲率齐军抵御诸侯联军于平阴。平阴之役是春秋后期的一场大战，《左传》《史记》对此都有记载，《左传》记载尤为详细。

平阴是齐国西南的重要门户，齐军在平阴城南防门外挖了一条深沟，借此据守，与诸侯联军对抗。灵公的宠臣夙沙卫建议"不能战，莫如守险"，在敌强我弱的情况下，在险要之处进行防守，这个建议无疑是非常正确的，但灵公没有听从，依然固守防门。诸侯联军猛攻防门，齐军伤亡众多，但诸侯联军并没有攻破防门。时值冬季，两军相持于防门，对于晋、齐两方来说，都很难进行长时间的对峙，晋军主帅范宣子施行反间计，故意对齐国大夫子家（析文子）说，鲁国和莒国要从其他方向进攻齐国，子家果然中计，向齐灵公报告了范宣子的计划，这令灵公非常担忧，从中可见，齐国在南线的防御非常薄弱，可以说范宣子拿捏到了齐国的软肋。清人顾栋高认为，春秋时期，列国非在战争时期，并不在关隘驻兵防守，"春秋时列国用兵相斗争，天下骚然。然其时禁防疏阔，凡一切关隘扼塞之处，多不遣兵设守，敌国之兵平行往来如入空虚之境，其见于《左传》者班班可考也"①。齐国南线之防守应当也如此。齐军主力在平阴，如若鲁、莒以千乘兵力从南线进攻齐国，齐国必将腹背受敌，国都临淄将不保。《中国历代战争史》即认为晋国采取了两路进攻方式："晋及诸侯之军，分为主力军与迂回军两路以进攻，主力军进攻平阴之齐军；迂回军则经由鲁、莒国境，越过沂蒙山区进袭齐都临淄。"② 事实上，分兵南路仅是晋国的一个谎言而已，用以迷惑齐灵公，齐灵公果然中计。

有许多研究者将齐长城的修筑时间定在春秋时代齐桓公时期，齐灵公时期齐长城已经建成，笔者不同意这种说法，设若齐长城之山地长城已经修筑完成，在主要进行车战的春秋时代，齐国完全可以依靠长城抵御鲁、莒的进攻，齐灵公完全没必要过多忧虑，齐灵公的恐慌更说明了齐国南线的空虚，并没有齐长城的防线。笔者认为，结合齐长城考古发现及出土文献资料，齐长城的修筑应始于齐灵公"御诸平阴，堑防门而守之，广里"。其后，经春秋后期齐宣公时期大规模修筑，至战国时代才完成。③

除了施行反间计外，晋国还施行疑兵之计，让人在山林水泽等大部队无法到达的险要地方，也都树立联军旗帜，布置成稀疏的阵地，让战车左边坐上真人，右边放上假人，打着大旗作前导，车后拖曳木柴，扬起灰尘，以联军势大恐吓齐军。齐灵公登上巫山，观望晋军，被联军的声势所吓倒，"畏其众也，乃脱归"。齐灵公竟然先行逃离前线，其后，齐军也于夜间悄悄撤走。齐军的撤退，早已被在齐景公时期成为齐国宰相的晏婴所预知。齐灵公在听闻鲁、莒

① ［清］顾栋高：《春秋大事表》，中华书局 1993 年版，第 995 页。
② （台湾）三军大学：《中国历代战争史》，军事译文出版社 1983 年版，第 302 页。
③ 武振伟：《齐长城史事探研三则》，《海岱学刊》2020 年辑刊。

要在南线进攻齐国后，晏婴即认为："君固无勇，而又闻是，弗能久矣。"（《左传·襄公十八年》）齐灵公非有勇有谋之人，必中晋国之计，齐国之败已属必然。

与晋国相持于平阴防门，灵公既不守险，也不据守防门，致使齐国西南部防线门户大开。齐军撤走后，诸侯联军随即攻克平阴，并以晋国上、中、下三军进攻平阴附近险要之处，先后攻克京兹（今平阴县东南）、邿①（今平阴县西）等城邑。十二月二日，诸侯联军抵达临淄城外的秦周，并对齐国外城进行了破坏，"十二月戊戌，及秦周，伐雍门之萩。范鞅门于雍门，其御追喜以戈杀犬于门中。孟庄子斩其橁以为公琴。己亥，焚雍门及西郭、南郭。刘难、士弱率诸侯之师焚申池之竹木。壬寅，焚东郭、北郭。范鞅门于扬门。州绰门于东闾，左骖迫，还于门中，以枚数阖"。齐都临淄四面外郭被焚，这无疑是晋国的泄愤行为。齐灵公欲弃临淄而逃奔邮棠（即莱之棠邑，今平度境内），"大子与郭荣扣马，曰：'师速而疾，略也。将退矣，君何惧焉！且社稷之主，不可以轻，轻则失众。君必待之。'将犯之，太子抽剑断鞅，乃止"。这场临淄守卫战，将齐灵公无勇无谋暴露无遗，太子光已经看清诸侯联军行动迅速，只是为了掠夺财物，不久即会撤退。但灵公被诸侯联军的声势吓破了胆，不仅听不进太子光的进言，置齐国社稷于不顾，甚至想冲过二人而去，如非太子光果断砍断灵公的马鞅，齐都临淄可能也要被诸侯联军攻占了。《史记·齐太公世家》记载，晏婴阻拦齐灵公出逃，而非太子光。"齐师败，灵公走入临淄。晏婴止灵公，灵公弗从。曰：'君亦无勇矣！'"按晏婴当时之地位，当不至此，《左传》的记载更为可靠。

诸侯联军见不能攻克临淄，遂向东、向南攻略，"甲辰，东侵及潍，南及沂"。诸侯联军一直攻略到了潍水和沂水。这次攻略时间较长，《春秋·襄公

---

① 邿本为周代东方小国，原在今平阴县境内，约在春秋中期早段南迁，原邿国地域为齐占有。1995 年，山东大学历史文化学院考古系对长清县仙人台遗址进行了考古发掘，发掘了 6 座大型墓葬及大量精美器物。《长清仙人台五号墓发掘简报》（《文物》1998 年第 9 期）认为是邿国贵族墓地，笔者更同意张志鹏《山东长清仙人台墓地五号墓国别与年代考》（《东南文化》2016 年第 1 期）的观点，因五号墓有鲜明的齐文化特征，五号墓为齐国邿邑大夫邿公典之女姜首之墓。邿之南迁，可能与齐国的逼迫有关，或主动南迁，或被齐、鲁所迁，原邿地在灵公时期已经成为齐国西南线的战略要地。

十九年》："十有九年春，王正月，诸侯盟于祝柯。"《左传·襄公十九年》记载："十九年春，诸侯还自沂上，盟于督扬。"按《穀梁传》："祝柯之盟，盟复伐齐与？曰非也。"可见，直至第二年春天，诸侯联军才收兵在督扬会盟，此次会盟，并非以再次伐齐为主要目的。平阴之役，以齐国大败而告终。

清华简《系年》第十七章也记载了齐晋平阴之役：

> 晋庄平公即位元年，公会诸侯于溴梁，遂以迁许于叶而不果。师造于方城，齐高厚自师逃归。平公率师会诸侯，为平阴之师以围齐，焚其四郭，驱车至于东亩。

有学者认为，"东亩"之"亩"字当释为"海"①，与《左传》所言"东侵及潍，南及沂"有近似之处。

《史记·晋世家》的记载是："平公元年，伐齐，齐灵公与战靡下，齐师败走。晏婴曰：'君亦毋勇，何不止战？'遂去。晋追，遂围临淄，尽烧屠其郭中。东至胶，南至沂，齐皆城守，晋乃引兵归。"（《史记·齐太公世家》记载基本相同。）《史记》之记载，与《左传》多有所不同，史家一般取《左传》之说。

从史书记载来看，诸侯联军攻略齐国，齐国并没有与晋国及诸侯签订城下之盟，第二年，晋及诸侯在督扬之会上，盟誓"大毋侵小"（《左传·襄公十九年》），虽然按《穀梁传》之阐说，并非会盟以伐齐，但卫国、晋国还是再次起兵伐齐，《春秋·襄公十九年》："夏，卫孙林父帅师伐齐。秋七月辛卯，齐侯环卒。晋士匄帅师侵齐，至谷，闻齐侯卒，乃还。"（《史记·齐太公世家》："晋闻齐乱，伐齐，至高唐。"与《左传》记载不同。）可见，齐国没有与晋国讲和，晋国见齐国没有屈服，继续发兵伐齐，闻听灵公之丧讯，主动撤军。如若齐灵公没有去世，齐国可能再次面临临淄保卫战的局面。

齐灵公死后，太子光即位，是为庄公，齐国迅速与晋讲和，在大隧会盟，

---

① 李松儒：《〈清华简系年〉集释》，中西书局 2015 年版，第 243 页。

又盟于澶渊，"这是晋国悼公复霸以来最大的一次盟会，也是晋国势力发展的顶点"①。此次会盟暂时缓和了齐晋关系，使齐国避免了再受战争之灾。但齐国虽然战败，实力并未大损，因而仍从内心中不服晋，而鲁国却从中看到了齐国对鲁国的敌意，《左传·襄公十九年》："穆叔曰：'齐犹未也，不可以不惧。'乃城武城。"鲁国为了抵御未来可能的齐国进犯，而修筑武城。其后不久，齐庄公因晋国内乱而联合其他诸侯进攻晋国，而有朝歌之役，以报晋败齐之平阴之役，足见齐晋矛盾之深，之后，晋又盟会诸侯伐齐，致有庄公被弑之祸。灵公与庄公时代，齐与晋争夺霸权，终以齐国失败而告终。

平阴之役，齐灵公之表现与其父齐顷公有着霄壤之别，鞌之战后，齐顷公承认战败，与晋媾和，避免了更大的国家利益的损失，而灵公不仅不检讨平阴之役的失败教训，反而欲弃国都出逃；不是承认战败，与诸侯媾和，反而不战不和，任凭诸侯联军在齐国境内长时间大肆掠夺，可以说这是齐国立国以来遭遇到的最为严重的危机。齐灵公在平阴之役中的糟糕表现，足见其自大轻狂、昏庸无能。

宋儒胡安国对平阴之役评说道："凡侵、伐、围、入，未有书同者，而独于此书同围齐，何也？齐环背盟弃好，陵虐神主，肆其暴横，数伐邻国，观加兵于鲁，则可见矣。诸侯所共恶疾，故同心而围之也。同心围齐，其以伐致何也？见齐环无道，宜得恶疾，大诸侯之伐，而免其围齐之罪辞也。《春秋》于此有阻横逆、抑强暴之意。"② 清儒马骕也认为："沈璧誓河，大义昭著，不啻鸣鼓钟而揭鞀铎。故《春秋》之侵、伐、入，未尝书'同'，独于此书'同'焉者，明其为天下之公恶也。四鄙蹂躏，国几灭亡，皆齐侯之自败耳，晋何尤哉？"③ 可以说，平阴之役的失败，虽然是齐灵公咎由自取，但马骕评价不客观的地方在于尊晋而抑齐，如果说平阴之役前期还有点正义性质的话，那么后期诸侯联军在齐国境内的掠夺，则毫无正义可言，晋国作为盟主难辞其咎。

---

① 顾德融、朱顺龙：《春秋史》，第141页。
② ［宋］胡安国：《春秋传》卷二十二，四库全书本。
③ ［清］马骕：《左传事纬》卷六《齐灵庄叛晋》。

（三）废长立幼，导致齐国内乱

平阴之役后，齐灵公不仅没有因太子光的临事果断之行为，进行奖赏，反而废黜太子光，改立少子牙为太子，其昏聩再次上演。

齐灵公的夫人颜懿姬是鲁国人，无子，其陪嫁侄女鬷声姬生公子光，灵公以之为世子。灵公的姬妾中，宋国女子仲子、戎子为灵公所宠爱，其中戎子最为受宠，灵公将仲子所生公子牙交由戎子抚养，戎子向灵公提出立公子牙为太子，灵公答应了，此举被公子牙生母仲子知道后，提出反对："不可。废常，不祥；间诸侯，难。光之立也，列于诸侯矣。今无故而废之，是专黜诸侯，而以难犯不祥也。君必悔之。"（《左传·襄公十九年》《史记·齐太公世家》记载基本相同）仲子反对的理由有二：一是按照周代宗法制，立嫡立长，《左传·昭公二十六年》："昔先王之命曰：王后无适，则择立长。年钧以德，德钧以卜。王不立爱，公卿无私，古之制也。"立嫡立长，而不能立爱。灵公之夫人无子，则应立长。公子光年长，理应立之；二是公子光早已确立太子之位，代表齐国、代表国君，多次参加诸侯间的会盟、征伐，早已被诸侯所认可，且公子光没有过错，无故废太子，是不吉祥的。仲子不愧是一个伟大的女性，没有为亲生儿子争取太子之位，其目光高远，非灵公所及。

《史记·齐太公世家》记载："（灵公）十年，晋悼公伐齐，齐令公子光质晋。十九年，立子光为太子，高厚傅之，令会诸侯盟于钟离。"《左传》中太子光第一次出现是在灵公十年，"二月，齐大（太）子光为质于晋"（《左传·襄公元年》）。杨伯峻先生认可《史记》的记载，认为："据《齐世家》，九年后，光始被立为太子。此言'大子'，盖追称之。"① 王叔岷先生综合史料记载，认为："史公于此固不得谓光于十九年始立矣。"② 笔者认为《史记》记载有误，理由如下：

1.《左传·襄公十年》："三月癸丑，齐高厚相大子光以先会诸侯于钟离。"《史记》错误地将高厚佐助太子光出席钟离之会，理解为以之为太子之

---

① 杨伯峻：《春秋左传注》，第917页。

② 王叔岷：《史记斠证》，中华书局2007年版，第1317页。

傅，且非为确立公子光的太子之位，而参加钟离之会；

2. 灵公十九年，伐郑之役，太子光以大国太子之位而在滕国国君之前，《左传·襄公十年》："齐崔杼使大子光先至于师，故长于滕。"灵公二十年伐郑，太子光之位仍排莒国国君之前。《左传·襄公十一年》："公会晋侯、宋公、卫侯、曹伯、齐世子光、莒子、邾子、滕子、薛伯、杞伯、小邾子伐郑。"《史记》将公子光太子之位的确立与灵公十九年联系起来，应与此有关，但《左传》记载非常明确，这是崔杼故意使出的伎俩，抬高太子光的地位，而非盟主晋国因太子光地位变化做出的安排。

3. 《左传》襄公三年、襄公五年、襄公九年、襄公十年、襄公十一年均记载世子光或太子光，且仲子所言"光之立也，列于诸侯矣"，春秋时期，诸侯之间大事互相通报，曰"告"。（《左传·隐公十一年》："凡诸侯有命，告则书，不然则否。"）以《春秋》笔法看，太子光之立，齐国早已遍告诸侯。可见公子光早已以太子之地位列于诸侯。

4. 从《春秋》《左传》看，会盟、征伐一般由国君亲自参加，国君无法参加，则由世子、卿大夫参加，无公子参与者。《春秋·僖公七年》："秋七月，公会齐侯、宋公、陈世子款、郑世子华盟于宁母。"《春秋·僖公八年》："八年春王正月，公会王人、齐侯、宋公、卫侯、许男、曹伯、陈世子款盟于洮。"《左传·宣公十八年》："十八年春，晋侯、卫大子臧伐齐。"

5. 《史记》前后舛误。《史记·十二诸侯年表》中齐灵公十年条注曰："使太子光质于晋。"综合以上史料，笔者认为，公子光之太子地位，在灵公十年已然确定。

对于仲子的劝说，齐灵公没有采纳，晚年灵公的心灵已经完全被宠姬和爱子所占据，忠言逆耳，完全不顾及后果，齐灵公认为废立太子是他自己的事情，对仲子说："在我而已。"（《左传·襄公十九年》）他坚持立公子牙为太子，以上卿高厚为太傅，以夙沙卫为少傅，并将废太子光迁到齐国东部边境居住。灵公认为，这样的安排可以保证太子牙在其死后能够顺利即位。高厚为齐国上卿，为外朝的领袖；夙沙卫为内宫信任之人，掌管内宫，合二人之力，必能保太子牙的君位不失。

灵公病危之时，崔杼偷偷地将废太子光从东部边境接回临淄，发动宫廷政变，太子光主持国政，杀死戎子，并陈尸于朝堂，公子牙出逃。灵公死后，太子光即位，是为齐庄公。庄公即位后，立即派人捉拿公子牙，"执公子牙于句渎之丘"，杀之。庄公认为自己的太子之位被取代，很大原因在于夙沙卫的谗言，派人捉拿夙沙卫，夙沙卫逃奔高唐（今山东高唐东），叛齐。庄公亲自领军讨伐，围高唐，破城后，杀夙沙卫。公子牙之太傅高厚在这场内乱中也没有幸免，在临淄城外的洒蓝被崔杼所杀，其家财采邑也被崔杼兼并。

灵公临终的安排，看似天衣无缝，实则有重大纰漏，他忽视了废太子光已经被立为太子多年，其势力已成，有众多的同党，如崔杼、庆封等，且诸侯、国人对废太子光已有广泛的认可，因而在未彻底铲除废太子光党羽的情况下，很难保证君位的顺利交接。且太子牙年少，无军功，无治国经验，一介孺子，仅凭高厚、夙沙卫的辅佐，很难保证不会出现大权旁落的局面发生。"父母之爱子，则为之计深远"（《战国策·赵策四》），在齐国，有子以母贵的传统[1]，"子无贵贱，唯其母有宠者当立"[2]。灵公因宠幸戎子而强行立公子牙为太子，其实并没有为公子牙计长远，公子牙面临的局面远非其能面对，且其太傅高厚、少傅夙沙卫也远非伊尹、霍光之类人物，面对复杂的局面，很难进行掌控，不仅没有保住太子牙的君位和性命，而且落得身死族破的下场。

外忧未消，内乱又起。灵公二十八年，灵公病危之时，因为齐国在平阴之役后，并没有向诸侯求和，卫国、晋国再次起兵伐齐，此时的齐国内部正在进行权力斗争，庄公正在清除异己势力，晋国没有乘灵公之丧和齐国内乱进兵讨伐，说明晋国伐齐之目的在于令齐服晋，重新回到晋国主盟的同盟里来，而不是要将齐国灭国，伐齐是惩罚的性质，而不是灭国的性质。

灵公晚年的废立太子，废长立幼，不仅造成了齐国短时期的内乱，而且影响深远，为姜姓齐国最终被田氏取代埋下了祸根。1. 太子光之即位为国君，

---

① 齐昭公之子因母无宠而被齐懿公所弑。《史记·齐太公世家》："昭公卒，子舍立为齐君。舍之母无宠于昭公，国人莫畏……及昭公卒，子舍立，孤弱，即与众十月即墓上弑齐君舍，而商人自立，是为懿公。"

② 李玉洁:《齐国史》，新华出版社 2007 年版，第 169 页。

完全依靠崔杼等权臣的支持，庄公即位的基础不牢，而后崔杼弑庄公，又立景公，权臣弄柄，废立国君，齐国之大夫专权自灵公时代开启。2. 齐景公晚年又有废长立幼之举，如齐灵公一般昏聩，齐悼公的即位更如同齐庄公的翻版，这直接导致了国君之威权严重削弱，齐国国君的君位由权臣掌控，废立国君成为家常便饭，国君成为权臣的傀儡，悼公、简公之被弑，是姜姓齐国灭亡之先声，田和代齐，为最终之结果。姜姓齐国灭亡的一切均可追溯至齐灵公在位期间的昏聩作为。齐国在桓公之后，五子争位，内乱几近五十年，而灵公招致的祸乱可达二百年之久。

灵公废长立幼与晋献公晚年之作为极为相似，晋太子申生被害，晋惠公、晋怀公、晋文公相继即位，晋国内乱几近二十年。真可谓晋鉴未远，而齐未师之，齐灵公再步齐桓公、晋献公之后尘。

（四）杀害重臣，宠信佞人

1. 灵公之母声孟子作乱，国、高、鲍氏罹难

灵公之母声孟子为宋国女子，顷公去世后，声孟子先私通于鲁国大夫叔孙侨如，让灵公给叔孙侨如安排上卿之位。《左传·成公十六年》："齐声孟子通侨如，使立于高、国之间。"叔孙侨如惧怕事泄而得罪于齐，因而逃离齐国。声孟子不甘寂寞，又私通于齐国大夫庆克。庆克男扮女装进入内宫，与声孟子幽会，在一次进宫时被大夫鲍牵（鲍叔牙之曾孙）看到，告诉了上卿国佐，国佐召庆克前来训斥一番，庆克自知亏心，不敢再进宫幽会，时间一长，声孟子责怪庆克，庆克趁机向声孟子告状，是国佐谴责于他，他才不敢进宫。声孟子闻言大怒，一则是其丑闻为外臣所知，二则外臣竟然敢管内宫之事。声孟子已起杀国佐、鲍牵之心。

灵公八年，齐灵公与国佐率军随晋国伐郑、参加柯陵会盟，归国之时，负责守国的高无咎和鲍牵为保证灵公的安全，关闭城门，检查行人，此举本为正常措施，但声孟子趁机向灵公进谗言，诬陷高无咎和鲍牵，两人要发动政变，拥立公子角为国君，这个计划国佐也知道，他们三人合伙要废灵公国君之位。灵公信以为真，秋七月，下令砍去鲍牵的双脚，并驱逐高无咎，高无咎出奔莒国。高无咎之子高弱以高氏采邑卢邑叛齐。同年冬，灵公以崔杼为上卿，以庆

克为辅佐，率军讨伐高弱，包围卢邑。当时，国佐正率齐军与诸侯联军伐郑，闻听齐国内乱，以齐国有难为由，先行撤军回国，国佐没有先回临淄复命，而是径直奔赴卢邑，在卢邑城外杀了庆克，并占据谷邑叛齐。

卢邑之叛没有解决，国佐又以谷邑反叛，一时间齐国二卿国、高二氏同时叛齐，齐灵公的统治受到极大的威胁。灵公用缓兵之计，与国佐在徐关盟誓，恢复了国佐的官位，同时也赦免了占据卢邑叛齐的高弱，卢邑向灵公投降。传世青铜器国差𦉢（现藏台北故宫博物院）铭文记载了国佐为齐灵公重新任命为执政的史实，"国差（佐）立事岁，咸丁亥，工师□铸西塘宝𦉢四秉，用实旨酒，侯氏受福眉寿，俾旨俾清，侯氏毋咎毋悦，齐邦谧静安宁，子子孙孙，永保用之"（《殷周金文集成》10361）。丁亥年为齐灵公八年，国佐因为重新得到任用而铸造了这件铜器，并祝齐灵公福寿无疆，他可能天真地认为与齐灵公的过节就此过去，实际上齐灵公已起杀心。齐国内乱虽然得以解决，但灵公应该感到国、高二氏联合起来对抗国君，如芒在背，必欲除之而后快。第二年，齐灵公召国佐进宫，派士华免刺杀了国佐，为防止刺杀失败，灵公还在内宫伏兵，一旦刺杀失败，伏兵再出，必杀国佐。国佐被杀后，灵公又派人在清邑杀害了国佐之子国胜，国胜之弟国弱出奔鲁国。

虽然之后灵公又召回国弱继承了国佐的卿位，以鲍国继承了鲍牵的官位，但国、高、鲍三氏势力受到极大的削弱，在三氏势力削弱的同时，灵公又以崔杼、庆封为大夫，庆佐为司寇。庆封、庆佐为庆克之子。灵公将宠信之人任用到卿位，以抗衡齐国传统的卿大夫国、高、鲍等族势力。笔者认为，国、高、鲍三氏之难，虽有声孟子的因素在内，但未尝不是灵公处心积虑削弱卿大夫势力之作为。就在杀国佐之前一年的灵公八年，晋厉公为加强中央集权，削弱卿族势力，连杀三郤（郤至、郤锜、郤犨），晋国卿族震动，最终导致晋厉公被弑。与晋厉公不同的是，齐灵公削弱卿族势力的目的达到，并成功地将自己的宠信之臣安排到重要官位上。

灵公刖鲍牵、驱逐高无咎、杀害国佐的行为，虽有中央集权的因素，但也应辨证来看。国佐、高无咎、鲍牵并非大奸大恶之人，从其行为看，鲍牵、高无咎、国佐均为正直、担当有为之大臣。高无咎、国佐均曾多次代表齐国参与诸侯盟会、征伐，并无过错。

鲍牵的为人，《孔子家语·正论解》曾有樊迟与孔子的对话：

> 樊迟问于孔子曰："鲍牵事齐君，执政不挠，可谓忠矣，而君刖之，其为至暗乎？"孔子曰："古之士者，国有道则尽忠以辅之，国无道则退身以避之。今鲍庄子食于淫乱之朝，不量主之明暗，以受大刖，是智之不如葵，葵犹能卫其足。"①

孔子认为，鲍牵之所以受刖刑，是因处于"淫乱之朝"，没有看清齐灵公之"至暗"而退隐保身，因此罹祸在所难免。

国佐与鲍牵一样，尽心尽力辅佐顷公、灵公，为国之重臣。鞌之战后，国佐与晋签订城下之盟时，义正词严，赢得对方的尊重，是国君值得依赖的重臣，但国佐自身也有性格缺陷。《国语·周语下》记载，柯陵之会上，单襄公见国佐，"齐国佐见，其语尽"。韦昭注曰："尽者，尽其心意，善恶褒贬无所讳也。"② 预测国佐必将有祸，"立于淫乱之国，而好尽言，以招人过，怨之本也，唯善人能受尽言，齐其有乎？"声孟子之淫乱，已经为诸侯所知，而国佐亢直的性格，言必尽意，彰显他人的过失，只有英明的国君才可以接受，而齐灵公明显不是，国佐之性格必将给自己招致灾祸。

国佐之被杀，《左传》认为有三方面的原因："弃命，专杀，以谷叛故也。"弃命是指抛弃会师伐郑之命而先归，专杀是指没有国君之命而杀国君宠臣庆克，占据谷邑叛齐。这三条无疑都触及了灵公的痛处，是轻视国君的表现。《左传》的分析是合理合情的。另外，要挟国君徐关盟誓，也可作为国佐被杀的原因之一。

高、国二氏为齐国世袭之上卿，如管仲所说"天子之二守"（《左传·僖公十二年》），受命于周天子，又同为姜姓，为太公之后裔，对于齐国的稳定

---

① 杨朝明、宋立林：《孔子家语通解》，齐鲁书社 2013 年版，第 500 页。
② 徐元诰：《国语集解》，中华书局 2002 年版，第 83 页。

有重要的作用，桓公之立、惠公之立，皆有二卿之功劳。如郑国子展所说："国卿，君之贰也，民之主也，不可以苟。"（《左传·襄公二十二年》）灵公擅杀国佐，驱逐高无咎，无疑动摇了世卿的地位，可谓自断臂膀，失去股肱之臣。灵公虽然另召国、高二氏子孙承继卿位，但国、高不复之前强力有为。如童书业先生所言："盖自是崔、庆渐当权矣。"①

清人高士奇感慨于高、国的被难，曾说："国家所倚赖者，世臣。弃世臣而使群小间之，未有不及于祸败者也。高、国，齐之世臣，而鲍氏自叔牙援立桓公，亦有功世族也。崔、庆二氏，特疏贱者耳。使与政柄，而国氏、高氏、鲍氏以一妇人之谗，覆宗夷族，诚可为深叹也。庆克通于声孟，丑迹外宣。鲍牵愤而言之，国武子以是被谪弃位，而姣者毒构其中。灵公不察索客之由，刖鲍牵而走无咎，遂使倒行逆施，高弱为盗据之臣，国佐受擅诛之辟。彼昏若此，虽有卫足之智，安能免宗也？戎子欲立子牙，而高厚为之傅。庄公反正，修隙高氏，崔杼阿其旨，杀之洒蓝而兼有其室，盖自是崔、庆愈强，而齐国之大家几尽矣。"②

2. 重用幸臣，政治黑暗

灵公在打击世卿大族势力的同时，不断提拔重用自己的亲信幸臣，如夙沙卫、高厚、崔杼、庆克、庆封等。

（1）高厚：无德无才，身死族灭

高氏为齐国上卿，据杜预注，高厚为上卿高固之子，灵公八年之前，担任上卿的高氏，应是高无咎（高固之子）。在灵公八年、九年的国、高之难中，高氏受到削弱，高无咎出奔莒国后，高氏何人出任上卿，史书没有记载，但据齐灭莱后，"高厚、崔杼定其田"（《左传·襄公六年》）。可知高厚已经成为灵公的信任宠臣，在此之前，可能已经位居上卿。

但高厚与其先祖高傒、兄弟高无咎相比，文化素质低下，数次诸侯盟会上因不知礼而出丑。灵公二十五年，晋国主持之溴梁之会，齐国没有参加，随后的温之会，齐国派高厚代表齐国参加，新即位的晋平公要求各国卿大夫歌诗，

<hr>

① 童书业：《春秋左传研究》，第96页。
② ［清］高士奇：《左传纪事本末》，中华书局2015年版，第241页。

且要"歌诗必类",诸侯之言志要一致,而高厚歌诗不类,晋国的荀偃认为"诸侯有异志矣",因而要求各国大夫盟誓,高厚逃归齐国,晋及诸侯大夫盟誓"同讨不庭",将矛头指向齐国。实际上,高厚之歌诗不类有两种可能,一是齐国确有异志,故发而为诗;二是高厚的文化素养较低,对《诗经》不熟悉,不能准确地引用诗句表达自身的意思。早在灵公十九年,高厚佐助太子光与诸侯在钟离之会上,即因为不敬而被认为结局不免于被杀,"高子相大子以会诸侯,将社稷是卫,而皆不敬,弃社稷也,其将不免乎!"(《左传·襄公十年》)虽然在灵公二十四年,齐国即以伐鲁而叛晋,但并没有公开地表达叛晋的意思,因此溴梁之会和温之会,实际上晋国有借以试探齐国、投石问路的意图,高厚作为齐灵公信任的大臣,自然知晓灵公叛晋的想法,但没有灵公的授意,高厚还不可能通过赋诗来表达齐国对晋国的异心。从高厚之行为表现看,仅仅为一介武夫而已,能力不足,后为崔杼所杀,既不能保灵公托付之幼子,也不能自保其身,可知温之会,高厚之歌诗不类,只能是其自身文化素质低下的表现而已,但此恰恰为晋国抓住伐齐的把柄。

高厚不同于高无咎之处在于得到了灵公的宠信,参与了灵公时期许多重大事项的决定。齐灭莱后,灵公需要论功行赏,赏赐莱国土地和人民,灵公派高厚和崔杼前往勘察,提出方案。灵公二十六年,齐伐鲁,兵分两路,齐灵公与高厚各领一军,虽然自桓公时即有"高子之鼓",但与国君并驾齐出则较为少见。灵公末年,废长立幼,立公子牙为太子,以高厚为太傅,实际上是托孤于高厚,对高厚充满了信任。但高厚没有当得起这份托孤重任,灵公死后,庄公在崔杼支持下即位,公子牙被执,高厚也被崔杼杀害,其家财采邑被崔杼兼并。《左传·襄公十九年》对高厚被杀有一个评价:"从君于昏也。"齐灵公废长立幼,实属昏庸,而高厚为之太傅,与灵公一样昏庸。高厚无德无才,不仅自身被害,而且高氏家族因此遭到重创。

(2)夙沙卫:忠于灵公,心胸狭隘,贪财好赂

夙沙卫,为齐灵公宫中的寺人(宦官),为灵公的幸臣,在《春秋》中的出场是在灵公十一年,此年齐灵公大举伐莱,《左传·襄公二年》:"齐侯伐莱,莱人使正舆子赂夙沙卫以索马牛皆百匹,齐师乃还。君子是以知齐灵公之

为灵也。"因为莱国向夙沙卫行贿,夙沙卫即劝齐灵公退兵,从中可见,夙沙卫为齐灵公之心腹。此后数年,齐国未再对莱用兵,据《左传·襄公六年》:"十一月,齐侯灭莱,莱恃谋也。"杜预注曰:"赂夙沙卫之谋也。"数年之间,莱国可能数次向夙沙卫行贿,以换取齐国与莱国的和平。但齐灵公灭莱既定国策,莱国之谋只能换取一时的苟安,最终为齐国吞并。

夙沙卫并非无谋之人,在平阴之役前期,他劝灵公据守险要之处以抵挡诸侯联军,说明其对战争形势有着清醒的认识,可惜灵公没有采纳建议,否则不至于兵败。平阴之役,齐军败退,夙沙卫自愿担当殿后,"连大车以塞隧而殿",堵塞要道,阻击诸侯联军,也属有谋之举。但夙沙卫又是心胸狭隘之人,自愿殿后却因是寺人而被齐军将领殖绰、郭最所耻笑,"子殿国师,齐之辱也",心生怨恨,不顾大局,"杀马于隘以塞道"(《左传·襄公十八年》),致使殿后的殖绰、郭最被晋军俘获。

夙沙卫对灵公忠心耿耿,这是灵公对其信任的根源,这种信任直至灵公临终之时。灵公废太子光,立公子牙为太子,以夙沙卫为少傅,临终的托孤更说明了夙沙卫的忠心。

(3)崔杼:交结太子光,阴谋废立

崔杼,谥武,又称崔武子,为灵公的幸臣,灵公八年,因灵公杀国佐、逐高无咎,卿族势力削弱,"齐侯使崔杼为大夫"(《左传·成公十七年》),崔杼成为上卿。(《左传·襄公十七年》:"唯卿为大夫。")崔氏虽为公族,为齐丁公之后,但自崔杼起,始担任上卿之位。灵公在位期间,崔杼代表齐国多次参加诸侯盟会、征伐,灵公十五年,崔杼与高厚共同勘定莱国之田,可谓是灵公信任的宠臣。

因太子光地位早已确定,崔杼努力交结太子光,为了讨好太子光,在灵公十九年伐郑之时,"崔杼使大子光先至于师,故长于滕"。排位在滕国国君之前。在灵公末年废太子光、立公子牙之后,崔杼不甘于自己多年的努力白费,趁灵公病危,偷偷将太子光接回临淄,重新立为太子,灵公死后,扶立太子光即位为君,崔杼因此而专齐国之政。

结　语

齐灵公在诸侯伐齐的第二年去世，应该与平阴之役大败有直接的关系，惊惧而死，结束了其昏庸无道的一生。

齐灵公之谥号"灵"为恶谥。楚共王病重之时，自请"为'灵'若'厉'"（《左传·襄公十三年》）。《逸周书·谥法解》这样解释："死而志成曰灵，乱而不损曰灵，极知鬼事曰灵，不勤成名曰灵，死见鬼能曰灵，好祭鬼神曰灵。"《左传·襄公二年》杜预注曰："谥法：乱而不损曰灵。言谥应其行。"潘振云曰："乱，谓君无道也。无道而国不损，赖前哲以免，是神佑之也。"① 可见，史家是以"乱而不损"作为齐灵公谥号解释的。从客观上讲，齐灵公当得上"乱"，而没有"不损"，因为其昏聩，最终导致祸乱齐国三朝的崔、庆之乱。

灵公的昏聩不明，清人马骕也有批评："齐之有高、国，天子之命大夫也，而崔、庆不能与并立，究使齐国三世不靖，而弑乱之祸未辄已焉……夫信谗嬖而专杀戮，一之为甚，其可再乎？灵公不明，故庆克虽诛，而封、佐并进，齐之患何有极也。公又不道，废光立牙，崔杼迎立，变从中作，灵之为灵，于母无鲁成之明，于子无仲子之智，幸而获没，岂曰'乱而不损'哉？"②

齐灵公虽有灭莱之功，但杀贤良，进佞臣，可谓遗患无穷。《晏子春秋·外篇七·第二十七》："仲尼曰：'灵公污，晏子事之以整齐。'"一个"污"字，一个"乱"字，足以概括灵公在位时期的特点。

春秋时期，君民观念得到进一步的发展，晋国的师旷在回答晋悼公关于卫国国君被驱逐的问题时，回答道："夫君，神之主而民之望也。若困民之主，匮神乏祀，百姓绝望，社稷无主，将安用之？弗去何为？天生民而立之君，使司牧之，勿使失性。"（《左传·襄公十四年》）国君应以安民靖国为己任，如残害民众、置社稷于不顾，这样的君主就应该被赶下君主之位。反观齐灵公，

① 黄怀信等：《逸周书汇校集注》，上海古籍出版社2007年版，第676—677页。
② ［清］马骕：《左传事纬》卷七《齐崔庆之乱》，四库全书本。

任性妄为，平阴之役，几置齐国安危于不顾，百姓绝望，临死之时，仍不悔悟，可悲可叹！

附注：自齐灵公时代起，自陈国逃亡到齐国的陈完后裔开始在齐国政治舞台上崭露头角，至齐景公时期，陈氏开始坐大。在《史记》等诸多史籍中，多将陈氏称为田氏，至于为何陈、田互称，《史记·田敬仲完世家》是这样记载的："敬仲（陈完）之如齐，以陈字为田氏。"《史记》集解："徐广曰：'应劭云：始食菜地于田，由是改姓田氏。'"索隐："据如此云，敬仲奔齐，以陈田二字声相近，遂以为田氏。应劭云'始食菜于田'，则田是地名，未详其处。"正义："案：敬仲既奔齐，不欲称本国故号，故改陈字为田氏。"《史记》三家注给出了三种说法。但出土青铜器铭文、陶文中并没有以陈为田的证据，都记载以陈氏，可见齐国的陈氏并未改称田氏；先秦传世文献，如《左传》，也没有将陈氏改称田氏。本书为论述方便，春秋时代称"陈氏"，以尊重《左传》的记载，而到战国时代，则称"田氏"，以与《史记》《战国策》相合。

附：

齐国"迁莱于郳"考

齐国灭莱，是齐国史上的一个重要事件。《左传·襄公六年》记载："十一月，齐侯灭莱，莱恃谋也……迁莱于郳。高厚、崔杼定其田。"齐国灭莱后，将莱人迁到郳地，郳地的具体地望，历来聚讼纷纭，主要有三种说法，一是滕县（今滕州市）境内的郳国，也称小邾国；一是黄县（今龙口市）境内的莱子故城；一是今淄博市淄川区境内城子村附近的莱芜故城。三种说法，各有所据。

长期以来，黄县说得到众多学者的肯定。黄县也确有莱子城等遗迹。《光绪增修莱州府志》卷四《古迹·黄县》："莱子城，在城东南二十五里。"对黄县莱国说，史家注释较多。《汉书·地理志》"东莱郡"下颜师古注曰："故莱子国也。"班固自注曰："黄，有莱山、松林莱君祠。"《通典·州郡十》："莱州，春秋莱国也。齐侯迁莱子于郳，在齐国以东，故曰东莱。"这有违于齐国当时的控制范围，是不可取的。东莱，并不是在齐灭莱、莱人迁黄县之后，才称东莱。《国语·齐语》："东莱，齐东莱夷也。"韦昭注曰："通齐国之鱼盐于东莱。"早已有学者指出莱与东莱虽同属莱夷，但为两个不同的国家，莱国灭亡之后，东莱还仍然存在。《晏子春秋·内篇问上·第四》记载："景公伐釐，胜之，问晏子曰：'吾欲赏于釐何如？'"孙星衍注云："釐，即莱也。"可知，在齐景公在位后期，东莱才亡国，齐国疆土才拓展到了胶东半岛东部。[1] 高士奇《春秋地名考略》更进一步说："或曰今莱州府治，即春秋时齐之郳邑也。"[2] 高士奇直接将莱州府治指向齐国郳邑。但从目前考古发现看，在今莱州地区尚未出土过有关"郳"的文物资料。

从对被灭国的有效控制看，齐国应将莱人安置于自己的腹心地区，从这个

---

① 丛领滋：《莱与东莱两国论》，《管子学刊》1992年第3期。
② ［清］高士奇：《春秋地名考略》卷十四，四库全书本。

角度看，淄川说更为有利。因为，齐国的疆域在灭莱之后，也没有到达黄县。据《左传·昭公二十年》晏子所说，直到齐景公二十六年，齐国的东西两境为"聊、摄以东，姑、尤以西"，杜预注曰："姑、尤，齐东界也。姑水、尤水皆在城阳郡东南入海。"姑、尤二水即后世的大沽河与小沽河。可见，春秋中晚期齐国的东界仍限在今平度一带。如果齐国将莱人迁到黄县，在齐国无法控制的东夷人的区域，无异于纵虎归山，这恐怕是齐人不想看到的。

而淄川说也缺少考古学上的依据。《水经·淄水注》："淄水经莱芜谷，旧说云，齐灵公灭莱，莱民播流于此谷，邑落荒芜，故曰莱芜。"有研究者据上博简《竞建内之》"公身为无道，进华明子以驰于郳廷"，以及铜器铭文"郳左厦"（应为"郳右庶戈"，《殷周金文集成》10969）等认为，郳应为齐地，位于今临淄以南、博山以东的淄河镇附近，战国以降，由于莱遗民在此聚居、盘踞日久，"郳"地遂更名为"莱"。① 事实上，《殷周金文集成》10381 著录了一件"郳亭权"（现藏辽宁省旅顺博物馆），也传出自临沂县西乡②，如所传确实，则郳当在今临沂市兰山、河东、罗庄三个县区内，而不在淄川境内。今淄川区太河镇城子村确实存在一个莱芜故城，但从传世文献和考古发现看，莱芜故城都是一个汉代城址，与莱人扯不上关系。将莱芜故城与莱人迁郳联系起来，恐怕也是望文生义。《左传·定公十年》记载了齐鲁夹谷会盟的事情："夏，公会齐侯于祝其，实夹谷。孔丘相。"齐国大夫劝齐景公"使莱人以兵劫鲁侯"，在孔子的言说下，齐国的阴谋没有得逞。《水经注》认为"是夹谷当在此地，故得有莱人，非召莱千里之外也"。夹谷，据考证在今淄博市博山区石门镇境内（或在今莱芜境内），距莱芜故城不远。《水经注》以地理远近判断莱芜谷即为莱人迁后之居住地。《史记·齐太公世家》对此事记载略有差异："四十八年，与鲁定公好会夹谷。犁鉏曰：'孔丘知礼而怯，请令莱人为乐，因执鲁君，可得志。'景公害孔丘相鲁，惧其霸，故从犁鉏之计。方会，进莱乐，孔子历阶上，使有司执莱人斩之，以礼让景公。景公惭，乃归鲁侵地

① 赵庆淼：《齐国"迁莱于郳"与卜辞兕地考》，《历史地理》第三十四辑。
② 陈青荣、赵缊主编：《海岱古族古国吉金文集》，齐鲁书社 2011 年版，第 3285 页。

以谢，而罢去。"齐国进莱人之乐于会盟现场，莱人之乐不一定非来自迁郲之后的莱人，而可能是齐灭莱之后俘获的莱国乐人及莱国乐器。《左传·襄公六年》明确记载："陈无宇献莱宗器于襄宫。"莱国的宗庙重器，包括编钟、编磬等都在内，都在齐国的战利品之列。齐国将俘获的莱国乐人加以利用，完全可以讲得通。还有一点值得注意的，齐长城从淄川与博山交界处通过，今淄川区太河镇城子村还存有齐长城遗迹，而莱芜故城恰位于城子村。城子村作为齐国南向的重要交通通道，齐长城正是在此平地夯筑，可以说是齐国一个重要关塞。如此重地，齐国怎么会将莱人安置于此。综上，"郲"地不可能在今淄川区太河镇境内。

郲地在滕州小邾国说虽然起源很早，但囿于成见，历来攻击者甚多。《左传·襄公六年》杜预注曰："迁莱子于郲国。"孔颖达在《春秋左传正义》注曰："小邾附属于齐，故灭莱国而迁齐君于小邾，使之寄居以终身也。"小邾国的历史，从历史文献看，也称郳国，受封于邾。《公羊义疏》曰："《世本》云：'邾颜居邾，肥徙郳。'宋仲子注云：'邾颜别封小子肥于郳，为小邾子。'则颜是邾君，肥始封郳。《谱》云：'小邾，邾侠之后也。夷父颜有功于周，其子友别封为附庸，居郳。曾孙犁来，始见《春秋》，附从齐桓以尊周室，命为小邾子。'"从中可见，小邾国因附从齐桓公而得到周王室的承认，称小邾子。《道光滕县志·小邾世家》引《通考》曰："齐桓公霸，郳君附从，进爵为子。"《左传·庄公五年》杜预注曰："附庸国也。东海昌虑县东北有郳城。""（郳）数从齐桓以尊周室，王命以为小邾子。"可见，郳国与齐国的关系密切。春秋中后期，齐国先后灭谭、遂、郭、铸（祝）等小国，逐步形成了一条自齐都临淄前往泗水流域的通道。值得注意的是，齐国曾修建通往邾国的道路，《晏子春秋·内篇谏下·第七》记载："景公筑路寝之台，三年未息；又为长麻之役，二年未息；又为邹之长涂。"邹即邾，齐景公时期，齐国修筑通往邾国的道路，即与邾国的关系非常紧密。

笔者认为滕州说可以成立的依据有以下三点：

1. 邾国、小邾国、滕国、薛国为齐附庸

有研究者认为，齐国不可能将莱人安插到鲁国的附庸国内，如王献唐先生认为："小邾在鲁南滕县，没有莱的踪迹，齐国也不能将莱人集团随便安插在鲁国的附庸国内。"① 小邾国与鲁国的关系如何呢？《左传》记载了两则鲁人视邾人为夷的史实。《左传·昭公十三年》："邾人、莒人言斥于晋曰：'鲁朝夕伐我，几亡矣。我之不共，鲁故之以。'晋侯不见公……子服惠伯对曰：'君信蛮夷之诉，以绝兄弟之国，弃周公之后，亦唯君。'"《左传·昭公二十三年》："邾人诉于晋，晋人来讨。叔孙䩗如晋……叔孙曰：'列国之卿，当小国之君，固周制也。邾又夷也。寡君之命介子服回在，请使当之，不敢废周制故也。'"小邾国的母国邾国本是东夷族建立的国家，为颛顼之后，曹姓，周武王封邾侠于邾，邾国与鲁国关系不善，数次交战，互有胜负。齐灵公时期，邾国与齐国走得比较近，追随齐国，反叛晋国。《春秋·襄公十五年》："夏，齐侯伐我北鄙，围成。公救成，至遇。季孙宿、叔孙豹帅师城成郛。秋八月丁巳，日有食之。邾人伐我南鄙。"在齐灵公伐鲁之时，邾国配合齐国攻打鲁国南部。小邾国作为齐国的附庸，戚之会，因齐不至，三小国均不欲参加。《左传·襄公二年》："滕、薛、小邾之不至，皆齐故也。"虽然小邾国曾为鲁国附庸国，但在齐灵公时期，因晋国霸权有所衰弱，齐国在东方组建了小联盟，邾国、小邾国、滕国、薛国、莒国都是齐国的联盟，这个时期，不可能再将小邾国视为鲁国附庸国看待。鲁国后来在晋国面前，曾要求将鄫国作为自己的附庸国，但鲁人曾嘲笑鲁国之执政大夫，笑其不自量力。《左传·襄公四年》："冬，公如晋听政，晋侯享公。公请属鄫，晋侯不许……晋侯许之……冬十月，邾人、莒人伐鄫。臧纥救鄫，侵邾，败于狐骀。国人逆丧者皆髽。鲁于是乎始髽。国人诵之曰：'臧之狐裘，败我于狐骀。我君小子，朱儒是使。朱儒！朱儒！使我败于邾。'"后来鄫为莒所灭，鲁国也不能阻止，说明鲁国实力衰弱，已不能对周边小国施加大的影响，何况于齐灭莱之后势头正旺之时。在第二次弭兵之会上，邾国作为齐国的附庸国，没有参加盟誓。《左传·襄公二十七年》："齐人请邾，宋人请滕，皆不与盟。""邾、滕，人之私也。"从邾国与齐国的关系来看，齐国迁莱人于郳地，是有可能的。

---

① 王献唐：《山东古国考》，齐鲁书社 1983 年版，第 170 页。

2. 迁徙异族于他地早有先例

陆浑戎本生活于秦国之西,因秦穆公开地于西戎,陆浑戎被秦、晋强行迁徙到周王畿之伊川。《左传·僖公二十二年》:"初,平王之东迁也,辛有适伊川,见被发而祭于野者,曰:'不及百年,此其戎乎!其礼先亡矣。'秋,秦、晋迁陆浑之戎于伊川。"楚国曾讨伐陆浑戎,《左传·宣公三年》:"楚子伐陆浑之戎,遂至于洛,观兵于周疆。"2013 年以来,洛阳市文物考古研究院对伊川县鸣皋镇徐阳墓地进行考古发掘,确认是陆浑戎墓地,是中原地区首次发现戎人遗存,发掘证实了两座陆浑戎王级墓葬。① 这也从考古上证实了陆浑戎迁徙于周王畿内的史料记载。伊川非秦、晋所有,周天子虽名为天下共主,但时至春秋,早已没有对大诸侯国的发言权,秦、晋将陆浑戎安置于伊川,周王并没有对此表示强烈的反对意见,采取措施。首先是陆浑戎拥有强大的战斗力,曾参与崤之战,与晋国一起全歼秦军;二是秦、晋为当时之强国,周王室尚且需要强国的支持,安能反对?

反观齐迁莱于郳,与秦、晋迁陆浑戎于伊川有相似之处。莱国的土地要被齐国占有,而莱人作为土著,与齐有强大的离心力,如何处置莱人的上层部族,需要齐国采取妥善的措施。异地安置,消除莱人的生存土壤,无疑是绝佳的办法。将莱人迁至郳地,一方面此地的郳国、小邾国都为东夷族国家,与莱人有共同之处,另一方面,小邾国作为齐国附庸,对于齐国的决定自然不能反对。

从史料记载及考古证据上看,郳国恰恰具备了安置莱人的政治和地理条件。

3. 滕州境内的莱人遗存

王献唐先生认为鲁南没有莱人踪迹,这一点已为近年来的滕州官桥镇大韩墓地的考古发现所证实有误。

2018 年,枣庄滕州市官桥镇大韩墓地考古发现引起国内外的广泛关注,共发掘东周时期的墓葬 86 座,且有诸侯国君级的"甲"字形大墓。此次发掘

---

① 王胜昔、智慧:《河南洛阳再现陆浑戎王级大墓》,《光明日报》2020 年 12 月 4 日第 9 版。

出土陶器、铜剑、铜鼎、编磬等文物近千件，特别是部分文物具有古莱国的印记。而"2·10 大韩村特大盗墓案"中收缴的春秋晚期"郳公戈"，刻有 12 字铭文，经专家释读为"倪（郳）公克父，择其吉金，作其元用"，更是填补了鲁南地区春秋晚期青铜器实物考古的空白。大韩墓地的考古发现可能与春秋晚期齐国灭莱国后"迁莱于郳"有关。2018 年以来，《大众考古》《中国文物报》等对考古发掘工作做了若干报道和研究。

考古发掘报告认为，"（墓地）明显分为两个大的时期及两个不同性质的墓地，即春秋晚期至战国晚期的大中型贵族墓地和战国末期的小型平民墓地。大中型墓是我们讨论的重点。从墓葬头向、葬俗、随葬品分析，墓葬具有东夷文化属性，例如，墓主头向东，殉人多而延续时间长，设腰坑并殉狗，随葬牛、羊、猪、狗等大量动物生肉，流行大器物箱，陶器多黑皮陶且多偶数组合。从 M43 随葬的 4 件器物皆有'倪大司马'的铜器铭文看，墓地或为倪国贵族家族墓地。从大中型墓墓室面积、棺椁、随葬品（用鼎数量）等分析，墓主人多为士一级贵族，一部分为卿大夫级别，而 M208 与 M57 为一对夫妇并穴合葬墓、或为一代国君及其夫人墓（追缴的'倪公克父'戈或出自 M208）"；"在该墓地以东 30 多米，又发现一处同时期的东莱贵族墓地"。① 墓葬具有东夷文化属性，可能与郳国、小邾国为东夷人建立的国家有关，至春秋末期，仍残存东夷文化元素，发现的东莱贵族墓地，也可能与迁郳之莱人有关。枣庄的学者多年以前曾推测，今滕州官桥镇有前莱村、后莱村、东莱村，三村东南邻古薛河，此地正是迁莱之"郳"的具体位置。② 莱村之西不远即为大韩村，考古发现与传承已久的古村若合符契。

从大韩墓地与小邾国都城的距离看，此地既为小邾国所管辖，又与其都城有一定的距离，莱人迁置于此，也是可能的。《齐乘》记载："郳城在缯城南。"《乾隆兖州府志》记载："郳城在滕县东一里。"《道光滕县志》记载有

---

① 刘延常、郝导华、王龙、代金龙：《鲁南地区东周考古的新突破》，《中国文物报》2020 年 1 月 17 日第 7 版。

② 倪祥平、路爱春：《"迁莱于郳"考》，《枣庄学院学报》2009 年第 6 期。

郳犁来城。郳地应在今滕州境内。小邾国都城的地理位置在历史文献记载上就久存争议。小邾国都城究竟在何处，大体有两说，一说在今滕州市东 5 里处，一说在今枣庄市山亭区西集村东 1 里。而从枣庄市山亭区东江村小邾国国君墓地和对附近地区的考古勘探看，小邾国都城大致在此附近。① 段玉裁《说文解字注》："今邹县有古邾城，滕县东南有郳城，皆鲁地。"

滕州市官桥镇大韩墓地部分出土器物指向春秋晚期，这恰与齐国"迁莱于郳"的时间相一致，且出土器物有明显的莱文化特征，追缴的"郳公戈"铭文作"郳公克父戈"。"周代诸侯称'公'的有几种可能情形：第一，天子三公或王者之后；第二，爵为侯、伯、子、男但兼任王之卿士者；第三，诸侯国内臣民尊称其君为公；第四，死后谥称。"② 王恩田先生指出："齐公是丰对已故祖先的尊称。据金文通例，对已故先祖称'公'，'公'前加国名时，必然指该国的首任国君。"③ 如按此通例，则"郳公克父"之器主指向于郳之始封国君肥（或名友）。而《小邾国遗珍》所载东江村小邾国墓葬出土青铜器铭文有"郳友父""郳君庆""兒庆""郳公子害"等，"郳友父""郳君庆""兒庆"已经可以确认为小邾国的第一代和第二代国君④，但对"郳公子害"尚有不同的解读。曹定云在对临朐出土"齐侯子行"铜匜铭文研究认为，铭文中的"子""孙"，是表示作器者与某"侯"之血缘关系。⑤ 郳国为子爵，且为附庸国，称"公"是僭越礼制的。"郳公子害"当为郳国国君之子，李学勤先生怀疑这代小邾君即簠铭的"郳公子害"，簠是他嗣位前所作。⑥

从以上铭文可见，因小邾国为邾国所分，小邾国国君也自称为邾某某，王献唐先生早已指出："小邾一称，亦非国名之正。立国不自称小，邻邦亦不能

① 李光雨、刘爱民：《枣庄东江小邾国贵族墓地发掘的意义及相关问题》，《东岳论丛》2007 年第 2 期。

② 张俊成：《高青陈庄"齐公"诸器铭文及相关问题》，《出土文献》第十一辑。

③ 王恩田：《山东高青县陈庄西周遗址笔谈》，《考古》2011 年第 2 期。

④ 李学勤：《小邾国墓及其青铜器研究》，《东岳论丛》2007 年第 2 期。

⑤ 曹定云：《山东临朐泉头村周代铜器铭文研究——兼论"齐侯子行"非"齐侯"》，《史海侦迹——庆祝孟世凯先生七十岁文集》，新世纪出版社 2005 年版。

⑥ 李学勤：《小邾国墓及其青铜器研究》，《东岳论丛》2007 年第 2 期。

以小呼之。时人以非旧邾，而原出于邾，于邾上加小为别。习俗相沿，史家因之，遂号小邾。"并就郳伯鬲、邾友父鬲，指出："其称郳者，沿郳国旧称也，称邾者，沿邾国旧称也。证知当时，实无定名，小邾一号，亦未尝自用也。"①这种说法是非常有道理的。春秋初期，邾国国君有名"克"者，《春秋·隐公元年》："三月，公及邾仪父盟于蔑，邾子克也。未王命，故不书爵。"且传世铜器中，多有名"邾公"者，如邾公牼钟、邾公华钟、邾公孙班镈等，且有邾大司马戈、邾太师戈、邾太宰钟等器物。邾国与小邾国关系密切，既然小邾国国君可称邾某某，那么邾国国君是否可称郳某某？据考古发掘和传世邾国铜器铭文，尚未有此种之例。《殷周金文集成》（04641）著录了一件"郳公克敦"，铭文（隶定后）："郳公克铸其□敦，永保用之。"此敦与大韩墓地出土之"郳公克父戈"应有紧密的关系，可能也出自此地。

从以上分析可以看出，大韩墓地出土之郳公戈和郳大司马铭文铜器与枣庄市山亭区东江村发掘的小邾国墓地出土器物并不一致。王献唐先生曾说："莱侯的侯，当然不是周王朝所封，而是商代的旧侯。他们的历史，至少早到周代以前的商代。一入春秋，经文又称为子，他自己称公，他人恶之，或称其族为夷。"② 从以上分析可见，"郳公戈"的所有者或与居住于郳地的其他族群有关，迁往郳地的莱国国君或有可能。

为什么齐国将莱人迁到郳地？笔者认为，主要原因有二。一是泗水流域诸侯国林立，有"泗上十二诸侯"之称，莱人在此区域很难有大的作为。二是试图以莱人牵制鲁国。莱人如陆浑戎一样尚武，在鲁国后方安置莱人，会对鲁国形成威慑。

---

① 王献唐：《春秋邾分三国考　三邾疆邑图考》，齐鲁书社1982年版，第5页。
② 逄振镐：《莱夷与莱国》，《烟台师范学院学报》1997年第2期。

齐庄公评传

简评：

齐庄公即位于危难之际，虽然仅仅在位六年，但六年之中，齐国国内不宁，与诸侯关系恶化，特别是伐晋之举，使得晋国再次会盟诸侯共同伐齐。庄公不仅没有收拾好灵公留下的烂摊子，反而使得大夫专权进一步强化，崔、庆之乱进一步发展，最终被弑身亡。庄公的被弑，虽然与崔杼之妻私通是直接诱因，但深层次的原因则是其本身的失德、无礼，这在其为太子之时已经有所表现。

齐庄公，名光，齐灵公之子，生年不详，公元前553年至公元前548年在位。因春秋前期已有齐庄公（名购），因而又称齐后庄公，以示区别。公元前554年，齐灵公卒，太子光即位，是为齐庄公。《左传·襄公十九年》："夏五月壬辰晦，齐灵公卒，庄公即位。"（《史记·齐太公世家》记载相同，《春秋》记载不同："秋七月辛卯，齐侯环卒……冬，葬齐灵公。"）

一、即位于危难之际

齐灵公二十七年（公元前555）冬，晋率诸侯联军伐齐，齐灵公御敌无方，致使齐国大败，诸侯联军围困临淄，齐灵公欲弃临淄而出逃邮棠，时为太子的庄公在劝阻灵公不成的情况下，以非凡的勇气毅然抽剑砍断灵公马车上套在马颈上的皮带，才制止了灵公的出逃行为。庄公的这一行为，为历代史家所赞赏。诸侯联军在齐国境内横行无忌，直至第二年春才撤兵回国，齐国因此而遭受巨大损失。

齐灵公二十八年（公元前554），灵公惊惧而死，庄公因崔杼之援而立为国君。庄公即位之时，面对的是灵公留下的一个烂摊子。晋、鲁等国与齐为敌，齐国时刻面临诸侯的再次讨伐，庄公即位之后，齐国迅速与晋讲和，在大隧会盟，第二年又盟于澶渊，缓和了与诸侯的关系。此举表现出齐庄公敏锐的眼光和国事决策能力，使齐国免于遭受第二次讨伐。庄公为太子之时，多次代表齐国参与诸侯盟会、讨伐，因而对诸侯盟会比较熟稔，也懂得晋国并非要置齐国于死地，不过是要制服齐国而已，只要齐国尊晋为盟主，留在联盟之内，晋国就会放齐国一码，因而庄公元年的澶渊之盟意义就在于以齐国的屈服换取诸侯的谅解。《左传·襄公二十年》："夏，盟于澶渊，齐成故也。"

但齐国与晋国的媾和，并非齐庄公真的服软，实在是不得已而为之，他内心中充满了对晋国的不满和怨恨，时刻准备报平阴战败之仇。

在处理对外关系的同时，庄公为稳定君位，迅速清除异己势力——公子牙及其党羽。灵公晚年废庄公太子之位，立公子牙为太子，庄公与公子牙形成对立关系，庄公虽然即位，但公子牙出逃在外，仍可对庄公之君位形成威胁，可借助诸侯的力量回国争位，这样的事情在春秋时代不乏先例（齐孝公、郑厉公都是此例）。继灵公二十八年杀公子牙、高厚和夙沙卫后，庄公二年（公元前552），庄公又令大夫庆佐讨伐公子牙之党羽，《左传·襄公二十一年》："齐侯使庆佐为大夫，复讨公子牙之党，执公子买于句渎之丘。公子鉏来奔。叔孙还奔燕。"句渎之丘为齐国西南险要之地，公子牙党羽占据此地，对齐国形成威胁，庄公讨伐，公子买被捕，公子鉏奔鲁，叔孙还奔燕。

二、谋划不周，挑战晋国

在庄公准备复仇之际，机会降临到齐国头上。庄公二年，晋国发生卿族内乱，下卿栾盈与卿族不睦，又被其母谗害，为执政范宣子所驱逐，栾盈出奔楚国，栾盈族党十人被范宣子所杀，另有多人被囚禁。当年，晋国为了禁锢栾氏，晋国与诸侯在商任会盟，《春秋·襄公二十一年》："公会晋侯、齐侯、宋公、卫侯、郑伯、曹伯、莒子、邾子于商任。"会盟目的在于禁止诸侯接纳栾氏，防止栾氏借诸侯之力对晋国形成威胁。第二年，晋国又与诸侯在沙随会盟，《春秋·襄公二十二年》："冬，公会晋侯、齐侯、宋公、卫侯、郑伯、曹伯、莒子、邾子、薛伯、杞伯、小邾子于沙随。"两次会盟，晋国及其盟国悉数参加，齐庄公均与会莅盟，两年两会，反映出晋国对栾氏族党的戒心。而庄公在商任之会上，即表示出不敬的态度，在商任之会后，对商任之盟阳奉阴违，违反盟约，私下接纳了栾盈族党。《左传·襄公二十一年》："知起、中行喜、州绰、邢蒯出奔齐，皆栾氏之党也。"

庄公三年（公元前551）秋，栾盈也从楚国来到齐国，《左传·襄公二十二年》："秋，栾盈自楚适齐。"栾盈来到齐国，与其族党合谋，反攻晋国，这与齐庄公报复晋国之心不谋而合。平阴之役，齐国大败之辱犹在心头，庄公早已报仇心切，试图借栾盈反晋之机，里应外合，给晋国一记复仇之拳。

齐庄公四年（公元前550）春，经过精心准备，庄公借晋吴联姻，以送齐女入晋为媵妾之契机，将栾盈族党秘密用篷车装载进入晋国的曲沃城。《左传·襄公二十三年》："晋将嫁女于吴，齐侯使析归父媵之，以藩载栾盈及其士，纳诸曲沃。"因为栾盈乐善好施，身边聚集了大批士人，让晋国执政范宣子颇为忌惮，《左传·襄公二十一年》："怀子好施，士多归之。"曲沃是栾氏的封邑，栾盈进入曲沃，得到曲沃人的支持，四月，栾盈自曲沃起兵，在晋国卿大夫魏舒的帮助下，顺利进入晋国都城新绛，因栾氏在晋国卿大夫中支持者较少，只有魏舒和七舆大夫支持栾盈。战前，魏舒又被范氏收买，因此，栾盈族党在新绛不能抵众，兵败出奔曲沃。《国语·晋语八》记载了栾盈之乱："尽逐群贼，而使祁午及阳毕适曲沃逐栾盈，栾盈出奔楚……居三年，栾盈昼入，为贼于绛。范宣子以公入于襄公之宫，栾盈不克，出奔曲沃，遂刺栾盈，灭栾氏。"

这年秋天，齐庄公率军伐晋。对于伐晋，齐国国内可谓一致反对，晏婴劝谏说："君恃勇力以伐盟主，若不济，国之福也。不德而有功，忧必及君。"崔杼也劝谏说："不可。臣闻之，小国间大国之败而毁焉，必受其咎。君其图之！"（《左传·襄公二十三年》）晏婴和崔杼认为，晋为盟主，而齐新败，齐国应认清现实（如崔杼所说，相对晋来说，齐是小国），齐国不能因为晋国有内乱而乘机攻伐，如若失败，盟主可能不会计较，如若成功，那样必然会引起盟主的讨伐，给国家和君主带来灾难。晏婴的分析有一定的道理，但齐伐晋，即使失败，作为盟主的晋国也不会放过齐国，因为攻伐盟主之国，这在春秋史上尚未有过，晋国必然严惩这种叛盟的行为。

《晏子春秋》中也有晏婴劝谏庄公不要伐晋的记载：

> 庄公将伐晋，问于晏子，晏子对曰："不可。君得合而欲多，养欲而意骄。得合而欲多者危，养欲而意骄者困。今君任勇力之士，以伐明主，若不济，国之福也，不德而有功，忧必及君。"公作色不说。晏子辞不为臣，退而穷处，堂下生蒆藋，门外生荆棘。庄公终任勇力之士，西伐晋，取朝歌，及太行、孟门，兹于兑，期而民散，身灭于崔氏。（《内篇问上·第二》）

晏婴认为，庄公欲望太多，并且意气骄纵，如果欲望实现，会更加骄纵，必然会有危险，陷齐国于困境。不施行德政，反而攻伐盟主，取得胜利的话，会殃及国君。而庄公执意伐晋，使得晏婴认为齐国必将有祸事，因此而辞官避祸，《晏子春秋》另一则记载《内篇杂上·第一》道："婴闻之，众而无义，强而无礼，好勇而恶贤者，祸必及其身，若公者之谓矣……（晏婴）遂徒行而东，耕于海滨。"有研究者认为，晏婴因庄公拒谏而退居在临淄家中一年有余，而非远居海滨。[①]

群臣的反对，并不能打消庄公伐晋的打算，但此时栾盈在新绛起事已经失败，齐国起兵伐晋已经失去了最佳时机，栾盈被晋军围困在曲沃城内，负隅抵抗。《左传·襄公二十三年》："秋，齐侯伐卫……自卫将遂伐晋……齐侯遂伐晋，取朝歌，为二队，入孟门，登大行，张武军于荧庭，戍郫邵，封少水，以报平阴之役，乃还。赵胜帅东阳之师以追之，获晏氂。"庄公首先伐卫，元儒

① 战化军：《晏婴生平事迹考辨》，《海岱学刊》2015年第2期。

汪克宽认为是有深意的："齐庄本意在伐晋，而伐卫以先之，亦犹齐桓本意在伐楚而侵蔡以先之也，讨从楚之与国，而后讨强楚，善之大者也；伐从霸之与国而果于陵霸主，恶之大者也。"① 之后，齐国继续伐晋，攻取了晋国的朝歌，然后兵分两路，一路自孟门进兵，一路自太行进兵，攻克荧庭等城邑，荧庭距晋都已不足百里，在沁水边将晋军尸体堆积起来，以示齐国武功；戍守郫邵，以防撤退时被袭。清人高士奇对庄公的对晋用兵分析说："当时齐轻兵深入，既取朝歌，则兵分为二部，一入白陉，由朝歌而厄其险隘；一登太行，自河内以瞰其腹心。"② 庄公没有再深入晋国腹地，应该与齐国没有进行全面准备有关，齐军轻兵突进，虽然取得了前期的胜利，但也与齐军的突袭、晋国的毫无防备有关。灵公评传中早已说明，春秋时，列国不守关隘，因此齐军在孟门、太行隘道没有遭遇晋军的大规模抵抗，进军顺利。但在回军之时，被晋军袭击，有所损失。据《国语·鲁语下》的记载："昔栾氏之乱，齐人间晋之祸，伐取朝歌。我先君襄公不敢宁处，使叔孙豹悉帅敝赋，踦跂毕行，无有处人，以从军吏，次于雍渝，与邯郸胜击齐之左，掎止晏莱焉，齐师退而后敢还。"邯郸胜即赵胜，晏莱即晏氂。③ 齐国伐晋之时，鲁国也出兵救晋，雍渝之战，齐军的失败是晋、鲁两军联合实施的。

齐军取得短暂胜利之后，因轻装袭晋，没有进行长时期与晋作战的准备，因而迅速撤军。齐军撤退之时，栾盈与其族党尚在曲沃抵抗，齐庄公伐晋并没有与栾盈进行沟通，缺乏密切配合，齐国撤兵，致使栾盈孤军奋战，至十月，晋军攻克曲沃，栾盈族党尽灭。《左传·襄公二十三年》："晋人克栾盈于曲沃，尽杀栾氏之族党。"齐国失去了一次利用晋国内乱而削弱晋国的绝好机会。

关于栾盈之乱，《史记》与《左传》记载不同：

《史记·齐太公世家》：四年，齐庄公使栾盈间入晋曲沃为内应，以

---

① ［元］汪克宽：《春秋胡传附录纂疏》卷二十二，四库全书本。

② 杨伯峻：《春秋左传注》，第1077页。

③ 杨伯峻先生认为晏莱即晏氂，为晏婴之子。见《春秋左传注》，第1078页；战化军认为晏莱是晏婴族人，而非其子，见《晏婴生平事迹考辨》，《海岱学刊》2015年第2期。

兵随之。上太行，入孟门。栾盈败，齐兵还，取朝歌。

《史记·晋世家》：（晋平公）八年，齐庄公微遣栾逞于曲沃，以兵随之。齐兵上太行，栾逞从曲沃中反，袭入绛。绛不戒，平公欲自杀，范献子止公，以其徒击逞，逞败走曲沃。曲沃攻逞，逞死，遂灭栾氏宗。逞者，栾书孙也。其入绛，与魏氏谋。齐庄公闻逞败，乃还，取晋之朝歌去，以报临淄之役也。

《史记·晋世家》中"栾盈"作"栾逞"。司马迁认为齐庄公在送栾盈入晋的同时，即起兵相随，据《左传》记载，齐军与栾盈并非同时起事，栾盈在新绛失败之后，齐国才起兵伐晋。

值得注意的是，庄公伐晋之事在出土文献清华简《系年》第十七章也有记载：

> 平公立五年，晋乱，栾盈出奔齐，齐庄公光率师以随栾盈。栾盈袭绛而不果，奔入于曲沃。齐庄公涉河袭朝歌，以报平阴之师。

清华简《系年》将栾盈之乱作为一个整体事件叙述，因而在具体时间上并不十分准确，将栾盈出奔齐国之年系于晋平公五年，实际是在晋平公七年，晋杀栾盈是在晋平公八年，晋国伐齐是在晋平公十年。但清华简《系年》对于齐庄公起兵伐晋的时间与《左传》是一致的，是在栾盈晋都新绛起事失败，且已被围于曲沃之后。《系年》和《史记·晋世家》都将齐伐晋的原因，归结于齐国报灵公二十七年平阴战败之仇（"以复平阴之师""以报临淄之役"）。

齐庄公伐晋之时，晋国正集中兵力对付栾盈，使得齐军进军顺利，虽然给晋国制造了一定的麻烦，但齐庄公明显没有继续进军晋国都城的想法，对与晋国进行正面的交锋还心有余悸，只有小打小闹，报复一下晋国的想法而已。齐国伐晋，长途奔袭，没有盟国，鲁、卫等国在后，都是晋国的盟国，是齐国的潜在威胁，可以说齐国没有稳定的后方，齐军伐晋的后路随时会被切断，雍渝之败即可说明这一点，这也应该是庄公不敢再深入晋国腹地的原因之一。

栾盈反晋，齐庄公实际上并没有寄托太大的希望，只是想通过栾盈给晋国制造麻烦，给晋国一点教训而已，对于栾盈族党的军事活动，庄公也没有给予足够的重视，因而从配合上看，显然是做得相当不好，没有形成对晋国的压迫之势，晋国的损失也并不大。

庄公伐晋，当时已经被世人所耻笑，视之为老鼠之行为。在庄公炫耀伐晋的成功时，出奔齐国的鲁国大夫臧纥讽刺庄公："抑君似鼠。夫鼠昼伏夜动，不穴于寝庙，畏人故也。今君闻晋之乱而后作焉。宁将事之，非鼠如何？"（《左传·襄公二十三年》）讽刺庄公伐晋犹如老鼠夜间的活动，不光明正大，为人所不齿。

庄公五年（公元前549），庄公因害怕晋国报复，与楚国结盟，派大夫陈无宇到楚国乞兵。晋国也与诸侯在夷仪会盟，准备讨伐齐国，《春秋·襄公二十四年》："公会晋侯、宋公、卫侯、郑伯、曹伯、莒子、邾子、滕子、薛伯、杞伯、小邾子于夷仪。"《左传》："会于夷仪，将以伐齐，水，不克。"因为水灾，晋国伐齐之行未成行，而宋儒高闶认为："晋侯为是故会于夷仪，帅十二诸侯之师将以讨齐，然会而不伐，是有畏也，国势不竞，众志不一也。曰水不克者，特辞不能伐耳。"[1] 但楚国如约伐郑救齐，诸侯联军转而援救郑国。齐庄公为了讨好周天子，派人为周天子修筑王城，周天子赏赐庄公以"大路"。但这并不能阻止晋国伐齐，庄公六年（公元前548）八月，晋国与诸侯在重丘会盟伐齐，《春秋·襄公二十五年》："公会晋侯、宋公、卫侯、郑伯、曹伯、莒子、邾子、滕子、薛伯、杞伯、小邾子于夷仪……秋八月己巳，诸侯同盟于重丘。"清华简《系年》第十七章也记载："晋人既杀栾盈于曲沃，平公率师会诸侯，伐齐，以报朝歌之师。齐崔杼杀其君庄公，以为成于晋。"

在晋伐齐之前的五月，庄公已经被权臣崔杼所杀，面对讨伐的诸侯联军，崔杼以庄公之弑取悦晋国，并以重礼贿赂晋国军政大臣：

《左传·襄公二十五年》：晋侯济自泮，会于夷仪，伐齐，以报朝歌

---

[1] ［宋］高闶：《春秋集注》卷三十，四库全书本。

之役。齐人以庄公说，使隰鉏请成。庆封如师，男女以班。赂晋侯以宗器、乐器。自六正、五吏、三十帅、三军之大夫、百官之正长、师旅及处守者，皆有赂。晋侯许之。

崔杼以齐国的宝物、奴仆贿赂晋国君臣，不仅使齐国尝到了失败的苦头，也使齐国不敢再轻易挑战晋国。庄公伐晋，最后恶果自尝，身死被辱，不得不说庄公虽好勇，但却无谋，栾盈这一手好牌，被庄公打得稀烂。

对于庄公伐晋，宋儒陈傅良说："齐始伐盟主也。自袁娄以来，齐世从晋，于是始叛，则晋霸之衰而诸侯贰矣。"① 清人马骕评价说："庄公即位，澶渊受盟，嗣立之初，弃怨修德，岂其感于晋之不伐丧乎？然亡唇弃辅，虽欲不平，其何得耶？好勇尚力，乘危察衅，齐之光固不下于齐之环也。商任、沙随渐窥晋隙，纳叛败盟，兴兵复怨，溯其初志，宁真心与晋同盟哉？帅师而伐盟主，实春秋之所罕闻也。盖自为世子时，屡与大国之盟，能习诸侯之事，故敢肆志而轻霸主，料敌制胜，自以为恢恢天下雄尔。卫郊不宁，莒人告变，诸侯方贰，晋亦何克骤困齐也哉？用兵弗戢，祸成自焚，贼臣市主，拊楹罹难，气馁于崔子，而力屈于妇人，所谓螳螂捕蝉而黄雀又伺其后，其视扣马进谏、抽剑断鞅时，何其前智而后愚耶？"②

三、好勇无礼，不顾行义

庄公是个好勇之人。后世齐人也将庄公视为国君中的勇者，晏婴曾经说："使勇者常守之，则庄公、灵公将常守之矣。"（《晏子春秋·内篇谏上·第十七》）"庄公壮，晏子事之以宣武。"（《晏子春秋·外篇七·第二十七》）

庄公好勇的表现之一是对于勇士特别喜欢，喜欢招纳天下勇士。

齐国国内著名的勇士殖绰、郭最为庄公所倚重，"齐庄公朝，指殖绰、郭最曰：'是寡人之雄也'"。（《左传·襄公二十一年》）并为勇士设置勇爵，但

① ［宋］陈傅良：《春秋后传》卷九，四库全书本。
② ［清］马骕：《左传事纬》卷六《齐灵庄叛晋》，四库全书本。

这种勇爵并非爵位，而是一种荣誉。① 庄公二年出奔齐国的栾盈党羽州绰、邢蒯等都是有名的勇士，乐王鲋曾对范宣子说："盍反州绰、邢蒯，勇士也。"（《左传·襄公二十一年》）齐庄公也因得到两位勇士而高兴，后来州绰死于庄公被弑之难。《说苑·立节》记载庄公曾设"五乘之宾"，"齐庄公且伐莒，为五乘之宾，而杞梁、华舟独不与焉，故归而不食"。杞梁、华舟也是齐国勇士，因没有跻身于"五乘之宾"而恼恨，在伐莒之战中英勇战死。可见在齐国已经普遍生出崇勇、好勇、任勇之风气。

然而庄公虽然好勇，但却勇而无礼。勇缺少了礼的护持，就变成了好勇斗狠，与国家法度、个人道德背道相驰。勇凌驾于礼之上，就会不合礼仪，产生悖逆行为。勇士在齐国国内横行无忌，多行不义，晏婴身为庄公之臣，认为勇力不可缺少，但要行之有道，"轻死以行礼谓之勇，诛暴不避强谓之力。故勇力之立也，以行其礼义也"。他曾多次劝谏庄公不能仅以"勇力立于世"。《晏子春秋·内篇谏上·第一》记载："庄公奋乎勇力，不顾于行义。勇力之士，无忌于国。贵戚不荐善，逼迩不引过"，"身立威强，行本淫暴"，"反圣王之德而循灭君之行"。以勇力行于天下，荼毒天下，暴虐诸侯，必将为远近所不容。"今上无仁义之理，下无替罪诛暴之行，而徒以勇力立于世，则诸侯行之以国危，匹夫行之以家残。"这是亡国之君的作为，而非圣明之君之所为。

实际上，齐国世俗好勇早已有之，至春秋战国之际，齐国好勇之俗更加突破了礼的范畴。《管子·水地》：齐俗"贪粗而好勇""国多私勇者"；《墨子·耕柱》记载："子墨子谓骆滑氂曰：'吾闻子好勇。'骆滑氂曰：'然。我闻其乡有勇士焉，吾必从而杀之。'子墨子曰：'天下莫不欲与其所好，度其所恶。今子闻其乡有勇士焉，必从而杀之，是非好勇也，是恶勇也。'"骆滑氂为齐人，其勇表现在不容其他勇士的存在上，墨子毫不客气地批评其为恶勇。《吕氏春秋·尊师》："高何、县子石，齐国之暴者也，指于乡曲，学于子墨子……（二者）刑戮、死辱之人也，今非徒免于刑戮、死辱也，由此为天

---

① 武振伟:《齐魏马陵之战论》,《孙子研究》2020 年第 1 期。

下名士显人。"高何、县子石这种残暴之人在齐国有生存的土壤,不得不说当时齐国风俗与国君的提倡有直接的关系。

庄公好勇的表现之二在于好战,企图以武力"威当世而服天下"(《晏子春秋·内篇问上》)。晏婴认为,威服天下靠的不是时势,而是仁政。《晏子春秋·内篇问上·第一》:

> 庄公问晏子曰:"威当世而服天下,时耶?"晏子对曰:"行也。"公曰:"何行?"对曰:"能爱邦内之民者,能服境外之不善;重士民之死力者,能禁暴国之邪逆;听赁贤者,能威诸侯;安仁义而乐利世者,能服天下。不能爱邦内之民者,不能服境外之不善;轻士民之死力者,不能禁暴国之邪逆;愎谏傲贤者之言,不能威诸侯;倍仁义而贪名实者,不能威当世。而服天下者,此其道也已。"而公不用,晏子退而穷处。

庄公问晏婴,威服天下是不是要靠时势?而晏婴认为要靠德行。国君要爱护国内民众,重视士人和民众的献身精神,听取谏议并任用贤人,施行仁政,只有这样才能威震诸侯,让天下人信服。庄公并不认可晏婴所说,他显然更认可武力征伐的方式。

庄公四年,齐国乘晋国栾盈之乱,乘机伐晋,取得了一定胜利后撤兵,返国途中,庄公没有直接回到临淄,而是又长途奔袭,偷袭了莒国,迫使莒国屈服,但在伐莒战斗中,庄公也大腿受伤。对于庄公伐莒,后儒从《春秋·襄公二十三年》"齐侯袭莒"微言大义的角度对庄公多有诟病,宋儒家铉翁说:"齐人还自晋,袭莒,无名之师也,著爵书袭,贱之也。"元儒李廉说:"《春秋》用兵之中,惟齐之叛晋也,一书伐曹人其郛,一书袭莒,皆一经之特笔,深恶之也。"① 庄公五年,崔杼率军伐莒,庄公六年,崔杼又率军伐鲁,无功而归。庄公伐晋、伐鲁、伐莒,无疑恶化了与诸侯的关系。

对于庄公的好勇好战,晏婴并不看好,虽然庄公能够与将士同甘共苦,士

---

① [清]王掞:《钦定春秋传说汇纂》卷二十七,四库全书本。

卒乐于效命，"先君庄公不安静处，乐节饮食，不好钟鼓，好兵作武，士与同饥渴寒暑"（《晏子春秋·内篇问下·第十五》），但庄公必将会因为好勇好战而丢掉性命，《晏子春秋·内篇问上·第一》："公任勇力之士，而轻臣仆之死，用兵无休，国罢（疲）民害，期年，百姓大乱，而身及崔氏祸。"庄公之亡，正合《司马法·仁本》所言："国虽大，好战必亡。"

庄公好勇，却表现为无礼。其无礼表现之一，诸侯盟会不敬。庄公为太子之时，多次代表齐国参加诸侯盟会、征伐，但庄公在诸侯盟会上多有失礼之举，被世人认为"不敬"。钟离之会上，庄公与高厚均表现出"不敬"，晋国大夫士庄子认为庄公与高厚最终不能免于祸患，《左传·襄公十年》："三月癸丑，齐高厚相大子光以先会诸侯于钟离，不敬。士庄子曰：'高子相大子以会诸侯，将社稷是卫，而皆不敬，弃社稷也，其将不免乎！'"在商任之会上，虽然齐国新受重创，但庄公在诸侯之会上，仍然"不敬"，《左传·襄公二十一年》："会于商任，锢栾氏也。齐侯、卫侯不敬。叔向曰：'二君者必不免。会朝，礼之经也；礼，政之舆也；政，身之守也；怠礼失政，失政不立，是以乱也。'"庄公被弑，早已埋藏了隐患。不敬，实则无礼，无礼则上下无分，国政昏乱。《左传·僖公十一年》记载，内史过曰："礼，国之干也。敬，礼之舆也。不敬则礼不行，礼不行则上下昏，何以长世？"一个不行礼义的国家，其国君不可能免于祸患。

庄公无礼的表现之二，不守信用。庄公四年，齐伐莒，战于莒国国都之且于门，因庄公受伤而退，期于明日再战，但庄公不守信用，暗自派杞殖、华还夜间埋伏于第二日莒国出兵途中，企图以伏兵战胜莒军，《左传·襄公二十三年》："明日，将复战，期于寿舒。杞殖、华还载甲，夜入且于之隧，宿于莒郊。明日，先遇莒子于蒲侯氏。"春秋时代，"结日定地"还是战争的主要的规则，从华周答莒国国君的话语中可知，"昏而受命，日未中而弃之，何以事君？"杞殖、华还的埋伏偷袭是得到庄公的君命而为的，庄公的这种偷袭行为是违反春秋时期征战之礼的。

庄公无礼的表现之三，对士人无礼。杞殖、华还在伐莒之役中战死，庄公却没有依礼进行吊唁，只是在回城的路边吊唁，杞殖之妻子认为庄公无礼，

"殖之有罪，何辱命焉？若免于罪，犹有先人之敝庐在，下妾不得与郊吊"（《左传·襄公二十三年》）。杞殖没有辱没君命，没有罪过，如果国君按照礼制要求，应到杞殖之家进行吊唁，庄公无言以对，到杞殖家吊唁。《说苑·立节》记载杞梁、华舟伐莒，庄公没有以勇士之礼对待二人，"君为五乘之宾，而舟、梁不与焉，是少吾勇也；临敌涉难，止我以利，是污吾行也；深入多杀者，臣之事也，齐国之利，非吾所知也"。二人为证明自己的勇气，奋勇进击，战死沙场。杞梁妻闻之而哭，"城为之阤，而隅为之崩"。这也是孟姜女哭长城传说的起源。究其本源，杞梁妻哭倒的只能是齐都临淄的城墙，而非齐长城，更不是秦长城。①

庄公无礼的表现之四，无礼于诸侯。庄公六年，莒犁比公到齐都临淄朝见齐庄公，五月十六日，庄公在临淄北郭接待莒犁比公，因崔杼托词有病，庄公亲到崔杼宅中，不探视崔杼之病，反而欲与崔杼之妻幽会。庄公置国家大事于不顾，行好色之事，无礼于诸侯、臣子，导致被弑。

四、好色失德，被弑于权臣

庄公好色，庄公宠臣崔杼的妻子东郭姜貌美，庄公不顾君臣之义，与东郭姜私通，经常到崔杼家中与东郭姜幽会，并随意将崔杼的帽子赏赐臣下，并无礼地说："不为崔子，其无冠乎？"（不用崔杼的帽子，就没有其他人的帽了可用吗？）言外之意，可以随时让其他人代替崔杼的职位。这种目无崔杼的言语，使崔杼怨恨庄公又加了一层。

而此时的崔杼也已不是无足轻重的角色，他为齐国之卿，位高权重，因伐晋之事，崔杼已与庄公产生矛盾，崔杼曾劝谏庄公不能伐晋："小国间大国之败而毁焉，必受其咎。"齐国不能乘人之乱而攻之。庄公不听，执意伐晋。崔杼认为，晋国绝不能善罢甘休，必将报复于齐，在他对陈文子的话中已隐藏了弑君的企图，"群臣若急，君于何有？"（《左传·襄公二十三年》）群臣如遇危

---

① 详见武振伟：《孟姜女哭倒的是哪个长城》,《齐文化简明读本——齐文化知识 100 问》,齐鲁书社 2019 年版,第 303—305 页。

难，哪里还顾得上国君？而庄公私通其妻，毫不收敛，更点燃了崔杼弑君的导火索。

崔杼欲弑庄公，已经蓄谋已久。庄公六年春，崔杼率齐军伐鲁，以报去年鲁伐齐之仇。鲁国大夫孟公绰预言：“崔子将有大志，不在病我，必速归，何患焉！其来也不寇，使民不严，异于他日。”（《左传·襄公二十五年》）此次齐伐鲁，与往常不一样，既不掳掠，役使百姓也不严厉，崔杼意在收买人心，而非真的侵伐鲁国，孟公绰认为崔杼将会有大动作。五月，莒犁比公朝齐，崔杼托词有病，不出席接待活动，庄公借探视崔杼之病的机会，到崔杼宅中与东郭姜幽会，而崔杼早已准备在宅中刺杀庄公。庄公近侍贾举因庄公曾鞭打自己而与崔杼成了同谋，庄公之亲随被贾举拦在崔宅之外，等到庄公在崔宅拍着柱子唱歌之时，崔杼埋伏的甲士一拥而出，将庄公包围其中，而庄公提出免死的要求，不被允许，又提出结盟，也没有被允许，庄公看到自己必死无疑，提出到太庙自杀，也不被允许。庄公企图以缓兵之计免死，没有得逞。庄公试图翻墙逃跑，被箭射中大腿，坠落于墙内，甲士一拥而上，将庄公杀死。这些甲士是崔杼的私人武装，只听命于崔杼的命令，他们执行的就是杀死国君的命令。在庄公丧命的同时，其随从也被杀，“贾举、州绰、邴师、公孙敖、封具、铎父、襄伊、偻堙皆死”（《左传·襄公二十五年》）。《穀梁传·襄公二十五年》因而将庄公被弑之原因归结为“庄公失言，淫于崔氏”。宋儒高闳认为庄公与崔杼都非善类，“崔杼不能防闲其妻，以淫于家，又不绝妻，而行大逆于君；齐庄背诸侯之盟，数行侵伐，崔杼因民之忿，遂以宣淫之故弑之”①。

对于庄公被弑一事，其他史籍有记载是崔杼与庆封合谋而为，《吕氏春秋·慎行》记载：“崔杼与庆封谋杀齐庄公。”《穀梁传·昭公四年》记载庆封被楚灵王俘获后，灵王曾羞辱庆封，声称是为齐诛杀逆贼，“庆封其以齐氏何也？为齐讨也。灵王使人以庆封令于军中，曰：‘有若齐庆封弑其君者乎？’”说明庄公被弑与庆封有直接关系，应是崔、庆合为，《公羊传·昭公四年》也记载：“庆封之罪何？胁齐君而乱齐国也。”崔、庆的弑君行为引起其他诸侯

---

① ［宋］高闳：《春秋集注》卷三十，四库全书本。

的痛恨，在儒家看来，诛杀庆封是正义之举。

崔杼弑庄公后，又遍杀忠于庄公之党。"祝佗父祭于高唐，至，覆命。不说弁而死于崔氏。申蒯，侍渔者，退，谓其宰曰：'尔以帑免，我将死。'其宰曰：'免，是反子之义也。'与之皆死。崔氏杀融蔑于平阴。""卢蒲癸奔晋，王何奔莒。"（《左传·襄公二十五年》）

庄公被弑后，崔杼立庄公异母弟公子杵臼为国君，是为齐景公。崔杼自任相国，以庆封为左相。崔杼强迫大臣与之歃血为盟，不与崔、庆为党者杀。晏婴认为庄公是被弑不是为社稷而死，是被自己害死的，不值得为这样的君主殉节，"故君为社稷死，则死之；为社稷亡，则亡之。若为己死，而为己亡，非其私昵，谁敢任之？"（《左传·襄公二十五年》）晏婴因坚持正义又深得民望而没有被害。

崔杼将庄公草草埋葬，没有按照国君葬礼的要求进行大葬，《春秋·襄公二十五年》："夏五月乙亥，齐崔杼弑其君光。"《左传·襄公二十五年》："崔氏侧庄公于北郭。丁亥，葬诸士孙之里，四翣，不跸，下车七乘，不以兵甲。"按照礼制，诸侯应五月而葬，用六翣，戒严清除道路，陪葬车九辆，应列军阵，而崔杼葬庄公，则只用了十三天，而且丧葬规制都刻意降低。因此，《春秋》只书庄公之弑，而不书其葬。

在庄公被弑后不久，晋国会诸侯于夷仪，会盟讨伐齐国，以报去年齐国伐晋之仇，《春秋·襄公二十五》："公会晋侯、宋公、卫侯、郑伯、曹伯、莒子、邾子、滕子、薛伯、杞伯、小邾子于夷仪。"《左传》："晋侯济自泮，会于夷仪，伐齐，以报朝歌之役。"面对晋国来势汹汹的讨伐，刚刚弑君的崔杼以杀死庄公取悦晋国，并拿出齐国府库大量财物贿赂晋国上下，换取晋国的退兵，《左传》："齐人以庄公说，使隰鉏请成。庆封如师，男女以班。赂晋侯以宗器、乐器。自六正、五吏、三十帅、三军之大夫、百官之正长、师旅及处守者，皆有赂。晋侯许之。"宋儒胡安国对于晋国不讨弑君之人反而取赂而返的行为颇为讥讽："夫晋本为报朝歌之役来讨，及会夷仪，既闻崔杼之弑，则宜下令三军建而复旆，声于齐人，问庄公之故，执崔杼以戮之，谋于齐众，置君以定其国，示天讨之义，则方伯连帅之职修矣。今乃知贼不讨而受其赂，则是与之同情也。"① 宋儒赵鹏飞更是认为："今晋徒合诸侯以谋齐，其实非志于治齐也，要赂而已，无赂则讨之，得赂则释之，故会于夷仪以待赂。"②

崔杼弑君并没有得到好下场，景公二年，崔氏内讧，被庆封所灭，崔杼自杀，《左传·襄公二十八年》："以其棺尸崔杼于市，国人犹知之，皆曰：'崔子也。'"崔杼的尸体被放置于当年盛放庄公尸体的棺椁中，曝尸于众，可见当年崔杼弑君是不得人心的，《史记·齐太公世家》则言崔杼之死大快人心，崔杼死后被施以戮尸的惩罚，"齐人徙葬庄公，僇崔杼尸于市以说众"。景公三年，始按诸侯之礼迁葬庄公；景公四年，葬庄公于北郭。之所以没有葬于国君葬区，因其"兵死不入兆域"（杜预注），庄公死于非命，按礼制，不能葬入国君葬区。

结　语

对于庄公被弑，韩非曾有评价："人主无法术以御其臣，虽长年而美材，大臣犹将得势，擅事主断，而各为其私急。而恐父兄豪杰之士，借人主之力以禁诛于己出，故弑贤长而立幼弱，废正的而立不义。"（《韩非子·奸劫弑臣》）韩非认为，庄公被弑，是没有权术驾驭自己的臣子，致使臣子凌驾于国君之上，国君的生死也控制于臣子之手。清人马骕也认为，庄公被弑与放松了对崔杼等宠臣的警惕有关，如晏子所说："人有君而弑之。"崔杼得到国君的信任，又把国君杀死，崔杼与贾举正是利用庄公的宠信而弑君，庄公也丝毫没有觉察出他们的谋逆之举，可谓不明。庄公虽然清除了有威胁的公子牙之党，但随着权势的增长，崔、庆渐生不臣之心，庄公的好色失德，加快了崔杼弑君的步伐。"庄公即位，尸戎子，执子牙，杀高厚，醢夙沙卫，其所以谋安其位者，汲汲然如将弗及，而崔、庆在侧，若不闻焉，唯是兴师劳民，日勤四方，崔内蓄其逆志，而外收其兵权，庄曾不之知也，迨赐冠祸构，犹弗能察，登台三

---

① ［宋］胡安国：《春秋传》卷二十二，四库全书本。
② ［宋］赵鹏飞：《春秋经筌》卷十二，四库全书本。

请，冀或得生，又何愚哉？"①

关于庄公的谥号，《逸周书·谥法解》："兵甲亟作曰庄，睿通克服曰庄，死于原野曰庄，屡征杀伐曰庄，武而不遂曰庄。"庄公在位期间，屡兴甲兵，敢于挑战盟主，好勇好战，最后死于崔杼之宅，应该说还是比较符合庄公的作为的。只是景公即位后，安葬庄公、议谥之时，可能早已忘却了齐国在两周之际曾有一位庄公，这也是姜齐历史上唯一一个谥号相同的事例。

庄公在位期间，伐晋、伐鲁、伐莒，与第一次弭兵之会后的形势显得格格不入，盟国之内鲜少战争，而庄公被弑，晋国的执政赵武认为："自今以往，兵其少弭矣！齐崔、庆新得政，将求善于诸侯。"（《左传·襄公二十五年》）齐国国内崔、庆势力在庄公被弑之后，为稳定局面，必然要交好诸侯，不希望再发生战争，不久之后的景公二年（公元前546），第二次弭兵之会达成，春秋争霸战争暂时停止；通过交接诸侯，压制国内反对势力，崔、庆势力也发展到顶峰，代替了国、高等卿族掌握了政权，卿大夫专权局面进一步形成，对齐国君权形成巨大威胁，景公即位后，崔、庆执政，竟有虐待景公之事，如无崔、庆自作孽，则栾、高、鲍、陈等族诛除崔、庆势力也不甚容易。庄公宠信佞臣，可谓遗祸无穷，岂止一个"愚"字当得！

---

① ［清］马骕：《左传事纬》卷七《齐崔庆之乱》，四库全书本。

齐景公评传

简评：

齐景公是春秋中后期齐国比较有作为的国君，在位期间，正值晋国霸权衰落、楚国国势衰微之时，景公试图恢复桓公霸业，对内改革内政，任用晏婴为相，提拔重用一些贤臣，任用公族；对外经略小国，积极争取盟国，与晋国分庭抗礼，甚至插手晋国内乱，讨伐晋国，景公心心念念的齐国霸业在景公晚年有所实现，齐国地位举足轻重，可以称得上小霸。景公虽仰慕桓公，但德、能均不及桓公，其霸业自不可与桓公相比。景公在位时期，齐国较为稳定，齐文化在桓公时代的基础上进一步发展，达到第二个高潮。但景公自身有不可克服的弱点，好酒、好色、好奢、好游猎，佞幸之臣不绝于左右，为满足私欲，不恤民力，横征暴敛，导致齐国内部矛盾尖锐，陈（田）氏与之争民，陈氏代齐已现初兆。景公虽能纳谏如流，但却不能慎终如始，善作善成，有限的仁政措施不能长久，临终之际，又弃长立幼，立幼子公子荼为太子，致使君位继承出现变乱，陈氏借机废立国君，势力进一步增强。陈氏代齐虽迟至一百余年之后才得以完成，但其肇始却可溯源于景公时期。

齐景公，名杵臼（《公羊传·哀公五年》作处臼），齐灵公之子，齐庄公之弟。公元前548年，齐庄公被权臣崔杼所杀，景公被崔杼拥立为国君，公元前547年至公元前490年在位，在位长达58年，是齐国在位时间较长的国君，仅次于两周之际的齐前庄公（名购，在位时间64年）。

齐景公的生年不详，据《左传·襄公二十五年》记载："叔孙宣伯之在齐也，叔孙还纳其女于灵公。嬖，生景公。丁丑，崔杼立而相之。"《史记·齐太公世家》也记载："丁丑，崔杼立庄公异母弟杵臼，是为景公。景公母，鲁叔孙宣伯女也。"另据《左传·昭公十年》："穆孟姬为之请高唐，陈氏始大。"杜预注曰："穆孟姬，景公母。"景公为鲁女穆孟姬所生。鲁国大夫叔孙宣伯出奔齐国是在鲁成公十六年（公元前575）冬，因与灵公之母声孟子私通而怕得罪于齐，第二年即出奔卫国。叔孙宣伯纳女于灵公的时间当在公元前574年，则景公出生的时间最早当在公元前573年，至公元前548年即位，其年龄最大不超过25岁；另据《左传·定公十三年》记载，公元前497年，齐景公曾驾车与卫侯驰驱，"齐侯曰：'比君之驾也，寡人请摄。'乃介而与之乘，驱之"。景公能够驾车，不应是七十余岁的老人，那么其即位时，年龄应更小一些。

景公之母为灵公之妾，地位不高。庄公即位后，群公子逃亡，公子牙之党（包括部分灵公之子）被肃清，而景公在国都未受牵连，则景公当时并不构成对庄公君位的威胁，庄公并未将此庶弟看在眼中。庄公被弑，造成君位的空缺，一向无所作为且无政治根基的景公被权臣崔杼看中，立为国君。可以说，景公的国君之位，是无意中得之，纯属巧合。

一、权臣擅国：景公即位初期的困境

受制于崔、庆。景公即位之初，齐国国政完全掌握在崔杼和庆封手中。《史记·齐太公世家》："景公立，以崔杼为右相，庆封为左相。"齐人以右为尊，由崔杼执政。《左传·襄公二十五年》："丁丑，崔杼立而相之。庆封为左相。盟国人于大宫，曰：'所不与崔、庆者。'晏子仰天叹曰：'婴所不唯忠于君利社稷者是与，有如上帝。'乃歃。辛巳，公与大夫及莒子盟。"崔杼胁迫齐国大夫与之结盟，把持了齐国的政权，不与崔、庆之党者被杀，《晏子春秋·内篇杂上·第三》记载："崔杼既弑庄公而立景公，杼与庆封相之，劫诸将军大夫及显士庶人于太宫之坎上，令无得不盟者。为坛三仞，坎其下，以甲千列环其内外，盟者皆脱剑而入。维晏子不肯，崔杼许之。有敢不盟者，戟拘其颈，剑承其心，令自盟曰：'不与崔庆而与公室者，受其不祥。言不疾，指不至血者死。'所杀七人。"崔、庆一当政，即一派血腥气氛，因结盟不积极、手指没有蘸到血的立刻被杀，七个齐国大臣先后被杀。景公初立，在权臣威逼之下，战战兢兢，如履薄冰，随时可能被崔、庆或弑、或废。

景公元年（公元前547），为让晋国释放卫献公，齐景公在国弱、晏婴的陪同下，前往晋国，朝见晋平公。景公朝晋，一方面缓和了与晋国的关系，尊晋为盟主；一方面为诸侯出头，扩大齐国的话语权。但此时的齐国还在崔、庆控制之中，景公不过是他们的傀儡而已。

景公二年（公元前546），第二次弭兵之盟达成，晋楚争霸暂告一段落，而此时齐国国内再起内乱。崔杼家族因争夺继承权而起内讧，庆封趁机将崔氏家族一举铲除，"遂灭崔氏，杀（崔）成与强，而尽俘其家。其妻缢"。崔杼两子被杀，一子逃亡，其妻自缢，崔杼无家可归，也自缢而亡，其后，庆封掌握了齐国政权，"庆封当国"（《左传·襄公二十七年》），"庆封为相国，专权"（《史记·齐太公世家》）。

庆封执政后，骄奢淫逸，将国政交与其子庆舍处理，自己寻欢作乐。《左传·襄公二十八年》："齐庆封好田而耆酒，与庆舍政。则以其内实迁于卢蒲嫳氏，易内而饮酒。数日，国迁朝焉。"庆氏专权，并不把景公看在眼里，在饮食上竟虐待景公，"公膳，日双鸡。饔人窃更之以鹜。御者知之，则去其肉而以其洎馈。"（《左传·襄公二十八年》）本来景公一天的膳食是两只鸡，而宫中厨师因景公地位无足轻重，而将鸡换成了野鸭，伺候景公的人又将鸭肉私吞，只给景公喝汤。

庆氏的擅政及虐待景公的行为，引起了公族和正直大臣的不满。景公三年（公元前545），庆氏欲铲除公族的栾、高二氏[①]，没有得到其他大臣的响应。栾、高、陈、鲍四族趁庆封在莱地打猎之机，先下手为强，发起讨伐庆氏之役，将庆氏一族几乎全部灭掉，庆封出奔鲁国，崔、庆之乱至此画上句号。庆

---

① 齐惠公之子公子栾坚，其后以栾为氏，公子高祁，其后以高为氏。子雅、子尾为惠公之孙。此高氏与天子之命卿高氏不同。

封后又出奔吴国，之后在楚灵王伐吴时被杀，《吕氏春秋·慎行》认为："凡乱人之动也，其始相助，后必相恶。"崔、庆始则合谋而动，终则因利益之争而互相攻击。清人马骕认为崔、庆迅速灭亡，仰赖于太公之德未灭："齐有两大逆，不旋踵而皆灭之，岂或太公之德在人？"①

崔、庆的灭亡虽然消除了两族把持国政的局面，但齐国的国政又落入栾、高二氏手中。二氏为齐惠公之后，攻灭庆氏后，栾、高二氏的子雅（公孙灶）、子尾（公孙虿）执政。1963 年在临朐杨善公社出土的公孙灶铜壶，上有"公孙灶立事岁"等三十九字铭文，"立事岁"是齐国习见的纪年格式，只有执政的人物才可以用"立事"，可证当时子雅执政。② 景公四年（公元前544），齐国世袭上卿高止专权好事，惹怒了子雅、子尾，子雅、子尾与高止发生冲突，流放高止于燕国。"秋九月，齐公孙虿、公孙灶放其大夫高止于北燕。乙未，出。书曰：'出奔'。罪高止也。高止好以事自为功，且专，故难及之。"（《左传·襄公二十九年》）而高止的流放激起了高氏的反叛："为高氏之难故，高竖以卢叛。十月庚寅，闾丘婴帅师围卢。"高止之子高竖以封地卢邑叛齐，虽然齐国又立高偃为世卿，但高氏的势力已经进一步削弱，高氏被驱逐已是第二次（上一次是高无咎被逐）。然而栾、高二氏的执政也是擅权，景公九年（公元前 539），子尾竟以己女代替国君之女嫁给晋平公："公孙虿为少姜之有宠也，以其子更公女而嫁公子。"（《左传·昭公三年》）但栾、高二氏在子雅、子尾死后，日渐衰微，二氏之继承人子旗（栾施）、子良（高强）并非有为之臣，嗜酒，又与陈、鲍等大族构怨。"齐惠栾、高氏皆耆酒，信内多怨，强于陈、鲍氏而恶之。"（《左传·昭公十年》）景公十六年（公元前532），陈、鲍二族联合起事，先行攻打栾、高二氏，栾、高战败，出奔鲁国，其家财采邑被陈、鲍二氏瓜分。在晏婴的劝说下，陈桓子（陈无宇）将栾、高家产"尽致诸公，而请老于莒"（《左传·昭公十年》）。

栾、高二氏败逃，鲍、陈二氏之势力尚不能构成专权，使得景公亲政成为

---

① ［清］马骕：《左传事纬》卷七《齐崔庆之乱》，四库全书本。
② 齐文涛：《概述近年来山东出土的商周青铜器》，《文物》1972 年第 5 期。

可能。

对于国内的大夫专权，景公无能为力，诛灭庆氏之役，没有出谋，没有指挥，靠的是四族的力量。"公惧，鲍国（鲍文子）曰：'群臣为君故也。'陈须无以公归，税服而如内宫。"（《左传·襄公二十八年》）因而在其后的国政中，又使得栾、高专权。

二、贤佞兼用：齐景公的用人之道

1. 任用贤臣

景公知道治国必用贤臣。只有贤臣就位，才能把国家治理好，国君才得以安逸。《晏子春秋·内篇谏上·第二十三》记载："吾为夫妇狱讼之不正乎？则泰士子牛存矣；为社稷宗庙之不享乎？则泰祝子游存矣；为诸侯宾客莫之应乎？则行人子羽存矣；为田野之不僻，仓库之不实？则申田存焉；为国家之有余不足聘乎？则吾子存矣。寡人之有五子，犹心之有四支，心有四支，故心得佚焉。今寡人有五子，故寡人得佚焉。"景公认为，国君分官设职，各官应尽其责。

景公虽为平庸之君，但却有识人之量，在位期间，以晏婴为相，匡正过失，国内安定，使齐国重于诸侯。"晏子立，诸侯忌其威，高、国服其政，燕、鲁贡职，小国时朝。晏子没而后衰。"① 对于敢于劝谏自己的弦章、田穰苴等也都委以重任。

以晏婴为相。晏婴身历三朝，曾辅佐灵公、庄公，深孚众望。《晏子春秋》《史记·管晏列传》等记载晏婴为齐相，《左传》《国语》等先秦文献中却没有记载，《晏子春秋》中说晏婴"位为中卿，田七十万"②，晏婴自己也说"君使臣临百官之吏"③，"使婴修百官之政"④，景公也称晏婴为"寡人

① 《晏子春秋·外篇七·第二十二》。
② 《晏子春秋·外篇八·第十》。
③ 《晏子春秋·内篇杂下·第二十五》。
④ 《晏子春秋·外篇七·第二十五》。

宰"①，晏婴任相应是没有问题的。战化军先生根据史料记载，认为晏婴任相大概是在晏婴谏景公不杀祝、史之后，时在景公二十六年②，《晏子春秋·内篇杂上·第四》："景公知晏子贤，乃任以国政，三年，而齐大兴。"《晏子春秋·内篇谏上·第十二》："命会谴毋治齐国之政，梁丘据毋治宾客之事，兼属之乎晏子。晏子辞，不得命，受相退，把政，改月而君病悛。"景公对晏婴非常敬重，晏婴的谏言虽然非常直接，对景公的批评也非常不客气，但景公对晏婴的谏言几乎全部接受。晏婴为相期间，"以节俭力行重于齐"③。晏婴卒于景公四十八年，为相时间二十二年，《晏子春秋》记载，晏婴死，景公听闻死讯，急忙从游玩的地方赶回国都，顾不得礼仪，因嫌车慢而下车自己跑，又嫌跑得慢而上车，到国都临淄时，先后上下车四次。"景公游于淄，闻晏子死，公乘侈舆服繁驵驱之，而因为迟，下车而趋；知不若车之速，则又乘，比至于国者，四下而趋，行哭而往，伏尸而号。"④ 景公对晏婴的死，甚为悲伤，认为是天降祸于齐，齐国之社稷将危。晏婴卒后，齐政渐衰。景公在晏婴卒后，曾说："自吾失晏子，于今十有七年，未尝闻吾不善。"⑤

景公与晏婴的君臣际遇。景公梦想恢复齐桓公霸业，也以桓公为自己效仿的对象，《晏子春秋·内篇问下·第三》："景公问晏子曰：'昔吾先君桓公，从车三百乘，九合诸侯，一匡天下。今吾从车千乘，可以逮先君桓公之后乎？'"景公也希望有管仲一样的贤臣能够辅佐自己，成就桓管霸业。《晏子春秋·内篇问上·第七》记载："景公问晏子曰：'昔吾先君桓公，有管仲夷吾保乂齐国，能遂武功而立文德，纠合兄弟，抚存冀州，吴越受令，荆楚惮忧，莫不宾服，勤于周室，天子加德。先君昭功，管子之力也。今寡人亦欲存齐国之政于夫子，夫子以佐佑寡人，彰先君之功烈，而继管子之业。'"景公希望晏婴能够像管仲一样辅佐自己，成就霸业，景公也要效仿桓公，将国政托付于

① 《晏子春秋·外篇八·第三》。
② 战化军：《晏婴评传》，山东人民出版社 2015 年版，第 54 页。
③ 《史记·管晏列传》。
④ 《晏子春秋·外篇八·第十六》。
⑤ 《晏子春秋·外篇八·第十八》。

晏婴。《晏子春秋·内篇问上·第六》也记载:"景公问晏子曰:'吾欲善治齐国之政,以干霸王之诸侯。'……公曰:'寡人今欲从夫子而善齐国之政,可乎?'"景公向晏婴表达了自己托付国政的强烈愿望。但晏婴认识到,景公在用人方面并不能像桓公一样任人唯贤、用人不疑,桓公取得霸业不是偶然的,是任用一批贤臣而取得的,他身边不只有管仲的辅佐,还有隰朋、弦宁、东郭牙、宁戚、王子成甫等人在桓公左右,时刻规劝桓公;反观景公身边,奸佞之臣围绕左右,行政多失民心,却没有进谏劝导国君之人,"今君之朝臣万人,兵车千乘,不善政之所失于下,隙坠于民者众矣,未有能士敢以闻者。臣故曰:'官未具也。'"① 晏婴认为,没有一个贤臣组成的行政班底,是不能取得像桓公一样的霸业的,虽然景公意欲托国于自己,但在具体行政中,会受到种种干扰和掣肘,《晏子春秋·外篇七·第十四》记载,晏婴认为景公身边有奸佞谄谀之小人,景公表示要去除这样的人,而晏婴认为景公不能做到。"公曰:'如是乎!寡人将去之。'晏子曰:'公不能去也。'"原因即在于那些佞幸小人会因景公之爱恶而添油加醋,"公怨良臣,则具其往失而益之",导致"君以为耳目而好缪事,则是君之耳目缪也"。景公不会听到真实的情况,被小人所蒙蔽。《晏子春秋·内篇杂上·第五》记载,晏婴曾因景公厌恶故人而辞官,"公曰:'衣之新也,信善矣,人之故,相知情。'晏子归,负载使人辞于公曰:'婴故老耄无能也,请毋服壮者之事。'公自治国,身弱于高、国,百姓大乱。公恐,复召晏子。"晏婴也曾受到景公的怀疑,因此而出奔,"晏子使人分仓粟府金而遗之,辞金受粟。有间,晏子见疑于景公,出奔"②。景公在用人上,不能做到用人不疑,何况以景公为代表的公室和贵族倒行逆施已久,此时整顿内政尚且不及,何暇谈及争霸?"今君疏远贤人,而任谗谀;使民若不胜,藉敛若不得;厚取于民,而薄其施,多求于诸侯,而轻其礼;府藏朽蠹,而礼悖于诸侯,菽粟藏深,而怨积于百姓;君臣交恶,而政刑无常。臣

---

① 《晏子春秋·内篇问上·第六》。
② 《晏子春秋·内篇杂上·第二十七》。

恐国之危失，而公不得享也。又恶能彰先君之功烈而继管子之业乎?"① 虽然晏子有荐贤之心，但景公是否能够任用，则是另外一回事。《晏子春秋·外篇七·第二十二》记载："晏子相景公，其论人也，见贤而进之，不同君所欲；见不善则废之，不辟君所爱；行己而无私，直言而无讳。"

对于晏婴为何不接受景公的托国，笔者认为，晏婴对景公有着深切的了解，景公的性格及行为与桓公有着很大的差距，接受托国也不足以能够使齐国称霸，如晏婴自己所说："今婴事君也，国仅齐于诸侯，怨积乎百姓，婴之罪多矣。"② 晋平公曾询问晏婴对于景公的看法，晏婴答曰："诸侯之交，绍而相见，辞之有所隐也。君之命质，臣无所隐，婴之君无称焉。"③ 晏婴认为，景公实在没有可以太为人所称道的优点。另外，晏婴认为景公虽有小善，但"大宫室，美台榭，以辟饥渴寒暑，畏祸敬鬼神，君之善，足以没身，不足以及子孙矣"④。景公之行，仅及自身，德不及子孙。事实证明，景公之后，因其失误导致公室加速衰弱，陈氏终代齐国。此外，晏婴不接受景公的托国，还有明哲保身的思想，深处末世，全身避祸成为他自始至终都存在的思想。晏婴在庄公朝时，预感将有政治动乱，因此将自己的爵位和采邑全部退还给庄公。"晏子为庄公臣，言大用，每朝，赐爵益邑；俄而不用，每朝，致邑与爵。爵邑尽，退朝而乘，喟然而叹，终而笑。"⑤ 因此在庄公被弑之难中，晏婴能够从容而退。景公四年，吴国公子季札在聘齐之时，看到齐国将有变乱，劝晏婴退还采邑，不参与政事，以此免祸："子速纳邑与政! 无邑无政，乃免于难。齐国之政，将有所归，未获所归，难未歇也。"晏婴听从了季札的建议，"晏子因陈桓子以纳政与邑，是以免于栾、高之难。"(《左传·襄公二十九年》)晏婴在栾、高之难中自处中立地位，不助栾、高，也不助陈、鲍，最终栾、高战败，出奔他国，栾、高被灭，使齐国公族势力又削弱，陈氏势力增强，实际

---

① 《晏子春秋·内篇问上·第七》。
② 《晏子春秋·内篇杂下·第二十八》。
③ 《晏子春秋·内篇问下·第十六》。
④ 《晏子春秋·内篇问下·第十五》。
⑤ 《晏子春秋·内篇杂上·第二》。

上，这并不符合晏婴抑制陈氏发展的初衷。清人高士奇对此就有对晏婴的批评："晏大夫端委公门，坐观成败，栾、高奔而陈氏之势益张矣，不亦左乎?"①但晏婴避祸的思想导致了不愿意看到的结果，同样也会觉得接受景公的托国是一件危险的事情，因此而不接受。

对于景公与晏婴的君臣际遇，历代多有评说，有认为是景公才能平庸，不堪辅佐，不能成大业的，如宋人洪迈说："修桓公之政，则晏婴可以为仲父，有马千驷，则壤地甲兵不减于九合一匡时也。奈何景公志无远图，惟繁刑嗜酒田猎游观之是尚，婴数为谏之，景数为违之，欲以绍前烈而逮先君之后，不亦难乎?"也有指责晏婴不能如管仲一样执政，尽己之能，发挥更大的作用，只纠缠于景公的琐碎小事，如清人赵青藜说："于景公固已奉社稷以从矣，知无不言，言无不尽，此其时矣，乃委蛇其间，规其小过，舍其本计。"当然，也有人认为晏婴之所以不敢接受景公之托国图霸，是因为才能不足，其才不如管仲，宋人苏辙即认为："至于纠合诸侯，攘却夷狄，未必能若管子也。"②清人高士奇也说："晏子显君，与管仲后先相映；而《传》(《史记·管晏列传》)所载数事，无足深取……景公嗣世，叠经崔、庆、栾、高之乱，皆不能有所匡正，而燕款之纳，仅至唐邑，未能即其国都，与仲父之城三亡国者，殆霄壤哉!"③《孟子·公孙丑上》曾评价管仲和晏婴说："管仲以其君霸，晏子以其君显。"这很好地说明了君臣际遇对于成就功业的关系，应该说，晏婴的进谏使景公的过失得以减少，而景公的从谏如流不仅成就了晏婴的声名，也使景公作为纳谏的明君形象流芳史册。如《左传·昭公三年》所载："景公繁于刑，有鬻踊者。故对曰：'踊贵屦贱。'既已告于君，故与叔向语而称之。景公为是省于刑。君子曰：'仁人之言，其利博哉。晏子一言而齐侯省刑。《诗》曰：君子如祉，乱庶遄已。其是之谓乎?'"

任用弦章。《晏子春秋》记载弦章曾多次进谏景公，为使景公停止饮酒，

① [清]高士奇:《左传纪事本末》,中华书局2015年版,第256页。
② 吴则虞:《晏子春秋集释》,中华书局1962年版,第591—592页。
③ [清]高士奇:《左传纪事本末》,第226页。

不惜以身犯险。《晏子春秋·内篇谏上·第四》:"景公饮酒,七日七夜不止。弦章谏曰:'君欲饮酒七日七夜,章愿君废酒也!不然,章赐死。'"在晏子卒后,弦章进谏景公要听取"不善之言","君好之,则臣服之;君嗜之,则臣食之"。因为景公不喜欢别人进谏,因而没有进谏之人。因为弦章的进谏,景公看到了晏婴的影子,赏赐弦章五十车鱼,弦章固辞不受,时人认为"弦章之廉,乃晏子之遗行也"①。

重用田穰苴。面对齐国遭遇诸侯入侵的不利局面,景公因晏婴之荐,不计田穰苴身份卑贱,提拔田穰苴于间伍之中,任命为将军,率军击退外敌,并任命田穰苴为大司马。《史记·司马穰苴列传》:"齐景公时,晋伐阿、甄,而燕侵河上,齐师败绩。景公患之。晏婴乃荐田穰苴曰:'穰苴虽田氏庶孽,然其人文能附众,武能威敌,愿君试之。'景公召穰苴,与语兵事,大说之,以为将军,将兵扞燕晋之师……士卒次舍井灶饮食问疾医药,身自拊循之。悉取将军之资粮享士卒,身与士卒平分粮食。最比其羸弱者,三日而后勒兵。病者皆求行,争奋出为之赴战。晋师闻之,为罢去。燕师闻之,度水而解。于是追击之,遂取所亡封内故境而引兵归。"虽然田穰苴后来因是田氏支裔而受到怀疑,因此郁郁而死,但景公任人以贤的识人之量足令其子孙望其项背。

欲任孔子。孔子曾到齐,为高昭子家臣,景公闻听孔子之贤,欲封赏孔子,任孔子为官。《史记·齐太公世家》记载:"(景公)二十六年,猎鲁郊,因入鲁,与晏婴俱问鲁礼。"②《史记·孔子世家》记载:"景公问政孔子,孔子曰:'君君,臣臣,父父,子子。'景公曰:'善哉!信如君不君,臣不臣,父不父,子不子,虽有粟,吾岂得而食诸!'他日又复问政于孔子,孔子曰:'政在节财。'景公说,将欲以尼谿田封孔子。"景公对孔子的学说非常认同,后因晏婴之谏而没有成行。

景公为政期间,为了能够治理好国家,可谓求贤若渴,多次向晏婴求教求

① 《晏子春秋·外篇八·第十八》。
② 《史记》之《鲁周公世家》《孔子世家》《十二诸侯年表》都有记载,而《春秋》《左传》等没有记载。清人江永、崔述、梁玉绳等皆认为齐景公与晏婴入鲁之事不可信,钱穆先生认同此说。详见钱穆:《先秦诸子系年》之《孔子适齐考》。

贤之道,《晏子春秋·内篇问上·第十三》记载:"景公问晏子曰:'莅国治民,善为国家者何如?'晏子对曰:'举贤以临国,官能以救民,则其道也。举贤官能,则民与若矣。'"又《晏子春秋·内篇问上·第二十七》:"景公问晏子曰:'取人得贤之道何如?'"景公对贤能之人充满了渴望,但正如晏婴所说:"贤而隐,庸为贤乎?吾君亦不务乎是,故不知也。"① 正是景公求贤大多停留在口头上,少有实践,并不致力于发现人才,故而贤能之人在朝者少。

2. 任用佞臣

景公贪图享乐,身边聚集了众多的佞臣,这些佞臣为景公提供了玩乐内容,使得景公离不开他们。晏婴曾毫不留情地批评景公:"今君左为倡,右为优,谗人在前,谀人在后。"② 景公左右充斥着诡谀之人。梁丘据、裔款、艾孔、庄贾等都是深受景公喜爱的近臣,陪同景公玩乐。一次,景公与近臣登牛山,景公感慨其不能永久保有齐国而哭泣,梁丘据、艾孔也随之哭泣。景公一朝,梁丘据最为得宠,他处处迎合景公,投合景公的趣味,比如向景公进献新乐,"梁丘据扃入歌人虞,变齐音"③。景公夜听新乐而不上朝。一次,景公夜饮酒,到晏婴、司马穰苴家,都吃了闭门羹,而到梁丘据家受到了欢迎,《晏子春秋·内篇杂上·第十二》:"梁丘据左操瑟,右挈竽,行歌而出。公曰:'乐哉!今夕吾饮也。微此二子者,何以治吾国;微此一臣者,何以乐吾身。'"没有像梁丘据这样的佞臣,景公觉得不快乐。景公认为:"唯据与我和夫!"晏婴认为:"君所谓可,据亦曰可;君所谓否,据亦曰否。"梁丘据只能算得上同,而不能算是和。晏婴认为,君子应当和而不同(《左传·昭公二十年》)。景公认为梁丘据忠且爱君,"(梁丘)据忠且爱我","吾有喜于玩好,有司未能我具也,则据以其所有共我,是以知其忠也;每有风雨,暮夜求必存,吾是以知其爱也"。晏婴则认为梁丘据非忠君、爱君之人,而是闭塞国君视听的奸佞之人:"(梁丘)据也以其私财忠于君,何忠者之寡邪?据之防塞

---

① 《晏子春秋·内篇问上·第十三》。
② 《晏子春秋·内篇问下·第三》。
③ 《晏子春秋·内篇谏上·第六》。

群臣，壅蔽君，无乃甚乎?"①

景公认为治国与享乐应该分开，《晏子春秋·内篇谏上·第六》："诸侯之事，百官之政，寡人愿以请子。酒醴之味，金石之声，愿夫子无与焉。"景公认为，治国之事离不开晏婴等贤臣，而口耳享乐之事则离不开梁丘据等幸臣。晏婴曾多次向景公进谏，远离梁丘据等佞臣，"夫二子（梁丘据、裔款）营君以邪，公安得知道哉！且伐木不自其根，则蘖又生也，公何不去二子者，毋使耳目淫焉。"② 景公也曾短暂地罢免梁丘据之官，"命会谴毋治齐国之政，梁丘据毋治宾客之事，兼属之乎晏子"③，"令诸子无外亲谒，辟梁丘据无使受报"④。将梁丘据、会谴的职权交予晏婴，但景公过后不久即又恢复了这些佞臣的职权。梁丘据终其一生都为景公所宠信，其死后，景公仍要为其厚葬。⑤

晏婴将景公身边的佞臣比喻为社鼠，视为国家之大患。"夫国亦有焉，人主左右是也。内则蔽善恶于君上，外则卖权重于百姓，不诛之则乱，诛之则为人主所案据，腹而有之，此亦国之社鼠也。"⑥ 人主之左右宠信之臣往往影响君主的决策，内则蒙蔽君主，外则卖国求荣，对于这样的佞臣，往往投鼠忌器，很难清除。景公并非英明之君主，在政事处理上，往往受到佞臣的蒙蔽和影响。景公十二年（公元前536），景公伐燕，以送燕简公⑦回国，晏婴曾预言："吾君贿，左右谄谀，作大事不以信，未尝可也。"（《左传·昭公六年》）景公贪图贿赂，而左右之臣又极尽谄谀之事，此事绝不可能成功。果然，次年正月，景公接受燕国贿赂，景公宠臣公孙皙进言："受服而退，俟衅而动，可也。"（《左传·昭公七年》）接受燕国的顺服，以后再图伐燕。此次伐燕，没有将燕简公送回国。景公三十二年（公元前516），齐景公兴兵伐鲁，帮助鲁昭公恢复君位，但梁丘据收受鲁国贿赂，以鬼神之说（鲁昭公有罪于鬼神，

① 《晏子春秋·内篇谏下·第二十二》。
② 《晏子春秋·内篇谏下·第十五》。
③ 《晏子春秋·内篇谏上·第十二》。
④ 《晏子春秋·内篇问上·第二十六》。
⑤ 《晏子春秋·内篇谏下·第二十二》。
⑥ 《晏子春秋·内篇问上·第九》。
⑦ 《左传》作"燕简公"，《史记》作"燕惠公"。

宋元公、鲁国的叔孙昭子为鲁昭公复位之事，先后死亡）吓唬景公，景公果然惧怕，不再亲自率军送鲁昭公回鲁，结果师出无功。①

对于景公这样的用人之道，《晏子春秋》借君子之口评论道："圣贤之君，皆有益友，无偷乐之臣，景公弗能及，故两用之，仅得不亡。"②

3. 重用公族

晏婴虽然被景公委以重任，为齐相，但从景公的用人安排来看，晏婴并未总揽国政，晏婴执政还有众多的制约。景公初年，在齐国已有陈氏将代齐的预言，对此景公君臣是保有高度警惕之心的。崔、庆之乱后，栾、高二氏执政，栾、高为齐惠公之后，也是公族，二氏执政对于抑制陈氏势力的发展有一定的作用，但二氏并没有贤能之后，栾施、高强被陈、鲍二氏击败，出逃他国，当时晏婴在公孙灶死后曾预言："姜族弱矣，而妫将始昌。二惠竞爽，犹可，又弱一个焉，姜其危哉！"③ 栾、高二氏的覆灭，加速了公族的衰亡。景公秉政之后，除了任用异姓的晏婴为相之外，逐渐恢复了世袭监国上卿国、高二氏的地位。景公初年，国氏的国弱成为景公的重要辅佐，至景公三十五年（公元前513），齐景公使高张至郓邑慰问鲁昭公，景公三十八年（公元前510），高张又代表齐国参与狄泉之会，说明高氏应早于此开始在齐国执政。国、高二氏为公族，又为天子之命卿，地位在齐国首屈一指，虽然经过灵公、庄公、景公初期的多次打击，实力有所削弱，但国、高二氏的特殊地位仍在，景公重用国、高二氏，使之继续发挥齐国柱石的作用。景公四十二年的召陵之会，国氏的国夏代表齐国参加会盟；第二年，国夏和高张又率师伐鲁，说明当时国、高二氏的地位基本得到恢复。而到了景公五十八年（公元前490），景公临终之际，立公子荼为太子，并以国夏和高张为辅佐，说明景公最为相信的大臣仍为国、高二氏。1956年，淄博市临淄区尧王村春秋大墓出土了成套使用的青铜器，其中有八件"国子"铭文的青铜鼎，应为上卿国氏墓之随葬品，该器物

---

① 《左传·昭公二十六年》。
② 《晏子春秋·内篇杂上·第十二》。
③ 《左传·昭公三年》。

制作于春秋中晚期①，说明当时国氏的实力还较为强盛，否则不可能有如此高等级的墓葬和随葬品。

景公重用国、高二氏，以抵抗异姓大夫势力崛起的意图，为陈氏所知，景公死后，陈氏果断发动政变，将国夏、高张驱逐，国、高二氏再次受到沉重打击，景公多年经营化为乌有。

三、从谏如流：景公贪图享乐与保有齐国之间的抉择

景公自幼生长于公室，养尊处优，其父灵公、其兄庄公无疑是对他影响最大的人，而灵公、庄公在位期间的表现，并不是正面的明君形象，景公对于民生疾苦并不了解，与他的父兄一样，是一个贪图享乐的君主，主要表现在以下几个方面：

1. 景公好田猎，游乐无度

《晏子春秋》等书中记载了众多景公田猎、游乐的事迹。"景公畋于署梁，十有八日而不返"②；"景公游于麦丘"③；"齐景公游少海"④；"景公游于纪，得金壶"⑤；"齐景公出弋昭华之池"⑥；"齐景公游于海上而乐之，六月不归"⑦。诸如此类的游乐记载，不胜枚举。景公几乎游遍了齐国的山山水水。

2. 景公好饮酒，饮酒无度

景公嗜酒，与其先祖桓公有相似之处。景公好酒，经常饮酒、醉酒。"景公饮酒醒，三日而后发"⑧；"景公饮酒，七日七夜不止"⑨；"公饮酒，日夜相

---

① 杨子范：《山东临淄出土的铜器》，《考古》1958 年第 6 期。
② 《晏子春秋·内篇谏上·第二十三》。
③ 《晏子春秋·内篇谏上·第十三》。
④ 《韩非子·外储说左上》。
⑤ 《晏子春秋·内篇杂上·第十九》。
⑥ 《韩诗外传》卷九。
⑦ 《说苑·正谏》。
⑧ 《晏子春秋·内篇谏上·第三》。
⑨ 《晏子春秋·内篇谏上·第四》。

继"①。景公还经常到臣子家中饮酒，"公与晏子入坐饮酒，致堂上之乐，酒酣"②。《晏子春秋·内篇杂上·第十二》记载，景公先后欲到晏婴、司马穰苴家饮酒，吃了闭门羹后，又移驾到梁丘据家饮酒，如景公对晏婴所说："酒醴之味，金石之声，愿与夫子乐之。"景公愿将饮酒之乐与近臣共享，但景公在饮酒之时，经常失礼，景公一次宴饮之时，曾说"今日愿与诸大夫为乐饮，请无为礼"③。"景公饮酒数日而乐，释衣冠，自鼓缶……公曰：'趣驾迎晏子。'晏子朝服以至，受觞，再拜。公曰：'寡人甚乐此乐，欲与夫子共之，请去礼。'"④ 景公饮酒之后，经常忘却了礼的重要性，让群臣不拘于礼，尽情饮酒。

3. 景公好奢

景公的生活非常奢侈。《史记·齐太公世家》记载："景公好治宫室，聚狗马，奢侈，厚赋重刑。"鲁国工匠曾为景公制作了一双黄金的鞋子："景公为履，黄金之綦，饰以银，连以珠，良玉之绚，其长尺，冰月服之以听朝。"⑤景公的狗死了，景公要以人的规格埋葬狗，"景公走狗死，公令外共之棺，内给之祭"⑥。景公的宫室楼台亭榭上都披着锦绣，鸭鹅都用豆子谷子饲养，"景公赏赐及后宫，文绣被台榭，菽粟食凫雁"⑦。景公的宫室里，牛马太多，以至于老死在栏圈里；车子多得乘坐不过来，而在车库里被虫子蠹虫蛀坏了；衣服多得穿不完而朽烂，美酒、粮食多得食用不过来而变质，"今公之牛马老于栏牢，不胜服也；车蠹于巨户，不胜乘也；衣裘襦袴，朽弊于藏，不胜衣也；醯醢腐，不胜沽也；酒醴酸，不胜饮也；府粟郁而不胜食"⑧。"马食府粟，狗餍刍豢，三保之妾，俱足粱肉。"⑨ 1964 年，临淄齐国故城的河崖头村西部先

---

① 《晏子春秋·内篇谏上·第五》。
② 《晏子春秋·内篇谏下·第六》。
③ 《晏子春秋·内篇谏上·第二》。
④ 《晏子春秋·外篇七·第一》。
⑤ 《晏子春秋·内篇谏下·第十三》。
⑥ 《晏子春秋·内篇谏下·第二十三》。
⑦ 《晏子春秋·外篇七·第八》。
⑧ 《晏子春秋·内篇谏下·第十九》。
⑨ 《晏子春秋·内篇谏上·第五》。

后发掘五座春秋大墓，其中五号墓附近发现的大型殉马坑，数量在 600 匹以上，而且这些马全系战马，据考证，此殉马坑应为齐景公墓之陪葬坑，足见当时景公之奢侈。①《论语·季氏》中孔子批评道："（齐）景公有马千驷，死之日，民无德而称焉。"面对景公的奢侈，作为国相的晏婴时时以节俭爱民进谏景公，故而《说苑·反质》说："齐景公喜奢而忘俭，幸有晏子以俭镌之。"《史记·管晏列传》也说："（晏婴）以节俭力行重于齐。既相齐，食不重肉，妾不衣帛。"景公之奢与晏子之俭形成鲜明对比。

4. 景公好建宫室

景公贪图享乐，对于营建宫室台榭乐此不疲，以至于不恤民力，引起民众的愤怒。"景公为长庲"②；"景公春夏游猎，又起大台之役"③；"景公筑路寝之台，三年未息；又为长庲之役，二年未息；又为邹之长途"④。景公动用大量民力，修建正寝宫殿的高台，历时三年尚未停止，又动用民力修建长庲台，历时两年没有完成，又动用民力修建通往邹国的大路。景公修建的高台因为太高，而不能一下子登到顶部，只能休息之后才能登上去，"景公登路寝之台，不能终，而息乎陛，忿然而作色，不说，曰：'孰为高台？病人之甚也！'"⑤晏婴曾经说："吾君好治宫室，民之力弊矣。"⑥ 景公营建宫室，频征劳役，已经使得齐国民众不堪忍受。

5. 景公好内

景公好色，宫内宠姜众多，婴子即是其中之一，因为婴子的喜爱而随意赏赐。"翟王子羡臣于景公，以重驾，公观之而不说也。嬖人婴子欲观之，公曰：'及晏子寝病也。'居囿中台上以观之，婴子说之，因为之请曰：'厚禄

---

① 山东省文物考古研究所：《齐故城五号东周墓及大型殉马坑的发掘》，《文物》1984 年第 9 期。

② 《晏子春秋·内篇谏下·第六》。

③ 《晏子春秋·内篇谏下·第八》。

④ 《晏子春秋·内篇谏下·第七》。

⑤ 《晏子春秋·内篇谏下·第十八》。

⑥ 《晏子春秋·内篇杂下·第十六》。

之！'公许诺。"① 在婴子死后，景公还为婴子不食三日，"景公之嬖妾婴子死，公守之，三日不食，肤著于席不去"②。景公好内最突出的表现是对宠姜鬻姒的依从上，因宠鬻姒而欲立其子公子荼为太子。虽然如景公所愿，公子荼在景公死后即位，但因不能服众而被杀，导致齐国内乱。

6. 景公好面子

景公曾经在白天，披散着头发，驾着六匹马拉的车，带着宫中妃嫔从后宫出去，被砍了脚的看门人拦下，让其返回，说"你不是我的国君"，景公内心羞愧，不肯上朝，"公惭而不朝"③。景公作为国君，认为受到一个看门人的羞辱，国君的脸面无存。景公有所爱之槐树，发布命令，犯槐者要处以刑罚，有醉酒不知禁令的人触碰了槐树，景公便命人将其抓住要治他的罪。"景公有所爱槐，令吏谨守之，植木县之。下令曰：'犯槐者刑，伤之者死。'有不闻令，醉而犯之者，公闻之曰：'是先犯我令。'使吏拘之，且加罪焉。"④ 景公认为如果自己不治犯槐者罪的话，自己发布的命令就没有人遵守了。

7. 景公好勇

景公与其父兄灵公、庄公一样，喜爱勇士，景公曾对臣下说："吾欲得天下勇士，与之图国。"⑤ 上有所好，下必甚焉。景公好勇，身边聚集了众多的勇士。

公孙接、田开疆、古冶子是齐国著名的勇士，深受景公喜爱，"公孙接、田开疆、古冶子事景公，以勇力搏虎闻"。但国相晏婴看到，三人虽勇，但无礼义可言，"此皆力攻勍敌之人也，无长幼之礼"，"今君之蓄勇力之士也，上无君臣之义，下无长率之伦，内不以禁暴，外不可威敌，此危国之器也，不若去之"⑥。这三个勇士对上没有君臣礼仪，对下没有长幼伦理道德，对内不能平息暴乱，对外不能威慑敌军，是危害国家之人。景公对于晏婴的话表示认

① 《晏子春秋·内篇谏上·第九》。
② 《晏子春秋·内篇谏下·第二十一》。
③ 《晏子春秋·内篇杂上·第十一》。
④ 《晏子春秋·内篇谏下·第二》。
⑤ 《晏子春秋·内篇谏下·第二十五》。
⑥ 《晏子春秋·内篇谏下·第二十四》。

同，晏婴设计，二桃杀三士，除去了这些有勇无礼之人。

对于景公之好勇，晏婴向景公进谏："众而无义，强而无礼，好勇而恶贤者，祸必及其身。"必须以礼御勇，否则就会导致"勇多则弑其君，力多则杀其长"① 的情况发生。

但景公之好勇，对于战场上勇敢杀敌的勇士给予褒奖，则对齐军将士有激励之积极作用。景公四十七年，齐国伐晋，齐国勇士敝无存在夷仪之战中英勇作战，率先登上城墙，战死于城楼下，景公十分欣赏敝无存的勇气，下令能够得到敝无存尸体的赏赐五家的财富，并免除赋役。寻回敝无存尸体后，景公三次为其尸体穿衣，并以高规格的轩车和直盖随葬，先行把灵柩送回国内，让拉灵车的人跪着拉车，带领全军哭吊，亲自推车三次。② 景公对勇士表现出足够的敬意和哀悼，并对有功将士进行封赏，激励将士战场勇敢杀敌。景公五十一年，齐、卫联合伐晋，景公与卫灵公同乘一辆战车，亲自驾车迎敌。"使告曰：'晋师至矣！'齐侯曰：'比君之驾也，寡人请摄。'乃介而与之乘，驱之。"③ 景公虽已进入暮年，但不减其勇。

景公虽有很多的缺点，但作为一个国君，其生活、政治经历决定了其视野，因而在春秋时期的大环境中，景公与其他诸侯国的国君有很多相似之处，但景公作为一个大国国君，又是值得肯定的，他如先祖桓公一样，对臣子的进谏，大多数时候能够虚心接受，从谏如流，改正错误，无疑这与景公有着比较宽广的胸怀有关。景公的纳谏，是与其本性善良和维持姜姓政权的考虑有关的。

1. 景公内心善良，有仁爱之心

《晏子春秋·内篇杂上·第八》记载："景公游于寿宫，睹长年负薪者，而有饥色。公悲之，喟然叹曰：'令吏养之！'"景公虽然身为齐国的最高统治者，路遇穷苦之民，其善心自然涌现，晏婴因此认为景公有爱老之心，是治国

---

① 《晏子春秋·内篇谏下·第二十五》。
② 《左传·定公九年》。
③ 《左传·定公十三年》。

之本:"乐贤而哀不肖,守国之本也。今君爱老,而恩无所不逮,治国之本也。"

景公曾掏鸟窝,抓了一只幼鸟,看小鸟弱小可怜,又把它重新放回鸟窝里。晏婴听说后,马上进宫,向景公祝贺说:"君探雀𪃠,𪃠弱,反之,是长幼也。吾君仁爱,曾禽兽之加焉,而况于人乎!此圣王之道也。"① 晏婴认为,国君对禽兽都这样仁慈,对待人民自然会仁爱,景公有圣明君王的德行。

景公有爱马,马暴死,景公欲杀养马之人,"景公使圉人养所爱马,暴死。公怒,令人操刀解养马者"。在晏婴的进谏之下,景公让马上释放养马人:"勿伤吾仁也。"② 说明景公是要体现自己的仁爱之心的。

景公经常以古之贤君自比,这是其能够施行仁政的内心基础。景公的仁爱之心,体现了一个国家最高统治者的胸怀,但这种仁爱之心从根本上来说,是出于维护统治的需要。在多数情况下,景公的仁爱之心需要经晏婴等臣子进谏、劝导才能表现出来。如《晏子春秋·内篇谏上·第二十》记载:"景公之时,雨雪三日而不霁。公被狐白之裘,坐堂侧陛。晏子入见,立有间,公曰:'怪哉!雨雪三日而天不寒。'"大雪下了三天而没有停止,景公穿着白狐皮大衣,故意说天不寒冷,晏婴反问景公:"天真的不冷吗?"景公不好意思地笑了。当然景公是知道寒冷的,但作为君主,对于民间疾苦缺少同情和关注,在晏婴的劝谏之下,景公下令赈济百姓,"令出裘发粟,与饥寒"。

2. 景公不吝啬

景公对于臣下毫不吝啬,经常赏赐臣下财物、采邑,对晏婴这样的股肱之臣更是厚加赏赐,《左传》《晏子春秋》中记载了许多景公赏赐晏婴的故事。《左传·昭公三年》记载,景公觉得晏婴的住宅靠近市场,嘈杂低矮,要为晏婴更换住宅:"子之宅近市,湫隘嚣尘,不可以居,请更诸爽垲者。"但为晏婴所拒绝,在晏婴出使晋国时,景公下令为晏婴改建了住宅,虽然经晏婴恳

---

① 《晏子春秋·内篇杂上·第九》。
② 《晏子春秋·内篇谏上·第二十五》。

请，又恢复了旧宅，但景公对晏婴的赏赐非常多，足见景公对晏婴的信赖和关心，如陈无宇所说："君赐之卿位以尊其身，宠之百万以富其家，群臣其爵莫尊于子，禄莫重于子。"① 景公看到晏婴生活艰苦，经常赏赐晏婴财物，如"景公赐晏子狐之白裘，元豹之茈，其赍千金，使梁丘据致之"②，"晏子出，公使梁丘据遗之辂车乘马"③，"梁丘据见晏子中食，而肉不足，以告景公，旦日，割地将封晏子"④，景公对晏婴的赏赐，在《晏子春秋》中记载很多。但景公之大方又表现为滥赏，无功之人也经常得到赏赐，"景公燕赏于国内，万钟者三，千钟者五"⑤，"景公信用谗佞，赏无功，罚不辜"⑥。在景公看来，喜爱人就赏赐谁，厌恶谁就疏远谁，是为君者的权力，"寡人闻君国者，爱人则能利之，恶人则能疏之"⑦。但景公忘记了刑、赏对于国君掌控国家的重要作用，滥赏无功无疑对国君权力形成了重大伤害。

3. 景公维持姜姓政权欲望的自我克制

景公面对齐国壮美的山河，经常会想到自己不能长久地拥有齐国，而伤心哭泣，《晏子春秋》一书中涉及齐景公惧怕死亡、希求长生的篇章至少有5篇。"景公游于牛山，北临其国城而流涕曰：'若何滂滂去此而死乎！'"⑧"景公出游于公阜，北面望睹齐国曰：'呜呼！使古而无死，何如？'"⑨ 景公"贪长有国之乐"，希望"使国可长保而传于子孙"⑩。"景公与晏子登寝而望国，公愀然而叹曰：'使后嗣世世有此，岂不可哉！'"⑪ "景公置酒于泰山之阳，酒酣，公四望其地，喟然叹，泣数行而下，曰：'寡人将去此堂堂国者而死

① 《晏子春秋·内篇杂下·第十二》。
② 《晏子春秋·外篇七·第二十五》。
③ 《晏子春秋·内篇杂下·第二十五》。
④ 《晏子春秋·内篇杂下·第十七》。
⑤ 《晏子春秋·内篇谏上·第七》。
⑥ 《晏子春秋·内篇谏上·第八》。
⑦ 《晏子春秋·内篇谏上·第七》。
⑧ 《晏子春秋·内篇谏上·第十七》。
⑨ 《晏子春秋·内篇谏上·第十八》。
⑩ 《晏子春秋·内篇谏上·第十六》。
⑪ 《晏子春秋·内篇谏下·第十九》。

乎!'"① 为了能够长久拥有齐国,景公希望能够长生,景公曾让巫师柏常骞为自己祈寿,"君谓骞曰:'子之道若此其明也,亦能益寡人寿乎?'"②

而在景公之时,陈氏代齐的预言早已传遍街头巷尾,景公九年(公元前539),晏婴出使晋国,在与晋国叔向谈论两个国家的局势时说:"此季世也,吾弗知。齐其为陈氏矣!公弃其民,而归于陈氏。"齐国与晋国情况相似,公室衰微,大夫强势,取代公室之势已成,而公室却毫不觉悟,采取措施,争取民众的支持。

> 《左传·昭公三年》:齐旧四量,豆、区、釜、钟。四升为豆,各自其四,以登于釜。釜十则钟。陈氏三量,皆登一焉,钟乃大矣。以家量贷,而以公量收之。山木如市,弗加于山。鱼盐蜃蛤,弗加于海。民参其力,二入于公,而衣食其一。公聚朽蠹,而三老冻馁。国之诸市,屦贱踊贵。民人痛疾,而或燠休之,其爱之如父母,而归之如流水。③

齐国公室聚敛无度,齐国人民三分之二的收入被公室夺走,齐国的刑法又繁重,砍去脚的人太多,以至于假脚贵而鞋子便宜。与齐国公室厚敛于百姓的做法相反,陈氏施小恩小惠于民,以自家的大量器将粮食贷出,用公家的小量器收回。1857年山东胶县灵山卫出土三件青铜量器,即子禾子釜、陈纯釜和左关铍,合称齐量三器,即是陈氏制造的家量,后来在陈氏掌握政权后,逐渐推行于整个齐国。这三件量器都有铭文,是关口征税使用的量器。釜是齐国特有的量制单位。子禾子釜现藏于中国国家博物馆,是田和为相国、尚未成为诸侯之时铸造之器物。此釜是战国时期具有代表性的齐国量器之一,反映出战国初年齐国已经具备了严格的量制管理制度。铭文大意是,陈和命人告知陈得:官吏要使用标准量器,不得犯戒舞弊,如有违犯,视情节轻重,进行处罚。为

---

① 《晏子春秋·外篇七·第二》。
② 《晏子春秋·内篇杂下·第四》。
③ 《晏子春秋·内篇问下·第十七》亦有相同的记载。

了壮大陈氏一族的势力，陈无宇①开始在量器上做文章。齐国的旧量有豆、区、釜三种，四升为豆、四豆为区、四区为釜。陈氏将家量改为五进制，即五升为豆、五豆为区、五区为釜、十釜为钟，并用大于公量的陈氏家量出贷粮食，用公量收，齐国人民因此而拥戴陈氏。考古发掘出土及传世的14件齐量中大体可确认为陈氏新量者有11件，用现已发现的齐量特别是已确认的陈氏新量来验证，发现以下现象：（1）升、豆、区之间均保留一组四进位；（2）区与釜之间均为五进位；（3）升与釜之容量比均为1∶100，即百升为釜。② 可见，《左传》之记载并非全部准确。战化军先生认为，景公九年之时，陈无宇不是卿，是上大夫，等级低，远未引起诸侯的重视，"而晏婴此时能够预见到'齐其为陈氏'，说明晏婴具有非凡的判断力和政治敏感性"③。

　　齐景公君臣对陈氏代齐的预言自然早已知道，晏婴对景公劝谏时曾指出当时齐国内部矛盾尖锐，"逼介之关，暴征其私。承嗣大夫，强易其贿。布常无艺，征敛无度；宫室日更，淫乐不违。内宠之妾，肆夺于市；外宠之臣，僭令于鄙。私欲养求，不给则应。民人苦病，夫妇皆诅。祝有益也，诅亦有损。聊、摄以东，姑、尤以西，其为人也多矣"④。公室欲壑难填，征敛无度，齐国的关卡就日益增多，到齐景公时期，连都城临淄附近也增设了关卡，临淄近郊梧台和永流出土战国铜量器即为佐证。⑤ 官府与民众形成尖锐的对立，民众对公室的诅咒多于祝、史的祈福。《晏子春秋·内篇谏上·第十二》和《外篇七·第七》以及出土文献上博简《景公疟》也都阐述了相似的意思：晏子向景公讲了一番"诅为无伤，祝亦无益"的道理，使景公信服讨好鬼神的唯一途径是勤政爱民，亲贤疏佞，成功劝服景公不杀祝、史二人。⑥ 齐景公和晏婴

　　① 《史记·田敬仲完世家》认为是陈乞（田乞），其后陈恒（田常）继续施行，"田釐子乞事齐景公为大夫，其收赋税于民以小斗受之，其禀予民以大斗，行阴德于民，而景公弗禁"；"于是田常复修釐子之政，以大斗出贷，以小斗收。齐人歌之曰：'妪乎采芑，归乎田成子！'"
　　② 魏成敏、朱玉德：《山东临淄新发现的战国齐量》，《考古》1996年第4期。
　　③ 战化军：《晏婴评传》，第49页。
　　④ 《左传·昭公二十年》。
　　⑤ 朱玉德：《临淄出土青铜量器》，《管子学刊》1993年第3期。
　　⑥ 袁青：《上博简〈景公疟〉探析》，《光明日报》2013年10月28日。

在君臣谈话之时也不避讳这一话题，但在如何避免这一预言成为现实的问题时，景公在晏婴的进谏下，要修德，以礼治国，"使有司宽政，毁关，去禁，薄敛，已责"①。齐景公下令让官吏放宽政令，毁掉关卡，废除禁令，减轻赋税，免除对官府所欠的债务。齐景公在晏婴的建议下，对内以德、以礼治国。"齐侯与晏子坐于路寝，公叹曰：'美哉室！其谁有此乎？'晏子曰：'敢问何谓也？'公曰：'吾以为在德。'对曰：'如君之言，其陈氏乎！陈氏虽无大德，而有施于民。豆区釜钟之数，其取之公也薄，其施之民也厚。公厚敛焉，陈氏厚施焉，民归之矣。《诗》曰：'虽无德与女，式歌且舞。'陈氏之施，民歌舞之矣。后世若少惰，陈氏而不亡，则国其国也已。'公曰：'善哉！是可若何？'对曰：'唯礼可以已之。在礼，家施不及国，民不迁，农不移，工贾不变，士不滥，官不滔，大夫不收公利。'公曰：'善哉！我不能矣。吾今而后知礼之可以为国也。'"②

晏婴对景公说，陈氏虽然没有大的德行，然而对百姓有施舍。豆、区、釜、钟这几种量器的容积，从公田征税时就用小的，向百姓施舍时就用大的。您征税多，陈氏施舍多，百姓倾向于他了。

这在《晏子春秋》中也有记载，与《左传》有很多相似之处：

> 景公坐于路寝，曰："美哉其室！将谁有此乎？"晏子对曰："其田氏乎，田无宇为埻矣。"公曰："然则奈何？"晏子对曰："为善者，君上之所劝也，岂可禁哉！夫田氏国门击柝之家，父以托其子，兄以托其弟，于今三世矣……今公家骄汰，而田氏慈惠，国泽是将焉归？田氏虽无德而施于民。公厚敛而田氏厚施焉。《诗》曰：'虽无德与汝，式歌且舞。'田氏之施，民歌舞之也，国之归焉，不亦宜乎？"③

---

① 《左传·昭公二十年》。
② 《左传·昭公二十六年》。
③ 《晏子春秋·外篇七·第十》。

值得注意的是，这则记载说明，陈氏三世施惠于民，陈氏慈惠之举显然是有明显政治目的的，特别是与公室背道而行，与公室的苛暴形成鲜明的对比，如晏婴所说："吾君好治宫室，民之力弊矣；又好盘游玩好，以饬女子，民之财竭矣；又好兴师，民之死近矣。弊其力，竭其财，近其死，下之疾其上甚矣！"① 因为齐景公枯竭民力的种种行为，已经使得齐国民众濒临死亡边缘，痛恨齐国公室的程度已经很严重了。应该说此时陈氏还处于实力积累时期。童书业先生通过考证，认为"齐景时执政之臣仍为国、高二氏（国夏、高张）"，"此等记载皆是预言，绝不足信。观上文考证已可见陈氏之得势及专政实在春秋之末鲁哀之世"②。虽然陈氏在齐景公时代尚未构成对公室的威胁，但施惠于小民，与公室争夺民众的举动，则显示陈氏有远志，吕氏有隐忧。《左传·昭公十年》："公与桓子莒之旁邑，辞。穆孟姬为之请高唐，陈氏始大。"高唐是齐国西部的大邑，据杜预注："高唐有齐别庙也。"可见高唐于齐国的地位。而景公将高唐封给陈无宇，无疑增强了陈氏的实力。从陈无宇（陈桓子）这一代开始，陈氏势力开始逐渐坐大，陈氏不只争夺民众，还争取公室中的群公子："桓子召子山，私具幄幕、器用、从者之衣屦，而反棘焉。子商亦如之，而反其邑。子周亦如之，而与之夫于。反子城、子公、公孙捷，而皆益其禄。凡公子、公孙之无禄者，私分之邑。国之贫约孤寡者，私与之粟。"③ 凡是公子、公孙中没有俸禄的，陈无宇私下把封邑分给他们，对国内贫困孤寡的人，私下给他们粮食。《史记·田敬仲完世家》记载："田釐子（陈乞）乞事齐景公为大夫，其收赋税于民以小斗受之，其禀予民以大斗，行阴德于民，而景公弗禁。由此田氏得齐众心，宗族益强，民思田氏。晏子数谏景公，景公弗听。已而使于晋，与叔向私语曰：'齐国之政卒归于田氏矣。'"陈乞向百姓征收赋税时用小斗收进，赐给百姓粮食时用大斗，暗中向百姓施以恩德，而齐景公也不加禁止。因此田氏得到齐国的民心，他们家族越来越强大，百姓心向田氏。

---

① 《晏子春秋·内篇杂下·第十六》。
② 童书业：《春秋左传研究》，上海人民出版社 2019 年版，第 97—98 页。
③ 《左传·昭公十年》。

这则记载实则是《左传》记载的注脚。清人高士奇对于陈氏代齐评说甚为精当："自桓伯以来，五公子争立，肉骨相残，至于惠、灵、庄、景，罢民自奉，刑政日弛，百姓外敝于疆场，内残于刀锯……无涓滴之惠以及民，陈氏乃得以私恩小腆，阴驱而固结之。"①

陈氏之行为，景公并非不知道，然而却无所作为，作为相国的晏婴只能劝谏景公多行仁政，与陈氏争民，缓解齐国内部尖锐的矛盾。《韩非子·外储说右上》批评道："景公不知用势，而师旷、晏子不治除患。"然而积弊不可能在短时间内消除，与陈氏争民也不可能迅速获胜。景公为保全社稷，对于晏婴等忠臣的进谏，基本都能够接受，停止暴政，施以仁政，这对于齐国内部稳定、改善民生都有积极的意义。

景公对于晏婴指责他不施行仁政的进谏，不只是纳谏，还积极改过，晏婴进谏："今君政反乎民而行悖乎神；大宫室，多斩伐，以逼山林；羡饮食，多畋渔，以逼川泽。是以民神俱怨。"景公马上就接受了："废公阜之游，止海食之献，斩伐者以时，畋渔者有数，居处饮食，节之勿羡，祝宗用事，辞罪而不敢有所求也，故邻国忌之，百姓亲之，晏子没而后衰。"② 景公将出游的计划作废，不再要求海滨地区进献海味，让老百姓按照时令种植、放牧打鱼，饮食住所都有所节制。在景公向晏婴询问古代的圣明君位之德行时，晏婴趁机指出："今君税敛重，故民心离；市买悖，故商旅绝；玩好充，故家货殚。积邪在于上，蓄怨藏于民，嗜欲备于侧，毁非满于国，而公不图。"景公接受了晏婴的进谏，"于是令玩好不御，公市不豫，宫室不饰，业土不成，止役轻税，上下行之，而百姓相亲"③。在晏婴的建议下，景公在国内采取了与民休息的政策。"商渔盐，关市讥而不征；耕者十取一焉；弛刑罚，若死者刑，若刑者罚，若罚者免。"④ 让鱼盐业进入市场自由贸易，对关卡集市只稽查而不征税；对耕田只征收十分之一的赋税；放宽刑罚，从轻判刑。

---

① ［清］高士奇：《左传纪事本末》，第 255 页。
② 《晏子春秋·内篇问上·第十》。
③ 《晏子春秋·内篇问上·第十一》。
④ 《晏子春秋·内篇杂下·第十六》。

景公在位期间，有一次连续降雨十七天，百姓没有粮食吃，而景公昼夜饮酒，不体恤百姓疾苦，晏婴请求开仓放粮，赈济百姓，景公不答应。"景公之时，霖雨十有七日。公饮酒，日夜相继。晏子请发粟于民，三请，不见许。公命柏遽巡国，致能歌者。"晏婴没有办法，将自己家的粮食分给百姓，又向景公辞官："故里穷而无告，无乐有上矣；饥饿而无告，无乐有君矣。婴奉数之策，以随百官之吏，民饥饿穷约而无告，使上淫湎失本而不恤，婴之罪大矣。"而景公意识到再不改过，社稷将不保，追上晏婴，向晏婴承认错误，让晏婴主持赈灾事务，"夫子不顾社稷百姓乎？愿夫子之幸存寡人，寡人请奉齐国之粟米财货，委之百姓，多寡轻重，惟夫子之令。"①

面对民众归于陈氏的现状，景公出于保存社稷的政治需要，必须克制自己无度的欲望，以自我的克制，让利于百姓，通过一定限度的改良政治挽救齐国政权于倾危之中。

四、尊晋反晋：景公图霸的得失

齐桓公创立的霸业，一直是后世齐国国君仰慕的对象，而晋国继齐国称霸中原，作为中原霸主，持续一百余年，齐国对晋国一直是又惧又恨。齐顷公、齐灵公、齐庄公都曾试图挑战晋国，但都遭到重大打击，齐桓霸业难以再现，可以说晋国是齐国国君心头挥之不去的痛。

景公二年（公元前546），晋、楚、齐、秦、鲁、卫、陈、蔡、郑、许、宋、邾、滕等十四国会盟于宋国西门之外，第二次弭兵之盟达成，齐国的庆封、陈须无（陈文子）代表齐国参与会盟。晋国执政赵孟提出："晋、楚、齐、秦，匹也。晋之不能于齐，犹楚之不能于秦也。楚君若能使秦君辱于敝邑，寡君敢不固请于齐？"（《左传·襄公二十七年》）齐国作为晋国的盟国，不朝贡于楚；秦国作为楚国的盟国，不朝贡于晋。齐、秦是当时仅次于晋、楚的二等强国。《史记·管晏列传》："管仲卒，齐国遵其政，常强于诸侯。"其后中原诸侯的军事对峙基本告一段落，但是作为霸主的晋国，内部卿大夫之间

---

① 《晏子春秋·内篇谏上·第五》。

的倾轧加剧，六卿轮流执政。晋平公不能正确处理诸侯的关系，所做之事不得人心，晋国逐渐失去诸侯的拥戴。

1. 尊晋

景公即位初年，面对晋强齐弱的局面，仍以尊晋为主，不敢藐视晋国的霸主地位，陈须无曾对景公说："小事大，未获事焉，从之如志，礼也。虽不与盟，敢叛晋乎？重丘之盟，未可忘也。"（《左传·襄公二十八年》）在齐国内部有识之士看来，不要轻易挑战晋国的霸主地位。景公元年（公元前547），景公在国弱①、晏婴陪同下前往晋国，为卫献公说情，之前卫献公被晋国扣押，景公请求晋国放卫献公回国；景公三年（公元前545），景公入晋朝见晋平公；景公四年，晋国令诸侯为杞国筑城，高止率领齐人前往参与；景公五年（公元前543），公孙虿代表齐国参与了晋国主持的澶渊之会；景公七年（公元前541），国弱代表齐国参与了虢②之会盟；景公八年（公元前540），齐晋通婚，齐国嫁女于晋平公，陈无宇送少姜入晋，因晋平公嫌陈无宇地位低而将其扣留，即使少姜为之求情，晋平公也没有同意，说明此时晋国完全无视齐国的感受，齐国也没有因为此事而向晋国问罪，反而在少姜死后的第二年，齐国又派晏婴出使晋国，请求再嫁女为晋平公继室，当年即送女入晋成婚，从这里也可以看出，晋国将齐国视为其仆从国，齐国为结好晋国，两次嫁女。另一则事例也可说明齐国在晋人眼中的地位。景公二十七年，晋国大夫士鞅聘问鲁国，曾很不满地对鲁国人说："鲍国之位下，其国小，而使鞅从其牢礼，是卑敝邑也。"③ 鲍国是齐国大夫，鲁国人以待齐国大夫之礼接待晋国大夫，士鞅以为小看他，原因即认为齐国是小国，晋人并没有以与晋国匹敌的地位看待齐国。景公九年（公元前539），燕简公出奔齐国，景公十二年（公元前536），齐景公亲赴晋国，请求讨伐燕国，以恢复燕简公的君位，在晋平公同意后，当年十二月，景公兴师伐燕，第二年春，在齐国的军事压力下，燕国请和，"燕人行

① 《左传》作"国弱"，《公羊传》作"国酌"，音同。
② 《左传》作"虢"，《穀梁传》作"郭"，《公羊传》作"潢"。
③ 《左传·昭公二十一年》。

成，曰：'敝邑知罪，敢不听命？先君之敝器，请以谢罪。'"贿赂齐景公，将燕女嫁给景公，"赂以瑶瓮、玉椟、斝耳，不克而还。"（《左传·昭公七年》）景公退兵回国，燕简公没有得以回国。①景公此次出师，给诸侯以"不信"的评价，在其后鲁昭公事件中有充分的反映。景公十五年（公元前533），晋国荀盈到齐国求娶齐女，因病卒而未果。景公十六年（公元前532），晋平公卒，国弱代表齐国到晋国，为晋平公送葬；景公十七年（公元前531），国弱代表齐国参与了晋国主持的厥慭②之会，合谋救援蔡国。

纵观景公前期的外交，以尊晋为主线，此一时期，景公为权臣所左右，仅为傀儡，不能自主，在齐国君臣"以小事大"的原则下，齐国唯晋国马首是瞻，晋国主持的盟会，齐国都派大夫参加，齐国也在尊重晋国的前提下，积极参与诸侯国间的事务，施加齐国的影响。实际上，晋平公在位时，公室奢侈，失去诸侯的拥护，晋国的霸业已经日渐衰微。清华简（七）《赵简子》记载："吾先君平公，宫中三十里，驰马四百驷，美其衣裳，饱其饮食，宫中三台，是乃侈矣，然则失霸诸侯。"景公外交从尊晋到反晋的转变发生在景公十八年（公元前530）。

2. 与晋分庭抗礼

晋平公卒后，晋昭公即位，作为盟国，齐景公到晋国朝见晋昭公，晋昭公设宴招待齐景公等来晋诸侯，其间行投壶之礼，晋昭公先投，中行穆子祝曰："寡君中此，为诸侯师。"一投而中。紧随其后，齐景公也举起箭来，祝道："寡人中此，与君代兴。"一投也中了。晋国君臣闻听齐景公的祝词，为之变色，晋国一直以霸主自居，而齐景公竟然要与晋国轮流做盟主。虽然仅仅是一个游戏，但春秋时代没有人会忽视这种游戏的祝词，因而这段历史被史家郑重记录下来。对于景公的不敬之词，晋国君臣看法不一，大臣伯瑕认为："齐君

---

① 《史记·齐太公世家》："十二年，景公如晋，见平公，欲与伐燕。"《史记·晋世家》："二十二年，伐燕。"《史记·燕召公世家》："四年，齐高偃如晋，请共伐燕，入其君。晋平公许，与齐伐燕，入惠公。"晋平公二十二年即齐景公十二年，伐燕一事，《史记》认为晋国也出兵，与《左传》不同，与《史记·十二诸侯年表》也不同，晋无伐燕之事。

② 《左传》《穀梁传》作"厥慭"，《公羊传》作"屈银"。

弱吾君，归弗来矣！"认为齐景公以后不会再来朝见晋国国君了，而中行穆子认为："吾军帅强御，卒乘竞劝，今犹古也，齐将何事？"（《左传·昭公十二年》）晋国有雄厚的军事实力，不怕齐国的挑衅。

这则记载表明，齐景公已有背叛晋国之心，其后齐国虽然没有马上付诸行动，但景公图霸之心已昭然若揭。景公之所以敢于挑战晋国君臣，是看到了晋国外强中干的事实，当时晋昭公年幼，实权掌握在卿大夫手中，而六卿骄横强大，晋国公室卑弱之势已成。"君幼弱，六卿强而奢傲，将因是以习。习实为常，能无卑乎？"（《左传·昭公十六年》）《史记·晋世家》也记载："六卿强，公室卑。"

在景公朝晋这一年早些时候，景公在没有知会晋国的情况下，派上卿高偃率军将燕简公安置于阳地①。景公十九年（公元前529），晋国的虒祁宫建成，召各诸侯朝晋，郑国、卫国等国回国之后起了叛晋之心，这应与景公的公然挑衅盟主晋国有关，"晋成虒祁，诸侯朝而归者皆有贰心。"（《左传·昭公十三年》）

景公十九年（公元前529），为了巩固晋国的盟主地位，整肃盟国不臣之心，晋国在邾国南境搞了一次大阅兵，兵车集结了四千乘，借此敲打那些意欲叛晋的诸侯，《左传·昭公十三年》："七月丙寅，治兵于邾南，甲车四千乘，羊舌鲋摄司马，遂合诸侯于平丘。"齐国本不想参加，但在晋国的威胁之下，不得已参加，晋国一番炫耀武力，"诸侯畏之"。虽然晋国达到了威慑诸侯的目的，但晋国主盟的诸侯国之间矛盾重重，鲁国与邾国、莒国因为争夺土地而互相征伐，晋国还是以武力威胁逼迫鲁国听从命令，晋国的叔向说："寡君有甲车四千乘在，虽以无道行之，必可畏也，况其率道，其何敌之有？"完全一副强权政治的样子，这样的盟主只会使盟国离心离德。齐景公面对晋国的威胁，虽心有不甘，但还是选择了顺服，因此齐国与晋国及诸侯在平丘会盟，"甲戌，同盟于平丘，齐服也"。景公的第一次叛晋小试遭到了挫败。但是，这时诸侯也看到了晋国就是一只纸老虎，虚张声势而已，郑国的子产说："晋

①　《春秋》《穀梁传》《公羊传》作"阳"，《左传》作"唐"。

政多门，贰偷之不暇，何暇讨?"晋国六卿争权，政出多门，苟且偷安尚且来不及，哪有闲暇来讨伐有叛晋之心的诸侯。

景公不甘心做晋国的小弟，总想发挥一下大国的作用。景公二十年（公元前528），齐国的东南邻国莒国发生宫廷政变，莒著丘公卒后，莒郊公即位，郊公不得民心，莒国大夫蒲余侯兹夫与公子铎发动政变，莒郊公之亲信被杀，莒郊公出逃齐国。在齐国避难的莒公子庚舆被迎立为国君，景公派隰党、公子鉏送其回国即位，是为莒共公，齐国接受了莒国的土地贿赂。

景公二十二年（公元前526），齐国伐徐，面对齐国的武力，徐国自感弱小，不是齐国的对手，向齐国求和。《左传·昭公十六年》："二月丙申，齐师至于蒲隧。徐人行成。徐子及郯人、莒人会齐侯，盟于蒲隧，赂以甲父之鼎。"齐国伐徐之役，顺势也将郯国、莒国收归帐下，三国在蒲隧会盟，这次会盟是齐景公第一次主持会盟。鲁国的叔孙昭子感叹："诸侯之无伯，害哉！齐君之无道也，兴师而伐远方，会之，有成而还，莫之亢也，无伯也夫！"齐国之所以敢向小国动手，是因为诸侯中没有霸主，也就是说晋国霸权已经衰落。叔孙昭子站在晋国的立场，认为景公无道，征伐远国，挑战了晋国的霸权。

这一年，晋昭公去世，晋顷公即位。自悼公以来，晋君都是年幼即位，数世以下，公室之权已逐渐为六卿所夺，公室卑，而卿室强，晋国之隐忧逐渐显现。齐国伐徐并会盟于蒲隧的挑衅行为，晋国并没有向齐问罪。景公二十三年（公元前525），吴、楚发生长岸之战，楚国大败，作为南方的霸主，疲态尽显，与晋国一样也无力号召诸侯。在这样的形势下，中原诸侯武力相向又开始出现，景公二十四年（公元前524），邾国灭鄅国，第二年，宋国伐邾，复立鄅国。景公二十五年（公元前523），宋国与邾国、郯国、徐国在虫牢会盟，宋国也开始积极参与诸侯事务，发挥影响，显示出中原诸侯联盟已经名存实亡，这无疑更助长了景公的图霸之心。这一年，因莒国不侍奉齐国，景公派高发率军伐莒，莒共公逃奔纪鄣，景公又派孙书攻打纪鄣，因莒共公行事不得人心，城内有人响应齐军，齐军夜袭，莒共公再次出逃，齐军攻占纪鄣。景公二十六年（公元前522），齐国为争取卫国的支持，景公派公孙青出使卫国，因公孙青有礼，卫灵公向景公表示感谢。景公二十八年（公元前520），因为莒共公对齐国三心二意，欲背叛齐国，景公派将领北郭启伐莒，莒共公不听劝告，与齐交战，打败了齐军，景公闻听败讯之后大怒，亲自率军伐莒，莒共公面对杀气腾腾的齐军，不得不委屈求和，亲到齐都临淄稷门之外，与齐会盟。第二年，莒共公因为暴政而被国人驱逐，逃奔鲁国，齐国又将莒郊公送回国复位。齐国在莒国政治中发挥了重要作用。

自景公十八年以来，景公打拉结合，通过恩威并施，收服了诸多小国，与晋国分庭抗礼的局面初步形成，以至于在景公生病之时，诸侯之君多有遣使来齐慰问的，"齐侯疥，遂痁，期而不瘳，诸侯之宾问疾者多在"（《左传·昭公二十年》）。

虽然这时景公已经在诸侯外交中显示出齐国的作用，但齐国仍旧不敢与晋国正面对抗，对于晋国的命令，还是依旧听从。景公三十九年（公元前509），晋国召集诸侯在狄泉会盟，上卿高张代表齐国参加会盟，会盟之后，诸侯又为王室修筑成周城，而高张因为晚到，没有赶上筑城。高张的晚到，未必不是齐国耍的一个伎俩，既不得罪晋国，又凸显齐国不与小国一般地位。景公四十二年（公元前506），周王室的刘定公召集诸侯会于召陵，以谋伐楚，这是一次空前规模的诸侯之会，《春秋·定公四年》："三月，公会刘子、晋侯、宋公、蔡侯、卫侯、陈子、郑伯、许男、曹伯、莒子、邾子、顿子、胡子、滕子、薛伯、杞伯、小邾子、齐国夏于召陵，侵楚。"连同周王室，共计十九个国家在召陵会盟，齐国派上卿国夏参会。景公在景公十八年朝晋之后，再也没有亲自参加诸侯盟会。

3. 晋失诸侯

在齐国争取盟国的同时，晋国作为盟主，六卿骄横，欺凌诸侯，令诸侯忍无可忍，纷纷叛晋，投入齐国的怀抱。

晋失郑国。在召陵会盟上，晋国的荀寅向蔡昭侯索要财物，没有得到，故意败盟，伐楚没有成行。晋国人又向郑国借用羽旄，郑国借给晋人，第二天，晋国人就将羽旄装饰到自己的旌旗上参会。晋国的豪横令诸侯心生不满，渐起叛晋之心，"晋于是乎失诸侯"。实际上，诸侯与晋国离心离德，早已为晋国知晓，"国家方危，诸侯方贰，将以袭敌，不亦难乎！"（《左传·定公四年》）晋国的霸业已经摇摇欲坠了。景公四十四年（公元前504），王子朝之余党在郑国支持下作乱王城，景公四十六年（公元前502），晋国为此讨伐郑国。郑国之后积极支持晋国的范氏、中行氏之乱，反晋最为坚决。

晋失宋国。景公四十四年，宋国大夫乐祁对宋景公说："诸侯唯我事晋，今使不往，晋其憾矣。"（《左传·定公六年》）诸侯中只有宋国还在侍奉晋国，其他诸侯已经不尊晋了。但晋国又在乐祁朝晋之时扣留了他，三年之后，晋国想释放乐祁，预言宋国也要叛晋了，"三年止之，无故而归之，宋必叛晋"。乐祁返国途中，病死于晋地，晋国又将乐祁的尸体扣留。晋国诸卿的倒行逆施，导致了宋国的叛晋，如赵鞅所说"绝诸侯也"（《左传·定公八年》）。

晋失卫国。卫国的叛晋也是被晋国欺凌所致。景公四十六年（公元前502），晋国出兵救鲁，欲与卫国会盟，派涉佗、成何两大夫前往鄟泽与卫灵公会盟，因卫灵公是国君，而涉佗、成何是晋臣，因而卫灵公要求自己主盟，"执牛耳"，但涉佗、成何不同意，叫嚣道："卫，吾温、原也，焉得视诸侯？"① 将卫国视同晋国的温、原二邑。歃血之时，涉佗又推了卫灵公之手，血流到手腕上，卫灵公被晋国大夫的无礼举动彻底激怒了。在卫灵公的煽动之下，卫国彻底叛晋，晋国提出重新结盟，被卫灵公拒绝。卫国后来成为反晋的急先锋。

楚国这一时期因为吴国的侵伐而自顾不暇，景公二十九年（公元前519），吴、楚钟离之战，楚国大败；楚昭王即位后，在吴国的军事压力下，楚国形势更加不利，《左传·定公四年》："楚自昭王即位，无岁不有吴师。"景公四十二年（公元前506），在诸侯会盟伐楚未果之后，吴国伐楚，柏举之战，楚国大败，吴军又在清发水、雍澨大败楚军，五战五胜，攻入楚国都城郢都，楚昭王仓皇出逃，如无吴国内乱、秦国出兵、越国偷袭，楚国已亡国于吴。

晋、楚两个昔日霸国可谓是难兄难弟，在诸侯中的影响堕入谷底，这为景公图霸带来了新的机遇，齐国乘机与郑、卫、鲁、宋等国建立了反晋联盟。

---

① 《左传·定公八年》。

4. 以齐国为首联盟的建立

景公四十五年（公元前503）秋，齐景公与郑献公在咸地会盟，并派人去卫国请卫灵公参会，卫灵公有意叛晋，但卫国大夫不同意，卫灵公便派大夫北宫结出使齐国，又私下向景公提出将北宫结扣留并伐卫，迫使卫国大夫同意与齐国会盟，卫灵公的计谋得逞，齐景公与卫灵公在琐地①（今河北大名县东）会盟。景公四十八年（公元前500），齐景公、卫灵公、郑国大夫游速在安甫②会盟，进一步强化了同盟关系。

景公四十五年（公元前503），齐国为拉拢鲁国，主动归还了鲁国的郓、阳关两地，但鲁国对齐国的示好并未作出善意的回应，景公一气之下，派上卿国夏率军伐鲁。景公四十六年（公元前502）春，鲁国为报齐伐鲁之仇，鲁定公两次率军伐齐，攻阳州（今山东东平北）、廪丘（今山东鄄城县东北），毁廪丘外城。为了敲打鲁国，当年夏，景公派上卿国夏、高张率军伐鲁，晋国派士鞅、赵鞅、荀寅率军救鲁，鲁军与晋军会合于瓦地，齐军退走。晋国因郑国、卫国背叛晋国，乘机侵伐郑、卫两国，鲁国也跟随晋军伐卫。郑、卫两国也在曲濮会盟，共同应对晋国的讨伐。在中原诸侯中，晋国的盟国只剩下了鲁国。同年，鲁国发生阳虎之乱，季氏家臣阳虎欲除掉三桓，没有成功，反被三桓驱逐。景公四十七年（公元前501），阳虎出逃齐国，请齐国出兵讨伐鲁国。在鲍文子（鲍国）的劝说下，景公没有听从阳虎之谋，反将阳虎拘押，阳虎设计从齐国逃往晋国。景公帮助鲁国平定了叛乱，而阳虎出逃晋国，晋国并没有将阳虎囚禁，这加深了晋、鲁之间的矛盾，齐、鲁之间的关系开始缓和。景公四十八年（公元前500）夏，齐景公与鲁定公在夹谷③（一说在今山东莱芜，一说在山东博山）相会，经过激烈交锋，齐、鲁两国达成盟约，齐国归还鲁国的汶阳之田，而鲁国在齐国出兵时，也要派三百乘兵车配合作战。夹谷之会后，齐国归还了郓、讙、龟阴之田，也意味着鲁国也要承担对齐国的义

---

① 《春秋》《穀梁传》作"沙"，《左传》作"琐"，《公羊传》作"沙泽"。
② 《春秋》《穀梁传》作"安甫"，《公羊传》作"鄌"。
③ 《春秋》《左传》作"夹谷"，《公羊传》《穀梁传》作"頰谷"。

务。李玉洁先生认为："夹谷之会，确定了齐国对鲁国的霸权。"① 当年，鲁国郈邑发生叛乱，景公派军队与鲁军一起包围了郈邑，其后齐国占领郈邑，将其交还鲁国。在齐国打拉结合的政策下，鲁国成为齐国盟国，齐、鲁关系进一步强化。第二年，鲁国与郑国讲和，开始叛晋，"冬，及郑平，始叛晋也"。（《左传·定公十一年》）景公五十年（公元前498），景公与鲁定公在黄地会盟，同谋反晋。晋国最后一个盟国也背叛了晋国。

经过多年的经营，齐国已经与郑、卫、鲁结成同盟，此前，莒、徐、郯等国已经顺服齐国，其后，宋国也加入其中，以齐国为首的中原诸侯联盟已经建立，齐景公经过数十年苦心经营，复霸之势已成，俨然已成为中原霸主，下一步景公要做的就是以武力讨伐晋国，将晋国从霸主之位上拉下来，而中原诸侯联盟的建立，则使齐国与晋国争霸，再无后顾之忧，避免了当年齐庄公伐晋而鲁国偷袭于后的情况发生。

5. 伐晋与干预晋国内乱

为了争夺霸权，共同对付晋国，齐国联合其他诸侯共同讨伐晋国。景公四十七年（公元前501），齐国出兵伐晋，攻占了夷仪，但在中牟被晋军打败。在齐伐晋的同时，卫灵公也率军伐晋。据《左传·哀公十五年》记载："昔晋人伐卫，齐为卫故，伐晋冠氏，丧车五百，因与卫地，自济以西，禚、媚、杏以南，书社五百。"齐国伐晋，损失很大，损失了五百辆兵车。虽然伐晋失败，但为了感谢卫国的援助，齐国将禚、媚、杏三邑送给卫国，进一步加强了齐、卫的同盟关系。景公五十一年（公元前497），齐景公与卫灵公在垂葭②相会，再次共同伐晋，挥师渡过黄河，攻占了晋国的河内等地。③ 在齐景公不断挑战晋国之时，晋国内部六卿倾轧加剧，竟无暇反击齐、卫的挑战。顾德融、朱顺龙认为："至此，中原弭兵之盟完全破裂，开始了以齐为首的东方各国的联盟与晋对抗，晋国的盟主地位已名存实亡。"④

---

① 李玉洁：《齐国史》，新华出版社2007年版，第224页。
② 《春秋》《左传》《穀梁传》作"垂葭"，《公羊传》作"垂瑕"。
③ 《左传·定公十三年》。
④ 顾德融、朱顺龙：《春秋史》，上海人民出版社2019年版，第153页。

　　景公五十一年，晋国发生内乱，赵氏一族的内部矛盾最终发展成为赵、知、韩、魏四家与范、中行两家的大内乱。四家联合起来讨伐范氏、中行氏，迫使范氏、中行氏出奔朝歌（今河南淇县）。四家进而包围了朝歌。对于晋国的内乱，景公看到了称霸的机会，通过支持范氏、中行氏，以削弱晋国。景公五十二年（公元前496），齐景公与鲁定公、卫灵公会于牵地①（今河南浚县北），同年秋，齐景公又与宋景公在洮地（今山东鄄城西南）相会，目的都是为了救援范氏、中行氏。郑国也出兵援助二家，但在百泉（今河南辉县西北）被晋军打败。景公五十三年（公元前495），齐景公与卫灵公在蘧挐②相会，谋划援救晋二家。景公五十四年（公元前494）秋，齐、卫两国联合出兵伐晋，包围了五鹿（今河北大名东），以支援范氏。齐景公与卫灵公在乾侯相会，鲁国、鲜虞人也加入援救范氏、中行氏的行列中来，共同出兵伐晋，夺取了晋国的棘蒲（今河北赵县）。对于齐、卫、鲁等国的干预，晋国并未反击，而是集中攻打范氏、中行氏所在的朝歌。景公五十五年（公元前493）秋，齐国为援救二氏，向其运送粮草，由郑国人护送，晋国人拦击郑军，在铁③地（今河南濮阳附近）激战，郑军大败，晋国夺取了齐国送给范氏的一千车粮草。战后晋国主帅赵鞅与卫庄公、邮无正各自夸耀在此战中的功劳，《国语·晋语九》记载："铁之战，赵简子曰：'郑人击我，吾伏弢呕血，鼓音不衰。今日之事，莫我若也。'卫庄公为右，曰：'吾九上九下，击人尽殪。今日之事，莫我加也。'邮无正御，曰：'吾两鞁将绝，吾能止之。今日之事，我上之次也。'驾而乘材，两鞁皆绝。"赵鞅被箭射中，但仍击鼓不绝；卫庄公④从战车上九上九下，射击敌人，全部射中；御车的邮无正驾驶战车，因战事激烈，两根马肚带快扯断了，仍能够控制战马。从中可见战事之惨烈。景公五十六年（公元前492）春，齐、卫再次出兵伐晋，包围了戚邑，第二年秋，齐、

---

① 《春秋》《左传》《穀梁传》作"牵"，《公羊传》作"坚"。

② 《春秋》《穀梁传》作"渠蒢"，《左传》作"蘧挐"，《公羊传》作"籧篨"。

③ 《春秋》《左传》《穀梁传》《国语》作"铁"，《公羊传》作"栗"。

④ 卫庄公即卫太子蒯聩，当时出亡晋国，并未即位，卫国当时的国君为卫灵公。齐平公元年（公元前480），在赶走儿子卫出公后，蒯聩成为国君，是为卫庄公。

卫又一次伐晋援救范氏，包围了五鹿。但当年冬，邯郸投降，《左传·哀公四年》："秋七月，齐陈乞、弦施、卫宁跪救范氏。庚午，围五鹿。九月，赵鞅围邯郸。冬十一月，邯郸降，荀寅奔鲜虞，赵稷奔临。"当年冬，齐国派国夏伐晋，攻占了邢、任、栾、鄗、逆畤、阴人、盂、壶口八个城邑，并会合鲜虞人，将荀寅送到柏人邑。这是齐国伐晋取得的最大胜利。景公五十八年（公元前490）春，"晋围柏人，荀寅、士吉射奔齐。"范氏、中行氏之乱至此平息。

范氏、中行氏之乱持续了七年，之所以能够支撑这么长，离不开齐景公的背后支持。对于景公援助晋国的叛臣，《史记·齐太公世家》认为这是陈乞的阴谋："五十五年，范、中行反其君于晋，晋攻之急，来请粟。田乞欲为乱，树党于逆臣，说景公曰：'范、中行数有德于齐，不可不救。'及使乞救而输之粟。"《史记·田敬仲完世家》也有近乎相同的记载。《史记》与《左传》的记载不一致。清人梁玉绳认为："齐时叛晋，故助范、中行，非因陈乞党逆而然，此与《田完世家》同误。"[①] 据史料分析，景公插手晋国内乱，是称霸之心所致，而非陈乞所鼓动；再者，从时间上看，范氏、中行氏之乱并非爆发于景公五十五年，早在景公五十一年已经发生，且输粟于二氏并非由陈乞运送。可知，陈乞阴谋论并不能立得住脚。

范氏、中行氏之乱对于晋国影响巨大，二氏被灭之后，四家瓜分二氏之采邑，势力增强，其后赵、魏、韩三家又联合灭知氏，最终形成了三家分晋的局面。

景公五十八年（公元前490）秋，景公卒。景公的复霸，也随着景公的死亡而宣告结束。景公建立的诸侯联盟，也因为晋国内部的重新稳定而遭到打击。

齐国自景公五十三年来，至景公五十七年，五年间，几乎无年不伐晋，晋国的霸权已完全被取代，郑、宋、鲁、卫等原晋国盟国纷纷与齐国结为盟国，参与伐晋、援救范氏、中行氏，不得不说时势造就了齐景公的复霸事业。清人

---

① ［清］梁玉绳：《史记志疑》，中华书局1981年版，第864页。

高士奇认为，正是晋失诸侯，才造就了齐景公的复霸，"所以投壶者有代兴之思，效鼎者从蒲隧之歃。晋之号令不出于故绛，而中原伯叔人自为政矣。晋犹不悟，恃兵甲之威，逞恫疑之术，欲以力征经营，不已过乎"①。

景公复霸之失

1. 景公在复霸过程中，错失了匡扶周王室的机会

景公二十八年（公元前 520），周王室发生变乱。周景王在立太子问题上，废嫡立庶，临终之时立王子朝为太子，但大夫单旗、刘卷拥立太子猛为王，是为周悼王。王子朝在王室大臣的支持下，一度攻占王城，悼王出奔，晋国应悼王之请，随即派兵入周，拥立周悼王，悼王死后又拥立周敬王，王子朝之乱持续了十余年，晋国在平定王子朝之乱中发挥了主导作用。而此时，齐景公并没有将周天子看在眼里，景公没有干预周王室之乱，固然齐国距离周都洛邑较远，有鞭长莫及之感，但齐国并非不能，而是景公不愿，景公正着力于经略小国。景公三十一年（公元前 517），晋国召集诸侯会盟于黄父，商议平定王子朝之乱，齐国没有参加，一匡天下的机会就这样丧失了。清人马骕说："敬王之难，数岁不靖者，时无霸也，然晋顷、晋定继世勤王，孰非霸之余烈哉？"②景公虽然建立了诸侯联盟，但因为没有周王室的参与，缺少了周天子的认可，因而其复霸并没有得到广大诸侯的承认，景公死后，诸侯联盟迅速崩溃瓦解，齐国的霸业随着艾陵之战的失败而宣告结束。

2. 景公无信对霸业造成的伤害

景公十三年（公元前 535），齐景公率军护送燕简公回国复位，因接受了燕国人的贿赂而没有将燕简公送回国，晏婴曾预言说："吾君贿，左右谄谀，作大事不以信，未尝可也。"这也是景公第一次给诸侯以"无信"的形象，而鲁昭公出奔齐国事件则更显示出景公的"无信"。

景公三十一年（公元前 517），鲁国发生鲁昭公与三桓之间的武装冲突，鲁昭公失败，出逃齐国，景公对于鲁昭公的到来，感觉齐国到了展示力量的时

---

① ［清］高士奇：《左传纪事本末》，第 528 页。
② ［清］马骕：《左传事纬》卷九《王子朝之乱》。

候了，对鲁昭公说："寡人将帅敝赋以从执事，唯命是听，君之忧，寡人之忧也。"（《左传·昭公二十五年》）齐国要替鲁昭公兴师问罪，答应鲁昭公助其回国复位。景公首先伐鲁，取得郓邑，让鲁昭公居住。但是跟随鲁昭公出奔的大臣子家子认为："齐君无信，不如早之晋。"齐景公没有信用，不如早些时候去晋国寻求帮助，鲁昭公没有答应。

　　景公三十二年（公元前516），景公欲亲自率军送鲁昭公回国，并下令"无受鲁货"，任何人都不能接受鲁国的贿赂，以此誓师伐鲁，但鲁国人买通了景公的宠臣梁丘据，梁丘据以鬼神之说吓唬景公，景公害怕，早已忘了对鲁昭公的承诺，不敢亲自前往，只命公子鉏率军伐鲁，围困成邑，并在炊鼻与鲁军交战，齐军被打败。但景公不甘心失败，当年秋，景公与鲁昭公、莒郊公、邾庄公、杞悼公在鄟陵会盟，谋划恢复鲁昭公的君位，但却没有具体行动，到了景公三十四年（公元前514），鲁昭公已经在郓邑居住了三年，齐国还没有履行承诺，鲁昭公无奈之下，前往晋国寻求帮助，晋国对于鲁昭公没有先行向晋国求助非常生气，让鲁昭公居住在乾侯。晋国并没有送昭公回国的打算，鲁昭公在晋国碰壁，又回到郓邑，这时，齐景公派上卿高张到郓邑慰问昭公，言语中透露出讥讽的味道，称昭公为主君，而主君是卿大夫家臣对卿大夫的称呼，将昭公比作齐国大夫，昭公自取其辱，一气之下，再次前往晋国的乾侯居住。

　　景公三十六年（公元前512），晋顷公卒，晋定公即位，景公三十七年，晋定公要兴师伐鲁，送鲁昭公回国，先将鲁国执政季孙意如召到晋国，令季孙认错，将昭公接回国，但昭公在随从的胁迫下，没有回国。从这可以看出，晋国的盟主地位虽有动摇，但对诸侯有号召力，特别是鲁国，一直跟从晋国，唯马首是瞻。景公三十八年（公元前510），鲁昭公死在晋国的乾侯。鲁昭公在外流亡，寄人篱下，本对齐景公抱有厚望，但却如其臣所言"齐侯无信"，景公的霸业正是在这种"无信"中失掉机会的。

　　3. 景公不能以礼得诸侯

　　景公四十八年（公元前500），齐景公与鲁定公在夹谷会盟，因两国缺少信任，会上剑拔弩张，双方针锋相对。齐景公听从犁弥之言，欲以莱人劫持鲁定公，但被孔子斥退，《左传》《公羊传》《谷梁传》《史记》等皆有记载，但记载颇为不同：

> 《左传·定公十年》：夏，公会齐侯于祝其，实夹谷。孔丘相。犁弥言于齐侯曰："孔丘知礼而无勇，若使莱人以兵劫鲁侯，必得志焉。"齐侯从之。孔丘以公退，曰："士，兵之！两君合好，而裔夷之俘以兵乱之，非齐君所以命诸侯也。裔不谋夏，夷不乱华，俘不干盟，兵不逼好。于神为不祥，于德为愆义，于人为失礼，君必不然。"齐侯闻之，遽辟之。将盟，齐人加于载书曰："齐师出竟，而不以甲车三百乘从我者，有如此盟。"孔丘使兹无还揖对，曰："而不反我汶阳之田，吾以共命者，亦如之。"
>
> 《公羊传·定公十年》注曰：颊谷之会，齐侯作侏儒之乐，欲以执定公。孔子曰："匹夫而荧惑于诸侯者诛"，于是诛侏儒，首足异处，齐侯大惧，曲节从教。
>
> 《谷梁传·定公十年》：颊谷之会，孔子相焉。两君就坛，两相相揖。将欲行盟会之礼。齐人鼓譟而起，欲以执鲁君。孔子历阶而上，不尽一等，而视归乎齐侯，曰："两君合好，夷狄之民何为来为？"命司马止之。齐侯逡巡而谢曰："寡人之过也。"退而属其二三大夫曰："夫人率其君与之行古人之道，二三子独率我而入夷狄之俗，何为？"罢会，齐人使优施舞于鲁君之幕下。孔子曰："笑君者罪当死！"使司马行法焉，首足异门而出。
>
> 《史记·齐太公世家》：四十八年，与鲁定公好会夹谷。犁鉏曰："孔丘知礼而怯，请令莱人为乐，因执鲁君，可得志。"景公害孔丘相鲁，惧其霸，故从犁鉏之计。方会，进莱乐，孔子历阶上，使有司执莱人斩之，以礼让景公。景公惭，乃归鲁侵地以谢，而罢去。（《史记·孔子世家》记载更为详细）

之所以要将夹谷之会的史料胪列如上，意在说明，夹谷之会上，齐景公不守礼仪，妄图使诈用武，逼迫鲁国就范，非但没有占到便宜，反而丢了面子。据《史记·孔子世家》记载，景公归国后，对夹谷之会上群臣之行为非常不满："景公惧而动，知义不若，归而大恐，告其群臣曰：'鲁以君子之道辅其君，而子独以夷狄之道教寡人，使得罪于鲁君，为之奈何？'"景公自己也觉得在夹谷之会上失去了自己大国之君的形象，原因在于群臣以夷狄之道误导自己。《公羊传》何休注曰："齐侯自颊谷会归，谓晏子曰：'寡人或过于鲁侯，如之何？'晏子曰：'君子谢过以质，小人谢过以文。齐尝侵鲁四邑，请皆还之。'"此次会盟，晏婴应没有参加，可能已经病重，卒于是年。除了《左传》之外，其他史籍都对齐、鲁盟约没有记载，认为齐国归还鲁国土地，是因为在夹谷之会上失礼所致，而非有盟约，但从之后鲁国与齐在黄地相会，与郑国讲和，背叛晋国来看，夹谷之会，鲁国虽以道义占上风，但齐国也成功将鲁国拉进自己的同盟。其后，齐国数出兵伐晋，但鲁并未出师相从，盟约有否或未可知。

4. 在景公复霸光环的背后，齐国内部潜藏的矛盾越发尖锐

作为国相的晏婴生前是反对齐国反晋的，"不侵大国之地，不耗小国之民，故诸侯皆欲其尊"[1]，齐庄公时，晏婴反对收留晋国叛臣栾盈，"小所以事大，信也。失信不立，君其图之"[2]。晏婴也极力反对庄公反晋，"君恃勇力，以伐盟主，若不济，国之福也。不德而有功，忧必及君"[3]。晏婴崇尚的是和平外交，"卑辞重币，以说于诸侯"[4]。据《史记·齐太公世家》记载，晏婴卒于景公四十八年，而齐景公以军事行动反晋，基本上都是在晏婴卒后进行的，景公的反晋图霸是在晏婴卒后，少有人进谏劝阻。齐国连年出兵伐晋，重敛于百姓，加重了齐国百姓的负担，而陈氏小惠之举越发争得民众的支持，公族的衰弱日甚一日。

---

① 《晏子春秋·内篇问上·第五》。
② 《左传·襄公二十二年》。
③ 《左传·襄公二十三年》。
④ 《晏子春秋·内篇问上·第五》。

五、弃长立幼：齐国政权更替的开端

景公晚年开创了春秋时代齐国最后的辉煌，但其临终之际的弃长立幼，则使齐国陷入内乱之中，景公苦心经营的霸业功亏一篑。景公在立嗣问题上的失误，是齐国政权被陈氏篡夺的开端。

据《史记·齐太公世家》记载，景公的夫人是燕女，"五十八年夏，景公夫人燕姬嫡子死"。燕女应是景公十二年伐燕之时嫁入齐国，燕人贿赂齐国，将燕姬嫁与景公。《左传·昭公七年》："燕人归燕姬，赂以瑶瓮、玉椟、斝耳，不克而还。"燕姬所生之子为嫡子，按照宗法制，本应为太子，但据《左传·哀公五年》记载："齐燕姬生子，不成而死。"燕姬所生之子应是未成年而死，而非死于景公五十八年，详下文。《左传·昭公二十七年》又记载："子仲之子曰重，为齐侯夫人。"此齐侯夫人为鲁女，当未生子。景公并未立其他庶子为太子，太子之位的空缺，引起诸公子对太子之位的觊觎。

景公在处理立嗣问题上欠缺考虑，为诸公子立傅，开启诸子争位的序幕。《晏子春秋·内篇谏上·第十》记载："景公有男子五人，所使傅之者，皆有车百乘者也。晏子为一焉。公召其傅曰：'勉之！将以而所傅为子。'"景公有五个儿子，当时少子荼尚未出生，景公为每个儿子都选择了师傅，如当年齐僖公为其三个儿子（诸儿、纠、小白）都选择师傅一样，在立嗣之大事上，景公也试图效仿僖公之做法。景公为让每个公子的师傅尽心尽力，使他们拥有百乘兵车，相当于大国之卿、小国诸侯，而分别对他们说要立他们辅佐的公子为太子。这无疑开启了夺嫡之争。晏婴认为，景公此举是离间分裂、各树党羽，以致倾覆国家的做法，"此离树别党，倾国之道也"。

景公在立嗣问题上发生转折是在其宠妾鬻姒①生公子荼以后。景公喜爱公子荼（《公羊传》作舍，应是形近而误），欲立之为太子。按照《左传·哀公五年》的记载："诸子鬻姒之子荼嬖。诸大夫恐其为大子也，言于公曰：'君之齿长矣，未有大子，若之何？'公曰：'二三子间于忧虞，则有疾疢。亦姑

---

① 《左传》作"鬻姒"，《史记》作"芮姬"，《晏子春秋》作淳于女。

谋乐,何忧于无君?'"景公年老,长期未立太子,诸大臣劝景公应早立太子,而景公知道诸大臣不愿立公子荼为太子,故而继续拖延不立太子。《史记·齐太公世家》的记载与《左传》略有不同:"景公宠姜芮姬生子荼,荼少,其母贱,无行,诸大夫恐其为嗣,乃言愿择诸子长贤者为太子。景公老,恶言嗣事,又爱荼母,欲立之,惮发之口,乃谓诸大夫曰:'为乐耳,国何患无君乎?'"诸大臣劝景公年长贤能之公子为太子,意在阻止公子荼立为太子。公子荼之母微贱,德行又不好,但深得景公宠爱,景公因爱其母,而欲立其子。景公年老,又好长生,厌恶他人谈及其身后之事,因而立嗣之事久拖不决。《晏子春秋·内篇谏上·第十一》的记载与《左传》《史记》均不同,以"景公欲废适子阳生而立荼晏子谏"为题,"适子"即"嫡子",此篇记载:"淳于人纳女于景公,生孺子荼,景公爱之。诸臣谋欲废公子阳生而立荼。"此篇以公子阳生为景公嫡子,景公在立公子荼之前,已被立为太子,立公子荼为太子是诸臣迎合景公心思的建议,这也与其他史籍记载不同,不应取信。《史记·田敬仲完世家》:"景公太子死。"可知,景公曾立有太子,即燕姬所生之子。《公羊传·哀公六年》记载阳生对陈乞说:"吾闻子盖将不欲立我也。"也就是说景公在征求陈乞的立嗣意见时,当时并未立阳生为太子。

阳生为景公庶子且年长,应为事实。按照周代宗法制,立嗣的原则是立嫡立长。既然嫡子早死,则应立长。阳生理应被立为太子,而景公并未立阳生,表明景公并不喜欢阳生。《公羊传·哀公六年》记载了景公将立公子荼为太子时与陈乞(田僖子)的一段对话,生动说明了当时阳生面临的处境。"景公谓陈乞曰:'吾欲立舍,何如?'陈乞曰:'所乐乎为君者,欲立之则立之,不欲立则不立。君如欲立之,则臣请立之。'阳生谓陈乞曰:'吾闻子盖将不欲立我也。'陈乞曰:'夫千乘之主,将废正而立不正,必杀正者。吾不立子者,所以生子者也,走矣!'与之玉节而走之。景公死而舍立。"景公问陈乞立公子舍(荼)怎样,陈乞答以请景公自己做决定,他将辅佐所立太子。公子阳生知道这件事后,质问陈乞为何不为自己争取太子之位,陈乞对阳生说,之所以不为阳生说话,是怕景公为除去立公子荼之后患,会杀掉理应立为太子之人,则阳生必危。吴则虞先生认为,《公羊传》记齐事独翔实,晏子齐人,记之者亦齐人，故于齐事往往与《公羊》合。① 陈乞在景公立公子荼为太子的过程中扮演了一个两面派的角色，虽然陈乞与公子阳生关系紧密，是阳生之党，（《史记·田敬仲完世家》："田乞不说，欲立景公他子阳生。阳生素与乞欢。"）但却不能提出立公子阳生，因为这不符合景公的心意，其阴险毒辣在景公死后发动宫廷政变时更有充分的表现，而景公并没有识破陈乞的阴谋。值得注意的是，陈乞提到阳生为正，而荼为不正，即合不合礼法的问题。在这一点上，《穀梁传·哀公六年》与《公羊传》的观点相同："阳生入而弑其君，以陈乞主之，何也？不以阳生君荼也，其不以阳生君荼，何也？阳生正，荼不正。"阳生以年长，本应被立为太子，可景公在临终之际执迷不悟，将公子荼立为太子，并将公子荼托付于天子命卿国、高二氏之国惠子（国夏）、高昭子（高张），令二人辅佐公子荼，景公此举试图以国、高二人的力量保护公子荼君位不失。与此同时，为保证公子荼能够顺利即位，景公将五个儿子都迁置于莱地，使之远离国都。《左传·哀公五年》："公疾，使国惠子、高昭子立荼，置群公子于莱。秋，齐景公卒。冬十月，公子嘉、公子驹、公子黔奔卫，公子鉏、公子阳生来奔。莱人歌之曰：'景公死乎不与埋，三军之事乎不与谋。师乎师乎，何党之乎？'"《史记·齐太公世家》记载基本相同："秋，景公病，命国惠子、高昭子立少子荼为太子，逐群公子，迁之莱。"一代雄主，死后悲凉，诸子争夺君位，至于无暇顾及埋葬景公，景公身后之遭际与桓公又何其相似！

对于景公立嗣问题上的弃长立幼，《晏子春秋·内篇谏上·第十一》中记载晏婴向景公进谏说："夫以贱匹贵，国之害也；置大立少，乱之本也。夫阳生，生而长，国人戴之，君其勿易！夫服位有等，故贱不陵贵；立子有礼，故孽不乱宗……废长立少，不可以教下；尊孽卑宗，不可以利所爱。长少无等，宗孽无别，是设贼树奸之本也。"并认为此举遗祸无穷："废长立少，臣恐后人之有因君之过以资其邪，废少而立长以成其利者。"晏婴认为，废长立少，是祸乱之本，别有用心的臣子会利用景公的失误，废黜幼主，拥立长君，实现

---

① 吴则虞：《晏子春秋集释》，中华书局1962年版，第39页。

自己利益的最大化。吴则虞先生认为《晏子春秋》此篇非晏子进谏，而是后人托名，"五十八年荼始生，去晏子之死有十载，安有告晏子之事！追叙者未之审耳"①。清人梁玉绳认为，此文（《史记》："五十八年夏，景公夫人燕姬嫡子死。景公宠妾芮姬生子荼。"）因景公之卒而追叙前事，非当年事也，然承接欠明。② 笔者认为，公子荼在景公卒时虽年幼，但也不太可能生于景公五十八年，景公欲立公子荼为太子的想法也不太可能是在将卒之年临时起意，如燕姬之嫡子未早死，则景公必受制于礼法，立公子荼为太子则阻力重重。

景公不理会诸大臣的进谏，如其心意，立公子荼为太子，景公死后，公子荼即位，是为安孺子③。但景公此举并没有得到众多大臣的拥护和支持，如《左传》所言，因公子荼年幼，且"其母贱，无行"，《史记·齐太公世家》："芮子故贱而孺子少，故无权，国人轻之。"诸臣对于公子荼的即位自然心有二意。安孺子元年春，陈乞利用民意，与鲍牧及诸大夫起事，进攻公宫，国夏、高张受景公遗命辅佐新君荼，战败之后，逃奔鲁国④，晏婴之子晏圉在这场宫廷政变中站在了安孺子一边，失败后，出奔鲁国。安孺子的辅佐被清除，陈乞又秘密从鲁国接回公子阳生，藏于自己家中。十月，陈乞在家中延请诸大夫，欲立公子阳生为国君，虽有鲍牧的质问，《左传·哀公六年》："女（汝）忘君之为孺子牛而折其齿乎？而背之也！"（《史记》作"子忘景公之命乎？"说明景公对众大臣有遗命。）在阳生"可则立之，否则已"的表态之后，鲍牧怕因此而祸及己身，也违心答应立阳生为君，阳生即位，是为齐悼公。悼公的即位，如陈乞所说，是时势造就，"以齐国之困，困又有忧。少君不可以访，是以求长君"（《左传·哀公六年》），齐国内有饥荒之困，外有兵革之忧，需要长君即位，以稳定局面。

悼公即位之后，开启了报复模式，流放景公宠妾鬻姒，拘捕、杀害了一批忠于安孺子的党羽，"使胡姬以安孺子如赖。去鬻姒，杀王甲，拘江说，囚王

① 吴则虞：《晏子春秋集释》，第 40 页。
② ［清］梁玉绳：《史记志疑》，中华书局 1981 年版，第 864 页。
③ 《左传》作"安孺子"，《史记》作"晏孺子"。
④ 《春秋》作俱奔鲁，《左传·哀公六年》作国夏奔莒，《史记·齐太公世家》作高昭子被杀。

豹于句窦之丘"，安孺子也被异地看管拘押，悼公忌惮群臣会复立安孺子，为了巩固君位，又使人将安孺子杀害，"使（朱）毛迁孺子于骀，不至，杀诸野幕之下，葬诸殳冒淳"（《左传·哀公六年》）。《史记·齐太公世家》记载："悼公入宫，使人迁晏孺子于骀，杀之幕下，而逐孺子母芮子。"景公尸骨未寒，即骨肉相残，这恐怕是景公生前没有想到、也不愿看到的。

景公弃长立幼开启了姜姓政权向陈（田）氏转移的潘多拉盒子。景公之后，君位的争夺使得卿大夫专权加剧，通过拥立悼公，陈氏势力继续增强。自悼公开始，齐国国君废立操纵于陈氏之手。悼公四年，鲍氏①弑悼公，立齐简公；其后四年，陈氏弑简公，立平公，齐国政权完全落入陈氏之手。故而清人马骕说："自景公之殁，安孺子方立而弑，悼公立则四年而卒，简公立则四年而弑，未逾九年，齐丧三君……盖景公虽称显君，而实齐国酿乱之始。五十余年之间，陈氏日大矣，晏子言礼可为国，孔子言君臣父子，公善之而不能用也，身死而祸不旋踵，孺子三君之弑，其谁尤耶？"②景公在世之时，虽欲长保有齐国，维持姜姓政权，但晚年立嗣问题上的昏庸操作，将姜姓政权推上不归之路。

结　语

齐景公之谥号为"景"，为美谥。《逸周书·谥法解》："由义而济曰景，布义行刚曰景。"清人朱右曾注曰："景，强也，大也。用义而成，能自强也。"《史记正义·谥法解》多一条："耆意大虑曰景。"纵观景公在位五十八年的作为，景公能在灵公、庄公国势萎靡的情况下，积数十年之努力，终有复霸之功绩，谥号为"景"是恰如其分的。

景公的复霸，恰如清人马骕所说："齐景公际平昭霸衰之日，多历年，所意存代兴而卒无远略者，志狃于小图，兵耀于妄动也……当灵庄残刻之余，国

---

① 《晏子春秋》认为是陈氏弑君，《史记》记载是鲍氏所为。笔者认为，鲍氏所为的可能性较大，详见《齐悼公评传》。

② ［清］马骕：《左传事纬》卷十一《齐简之弑》。

脉削剥，于兹为甚，公之即位，虽值晋霸之不振，而文公之流风余泽犹有存焉，欲图代兴，终难骤得，北燕、徐、莒，仅威小弱，以此求伯，势必不成，况又政在陈氏乎?"① 内忧外患之下，齐国虽得小国之支持，但仍难以撼动晋国的霸主地位，景公之子孙也没有将齐国的强势地位保持下去，景公时代恰似姜姓齐国政权最后的回光返照，高光时刻虽美，只是太过短暂。

---

① ［清］马骕:《左传事纬》卷八《齐景纳燕莒》。

齐悼公评传

简评：

齐悼公是齐景公的庶长子，按照周代的宗法制，本应被立为太子，顺理成章地继承君位，但齐景公并不喜欢悼公，执意将君位传给少子荼。齐悼公在大夫陈乞的支持下，从安孺子手中夺取了君位。齐悼公在位四年，政绩不多，齐国在景公死后，失去了对诸侯联盟的控制，景公建立的霸业也随之烟消云散。吴国崛起，并北上争霸，悼公没有引起足够的重视，最终引狼入室，身死内乱之中。悼公之死，给后人留下了千古谜团。

齐悼公，名阳生，齐景公之子。公元前488年至公元前485年在位，在位4年。

一、悼公即位前后波谲云诡的齐国局势

齐景公五十八年（公元前490），齐景公卒，公子荼（《公羊传》作舍）即位，是为安孺子（《史记》作晏孺子）。当初景公在世时，众多齐国大臣即不愿景公立公子荼为太子，《史记·齐太公世家》："荼少，其母贱，无行，诸大夫恐其为嗣，乃言愿择诸子长贤者为太子。"但景公临终之际，仍然坚持立公子荼为太子，并将其他公子迁置莱地，以齐国左右二相高张（高昭子）和国夏（国惠子）为幼主之辅佐。景公这一决定引起诸多大臣的不满，特别是陈氏（《史记》例作田氏）一族的宗主陈乞（陈僖子），陈乞与公子阳生交好，

欲立公子阳生为太子，《史记·田敬仲完世家》："田乞不说，欲立景公他子阳生。阳生素与乞欢。"《公羊传·哀公六年》也有景公与陈乞的一段对话："景公谓陈乞曰：'吾欲立舍（即公子荼），何如？'陈乞曰：'所乐乎为君者，欲立之则立之，不欲立则不立。君如欲立之，则臣请立之。'"陈乞在景公面前并没有替公子阳生说话，怕景公在立公子荼的同时，杀害本应该立为太子的公子阳生，"夫千乘之主，将废正而立不正，必杀正者"。安孺子即位后，诸公子怕被杀，纷纷逃亡他国，公子阳生出奔鲁国，而陈乞虽然表面服从高、国二卿，但已准备发动政变，推翻安孺子，立公子阳生为国君，陈乞无疑在作一场巨大的政治冒险，与后世的经国巨贾吕不韦有相似之处。

安孺子元年（公元前489）六月，陈乞在执政的高张和国夏面前装出恭顺侍奉的样子，让高、国二人对其放松了警惕，又利用诸大夫对安孺子即位不满的情绪，挑拨诸大夫和高、国之间的关系，在高、国毫无防备的情况下，联合大夫鲍牧及诸大夫抢先下手，发动政变，率领甲士进入公宫，劫持了国君安孺子。受齐景公临终托孤的高张和国夏驱车救援安孺子，与诸大夫的甲士在庄街遭遇，高、国寡不敌众，战败。国夏奔莒，高张、晏圉（晏婴之子）、弦施等奔鲁。[①] 高、国倒台之后，陈乞与鲍牧执政。八月，陈乞派人暗地到鲁国去接公子阳生回国，而公子阳生对于陈乞之召，不知何意，心存疑虑，临行之时，阳生对家臣阚止说："事未可知，反，与壬也处。"[②] 阳生将家臣阚止和儿子吕壬留在了鲁国。阳生回到齐国国都之时，已是夜晚，进城时，都城中很多人见到了回国的阳生，《左传·哀公六年》："逮夜，至于齐，国人知之。"杜预注曰："故以昏至，不欲令人知也。国人知而不言，言陈氏得众。"从中可见，阳生之立，因本人的长子身份和陈氏得众而得到国人的支持。阳生被陈乞安置在自己家中，等待陈乞的安排。

悼公即位之事，诸史籍记载不一，颇具戏剧性：

---

① 《左传·哀公六年》："国夏奔莒，遂及高张、晏圉、弦施来奔。"《史记·齐太公世家》："国惠子奔莒，遂反杀高昭子。"记载不同。

② 《左传·哀公六年》。

《左传·哀公六年》：冬十月丁卯，立之。将盟，鲍子醉而往。其臣差车鲍点曰："此谁之命也？"陈子曰："受命于鲍子。"遂诬鲍子曰："子之命也。"鲍子曰："女忘君之为孺子牛而折其齿乎？而背之也！"悼公稽首，曰："吾子奉义而行者也。若我可，不必亡一大夫。若我不可，不必亡一公子。义则进，否则退，敢不唯子是从？废兴无以乱，则所愿也。"鲍子曰："谁非君之子？"乃受盟。

《史记·齐太公世家》：十月戊子，田乞请诸大夫曰："常之母有鱼菽之祭，幸来会饮。"会饮，田乞盛阳生橐中，置坐中央，发橐出阳生，曰："此乃齐君矣！"大夫皆伏谒。将与大夫盟而立之，鲍牧醉，乞诬大夫曰："吾与鲍牧谋共立阳生。"鲍牧怒曰："子忘景公之命乎？"诸大夫相视欲悔，阳生前，顿首曰："可则立之，否则已。"鲍牧恐祸起，乃复曰："皆景公子也，何为不可！"乃与盟，立阳生，是为悼公。（《史记·田敬仲完世家》记载基本相同）

《公羊传·哀公六年》：景公死，而舍立。陈乞使人迎阳生于诸其家。除景公之丧，诸大夫皆在朝，陈乞曰："常之母有鱼菽之祭，愿诸大夫之化我也。"诸大夫皆曰："诺。"于是皆之陈乞之家，坐。陈乞曰："吾有所为甲，请以示焉。"诸大夫皆曰："诺。"于是使力士举巨囊而至于中霤，诸大夫见之，皆色然而骇，开之则闯然公子阳生也。陈乞曰："此君也已！"诸大夫不得已皆逡巡北面，再拜稽首而君之尔，自是往弑舍。

下面根据以上史籍记载，力图还原公子阳生即位时的图景。十月二十四日，陈乞在家中举办宴会，召集诸大夫到家中饮宴，饮宴中，陈乞令力士将阳生置于一个大布袋中，抬至宴会中央，解开布袋，让阳生出来，陈乞指着阳生说："这就是我们的国君。"为了增加胜算，避免诸大夫的反对，又说："我和鲍牧大夫共立公子阳生为国君。"诸大夫突然见阳生出现，惊慌失措，又看到陈乞早有准备，安排了众多勇力之士在宴会上，纷纷跪倒在地，朝拜新君。陈乞要诸大夫与阳生盟誓，拥立阳生为国君，而大夫鲍牧酒醉，质问陈乞说："女忘君之为孺子牛而折其齿乎？而背之也！"（《史记》作："子忘景公之命乎?")鲍牧质问陈乞,他是不是忘了景公立公子荼为国君的遗诏,景公尸骨未寒,而陈乞废其指定的继承人而立公子阳生,违背了景公的遗诏,这是不忠之举,而景公喜爱公子荼,曾经衔绳当牛,让公子荼牵着走,致使牙齿折断,景公爱公子荼之情,诸大夫都知道,更不应该违背景公的遗诏,另立新君。陈乞说他和鲍牧共立公子阳生,明显是使诈,将废立国君之事说成是他们共同的决定,鲍牧不想接受废立国君这样的恶名,故而质问陈乞。诸大夫一看鲍牧的态度,意欲反悔,这时,阳生看到鲍牧的态度决定其能否当上国君,故而向鲍牧稽首说:"您是秉持道义而行事的人,要是我可以当国君,不必失去一大夫(指鲍牧);如果我不可以立为国君,则不必失去一公子(指自己)。合乎道义就进前,不合乎道义就退后。岂敢不唯您命是从。无论成否,都不要引起祸乱。"阳生说到这个份上,软中带硬,既有对鲍牧的尊重,也带有几分威胁的成分。这时,鲍牧也怕陈乞和阳生铤而走险,祸及己身,违心地说:"都是景公的儿子,谁当国君不一样?"于是,众大夫盟誓,共立阳生为国君,阳生在陈乞家即位,因而《史记·田敬仲完世家》记载:"遂立阳生于田乞之家,是为悼公。"

悼公之即位,显然是陈乞胁迫诸大夫所为,当时安孺子已经即位,君臣之名分已定,悼公因陈乞之力即位,即为篡位,故而《穀梁传·哀公六年》说:"荼虽不正,已受命矣。入者,内弗受也。荼不正,何用弗受?以其受命,可以言弗受也。阳生其以国氏,何也?取国于荼也。"悼公之君位非传自景公,而是取自安孺子。宋儒胡安国即认为:"阳生曷为不称公子,非先君之子也……景公命荼世其国,已则篡荼而自立,是自绝于先君,岂复得为先君之子也。不称公子,诛不子也。"[1] 安孺子已即位为国君,清人钱大昕认为:"考诸经传,则天子以下嫡长为后者,乃得称孺子……齐侯荼已立为君,而陈乞、鲍牧称为孺子,其死也谥之曰'安孺子',非卑幼之称矣。"[2] 安孺子之立,有景公之遗命,故而为景公之后。陈乞废安孺子而立悼公,并不合礼法。宋儒家铉

———————

① [宋]胡安国:《春秋传》卷二十九,四库全书本。

② [清]钱大昕:《十驾斋养新录》卷二《孺子》,清嘉庆刻本。

翁比较了悼公之立与桓公之立的不同，"阳生之入与小白书入同，然小白之入，齐无君也，阳生之入，齐有君矣。荼弑在阳生既入之后，然其谋实定于阳生未入之前，不与小白同也……且弑荼立阳生乃乞之本谋，故专罪陈乞，阳生于诸子为长，以序当立，景公黜长立幼，以是召乱，《春秋》不坐阳生以首恶之罪，示人君立子以长不以爱，其寓戒之意深矣"①。悼公之立，是在有君已立的情况下篡位自立，与桓公之立不同。

悼公即位之后，迅速进入公宫，废安孺子，《左传·哀公六年》记载："使胡姬以安孺子如赖。去鬻姒，杀王甲，拘江说，囚王豹于句窦之丘。"悼公起初将安孺子迁到赖地（今山东章丘西北），遣送安孺子之母鬻姒到外地，将安孺子之党羽或杀或囚。安孺子之废，《史记·齐太公世家》评论道："芮子故贱而孺子少，故无权，国人轻之。"安孺子虽然得到景公的喜爱，但因其年幼，其母又卑贱，故而国人不支持他，没有掌握权力，高、国的被逐更使得少有辅佐之人，被废只是时间问题。

悼公虽然将安孺子迁往外地，但仍害怕诸大夫会废黜自己，重新立安孺子为君，毕竟悼公之君位是胁迫诸大夫而来，安孺子的存在始终对悼公是一个威胁，《左传》记载，悼公想除掉安孺子，暗示陈乞国不可有二君，必须把安孺子杀掉，而陈乞则不希望杀安孺子，希望悼公能容群臣："君举不信群臣乎？以齐国之困，困又有忧。少君不可以访，是以求长君，庶亦能容群臣乎！不然，夫孺子何罪？"齐国本有饥荒之内困，又有兵革之外忧，立年长之君是国家的需要，悼公应以宽广的胸怀，以国事为重。陈乞暗示悼公，安孺子没有罪过，废悼公而重立安孺子也并非不可能。悼公非常后悔自己失言，更确信安孺子是他的威胁，近臣朱毛劝悼公说："国君遇到大事，可以向陈乞问询，小事自己决定就可以了。"暗示悼公可以自己做出决定，不必征求陈乞的意见。悼公于是派朱毛把安孺子迁到骀地（今山东临朐），还没到达，就将其杀害于野外的帐篷里，葬于殳冒淳（齐地名，未详何地）。《史记·齐太公世家》记载与之略有不同，悼公入宫后，直接派人将安孺子迁到骀地，杀之于途中。

---

① ［宋］家铉翁:《春秋集传详说》卷二十九,四库全书本。

安孺子之被弑，《春秋·哀公六年》记载是陈乞杀害了安孺子，"齐陈乞弑其君荼"。《史记·鲁周公世家》记载："齐田乞弑其君孺子。"而《左传》和《史记·齐太公世家》均记载是悼公所为。杜预注曰："弑荼者朱毛与阳生，而书陈乞，所以明乞立阳生而荼见弑，则祸由乞始也。"杨伯峻先生注曰："《经》书陈乞者，以其迎立阳生，荼不得不被杀，且陈氏欲借此擅权也。"① 陈乞虽未亲自弑君，但迎立悼公，悼公杀安孺子，安孺子之被杀实际上源于陈乞之废立国君，等同于陈乞弑君。按《春秋》笔法，书大夫弑君，罪在大夫。

悼公二年（公元前487），虽然安孺子已死，但有人向悼公进谗言说，景公之妾胡姬是安孺子的同党。胡姬曾带着安孺子一同前往赖地，胡姬顶多算是同情安孺子之人，但悼公还是令人将其杀害。悼公对于肃清安孺子同党到了诛除必尽的地步。

悼公的争位，给陈氏夺权制造了机会，《史记·田敬仲完世家》记载："悼公既立，田乞为相，专齐政。"这则记载应该不太准确，悼公即位后，陈乞在迎立悼公过程中虽然起了决定性作用，但还没有达到擅权的地步，尚有鲍牧等大夫的制约。

二、冲冠一怒为红颜

悼公出奔鲁国之时，鲁国的执政季康子将其妹季姬嫁于悼公，而悼公不久之后被召回齐国，季康子之叔父季舫侯又与季姬私通，悼公即位后，派人到鲁国迎季姬到齐国，季姬将私情告诉其父季康子，季康子害怕，不敢将季姬交给来迎的悼公使者，怕季姬的私情为悼公知晓，怪罪于鲁国。但悼公并不知道季姬通奸的事情，以为鲁国故意不将季姬交给他，非常生气。悼公二年②五月，悼公派大夫鲍牧率军伐鲁，攻下讙、阐二邑。然而鲁国依然没有将季姬送到齐

---

① 杨伯峻：《春秋左传注》，第1632—1633页。

② 《史记·齐太公世家》："悼公元年，齐伐鲁，取讙、阐。"按《左传》之记载，齐伐鲁，应在悼公二年，而非元年。

国，悼公又派人联络吴国，意图与吴国一起出兵，共伐鲁国。鲁国害怕，与齐国讲和，互派使者到对方国家结盟，齐国使者在结盟后，将季姬接到齐国，季姬得到悼公的宠爱。因为季姬的缘故，十二月，齐国将讙、阐二邑归还鲁国。

齐国这次伐鲁，根据《左传·哀公八年》《史记·齐太公世家》的记载，是因季姬而起，但《公羊传·哀公八年》记载，齐伐鲁，是因鲁国伐邾而引起的，"外取邑不书，此何以书? 所以赂齐也。曷为赂齐? 为以邾娄子益来也"。邾娄子益即邾隐公。《春秋左传正义》因此说："《公羊》《穀梁》以为赂齐，谓前年鲁伐邾，取邾子益，益是齐甥，畏齐，故赂之。非《左氏》意也。"① 悼公元年（公元前488），鲁国伐邾，俘虏了邾国国君邾隐公，将邾隐公带回鲁国，而邾隐公之母为齐女，邾国与齐国是甥舅之国，齐国一向是邾国的保护国，不可能坐视邾国之亡，因而出兵伐鲁，取鲁国的讙、阐二邑，这二邑并非齐国通过交战、战胜鲁国而取得，等同于是鲁国贿赂齐国的，《公羊传》何休注曰："邾娄，齐与国，畏为齐所怒而赂之，耻甚，故讳使若齐自取。"《穀梁传》只言："恶内也。"《左传·襄公十三年》也说："凡书取，言易也。"鲁国将邾隐公放归，因此齐国也将讙、阐二邑归还鲁国。何休注曰："获归不书，此书者，善鲁能悔过归之。"将鲁国放归邾隐公之行为视为改过。宋儒二程和家铉翁皆主《公》《穀》之说，如二程说："鲁入邾而以其君来，致齐怒吴伐，故赂齐以说之。"② 如若悼公确因存邾而伐鲁，还是有一定的政治远见的。

三、悼公之死

1. 悼公与鲍牧的恩怨

鲍氏自鲍叔牙起，世为齐大夫，鲍牧为鲍文子鲍国之孙，在迎立悼公为君的问题上，鲍牧曾在陈乞家与悼公产生矛盾，《左传·哀公八年》记载："鲍牧又谓群公子曰：'使女有马千乘乎?'公子愬之。"千乘代指国君之位，鲍牧

---

① 《春秋左传正义》,《十三经注疏》,上海古籍出版社 1997 年版,第 2163 页。
② [清]王掞:《钦定春秋传说汇纂》卷三十七,四库全书本。

本不欲立悼公，故而怂恿诸公子，欲以取代悼公，诸公子害怕，将鲍牧之语密报悼公。悼公非常生气，对鲍牧说："有人说你坏话，你暂且到潞地等待调查。要是真有其事，就让你带着一半家产出奔他国；要是并无其事，就让你恢复原位。"但是在鲍牧出门时，只允许他带了三分之一的家产。走到半路，就只让他带两辆车。到了潞地，就将鲍牧捆绑起来，进城之后就杀死了他。

鲍牧本与悼公无恩怨，但在立国君的问题上，悼公之君位差点因为鲍牧的坚持而流产，因而两人都存在心理上的隔阂。鲍牧对诸公子背后的煽动，未必不是悼公的阴谋。

2. 悼公失信于吴

悼公二年，悼公派使者联系吴国，意图共同伐鲁，因为鲁国归还季姬而又与鲁国和好，悼公三年，悼公派公孟绰出使吴国辞谢出兵，吴王夫差非常不满，对齐国独自与鲁国讲和怀恨在心，表示仍将出兵，只不过从伐鲁变成了伐齐。悼公因一己之怨愤，勾连吴国，惹祸上身。吴国北上，实际上并非因为悼公无信，而是早有北上争霸之意，《国语·吴语》记载吴王夫差曾说："孤将有大志于齐。"《史记·吴太伯世家》也记载："七年，吴王夫差闻齐景公死而大臣争宠，新君弱，乃兴师北伐齐。"制服齐国实为吴国早有之预谋，只不过因为悼公失信，而给了吴国北上的一个借口而已。为了做好大规模向北方运兵的准备，吴国修建了邗沟，沟通了长江和淮河两大水系。《左传·哀公九年》记载："秋，吴城邗，沟通江、淮。"吴兵舟师强大，北上走水路，是吴国的擅长，通过开挖邗沟，吴国做好了北上伐齐争霸的战争准备。当年冬，吴国派使者到鲁国，通报出兵伐齐的日期。悼公四年春，吴王夫差亲自率军伐齐，鲁国、邾国、郯国作为吴国的仆从国，也出兵跟随。《春秋·哀公十年》记载："公会吴伐齐。"只记载鲁与吴合兵伐齐，而《左传·哀公十年》记载："公会吴子、邾子、郯子伐齐南鄙，师于鄎。"联军中还有邾国和郯国的军队。杜预注曰："邾、郯不书，兵并于吴，不列于诸侯。"邾国、郯国的军队并于吴军之中，不单独成军，所以《春秋》中不予记载。

面对来势汹汹的吴、鲁联军，齐国发生内乱，齐悼公被杀。《春秋·哀公十年》："三月戊戌，齐侯阳生卒。（五月）葬齐悼公。"只记载三月十四日，齐悼公卒，而《左传·哀公十年》则记载："齐人弑悼公，赴于师。"记载是齐国人杀死了自己的国君，并向联军发讣告，以取悦于吴国。按照《春秋》之笔法，如齐悼公被弑，则不应书葬，杜预注曰："以疾赴，故不书弑。"意思是说齐人在向鲁国通过此事时，是以病卒相告的，非以弑君相告，所以《春秋》不书"弑"。故而悼公之死，疑团甚多，后世众说纷纭。

悼公之死，诸史籍记载不同，特别是《史记》中即有不同的记载，大致有两说，一是鲍牧弑悼公。《史记·齐太公世家》："鲍子与悼公有郤，不善。四年，吴、鲁伐齐南方。鲍子弑悼公，赴于吴。"《史记·田敬仲完世家》："鲍牧与齐悼公有郤，弑悼公。"《史记·卫康叔世家》："八年，齐鲍子弑其君悼公。"《史记·十二诸侯年表》："鲍子杀悼公。"二是鲍氏宗党。《史记·吴太伯世家》："齐鲍氏弑齐悼公。"《史记·伍子胥列传》则记载："齐鲍氏杀其君悼公而立阳生。"将悼公与阳生混作两人。从《史记》记载看，司马迁认为，悼公之弑，与鲍氏有关。联系《左传·哀公八年》记载，鲍牧被悼公所杀，不可能再弑悼公，弑君者，应为鲍氏宗党，很可能是鲍氏为其宗主鲍牧报仇而为。但《晏子春秋·内篇谏上·第十一》中记载："景公没，田氏杀君荼，立阳生；杀阳生，立简公；杀简公而取齐国。"清人梁玉绳即认可《晏子春秋》的说法，认为悼公为陈恒所杀。清人马骕也认为："悼公之弑，传不言为谁，然陈氏执国，非陈氏孰敢弑其君哉？"[1]清人周大璋也分析说："吴师仅伐南鄙，未为腹心之害，何竟弑君以赴于军？盖'君异于器'一语，陈乞忌之深矣。阳生虽以卒闻，而实死于弑，首恶非陈乞而何？"[2]按《史记·田敬仲完世家》："四年，田乞卒，子常代立，是为田成子。鲍牧与齐悼公有郤，弑悼公。齐人共立其子壬，是为简公。田常成子与监止俱为左右相，相简公。"田常即陈恒，悼公被杀，简公即位，陈恒是最大的受益者，但悼公为陈氏所立，悼公也未与陈氏爆发矛盾冲突，陈氏弑悼公，确实于理不合；如确为陈氏弑君，则不应再立悼公之子简公，应从群公子中另立国君。对比四年之后

---

① ［清］马骕：《左传事纬》卷十一《齐简之弑》。
② 李卫军：《左传集评》，北京大学出版社2016年版，第2050页。

的简公之弑，在简公发怒，执戈欲击陈恒时，陈恒第一反应是出逃他国，而不是弑君，此时的陈氏势力早已较悼公之时强大，这也可反证悼公之弑，应非陈氏所为。

陈氏弑悼公，仅见于《晏子春秋》，而鲍氏弑悼公，也仅见于《史记》。对于悼公之死，《左传》并未言何人弑君，只言"齐人"，《史记·秦本纪》也是仅记载"齐人"。按照《春秋》的笔法，不为大夫者，不书姓名。悼公被杀，很可能即鲍氏宗党所为。鲍氏趁吴伐齐之时，发动叛乱，悼公死于乱军之中。鲍牧虽早已被杀，但鲍牧宗党弑杀悼公，按照《春秋》笔法，自当写鲍牧弑悼公，如晋灵公为赵氏所弑，虽非赵盾所为，但晋国太史仍记载赵盾弑其君，这也就是为什么《史记》多处记载鲍牧、鲍子弑君的原因了。

悼公被弑，并没有阻止吴国伐齐，《左传·哀公十年》："吴子三日哭于军门之外。徐承帅舟师，将自海入齐，齐人败之，吴师乃还。"吴王夫差在军门外哭吊了三天，以尽诸侯哭吊之礼。吴国并没有继续从陆上进攻齐国，而是由吴国将军徐承率水军，从海上进攻齐国，但被齐国打败。按《史记·伍子胥列传》："吴王欲讨其贼，不胜而去。"将吴王夫差伐齐说成是讨弑悼公者，把吴伐齐当成了正义之举，掩盖了吴国北上争霸的真实意图。

悼公四年夏，晋国执政赵鞅趁齐悼公之丧率军伐齐，攻占了齐国的犁（今山东临邑西）和辕（今山东禹城西北）两邑，毁坏了高唐（今山东禹城西南）的外城，打到齐国的赖地（山东章丘西北，或在聊城西）而还。对于此次晋国伐齐，令后世史家颇为不齿，宋人家铉翁说："夫差伐齐，闻阳生之死，为之哭而旋师，彼用夷礼，犹知伐丧之不可，赵鞅乃于此时出师伐齐，取犁及辕，毁高唐之郭，侵及赖而还，视夫差有愧矣！"① 元人李廉说："经书'侵'者，乘吴之乱，伐齐之丧，无名甚矣。"②

四、悼公在位时期的中原形势

齐景公死后，齐国发生君位争夺的内乱，景公建立的诸侯联盟迅速破裂崩

---

① ［宋］家铉翁：《春秋集传详说》卷三十，四库全书本。
② ［元］李廉：《春秋会通》卷二十四，四库全书本。

溃，诸侯之间的矛盾因无盟主的制约协调而激化。郑国与宋国之间连年战争，互相攻击；宋国趁机灭了曹国；鲁国也差点灭了邾国；齐国攻打鲁国，晋国伐卫、伐齐；吴国北上伐鲁、伐齐。一时之间，诸侯之间一片混战。

悼公元年，鲁国伐邾，邾国毫无防备，鲁军进入邾国都城，公然掳掠，《左传·哀公七年》："师遂入邾，处其公宫，众师昼掠，邾众保于绎。师宵掠，以邾子益来，献于亳社，囚诸负瑕。"鲁国俘获了邾隐公，并将其带回鲁国，囚禁起来，邾国形同灭国。对于鲁国灭邾的行为，齐国作为邾国的姻亲之国、吴国作为邾国的保护国不可能坐视不理，先后伐鲁，邾国才未被鲁国吞并。对于鲁国伐邾，凸显了当时诸侯之间无霸主的情况。《穀梁传·哀公七年》范宁注曰："夫诸侯有罪，伯者虽执，犹以归于京师。鲁非霸主而擅相执录，故曰入，以表恶之。"

景公卒后，中原诸侯面临的最大的威胁是南方吴国的崛起。吴王寿梦时，因晋国联吴制楚的需要，而"始通于中国"（《史记·吴太伯世家》）。到吴王夫差时，越国向吴国屈服，吴国有意北上图霸，而齐景公死后，中原诸侯联盟崩溃，形同一盘散沙，给吴国争霸提供了有利的时机。有研究者认为："随着楚国的退兵和前述的齐国内部王位争夺，吴王夫差开始实施吴国的北进争霸战略，从而实质性地冲破了吴王寿梦时晋国等中原国家为吴国划设的不得北进侵犯中原的军事红线。"[1] 如《左传·哀公八年》所说："夫鲁，齐、晋之唇。"吴国要北上与齐、晋二国争霸，首先要征服鲁国。公元前489年，吴与鲁会于鄫（今江苏邳州北）。公元前488年夏，吴会鲁于鄫（今山东枣庄东）。吴国向鲁国、宋国征取牛、羊、猪各百头，鲁、宋向吴国屈服。秋，鲁国伐邾（今山东邹县东南），邾国向吴求救。公元前487年，吴为救邾伐鲁，克武城、东阳等数邑，迫使鲁国签订城下之盟。此后，吴王夫差积极准备与齐、晋争霸。公元前485年，吴国与鲁国联合伐齐，齐悼公死于伐齐之时。

纵观悼公在位四年，齐国自景公死后，因为内乱，失去了霸主的地位，悼

---

① 吴恩培：《吴掘邗沟及其深厚的历史文化背景》，《苏州教育学院学报》2016年第4期。

公也无心无力重新建立诸侯联盟，景公苦心经营的霸业随着他的死亡而化为乌有。

结　语

　　按照周代的宗法制，悼公本应被立为太子，合法继承君位，但景公废长立幼，导致齐国内乱，悼公因大夫陈乞之力而即位，在位仅有四年时间，从史籍记载看，悼公为了巩固自己的君位，十分狠辣，毫不犹豫地将威胁其君位的安孺子及其党羽除掉，但在巩固君位之后，悼公并没有大的志向，或许还未来得及施展，齐国的大国地位有所下降。从季姬一事看，悼公的心智并不成熟，特别是政治洞察力欠缺，勾连吴国，惹祸上身，身死内乱。悼公的前半生活在景公的阴影之下，《史记·齐太公世家》："景公老，恶言嗣事。"景公对于有威胁的诸公子都有防范之心，悼公可谓战战兢兢，如临深渊，如履薄冰，景公临终之时，又将其迁置于莱地，性命几乎不保。西汉的一代雄主汉武帝晚年犯了和齐景公同样的错误，差点将西汉王朝葬送。

　　对于悼公的谥号，《逸周书·谥法解》："年中早夭曰悼，肆行劳祀曰悼，恐惧从处曰悼。"中年早逝、在恐惧中度日，与齐悼公的经历非常贴合。齐悼公在位四年，没有大的功绩，与同样谥号为"悼"的晋悼公、楚悼王等有为之君有较大的差距。

齐简公评传

简评：

齐简公是姜齐最后一位有实权的国君，其后三位国君完全沦为陈氏的傀儡，直至陈氏代齐完成。齐简公在位四年，发生了与吴国的艾陵之战，齐国大败，吴国进而北上称霸，齐国充当了新兴霸主的垫脚石。简公在位期间，内忧外患，陈氏势力不断增长，加之简公用人方面的失误，使得简公自己也被陈氏所弑。

齐简公，名壬（《史记》景祐本、黄善夫本作"任"），公元前484年至公元前481年在位，在位4年。齐悼公四年（公元前485），齐悼公被杀，齐国群臣共立悼公之子公子壬为国君，是为齐简公。

一、简公之立

齐简公的身份，一般认为是齐悼公之子，《史记·齐太公世家》："齐人共立悼公子壬，是为简公。"《左传》虽没有直接的记载，但杜预作的注认为简公是悼公之子。《左传·哀公六年》："公子曰：'事未可知，反，与壬也处。'"杜预注："壬，阳生子简公。"《左传·哀公十四年》："齐简公之在鲁也。"杜预注："简公，悼公阳生子也。"除了简公是悼公之子的说法外，还有一种说法，认为是景公之子。《史记·齐太公世家》集解："徐广曰：'《年表》云简公壬者，景公之子也。'"而《史记·十二诸侯年表》在简公四年记载："田常杀简公，立其弟骜，为平公。"又在平公元年记载："齐平公骜元年，景公子也。"则简公也为景公之子。笔者认为，简公为景公之子的说法不应成立，景公五子有明确的记载，无简公、平公之名，《史记·十二诸侯年表》应是在传写过程中误将悼公子写作景公子。

二、简公朝的政权

齐国实行左右相制度，有明确史料记载是从齐庄公时期开始的，崔杼和庆封为左右二相，此后左右相制度一直执行下来。简公即位后，以其家臣阚止和陈恒为左右二相。《史记·田敬仲完世家》："田常成子与监止俱为左右相，相简公。"《左传·哀公十四年》："齐简公之在鲁也，阚止有宠焉。及即位，使为政。"《史记·齐太公世家》记载基本相同。《史记》所记"监止"即《左传》所言"阚止"①。阚止作为悼公的家臣，是悼公最为信任的人。在悼公逃亡鲁国之时，阚止即追随左右，悼公被陈乞召回齐国之时，阚止受悼公嘱托，在鲁国照顾好简公，因而阚止与悼公、简公父子之主仆感情是深厚的。悼公时期，阚止没有任重要官职，到简公即位，阚止因为与简公的特殊感情，得到重用，与陈恒担任左右相，是简公最为倚重的大臣，但阚止与陈恒存在不可调和的矛盾，《左传·哀公十四年》："陈成子惮之，骤顾诸朝。"陈恒非常忌惮阚止，上朝的时候屡屡回头看他。这说明，阚止作为简公的嬖臣，其位应在陈恒之上，简公受阚止的影响较大。大夫诸御鞅对简公说："陈、阚不可并也，君其择焉。"《吕氏春秋·慎势》也记载："齐简公有臣曰诸御鞅，谏于简公曰：'陈成常与宰予，之二臣者，甚相憎也。臣恐其相攻也。相攻唯固，则危上矣。愿君之去一人也。'"陈恒和阚止不能并用，应该选用一人，但简公不听。陈氏与阚止的矛盾日益加深，加之陈氏势力已渗透到齐国政权的各个方面，逐渐为简公所不能控制。

---

① 据《左传》，阚止字子我，诸多史籍以其为孔子之弟子宰予。《吕氏春秋·慎势》："陈成常与宰予，之二臣者，甚相憎也。"《说苑·指武》："田成子常与宰予争。"《史记·仲尼弟子列传》："宰予字子我……宰我为临菑大夫，与田常作乱，以夷其族，孔子耻之。"钱穆先生曾有考辨，见《先秦诸子系年·宰我死齐考》。

三、终结齐国霸业的艾陵之战

简公即位的第二年，即简公元年，吴国再次伐齐，爆发了艾陵之战。战争起因于悼公四年的吴伐齐。

悼公四年（公元前485），吴国与鲁国伐齐南部边境，又从海上攻齐，被齐国打败。吴国夫差有志于北上争霸，不甘心失败，当年秋，吴王夫差派使者到鲁国通报第二年伐齐之事。简公元年（公元前484）春，为报复去年吴国与鲁国伐齐之事，齐简公派国书、高无丕率军伐鲁，齐、鲁两军在鲁国都城郊外交战。

据《左传·哀公十一年》记载，季氏的家臣冉求对季康子说："鲁之群室众于齐之兵车，一室敌车优矣。"季氏一家的兵力就比伐鲁的齐国兵力多，鲁国国都内众大夫的私人武装加起来比齐国伐鲁兵力就要多得多了。可见，齐国伐鲁的军队并不占优势。只要鲁国人真想抵抗，那么齐国伐鲁不可能轻易取得胜利。一场战役下来，鲁国的左军攻入齐军之中，而右军败逃，但齐军因鲁国左军的冲击，溃不成军，当天夜里就撤走了。

为了报复齐伐鲁郊之战，五月，吴国出兵，会合鲁军，共同伐齐，据《史记·仲尼弟子列传》记载："于是吴王乃遂发九郡兵伐齐。"吴军可谓精锐倾巢而出，越国也随同出兵三千人。吴军迅速攻克了齐国南部的博邑（今山东泰安东南），进军至赢邑（今山东莱芜西北）。面对来势汹汹的吴军，齐简公派国书、高无丕率军到达边境，抵御吴军的进攻。双方在艾陵（今山东莱芜境内）展开决战。

齐、吴两军的作战将领安排如下：齐军由国书率中军，高无丕率上军，宗楼率下军；而吴军由吴王亲自统率中军，胥门巢率上军，王子姑曹率下军，展如率右军。鲁国的军队也加入吴军之中，统一指挥作战。从以上作战部署看，吴军有四军，齐军有三军，吴军实力占优。

战前，齐军方面壮怀激烈，参战将领纷纷以死明志。当时陈乞的弟弟陈书也参加了这场战争，陈乞对他说："你要是战死，我必能得志。"陈书说："这一次，我只听得见向前进的鼓声，听不见鸣金收兵的号令。"而齐国大夫宗子阳与闾丘明两个人，互相勉励。大夫公孙夏看到这两个人说：此战他们必死。公孙夏让部下唱送葬的挽歌《虞殡》。陈逆命令部下嘴中含玉，代表有去无归，马革裹尸之意。大夫公孙挥对部下说："每个人带着八尺长的绳子，吴国人头发短，好收拾吴国人的脑袋。"大夫东郭书说："参加三次战斗，必定战死，我已经参加三次，我就没打算活着回去。"整个春秋史，可能只有这一回，《左传》如此描述战前一方每个参战将领的心态。

艾陵之战的经过，诸多史籍以《左传》记载最为详细，后世多有演义，尤其以《东周列国志》为甚，但不足取信。《左传·哀公十一年》记载："甲戌，战于艾陵。展如败高子，国子败胥门巢，王卒助之，大败齐师。获国书、公孙夏、闾丘明、陈书、东郭书，革车八百乘，甲首三千，以献于公。"

从以上记载可知，吴军的右军打败了齐军的上军，而齐军的中军打败了吴军的上军，吴王以最精锐的王卒（中军）支援上军，大败齐军。

此战齐国败得很惨，领军将领五人被俘或被杀，将士死亡三千，失掉了八百乘兵车，《左传·哀公十一年》："获国书、公孙夏、闾丘明、陈书、东郭书，革车八百乘，甲首三千，以献于公。"《史记·越王勾践世家》记载："吴王弗听，遂伐齐，败之艾陵，虏齐高、国以归。"记载国书和高无丕被俘，但据《春秋·哀公十一年》："五月，公会吴伐齐。甲戌，齐国书帅师及吴战于艾陵，齐师败绩，获国书。"只记载国书被俘，高无丕没有记载，《春秋·哀公十五年》记载："夏五月，齐高无丕出奔北燕。"则高无丕并未被俘。战后，鲁哀公派太史将国书的首级送回齐国，以此羞辱齐国："上天要是不明白你们的行为不正，怎么会让我国得胜？"①

对于吴国伐齐，越王勾践在战前向吴王夫差进言："今窃闻大王将兴大义，诛强救弱，困暴齐而抚周室。"（《史记·仲尼弟子列传》）吴王夫差在黄池会盟之后曾向周天子禀告说："昔者楚人为不道，不承共王事，以远我一二

---

① 《国语·吴语》记载是吴王夫差派行人奚斯向齐简公传话，"寡人帅不腆吴国之役，遵汶之上，不敢左右，唯好之故。今大夫国子兴其众庶，以犯猎吴国之师徒，天若不知有罪，则何以使下国胜！"与《左传》记载不同。

兄弟之国……今齐侯壬不鉴于楚，又不承共王命，以远我一二兄弟之国。夫差不贳不忍，被甲带剑，挺铍搢铎，遵汶伐博，簦笠相望于艾陵。天舍其衷，齐师还。"(《国语·吴语》)将吴伐齐说成是尊王之举，艾陵之战是为了惩罚齐国不承担供应王室职责、疏远姬姓诸侯国之间关系。这当然是吴国的片面之词，掩盖其争霸的本质。而周天子对此看破却不说破，回话中毫不涉及吴伐齐之事，只是赞赏吴国的尊王之举。

艾陵之战是春秋后期一次规模较大的诸侯战争，也被军事史家认为是中国战争史上较早使用预备队的战例之一。齐军之失在于没有预备队，过早将兵力全部投入。而吴军恰恰相反，把最精锐的王卒留在最后使用，因而能在最后一击中大获全胜。但这场战争吴国赢得并不轻松，一来兴师远征，开掘邗沟，消耗了大量国力；二来艾陵之战，虽大败齐军，但吴军损失也很大。《史记·越王勾践世家》说："吴士民罢弊，轻锐尽死于齐、晋。"吴国并未与晋国交战，吴国北上争霸最大的战争即艾陵之战，可见，吴国在艾陵之战损失也非常之大。后来，越国能灭掉吴国，主要原因即在于吴国的精锐丧失于北上争霸。可以说，吴虽亡于越，但实亡于齐。

齐国艾陵之战的失败，与陈氏执政有关，据《史记·仲尼弟子列传》记载，艾陵之战是孔子弟子子贡穿梭于各国游说的结果："田常欲作乱于齐，惮高、国、鲍、晏，故移其兵欲以伐鲁……伐吴不胜，民人外死，大臣内空，是君上无强臣之敌，下无民人之过，孤主制齐者唯君也……吴王果与齐人战于艾陵，大破齐师，获七将军之兵而不归，果以兵临晋……故子贡一出，存鲁，乱齐，破吴，强晋而霸越。子贡一使，使势相破，十年之中，五国各有变。"此说虽不足全信，但从齐鲁郊之战和艾陵之战中齐国投入的兵力看，齐国军队在数量上即不占优势，致使在与弱小的鲁国郊之战中也遭到失败，而艾陵之战，之所以众将战前报必死之决心，与齐国兵力明显弱于吴军有关，陈氏为抢夺齐国政权，在出兵时即有意使齐国失败，以打击政敌。战争结果确如陈氏所料，国氏的执政国书被杀，其他将领也或被杀或被俘，陈氏的政敌齐国大族借吴国之手予以消灭。后儒多有指责国书轻易出战而致失败的，如宋儒刘敞说："国书之用齐也，内不能安其君，外不能交邻国，而轻与之战，其不爱百姓也不亦甚乎?"① 元儒李廉也说:"此战以国书主之者,吴之来伐,齐人皆知其不可御而必败矣。苟能全民兵严守备,屈之以义,而勿与交锋,则齐可以坐困强吴而却之矣。今乃以伐鲁方归之罢兵,未息肩、未解甲,而快志于一朝之忿,师败身获,为国大殃,故艾陵之战以国书主之者,深罪之也。"② 而简公对于齐国的接连失败,不以为意,仍然湛于酒色之中,殊不知内忧外患已然形成。

吴王夫差挟艾陵之战胜利之威,积极北上图霸。简公二年(公元前483),吴国太宰伯嚭与鲁哀公在橐皋(今安徽巢湖西北)相会,又与卫出公在郧地相会。据《国语·吴语》记载,吴王夫差急于北上争霸,粮食还没有收获,即起兵北上,为了便于投送兵力,吴国挖掘深沟,向北连通沂水,向西连通济水,直通宋、鲁之间,"吴王夫差既杀申胥,不稔于岁,乃起师北征。阙为深沟,通于商、鲁之间,北属之沂,西属之济,以会晋公午于黄池"。齐简公三年(公元前482),吴王夫差与晋定公、鲁哀公、周王室的单平公在黄池(今河南封丘南)会盟。吴、晋争先,最终在吴国的军事威胁下,晋国让步,吴王夫差先行歃血,晋定公次之,《国语·吴语》记载:"吴公先歃,晋侯亚之。"按《史记·吴太伯世家》的说法:"十四年春,吴王北会诸侯于黄池,欲霸中国以全周室。"吴国称霸是尊周王的,而且周王室也派了单平公为代表参加黄池会盟,相当于周王室承认了吴王的霸主地位。

黄池会盟,据《公羊传·哀公十三年》记载:"吴在是,则天下诸侯莫敢不至也。"参加会盟的并不只是周、吴、晋、鲁四国,也有齐、卫、滕、薛诸国。何休注曰:"时吴强而无道,败齐临淄,乘胜大会中国。齐、晋前驱,鲁、卫骖乘,滕、薛侠毂而趋,以诸夏之众,冠带之国,反背天子而事夷狄,耻甚不可忍言,故深为讳辞。"齐国在艾陵之战后,也参加了黄池会盟,其屈辱可以想见。

四、简公之弑

简公对阚止的宠信,令陈恒非常嫉妒和愤恨,但因为简公对阚止的恩宠,

---

① [宋]刘敞:《春秋意林》卷下,四库全书本。
② [元]李廉:《春秋会通》卷二十四,四库全书本。

陈恒欲除去阚止而不能。《史记·齐太公世家》："田常心害监止，监止幸于简公，权弗能去。"陈氏中旁支有一个叫陈豹的人，给阚止作家臣，甚得阚止信任，阚止对陈豹说，要驱逐陈氏，立陈豹为陈氏宗主。而陈豹将阚止的计划密报陈恒，陈恒决定先下手为强。简公四年五月十三日，陈恒兄弟进入公宫，将阚止关在宫门外，欲劫持简公，当时简公正与宫嫔饮酒作乐，拿起戈来要砍杀陈恒，旁边的太史子余对简公说：陈恒不敢作乱，只是打算为国君除害。简公方才作罢，但简公欲杀陈恒之举，令陈恒感到害怕，吓得赶紧逃跑，在族人劝阻之下，不再出逃他国，决心除掉简公和阚止。简公面对陈恒作乱，趁乱逃出宫去，阚止集合士卒，回宫营救简公，攻打宫门，没有成功，于是出逃，在丰丘被陈氏追上被杀。简公在逃到舒州①（今河北廊坊大城县）的时候，被陈氏抓住，《左传·哀公十四年》："（五月）庚辰，陈恒执公于舒州。"简公后悔当初没有听从诸御鞅的建议，"吾早从鞅之言，不及此。"六月五日，简公被陈氏杀害。《春秋·哀公十四年》："齐人弑其君壬于舒州。"《左传》："（六月）甲午，齐陈恒弑其君壬于舒州。"《史记·田敬仲完世家》："田氏之徒恐简公复立而诛己，遂杀简公。简公立四年而杀。"

简公被弑，与简公的刚愎自用有关。简公明知嬖臣阚止与陈恒不能和平相处，但仍不采取措施控制形势，致使局势失控，一发而不可收拾。故而《韩非子·说林上》说："简公两用田成、阚止而简公杀。"在陈恒作乱之时，简公又误听太史子余之言，错过了诛杀陈恒的最后机会；在陈恒反攻之时，简公无勇，不能号召国人抵抗陈氏，反而出奔他国。简公之嬖臣阚止空有国君之宠信，对陈氏势力防备之心不强，致使身边多有陈氏之心腹，自己的行动为陈氏知悉，最终导致自己和简公的身死。陈氏之私党早已遍布齐国朝廷内外，据《说苑·指武》记载："田成子常与宰我（阚止）争，宰我夜伏卒，将以攻田成子，令于卒中曰：'不见旌节毋起。'鸥夷子皮闻之，告田成子。田成子因为旌节以起宰我之卒以攻之，遂残之也。"阚止也想先下手对付陈恒，但被陈氏的心腹鸥夷子皮知晓，反被陈氏所利用，阚止之士卒被陈氏所灭。《韩非

---

① 《史记·齐太公世家》《鲁周公世家》作"徐州"，《田敬仲完世家》作"徐州"。

子·奸劫弑臣》说:"主孤于上而臣成党于下,此田成之所以弑简公者也。"
对此,清人周大璋评说:"(阚)止既不密,公又寡谋,君臣自无两全之理,
止杀而公亦因以亡矣。"周大璋认为,即使简公听从了诸御鞅的建议,也无济
于事,陈氏势力已成,难以撼动。"简公悔不从鞅之言,使其卒然除之,是亦
鲁昭之续耳。"① 齐简公即使想除掉陈氏,也很可能会落得鲁昭公一样的下场。
《淮南子·氾论训》说:"昔者齐简公释其国家之柄,而专任其大臣,将相摄
威擅势,私门成党,而公道不行。故使陈成田常、鸱夷子皮得成其难,使吕氏
绝祀而陈氏有国者,此柔懦之所生也。"将齐简公被弑归因于齐简公的"柔
懦"。韩非子更是将简公的被弑归因于齐景公在位时期没有及时消除祸患,致
使陈氏坐大而弑君,《韩非子·外储说右上》:"景公不知用势,而师旷、晏子
不知患……今田常之为乱,有渐见矣,而君不诛。晏子不使其君禁侵陵之臣,
而使其主行惠,故简公受其祸。"

对于简公的被弑,孔子曾经三次请求鲁国讨伐齐国,但都被鲁哀公拒绝。
按照孔子的说法,陈恒弑君,是不得人心的,"陈恒弑其君,民之不与者半"。
(《左传·哀公十四年》)有一半的齐国人是反对陈恒的。据《新序·义勇》记
载:"陈恒弑简公而盟,盟者皆完其家,不盟者杀之。石他人曰:'昔之事其
君者,皆得其君而事之,今谓他人曰:舍而君而事我。他人不能,虽然,不
盟,则杀父母也,从而盟,是无君臣之礼也。生于乱世,不得正行,劫于暴
上,不得道义。故虽盟不以父母之死,不如退而自杀,以礼其君。'乃自杀";
"陈恒弑君,使勇士六人劫子渊接,曰:'子与我,请分齐之半以予子,不吾
与,今此是已。'子渊捷曰:'子之欲与我也,以我为知乎?臣弑君,非知也。
以我为仁乎,见利而背君,非仁也。以我为勇乎,劫我以兵,惧而与子,非勇
也。使吾无此三者,与子,何补于子;若吾有此三者,终不从子矣。'乃舍
之。"可见,陈恒弑君,通过血腥暴力的方式并没有得到齐国大夫的支持,而
陈恒也知道国人痛恨弑君之大罪,可能招致诸侯的讨伐,于是对内亲善百姓,
"于是田常复修釐子(陈乞)之政,以大斗出贷,以小斗收。齐人歌之曰:

① 李卫军:《左传集评》,北京大学出版社2016年版,第2084—2085页。

'妪乎采芑，归乎田成子！'"对外和好诸侯，逐渐稳定了齐国的局面，"田常既杀简公，惧诸侯共诛己，乃尽归鲁、卫侵地，西约晋、韩、魏、赵氏，南通吴、越之使，修功行赏，亲于百姓，以故齐复定"（《史记·田敬仲完世家》）。至于为什么陈恒弑君没有招致诸侯的讨伐，《史记·六国年表》："田常杀简公而相齐国，诸侯晏然弗讨，海内争于战功矣。"时代变了，天下诸侯忙于战争，争夺土地，弑君之行为已然不是为天下所不容之事了。正如庄子所说，"彼窃钩者诛，窃国者为诸侯"；"田成子一旦杀齐君而盗其国，所盗者岂独其国邪？并与其圣知之法而盗之，故田成子有乎盗贼之名，而身处尧舜之安。小国不敢非，大国不敢诛，十二世有齐国"。（《庄子·胠箧》）

简公被弑之后，陈恒立简公之弟骜为国君，是为齐平公，陈恒为相，自此陈氏专齐之政，《史记·齐太公世家》："田常乃立简公弟骜，是为平公。平公即位，田常相之，专齐之政，割齐安平以东为田氏封邑。"陈恒弑齐简公这一事件，史家往往将此视为陈氏代齐的最为重要的一步，如《吕氏春秋·长见》："齐日以大，至于霸，二十四世而田成子有齐国。"

结　语

简公之谥，据《逸周书·谥法解》："壹德不解曰简，平易不疵曰简。"意思是道德专一而不懈怠的谥号"简"，平易而不诋诽他人的谥号"简"。看得出，"简"为美谥。于简公而言，"简"实在是溢美之词，与之毫无相配。简公在位期间，对内，信用嬖臣阚止，对于陈氏势力的崛起毫无防备，终致被弑；对外，艾陵之战，齐国大败，齐国实力大损，给吴国北上称霸制造了机会。简公在位的四年，内不能安邦，外不能制敌，政权下移权臣，在被弑之后，齐国政权为陈氏攫夺，平公即位之后，完全沦为陈氏的傀儡，简公实不可脱责。

齐平公评传

简评：

齐平公之即位，虽得力于陈氏，但政权也已经被陈氏攫夺，平公完全沦为傀儡，在位二十五年，无所作为；反观陈氏，控制朝政，治军严明，势力蔓衍，代齐之势已成。

齐平公，名骜，《史记·齐太公世家》索隐曰："《系本》及谯周皆作敬，盖误也。"王叔岷先生认为："敬疑敖之误。骜、敖古通。"① 为齐悼公之子、齐简公之弟，公元前480年至公元前456年在位。齐简公四年（公元前481）六月，陈恒（即田常，又称田成子、陈成子）弑齐简公，立简公弟骜为国君，是为齐平公。

一、齐平公即位与陈氏专权

齐平公之即位，完全得力于权臣陈恒。陈恒弑简公，立平公，自专齐政。但陈恒发动政变，杀害国君，并不得人心，如孔子所说："陈恒弑其君，民之不与者半。"（《左传·哀公十四年》）为了巩固政权，压制国内反对的声音，陈恒采取了与崔杼当年杀庄公后同样的策略，即强迫群臣与其盟誓。《新序·义勇》记载："陈恒弑简公而盟，盟者皆完其家，不盟者杀之。""陈恒弑君，

---

① 王叔岷：《史记斠证》，中华书局2007年版，第1327页。

使勇士六人劫子渊接。"《韩诗外传·卷六》也有相似的记载。陈恒以杀害群臣全家为要挟,与群臣盟誓。整个齐国朝廷笼罩在一片腥风血雨之中,齐国朝野恐惧不安。陈恒通过挟持国君、与诸大夫盟誓、施惠于民等措施,自任齐相,掌握了齐国的政权,齐国原有的大族国氏、高氏等虽然还在齐国舞台上,但已经完全不能与陈氏相提并论了。《史记·齐太公世家》记载:"平公即位,田常相之,专齐之政,割齐安平以东为田氏封邑。"为了扩大陈氏的实力,陈恒把齐国安平以东的国土划为自己的封邑。《史记·田敬仲完世家》也记载:"割齐自安平以东至琅邪,自为封邑。封邑大于平公之所食。"安平为齐国都城临淄东部不远的一个城邑,自安平以东的齐国国土全部成为陈氏封邑,陈氏的封邑比齐国国君掌握的国土还要大,陈氏已经成为国中之国,齐国政权已经移于陈氏,陈氏取代齐国只是时间问题,怪不得司马迁在《史记·十二诸侯年表》中"齐平公元年"一栏记载:"齐自是称田氏。"陈恒为了把持齐国大权,对齐平公说:"德施人之所欲,君其行之;刑罚人之所恶,臣请行之。"(《史记·田敬仲完世家》)将齐国的刑罚大权揽于己手。值得注意的是,《韩非子》中多篇记载了宋国子罕篡夺政权的事例,与陈恒的做法如出一辙,如《韩非子·二柄》:"故田常上请爵禄而行之群臣,下大斗斛而施于百姓,此简公失德而田常用之也,故简公见弑。子罕谓宋君曰:'夫庆赏赐予者,民之所喜也,君自行之;杀戮刑罚者,民之所恶也,臣请当之。'于是宋君失刑而子罕用之,故宋君见劫。"田常(陈恒)的事迹与宋国子罕一同记载,韩非并没有将擅刑杀之权归于田常,而是系于子罕。笔者认为,司马迁在取材时,有可能误用了《韩非子》中的史料。

韩非曾对国君的刑赏之权有非常精到的表述:"故先王明赏以劝之,严刑以威之。赏刑明,则民尽死;民尽死,则兵强主尊。刑赏不察,则民无功而求得,有罪而幸免,则兵弱主卑。"(《韩非子·饰邪》)刑与赏是国君掌握国家政权的两个法宝,失去了刑赏大权,国君之权已不复存在,齐平公彻底成为陈氏的傀儡,"行之五年,齐国之政皆归田常"(《史记·田敬仲完世家》)。陈恒完成了代齐的最关键一步。庄子曾说:"窃钩者诛,窃国者为诸侯。""田成子一旦杀齐君而盗其国。"(《庄子·胠箧》)齐平公在位二十五年,其相国应一直是陈恒,《史记·田敬仲完世家》记载:"田常卒,子襄子盘代立,相齐。常谥为成子。田襄子既相齐宣公。"为了发展陈氏的势力,陈恒采取了两个措施,一是消灭齐国的大族势力,二是发展田氏的势力。《史记·田敬仲完世家》记载:"田常于是尽诛鲍、晏、监止及公族之强者……田常乃选齐国中女子长七尺以上为后宫,后宫以百数,而使宾客舍人出入后宫者不禁。及田常卒,有七十余男。"齐国公族被消灭殆尽,而陈恒挑选齐国女子,充实自己后宫,姬姜达一百多人,让自己的宾客舍人出入其中,所生子女全为陈氏。这些宾客舍人不负陈恒的期望,一下子让其有了很多的"子嗣"。《史记》的这则记载,展现出陈恒无耻、厚黑的面目。

对于齐平公时期陈氏是否已经掌握政权,学术界尚有争论,童书业先生认为,齐国政权在平公前期并没有完全落入陈氏之手,至鲁哀公二十七年(齐平公十三年,公元前468),"盖至是时齐国最高政权始入陈氏之手矣"①。但不可否认的是,自悼公以后,陈氏族人在齐国政权中出现的越来越多,已成尾大不掉之势。《左传·哀公十七年》记载,晋国伐卫,齐国派国观、陈瓘救卫,陈瓘对晋人说:"国子实执齐柄。"国子即国观,国书之子,陈瓘是陈恒之兄。陈瓘说国氏在齐国执政,实为掩盖陈氏专权的障眼之法。早在平公元年陈瓘出使楚国而路过卫国之时,孔子弟子仲由就曾对陈瓘说:"天或者以陈氏为斧斤,既斫丧公室,而他人有之,不可知也。其使终飨之,亦不可知也。若善鲁以待时,不亦可乎?何必恶焉?"(《左传·哀公十五年》)仲由已经看到,陈氏正像一把斧子一样,逐步砍倒齐国公室的大树,但是能否最后获得政权,还未可知。意思是告诫齐国执政陈恒,如若不能友善邻国关系,则很可能不能拥有齐国。

在加速篡夺齐国政权的同时,陈恒对邻国保持友好,与鲁国、卫国搞好关系。《史记·田敬仲完世家》记载:"平公即位,田常为相。田常既杀简公,惧诸侯共诛己,乃尽归鲁、卫侵地,西约晋、韩、魏、赵氏,南通吴、越之使,修功行赏,亲于百姓,以故齐复定。"这段记载,应该说不完全符合史

---

① 童书业:《春秋左传研究》,上海人民出版社2019年版,第98页。

实。据《左传》记载，齐国曾归还鲁国成邑，但并未归还侵夺的卫国国土，倒是一再救卫。《左传·哀公十五年》记载，平公元年（公元前480），鲁国发生内乱，成邑背叛鲁国，投靠齐国，在鲁国的外交努力下，齐国归还鲁国成邑。《左传·哀公十七年》记载，平公三年（公元前478），晋国伐卫，齐国派兵救援卫国，在齐国"无辟晋师"的强势下，晋国主将赵鞅选择主动退兵，不与齐国交战。卫国发生内乱后，齐国又干预卫国朝政，伐卫，立公子起为国君，将卫国人自立的国君公子般师带回齐国。这一时期，陈恒执政，齐国继续与晋国保持着对抗关系。平公六年（公元前475），齐国征会于鲁国，要伐晋而为郑国复仇，因郑国不想伐晋而废止。平公九年（公元前472），晋国伐齐，齐国派高无丕率军抵御，与晋军战于犁丘，齐军大败。平公十年（公元前471），晋与鲁联合伐齐，夺取了齐国的廪丘，因为晋国内部卿族争权加剧，晋国在胜利后草草收兵。

二、齐平公的无所作为与陈恒的强力有为

齐平公作为名义上的齐国国君，还是要出席一些外交场合的。平公三年（公元前478），齐平公与鲁哀公在蒙地相会，这是齐平公第一次以国君的姿态出席诸侯盟会，在会上，齐平公被鲁哀公所羞辱，这是齐鲁关系数百年历史上的第一次。齐平公向鲁哀公叩头，而鲁哀公仅仅弯腰拜谢，对齐平公说："非天子，寡君无所稽首。"鲁哀公认为齐平公不是天子，自己不用叩首，这令齐国君臣非常愤怒。自齐景公死后，鲁国背叛齐国，投靠了南方的吴国，经过艾陵之战，齐国大败于吴，鲁国更加不尊齐。在蒙地会盟之时，鲁国大夫孟武伯竟然自以为是，要自己在盟誓时执牛耳，主导会盟，完全无视齐国。有研究者认为："由于当时齐国公室实力弱小，引起了其他诸侯对平公的轻视。"[1] 笔者认为不尽然，鲁国对齐国的不尊，齐国公室的衰微固然是其中的重要原因，而齐国内部的动荡以及对外战争的接连失败才是最为关键的原因。数年以来，鲁国依恃吴国而不事齐，与齐国关系恶化。四年之后，齐平公与鲁哀公在顾

[1] 战化军、姜颖：《齐国人物志》，齐鲁书社2004年版，第289页。

地会盟，齐国仍以鲁哀公不懂礼仪而责问鲁国，让鲁哀公在阳谷犒劳齐国军队，算是挣回了一点颜面。

平公十三年（公元前 468），晋国伐郑，郑国向齐国求救，陈恒亲自率军救郑，在陈恒的率领下，齐军军纪严整，"违谷七里，谷人不知"，在齐国西境的谷地，齐军经过而谷人没有察觉，杨伯峻先生认为："师过本境而民不知，言其整肃。"齐军在到达濮水时，因下暴雨而河水暴涨，齐军在河边停了下来，在郑国大夫子思紧急求救下，陈恒"衣制，杖戈，立于阪上，马不出者，助之鞭之"（《左传·哀公二十七年》）。陈恒穿着雨衣，拿着戈，立于高地，战马不前者，挥鞭助之。齐军的迅速到达令晋国主帅荀瑶退缩，不敢与齐军交战。出奔齐国的晋国大夫荀寅对陈恒说，晋国要以千辆兵车攻打齐军营寨，陈恒毫不畏惧，说："寡君命恒曰：'无及寡，无畏众。'虽过千乘，敢辟之乎？将以子之命告寡君。"陈恒以坚定之决心回复荀寅，晋国因此害怕与齐军决战而撤走。《说苑·指武》也记载："晋智伯伐郑，齐田恒救之，有登盖，必身立焉，车徒有不进者，必令助之。垒合而后敢处，井灶成而后敢食。智伯曰：'吾闻田恒新得国而爱其民，内同其财，外同其勤劳，治军若此，其得众也，不可待也。'乃去之耳。"陈恒治军严明，身先士卒，与士卒同甘共苦，可以看出陈恒能够取得齐国政权，说明陈恒有治国治军之道，与齐平公的无所作为形成了鲜明的对比。

三、齐平公时代的国际局势

在陈氏加紧篡夺齐国政权之时，诸侯之间势力此消彼长，发生了很大的变化。最为重要的历史事件即越国灭吴。齐平公八年（公元前 473），吴国在被越国围困三年之后，被越国灭亡。而在此前一年，齐平公七年（公元前 474），越国即已北上，与齐发生战争。《吕氏春秋·似顺》："越人兴师诛田成子，曰：'奚故杀君而取国？'田成子患之。"陈奇猷先生认为，《史记·六国年表》所说"齐平公七年，越人始来"当即此事。是年，田成子弑简公已七岁矣。①

---

① 陈奇猷：《吕氏春秋新校释》，上海古籍出版社 2002 年版，第 1647 页。

陈恒弑简公，民心不服，陈恒之兄陈完子对陈恒说："君之有国也，百姓怨上，贤良又有死之臣蒙耻。以完观之也，国已惧矣。"为了达到消灭齐国国内反对陈氏势力的目的，陈完子提出："请率士大夫以逆越师，请必战，战请必败，败请必死。"只有这样，才能起到稳固陈氏政权的目的，"战而败，贤良尽死，不死者不敢入于国。君与诸孤处于国，以臣观之，国必安矣。"陈完子为将而死，则贤良莫敢不死，其或不死，亦必畏罪而不敢入国。越王勾践虽然以兴师问罪为由，但其真实的目的在于北上图霸，无形之中，帮了陈恒的大忙。

为了北上争霸，越王勾践迁都琅邪。今本《竹书纪年》记载："（周贞定王）元年（公元前468）癸酉，于越徙都琅邪。"越迁都琅邪之事，学界争论较大，更倾向于肯定迁都一说。关于琅邪地望，目前学界尚有争论，一说在今山东青岛市黄岛区①，一说在江苏赣榆区②。从目前考古发现看，笔者更倾向于江苏赣榆说。《史记·越王勾践世家》："勾践已平吴，乃以兵北渡淮，与齐、晋诸侯会于徐州，致贡于周。周元王使人赐勾践胙，命为伯。勾践已去，渡淮南，以淮上地与楚，归吴所侵宋地于宋，与鲁泗东方百里。当是时，越兵横行于江、淮东，诸侯毕贺，号称霸王。"周王赐命，诸侯毕从，越国俨然成为中原新的霸主，鲁国、卫国、宋国等小国相继投靠越国。《国语·吴语》："越灭吴，上征上国，宋、郑、鲁、卫、陈、蔡执玉之君皆入朝。"齐平公十三年，越国调停鲁国、邾国的矛盾，划定两国的疆界，又多次干预邾国君位之争。从公元前468年越国迁都到琅邪到公元前379年迁都于吴，越国都琅邪有近百年的时间。越国的北上，已经形成了对齐国的直接威胁。按照《史记》的记载，齐平公九年（公元前472）前后，齐平公、晋出公应与越王勾践在徐州相会，承认了越国的霸主地位。

结　语

在齐平公在位之时，陈氏得齐之政权已广为诸侯所知，吕氏如何失去政

① 辛德勇：《越王勾践徙都琅邪事析义》，《文史》2010年第1期。
② 刘延常、徐倩倩：《山东地区越文化遗存分析》，《东方考古》（第9集）。

权，陈氏如何得到政权，已经成为当时广为探讨的治国问题。清华简（七）《赵简子》记载："赵简子问于成鱄曰：'齐君失政，陈氏得之，敢问齐君失之奚由？陈氏得之奚由？'"赵简子卒于公元前 476 年，即齐平公五年，则这段对话最迟发生于平公五年。可见，平公初年，陈氏代齐已为诸侯所共识，只不过陈氏尚未撕下最后的伪装、未取得周天子的认可罢了。

公元前 456 年，齐平公卒，其子积立，是为齐宣公。《逸周书·谥法解》："治而清省曰平，执事有制曰平，布纲治纪曰平。"对于平公这样一个傀儡国君来说，这无疑是谀辞、溢美之谥。

齐宣公评传

简评：

齐宣公虽在位五十一年，名为国君，实为陈氏（田氏）的傀儡，五十年间，田氏一步步完全掌握了齐国的国政，离篡夺政权仅一步之遥。宣公在位期间，眼看姜姓政权日薄西山而毫无作为，仅得善终而已。

齐宣公，名积（《史记·六国年表》作"齐宣公就匝"），齐平公之子，公元前455年至公元前405年在位，在位51年。《史记·齐太公世家》："（齐平公）二十五年卒，子宣公积立。"

齐宣公虽名为齐国国君，但实为陈氏（田氏）的傀儡。齐宣公时，田氏的田襄子田盘、田庄子田白、田悼子①、田和相继为宣公的国相。田盘为相时，加紧篡夺政权，《史记·田敬仲完世家》："襄子使其兄弟宗人尽为齐都邑大夫，与三晋通使，且以有齐国。"田盘之父田成子田常因广纳后宫而有"子嗣"七十余人，田盘当政后，将其兄弟宗族都任命为齐国各地的地方长官——都邑大夫，进一步掌握了齐国的地方政权。这时候的齐宣公既丧失了中央政权，地方政权也彻底丧失了。与齐宣公同病相怜的还有晋国、鲁国等国。《史记·田敬仲完世家》："田襄子既相齐宣公，三晋杀知伯，分其地。"《史

---

① 《史记·田敬仲完世家》没有记载田悼子，但据《史记》索隐引《竹书纪年》："齐宣公十五年，田庄子卒。明年，立田悼子。悼子卒，乃次立田和。"应有田悼子一代。

记·鲁周公世家》："悼公之时，三桓胜，鲁如小侯，卑于三桓之家。"

田盘死后，其子田白嗣立为齐相，《史记·田敬仲完世家》："襄子卒，子庄子白立。田庄子相齐宣公。"

出土文献清华简《系年》第二十章记载了齐宣公在位前期与其他诸侯发生的战争：

> 晋敬公立十又一年，赵桓子会［诸］侯之大夫，以与越令尹宋盟于□，遂以伐齐，齐人焉始为长城于济，自南山属之北海。晋幽公立四年，赵狗率师与越公朱句伐齐，晋师门长城句俞之门。越公、宋公败齐师于襄平。至今晋、越以为好。

这则简文记载两次传世文献未载的与齐国有关的战争。晋敬公十一年即齐宣公十五年，为公元前 441 年。晋国与越国会盟并共同伐齐，齐国为了防御晋国与越国的进攻，沿济水东北行，经过济南，东北到渤海，修筑济水长城。笔者认为，"齐宣公时期齐国沿济水所修长城可能与秦国之'堑洛'相似，是将河岸堑削为城，并非地上高大的城墙建筑。"[1] 这也是齐国修筑长城时间的明确记载。目前，学界多认可齐国始修长城的时间即在齐宣公时期。公元前 430年（晋幽公四年），齐宣公二十六年，晋国再次与越国联合伐齐，齐军与晋、越联军在长城句俞之门交战，又与越、宋联军战于襄平，齐国被迫两线作战，败于襄平[2]。越国灭吴之后，北上争霸，迁都琅邪，且延续了与晋国友好的关系，这确实给与晋关系紧张的齐国带来了很大的威胁。《吕氏春秋·顺民》记载："齐庄子请攻越，问于和子。和子曰：'先君有遗令曰："无攻越。越，猛虎也。"'庄子曰：'虽猛虎也，而今已死矣。'"齐庄子即田庄子田白，先君应是指田襄子田盘，齐国与越国发生的战争可能发生于田盘为政时期，因而临终

---

① 武振伟：《齐长城史事探研三则》，《海岱学刊》2020 年辑刊。
② 齐地并无襄平一地，代生先生提出可能在江苏境内，他推测就宋、越联军攻打齐师而言，战场应在宋或越与齐交界处。见代生：《清华简〈系年〉所见齐国史事初探》，《烟台大学学报（哲学社会科学版）》2015 年第 1 期。

之时告诫后人不要主动攻击越国。据《古本竹书纪年》记载，齐宣公四十二年（公元前414），越国灭滕；第二年，越国灭郯。越国势力一直较为强盛，给齐国南部造成很大的威胁。

在田白为相后期，齐国国力有所增强，发动一系列对外战争。《史记·田敬仲完世家》："宣公四十三年，伐晋，毁黄城，围阳狐。明年，伐鲁、葛及安陵①。明年，取鲁之一城②。"齐宣公四十三年（公元前413），赵、魏、韩三家正式分晋后，齐国出兵伐晋，毁黄城（今山东冠县以南），围阳狐（今河北大名县东北）。鲁国是齐国的邻国，亲晋、越而与齐国敌对，齐国经常攻打鲁国，以敲打鲁国而震慑晋、越。

齐宣公时期，田氏虽为齐相，但已形同诸侯，只是没有诸侯之名罢了。齐宣公四十五年（公元前411），田庄子田白卒，派人告知鲁国，《礼记·檀弓下》记载："陈庄子死，赴于鲁，鲁人欲勿哭，缪公召县子而问焉。县子曰：'古之大夫，束脩之问不出竟，虽欲哭之，安得而哭之？今之大夫，交政于中国，虽欲勿哭，焉得而弗哭？'"县子的意思即是，现在的大夫，把持国政，与诸侯交往频繁，即令是你不想为他哭吊，又怎能办得到呢？从田庄子之死也可看出，田氏已自视为国君。田庄子死后，田悼子继任为齐相，《史记·田敬仲完世家》："庄子卒，子太公和立。"此记载缺略了田悼子一世，记载有误。据《史记》索隐引《古本竹书纪年》："齐宣公四十五年，田庄子卒，明年立田悼子，乃次立田和。"又据《水经·瓠子水注》引《古本竹书纪年》："晋烈公十一年，田悼子卒。"晋烈公十一年，即齐宣公五十一年，则田悼子为齐相六年。田悼子为宣公之相，继续发动对外战争，转移国内矛盾，积累军功。《史记·田敬仲完世家》："庄子卒，子太公和立。田太公相齐宣公。宣公四十八年，取鲁之郕。明年，宣公与郑人会西城。伐卫，取毌丘。"此处记载的田和当为田悼子。

《墨子·鲁问》记载："子墨子使胜绰事项子牛。项子牛三侵鲁地，而胜

① 《史记·六国年表》作："齐宣公四十四年，伐鲁、莒及安阳。"
② 《史记·六国年表》作："齐宣公四十五年，伐鲁，取最。"

绰三从。"齐宣公四十四年，伐鲁、葛及安陵。明年，取鲁之一城（即齐伐鲁取都事）。宣公四十八年，取鲁之郕。孙诒让考证这三次伐鲁事件即为项子牛三侵鲁地之行为。① 《墨子·鲁问》中记述鲁国国君（孙诒让认为是鲁穆公）以"恐齐之攻我"问计于墨子，墨子回答的计策之一就是"驱国而以事齐，患可救也"，只有鲁国改变国策，臣服于齐国，才能改变齐国攻打鲁国的情况。事实上，墨子对于大国对小国的战争也没有好的办法。

齐宣公四十九年（公元前 407），宣公与郑国人在西城相会。齐宣公五十一年（公元前 405），宣公卒。《逸周书·谥法解》："圣善周闻曰宣。"即名声好又通情达理的，可谥为宣。齐宣公在位期间，完全是田氏的傀儡，谥号为"宣"可谓是溢美之词。

---

① ［清］孙诒让:《墨子间诂·墨子年表》,中华书局 2001 年版,第 700 页。

齐康公评传

简评：

齐康公是姜姓齐国的末代国君，即位之初，即面临着一场田氏内乱，三晋与越、宋联合伐齐，齐国遭受惨重损失，齐康公作为齐国国君，被迫接受羞辱性的求和活动，齐康公被田氏驾驭、操纵，与其父祖一样，为田氏的傀儡。齐康公在位期间，沉湎酒色，齐国政权最终被国相田和所取代，齐康公被迁居于海上，随着齐康公的死亡和绝嗣，姜姓齐国彻底退出了历史舞台。

齐康公，名贷，齐宣公之子，是姜齐末代国君，公元前404年至公元前379年在位，在位二十六年。在齐康公十九年的时候，即周安王十六年（公元前386年），齐康公的国相田和立为诸侯，正式取代姜姓齐国。

一、康公初年战事

齐宣公五十一年（公元前405），宣公卒，康公即位，当年即发生了齐国田氏内乱事件。田悼子卒，公孙会以廪丘叛于赵，齐国讨伐公孙会，而晋国借机干预齐国内政。《史记·田敬仲完世家》记载："宣公五十一年卒，田会自廪丘反。"《水经·瓠子水注》引《古本竹书纪年》记载："（晋烈公）十一年，田悼子卒。田布杀其大夫公孙孙，公孙会以廪丘叛于赵。田布围廪丘，翟角、赵孔屑、韩师救廪丘。及田布战于龙泽，田布败逋。（晋烈公）十二年，王命韩景子、赵烈子、翟员伐齐，入长城。"齐康公元年（公元前404），爆发了三晋伐齐之战事。

20 世纪 30 年代河南洛阳城东金村太仓古墓出土的"骉羌编钟"铭文为"三晋伐齐"提供了新的证据。骉羌钟铭文如下:"唯廿又再祀,骉羌作力戎,厥辟韩宗彻,率征秦迮齐,入长城,先会于平阴……"(《殷周金文集成》157—161)记述了晋国权臣韩氏之属将骉羌跟随韩君征秦讨齐,受到韩君封赏的事迹。

出土文献清华简(二)《系年》第二十二章中也有记载,较之前列文献详细,为传世文献所未载:

> 韩虔、赵籍、魏击率师与越公翳伐齐,齐与越成,以建阳、□陵之田,且男女服。越公与齐侯贷、鲁侯显盟于鲁稷门之外。越公入飨于鲁,鲁侯御,齐侯参乘以入。晋魏文侯斯从晋师,晋师大败齐师,齐师北,晋师逐之,入至汧水,齐人且有陈□子牛之祸,齐与晋成,齐侯盟于晋军。晋三子之大夫入齐,盟陈和与陈淏于溋门之外,曰:"毋修长城,毋伐廪丘。"晋公献齐俘馘于周王,遂以齐侯贷、鲁侯显、宋公田、卫侯虔、郑伯骀朝周王于周。

《系年》记载,公元前 404 年,韩、赵、魏三国联合越国分南、西两路攻打齐国,齐国向越国求和,割让南境国土建阳、□陵,并送上男女奴隶。建阳、□陵无疑是齐国与越国接壤的城邑,但具体何地,《系年》整理者认为两地在山东临沂北,没有确指。笔者据临沂市莒南县大店镇曾出土汉代"建阳唯印"印章①,认为建阳应在莒南县大店镇附近,这也符合与越境相接的前提条件。齐康公与越王翳、鲁穆公会盟于鲁国稷门之外,齐康公自降身份,亲自为越王翳驾车。虽然摆平了南路的越国,但西路的齐军却被魏文侯亲率的三晋大军打败。陈□子牛应即《墨子》记载的项子牛,陈□子牛之祸也被称为和子之祸,三晋趁齐国内乱伐齐,齐军损失惨重。《吕氏春秋·不广》记载:

---

① 莒南县博物馆:《莒南县博物馆青铜器选粹》,上海古籍出版社 2019 年版,第 124 页。

"齐攻廩丘，赵使孔青将死士而救之。与齐人战，大败之，齐将死，得车二千，得尸三万，以为二京。"齐国又被迫向三晋求和，韩虔、赵籍、魏击到齐国，在齐国国都临淄雍门外，与齐国国相陈和（田和）与陈淏①会盟，签订城下之盟，强迫齐国不再修建长城，放弃讨伐廩丘，这对齐国来说，是十分屈辱的。战争结束后，三晋军队把齐国战死者的左耳割下来献给了周天子，晋烈公带着齐康公和鲁、宋、卫、郑国君一起朝见周天子。

战国初年，新生的韩、赵、魏三国实力强大，此时三家虽已实为三个国家，但尚未经周天子认可为正式诸侯。三晋伐齐的真正目的，是想通过伐齐而取得诸侯的名分。《淮南子·人间训》记载："三国伐齐，围平陆，括子以报于牛子曰：'三国之地不接于我，逾邻国而围平陆，利不足贪也。然则求名于我也。请以齐侯往。'牛子以为善……用括子之计，三国之兵罢。"在此次诸侯伐齐战事中，齐康公被迫以国君的身份承受羞辱于诸侯，被迫跟随三晋入朝周天子，为三晋取得诸侯身份做了嫁衣裳。《吕氏春秋·下贤》记载："（魏文侯）南胜荆于连堤，东胜齐于长城，虏齐侯，献诸天子，天子赏文侯以上闻。"魏文侯胜齐于长城，即此次三国伐齐战事。长期以来，众多研究者，如陈奇猷先生即认为此齐侯为齐宣公，但通过分析清华简《系年》等史料的记载，则为齐康公，而非齐宣公。《古本竹书纪年》也记载："宣公五十一年，公孙会以廩丘叛于赵。十二月，宣公薨。"而三晋伐齐是在康公元年，自然被三晋胁迫入周的是康公，而非宣公。齐康公二年（公元前403），三晋始列为诸侯。《史记·齐太公世家》记载："康公二年，韩、魏、赵始列为诸侯。"

这次的三晋伐齐，田和为相仅仅一年，而齐康公即位也没有多久，齐国损失惨重。《战国策·魏策四》："缯恃齐以悍越，齐和子乱，而越人亡缯。"越国乘齐国内乱之机，灭掉了齐国的附庸国缯国。

二、康公淫乐，迁置"海上"

齐国内乱平定后，齐国进入一段稳定期。面对被田氏掌控的国政，齐康公

---

① 董珊先生认为，陈淏疑为田侯剡，见李松儒：《〈清华简系年〉集释》，中西书局 2015 年版，第311 页。

无所作为,沉湎于酒色之中。《史记·田敬仲完世家》记载:"贷立十四年,淫于酒、妇人,不听政。"据《墨子·非乐上》记载:"昔者齐康公兴乐万,万人不可衣短褐,不可食糠糟,曰:'食饮不美,面目颜色不足视也;衣服不美,身体从容丑羸不足观也。'是以食必粱肉,衣必文绣。此掌不从事乎衣食之财,而掌食乎人者也。"齐康公曾作《万舞》乐曲,跳这种舞的人不能穿粗布短衣,不能吃糟糠,他说:"吃得不好,面目色泽就不值得看了;衣服不美,身形动作也不值得看了。所以必须吃好饭和肉,必须穿绣有花纹的衣裳。"清人孙诒让认为:"康公衰弱,属于田氏,卒为所迁废,恐未必能兴乐如此之盛。窃疑其为景公之误,惜无可校验也。"[1] 墨子非乐的主张是以齐康公为反面事例的,按理讲,墨子进入齐国,应对齐国王公大人的奢靡行为进行劝谏,但文献中并没有这样的记载。可能,齐国的当政者田氏并不希望有人去矫正齐康公的过失,正希望以齐康公的倒行逆施加快实现自己篡夺齐国政权的目的。[2] 对于康公的淫乐行为,国相田和趁机将康公迁于海上,进行监管,仅有一城的奉祀。《史记·田敬仲完世家》:"贷立十四年,淫于酒、妇人,不听政。太公乃迁康公于海上,食一城,以奉其先祀。"对于田和将齐康公迁居海上的时间,《史记》记载不一,《史记·齐太公世家》:"(齐康公)十九年,田常曾孙田和始为诸侯,迁康公海滨。二十六年,康公卒,吕氏遂绝其祀。田氏卒有齐国。"此处记载,康公十九年,始迁置海滨,而《田敬仲完世家》则记载为康公十四年,《史记·六国年表》则与《齐太公世家》记载相同。笔者认为,应以康公十九年为是,应在田和被策命为诸侯当年。天无二日,国无二君,作为新君的田和,不可能再将齐康公留在国都临淄,而在此前即将齐康公迁置海上的可能性较小,齐康公虽为傀儡,但仍为齐国名义上的国君,田和废国君的行为,很可能会遭到诸侯的讨伐。田和将齐康公迁于海上,仅有一座城作为食邑,奉祀吕氏先君,康公已形同囚犯。

在齐康公得过且过、沉迷酒色时,国相田和执掌国事,齐与鲁之间爆发了

---

① [清]孙诒让:《墨子间诂》,中华书局 2001 年版,第 255 页。
② 武振伟:《试论墨学在齐国的发展》,《职大学报》2016 年第 6 期。

两次战事：康公十一年（公元前394），齐伐鲁，取最，但在康公十五年（公元前390）的时候，鲁国在平陆打败齐军。

田和为相时，政权已经牢牢掌握在田氏手中。《齐景公评传》中提到的1857年山东胶县灵山卫出土三件青铜量器即可说明这个问题。此时田和尚未列于诸侯，但作为田氏家量的量器已经作为齐国关隘征税所用的官方标准器，说明田氏已经将家法施行于全国，田氏代齐只差最后一步了。

到了齐康公十八年（公元前387），田和迈出了篡夺政权最后的一步。田和与魏文侯会面，请魏文侯出面向周天子提出立为诸侯的请求，齐康公十九年（公元前386），周天子正式承认了田和的诸侯地位，田和也成为田齐始封国君，是为田齐太公（以示与齐太公吕尚区别）。《史记·田敬仲完世家》："三年①，太公与魏文侯会浊泽，求为诸侯。魏文侯乃使使言周天子及诸侯，请立齐相田和为诸侯。周天子许之。康公之十九年，田和立为齐侯，列于周室，纪元年。"也就是说在公元前386年至公元前379年这一段时间里，齐国有两位国君，一为是田齐的始封国君田齐太公田和，另一位则是姜齐的最后一位国君齐康公。只不过齐康公只能在自己的食邑里、在严密监视下过活了。可以想象，齐康公迁居海上，没有行动的自由，有点类似于法兰西第一帝国皇帝拿破仑失败后被囚禁于圣赫勒拿岛。

齐康公迁置地——"海上"——到底在什么地方，有烟台芝罘岛、牟平、福山、文登等诸多说法：

一、烟台芝罘岛。《民国福山县志稿》卷一之二《寺观古迹》记载："康王墓，在之罘山顶上。田和篡齐，迁康公于海上，死，葬于此。土人尊之曰王耳"；"康公城，田和篡齐，迁康公于海上，食一城一牢。今宫家岛村后，俗称营子，疑是其地。"②

二、烟台牟平。《同治重修宁海州志》卷三《古迹考》记载："康公

---

① 据《史记》索隐，当为十八年，又有十六年之说。

② 王陵基、于宗潼：《民国福山县志稿》，凤凰出版社2004年版，第36页。

城，在州东十里，田和迁齐康公于海上，即此地也。"①

三、烟台福山。明曹学佺《舆地名胜志》引《城冢记》云："康公城在牟平（即今福山区古现镇三十里堡）东十里，即田和迁康公处，又东二十里为清阳城（今福山区治所），即今福山县治。"②

四、威海文登。此地有汉代昌阳县故城。《光绪文登县志》卷一下《古迹》"昌阳故城"条考证："今县西南三十里有古城基，在昌山南。昌山今名回龙山，山之下，即故昌阳城，土人讹为康王城。"③

这些地点虽然都是春秋或汉代的重要遗址，但却都没有发现与齐康公有关的遗物、遗迹。20世纪70年代，山东长岛县王沟墓群进行了三次发掘，从出土高规格的文物看，王沟墓群可以被认为是一处有着王室规格的墓地。有研究者认为，王沟墓群极可能就是齐康公的族墓，南长山岛一带也正是《史记》中记载的迁康公的"海上"。④

墨家的创始人墨子为了实现自己的非攻主张，曾到齐国宣传自己的主张，得到了齐太王（田齐太公）的接见，游说以非攻的主张：

> 《墨子·鲁问》：子墨子见齐大王曰："今有刀于此，试之人头，悴然断之，可谓利乎？"大王曰："利。"子墨子曰："多试之人头，悴然断之，可谓利乎？"大王曰："利。"子墨子曰："刀则利矣，孰将受其不祥？"大王曰："刀受其利，试者受其不祥。"子墨子曰："并国覆军，贼敖百姓，就将受其不祥？"大王俯仰而思之，曰："我受其不祥。"

钱穆认为墨子游说项子牛和齐太王以齐攻鲁为同一事，墨子在游说项子牛之后，又游说齐太王。郑杰文认为，墨子游说"齐大王"事当发生于公元前

① ［清］舒孔安：《同治重修宁海州志》，凤凰出版社2004年版，第357页。
② ［清］李祖年、于霖逢：《光绪文登县志》，凤凰出版社2004年版，第27页。
③ ［清］李祖年、于霖逢：《光绪文登县志》，凤凰出版社2004年版，第27页。
④ 林仙庭：《"迁康公于海上"地望考》，《管子学刊》1992年第2期。

385 年，此系墨子晚年之事，即《史记·六国年表》载周安王十七年（公元前 385）齐伐鲁之战事。① 墨子并没有成功阻止齐国攻伐鲁国。田齐太公二年（公元前 385），齐伐鲁，大败鲁军，当年，赵国伐齐，在灵丘打败了齐军，这一年，田和卒，其子剡立为齐侯，因无谥号，称齐侯剡。十年后，田齐桓公田午弑侯剡及孺子喜而自立。也可看出，在齐康公迁居海滨后，还经历了田和、侯剡两位田齐国君。《史记·田敬仲完世家》："六年，救卫。桓公卒，子威王因齐立。是岁，故齐康公卒，绝无后，奉邑皆入田氏。"但据《史记》索隐引《竹书纪年》："齐康公五年，田侯午生。二十二年（应为二十年），田侯剡立。后十年，齐田午弑其君及孺子喜而为公。"又引《春秋后传》："田午弑田侯及其孺子喜而兼齐，是为桓侯。"因《史记》中漏掉了齐侯剡一代，因而《史记》的记载是有错误的，齐康公应卒于齐侯剡六年。齐侯剡元年，齐国攻魏国廪丘，赵国援救魏国，大败齐军。齐侯剡三年，赵国攻卫，齐国联合魏国攻打赵国，夺取了刚平。齐侯剡五年，齐国伐燕，夺取了桑丘，但赵国、魏国、韩国联合伐齐救燕，打败齐国。《史记·田敬仲完世家》记载："桓公午五年（当为齐侯剡五年），秦、魏攻韩，韩求救于齐……齐因起兵袭燕国，取桑丘。"《史记》此段记载，舛误甚多，不足取信。

在海滨生活七年之后，齐康公卒，在齐康公死后，食邑也被收回，田氏彻底占有了齐国。齐康公死后，葬于何地，也有很多不同的记载，有烟台芝罘岛、临淄齐陵、张店炒米山等说法，还有通过考古发现而提出的长岛说。作为齐国故都的临淄也传说齐康公死后，又返葬于临淄。《临淄文物志》有记载："康公墓，又名康王墓，位于齐陵街道聂仙村西北 450 米处，西临淄水。"② 但是否确实，无从查考。

齐康公作为齐国的末代国君，为何在山东地区有众多的记载和传说？实际上表达了人们对这位末代国君凄惨结局的同情。从历史史实推测，齐康公作为被废的前代国君，不太可能返葬临淄，很可能在迁置地就地埋葬，而且因为是

---

① 郑杰文：《墨子游鲁齐越宋卫楚考》，《管子学刊》2006 年第 4 期。
② 淄博市临淄区文物管理局：《临淄文物志》，文物出版社 2015 年版，第 63 页。

被监管，陪葬品也不太可能太多。笔者认为，齐康公卒后，很可能就像一般平民一样给埋葬了。后世传说的康王城、康王墓，不过是人们对齐国的美好怀念罢了。

　　附记：田齐太公立为诸侯后，在位仅两年，齐侯剡在位十年，基本与齐康公在位时间相值，事迹附于齐康公评传中，不再单独立传。

田齐篇

田齐桓公评传

简评：

　　田齐桓公通过弑君而夺得君位，即位初年，荒废朝政，导致诸侯交侵的局面，后幡然醒悟，整顿吏治，奋发有为，通过中后期的努力，齐国国力增强，在诸侯中小有威望，为其子齐威王称雄诸侯奠定了基础。

　　田齐桓公（公元前 400—前 357 年），妫姓，田（陈）氏，名午，谥号为"桓"。为与春秋时期的齐桓公相区别，多称其为"田齐桓公"或"田桓公"，在青铜器铭文中多自称为"陈侯午"，史籍中也多有称"田侯"者。

　　田午出生于齐康公五年（公元前 400），《史记索隐》引《竹书纪年》云："齐康公五年，田侯午生。"田午是先秦时期为数不多有确切生年记载的国君之一。据青铜器"十四年陈侯午敦"铭文"唯十又四年，陈侯午以群诸侯献金，作皇妣孝大妃祭器𫜦敦"（《殷周金文集成》4646—4647），可知田午是田齐太公与孝太妃之子。

一、弑君篡位

　　公元前 385 年，田齐太公和去世，齐侯剡继位。《史记·田敬仲完世家》："齐侯大公和立二年，和卒，子桓公午立。"这则记载漏掉了齐侯剡一代（公元前 383—前 375 年），是错误的。《史记索隐》引《竹书纪年》云："（齐康公）二十二年（当作二十年），田侯剡立。后十年，齐田午弑其君及孺子喜而为公。"田午不甘屈居侯剡之下，公元前375年，田午发动政变，弑君夺权。然而，田午没有自立为君，而是立田剡之子喜为国君，当年又将其弑杀，自立为君，是为田桓公，并于次年（公元前374）改元。

田桓公的在位时间，史籍记载不明，多有争议。《史记·田敬仲完世家》记载："六年，救卫。桓公卒，子威王因齐立。"认为田桓公在位六年，但据《史记·魏世家》索隐云："《纪年》齐幽公之十八年而威王立。"雷学淇《义证》云："幽公即桓公之讹。"《史记·田敬仲完世家》索隐云："案《纪年》，梁惠王十二年当齐桓公十八年，后威王始见，则桓公十九年而卒，与此不同。"钱穆先生在《先秦诸子系年》中考证，"六乃十八二字并合之误"；"今定桓公弑君自立，在武侯二十一年，二十二年纪元，则桓公十八年，当梁惠王十三年，及桓公立十九年卒，两说俱通矣。"① 综合考证，田桓公在位时间为公元前374年至公元前357年，在位十八年。

二、不鸣则已，一鸣惊人

田桓公弑君后，遭到其他诸侯国多次讨伐。桓公二年（公元前373），鲁国攻入齐国阳关，晋国攻击博陵，燕国也在林狐击败齐军（《史记·六国年表》）。桓公三年（公元前372），卫国攻占齐国薛陵。桓公五年（公元前370），赵国攻占甄城。《史记·田敬仲完世家》记载："（齐威王）六年，鲁伐我，入阳关。晋伐我，至博陵。七年，卫伐我，取薛陵。九年，赵伐我，取甄。"以上记载的时间有误，当为桓公在位时期，而非威王即位之后。从田桓公即位之后齐国频频面临诸侯讨伐来看，国力较弱的卫国也敢于挑战齐国，可见齐国面临的国际局势严峻之程度。为什么会造成这样的局面，一方面与田午弑君篡位有关，另一方面可能与田午荒废朝政有关。《史记·田敬仲完世家》中记载："威王初即位以来，不治，委政卿大夫，九年之间，诸侯并伐，国人不治。"虽然记载是齐威王，但从《史记》漏载齐侯剡一代以及田午在位年数存在错误来看，齐威王应为田桓公之误。正是因为田午即位之后，荒废朝政，

① 钱穆：《先秦诸子系年》，商务印书馆2001年版，第228—229页。

不理政事，才造成了诸侯并侵的局面。面对严峻的局面，田桓公猛然觉醒，一改旧日之过，奋发有为。《史记·田敬仲完世家》：

> 于是威王召即墨大夫而语之曰："自子之居即墨也，毁言日至。然吾使人视即墨，田野辟，民人给，官无留事，东方以宁。是子不事吾左右以求誉也。"封之万家。召阿大夫语曰："自子之守阿，誉言日闻。然使使视阿，田野不辟，民贫苦。昔日赵攻甄，子弗能救。卫取薛陵，子弗知。是子以币厚吾左右以求誉也。"是日，烹阿大夫，及左右尝誉者皆并烹之……于是齐国震惧，人人不敢饰非，务尽其诚。齐国大治。诸侯闻之，莫敢致兵于齐二十余年。

齐威王（应为田桓公）明辨忠奸，整顿吏治，对于只事阿谀奉承、不务政事的阿大夫以及为阿大夫说好话的人，直接烹杀；对于能干事而不逢迎上官的即墨大夫，赏赐以万家之封邑。通过这截然相反的两道命令，在齐国形成"人人不敢饰非，务尽其诚"的良好政治局面，也使得其他诸侯因此畏惧齐国。但《史记》所载各诸侯因此不敢与齐国交兵二十余年的记载则并不准确。

田桓公是如何猛然警醒，大刀阔斧进行吏治改革的，《史记·滑稽列传》记载了一个有趣的故事：

> 齐威王（当为田桓公）之时喜隐，好为淫乐长夜之饮，沈湎不治，委政卿大夫。百官荒乱，诸侯并侵，国且危亡，在于旦暮，左右莫敢谏。淳于髡说之以隐曰："国中有大鸟，止王之庭，三年不蜚又不鸣，不知此鸟何也？"王曰："此鸟不飞则已，一飞冲天；不鸣则已，一鸣惊人。"于是乃朝诸县令长七十二人，赏一人，诛一人，奋兵而出。诸侯振惊，皆还齐侵地。

在齐国生死存亡之际，一个叫淳于髡的人站了出来，淳于髡何许人？淳于髡是稷下学宫的著名学士，而且可能还是稷下学宫初期的领袖，但此时稷下学宫可能还没有成立，淳于髡只是作为一个辩士出场。《史记·孟子荀卿列传》记载："淳于髡，齐人也。博闻强记，学无所主。"《史记·滑稽列传》记载淳于髡"滑稽多辩"。针对国君沉湎酒色、不理政事的情况，其他大臣不敢进谏，而淳于髡得益于自己一介辩士的身份，"不治而议论"，又善于委婉讽谏，"其谏说，慕晏婴之为人也，然而承意观色为务"（《史记·孟子荀卿列传》）。最终在淳于髡的隐喻之下，田桓公幡然醒悟，改革内政，"朝诸县令长七十二人，赏一人，诛一人"就是桓公赏即墨大夫、烹阿大夫一事。此事可以看出，桓公虽然不理政事，但在淳于髡进谏之后明辨忠奸，说明桓公之前的声色犬马，可能只是韬光养晦、迷惑他人之计，在这段沉湎酒色的时间里，桓公已经对齐国的吏治有了详细的调查，否则不可能有的放矢，挑选治绩截然相反的即墨大夫和阿大夫为赏罚对象。《韩非子·喻老》中有相似的篇章，记载的却是楚庄王。齐楚之间存在许多内容相似的文献或故事，说明春秋战国时期齐楚文化存在一个密切交流的时期。①

为了使齐国摆脱战败危境，田桓公设立稷下学宫，招揽天下贤士，聚徒讲学，著书立说，一时人才荟萃，到其孙齐宣王时规模达到鼎盛。徐幹《中论·亡国》记载："齐桓公立稷下之官，设大夫之号，招致贤人而尊宠之，自孟轲之徒皆游于齐。"② 钱穆先生认为："按此说极少见，《中论》以外无言者。然田桓公之时，田氏得齐未久，又身行篡夺，正魏文礼贤之风方衰，继而为此，揽贤士，收名声以自固位，恐有之耳。"③ 当时，由于田氏代齐的时间还不久，新生的政权有待巩固，于是田桓公继承齐国尊贤纳士的优良传统，在齐都临淄的稷门附近建起了巍峨的学宫，设大夫之号，招揽天下贤士。《史记·孟子荀卿列传》记载："于是齐王嘉之，自如淳于髡以下，皆命曰列大夫，为开第康庄之衢，高门大屋，尊宠之。览天下诸侯宾客，言齐能致天下贤

---

① 袁青：《上博竹书〈景公疟〉再探》，《管子学刊》2019 年第 1 期。

② 《四部丛刊》所收之明嘉靖四十四年青州刻本作"齐桓公"，而《四库全书》本作"齐宣王"。孙启治《中论解诂》据四库本将原文改作"齐宣王"。四库本"官"作"宫"，孙启治认为："官、馆同声相通，古'馆舍'之'馆'字或作'官'，谓宣王于稷门之下立馆舍也。"因此将"宫"改作"官"。见孙启治：《中论解诂》，中华书局 2014 年版，第 341—342 页。

③ 钱穆：《先秦诸子系年》，第 269 页。

士也。"这时的稷下学宫尚属初创阶段。到齐威王时，随着齐国国力的强盛，才得以充分发展，宣王时达到鼎盛。学术界认为，稷下学宫一开始就受到齐国统治者的支持和利用，因为齐国的田氏政权是取代吕氏而成立的新政权，它需要对其合理性进行辩护，以巩固统治地位。

战国初年，魏国在魏文侯、魏武侯的领导下，一度称雄诸侯。魏武侯死后，魏国陷入君位争夺的内乱，魏䓨（魏惠王）与魏缓（公仲缓）争夺君位，赵、韩两国联合伐魏，支持魏缓。田桓公七年（公元前368），魏惠王即位，魏国刚从内乱中暂时稳定下来，田桓公瞅准机会，令田寿攻打观城，将其包围并迫使其投降。《水经·河水注》引《竹书纪年》云："梁惠王二年，齐田寿率师伐我，围观，观降。"是年，赵国攻齐至齐长城，但随后又将占领地区归还齐国。《史记·赵世家》："（赵成侯）七年，侵齐，至长城。"《史记·田敬仲完世家》又记载："遂起兵西击赵、卫，败魏于浊泽而围惠王。惠王请献观以和解，赵人归我长城。"齐国起兵伐赵、卫，是在桓公整顿吏治、封即墨大夫与烹阿大夫之后。

观之战，是田桓公在屡战屡败后对敌国第一次反攻战争。公元前366年，赵国再次与齐在阿下交战。公元前360年，赵、魏共攻齐，这一年，秦孝公称霸，《史记·周本纪》："（周显王）九年，致文武胙于秦孝公。"时当秦孝公二年，秦国变法成功，秦国在西部崛起。终田午一世，战火未曾熄灭，但桓公的努力使齐国转危为安，得以摆脱屡战屡败的颓势，为此后齐威王的称雄打好了基础。

据青铜器"十年陈侯午敦"铭文："唯十年，陈侯午朝群邦诸侯于齐，诸侯献以吉金，用作平寿适器敦，以烝以尝，保有齐邦，永世毋忘。"（《殷周金文集成》4648）陈侯午即田桓公田午，在桓公十年的时候，诸侯到齐国朝见田桓公，并进献了吉金（铜），桓公用这些铜制作了铜敦。到桓公十四年（公元前361）的时候，诸侯又向桓公进献吉金（铜），桓公因此制作了铜敦、铜簋等器物。青铜器"十四年陈侯午敦"铭文："唯十又四年，陈侯午以群诸侯献金，作皇妣孝大妃祭器鈇敦，以烝以尝，保有齐邦，永世毋忘。"（《殷周金文集成》4646—4647）从以上铭文可知，桓公中后期已经国力蒸蒸日上，改变了以往被动挨打的局面，迫使其他诸侯多次到齐国朝见桓公。

三、田桓公之死

《史记·扁鹊仓公列传》记载了扁鹊为齐桓侯治病的故事，齐桓侯当为田桓公。

> 扁鹊过齐，齐桓侯客之。入朝见，曰："君有疾在腠理，不治将深。"桓侯曰："寡人无疾。"扁鹊出，桓侯谓左右曰："医之好利也，欲以不疾者为功。"后五日，扁鹊复见，曰："君有疾在血脉，不治恐深。"桓侯曰："寡人无疾。"扁鹊出，桓侯不悦。后五日，扁鹊复见，曰："君有疾在肠胃间，不治将深。"桓侯不应。扁鹊出，桓侯不悦。后五日，扁鹊复见，望见桓侯而退走。桓侯使人问其故。扁鹊曰："疾之居腠理也，汤熨之所及也；在血脉，针石之所及也；其在肠胃，酒醪之所及也；其在骨髓，虽司命无奈之何。今在骨髓，臣是以无请也。"后五日，桓侯体病，使人召扁鹊，扁鹊已逃去。桓侯遂死。

《韩非子·喻老》记载了一个扁鹊见蔡桓公的故事，与《史记·扁鹊仓公列传》所载十分相似。扁鹊是战国时人，与蔡桓侯（公元前714—前695年）时代并不相值。扁鹊生活的年代，蔡已亡国。扁鹊见到的应是田桓公。

名医扁鹊来到齐国，朝见田桓公，扁鹊说："您有小病在皮肤和肌肉之间。"桓公不信。过了五天，扁鹊又拜见桓公说："您的病到血脉了，不治就会进一步加深了。"桓侯不理睬。过了五天，扁鹊又拜见桓侯说："您的病到了肠胃，不治会更加厉害。"桓侯再次不予理睬。过了五天，扁鹊对桓侯说："现在国君病入骨髓，我已无能为力了。"过了五天，桓侯身体疼痛，派人找扁鹊，扁鹊已逃往秦国了，于是桓侯死了。这就是著名的"讳疾忌医"典故的由来。

田桓公死后，其子因齐即位，是为齐威王。齐威王为纪念桓公的功业，用诸侯进献的铜料，铸了一件铜敦（陈侯因齐敦）。其铭文曰："唯正六月癸未，陈侯因齐曰：皇考孝武桓公恭戴，大谟克成，其唯因齐扬皇考，绍统高祖黄帝，迩嗣桓文，朝问诸侯，答扬厥德。诸侯汇荐吉金，用作皇考孝武桓公祭器敦，以烝以尝，保有齐邦，世万子孙，永为典常。"（《殷周金文集成》4649）可见，在桓公死后，齐威王给其父上的谥号为"孝武桓公"，可谓极尽溢美之词，后世即简称其为齐桓公（齐桓侯）。田桓公虽谥为"桓"，但与春秋时的齐桓公的功业是不可相提并论的。田桓公之谥号也为后世制造了不少麻烦，人们往往只知姜齐桓公，而不知田齐亦有桓公，往往将田齐桓公之事迹安到姜齐桓公身上，如稷下学宫的建立，显然并非春秋时期所为。

附：

稷下学宫名称考略

"战国时代，齐国统治者在都城临淄创设的稷下学宫，是我国历史上最早的集教育、政治、学术功能于一体的'高等教育'大学堂，是战国时代的思想文化中心；是诸子百家争鸣，促进各派融合、发展，培育、创生新学派的文化沃土；是博士制度的先声，学术大师的摇篮；它兼容并包、独立自由的学术精神是中国也是世界的珍贵精神文化遗产。"① 诚如王志民先生所言，稷下学宫作为战国时代百家争鸣的文化中心、中国文化史上的一座丰碑和人类文明"轴心时代"最为壮丽辉煌的一页，对后世文化传承、传播和发展都产生了不可估量的深远影响，对当今的社会文化建设同样具有重要的历史启迪和借鉴意义。正因如此，近年来，随着齐文化研究的热潮，作为齐文化重要组成部分的"稷下学宫"已然成了广为人知、炙手可热的学术热词。特别是，随着学术研究的深入和政府部门的大力推动倡导，这一名词也早已走出了学术研究的狭小领域，逐渐被越来越多的社会大众所认识和了解。《论语·子路》言："名不正则言不顺，言不顺则事不成。"刘熙《释名·序》云："自古造化，制器立象……名号雅俗，各方名殊。圣人于时，就而弗改，以成其器，著于既往。哲夫巧士，以为之名，故兴于其用，而不易其旧……夫名之于实，各有义类。"在两千多年的历史长河中，稷下学宫的名称多有变化，一直没有形成一个统一的概念来指称。缘此，笔者本着"按实定名""循名责实"的逻辑，梳理"稷下学宫"的名称流变和概念分类，并首次提出这一名称的由来，溯本追源，以期更好地发挥稷下学宫的当代价值。

---

① 王志民：《稷下学宫：世界文明史上的奇观》，《大众日报》2015 年 9 月 17 日第 7 版。

一、"稷下学宫"名称的历史流变

稷下学宫因其临近齐国都城临淄的稷门而得名。据史书资料考证，稷下学宫创建于田氏齐国第三任君主齐桓公田午时期，兴盛于威王、宣王、湣王时期，消亡于齐王建时期。稷下学宫与田齐政权相伴始终，历时大约一百五十年左右。稷下学宫作为田齐政权的一个学术交流、政治咨询和人才培养机构，虽然出现时间很早，但是作为一个专有名词，在不同的历史时期，由于当时的文化背景不同，以及人们对稷下学宫的认识与理解不同，稷下学宫在历史上出现了许多不同的称呼。

稷下学宫，最初是以地命名。"稷下"一词首见于《韩非子·外储说左上》："兒说，宋人，善辩者也，持'白马非马也'服齐稷下之辩者。"兒（倪）说是战国时期的著名学者，游学于稷下。这里所谓"稷下"即是齐国的稷下学宫。淄博市临淄区人民政府于 2003 年在齐都镇刘家庄东北、张皇路南侧设立了稷下学宫遗址标志碑。2020 年，山东省文物考古研究院对临淄齐故城小城西门西侧夯土建筑基址进行了考古发掘，认为"夯土建筑群为一处高等级封闭区域的建筑群，建筑等级较高，规划性较强，似与稷下学宫有一定的关联性"①。

两汉时期，关于稷下学宫的记载屡见不鲜。司马迁在《史记》中就多次提到"稷下""稷下先生""稷下学士"，《史记·田敬仲完世家》集解引刘向《别录》云："齐有稷门，城门也。谈说之士期会于稷下。"依此记载，我们知道，稷门，是齐都临淄城的西门。门外有学堂，即齐王创立的学校所在，所以称为"稷下之学"。再如，《郡国志》中记载："齐桓公宫城西门外有讲堂。齐宣王立此学也，故称为稷下学。"（《太平御览》卷一百七十六）这里的"稷下学"，是目前所能查到的资料中稷下学宫的最早的称谓，意思是齐都临淄稷门附近的学堂。《说苑·尊贤》中记载："于是博士淳于髡仰天大笑而不应。"由

---

① 《山东省文物考古研究院 2020 年田野考古主要收获》，https://www.sohu.com/a/469576419_121124392。

此可以看出，当时的稷下先生淳于髡的官职为"博士"。在东汉，稷下学宫又称为"博士之馆"，记载于东汉许慎的《五经异义》："战国时，齐置博士之馆。"东汉徐幹《中论·亡国》载："昔齐桓公立稷下之宫，设大夫之号，招致贤人而尊宠之，自孟轲之徒皆游于齐。"据郭沫若《十批判书·稷下黄老学派的批评》，以"稷下之官"为"稷下之宫"。钱穆《先秦诸子系年·稷下通考》，与郭氏见解相同。此后对稷下学的研究趋于冷清，但是有关稷下学派的研究却不绝如缕，未曾中断。

至魏晋时期，稷下学宫被称为"稷下馆"或"稷山馆"，其中，稷下馆记载于西晋学者杜预的《春秋左氏经传集解》。杜预在给《左传》做的注解中，提到"六国时，齐有稷下馆"。"稷山馆"的说法，记载于唐代司马贞《史记索隐》中引用虞喜的话："齐有稷山，立馆其下以待游士，名曰稷山馆。"

在十六国时期，稷下学宫被称为"讲堂""讲室"，临淄城西有"讲堂""讲室"的说法，在南燕国临淄人晏谟的《齐地记》中记载："齐城西门侧，系水左右有讲室（一说讲堂）趾，往往存焉，盖因侧系水，故曰稷门。古侧、稷音相近耳。"意思是齐都临淄城西门附近，系水河两岸，有古代的讲堂遗迹，现在还有很多保存着。大概因为紧靠着系水，在系水之侧，所以西门的名字叫"稷门"。因为古代，"侧""稷"两个字读音十分相似。

唐宋时，稷下学宫被称为"稷下学"，最早见于《太平御览》中引用《郡国志》的语句："齐桓公宫城西门外有讲堂，齐宣王立此学也，故称为稷下学。"意思与西汉刘向《别录》中的话，基本相同。《郡国志》已亡佚。目前学术界一般认为，该书是编于唐代元和年间（806—820）的一部地理著作。

有元一代，稷下学宫又被称为"学舍"，最早见于元代于钦的《齐乘》："又有稷门下立学舍。所谓稷下学，齐宣王聚文学游说之士邹衍、淳于髡、田骈、驺奭、接子、慎到、环渊之徒，皆赐列第为上大夫，不治而议，号稷下学士。荀卿尝为稷下祭酒。又郑康成云：齐田氏时学舍所会号棘下，棘、稷音相近，即稷下也。"（《齐乘》卷四《古迹》）

清代乾嘉时期以后，随着考据学的兴起，对稷下学派的研究逐渐增多。近代以后，对稷下学派才开始有了系统的研究，发表出版了不少研究成果。1930

年，金受申的《稷下派之研究》一书第一次把稷下学诸子归纳为一个学术群体进行研究，成为专题研究稷下学派的开端。1935 年，钱穆的《先秦诸子系年考辨》出版，为后世研究稷下学派奠定了基础。顾颉刚主编的《古史辨》、罗根泽《诸子考索》、蒋伯潜的《诸子通考》、日本学者武内义雄的《中国思想史·稷下之学》、冯友兰的《中国哲学史新编·稷下唯物派》这些书中对稷下学宫都进行了许多有价值的研究，但在称呼上却没有新的突破，依然延续已有的名词。

二、"稷下学宫"名称的由来

"稷下学宫"，虽然是目前使用最为广泛，影响最大的专有名词，但它不仅不是其最初的名字，反而是诞生不足百年，离现在最近的概念。

据笔者查考，"稷下学宫"这一名词最早于 1944 年 9 月由郭沫若先生在其文章《庄子的批判》中提出。在该文中，精研历史且极富创造精神的郭沫若先生不仅首次提出了"稷下学宫"一词，更是连续使用该词多达 3 次。此后，他又于 1944 年 10 月在《荀子的批判》，1945 年 1 月在《名辩思潮的批判》，1945 年 5 月在《后记——我怎样写〈青铜时代〉和〈十批判书〉》，1945 年 9 月《后记之后》等文章中连续使用这一概念。后来，这些文章结集成《十批判书》，于 1945 年 9 月由重庆群益出版社出版。

"稷下学宫"这一名词提出以后，有两次比较频繁的使用时期。第一次是 20 世纪 60 年代。1960 年中国历史编写组编纂的《中国历史初稿》引用了郭沫若先生提出的这一概念，1961 年中华书局辞海编辑所修订的《辞海试行本》在词条"慎到"中也使用了这一词语。出版于 1962 年 12 月的《中国哲学史教学资料汇编》更是作为条目使用了这一概念。此后的 70 年代，少量的学术文章中也出现了该词。

第二次比较频繁的使用"稷下学宫"一词是 20 世纪 80 年代。此时，潘富恩、施昌东《论宋尹学派形而上学的思想特征》（《复旦学报（社会科学版）》1980 年第 5 期）、王德敏《稷下学宫与百家争鸣》（《东岳论丛》1981 年第 1 期）、孙培青《学术自由的稷下学宫》（《华东师范大学学报（哲社版）》1981

年第 2 期）、胡家聪《稷下学宫史钩沉》（《文史哲》1981 年第 4 期）等文章中都使用了这一概念。此时出版的《齐国故都巡礼》（山东人民出版社，1982）、《高等教育简史》（华中工学院出版社，1982）、《荀子通论》（福建教育出版社，1987）等大量著作也都使用了该词。此后，"稷下学宫"一词随着齐文化研究复兴的热潮，更是开始逐渐被大家广泛使用并逐步由纯粹的学术研究转入日常的社会生活和政府决策领域，成了现在影响最大、知晓面最广的相对固定的概念，乃至后来的学者习用不察，误以为是其本名。

需要说明的是，尽管笔者在梳理这一词语的产生流变时，参考查阅了中国基本古籍库、翰堂典藏古籍数据库、中国数字方志库、四部丛刊、二十五史、瀚堂近代报刊、瀚文民国书库、民国时期期刊全文数据库、全国报刊索引、中国知网、读秀中文学术搜索、国学大师、Google 图书等电子资源，以期尽可能寻找到这一词汇的源头，特别是排除了该词在古代典籍、地方史志、民国报纸期刊等电子数据中早于郭沫若先生于 1944 年 9 月提出这一概念的可能。但也可能限于笔者的学识和部分古籍资料电子资源的缺失，未能探其真正本源。拙文权且抛砖引玉，一来将这一研究大幅度往前推进，寻其根源，以广视听；二来，详细列出参考的资料，希望能够为后续的研究者节省宝贵的时间，避免重走不必要的弯路，期盼早日发现"稷下学宫"一词更新、更早的真正源头。

结　语

通过分析指代稷下学宫的这些五花八门的名称，我们不难发现，由于受时代限制，加之基于不同的学术视野和政治需要，他们对稷下学宫的称呼各有侧重。

第一类是侧重其作为中国最早的官办大学的教育功能。无论是"稷下之学""稷下之宫"还是"博士之馆"，抑或直接以"讲堂""讲室""学宫""学舍"称之，无不是凸显其作为中国历史上创办最早、规模最大的国办大学堂的重要作用和地位。王志民先生认为稷下学宫在中国历史上有着重要的意义，"从中国教育发展史看，与早于稷下一百余年孔子兴办私学的伟大创举相比，稷下之设的意义在于：它变一人之教为大师云集的众人之教；变一家之学的传承为百家思想的争鸣，并在儒家私学教育衰微、散落之时，由齐国统治者的创新，实现了私学教育的转型发展：稷下学宫实际成为私学联盟性质的高等教育实体。"①

第二类是侧重其作为中国最早的"社会科学院"的学术研究功能。"服齐稷下之辩者""谈说之士，会于稷下""稷下馆""稷山馆""稷下学"等称谓皆属此类。正因为宽松的政治环境，这些学有专长的士人才能在此畅所欲言，争鸣辩驳，标新立异，著书立说，也唯其如此，才能产生百家争鸣的学术盛景，使齐国成为战国时期无与伦比的学术中心和思想舞台。

第三类是侧重其作为中国最早的国家智库的政治咨询、参政议政功能。这里的指称与以上两类多有重合，但在具体论述中却有所不同和侧重。例如，这里的"学宫"虽然是西周以降"学在官府"到春秋战国时期"学术下私人"过程中逐渐发展起来的"诸子之学"的载体，但与西方纯粹的哲学、科学不同，它和西周"官学"有着深刻的内在联系，首先是为维护统治者的政权服务，与《汉书·艺文志》里所谓的"诸子出于王官"一脉相承的政治行为。再如，"服齐稷下之辩者""谈说之士，会于稷下""博士之馆"中"稷下先生"、学者和"博士"显然也不是纯粹的学者，其中大多是奔着齐国基于励精图治、重振国威初衷招才之举而来的政治家，"设大夫之号，招致贤人而尊宠之"，"皆赐列第为上大夫，不治而议论"，也明显是齐国"莅中国而抚四夷"的政治需要和尊贤养士传统的继续和升华。

纵观稷下学宫的这些林林总总的名称，郭沫若先生在其诞生2000多年以后，取其精华并创造性地将之融会贯通，首先提出了"稷下学宫"这一专有名词。稷下学宫这一名词，将其所在的地理位置、所存的教育形式、所备的学术功能和独特的政治特点囊括其中，真正达到了名实相副，望名知意。

---

① 王志民：《稷下学宫：世界文明史上的奇观》，《大众日报》2015年9月17日第7版。

齐威王评传

简评：

齐威王是齐国最为著名的国君之一，其功绩堪与春秋时期的齐桓公相媲美，而齐威王也恰恰以创造齐桓公那样的霸业为奋斗目标。齐威王前期任人唯贤，邹忌、田忌、孙膑、田朌等一批名相、名将闪耀于战国初期舞台。齐威王大刀阔斧地进行改革，齐国国力大增，通过马陵之战，一战奠定了齐国的霸业，战国初期的霸主魏惠王不得不臣服于齐国，齐威王称王标志着齐国霸业的开端。齐威王以自身之贤明、高深之素养，亲手缔造了齐国的繁荣昌盛，拉开了威宣之治时代的序幕。齐威王后期，被胜利冲昏了头脑，因称王一度使齐国陷于困境，又因任用田婴为相，使齐国政治黑暗，为齐威王时代抹上了阴暗的色彩。

齐威王（？—公元前 320 年），名因齐（《战国策·赵策三》作"婴齐"[①]，齐侯铜敦等器铭文作"因脩"），田齐桓公田午之子，战国时期齐国第四代国君，公元前 356 年到公元前 320 年在位，在位 37 年。

一、齐威王即位初年史事的"张冠李戴"

齐威王即位初年的史事，《史记·田敬仲完世家》是这样记载的："齐威

[①]　梁玉绳《古今人表考》云："时田婴用事,绝无君臣同名之理。"笔者认为甚是,婴齐当为传写之误。

王元年，三晋因齐丧来伐我灵丘。三年，三晋灭晋后而分其地。六年，鲁伐我，入阳关。晋伐我，至博陵。七年，卫伐我，取薛陵。九年，赵伐我，取甄。威王初即位以来，不治，委政卿大夫，九年之间，诸侯并伐，国人不治。"《史记·滑稽列传》也记载："齐威王之时喜隐，好为淫乐长夜之饮，沈湎不治，委政卿大夫。百官荒乱，诸侯并侵，国且危亡，在于旦暮，左右莫敢谏。"后世史家和现代治史学者多囿于《史记》之记载，多将威王初年定位为沉湎酒色，不理政事，造成国事混乱，然而《史记·田敬仲完世家》关于齐威王即位时间的记载是错误的，"（桓公）六年，救卫。桓公卒，子威王因齐立"。司马贞《索隐》曰："案《纪年》，梁惠王十二年当齐桓公十八年，后威王始见，则桓公十九年而卒，与此不同。"田齐桓公的在位时间为十八年，非六年。又因《史记》漏载齐侯剡十年，所以《史记》误将桓公和威王、宣王、湣王的时代往前提了二十二年，因而《史记·田敬仲完世家》的战国编年是错误的，后人多以出土文献《竹书纪年》等史料校订《史记》之错误。后世史家也多将"六年，鲁伐我，入阳关。晋伐我，至博陵。七年，卫伐我，取薛陵。九年，赵伐我，取甄"的史事系于田齐桓公一代，这与《史记·田敬仲完世家》中"（齐威王）召阿大夫语曰：'自子之守阿，誉言日闻。然使使视阿，田野不辟，民贫苦。昔日赵攻甄，子弗能救。卫取薛陵，子弗知。是子以币厚吾左右以求誉也。'是日，烹阿大夫，及左右尝誉者皆并烹之"的记载是相一致的。既然将以上史事系于田齐桓公一代，自不应再将"不治，委政卿大夫"这顶帽子再扣在威王头上，但治史学者多囿于成说，仍将"不治"之史籍记载系于齐威王初年，这实际上是张冠李戴，让齐威王为其父顶替了恶名；而"一鸣惊人"的故事又特具戏剧性反差效果，凸显了齐威王的振作和作为，但笔者认为，这一故事的发生极有可能是发生在田桓公身上，而非齐威王，此一问题已在上一章《田齐桓公评传》中进行评说，不再赘述。反观齐威王初年之事迹，齐威王四年即爆发了齐魏桂陵之战，齐威王果断采取援赵伐魏的策略，以田忌为将，孙膑为军师，大败魏军。可见，威王初年的政治完全不是"委政卿大夫"的局面，选贤任能已经初见成效，威王作为一代明主从初年就完全掌控朝政。

《列女传·辩通传》中记载了"齐威虞姬"的故事，佞臣周破胡专权，嫉贤妒能，陷害威王之妾虞姬，在虞姬的陈诉下，威王最终醒悟，封即墨大夫，烹阿大夫和周破胡。《列女传》为西汉刘向所整理，极有可能是将《史记》关于威王初年的记载进一步演绎，完全出于杜撰和虚构。

虽然《史记》中关于齐威王初年不治理政事的记载不确，但齐威王初年应也在其父桓公治理基础上进行了大刀阔斧的改革。

《淮南子·氾论训》记载："齐威王设大鼎于庭中，而数无盐令曰：'子之誉日闻吾耳，察子之事，田野芜，仓廪虚，囹圄实，子以奸事我者也。'乃烹之。齐以此三十二岁道路不拾遗。"

杨宽先生认为："此烹无盐令之事，与《田世家》烹阿大夫之事，乃一事两传。"[①] 笔者认为，并不尽然。《淮南子》为西汉淮南王刘安集合宾客所编之书，较之司马迁撰写《史记》时代要早一些，史料的运用较之《史记》更具可信性。此处记载，无赏即墨大夫之事，无盐令之政事中也少了军事方面的渎职劣迹，没有《史记》记载那么生动，但可能更符合史实。齐威王因无盐令不理政事而烹杀之，应是其即位初年整顿吏治的一个重要措施，故而《淮南子》评论说"此刑省奸禁者也"，赞扬齐威王治理有方，懂得刑罚简省而奸邪禁绝的道理。司马迁在撰写齐威王初年史事时很可能是将桓公与威王的事迹混合到了一起。

齐威王整顿吏治，是在即位不久之后以邹忌为相后而进行的，《史记·田敬仲完世家》记载"驺忌子见三月而受相印"，邹忌的施政纲领之一为"谨修法律而督奸吏"，烹无盐令应是邹忌为相后进行官吏政绩考核后的结果，这在下文中有较多的论述。

二、齐威王前期用人之贤

齐威王即位后，深深懂得只有拥有大量的人才，才能把国家治理好，才能在波谲云诡的战国形势中立于不败之地，他继续发扬了齐国尊贤尚功的优良传

---

① 杨宽：《战国史料编年辑证》，上海人民出版社2016年版，第333页。

统，以人才为国家之宝，大力提拔、任用有才之士，以邹忌为相，以田忌、田
盼、孙膑为将，发展稷下学宫，以淳于髡等贤士为稷下先生，一时之间，威王
一朝，人才济济，在列国中鲜有其匹，齐国国力也蒸蒸日上，跻身战国七雄之
一，成为东方霸主。

1. 任用邹忌为相

齐威王即位初年，以过人的识人之明，通过交谈，敢于提拔任用政绩并不
显著的普通官吏邹忌为相，开启了齐威王改革内政、发展国力、争霸中原的
序幕。

从史籍记载来看，邹忌在拜相之前，只是威王的一名普通臣子而已，从
《史记·田敬仲完世家》记载"驺忌子以鼓琴见威王，威王说而舍之右室"来
看，邹忌很可能是威王的文学侍从之臣，能够随时可以觐见国君，但邹忌有治
理国家的志向和学问，可以从日常小事感悟出治国的要点，这不是一般人所能
做到的。

> 《史记·田敬仲完世家》：驺忌子以鼓琴见威王，威王说而舍之右室。
> 须臾，王鼓琴，驺忌子推户入曰："善哉鼓琴！"王勃然不说，去琴按剑
> 曰："夫子见容未察，何以知其善也？"驺忌子曰："夫大弦浊以春温者，
> 君也；小弦廉折以清者，相也；攫之深，醳之愉者，政令也；钧谐以鸣，
> 大小相益，回邪而不相害者，四时也：吾是以知其善也。"王曰："善语
> 音。"驺忌子曰："何独语音，夫治国家而弭人民皆在其中。"王又勃然不
> 说曰："若夫语五音之纪，信未有如夫子者也。若夫治国家而弭人民，又
> 何为乎丝桐之间？"驺忌子曰："夫大弦浊以春温者，君也；小弦廉折以
> 清者，相也；攫之深而舍之愉者，政令也；钧谐以鸣，大小相益，回邪而
> 不相害者，四时也。夫复而不乱者，所以治昌也；连而径者，所以存亡
> 也：故曰琴音调而天下治。夫治国家而弭人民者，无若乎五音者。"王
> 曰："善。"

邹忌听了威王弹琴后，认为威王弹得很好，并用弹琴譬喻治理国家，他对

威王说:"大弦缓慢并且温和,象征国君;小弦高亢明快并且清亮,象征宰相;勾弦用力但放开舒缓,象征政令;弹出的琴声和谐,大小配合美妙,曲折不正之声不相干扰,象征四时。回环往复而不乱,是由于政治昌明;连贯而轻快,是由于保存将亡之国。所以说琴音调谐就能保天下太平。治理国家和安抚人民,没有比五音的道理更相像的了。"

邹忌这番不同寻常的言论引起齐威王的注意,与邹忌进一步探讨治国之道,邹忌的言论深合威王之心意,《史记·田敬仲完世家》记载:"驺忌子见三月而受相印。"齐威王在对邹忌深入了解三月后,拜邹忌为相。而《新序·杂事》对此事也有记载:"昔者,邹忌以鼓琴见齐宣王(当为齐威王),宣王善之。邹忌曰:'夫琴所以象政也。'遂为王言琴之象政状,及霸王之事。宣王大悦,与语三日,遂拜以为相。"这里记载齐威王与邹忌谈论三日后,即拜邹忌为相。从这则记载可以看出,当时邹忌与齐威王所谈论的内容是"霸王之事",这是有雄才大略的齐威王所乐意听到的内容,如何使齐国称霸,是齐威王所关心的。这使我们不由得想起同时期的秦国,也发生一幕秦孝公与商鞅之间关于霸政的深谈。《史记·商君列传》记载:"鞅曰:'吾说公以霸道,其意欲用之矣。诚复见我,我知之矣。'卫鞅复见孝公。公与语,不自知䣛之前于席也。语数日不厌。"秦孝公对商鞅多进献的"霸道"之论,欣赏不已,谈论数日都没有厌倦之心。战国初期,列国纷纷变法改革,求贤若渴,都试图发展国力,在列国中称霸。"霸王之事"是当时列国国君所最乐意听到的内容。

邹忌在与齐威王交谈三月(或三日)之后,即拜为国相,这令以淳于髡为首的稷下先生不服,不相信邹忌有治国的本事,试图通过用隐语来难倒邹忌,但却被邹忌轻易化解,令淳于髡心服口服。

《史记·田敬仲完世家》:淳于髡见之曰:"善说哉!髡有愚志,原陈诸前。"驺忌子曰:"谨受教。"淳于髡曰:"得全全昌,失全全亡。"驺忌子曰:"谨受令,请谨毋离前。"淳于髡曰:"狶膏棘轴,所以为滑也,然而不能运方穿。"驺忌子曰:"谨受令,请谨事左右。"淳于髡曰:"弓胶昔幹,所以为合也,然而不能傅合疏罅。"驺忌子曰:"谨受令,请谨自附于万民。"淳于髡曰:"狐裘虽敝,不可补以黄狗之皮。"驺忌子曰:"谨受令,请谨择君子,毋杂小人其间。"淳于髡曰:"大车不较,不能载其常任;琴瑟不较,不能成其五音。"驺忌子曰:"谨受令,请谨修法律而督奸吏。"淳于髡说毕,趋出,至门,而面其仆曰:"是人者,吾语之微言五,其应我若响之应声,是人必封不久矣。"

《新序·杂事》:淳于髡等曰:"狐白之裘,补之以弊羊皮,何如?"邹忌曰:"敬诺,请不敢杂贤以不肖。"淳于髡等曰:"方内而员釭,何如?"邹忌曰:"敬诺,请谨门内,不敢留宾客。"淳于髡等曰:"三人共牧一羊,羊不得食,人亦不得息,何如?"邹忌曰:"敬诺,减吏省员,使无扰民也。"淳于髡等三称,邹忌三知之,如应响。

可以看出《史记》与《新序》的记载有许多不同之处,但通过以上两则记载,可以看出,邹忌在与淳于髡的对话中,提出了自己的施政纲领,即(一)选贤任能,不用小人;(二)谨事君王,亲和百姓;(三)修订法律,减省吏员,督查奸吏,勿使扰民;(四)洁身自好,不通过豢养宾客而培植个人势力。杨宽先生认为:"此乃邹忌在齐国进行之政治改革,其与商鞅在秦变法,申不害在韩讲究用'术'统治,几乎同时。"①

即使在今天看来,邹忌的施政纲领也是先进的,这涉及个人修身和如何有效行政两方面,只有洁身自好,才能从公出发,亲和百姓,谨事君王;只有任用贤人,才能杜绝奸邪,保证吏治的纯洁和有效。这恐怕只是当时邹忌在与齐威王交谈中所谈论的治国理政的措施的一部分而已,更深层次的如何治理国家的策略也只有齐威王和邹忌知晓了。

淳于髡通过与邹忌的交谈,认为邹忌深得治国之要领,深得国君之欣赏,断定邹忌将会很快得到国君的封赏,《史记·田敬仲完世家》:"居期年,封以下邳,号曰成侯。"齐威王将下邳(今江苏邳州市西南)封给了邹忌,号为成侯。邹忌是田齐时期为数不多的封君之一,可见齐威王对邹忌的欣赏和信任

---

① 杨宽:《战国史料编年辑注》,第 327 页。

程度。

邹忌为相后，迅速向齐威王推荐了一些人才，齐威王都将他们任用到了适合的职位上。《说苑·臣术》记载："（邹）忌举田居子为西河而秦、梁弱；忌举田解子为南城，而楚人抱罗绮而朝；忌举黔涿子为冥州，而燕人给牲，赵人给盛；忌举田种首子为即墨，而于齐足究；忌举北郭刁勃子为大士，而九族益亲，民益富。举此数良人者，王枕而卧耳，何患国之贫哉？"

齐威王二年（公元前355），齐威王与魏惠王会猎于郊外，魏惠王本想以本国之宝珠炫耀于齐威王之前，但却不曾想自取其辱：

> 《史记·田敬仲完世家》：二十四年（当作齐威王二年），与魏王会田于郊。魏王问曰："王亦有宝乎？"威王曰："无有。"梁王曰："若寡人国小也，尚有径寸之珠照车前后各十二乘者十枚，奈何以万乘之国而无宝乎？"威王曰："寡人之所以为宝与王异。吾臣有檀子者，使守南城，则楚人不敢为寇东取，泗上十二诸侯皆来朝。吾臣有盼子者，使守高唐，则赵人不敢东渔于河。吾吏有黔夫者，使守徐州，则燕人祭北门，赵人祭西门，徙而从者七千余家。吾臣有种首者，使备盗贼，则道不拾遗。将以照千里，岂特十二乘哉！"梁惠王惭，不怿而去。

从以上两则记载可以看出，齐威王以为国家之宝的四个人才就是邹忌举荐的，黔夫即黔涿子，种首即田种首子，檀子即田解子，杨宽先生认为，田居子即田公子居思，为威王时将领，另有北郭刁勃子、盼子等人。齐威王根据邹忌的推荐，不拘一格，任用人才，收到了显著的效果：齐国边境安宁，国内治安良好，齐国称雄诸侯，威震天下。齐威王"以人才为宝"，而魏惠王"以珠为宝"，表现出两位君王两种不同的价值取向，其思想境界之高下不言自明。这也决定了之后两国不同的发展走向，齐国日渐兴盛，而魏国日趋没落，最终魏国臣服于齐国。

邹忌为相后，在推荐人才方面不遗余力，不只向齐威王推荐了檀子、黔夫等人才，可以说，推荐人才已经成为邹忌行政的一个重要方面。《战国策·齐策一》记载："邹忌事宣王（当为齐威王），仕人众，宣王不悦。晏首贵而仕人寡，王悦之。邹忌谓宣王曰：'忌闻以为有一子之孝，不如有五子之孝。今首之所进仕者，以几何人？'宣王因以晏首壅塞之。"邹忌推荐做官的人太多，已经引起齐威王的猜忌，作为君王来说，官禄刑赏是保持君王威势的重要法柄，而作为君王辅佐的相国，安插的亲信太多，不免会动摇君王的地位，当年田氏即是通过逐步夺取中央和地方行政权而取得国家政权的，威王之不悦自在情理之中。但邹忌认为，推荐人才多恰是对君王忠诚的表现，堵塞人才进身之途才是最应该值得警惕的。

为了使齐威王能够听得进谏言，能够广泛听到社会各阶层对朝廷和君王的意见，邹忌从自身一件小事引申开来，使齐威王广开进谏之路，这就是著名的"邹忌讽齐王纳谏"的故事。

《战国策·齐策一》：邹忌修八尺有余，身体昳丽。朝服衣冠，窥镜，谓其妻曰："我孰与城北徐公美？"其妻曰："君美甚，徐公何能及公也？"城北徐公，齐国之美丽者也。忌不自信，而复问其妾曰："吾孰与徐公美？"妾曰："徐公何能及君也？"旦日，客从外来，与坐谈，问之客曰："吾与徐公孰美？"客曰："徐公不若君之美也。"明日，徐公来。孰视之，自以为不如。窥镜而自视，又弗如远甚。暮寝而思之曰："吾妻之美我者，私我也。妾之美我者，畏我也。客之美我者，欲有求于我也。"于是入朝，见威王曰："臣诚知不如徐公美，臣之妻私臣，臣之妾畏臣，臣之客欲有求于臣，皆以美于徐公。今齐地方千里，百二十城。宫妇左右莫不私王，朝廷之臣莫不畏王，四境之内莫不有求于王。由此观之，王之蔽甚矣！"王曰："善。"乃下令："群臣吏民能面刺寡人之过者，受上赏。上书谏寡人者，受中赏。能谤议于市朝，闻寡人之耳者，受下赏。"令初下，群臣进谏，门庭若市。数月之后，时时而间进。期年之后，虽欲言，无可进者。燕、赵、韩、魏闻之，皆朝于齐。此所谓战胜于朝廷。

邹忌虽然样貌俊美，但与城北徐公相比，还是相差很远的，邹忌也有自知之明，之所以邹忌的妻妾、门客都说邹忌比徐公美，均因其有私、有畏、有求的缘故。邹忌进谏齐威王，齐国上上下下，莫不畏惧、有求于大王，都不敢说真话、实话，国君受到的欺骗太多了。齐威王认为邹忌说得非常有理，于是下令广开进谏之路，官吏、大臣和百姓，能够当面批评威王过错的，给予上等奖赏；上书直言规劝的，给予中等奖赏；能够在众人集聚的公共场所指责议论过失，并传到威王耳朵里的人，给予下等奖赏。命令刚下达，许多大臣都来进献谏言，宫门和庭院像集市一样喧闹；几个月以后，还不时地有人偶尔进谏；满一年以后，即使有人想进谏，也没有什么可说的了。

不得不说，齐威王初年，以非凡之气度，任用邹忌为相，是承受了相当大的压力的，有许多不服邹忌的人，但通过邹忌的行政作为，齐国国内呈现出蓬勃向上的朝气，充满了活力，战国史上响彻列国的著名人物始聚于此，这与邹忌为相后荐贤不绝是紧密相关的。

2. 任用田忌、田盼等为将，以孙膑为军师

战国时期，不同于春秋时期的是，将相开始分设，不再像春秋时代将相不分，《战国策·齐策一》记载："成侯邹忌为齐相，田忌为将。"战国时，国君对军队的控制越来越严密，军权高度集中于国君之手，实行将军临战受命的制度。[1] 田忌为田氏宗族，因才能出众，在多次与列国的大战之前被齐威王任用为将军，桂陵之战、马陵之战都是以田忌为主将。

田忌的卓著战功又是与其搭档孙膑分不开的。《史记·孙子吴起列传》记载，孙膑是齐国人，本名不详，因受膑刑而名孙膑，他出生于齐地阿、鄄之间，早年与庞涓同学兵法，后庞涓后来出仕魏国，被魏惠王任命为将军，但是他认为自己的才能不及孙膑，于是暗地派人将孙膑请到魏国，捏造罪名将孙膑处以膑刑和黥刑，砍去了孙膑的双足，并在他脸上刺字，想使他埋没于世不为人知。当齐国使者出使至魏国时，孙膑以刑徒身份秘密拜见齐国使者，用言辞打动了他。齐国使者觉得孙膑不同寻常，于是偷偷地将他载回齐国。孙膑得到了田忌的赏识，成为田忌的门客。

---

① 徐勇：《齐国军事领导体制及兵制论略》，《求是学刊》1996 年第 6 期。

当时齐国上层贵族盛行赛马游戏，田忌常与王公贵族赛马，但田忌输多赢少，孙膑在分析了赛马的游戏规则后，为田忌制定了"以君之下驷与彼上驷，取君上驷与彼中驷，取君中驷与彼下驷"（《史记·孙子吴起列传》）的比赛应对方法，即田忌用下等马对付他们的上等马，用上等马对付他们的中等马，用中等马对付他们的下等马。三场比赛结束后，田忌一败而两胜，最终赢得齐威王的千金赌注。

这次赛马游戏使得孙膑进入齐威王的视线，通过田忌的引荐，孙膑得到齐威王的召见，并与齐威王就兵法进行了深入的交谈，齐威王对孙膑的军事才能大加赞赏，任命孙膑为军师，赞襄军事，这个职务应该是为孙膑特设的。

孙膑这样一个军事天才被齐威王发现并重用，可以说是齐威王之幸，也可以说是齐国之幸。决定齐、魏两国命运的马陵之战，计谋出自孙膑之手，设想如若没有庞涓陷害孙膑，反而重用孙膑，孙膑为魏国效力，那么齐国还能否战胜魏国，称霸诸侯，都是未知数。

田盼也是齐威王一朝战功显赫的将军。齐威王将田盼比为国宝，"吾臣有盼子者，使守高唐，则赵人不敢东渔于河"（《史记·田敬仲完世家》）。田盼参与齐威王争霸中原的众多战争，马陵之战前，田盼作为齐军前军主将，魏国人评价其为"田盼，宿将也"，断言齐国将取胜。《说苑·尊贤》记载田忌曾对楚王说："齐使田居将，则楚发二十万人，使上将军将之，分别而相去也。齐使眄（盼）子将，则楚悉发四封之内，王自出将而忌从，相国、上将军为左右司马，如是则王仅得存耳。"田忌对田盼评价很高，齐楚徐州之战齐国的失败，正是因为齐威王没有任用田盼为将的后果。

章子（田章、陈章、陈璋）也是齐威王时期重要的将领。秦国曾攻齐，章子为将，大败秦军。《战国策·齐策一》记载："秦假道韩、魏以攻齐，齐威王使章子将而应之。与秦交和而舍，使者数相往来，章子为变其徽章，以杂秦军。候者言'章子以齐入秦'，威王不应。顷之间，候者复言'章子以齐兵降秦'，威王不应。而此者三。有司请曰：'言章子之败者，异人而同辞。王何不发将而击之？'王曰：'此不叛寡人明矣，曷为击之？'顷间，言齐兵大胜，秦军大败，于是秦王拜西藩之臣而谢于齐。"章子变换军队的徽章，杂入秦军之中，探报之人以为章子降秦，先后向齐威王报告了三次，但齐威王断言章子不会叛齐，果如齐威王所言，章子大败秦军。齐威王认为章子为有信之人，"章子之母启得罪其父，其父杀之，而埋马栈之下。吾使者章子将也，勉之曰：'夫子之强，全兵而还，必更葬将军之母。'对曰：'臣非不能更葬先妾也。臣之母启得罪臣之父，臣之父未教而死。夫不得父之教而更葬母，是欺死父也。故不敢。'夫为人子而不欺死父，岂为人臣欺生君哉？"章子不因为国君的命令而欺骗死去的父亲，更不会作为一个臣子而欺骗活着的国君。齐威王用人不疑，在章子身上体现得淋漓尽致。

3. 兴盛稷下学宫

稷下学宫始建于齐威王之父齐桓公田午之时，但那时还处于初创阶段，一切制度还不完善，稷下学宫真正的大发展是在齐威王时期。《史记·孟子荀卿列传》："自驺衍与齐之稷下先生，如淳于髡、慎到、环渊、接子、田骈、驺奭之徒，各著书言治乱之事，以干世主……于是齐王嘉之，自如淳于髡以下，皆命曰列大夫，为开第康庄之衢，高门大屋，尊宠之。览天下诸侯宾客，言齐能致天下贤士也。"《七国考·田齐职官·上大夫》引刘向《荀子目录》云："方齐威王时，聚天下贤士于稷下，尊宠之，若邹衍、田骈、淳于髡之属甚众，号曰'列大夫'，咸作书刺世。"①《风俗通义·穷通》："齐威、宣王之时，聚天下贤士于稷下，尊宠之，若邹衍、田骈、淳于髡之属甚众，号曰列大夫，皆世所称，咸作书刺世。"

淳于髡是稷下学宫中学士之典型代表，为稷下学宫前期的学术领袖。淳于髡，身长不满七尺，滑稽多辩，为齐之赘婿，出身于社会底层，在齐桓公田午之时已经进入稷下学宫，到齐威王时，淳于髡被齐威王赏识重用。据《史记》和《说苑》记载，淳于髡多次以使节的身份周旋诸侯之间，不辱国格，不负君命。《史记·滑稽列传》："齐威王八年，楚发兵伐齐。齐王使淳于髡至赵国请救兵，赵王与之精兵十万，革车千乘，楚国闻之退兵。"淳于髡以隐语进谏齐威王罢长夜之饮，齐威王从谏如流，任命淳于髡为诸侯主客，为接待宾客之

---

① ［明］董说：《七国考》，中华书局 1956 年版，第 25—26 页。

官。《说苑·尊贤》：“十三年，诸侯举兵以伐齐。齐王闻之，惕然而恐……于是王乃立淳于髡为上卿，赐之千金，革车百乘，与平诸侯之事；诸侯闻之，立罢其兵，休其士卒，遂不敢攻齐。”《吕氏春秋·壅塞》更是记载齐威王要以淳于髡为太子之师傅：“齐王欲以淳于髡傅太子，髡辞曰：‘臣不肖，不足以当此大任也，王不若择国之长者而使之。’齐王曰：‘子无辞也。寡人岂责子之令太子必如寡人也哉？寡人固生而有之也。子为寡人令太子如尧乎，其如舜也。’”杨宽先生认为以上事例“皆为夸赞淳于髡‘滑稽多辩’之传说……皆非事实”①。虽然这些记载可能出于附会，但淳于髡作为貌不出众的身份低下之人，被齐威王发现并重视，可以看出齐威王确实有识人之明。《王度记》相传为淳于髡所著，书中内容主要是礼节制度方面的规范，很可能即是为齐国统一天下准备的理论著作。

三、齐威王争霸称王之得失

战国初年，魏文侯任用李悝、吴起、乐羊、西门豹、子夏、翟璜、魏成等人，富国强兵，抑制赵国，灭掉中山，连败秦、齐、楚诸国，开拓大片疆土，使魏国一跃成为中原的霸主。魏文侯在位 50 年，魏武侯在位 26 年，为魏国奠定了较好的基础。战国初年，魏国在军事方面最为强盛，魏文侯任用吴起进行军事改革，创立了魏国军队之精锐——“武卒”。

《吴子·料敌》：“一军之中，必有虎贲之士，力轻扛鼎，足轻戎马，搴旗斩将，必有能者。若此之等，选而别之，爱而贵之，是谓军命。其有工用五兵、材力健疾、志在吞敌者，必加其爵列，可以决胜。厚其父母妻子，劝赏畏罚，此坚陈之士，可与持久，能审料此，可以击倍。”

《吴子·励士》：“飨毕而出，又颁赐有功者父母妻子于庙门外，亦以功为差。有死事之家，岁使使者劳赐其父母，著不忘于心。行之三年，秦人兴师，临于西河，魏士闻之，不待吏令，介胄而奋击之者以万数。”

正是魏国对精锐武卒的特殊重视，给予入选武卒的士兵以特殊的待遇，不

---

① 杨宽：《战国史料编年辑注》，第 383 页。

仅厚赏个人，还连带父母妻子等亲属，才创造了魏国一时称雄天下的局面，"文侯身自布席，夫人捧觞，醮吴起于庙，立为大将，守西河。与诸侯大战七十六，全胜六十四，余则钧解（不分胜负）。辟土四面，拓地千里，皆起之功也"（《吴子·图国》）。吴起曾创造以七万之军破秦国五十万军队的战绩，"兼车五百乘，骑三千匹，而破秦五十万众"（《吴子·励士》）。《尉缭子·制谈》曾对吴起作出高度评价："有提七万之众而天下莫当者谁？曰吴起也。"吴起之所以有如此成就，与他练就的武卒有直接的关系。虽然后来吴起在魏国被排挤，离魏奔楚，但魏国武卒并没有随之消失，武卒的选拔体制继续存留下来，严苛的选拔保证了军队强悍的战斗力。

魏惠王即位初年，继承了其父祖之大志，其目的是"统一三晋，做霸主，继承齐桓、晋文的霸业"①。魏惠王九年②（公元前361），魏国将国都从安邑迁到大梁③，时当田桓公十四年。魏国之所以迁都，是出于争霸中原的需要，而非出于秦国的逼迫。如朱右曾《竹书纪年存真》所说："惠王之徙都，非畏秦也，欲与韩、赵、齐、楚争强也。安邑迫于中条、太行之险，不如大梁平坦，四方所走集，车骑便利，易与诸侯争衡。"④《史记·魏世家》所言："秦用商君，东地至河，而齐、赵数破我，安邑近秦，于是徙治大梁。"此说有误，前人多有考证，不再赘述。魏国的新都大梁，完全按照周天子王城的规制兴建⑤，据李长傅《开封历史地理》云："大梁城有十二门。"而按《周礼》之规定，天子之城才有十二门，魏都大梁的规制是严重的僭越行为，也暴露了魏惠王称王的野心。魏惠王也确实成为最先称王的中原诸侯。⑥

魏惠王称霸中原的思路是首先要统一三晋，将韩国、赵国并入魏国版图。

---

① 李玉洁：《魏国史》，科学出版社2017年版，第135页。
② 魏国迁都大梁的时间有多种不同的记载，有惠王六年说、惠王九年说、惠王三十一年说等。李玉洁《魏国史》（科学出版社）赞同惠王六年说，杨宽《战国史》赞同惠王九年说。笔者认为，惠王九年说更为合理。
③ 魏武侯四年（公元前392），三晋伐楚，败楚于大梁、榆关，从此大梁为魏国所占有。
④ 杨宽：《战国史料编年辑注》，第303页。
⑤ 李玉洁：《魏国史》，第130页。
⑥ 在魏惠王称王之前，楚、吴、越都已称王，但中原诸侯一直视其为蛮夷，鄙视其称王行为。

三家分晋之后，魏国占有晋国故都，一直以晋国正统继承者自居，这在汲冢竹书（《竹书纪年》）中有充分的体现。因而，魏惠王将矛头对准了同出自晋国的赵国和韩国，试图一举灭掉赵、韩。

桂陵之战

齐威王三年（公元前354），赵国进攻魏国的属国卫国，夺取了漆及富丘两地（均在今河南省长垣县），此举招致了魏国的干涉，齐威王四年（公元前353），魏国攻打赵国，包围了赵都邯郸，赵国向齐国求救。齐威王在朝堂廷议之后，决定援救赵国，答应了赵国的请求，但齐威王听从段干朋的建议，迟迟没有发兵，在赵魏两军相持一年多，魏军攻下赵都邯郸之后，齐威王才以田忌为将，孙膑为军师，率军救赵。田忌采纳孙膑的计谋，并未直接开赴赵国，而是采取围魏救赵的策略，直取魏国都城大梁，迫使庞涓回救魏都。《史记·孙子吴起列传》记载："魏伐赵，赵急，请救于齐……与齐战于桂陵，大破梁军。"1972年临沂银雀山汉墓出土的竹简《孙膑兵法》对齐魏桂陵之战有详细的记载，《孙膑兵法·禽庞涓》："昔者，梁君将攻邯郸，使将军庞涓，带甲八万至于茬丘。齐君闻之，使将军忌子带甲八万至［上缺］竟（境）……庞子果弃其辎重，兼趣舍而至。孙子弗息而击之桂陵，而禽（擒）庞涓。"[1]

齐军在孙膑的谋划下，首先南攻宋、卫之间的东阳地区之战略要地平陵[2]，

---

[1] 《史记·田敬仲完世家》记载："段干朋曰：'不救则不义，且不利。'威王曰：'何也？'对曰：'夫魏氏并邯郸，其于齐何利哉？且夫救赵而军其郊，是赵不伐而魏全也。故不如南攻襄陵以弊魏，邯郸拔而乘魏之弊。'威王从其计。"段干朋在廷议时提出救赵的策略，先南攻襄陵，再与魏军主力交战。《战国策·齐策一》的记载与《田敬仲完世家》基本相同，唯"段干朋"作"段干纶"。《史记·孙子吴起列传》则记载孙膑对田忌说："君不若引兵疾走大梁，据其街路，冲其方虚，彼必释赵而自救。是我一举解赵之围而收弊于魏也。田忌从之，魏果去邯郸，与齐战于桂陵，大破梁军。"没有南攻襄陵之说。但据《孙膑兵法·禽庞涓》记载孙膑对田忌说："请南攻平陵。平陵，其城小而县大，人众甲兵盛，东阳战邑，难攻也。吾将示之疑。"《孙膑兵法》所记载的计策与《史记·田敬仲完世家》和《战国策》相同，但千里之外的战机，何以在庙算之时即能决策？笔者认为，当以《孙膑兵法》为是，当为孙膑临战之时所出之计谋，而非段干朋所出，《史记·田敬仲完世家》和《战国策》所记当为后世附会而言，抹杀了孙膑的贡献。《孙膑兵法》一贯强调："将在外，君命有所不受"，战机瞬息万变，强调将领在外临战时的自主权，不可能是朝廷计议之时便可决策好的。

[2] 《水经·淮水注》引《竹书纪年》记载，齐军与宋国景善、卫国公孙仓所率部队会合，围攻魏国的襄陵。

以齐城、高唐之两军失败迷惑庞涓，使之骄傲轻敌，然后突然以轻车快速进军魏都大梁，以激怒庞涓，最终使庞涓判断失误，以轻装急行军兼程赶往大梁，在桂陵被齐军伏击，魏军大败，庞涓被俘。桂陵一战，齐国虽击败魏军，但魏国并未伤筋动骨，尚具较强战力。桂陵之战的第二年，齐国军队在襄陵被魏韩联军打败，通过楚国向魏国求和。据《水经·淮水注》引《竹书纪年》记载："（魏惠王）十八年，王以韩师败诸侯师于襄陵。齐侯使楚景舍来求成。"可见魏国实力还十分强大。

《史记》中并未记载桂陵之战庞涓被齐军擒获之事，而《孙膑兵法》则明确记载此战作为魏军主将庞涓被齐军擒获。有研究者认为，鉴于庞涓作为魏国将军后来又出现在马陵之战中，那么庞涓有可能通过列国会盟的方式回到魏国，并继续担任魏军将领。[①]《史记·魏世家》记载："（魏惠王）二十年，归赵邯郸，与盟漳水上。"漳水会盟上是魏国与赵国会盟，没有记载齐国也参与了会盟，魏国归赵邯郸，如齐国归魏庞涓，齐国无利可图，有些于理不通。笔者认为，庞涓回到魏国最大的可能是在齐国襄陵战败向魏国求成之时。

魏国进攻赵国，赵国除了向齐国求救之外，还向楚国、秦国等其他诸侯国求救。《战国策·楚策一》记载景舍对楚王说："故王不如少出兵以为赵援。赵恃楚劲，必与魏战。魏怒于赵之劲，而见楚救之不足畏也，必不释赵。赵、魏相弊而齐、秦应楚，则魏可破也。"楚王采取了景舍的建议，"楚因使景舍起兵救赵。邯郸拔，楚取睢、濊之间"。可见，楚国也采取了与齐国一样的策略，让魏、赵两国相争，而收渔翁之利，在赵国都城被魏国攻下后，起兵攻占了魏国睢、濊之间的土地。也可看出，魏国的争霸行动，引起了其他诸侯的强烈反对，《吕氏春秋·不屈》："（魏）围邯郸三年而弗能取，士民罢潞，国家空虚，天下之兵四至。"除了齐、楚援赵之外，秦国在第二年也派兵攻占了魏国的故都安邑。各大诸侯国都不愿看到魏国吞并其他诸侯国而发展壮大，《史

---

① 张洪久：《从〈孙膑兵法·陈忌问垒〉谈马陵之战及其他》，《河北学刊》，1982 年第 4 期。张洪久认为，"庞涓归魏应在公元前 351 年漳水会盟"。"作为齐魏自第二次战役——襄陵包围战，至马陵战十余年间，齐魏往来历史上只记载有一次漳水会盟，构成了齐魏正式外交场合的机会。"但在齐、赵、魏三国的史料中却查不到齐国参与漳水会盟的记载。

记·田敬仲完世家》记载段干朋说："夫魏氏并邯郸，其于齐何利哉?"魏国一旦兼并了赵国，实力将大大增强，对齐国形成强大的威胁，可能齐国就是下一个赵国。这样的结果是齐国、楚国所不愿意看到的，援助赵国即是为本国着想。

魏国虽在桂陵之战中战败，但魏国并未放弃占领赵都邯郸，魏占邯郸，也被称为"邯郸之难"。两年之后的漳水会盟，赵国与魏国结成同盟，魏国才将邯郸归还赵国。《战国策·魏策三》："初时惠王伐赵，战胜乎三梁，十万之军拔邯郸，赵氏不割，而邯郸复归。"魏国以十万大军围攻邯郸，历时一年有余，虽然赵国遭受了巨大的损失，但赵国没有割让土地，魏国并未在伐赵之役中得到好处。

针对秦国的进攻，魏惠王在攻占邯郸之后，进行反攻，围攻秦之定阳，迫使秦孝公在彤地与会修好。《战国策·齐策五》："昔者魏王拥士千里，带甲三十六万，其强而拔邯郸，西围定阳，又从十二诸侯朝天子，以西谋秦。"面对魏国咄咄逼人的态势，齐威王不得不注重对魏国的防御，齐威王七年（公元前350），齐国进一步修建齐长城，"（梁惠成王）二十年，齐筑防以为长城"（《水经·汶水注》引《竹书纪年》）。

齐威王十三年（公元前344），魏惠王以霸主的身份，召集十二诸侯在逢泽朝见周天子，《战国策·秦策五》记载："梁君伐楚胜齐，制赵、韩之兵，驱十二诸侯以朝天子于孟津。"不只有宋、鲁、卫等中小国家国君，还有秦国公子少官，《史记·秦本纪》："秦使公子少官率师会诸侯逢泽，朝天子。"这次诸侯之会，其实是春秋会盟的延续，魏惠王企图借助周天子而抬高自己的地位。在率诸侯朝见周天子之后，魏惠王做起了称王的美梦，这恰与秦国捧杀魏惠王的策略不谋而合。

魏惠王在占领邯郸之后，图谋攻伐秦国，这令秦孝公非常恐惧，采取了商鞅的计谋，尊魏惠王为王：

《战国策·齐策五》：卫鞅谋于秦王曰："夫魏氏其功大，而令行于天下，有十二诸侯而朝天子，其与必众。故以一秦而敌大魏，恐不如。王何不使臣见魏王，则臣请必北魏矣。"秦王许诺。卫鞅见魏王曰："大王之功大矣，令行于天下矣。今大王之所从十二诸侯，非宋、卫也，则邹、鲁、陈、蔡，此固大王之所以鞭箠使也，不足以王天下。大王不若北取燕，东伐齐，则赵必从矣；西取秦，南伐楚，则韩必从矣。大王有伐齐、楚心，而从天下之志，则王业见矣。大王不如先行王服，然后图齐、楚。"魏王说于卫鞅之言也，故身广公宫，制丹衣，柱建九斿，从七星之旗，此天子之位也，而魏王处之。

魏惠王果然中商鞅之计，被胜利和吹捧冲昏了头脑，自处天子之位，称夏王，享用天子之器物，《战国策·秦策四》："魏伐邯郸，因退为逢泽之遇，乘夏车，称夏王，朝为天子，天下皆从。"魏惠王称王之举，引起了各诸侯的强烈反对，成为众矢之的。逢泽之会是魏惠王霸业的顶点，而齐魏马陵之战则是魏国霸业中衰的转折点。

马陵之战发生的时间，史籍中有多种记载，有齐威王十四年、十五年、十六年之说，《史记·田敬仲完世家》索隐引《竹书纪年》云："威王十四年，田朌伐梁，战马陵。"《史记·魏世家》索隐引《竹书纪年》云："（梁惠成王）二十八年，与齐田朌战于马陵。"而《史记·魏世家》索隐引《竹书纪年》又云："（梁惠成王）二十九年五月，齐田朌伐我东鄙。九月，秦卫鞅伐我西鄙。十月，邯郸伐我北鄙。"《史记·田敬仲完世家》将马陵之战系于齐宣王二年，实则是齐威王十六（公元前341）。《史记·孙子吴起列传》记载："（桂陵之战）后十三岁，魏与赵攻韩，韩告急于齐。"如以桂陵之战发生时间算，马陵之战应发生在齐威王十六年。

马陵之战

逢泽会盟应是马陵之战的直接起因。韩昭侯并没有赴逢泽会盟，令魏惠王不满，遂下令攻打韩国。《水经·渠水注》引《竹书纪年》："（梁惠成王）二十八年，穰苴率师及郑孔夜战于梁赫，郑师败逋。"魏国派遣襄疵攻打韩国汝南的梁、赫，韩国派将军孔夜应战，韩国战败。马陵之战始于梁惠王二十七年十二月，则魏攻韩尚在其前，由于魏攻韩南梁，即所谓"南梁之难"，韩求救于齐。

　　此次魏国攻韩，企图一举灭掉韩国，如《史记·田敬仲完世家》和《战国策·齐策一》所言"魏有破韩之志"，韩国不甘心被魏国吃掉，与赵国结成同盟，但赵国也被魏国打败，只能向齐国求救。齐威王迅速召开御前会议，诸大臣各抒己见，最终定下"阴结韩之亲，而晚承魏之弊"的计策，答应韩国的请求，坚定韩国抵抗的决心，但不急于派军救援韩国，借韩之力疲魏，让魏、韩两国激烈争斗之后，再行救韩。韩国因为得到齐国救援的答复，故而奋力抵抗，与魏军五战而五不胜，存亡只在旦夕之间，将国家存亡寄托于齐国援救上。齐威王以田忌、田婴为将，以孙膑为军师，以田盼为前军主将①，出兵救韩，而魏惠王也派太子申为上将军，率十万大军迎战齐军。齐军在田忌、孙膑的指挥下，继续采用围魏救赵的策略，直捣魏都大梁，《史记·孙子吴起列传》记载：

　　　　齐使田忌将而往，直走大梁。魏将庞涓闻之，去韩而归，齐军既已过而西矣。孙子谓田忌曰："彼三晋之兵素悍勇而轻齐，齐号为怯，善战者因其势而利导之。兵法，百里而趣利者蹶上将，五十里而趣利者军半至。使齐军入魏地为十万灶，明日为五万灶，又明日为三万灶。"庞涓行三日，大喜，曰："我固知齐军怯，入吾地三日，士卒亡者过半矣。"乃弃其步军，与其轻锐倍日并行逐之。孙子度其行，暮当至马陵。马陵道陕，而旁多阻隘，可伏兵，乃斫大树白而书之曰"庞涓死于此树之下"。于是令齐军善射者万弩，夹道而伏，期曰"暮见火举而俱发"。庞涓果夜至斫木下，见白书，乃钻火烛之。读其书未毕，齐军万弩俱发，魏军大乱相失。庞涓自知智穷兵败，乃自刭，曰："遂成竖子之名！"齐因乘胜尽破

---

　　① 《史记·田敬仲完世家》记载："齐因起兵，使田忌、田婴将，孙子为师，救韩、赵以击魏，大败之马陵。"《史记·六国年表》也记载："（齐宣王二年）败魏马陵。田忌、田婴、田盼将，孙子为师。"《史记·孙子吴起列传》索隐引《竹书纪年》："至二十七年十二月，齐田盼败梁于马陵。"《史记·魏世家》索隐与之相同。杨宽先生认为，田忌、孙膑实为此役齐指挥全军作战之统帅与军师，而田盼则为前线率军作战之主将。

其军，虏魏太子申以归。孙膑以此名显天下，世传其兵法。

　　齐军之所以战胜魏军，很大程度上得益于军师孙膑的谋略。孙膑作为齐军军师，对齐军有很强的自我认识，齐军存在的严重问题——"怯"。恰恰齐军的对手——魏将庞涓也对齐军有着同样的认识，"我固知齐军怯，入吾地三日，士卒亡者过半矣"。齐军之"怯"，恐怕正是战国时代列国对齐国军队的共识。孙膑正是利用魏将庞涓对齐军的这一认识，因势利导，通过减灶这一方式迷惑庞涓，使得庞涓做出错误的判断，认为齐军不堪一击，"弃其步军，与其轻锐倍日并行逐之"，甩掉大队人马，只率领轻锐部队日夜兼程追击齐军。

　　从马陵之战决战之地点——马陵（今山东省聊城市莘县境内）① 来看，这一地域已经接近齐国或者已经在齐国境内②，从《中国历史地图集》上看，相较于桂陵之地点，马陵离魏都大梁更远。③ 齐军进入魏境，在听闻魏军回军之后，快速回撤，向齐国国境运动，三日之内已基本抵达齐国边境，虽然有很大程度上是要达到以运动战疲敌、以减灶假象惑敌的目的，但也有齐军不与魏军进行硬碰硬决战的战略意图。马陵之战的发生，很大程度上，应归结于魏国对齐国威胁的危机感，试图通过一战来消灭齐国逐鹿中原的野心，《战国策·魏策二》言："魏惠王起境内众，将太子申而攻齐。"魏国已经不是单纯的防御齐国的进攻，而是采取的进攻的姿态，此战魏惠王动员了全国的力量，试图给予齐军以彻底的打击；同时作为魏军将领，庞涓也有洗刷桂陵之战被俘的耻辱之意图。在兵败之际，庞涓想到的仍然是此战自己的失败会使作为同门的孙膑扬名天下（"庞涓自知智穷兵败，乃自刭，曰：'遂成竖子之名！'"），是这种狭隘的个人私念，而不是此战的失败对魏国的深远影响。马陵之战，魏国的失

---

　　① 关于马陵之地望，历来聚讼纷纭。《史记》张守节正义引虞喜《志林》云："马陵在濮州鄄城县东北六十里。"钱穆《史记地名考》同意此种说法。《中国历史地图集》也将马陵标注于范县西南。（谭其骧：《中国历史地图集》，中国地图出版社 1982 年版，第 39—40 页。）综合史料考察，笔者认为在今聊城市莘县境内较为适合。

　　② 钱穆：《史记地名考·齐地名》，商务印书馆 2001 年版，第 413—414 页。钱穆将马陵作为齐国地名。

　　③ 谭其骧：《中国历史地图集》（一），中国地图出版社 1982 年版，第 35—36，39—40 页。

败，一方面是选将的失败，《史记·魏世家》："魏遂大兴师，使庞涓将，而令太子申为上将军。"《战国策·魏策二》："太子年少，不习于兵。田朌宿将也，而孙子善用兵。战必不胜，不胜必禽。"齐国起用了名将田朌为前线主将，军师孙膑也做了周密的军事部署，《孙膑兵法·陈忌问垒》也记载："所以应卒窘、处隘塞死地之中也，是吾所以取庞〔涓〕而禽太子申也。"而魏惠王却以年少不懂军事的太子申为上将军，久经沙场的庞涓反而为太子申麾下，注定了战争的失败结局。另一方面也反映了魏惠王和庞涓在此战之前的焦躁情绪，试图通过魏国的武力一举解决来自齐国的威胁。

马陵之战，魏国损失惨重，庞涓在马陵被杀，齐军乘胜大破魏太子申所率魏国十万大军，《战国策·魏策二》记载："齐魏战于马陵，齐大胜魏，杀太子申，覆其十万之军。"《史记·魏世家》记载：梁惠王曰："兵三折于外，太子虏，上将死，国以空虚。"魏国元气大伤，正是因为马陵之战的失败，使魏国彻底退出了强国的行列，丧失了霸主地位，只能以向齐国称臣来解除来自东方的压力。《战国策·齐策五》："齐人伐魏，杀其太子，覆其十万之军。魏王大恐，跣行按兵于国，而东次于齐，然后天下乃舍之。"《战国策·秦策五》也记载："齐太公（当为齐侯）闻之，举兵伐魏，壤地两分，国家大危。梁王身抱质执璧，请为陈侯臣，天下乃释梁。"齐国以东方霸主的姿态登上战国的政治舞台。诚如《孙膑兵法·见威王》所言，"战胜而强立，故天下服矣"；"战胜，则所以存亡国而继绝世也。战不胜，则所以削地而危社稷也"。

马陵之战后的第二年，秦、赵、齐共同伐魏，秦国俘虏魏将公子卬，大破魏军，魏国丧失河西之地七百余里。齐威王十九年（公元前338），秦再伐魏，战于岸门，魏军大败，魏将魏错被俘虏。《孟子·梁惠王上》记载："及寡人（魏惠王）之身，东败于齐，长子死焉；西丧地于秦七百里；南辱于楚。"魏国在马陵之战中的大败，使魏国由盛而衰，而与魏国敌对的赵、韩两国也疲敝不堪，东方的齐国国势则蒸蒸日上。

《中国历代战争史》对马陵之战及其影响有一段非常精辟的论述："马陵之战，虽为魏国与齐国之战，然此战实为秦国与中原历史之转折点。假使魏惠王于胜韩回师以后，控强兵于大梁。虽齐兵作诱敌之举，勿轻与追击，蓄猛虎在山之势以制中原，则人将莫予害也。如此则魏之霸业，或尚可维系数世而不堕。乃惠王不此之图，徒以愤齐之一再干预三晋之事，增益庞涓之兵，使之击齐以求一逞。此种愤而兴师，必致轻举妄动；庞涓又好大喜功，骄矜狂妄，轻率前进以邀功为事。卒致马陵一战，丧师辱国，不仅将晋国数十年来之霸业摧毁净尽；而对秦之东方关隘已破，虎兕出柙，中原之形势突变，历史乃转为另一时代。自此以后，三晋无复有掩护中原之力，中原诸侯遂日以防秦之入侵为事，纷纷扰扰历一百二十余年，而卒皆被并于秦，追原祸始，马陵之战实有以启之。"①

马陵之战，打垮了魏国，实则打开了秦国东出的窗口，魏、韩的衰弱，加速了秦国的崛起，这恐怕是齐威王所没有料到的，但齐国大败战国第一强国魏国，却令齐威王产生了骄傲自满的情绪。《吕氏春秋·爱类》中的记载可以说明当时齐威王的心态："匡章曰：'齐王之所以用兵而不休，攻击人而不止者，其故何也？'惠子曰：'大者可以王，其次可以霸也。'"争霸称王实际上就是齐威王用兵的主要目的。

徐州相王

马陵之战后，魏国接连遭受诸侯的讨伐，一副痛打落水狗的架势，魏惠王也对齐国恨之入骨，《战国策·魏策二》记载："魏王召惠施而告之曰：'夫齐，寡人之仇也，怨之至死不忘。国虽小，吾常欲悉起兵而攻之。'"魏惠王试图举全国之力攻打齐国，以报此大仇，但被相国惠施所劝阻。惠施向魏惠王献上"以楚毁齐"之计。何为"以楚毁齐"？即借助楚国的力量打击齐国，魏国不费一兵一卒，即可报此大仇。惠施说："今王所以告臣者，疏于度而远于计。王固先属怨于赵，而后与齐战。今战不胜，国无守战之备，王又欲悉起而攻齐，此非臣之所谓也。王若欲报齐乎？则不如因变服，折节而朝齐，楚王必怒矣。王游人而合其斗，则楚必伐齐。以休楚而伐罢齐，则必为楚禽矣。是王以楚毁齐也。"惠施实际上就是让魏惠王自降身价，纡尊降贵，向齐王称臣，

---

① （台湾）三军大学：《中国历代战争史》（第二册），军事译文出版社1983年版，第120—121页。

如果齐威王接受魏惠王的称臣，则表示齐国有做天下之主的野心，必然激怒南方的楚国，楚国出兵讨伐齐国，而齐国在大战之后疲敝不堪，必被楚败。这一石二鸟之计，魏惠王非常赞成，派使臣到齐国表示自己愿意臣服于齐国。

此时的齐国是齐威王少子田婴①主事，田婴的谋臣张丑认为这是魏人的奸计，"战不胜魏，而得朝礼，与魏和而下楚，此可以大胜也。今战胜魏，覆十万之军，而禽太子申，臣万乘之魏，而卑秦、楚，此其暴于戾定矣。且楚王之为人也，好用兵而甚务名，终为齐患者必楚也"。张丑断言如齐接受魏国的朝见，则楚国必为齐国的祸患，但田婴不听，执意接受魏惠王的朝见，"田婴不听，遂内魏王而与之并朝齐侯再三"（《战国策·魏策二》）。齐威王二十一年（公元前336），田婴出使魏、韩两国，两国均表示愿臣服齐国。《史记·孟尝君列传》记载："宣王七年（当为齐威王二十一年），田婴使于韩、魏，韩、魏服于齐。婴与韩昭侯、魏惠王会齐宣王（当为齐威王）东阿南，盟而去。明年，复与梁惠王会甄（当为鄄）。"齐威王与韩昭侯、魏惠王在东阿南会盟，第二年，齐威王再次在鄄地会面。据《吕氏春秋·不屈》记载："故惠王布冠而拘于鄄，齐威王几弗受。"可见，在鄄之会时，魏惠王已用朝见之礼，齐威王此时还不敢公然接受魏惠王的朝见之礼。齐威王二十三年（公元前334），魏惠王、韩昭侯及其他诸侯在齐国南部的徐州（今山东滕州东南）朝见齐威王，尊齐威王为王，而齐威王不敢单独称王，也承认了魏惠王称王的事实，此即史载"徐州相王"。《史记·田敬仲完世家》记载："明年，与魏襄王（当为魏惠王）会徐州，诸侯相王也。"徐州之会，不仅有齐、魏、韩，还有一些小国诸侯参加，如当年魏国策划的逢泽之会一般。《史记·田敬仲完世家》记载："其后三晋之王皆因田婴朝齐王于博望，盟而去。"实际上，赵国并没有臣服齐国，反而反对齐国称王。《战国策·魏策二》记载："赵氏丑之。"赵肃侯不齿于齐国称王。

"徐州相王"是战国前期重要的历史事件，拉开了诸侯争相称王的序幕。

---

① 田婴之身份，有多种说法。今按《史记·孟尝君列传》："田婴者，齐威王少子而齐宣王庶弟也。"

齐威王此时才称王,之前多称陈侯、田侯、齐侯等。"徐州相王"是齐威王霸业的顶峰。

齐魏相王,引发了诸侯强烈反应,果然如惠施所预料的那样,楚威王见齐威王公然称王,勃然大怒。齐威王二十四年(公元前 333),楚国发兵攻齐,"楚王怒,自将而伐齐,赵应之,大败齐于徐州"(《战国策·魏策二》);"楚威王闻之,怒田婴。明年,楚伐败齐师于徐州,而使人逐田婴"(《史记·孟尝君列传》)。而便服折节朝见齐威王的魏惠王则采取了"阳与齐而阴结于楚"① 的策略,明里帮助齐国,以董庆为质于齐,而暗地里与楚国结盟,企图从齐楚相争中捞取好处。徐州之战,魏国作壁上观,不援助齐国,致使齐国大败。赵国、燕国、鲁国闻听楚国伐齐,也纷纷响应,如《战国策·秦策四》所言:"赵人闻之,至枝桑,燕人闻之,至格道。格道不通,平际绝。齐战败不胜,谋则不得,使陈毛释剑掫委南听罪,西说赵,北说燕,内喻其百姓,而天下乃齐释。"赵人乘势占领枝桑,燕人则出兵攻占了格道,隔绝齐国平际之途。齐国欲战不能,欲谋不得,只好以陈毛为使,南下向楚王请罪,同时对赵、燕两国好言相求,在国内安抚人民,这样天下诸侯才放弃对齐的讨伐。鲁国作为一个无足轻重的小国,本欲助楚伐齐,公然质问齐国使者"齐王惧乎?"在齐人张丐的游说下,鲁国中立,"鲁君以为然,身退师"。(《战国策·齐策一》)

齐威王并没有接受魏惠王称王的教训,反而中了魏国的阴谋,诚如有论者指出的齐国除了有了王的名分之外,齐国并没有实际的收获,反而因称王而成为众矢之的,招致诸侯的讨伐,一时之间,齐国危机四伏,处境危险,"在这一时期,贸然称王很有可能成为众矢之的,魏国和齐国都已经经历了这种体验。在诸侯心目中,'王'仍然专指周天子,称王就意味着僭越,这一点跟后来战国七雄人人称王是不同的,所以此时称王还是具有一定风险的事情。"② 公元前 323 年,魏、韩、燕、赵、中山五国相约称王,赵武灵王随后又取消了

① 《战国策·魏策一》。

② 赵玉宝等:《战国史》(第三卷),黑龙江人民出版社 2020 年版,第 62 页。

王号，认为称王有名无实，不如不称王。《史记·赵世家》记载："五国相王，赵独否，曰：'无其实，敢处其名乎！'令国人谓己曰'君'。"赵武灵王在诸侯中可谓比较清醒的一位君主。

在楚、赵、燕伐齐的第二年（齐威王二十五年，公元前332），为报复赵国去年伐齐，齐国联合魏国伐赵，赵国决黄河水淹齐国、魏国的军队，齐、魏退兵。

四、齐威王的个人素质

齐威王在位期间，能够带领齐国迅速富强起来，通过战胜强大的魏国，使齐国能够"最强于诸侯"，这与齐威王优秀的个人素质是分不开的。

1. 齐威王有宏图大志

战国初年，诸侯之间的战争还延续了春秋时期争霸的性质，各大诸侯国都想崛起成为诸侯中的霸主，魏惠王想，作为田齐第四位君主的齐威王也想，而且齐威王朝着这个梦想一直迈进。

齐威王初年，为了纪念父亲田齐桓公的功绩，齐威王铸造了一组青铜器（陈侯四器），其中的陈侯因齐敦铭文曰："唯因齐扬皇考，绍统高祖黄帝，迩嗣桓文，朝问诸侯，答扬厥德。"齐威王希望自己能承继高祖黄帝与齐桓公、晋文公之事业，朝见诸侯，德行为诸侯所称扬。齐威王要通过自己的努力，成就齐桓公、晋文公的霸业。众所周知，齐桓、晋文都是打着尊王的旗帜来实现霸业的，进入战国以后，诸侯大多无视周王室的存在，朝见周王的也多怀有其他目的，或借老牌的周天子抬高自己的身价，或者意图代周而为天子。魏惠王朝见周王后而称夏王，公然与周王平起平坐，而齐威王也曾经到周室朝见天子。《战国策·赵策三》记载："昔齐威王尝为仁义矣，率天下诸侯而朝周。周贫且微，诸侯莫朝，而齐独朝之。"齐国通过马陵之战，一跃成为中原实力最强的国家，率一众诸侯朝见周天子，与魏惠王之行为相似，也是以一种霸主的姿态出现在周天子面前，但周天子并未认可魏、齐的霸主地位，反而多次封秦国国君为霸主。《史记·周本纪》："显王五年，贺秦献公，献公称伯。九年，致文武胙于秦孝公。二十五年，秦会诸侯于周。二十六年，周致伯于秦孝公。三十三年，贺秦惠王。三十五年，致文武胙于秦惠王。"周天子多次赐秦霸主之命，有以秦制衡齐、魏之意图。

2. 齐威王既能纳谏，又善于决策

管仲曾认为："人君唯偬与不敏为不可，偬则亡众，不敏不及事。"（《管子·小匡》）为国君者需要在大事上，做事果断，聪明敏锐，方能成就大事。齐威王可以说是既果断又敏锐，这突出表现在齐魏两场战争上来。

桂陵之战，是齐国与魏国这个超级强国第一次大的战争，战前，在朝廷商议是否救赵时，作为相国的邹忌不同意救赵，而段干朋①则认为："不救则不义，且不利。"在齐威王进而询问为什么时，段干朋讲出了自己的建议，"夫魏氏并邯郸，其于齐何利哉？且夫救赵而军其郊，是赵不伐而魏全也。故不如南攻襄陵以弊魏，邯郸拔而乘魏之弊"（《史记·田敬仲完世家》）。魏国如吞并了赵国，则实力大涨，这对于齐国是不利的，如果齐军直接救赵而与魏军火拼，则赵国实力未损，而齐国代受魏军之兵锋，齐军不如南攻魏国的襄陵，使魏国疲敝，待到赵国被攻下，魏军疲敝之时，则是齐军破魏之时，实现"赵破而魏弱"的一石二鸟之计。齐威王认为这个建议非常好，听从了这个建议，派田忌率军出征，大破魏军于桂陵。

马陵之战之前，正是魏惠王霸业顶峰之时，齐国之实力不及魏国，是否救韩伐魏，实在是考验齐威王的一个重要事件。在廷议时，各大臣意见相左，这就需要齐威王有较强的判断力，作出正确的决策。《史记·田敬仲完世家》和《战国策·齐策一》记载的人物言谈不一致，兹以《战国策·齐策一》为例说明当时的廷议情况。齐威王召集各大臣商议，张丐认为，如果晚救韩国，韩国必将会投降魏国，不如及早救援。而田臣思（田忌）认为不能过早救援韩国，因为韩、魏两国的军队还没打得筋疲力尽，这时出兵救援韩国，齐国就会代替韩国承受魏军的进攻，反而会使齐国受韩国的控制。再说魏国有击破韩国之心，韩国看见自己将要灭亡，必定向齐国求救。齐国趁机与韩国结盟，晚些时候迎战魏国疲弊之军，必能战胜魏军，齐国就可以在诸侯间举足轻重了。齐威

---

① 《战国策·齐策一》作"段干纶"，《史记·田敬仲完世家》作"段干朋"。

王认为田忌分析得好，同意田忌的建议，并任命田忌为将，与军师孙膑一起率军救韩伐魏，取得了马陵之战的大胜。

两次战争，齐国都是与当时最强的魏国交手，如若失败，齐国可能面临亡国的危险，能够下定决心与魏国交战，是需要勇气和胆识的，这两点，齐威王都有，而且齐威王任人有方，用将得人，孙膑的计谋又远在庞涓之上，齐国取得胜利，已然具备了人和的条件。

3. 齐威王具备良好的军事素质

孙膑曾与齐威王进行了很多次详谈，孙膑对齐威王的评价是"明王"："几知兵矣，而未达于道也。"（《孙膑兵法·威王问》）何谓"知道"？《孙膑兵法·八阵》云："知道者，上知天之道，下知地之理，内得其民之心，外知敌之情，阵则知八阵之经，见胜而战，弗见而诤。"意思是：所谓懂得用兵规律的人，要上知天文，下知地理，在国内深得民心，对外要熟知敌情。布阵要懂得八种兵阵的要领，预见到必胜而出战，没有胜利的把握则避免出战。齐威王虽然已经通晓兵法，但距离知晓兵之"道"还有一定的差距。

《孙膑兵法·威王问》中记载了齐威王向孙膑询问了九个军事问题，孙膑一一进行了回答。

齐威王问孙膑："如果两军旗鼓相当，双方的将领对阵，阵势都十分坚固，谁也不敢先发动攻击时，应该怎么办呢？"孙膑回答道："先派出少量兵力，由勇敢的低级将领先去试探敌军，要做好试探失败的准备，不要只想取胜，试探的军队要用隐蔽的行动，攻击敌阵侧翼。这就是取得大胜的方法。"威王问："用兵多少有一定的规律吗？"孙膑说："有。"威王问："在我强敌弱，我方兵多敌方兵少时，该怎么办？"孙膑向齐威王行礼后回答道："真是英明君王提的问题。在本方兵多势强的形势下，还问如何用兵，这种谨慎的态度，确实是安邦的根本。在这种形势下，可以采用诱敌之计，叫作'赞师'，即是故意让本方军队队形散乱，迎合敌方心理，引敌方和本方交战。"

从《孙膑兵法》记载可以看出，齐威王对军事、对兵法有着极浓厚的兴趣，并有深入的思考，因而在询问问题时，也有的放矢，问的问题质量都非常高，齐威王作为一个君王的军事素质，也令孙膑为之赞许有加。齐威王还命人整理了传世兵法《司马兵法》，将齐景公时大司马田穰苴所传兵法附于其中，这也是今传《司马法》的最早整理本。《史记·司马穰苴列传》记载："齐威王用兵行威，大放穰苴之法，而诸侯朝齐。齐威王使大夫追论古者司马兵法而附穰苴于其中，因号曰《司马穰苴兵法》。"齐威王重视兵法在战争中的运用，齐威王也通过研读兵法，使自己具备了很高的军事素养，因而在廷议时可以做出正确的决策。

马陵之战的胜利，除了反映出作为军师的孙膑的谋略外，也反映出齐国军事改革的成果。齐军的致命弱点——"怯"，在列国中早已远近闻名。从孙膑设计的退兵减灶之谋看，"使齐军入魏地为十万灶，明日为五万灶，又明日为三万灶"。从十万到三万，而能令敌军将领深信不疑，应该说齐军之临阵逃跑并非虚言。而马陵之战，庞涓最大的失误即在于误判了他的对手的智谋和治军的能力。殊不知齐威王任用"明将"（《孙膑兵法·陈忌问垒》语）田忌和军师孙膑进行军事改革，齐军已经不是原来那支逃跑成风的军队了。这场战争不仅拼的是两国的国力，更为重要的是两军将领的谋略。谋略背后的是对敌、对己的深刻认识。①

五、齐威王后期之失误

齐威王在位37年，以齐威王二十年左右为界，可以分为前期和后期，与前期相比，齐威王后期，特别是在称王之后，耽于享乐，倦政怠政，任用非人，齐国国内政治一度比较黑暗。

1. 邹忌与田忌的内斗，齐国内耗严重

邹忌因为其过人的见识和能力，被齐威王任为相国，向齐威王推荐了一批卓越的人才，大力推行改革，使齐威王的改革能够迅速见到成效，但邹忌也有嫉贤妒能的一面，心胸狭窄，与同朝为将的田忌不和，邹忌害怕田忌因为战功而危及自己的地位。田忌是齐威王时期最为著名的将领，曾领导了桂陵之战和马陵之战。作为将相的邹忌与田忌不和，最终导致田忌出走楚国。

---

① 武振伟：《论齐魏马陵之战》，《孙子研究》2020 年第 1 期。

　　邹忌与田忌的矛盾，史籍多有记载，具体原因不明，据史实推知，邹忌妒忌田忌的功劳，担心田忌日益提升的威望影响到自己的地位。《史记·田敬仲完世家》记载："成侯驺忌与田忌不善。"《战国策·齐策一》记载："成侯邹忌为齐相，田忌为将，不相说。"《史记·孟尝君列传》也记载："成侯与田忌争宠，成侯卖田忌。"两人的矛盾最终公开化，邹忌设计陷害田忌，邹忌派门客公孙閈①令人携带重金招摇过市，找人占卜，自我介绍道："我是田忌将军的臣属，如今将军三战三胜，名震天下，现在欲图大事，麻烦你占卜一下，看看吉凶如何？"卜卦的人刚走，公孙閈就派人逮捕占卜的人，在齐威王面前验证这番话。田忌闻讯后大为恐慌，被迫出奔至楚国。② 关于田忌出走楚国，史籍记载不一，《史记·田敬仲完世家》记载："田忌闻之，因率其徒袭攻临淄，求成侯，不胜而去。"而《史记·孟尝君列传》记载："田忌惧，袭齐之边邑，不胜，亡走。"《史记》认为田忌因邹忌之陷害，率军袭击临淄或边境小城，因没有胜利而逃奔楚国；但《战国策·齐策一》的记载与之不同，更具合理性。作为田忌的老搭档，孙膑是知晓邹忌与田忌矛盾的，而邹忌的阴谋可能因齐国的胜利而实施，《史记·田敬仲完世家》记载，桂陵之战前，邹忌即欲陷害田忌，邹忌的门客公孙阅向邹忌献计说："公何不谋伐魏，田忌必将。战胜有功，则公之谋中也；战不胜，非前死则后北，而命在公矣。"田忌如战胜有功，则是邹忌的功劳，如果田忌战败，那么邹忌即可进言，使田忌受到惩处。所以马陵之战后③，孙膑对田忌说："将军有意做一番大事吗？"田忌答："如果做大事，将怎么办？"孙膑说："将军返回齐国，不要解除武装，让那些疲惫老弱的士兵来把守住主地。主地的道路狭窄，车辆只能依次通行，如果让那些士兵把守住主地，定能以一当十，以十当百，以百当千。然后将军背靠泰山，左有济水，右有高唐，辎重可直达高宛，只需轻车锐骑就可以攻下齐国都城临淄。如此，就可以清除齐国国君身边的奸臣，邹忌必定出逃，不如此就不

---

① 《史记·田敬仲完世家》作"公孙阅"。
② 《战国策·齐策一》。
③ 《史记·田敬仲完世家》误系于桂陵之战后。

可能返回齐国了。"但田忌没有听从孙膑的劝告。因为邹忌的阴谋，田忌果然被齐威王猜忌而没有回国，被迫出奔楚国。(《战国策·齐策一》)

邹忌害怕田忌凭借楚国的势力再返回齐国，《战国策·齐策一》记载："田忌亡齐而之楚，邹忌代之相。齐恐田忌欲以楚权复于齐。"因而邹忌派门客杜赫游说楚王，楚威王果然中计，把田忌封在江南一地，成为楚国的封君。

马陵之战后，田忌出走楚国，而作为军师的孙膑也在史籍中没有了记载，很有可能孙膑与田忌一同出奔楚国或者归隐田园。

邹忌虽然成功将田忌排挤掉，但邹忌也因此而失去威王的信任，不久其相位即为田婴所取代，可谓两败俱伤，邹忌与田忌的内斗，没有出现之后赵国蔺相如与廉颇将相和的局面，齐威王不能明辨是非，没有合理的解决二忌之间的矛盾，最终导致结局不可收拾，使齐国损失了顶尖的人才。

《史记·田敬仲完世家》记载："会威王卒，宣王立，知成侯卖田忌，乃复召田忌以为将。"司马迁因为齐国国君系年的错误，误将马陵之战系于齐宣王二年，而将田忌出奔楚国系于桂陵之战后，因而认为宣王即位后，知晓了邹忌的阴谋，召田忌回国为将。虽然《史记》的系年有误，但从马陵之战后不数年后田婴任为齐相看，邹忌应在此之前已被免相或已死。田忌是否从楚国回到齐国，不能据《史记·田敬仲完世家》而做出判断。田忌的出走，无疑是齐国的重大损失。

2. 齐威王任用田婴，政治黑暗

田婴是齐威王后期的相国，是齐威王后期任人唯亲的一个重要表现。据《史记·孟尝君列传》记载："田婴者，齐威王少子而齐宣王庶弟也。田婴自威王时任职用事，与成侯邹忌及田忌将而救韩伐魏。"田婴任职用事应始于齐威王二十一年。马陵之战后，魏惠王听从相国惠施的计谋，改变策略，试图以尊齐来毁齐，"以楚毁齐"，借助他国的力量达到削弱齐国的目的。魏惠王找到了齐威王的少子田婴，通过田婴居中运作，以行魏惠王"折节变服"朝齐之计。"宣王七年（当为齐威王二十一年），田婴使于韩、魏，韩、魏服于齐。婴与韩昭侯、魏惠王会齐宣王（当为齐威王）东阿南，盟而去。明年，复与梁惠王会甄。"(《史记·孟尝君列传》)齐威王二十一年，田婴出使魏国和韩国，两国国君愿臣服于齐，田婴出使即是为了此事。通过田婴的策划运作，齐威王与魏惠王、韩昭侯先会于东阿南，第二年又会于鄄①。齐威王二十三年，齐威王与魏惠王、韩昭侯在徐州相会，魏惠王尊齐威王为王，齐威王不敢单独称王，也承认魏惠王为王。

齐威王在马陵之战大败魏国后，内心私欲膨胀，不禁飘飘然，被魏惠王尊为王，实际上正中魏国之计。在此之前，并非没有人看出魏人的诡计，田婴的门客张丑曾劝阻田婴不要答应魏惠王"臣畜而朝"的请求，但田婴没有听从，最终"遂内魏王，而与之并朝齐侯再三"（《战国策·魏策二》）。在田婴的操作下，魏惠王三次朝见齐威王，成功让齐威王也称王，这一称王举动激怒了楚威王，导致了徐州之战，齐国大败，诸侯并侵，可以说，徐州相王是魏国人"以楚毁齐"的重要策略，而田婴则是这场戏的导演，不幸将齐国推上了危险的境地。这与田婴的性格和为人是紧密联系的。

田婴善于揣度君王的心理，专以君王之所好为事，《战国策·齐策三》记载了一个小故事，"齐王夫人死，有七孺子皆近。薛公欲知所欲立，乃献七珥，美其一，明日视美珥所在，劝王立为夫人"。薛公即田婴。齐威王的夫人死后，有七个妃嫔都受齐威王的宠爱，田婴通过献珥的方式，获知哪个是齐威王最为宠爱的妃嫔，因而进言劝齐威王立其为夫人。

徐州相王实际上是田婴揣度齐威王心意而为，齐威王见魏惠王称王，不甘心屈居其下，也想称王，只不过缺少这样一个时机，需要有人来推动此事，而田婴的运作恰好迎合了齐威王的这种心理。《战国策·秦策四》："梁王身抱质执璧，请为陈侯臣，天下乃释梁。"魏惠王的折节变服，满足了齐威王的虚荣心。

或许是对田婴运作称王的赞赏，在徐州相王的当年，即齐威王二十三年，田婴被任用为齐相。《史记·孟尝君列传》记载："宣王九年（当为齐威王二十三年），田婴相齐。"同传又载："田婴相齐十一年，宣王卒，湣王即位。即位三年，而封田婴于薛。"二者有不小的偏差，齐威王在位三十七年，如田婴

____
① 《吕氏春秋·不屈》作"鄄"，而《史记》作"甄"，当以"鄄"为是。

在齐威王二十三年为相，则为相时间是十四年，如以相齐十一年计算，则为相时间当在齐威王二十六年。田婴为相后，齐威王封田婴于彭城，号靖郭君（静郭君）。《史记·孟尝君列传》索隐引《竹书纪年》："田婴初封彭城。"杨宽先生认为，田婴初封彭城当在为相后，封于薛之前。按《史记·孟尝君列传》之记载，田婴封薛应是在齐威王末年。

田婴为齐相，是齐威王后期政治变坏的主要原因。田婴之为人，阴贼狠毒，惯于欺上瞒下，齐威王在称王后，对于政务不再如以前勤勉，而是耽于享乐，田婴以其身份，多行蒙蔽齐威王之事，而齐威王并没有觉察。《韩非子·外储说右下》记载：

> 田婴相齐，人有说王者曰："终岁之计，王不一以数日之间自听之，则无以知吏之奸邪得失也。"王曰："善。"田婴闻之，即遽请于王而听其计。王将听之矣，田婴令官具押券斗石参升之计。王自听计，计不胜听，罢食，后复坐，不复暮食矣。田婴复谓曰："群臣所终岁日夜不敢偷怠之事也，王以一夕听之，则群臣有为劝勉矣。"王曰："诺。"俄而王已睡矣，吏尽揄刀削其押券升石之计。王自听之，乱乃始生。

这个故事在《战国策·齐策一》中也有记载，只是较为简略。田婴已然知晓齐威王倦于政务，故意让齐威王亲自去听取繁杂的政务，令齐威王心生倦意，从而将政务全部委托田婴去办理。这就使田婴得以专权擅权，形成私党势力。《韩非子·内储说下》记载："靖郭君相齐，与故人久语则故人富，怀左右刷则左右重。"靖郭君田婴任齐相，和故人谈话的时间长，故人就变得富有；赏赐近侍小物品，近侍地位就会抬高。田婴可谓权倾朝野，无人能及。

田婴的擅权给齐国带来深重的灾难。齐威王称王后，楚威王大怒，亲自领兵北上伐齐，深入齐境，与齐军在徐州决战。面对来势汹汹的楚军，田婴以申缚①为齐军主将，前往迎敌。之所以田婴不用宿将田盼为将，只是因为田婴与

---

① 《史记·楚世家》作"申纪"，《说苑·尊贤》作"申孺"，《战国策》作"申缚"。

田盼不和。《战国策·齐策一》记载:"盼子①有功于国,百姓为之用。婴子不善,而用申缚。申缚者,大臣与百姓弗为用。"申缚这个人在大臣和百姓中没有威望,大臣和百姓不愿为之出力。田婴将个人恩怨凌驾于国家利益之上,任用申缚为将,致使齐军在徐州之战中大败。田忌曾对齐国将领有个评价:"申孺为人,侮贤者而轻不肖者,贤不肖俱不为用,是以亡也;田居为人,尊贤者而贱不肖者,贤者负任,不肖者退,是以分别而相去也;眄(盼)子之为人也,尊贤者而爱不肖者,贤不肖俱负任,是以王仅得存耳。"(《说苑·尊贤》)田婴在用人上,任人唯亲,不顾国家利益,导致齐威王称王后,诸侯并伐,齐国的处境一度十分危急。在徐州之战后,作为齐魏相王的策划者,楚威王对田婴十分恼怒,意欲通过武力威胁将田婴驱逐出齐国,《史记·孟尝君列传》:"楚威王闻之,怒田婴。明年,楚伐败齐师于徐州,而使人逐田婴。"田婴派门客张丑游说楚威王,楚威王认为张丑说得有理,《战国策·齐策一》:"今婴子逐,盼子必用,复整其士卒以与王遇,必不便于王也。"田婴被逐,实际上等同于为齐国除去了一个毒瘤,田婴去后,田盼等宿将必然被重用,将给楚国带来威胁,也就是说,楚国的胜利是偶然的,实际上是齐国用将的失误而造成的。楚威王认为,将田婴留在齐国,继续任职用事,实际上是削弱了齐国的力量,减少了对楚国的威胁。

徐州之战的失败,齐威王并没有惩处田婴,田婴在国内更加肆无忌惮,打击不附于自己的大臣,对百姓也非常残酷,最终导致国人的背叛。《新序·杂事》记载:"靖郭君残贼其百姓,害伤其群臣,国人将背叛,共逐之。"对于国人的背叛,田婴至死不悟,不认为自己的行为暴虐,反而认为自己贤明。

田婴为相期间,损公肥私,齐国政事日益败坏,田婴之子田文曾对其父说:"君用事相齐,至今三王矣,齐不加广而君私家富累万金,门下不见一贤者。文闻将门必有将,相门必有相。今君后宫蹈绮縠而士不得裋褐,仆妾余粱肉而士不厌糟糠。今君又尚厚积余藏,欲以遗所不知何人,而忘公家之事日损。"(《史记·孟尝君列传》)在田婴为相期间,齐国的领土没有增广,而田

---

① 盼子即眄子,田盼。

婴家却积贮了万金的财富，门下也看不到一位贤能之士。男仆女奴有剩余的饭食肉羹，而贤士却连糠菜也吃不饱。只是一个劲地加多积贮，却不知国家之事日益败坏。

田婴为政刚愎自用，听不进谏言，致使外交频频失误，使齐国在列国中处于孤立境地，齐威王三十四年的"五国相王"事件再次凸显了田婴的无能与无知。在齐魏徐州相王后，其他诸侯也不甘居于人后，争相称王，齐威王三十二年（公元前325），秦惠文王自称为王，魏惠王与韩威侯在巫沙相会，韩魏相王，魏惠王尊韩威侯为王，即韩宣王。《史记·周本纪》记载："（周显王）四十四年，秦惠王称王。其后诸侯皆为王。"公元前323年，魏、韩、燕、赵、中山五国相约称王。齐威王对于中山国敢于僭号称王非常愤怒，认为齐国与中山这样的小国同样称王，简直就是对齐国的侮辱。《战国策·中山策》："犀首立五王，而中山后持。齐谓赵、魏曰：'寡人羞与中山并为王。愿与大国伐之，以废其王。'""中山与燕、赵为王，齐闭关不通中山之使，其言曰：'我万乘之国也，中山千乘之国也，何侔名于我？'欲割平邑以赂燕、赵，出兵以攻中山。"齐国意图联合赵、魏等国伐中山，废掉中山的王号。中山国君非常恐慌，中山国实力远非齐国可比，如若齐国联合赵、魏伐中山，中山必然不然抵挡。中山国君让张登充当说客，以重金游说齐相田婴，田婴果然被说动，同意让齐威王承认中山国的王号。此阴谋为田婴的门客张丑识破，对田婴说："今五国相与王也，负海（指齐国）不与焉。此是欲皆在为王，而忧在负海。今召中山，与之遇而许之王，是夺五（四）国而益负海也。致中山而塞四国，四国寒心，必先与之王而故亲之，是君临中山而失四国也。且张登之为人也，善以微计荐中山之君久矣，难信以为利。"现在五国相互称王，而齐国不愿同中山同时称王，这样看来，五国的欲望都在称王上，只是担心齐国干预。现在如果召见中山君，和他会面，允许他称王，这就侵夺了四国的权利而使齐国获得好处。得到了中山的邦交，却隔绝了四国的联系，四国会感到心寒。如果齐国让中山称王，故意同中山亲近，这样就是接近了中山却失去了四国。再说张登的为人，长期以来善于把一些小计谋进献给中山君，难以相信张登会给我们带来好处。张丑的分析缜密细致，但田婴不听，"果召中山君而许之王"。但果如张丑所说，张登在游说成功齐国之后，又游说赵、魏两国，赵、魏两国本与齐有怨，进而支持中山国，与中山国一同称王，而中山国因有了赵、魏的支持，断绝了与齐国的关系，"中山果绝齐而从赵、魏"。李玉洁认为："'五国相王'是魏国的霸业失败以后，弱小国家联合起来抵抗强大的齐、秦、楚等，特别是抵制齐国的运动，是一种合众弱以御一强的政策。"①

在"五国相王"事件中，田婴并非一个合格的政治家，齐国本以东方霸主合赵、魏以伐中山，但田婴缺乏战略头脑和长远眼光，私下许诺允许中山称王，不仅使齐国失信在先，而且将齐国摆在了赵、魏两国的对立面，齐国的外交可谓一塌糊涂。

自"五国相王"事件开始，战国时代的合纵连横之局势就此展开，但齐国虽然为强国，但已非局面的操控者，魏国公孙衍（犀首）开始以合纵抗秦，齐国丧失了主动权，被排挤在圈外，这与田婴为相的外交失败是分不开的。

田婴虽然无能，但齐威王始终信任他，《吕氏春秋·知士》记载，齐宣王时，"静郭君来，衣威王之服，冠其冠，带其剑"。齐威王在世之时，曾将自己的衣服、帽子和腰带赐予田婴，这是君王对臣子莫大的恩宠。齐威王三十五年，齐威王封田婴于薛，田婴因此号为薛公，形同小国诸侯。《史记·孟尝君列传》索隐引《竹书纪年》："梁惠王后元十三年四月，齐威王封田婴于薛。十月，齐城薛。十四年，薛子婴来朝。"田婴被封薛地，惹怒了楚怀王，因为薛地近于楚境，楚怀王认为田婴封薛对楚国有威胁，意图通过伐齐而使齐威王放弃封田婴。《战国策·齐策一》记载："齐将封田婴于薛。楚王闻之，大怒，将伐齐。齐王有辍志。"齐威王对楚国有忌惮之心，听闻楚国将伐齐，产生了停止封地的想法。田婴门客公孙閈游说楚怀王："齐削地而封田婴，是其所以弱也。"齐国将重要的薛邑封给田婴，是齐国自弱之举，对楚国有利而无害，楚怀王因此不再要求齐国停止封田婴之举。田婴封薛后，为了巩固自己的地位，在薛邑建造了先王之庙，《战国策·齐策一》："先王之庙在薛。"高诱注曰："起威王之庙在薛。"田婴在薛修建了威王庙，这也成为其后田婴要挟齐

---

① 李玉洁：《齐国史》，科学出版社 2007 年版，第 291 页。

王的重要砝码。

齐威王晚年封田婴于薛，可以说是重大失误之一。薛邑为齐国西南之重镇，地大而偏，田婴封薛，无异于使田婴有土有民，形同小国诸侯，《竹书纪年》将其称为"薛子婴"，齐国丧失了对薛邑的控制，而使薛邑成为田婴家族的基地，至田文（孟尝君）时，因与齐湣王有怨，而阴谋破齐，导致了五国伐齐的发生，齐国几乎灭亡。

齐威王后期对田婴的一味放任，致使齐国内政外交无一起色，这与齐威王信任亲族是分不开的。齐威王后期识人不明，使田婴为相十余年，田婴误国，非但没有进行惩罚，反而一再得到封赏，无疑，这种赏罚不明的行为，会给齐国政治带来很坏的影响。可惜，齐威王已经没有时间进行反思了，在齐威王封田婴于薛后两年，即离开了人世。

结　语

齐威王后期，战国局势风云变幻，秦国崛起于西陲，而魏、韩衰弱，秦国东进势头不可阻挡，这一时代，策士登场，在诸侯国间来回穿梭，合纵连横，朝秦暮楚。秦相张仪以连横策略向东进攻，而魏国公孙衍（犀首）、惠施则以合纵策略对抗。《战国策·魏策一》："张仪欲以魏合于秦、韩而攻齐、楚。惠施欲以魏合于齐、楚以案兵。"齐国与其他各诸侯受纵横家策士的游说，在合纵连横间左右摇摆，战火频仍，攻战频繁，齐国成为左右战国局势的重要一环。魏国为了抗衡秦国，也在争取齐国的支持，不仅派太子为质于齐国，而且还两次朝见齐威王。《战国策·魏策二》记载："惠施为韩、魏交，令太子鸣（鸣当为嗣）为质于齐。"齐威王三十二年，齐将田朌与魏国联合伐赵，夺取了赵国的平邑、新城。《水经·河水注》引《竹书纪年》云："（梁惠成王后元）十年，齐田朌及邯郸韩举战于平邑，邯郸之师败逋，获韩举，取平邑、新城。"秦相张仪为了拉拢齐、楚，防止公孙衍和齐、楚合纵，在齐威王三十五年这年与齐、楚之相国在啮桑会面。齐国在这一战国新形势中并没有有效利用，反而因游说之士的如簧之舌而做出了一些不合时势之举。在与魏国的关系上，齐威王处理得并不得当。如张仪挟秦国之强而为魏相，齐国与楚国因此欲伐魏，《战国策·魏策一》："张仪以秦相魏，齐、楚怒而欲攻魏。"因策士雍沮的游说，齐与楚撤军而去。魏国虽与齐国有大仇，但魏与齐又都有抗击秦国的共同需求，因而魏与齐有结盟的需要，如《战国策·魏策三》所言："魏，齐之与国也。"但齐国与魏国并不一条心，明争暗斗，齐威王联合燕国、赵国和楚国，排斥孤立魏国，使得魏惠王很恐慌，《战国策·魏策一》记载："齐王将见燕、赵、楚之相于卫，约外魏。魏王惧，恐其谋伐魏也。"魏将公孙衍通过贿赂齐威王左右之人，先见到齐王，齐威王中计，与之相谈许久，使得三国使者不相信齐威王有排斥孤立魏国之心，齐威王孤立魏国之举因而失败。

齐威王后期，虽然田婴为相，朝政黑暗，但齐国仍保持了一个大国的姿态，在诸侯中举足轻重，齐国是左右战国局势的重要力量。齐威王在位期间是齐国崛起的时期，齐威王的改革奠定了齐国强盛的基础，齐威王称王，标志着齐国霸业的再度形成；虽后期有失政，但仍可称得上一代英主。齐威王之谥号为"威"，《逸周书·谥法解》："强以刚果曰威，猛以强果曰威，强毅信正曰威。"[1] 意思是：强力而刚毅果敢的谥号"威"，勇猛而强力果敢的谥号"威"，果断行事以伸张正义的谥号"威"。综合齐威王之生平业绩，其谥号是名副其实的。

---

① 《史记正义·谥法解》作："猛以刚果曰威，猛以强果曰威，强义执正曰威。"

齐宣王评传

简评：

　　齐宣王是继齐威王之后另一位颇有作为的君王，延续了齐威王时期的政策，对内稳定，对外扩张，齐国与秦国并立的局面在齐宣王时期基本形成。齐宣王虽有君王骄奢之气，但也有仁厚之风，长于纳谏，及时改正错误；齐宣王贵士好士，发展稷下学宫，稷下学宫在齐宣王时期发展至鼎盛阶段，成为当时天下学术之中心。齐威王、宣王时代，是战国时期齐国国力强盛、政治开明的一段时期，史称威宣之治。

　　齐宣王，名辟彊（又作辟疆），齐威王之子，公元前 319 年至公元前 301 年在位，在位十九年。《史记·田敬仲完世家》：“（齐威王）三十六年，威王卒，子宣王辟彊立。”《史记·苏秦列传》索隐曰：“《世本》名辟彊，威王之子也。”据《史记·卫康叔世家》集解：“贾谊书曰：‘卫侯朝于周，周行人问其名，答曰卫侯辟彊，周行人还之，曰启彊辟彊，天子之号，诸侯弗得用。卫侯更其名曰燬，然后受之。’”以此观之，齐宣王名“辟彊”的可能性较大。

　　齐宣王生活的时代正值战国中期，各国之间斗争激烈，合纵与连横贯穿始终，要想在这一时代中使国家立于不败之地，必须具备高超的政治才华。国君英明，贤臣辅佐，是这一时期强国的标配。总体来说，齐宣王是一位政治上比较开明、文化上比较包容、军事上有所作为的君王，延续了齐威王时期齐国强盛的局面。《盐铁论·论儒》言：“齐威、宣之时，显贤进士，国家富强，威行敌国。"《战国策·赵策二》言："夫齐威、宣，世之贤主也，德博而地广，国富而用民，将武而兵强。"此语可谓对齐宣王时期政治的精确概括。

一、齐宣王与靖郭君田婴、孟尝君田文

齐宣王易受人蒙蔽，《吕氏春秋·壅塞》记载："宣王好射，说人之谓己能用强弓也。其尝所用不过三石。以示左右，左右皆试引之，中关而止。皆曰：'此不下九石，非王孰能用是？'宣王之情，所用不过三石，而终身自以为九石，岂不悲哉？"齐宣王使用的弓力量不过三石，但一辈子都自认为用的是九石强弓。说明齐宣王好恭维，有其自身的弱点，一也；周围多阿谀奉承之人，二也；天下直士太少，不能胜过阿主的小人，三也。

相国是一个国家最为重要的职位，是辅佐国君处理政事的左膀右臂，能否选择任用一个合格的相国，决定了一个国家的昌盛与否。齐宣王用人之壅塞在任用田婴和田文父子为相之事上表现得非常明显。田婴在齐威王时期任齐相十余年，政事黑暗，外交频频失误，如田文所说："齐不加广而君私家富累万金，门下不见一贤者……今君又尚厚积余藏，欲以遗所不知何人，而忘公家之事日损。"（《史记·孟尝君列传》）齐宣王即位后，因与田婴不善，罢田婴之相位，田婴因此回到封地薛邑，《战国策·齐策一》："数年，威王薨，宣王立。靖郭君之交，大不善于宣王，辞而之薛。"但是田婴有个门客叫齐貌辨①，因受田婴知遇之恩，自愿向齐宣王游说田婴复相之事，齐貌辨对齐宣王说："王之方为太子之时，辨谓靖郭君曰：'太子相不仁，过颐豕视，若是者信反。不若废太子，更立卫姬婴儿郊师。'靖郭君泣而曰：'不可，吾不忍也。'若听辨而为之，必无今日之患也。此为一。至于薛，昭阳请以数倍之地易薛，辨又曰：'必听之。'靖郭君曰：'受薛于先王，虽恶于后王，吾独谓先王何乎！且先王之庙在薛，吾岂可以先王之庙与楚乎！'又不肯听辨。此为二。"齐貌辨用两件根本无法得到证实的事情说动了齐宣王："宣王大息，动于颜色，曰：'靖郭君之于寡人，一至此乎！寡人少，殊不知此。客肯为寡人来靖郭君乎？'

---

① 《吕氏春秋·知士》作"剂貌辨"。

齐貌辨对曰：'敬诺。'靖郭君衣威王之衣冠，舞（带）其剑。宣王自迎靖郭君于郊，望之而泣。靖郭君至，因请相之。靖郭君辞不得已而受。七日，谢病强辞，靖郭君辞不得，三日而听。"齐宣王在没有查证的情况下，相信了齐貌辨的游说之辞，召回了田婴，重新让田婴担任齐相。齐宣王罢免田婴之相位，完全是因为个人好恶，而非对田婴处理政事的不满导致，在个人恩怨解决掉后，轻而易举地又使田婴复相，由此可见，齐宣王用人不明，易受人蒙蔽。

齐宣王二年（公元前318），楚、韩、魏、赵、燕联合齐国伐秦，齐宣王虽然答应出兵，但并未履行诺言，反而在三晋被秦国打败后，在观泽打败赵、魏，这时田婴为国相，深受齐宣王之信任，"婴子言行于齐王"（《战国策·魏策二》），齐国不助五国攻秦，反而背后捅刀子，使其子田文出任魏相，可见当时齐国的外交在田婴主导之下一如既往的失败。

齐宣王后期，大约在齐宣王十七年左右，孟尝君田文开始出任齐相①，推行合纵政策。马王堆帛书《战国纵横家书》第八章《苏秦谓齐王章》开首即云："薛公相齐也，伐楚九岁，攻秦三年，欲以残宋，取淮北。"《战国策·西周策》："薛公以齐为韩、魏攻楚，又与韩、魏攻秦。"孟尝君以齐相主谋合纵，杨宽先生认为："孟尝君使使入秦观昭王之为人，必在昭王新立不久、孟尝君未入秦为相之前……余谓当在周赧王十一年昭王成年举行冠礼而亲理政务之后，是时孟尝君为齐相而主谋合纵。"② 齐宣王十七年，由孟尝君主导，齐国联合韩、魏讨伐背叛合纵的楚国，因秦国出兵援楚而罢兵；齐宣王十九年，孟尝君再次主导齐、韩、魏三国伐楚，楚国大败，将太子横入质于齐以求和。齐国的声誉大增，国力强盛。在孟尝君合纵之前，合纵大多因各国心思各异而不能成功，孟尝君的能力通过此次合纵也得到了证明。

齐宣王之所以任用孟尝君为相，应该说这与孟尝君苦心经营的养士是分不

---

① 孟尝君任齐相的时间，史无明载，杨宽先生将其系于齐宣王十七年（公元前303），见杨宽：《战国史料编年辑证》，上海人民出版社2016年版，第688—689页；也有学者将之系于齐宣王十年（公元前310），见赵玉宝等：《战国史》（第三卷），黑龙江人民出版社2020年版，第127页。笔者更同意杨说。

② 杨宽：《战国史料编年辑证》，上海人民出版社2016年版，第690页。

开的。《史记·孟尝君列传》记载:"孟尝君在薛,招致诸侯宾客及亡人有罪者,皆归孟尝君。孟尝君舍业厚遇之,以故倾天下之士。食客数千人,无贵贱一与文等";"宾客日进,名声闻于诸侯"。由于宾客的显扬,孟尝君名声日盛一日。齐宣王自然不可能放着身边的贤人不用,且孟尝君之前已经任过魏相,有丰富的政治经验。《韩非子·内储说上》记载齐宣王与孟尝君的一段对话:"齐王问于文子曰:'治国何如?'对曰:'夫赏罚之为道,利器也。君固握之,不可以示人。若如臣者,犹兽鹿也,唯荐草而就。'"可以看出孟尝君在初任齐相之时,已经对治国之道有充分的理解。

实际上,孟尝君虽然养士数千,但对士人并没有多少分辨能力,诚如鲁仲连所说:"君之厩马百乘,无不被绣衣而食菽粟者,岂有骐麟骚耳哉?后宫十妃,皆衣缟纨,食粱肉,岂有毛嫱、西施哉?色与马取于今之世,士何必待古哉?故曰君之好士未也。"(《战国策·齐策四》)孟尝君养士更多的是要博取好士的名声。孟尝君之门客冯谖也曾言:"君宫中积珍宝,狗马实外厩,美人充下陈。君家所寡有者以义耳!"(《战国策·齐策四》)

齐宣王惑于孟尝君的名声,任用孟尝君为相,虽然使齐国在对外军事行动中多有斩获,但也将齐国引入战争的漩涡之中不能自拔,这在齐宣王之后即位的齐湣王时期更加凸显,而孟尝君自私自利的本性也显露无遗。《韩非子·内储说上》记载成驩谓齐宣王:"王太仁于薛公,而太不忍于诸田。太仁薛公,则大臣无重;太不忍诸田,则父兄犯法。大臣无重,则兵弱于外;父兄犯法,则政乱于内。兵弱于外,政乱于内,此亡国之本也。"齐宣王因为性格的原因,对待宗室贵族比较宽仁,导致宗室贵族专权腐化。

二、齐宣王之贵士好士

齐宣王是一位颇想有所作为的君王,他认识到治国需要人才,因而对于士人非常渴求,在士人面前往往能够放下君王的尊位,屈尊降贵,听从士人的建议,因而赢得了好士的名声。

齐宣王见平民王斗和颜斶,体现了齐宣王好士的博大胸怀。《战国策·齐策四》记载,先生王斗去见齐宣王,非要齐宣王亲自出门迎接不可,"王斗曰：'斗趋见王为好势，王趋见斗为好士，于王何如?'使者复还报。王曰：'先生徐之，寡人请从。'宣王因趋而迎之于门。"趋是快步走的意思，足见当时齐宣王见先生王斗之迫切心情。王斗见齐宣王后，在将齐宣王与齐桓公比较后，直言批评齐宣王不好士："先君好马，王亦好马；先君好狗，王亦好狗；先君好酒，王亦好酒；先君好色，王亦好色。先君好士，是王不好士。"而齐宣王则说："当今之世无士，寡人何好?"可见，齐宣王对士人并没有独立的判断标准，不知道什么人是士。但齐宣王是好士的，他是希望有士人来辅佐他治理国家的，"寡人忧国爱民，固愿得士以治之"。从这里也可以看出，齐宣王是一位有着"忧国爱民"情怀的君王，这也是他在位期间齐国士人大量聚集的重要基础。在王斗的进谏下，齐宣王认识到他的错误："寡人有罪国家。""于是举士五人，任官，齐国大治。"齐宣王不但没有治王斗犯颜直谏之罪，反而承认错误，任用了王斗举荐的五个贤人。《说苑·尊贤》中记载了一个相似的故事，只不过将向齐宣王进谏的人改为了淳于髡而已。

在齐宣王在位期间，通过犯颜直谏得到任用的事例并不鲜见。《战国策·齐策三》记载，淳于髡一日之间向齐宣王推荐了七个人才，齐宣王觉得不可思议，他认为贤才不易得："寡人闻之，千里而一士，是比肩而立；百世而一圣，若随踵而至也。今子一朝而见七士，则士不亦众乎?"而淳于髡则回答道："夫物各有畴，今髡贤者之畴也。王求士于髡，譬若挹水于河，而取火于燧也。髡将复见之，岂特七士也?"齐宣王虽然好士，但对士的考察还停留在比较低的层面上，没有通过对每一个人的细致考察得出恰当的结论，没有找到识别人才的方法和途径，只是单纯通过数量来说明问题，无疑显得齐宣王好士徒有虚名。

《韩非子·内储说上》记载了一个滥竽充数的小故事，也可说明齐宣王易为人所蒙蔽的事实。"齐宣王使人吹竽，必三百人。南郭处士请为王吹竽，宣王说之。廪食以数百人。宣王死，湣王立，好一一听之，处士逃。"南郭先生之所以能留在乐队中，正是因为齐宣王的识人不清。

齐宣王见颜斶这一件事，虽然为齐宣王赢得了贵士的好名声，但并没有实际的功效。《战国策·齐策四》中记载，士人颜斶见齐宣王，争论国君与士人谁尊谁卑，破除了君王至上的心理，为士人赢得了尊重，在齐宣王左右侍从之臣看来，君王至高无上，"大王据千乘之地，而建千石钟，万石虡。天下之士，仁义皆来役处；辩知并进，莫不来语；东西南北，莫敢不服。求万物（无）不备具，而百（姓）无不亲附。"在颜斶的言说下，使齐宣王明白了士人尊贵的道理，齐宣王向颜斶提出："愿请受为弟子。且颜先生与寡人游，食必太牢，出必乘车，妻子衣服丽都。"齐宣王为颜斶折服，欲以丰厚爵禄相笼络，却被颜斶谢绝。

齐宣王在位期间，创始于田齐桓公时期的稷下学宫得以大力发展，最为兴盛，吸引了众多学者士人来到齐国，容纳了当时"诸子百家"中的几乎各个学派，其中主要的如道、儒、法、名、兵、农、阴阳、轻重诸家。稷下学宫成为战国时期的学术中心，成就了百家争鸣的盛况。《史记·田敬仲完世家》："宣王喜文学游说之士，自如驺衍、淳于髡、田骈、接予、慎到、环渊之徒七十六人，皆赐列第，为上大夫，不治而议论。是以齐稷下学士复盛，且数百千人。"齐宣王采取了十分优礼的态度，封了不少著名学者为"上大夫"，"受上大夫之禄"，即拥有相应的爵位和俸养，允许他们"不治而议论"（《史记·田敬仲完世家》）。《盐铁论·论儒》记载："齐宣王褒儒尊学，孟轲、淳于髡之徒受上大夫之禄，不论职而论国事。盖齐稷下先生千有余人。"《史记·孟子荀卿列传》："齐王嘉之，自如淳于髡以下，皆命曰列大夫，为开第康庄之衢，高门大屋，尊宠之。览天下诸侯宾客，言齐能致天下贤士也。"然而齐国的稷下学宫在历代赞扬的同时，也有非议的意见存在，如吴师道评价说："稷下学士至数百千人，士非不盛也，然邹衍、淳于髡之徒，类皆诙诞无实，不治而议。所养非所用，国何赖焉？"[①]在战国时代即有对养士务名不务其实的批评，如《战国策·中山策》载李疵对赵武灵王说：虽然"中山之君所倾盖与车而朝穷闾隘巷之士者，七十家"，但"举士，则民务名不存本；朝贤，则耕者惰而战士懦。若此不亡者，未之有也"。

田骈是著名的稷下先生，曾与齐宣王有过言谈，《吕氏春秋·执一》记

---

① 范祥雍：《战国策笺证》，上海古籍出版社 2011 年版，第 655 页。

载，齐宣王以齐国之政向田骈问询："寡人所有者，齐国也，愿闻齐国之政。"而田骈回答说："臣之言，无政而可以得政。譬之若林木，无材而可以得材。愿王之自取齐国之政也。"《战国策·齐策四》则对田骈进行了无情的嘲讽："齐人见田骈，曰：'闻先生高议，设为不宦，而愿为役。'田骈曰：'子何闻之?'对曰：'臣闻之邻人之女。'田骈曰：'何谓也?'对曰：'臣邻人之女，设为不嫁，行年三十而有七子，不嫁则不嫁，然嫁过毕矣。今先生设为不宦，訾养千钟，徒百人，不宦则然矣，而富过毕也。'田子辞。"田骈之学术对齐国之治政并无效用，但齐国让这些士人享受高额俸禄，又不出仕参与朝政，富有程度已经引起了齐国人的不平和愤怒。

战国时代，各国争相招揽士人，为自己服务，《论衡·效力》："六国之时，贤才之臣，入楚楚重，出齐齐轻，为赵赵完，畔魏魏伤。"稷下学宫"数百千人"的规模，无疑在列国中独领风骚。齐宣王给稷下学士以优厚的待遇，"受上大夫之禄""不治而议论"，使得稷下学宫形成中国学术思想史上蔚为壮观的"百家争鸣"现象，成为当时百家学术争鸣的中心。《史记·孟子荀卿列传》："慎到，赵人。田骈、接子，齐人。环渊，楚人。皆学黄老道德之术，因发明序其指意。故慎到著十二论，环渊著上下篇，而田骈、接子皆有所论焉。驺奭者，齐诸驺子，亦颇采驺衍之术以纪文。"稷下黄老思想诞生于稷下学宫，在稷下学宫中占有主导地位，受到齐国统治者的支持和利用。这可能因为齐国统治者田氏将自己的祖先溯源到黄帝，托名黄帝之学说，而为政权合法性进行辩护。稷下学宫的兴盛，为齐宣王博得了好士的名声。《管子》《晏子春秋》《司马法》《六韬》《孙膑兵法》等著作大概就是在战国时期由稷下学士整理编纂而成。有学者考证认为，山东临沂银雀山汉墓出土的竹书《守法守令十三篇》，很可能就是战国时期齐国稷下学者的论文集。①

三、齐宣王合纵连横之得失

合纵与连横是战国时期各国之间角力的重要手段，《韩非子·五蠹》："纵

---

① 杨善群：《战国时期齐稷下学者的论文汇编——银雀山竹书〈守法〉等十三篇辨析》，《史林》2010 年第 1 期。

者，合众弱以攻一强也；横者，事一强以攻众弱也。"各国统治者大多各为自己的利益打算，时而合纵，时而连横，即使结为同盟，也很难同心协力，因而不能形成合力。秦国连横之策，沉重打击了韩、魏、赵、楚；而六国合纵多为秦国分化瓦解，即是利用了六国之间的矛盾与利益冲突。杨宽先生认为："到齐、秦两大强国对峙的形势形成后，齐、秦两大国就往往利用合纵来作为压倒对方和谋取进一步进行兼并的工具了。"① 在与列国的关系中，齐国与楚国、秦国的关系最为紧要，因为三国为战国时代最为强盛的国家，三国之间的分与合决定了当时历史的发展走向。

1. 齐国与楚国的合与分

楚国是列国中最为强盛的国家之一，所谓"纵合则楚王，横成则秦帝"（《战国策·秦策四》苏秦语），楚国的态度很大程度上决定了战国局势的发展。作为战国中的强国，时至战国中期，秦国之强已非其他诸侯所能比，秦国已经成为超级强国，楚国作为与秦国接壤的国家，深受秦国之威胁。楚国选择与五国结盟以抗秦，便成为自保的一个重要手段，这也是其他五国所期待的。齐宣王二年（公元前318），在魏国公孙衍的谋划下，楚国与韩、赵、魏、燕、齐五国以及义渠合纵伐秦，楚怀王为纵长（联盟长），齐宣王虽然应允，但并没有出兵。此次伐秦，因为楚国不想出力，实际与秦国交战的只有韩、赵、魏三国，三国大败，魏国损失最大，"折兵之半"（《战国策·楚策三》），魏、楚争相与秦讲和，致使伐秦失败，从此次伐秦失败中可以见出楚怀王庸主的本质。

齐宣王在此次合纵伐秦中首鼠两端，策士陈轸欲联合三晋与齐国共同对抗秦国，游说齐宣王说："今三晋已合矣，复为兄弟，约而出锐师以成梁绛、安邑，此万世之计也。齐非急以锐师合三晋，必有后忧。三晋合，秦必不敢攻梁，必南攻楚。楚、秦构难，三晋怒齐不与己也，必东攻齐。"（《战国策·齐策一》）齐国本不想参与伐秦，其原因无非陈轸所说："齐远秦而韩、梁近。"齐国并不与秦国接壤，但陈轸的游说兼有威胁之辞，如若齐国不参与伐秦，则很有可能会遭到三晋的联合打击。在此情形下，齐宣王应允出兵。但此次合纵

---

① 杨宽:《战国史》，上海人民出版社2016年版，第455页。

伐秦，诸国各怀私心，在三晋出兵后，不独齐国没有出兵，作为纵长的楚国也没有出兵。齐宣王没有出兵的原因，有研究者认为："齐宣王觉得齐国是东方大国，实力最强，这个合纵长应该由他来担任，没有推举他为合纵长，是对齐国的轻蔑。于是，便退出了合纵联盟。"①笔者认为，这一推测虽有一定的道理，但结合《史记》《战国策》有关史料来看，齐国未出兵的原因，很大原因在于"齐远秦"，齐国距离秦国遥远，齐军劳师远征，对齐国不利，且以伐秦而得罪秦国，更对齐国来说得不偿失。从此后齐国与魏、赵战于观泽来看，齐宣王不是合纵战略的积极参与者，而是伺机扩张领土。《史记》中对此次合纵伐秦的多处记载并不一致。《史记·楚世家》："十一年，苏秦约从山东六国共攻秦，楚怀王为从长。至函谷关，秦出兵击六国，六国兵皆引而归，齐独后。"《史记·秦本纪》："韩、赵、魏、燕、齐帅匈奴共攻秦。"匈奴即义渠，为秦国西部之戎族。《史记·燕召公世家》："燕哙三年，与楚、三晋攻秦，不胜而还。"此次合纵攻秦至函谷关，三晋之兵逡巡不前，反而给秦国以反击的机会，《史记·秦本纪》记载："秦使庶长疾与战修鱼，虏其将申差，败赵公子渴、韩太子奂，斩首八万二千。"韩、赵、魏三国遭到秦国的打击，损失很大。齐宣王看到三晋被秦国打败，乘赵、魏新败之际，与宋国联合伐赵、魏，大败赵、魏于观泽。《史记·田敬仲完世家》："（齐湣王）七年（当为齐宣王二年），与宋攻魏，败之观泽。"齐宣王的这次出兵赵、魏，当为齐相田婴所主导。在此次败魏之后，田婴之子田文出任魏之相国。《战国策·魏策二》记载，公孙衍对魏襄王说："今所患者，齐也。婴子言行于齐王，王欲得齐，则胡不召文子而相之？彼必务以齐事王。"魏襄王认为公孙衍所言极是，派公孙衍通过田婴与齐国结盟，召田文至魏而任相国，"东见田婴，与之约结；召文子而相之魏，身相于韩。"

　　此次合纵伐秦，本为一次打败秦国的机会，秦国虽强，但终非六国联合之对手，只要六国人心不齐，便给了秦国以可乘之机，可以各个击破。三晋为抵抗秦国之前沿，齐国虽远离秦国，但唇亡齿寒的道理应该懂得，非但不助三晋攻

----

　　①　于孔宝等：《齐地历史名人》（上），《齐文化旅游丛书》，中华书局2003年版，第92页。

秦，反在背后捅了三晋一刀，无疑大大弱化了三晋抗秦之实力，破坏了齐国在合纵中的形象，将齐国推到了五国的对立面。通过伐赵、魏，田婴之子田文出任魏相，对于稳固田婴家族势力起到了重要作用，这也是田婴损公肥私的又一操作。

齐宣王六年（公元前314），魏、韩两国为秦所败，《史记·秦本纪》："（秦惠王后元）十一年，樗里疾攻魏焦，降之。败韩岸门，斩首万，其将犀首走。"魏、韩连年为秦所侵，被迫与秦国连横，而齐、楚两国为求自保，也结为盟国，这样就形成了秦、魏、韩与齐、楚两大阵营对峙之势。秦国占领的曲沃和於中，成为秦国从函谷关和武关伸向关东的左右矛头，对齐、楚形成严重威胁。楚国出兵包围了曲沃和於中，《史记·越王勾践世家》："楚三大夫张九军，北围曲沃、於中，以至无假之关者三千七百里，景翠之军北聚鲁、齐、南阳。"齐宣王七年（公元前313），齐国出兵与楚国攻打秦国，攻取了曲沃。《战国策·秦策二》："齐助楚攻秦，取曲沃。"齐、楚两国的结盟对于秦国的对外扩张十分不利，秦惠王对此十分忧虑。"秦欲伐齐，齐、楚之交善，惠王患之，谓张仪曰：'吾欲伐齐，齐、楚方欢，子为寡人虑之，奈何？'"《史记·楚世家》也有记载："（楚怀王）十六年，秦欲伐齐，而楚与齐从亲，秦惠王患之，乃宣言张仪免相，使张仪南见楚王。"秦国要想战胜齐、楚，首先就要瓦解齐、楚联盟。张仪到楚国后，利用楚怀王贪婪的本性，提出"大王苟能闭关绝齐，臣请使秦王献商於之地，方六百里"。如若楚与齐绝交，秦国将割让给楚国六百里土地，楚怀王信以为真，不听陈轸之劝阻，与齐绝交，"楚王使人绝齐，使者未来，又重绝之。张仪反，秦使人使齐，齐、秦之交阴合。楚因使一将军受地于秦。张仪至，称病不朝。楚王曰：'张子以寡人不绝齐乎？'乃使勇士往詈齐王"（《战国策·秦策二》）。楚怀王为了尽快取得六百里土地，竟然派了两批使者前去绝齐。《史记·楚世家》的记载则更将楚怀王的贪婪无知表现得淋漓尽致，"怀王大悦，乃置相玺于张仪，日与置酒"，拜张仪为楚相，但张仪在归秦后，称病不出，楚国索地不得，"张仪至秦，详醉坠车，称病不出三月，地不可得。楚王曰：'仪以吾绝齐为尚薄邪？'乃使勇士宋遗北辱齐王"。楚怀王为了与齐国彻底断交，竟然派勇士宋遗到齐国辱骂齐宣王，齐宣王受此大辱，勃然大怒，一气之下，与秦国交好，结为盟国，

"齐王大怒，折楚符而合于秦"。齐、楚彻底断交后，张仪对楚国使者说，当初自己答应的土地只有六里而非六百里，不给楚国土地。楚怀王受张仪之诓骗而大怒，第二年，楚国发兵攻秦，为秦所败，"（楚怀王）十七年春，与秦战丹阳，秦大败我军，斩甲士八万，虏我大将军屈匄、裨将军逢侯丑等七十余人，遂取汉中之郡。楚怀王大怒，乃悉国兵复袭秦，战于蓝田，大败楚军"（《史记·楚世家》）。楚国不仅损兵折将，而且丢失了汉中之地。秦国破楚，齐国不救，《史记·张仪列传》："秦、齐共攻楚，斩首八万，杀屈匄，遂取丹阳、汉中之地。"《战国策·秦策二》也记载："楚王不听，遂举兵伐秦。秦与齐合，韩氏从之。楚兵大败于杜陵。"证之《史记·韩世家》："（韩宣惠王）二十一年，与秦共攻楚，败楚将屈丐，斩首八万于丹阳。"秦楚之战，韩助秦攻楚，楚国腹背受敌，大败而归。以上三则史料并言秦国破楚之时，齐国、韩国也曾出兵攻楚。《史记·屈原贾生列传》则记载："怀王乃悉发国中兵以深入击秦，战于蓝田。魏闻之，袭楚至邓。楚兵惧，自秦归。而齐竟怒不救楚，楚大困。"秦伐楚之时，齐国没有出兵与秦伐楚，也没有直接出兵救楚。综合以上史料分析，《史记·张仪列传》所言"秦、齐共攻楚"，"齐"应是"韩"之误。楚怀王志大才疏，悉起全国之兵攻秦，因韩为秦之盟国，又发兵攻韩，韩向秦求救，《史记·六国年表》记载："韩宣惠王二十一年，秦助我攻楚，围景座。"秦、韩合力于雍氏、商於两地反攻，一面反包围楚将景翠（即景座）于雍氏，一面又共攻楚将屈丐（即屈匄），魏国此时正与秦连横，也起兵伐楚，楚怀王可谓四面楚歌。

在楚国出兵伐秦、韩之时，齐国并未坐视不理，《史记》《战国策》中多则史料记载齐国坐视楚败而不救，虽能表现当时齐宣王对于楚怀王出尔反尔的愤怒之情，但并不符合实际，齐宣王并没有被愤怒冲昏头脑，据《史记·田敬仲完世家》记载："（齐湣王）十二年（实为齐宣王八年），攻魏。楚围雍氏，秦败屈丐。"《史记·韩世家》集解引徐广曰："《纪年》于此亦说'楚景翠围雍氏。韩宣王卒，秦助韩共败楚屈丐'。又云'齐、宋围煮枣'。"齐国联合宋国出兵伐魏，围魏之煮枣，应该是策应楚国攻秦、韩之举。《史记·田敬仲完世家》记载："客有言曰魏王谓韩冯、张仪曰：'煮枣将拔，齐兵又进，子来救寡人则可矣；不救寡人，寡人弗能拔。'此特转辞也。秦、韩之兵毋东，旬余，则魏氏转韩从秦，秦逐张仪，交臂而事齐楚。"可见，楚国虽与齐国断交，但齐宣王仍然以齐楚联盟为念，出兵伐魏煮枣，对秦、韩、魏形成巨大压力。秦国在攻破楚军后，又派樗里疾率军东进伐齐，败齐宋联军于濮水，《史记·秦本纪》："楚围雍氏，秦使庶长疾助韩而东攻齐到濮。"《战国策·齐策六》也记载："濮上之事，赘子死，章子走。"《史记·六国年表》："魏哀王（当为魏襄王）七年，击齐，房声子于濮。"齐军此战大败，齐将声子被俘虏，赘子战死，章子败逃。

此次齐、楚与秦、韩、魏的对抗，以秦、韩、魏的胜利而告终，楚怀王自不量力，贪婪无能，被张仪耍得团团转，又丧地于秦。鉴于秦国连横之扩张，齐、楚自然不甘被各个击破，重又试图结盟。齐宣王九年前后，屈原受楚怀王之派遣，出使于齐，当为修复齐楚关系而为。齐宣王九年（公元前311），秦相张仪故技重施，以归还楚国汉中土地为诱饵，要求楚国与秦国讲和，《史记·楚世家》："（楚怀王）十八年，秦使使约复与楚亲，分汉中之半以和楚。"而楚怀王出于对张仪的刻骨仇恨，竟对秦使说："愿得张仪，不愿得地。"楚怀王一心要置张仪于死地而后快。张仪欣然前往楚国，被楚怀王拘押，将杀之，但张仪通过贿赂楚怀王的宠臣靳尚和宠妾郑袖，不仅让楚怀王释放了自己，而且说服楚怀王与秦联姻，背叛合纵而与秦连横，"仪出，怀王因善遇仪，仪因说楚王以叛从约而与秦合亲，约婚姻"。楚怀王再次被张仪要弄，背叛了齐楚联盟。屈原从齐国出使回国后，正值张仪离楚之后，屈原劝楚怀王杀掉张仪，怀王后悔，令人追杀张仪，没有追上，"张仪已去，屈原使从齐来，谏王曰：'何不诛张仪？'怀王悔，使人追仪，弗及"。齐宣王十年，秦惠王死，秦武王立，秦武王与张仪不和，张仪罢相，诸侯纷纷叛连横而谋合纵。齐楚重新站到了一个战壕里。

张仪设计离秦到魏，齐宣王因濮上战事失败之故，憎恨张仪，举兵攻打魏国，《战国策·齐策二》："今齐王甚憎张仪，仪之所在，必举兵而伐之。"在张仪的游说下，齐宣王停止了攻打魏国的行动。足见张仪游说之功力甚是厉害，准确地摸到了对手的脉搏。

秦武王即位后，为了实现"容车通三川，窥周室"的目标，加紧攻打韩国，攻占了韩国的战略要地宜阳，打通了通往周都洛邑的通道。秦国在中原的扩张，对六国的威胁日益加大。六国也谋求合纵以对抗秦国，齐宣王想当六国合纵长。齐宣王十四年（公元前306），齐宣王担心楚国与秦国联合起来对抗齐国，于是送信给楚怀王说："寡人患楚之不察于尊名也。今秦惠王死，武王立，张仪走魏，樗里疾、公孙衍用，而楚事秦。夫樗里疾善乎韩，而公孙衍善乎魏；楚必事秦，韩、魏恐，必因二人求合于秦，则燕、赵亦宜事秦。四国争事秦，则楚为郡县矣。王何不与寡人并力收韩、魏、燕、赵，与为从而尊周室，以案兵息民，令于天下？莫敢不乐听，则王名成矣。王率诸侯并伐，破秦必矣。王取武关、蜀、汉之地，私吴、越之富而擅江海之利，韩、魏割上党，西薄函谷，则楚之强百万也。且王欺于张仪，亡地汉中，兵锉蓝田，天下莫不代王怀怒。今乃欲先事秦！原大王孰计之。"（《史记·楚世家》）这封信中，齐宣王不仅向楚怀王描绘了"取武关、蜀、汉之地，私吴、越之富而擅江海之利，韩、魏割上党，西薄函谷"的美好图景，而且以楚怀王数次被张仪所诓骗、丧失大片国土来激怒楚怀王，楚怀王见信后，果然同意了齐宣王的要求，"怀王许之，竟不合秦，而合齐以善韩"。楚国与齐、韩结盟，齐宣王主导的合纵已见成效。

但就在齐楚结盟的第二年，楚国重又背弃齐楚联盟，与秦联姻，《史记·楚世家》："（楚怀王）二十四年，倍齐而合秦。秦昭王初立，乃厚赂于楚。楚往迎妇。二十五年，怀王入与秦昭王盟，约于黄棘。秦复与楚上庸。"在秦国的厚重贿赂之下，楚怀王贪婪的本性再次展露无遗，与秦联姻，秦国归还楚国上庸之地。楚怀王的背盟令齐宣王非常愤怒，齐宣王十七年，齐国联合韩、魏两国伐楚，楚国向秦国求救，送太子横到秦国为人质，秦国派遣客卿通将兵救楚，齐、韩、魏三国退兵而去。《史记·楚世家》："二十六年，齐、韩、魏为楚负其从亲而合于秦，三国共伐楚。楚使太子入质于秦而请救。秦乃遣客卿通将兵救楚，三国引兵去。"然而在三国伐楚的第二年（齐宣王十八年），楚太子横与秦大夫私斗而杀人，逃归楚国，秦、楚关系恶化，联盟瓦解。齐宣王十九年，齐国乘秦楚联盟瓦解之机，联合韩、魏和秦，共伐楚国，在垂沙大败楚军。《史记·秦本纪》："八年（当为六年）……齐使章子，魏使公孙喜，韩使暴鸢共攻楚方城，取唐昧。"《史记·楚世家》："（楚怀王）二十八年，秦乃与齐、韩、魏共攻楚，杀楚将唐昧，取我重丘而去。"《吕氏春秋·处方》对垂沙之战有较为详细的记载，齐韩魏三国联军与楚军隔沘水对峙，相持六个月之久，在新即位的齐湣王①催战之后，向樵夫打听到楚军重兵防守之处即为河水较浅之处，"章子甚喜，因练卒以夜奄荆人之所盛守，果杀唐蔑"。齐国让背盟的楚国尝到了苦头，但实际上更削弱了六国抗秦的实力，正中秦国之下怀。楚国不仅丧师，而且失去了宛、叶以北的土地，《战国策·西周策》载韩庆对孟尝君说："君以齐为韩、魏攻楚，九年而取宛、叶以北，以强韩、魏。"宛、叶以北的土地不与齐国接壤，齐国不能占有，而为韩、魏所取得。楚国不得不向齐国求和，送太子横入齐为质。《战国策·赵策四》："魏败楚于陉山，禽唐明。楚王惧，令昭应奉太子以委和于薛公。"三国破楚后，齐国国势强大，齐国国力一度凌驾于秦国之上，如《战国策·秦策三》所说："楚破，秦不能与齐县衡矣。"

因为齐、楚之间频繁的战争原因，齐威王、齐宣王时期开始大规模修筑长城，《史记·楚世家》正义引《齐纪》："齐宣王乘山岭之上筑长城，东至海，西至济州，千余里，以备楚。"修筑长城已经是主要为了防御楚国的进攻。笔者认为，齐长城的修筑应在齐宣王当政时楚国全盛时期已经完成。②

2. 齐国与秦国的分与合

秦国经商鞅变法，国力大增，秦国定下了"据河山之固，东向以制诸侯"的政策（《史记·商君列传》）。秦惠王时，在相国张仪的策划下，制定了"以秦、韩与魏之势伐齐、荆"（《韩非子·内储说上》）的连横策略，以达到"临二周之郊，据九鼎，按图籍，挟天子以令天下"（《战国策·秦策一》）的目的。秦惠王在位时期，在秦国的军事压力下，韩、魏两国秉行与

---

① 杨宽《战国史料编年辑证》认为垂沙之战时，已是齐湣王即位之后。据《战国策·燕策一》："今夫齐王，长主也，而自用也。南攻楚五年，蓄积散。西困秦三年，民憔悴，士罢弊。北与燕战，覆三军，获二将。而又以其余兵南面而举五千乘之劲宋，而包十二诸侯。"此史料所载十分混乱，攻楚五年与攻秦三年显然并非同一齐王所为，攻楚始于齐宣王，攻秦则在齐湣王时。三国第二次伐楚，因相持时间较长，很可能战争始于齐宣王，不久之后，齐宣王薨，而战胜楚国则在齐湣王即位后。《史记·乐毅列传》："齐湣王强，南败楚相唐昧于重丘。"可证，垂沙之战胜利在齐湣王之时。

② 武振伟：《齐长城史事探研三则》，《海岱学刊》2020年第2期。

秦国连横的政策，"惠王用张仪之计，拔三川之地，西并巴、蜀，北收上郡，南取汉中，包九夷，制鄢、郢，东据成皋之险，割膏腴之壤，遂散六国之从，使之西面事秦，功施到今"（《史记·李斯列传》）。张仪推行的连横之策获得极大的成功。齐宣王八年，齐宋联军在濮水流域被秦魏联军打败。而在秦武王即位后，张仪被驱逐，连横之策遂被韩、魏抛弃，面对秦国的大举进攻，韩、魏在齐国的拉拢下，选择与齐国合纵以抗秦，齐国成为主导合纵的盟主。韩国虽小，但战力不弱，《战国策·韩策一》："天下之强弓劲弩，皆出自韩。"韩、魏两国成为左右战局的重要力量，《战国策·韩策一》："齐、魏离，则秦重；合，则秦轻。齐、魏别，则秦强；合，则秦弱。"韩、魏不仅可以作为秦国东出的爪牙，也可以是六国中抵抗秦国的中坚力量。为了拉拢韩、魏，齐宣王任用韩公子眛为齐相，齐、韩、魏结成同盟。在孟尝君主齐政后，齐宣王十七年，三国联合伐楚，因秦国出兵援楚而撤兵，两年后，三国再次联合伐楚，大败楚军，这也标志着齐国主导的合纵同盟较之此前的合纵有了长足的进步。这正是孟尝君在齐湣王三年（公元前298年）发动三国攻秦的先声。齐国联合魏、韩伐楚，是为了打击背叛合纵的行为，如若六国同心合纵，秦国自然不可能顺利东出。但齐国与韩、魏连年伐楚，也造成了楚国的更加衰弱，《荀子·议兵》曾言："兵殆于垂沙，唐蔑死，庄蹻起，楚分而为三四。"虽有夸大之词，但也可看出此战对楚国的巨大影响，楚国更加不能抵御秦国的进攻，还使得齐国人力、物力大量消耗，如《战国策·燕策一》所说："南攻楚五年，蓄积散。"

齐国拉拢韩、魏对抗秦国的策略起到了实效，韩、魏倒向齐国，使秦国感到了恐惧，"秦三世积节于韩、魏，而齐之德新加焉。齐、秦交争，韩、魏东听，则秦伐矣"（《战国策·秦策三》）。秦国看到了齐国的影响力，为了争取齐国，在齐宣王十九年，使泾阳君入质于齐。泾阳君为秦昭王同母弟公子市，初封泾阳，因以为号，是当时秦国"四贵"① 之一。秦国主动送质子到他国，

---

① 《战国策·秦策三》："闻秦之有太后、穰侯、泾阳、华阳，不闻其有王。"穰侯、华阳君、高陵君、泾阳君，在秦国权势煊赫，合称"四贵"。

380

这是比较少见的，可以看出秦国对拉拢齐国的重视程度。据《史记·孟尝君列传》记载："秦昭王闻其贤，乃先使泾阳君为质于齐，以求见孟尝君。"泾阳君为质于齐，是秦昭王下的一步好棋，既拉拢了齐国，又招揽孟尝君入秦为相，可见秦国连横政策的妙用。

3. 赵灭中山，齐宣王的不作为造就了赵国的强大

齐宣王十三年（公元前307），赵武灵王开始在赵国推行胡服骑射的改革，赵国国力大增，开始发动大规模战争，扩张领土。中山是由白狄所建立的国家，中山国位于赵国东北部，把赵国南北两部分领土分割开来，成为赵国的心腹之患。中山国虽为千乘之国，但国力较强，不仅以一国敌燕、赵两大国，"中山悉起而迎燕、赵，南战于长子，败赵氏；北战于中山，克燕军，杀其将。夫中山千乘之国也，而敌万乘之国二，再战北（比）胜，此用兵之上节也"（《战国策·齐策五》）。而且在齐伐燕之时，占领了燕国许多领土。赵国一度受到中山国的直接威胁，"先时中山负齐之强二兵侵掠吾地，系累吾民，引水围鄗，非社稷之神灵，即鄗几不守"（《战国策·赵策二》）。从中可见，中山国是齐国的盟国，齐国是中山的背后支持者，这也恐怕是当年齐伐燕之时，中山出兵而齐国并未制止的原因了。有研究者认为："赵以河东之地换取齐破燕所得河北地（《战国策·赵策三》），此次土地交换后，赵对中山形成了东西南北四面包围之势，武灵王交换土地很可能包含了消灭中山的意图。"[1]赵国国力增强后，自齐宣王十五年起，赵国开始攻打中山国，《史记·赵世家》："（赵武灵王）二十一年，攻中山。赵袑为右军，许钧为左军，公子章为中军，王并将之。牛翦将车骑，赵希并将胡、代。赵与之陉，合军曲阳，攻取丹丘、华阳、鸱之塞。王军取鄗、石邑、封龙、东垣。中山献四邑和，王许之，罢兵。二十三年，攻中山……二十六年（按《史记·六国年表》，当为二十五年），复攻中山，攘地北至燕、代，西至云中、九原。"可以看出，赵国必欲灭中山而后快，但是齐宣王对赵国数伐中山置之不理，并没有出兵援助中山，坐视中山国逐渐被赵国吞并。实际上，赵武灵王二十五年时伐中山，选择

---

① 沈长云等：《赵国史稿》，中华书局2000年版，第180页。

了一个非常适当的时机,当时齐、韩、魏三国正合力讨伐背叛合纵的楚国,三国大军与楚军对峙,无力北向干涉赵国攻灭中山的军事行动,《战国策·魏策四》:"中山恃齐、魏以轻赵,齐、魏伐楚而赵亡中山。"之后数年,中山国被赵国灭亡,中山国君逃亡到齐国,死于齐国。

关于中山国灭国的时间,史载不一,要在齐宣王十九年至齐湣王五年之间。《资治通鉴·周赧王十四年》:"赵王伐中山,中山君奔齐。"齐宣王十九年,中山遭赵国进攻,但并未亡国。《史记·秦本纪》:"(秦昭王)八年,赵破中山,其君亡,竟死齐。"将中山灭国时间定于齐湣王二年。《史记·赵世家》:"(赵惠文王)三年,灭中山。"将中山灭国时间定于齐湣王五年。杨宽先生认同中山亡于齐湣王五年说:"赵灭中山,历时五年,从公元前301年到前296年。"① 实际上,从赵武灵王始攻中山的公元前307年算起,赵国灭亡中山,历时十二年。其中齐宣王后期的七年,是赵国进攻中山最为重要的一段时间,齐、魏的不干预政策,使得赵国灭亡中山的步伐稳步推进,最终完全占有了中山之地,在齐国衰弱之后,成为战国后期唯一能够与强秦对抗的国家。

中山国的被灭,使赵国实力大大增强,而赵国又是六国中比较特立独行的一个国家,与齐国不睦,时人评价赵武灵王是"狼戾无亲"(《战国策·燕策一》),在齐伐燕后,赵武灵王首先跳出来要存燕伐齐。在齐、韩、魏三国垂沙之战败楚后,赵国又站出来要破坏齐楚讲和。"楚王惧,令昭应奉太子以委和于薛公。主父(赵武灵王)欲败之,乃结秦连楚、宋之交,令仇郝相宋,楼缓相秦。"(《战国策·赵策四》)一个实力壮大的赵国对齐国来说,并非好事,可惜齐宣王末年并未对此有所预见,齐湣王也坐视赵国吞并中山,其后,没有心腹之患的赵国在五国合纵伐齐中充当了马前卒的角色,成为齐国的大敌。

四、齐宣王伐燕之成败

齐宣王有远大的志向,齐宣王也以齐桓公、晋文公那样的功业为榜样。《孟

---

① 杨宽:《战国史》,上海人民出版社2016年版,第402页。

子·梁惠王上》记载，齐宣王向孟子请教："齐桓、晋文之事可得闻乎?"这与其父齐威王的志向有一致之处，陈侯因齐敦铭文有言："迩嗣桓文，朝问诸侯。"齐威王在位期间，齐国已经跻身战国强国之列，但还没有取得像齐桓公、晋文公那样的霸业。在与孟子的对话中，齐宣王的志向逐渐清晰："然则王之所大欲可知已：欲辟土地，朝秦楚，莅中国而抚四夷也。"开拓疆土，使秦国、楚国这样的强国来朝见，统治整个中原地区，安抚四方的少数民族。这样的志向不可谓不宏大。齐宣王时代，秦国已经崛起为一等强国，六国已经非秦国之对手，楚国虽有所削弱，但也算一等一的强国，让秦、楚臣服于齐，自然其他诸侯也不在话下，齐国的霸业就建立起来了。当然，要实现这样的理想，并不容易。

齐国经济发达，但自进入战国以后，齐国的国土并没有大的扩展，相反，秦国、楚国不断吞噬周边国家领土或开发边疆地区，疆土扩展较快，国力跃升。在拥有的国土面积上，齐国已经明显落后。齐国周边的魏、赵、楚、燕，并非弱国，通过战争获得土地，要付出的巨大的牺牲，并非易事。而燕国发生的禅让事件给了齐国以前所未有的机会。

齐宣王二年（公元前 318），燕王哙在苏代、鹿毛寿①等策士的鼓动下，效法尧、舜禅让之制，将国君之位禅让给国相子之，自以为臣。《战国策·燕策一》记载，燕王哙将三百石俸禄以上官吏的任免权全部交给了子之，"王因收印自三百石吏而效之子之。子之南面行王事，而哙老不听政，顾为臣，国事皆决子之。"燕王哙惑于策士游说之辞，贪图禅让的美名，实际上将燕国推到了危险的边缘。燕王哙的禅让，令太子平失去了即位的可能性，太子平心生怨恨，暗结私党，对抗子之。燕王哙的禅让是中国历史上绝无仅有的一次主动禅让，上古尧、舜的禅让，更多的是传说。按古史辨派之考证，禅让之说，始自春秋战国之际的墨子，但战国时代的荀子不相信禅让之说，曾言："夫曰尧、舜禅让，是虚言也，是浅者之传、陋者之说也。"（《荀子·正论》）孟子虽赞同禅让之说，但又对燕王哙的禅让持否定态度，"子哙不得与人燕，子之不得受燕于子哙"（《孟子·公孙丑下》）。从《战国策》《史记》的记载看，燕王

---

① 《史记·燕召公世家》作"鹿毛寿"，《韩非子》作"潘寿"。

哙的禅让更多的是子之的阴谋,《战国策·燕策一》提到,"燕相子之与苏代婚,而欲得燕权",子之身为燕相,仍不满足,"子之相燕,贵重,主断"。借助苏代、鹿毛寿等人的游说,使燕王哙坚信子之的贤明以及让国的必要性,以合法的手段,篡夺了燕国的政权。

子之执政三年之后,燕国大乱,太子平与将军市被合谋反子之。《战国策·燕策一》:"子之三年,燕国大乱,百姓恫怨,将军市被、太子平谋,将攻子之。"这时,齐国的国相储子看到齐国伐燕的机会,"储子谓齐宣王:'因而仆之,破燕必矣'"。齐宣王给燕太子平写了一封信,怂恿太子平起兵反叛子之,"寡人闻太子之义,将废私而立公,饬君臣之义,正父子之位。寡人之国小,不足先后。虽然,则唯太子所以令之"。齐宣王以"饬君臣之义,正父子之位"为名,鼓励太子平反子之,而齐国则为太子平的后盾。太子平因而聚集武装人众,与将军市被攻打王宫,没有攻克,反被支持子之的人众攻杀,太子平和将军市被死难,燕国大乱,"构难数月,死者数万众,燕人恫怨,百姓离意"。燕国民众在此事件中死伤数万,怨恨横生。这时齐宣王看到了伐燕的机会已经来到,孟子也向齐宣王说:"今伐燕,此文、武之时,不可失也。"齐国此时伐燕,就如同当年周文王、周武王伐商之时,解民于倒悬,这样的机会不可丧失。齐宣王五年,齐宣王果断下令伐燕,"王因令章子将五都之兵,以因北地之众以伐燕。士卒不战,城门不闭,燕王哙死。齐大胜燕,子之亡"。齐宣王令将军章子率五都之兵[1]及北地之众伐燕,齐宣王在此次伐燕的战争中,为了达到出奇制胜的目的,还使用了骑兵部队,"齐宣王以文骑六百

---

[1] 《史记·燕召公世家》记载相同。"五都之兵"司马贞索隐:"五都即齐也。按,临淄是五都之一也。"有学者据此认为,齐国有"五都"体制,并根据史料进行了合理推测,并认为"五都之兵"是齐国的常备军或主力。杨宽先生据此认为:"在战国时代,只有齐国始终没有设郡,而设有都。齐国共设有五都,除国都临淄以外,四边的都都具有边防重镇的性质……在对外作战时,'五都之兵'常常被用作军队的主力。"将临淄、高唐、平陆、即墨、莒认定为五都。见杨宽:《战国史》,上海人民出版社 2016 年版,第 248 页。但五都之说聚讼纷纭,杨宽先生在《战国史》修订过程中多次进行修正,《战国史》1955 年版杨宽先生尚认为"五都"包括平陆、阿、即墨、莒。其他学者也有不同的说法,不再赘述。笔者认为,齐国虽有都的建置,但齐国的"都",并非高于县的一级行政区。"都"是与县同级的,大者为都,小者为邑,都的地位较邑更为重要,齐国的政区体制应该是"都邑并行制"。见武振伟:《齐国都邑制考》,《齐文化与稷下学论丛(2019)》,齐鲁书社 2020 年版,第 334—335 页。

匹伐燕"①。燕军毫无战意，齐国进军没有受到阻碍，迅速占领了燕国，燕王哙和子之都死于这场变难之中。据《史记·燕召公世家》集解引《竹书纪年》曰："齐人禽子之而醢其身也。"齐军抓住子之，将他剁成了肉酱。

燕国大乱这一年，秦、魏伐韩，韩遣使向齐求救，齐宣王许之，韩国自以为得齐国之援助，与秦大战于岸门，韩国大败。"韩自以得交于齐，遂与秦战。楚、赵果速起兵而救韩，齐因起兵攻燕，三十日而举燕国。"（《战国策·齐策二》）楚国扬言要兴兵救韩，《战国策·韩策一》记载："儆四境之内，选师，言救韩，令战车满道路；发信臣，多其车，重其币，使信王之救己也。"齐宣王乘此各国混战之机，伐燕取得胜利。

齐军占领燕国的速度，其迅速程度令人咋舌，《战国策·齐策二》："齐因起兵攻燕，三十日而举燕国。"《孟子·梁惠王下》："以万乘之国伐万乘之国，五旬而举之。"不管是三十天，还是五十天，齐军进军顺利，燕国根本没有抵抗，可见燕国大乱造成的民心离散多么深重。对于齐伐燕的胜利，齐宣王认为是天命如此，"人力不至于此。不取，必有天殃"。孟子趁机向齐宣王宣传要在燕国施行王道，"取之而燕民悦，则取之。古之人有行之者，武王是也。取之而燕民不悦，则勿取。古之人有行之者，文王是也。以万乘之国伐万乘之国，箪食壶浆，以迎王师。岂有他哉？避水火也。如水益深，如火益热，亦运而已矣"（《孟子·梁惠王下》）。齐国伐燕之师要行王师之道，善待燕国百姓，燕人才能以箪食壶浆迎接齐师，齐国才能成功据有燕地。

在齐伐燕占领燕国的同时，燕国的邻国中山也趁机出兵夺取了燕国的大量土地和城邑。1978年出土于河北平山县三汲之中山王墓中的中山三器（现存河北省文物研究所），其铭文向世人展现了这一段长期不为人知的历史。中山王鼎铭文曰："今吾老贾亲师三军之众，以征不义之邦，奋桴振铎，辟启封疆，方数百里，列城数十，克敌大邦。"（《殷周金文集成》02840）中山王方壶铭文不忘给自己伐燕找到冠冕堂皇的借口："燕君子哙不顾大义，不旧诸侯，而臣宗易位。以内绝召公之业，乏其先王之祭祀，外之则将使上勤于天子

---

① 缪文远：《七国考订补》，上海古籍出版社1987年版，第586页。

之庙，而退与诸侯齿长于会同。则上逆于天，下不顺于人。"又曰："天子不忘其有勋，使其老策赏仲父，诸侯皆贺。"（《殷周金文集成》09735）中山三器铭文显然有夸大之辞，但中山趁齐伐燕之机出兵侵占燕地，则无疑问。中山伐燕，有趁火打劫之嫌。

但齐军占领燕国后，并没有施行孟子所进言的"王政"，反而对燕国施行暴虐统治，引起燕国人的反叛，《郁离子·齐伐燕》记载："齐伐燕，用田子之谋，通往来，禁侵掠，释其俘而吊其民，燕人皆争归之矣。燕王患之，苏厉曰：'齐王非能行仁义者，必有人教之也。臣知齐王急近功而多猜，不能安受教；其将士又皆贪，不能长受禁。请以计中之。'乃阴使人道齐师，要降者于途，掠其妇人而夺其财，于是降者皆畏，弗敢进。乃使间招亡民，亡民首鼠，齐将士久欲掠而惮禁，则因民之首鼠，而言于王曰：'燕人叛。'齐王见降者之弗来也。果大信之，下令尽收拘降民之家。田子谏，不听，将士因而纵掠，燕人遂不复思降齐。"① 齐伐燕这样一场齐国出兵制止燕国内乱的战争，开始时是正义的，但在小小的阴谋下，齐国君臣上下贪利的本性便暴露无遗，使齐国基本占领燕国的大好局面毁于一旦。《孟子·梁惠王下》也记载，齐军占领燕国后，"杀其父兄，系累其子弟，毁其宗庙，迁其重器"。1982年2月10日于江苏省盱眙县出土的陈璋圆壶（现收藏于南京博物院），见证了当年齐伐燕的历史。现由美国宾夕法尼亚大学博物馆收藏的陈璋方壶铭文与圆壶相同："唯王五年，郑易陈得再立事岁，孟冬戊辰，大将钗孔，陈璋入伐燕亳邦之获。"（《殷周金文集成》9703）陈璋即率军伐燕之章子。美国宾夕法尼亚大学博物馆收藏的这件陈璋方壶，与江苏出土的圆壶为姊妹器。该器铭文的重大意义在于，齐伐燕的年岁，历史上多有争论，此器铭文的释读解决了以上争论。该器上除以上铭文外，还有燕国文字，很明显为齐伐燕所掠夺之器，陈璋在获得铜器后，錾刻上表示自己功绩的文字。

齐国吞并燕国的行动，打破了战国之间的平衡，诸国都不愿齐国因此而独大，谋划伐齐复燕，如《孟子·梁惠王下》所言："齐人伐燕，取之。诸侯将

---

① ［明］刘基：《郁离子》，京城贰酉堂刻本。

谋救燕……天下固畏齐之强也。今又倍地而不行仁政，是动天下之兵也。"赵国、楚国、魏国密谋合纵伐齐，赵国是齐国邻国，是最不愿齐国强大的国家，积极谋划伐齐，《战国策·赵策四》："赵使赵庄合从，欲伐齐。"《战国策·赵策三》："齐破燕，赵欲存之。"为此，赵国精心炮制了一个与齐国易地的阴谋，乐毅向赵武灵王献计，"以河东之地强齐，以燕以赵辅之，天下憎之，必皆事王以伐齐。是因天下以破齐也"。齐宣王不明就里，糊里糊涂地同意了易地之事，得罪了楚、魏两国，"楚、魏憎之，令淖滑、惠施之赵，请伐齐而存燕"。以赵、楚、魏为主体的反齐联盟建立起来，赵武灵王趁机立燕王哙的庶子公子职为燕王，是为燕昭王，派人送燕昭王回国。《史记·赵世家》："（赵武灵王）十一年，王召公子职于韩，立以为燕王，使乐池送之。"齐宣王也觉察到了诸侯的敌视，积极寻求对策，对孟子说："诸侯多谋伐寡人者，何以待之?"孟子建议齐宣王马上停止在燕国的暴虐统治，"王速出令，反其旄倪，止其重器，谋于燕众，置君而后去之，则犹可及止也"（《孟子·梁惠王下》）。可惜齐宣王并没有听从孟子的劝告，最终因为燕国人的反抗和诸侯的合纵谋齐而不得不从燕国撤兵。对此，齐宣王很羞愧。"燕人畔，王曰：'吾甚惭于孟子。'"（《孟子·公孙丑下》）

齐国伐燕最终以失败而告终，燕国得以复国，《战国策·魏策三》："齐人攻燕，杀子之，破故国，燕不割，而燕国复归。"燕国没有割让领土给齐国是夸人其词的，齐军虽然退兵，但仍占有部分燕国土地。齐国对燕国占领期间的暴虐统治为自己在北方树立了一个敌国，为以后燕国的复仇埋下了隐患。燕昭王返国后，收拾燕国残局，一心要报齐灭燕之仇。《战国策·燕策一》："燕昭王收破燕后即位，卑身厚币，以招贤者，欲将以报雠。"《史记·乐毅列传》："燕昭王怨齐，未尝一日而忘报齐也。"

五、齐宣王纳谏与性格分析

齐宣王是一位比较开明的君主，待臣下比较宽容，对臣下的进谏也往往能从谏如流。

《孟子·梁惠王上》记载，齐宣王坐在大殿上，看到有人牵着一头牛从前面走过，宣王问过之后，不忍心看到牛哆嗦发抖的样子，吩咐人以一只羊替换这头牛。孟子认为，齐宣王有仁爱之心，"是心足以王矣。百姓皆以王为爱也，臣固知王之不忍也"，"是乃仁术也"。有此心则可以行王政，称霸天下。孟子谏言齐宣王能够行王政，以道德的力量统一天下，所谓"保民而王，莫之能御也"。孟子认为，齐国国力强盛，如若施行王政，则并不难统一天下，"以齐王，由反手也"（《孟子·公孙丑上》）。战国时代，诸侯以强力兼并，孟子的谏言并不适合这个时代，不免迂腐，也不可能以此达到齐宣王"辟土地，朝秦楚，莅中国而抚四夷"的目标，但齐宣王还是很诚恳地向孟子提出，请孟子辅佐他，"愿夫子辅吾志，明以教我，我虽不敏，请尝试之"。齐宣王任命孟子为卿，"孟子为卿于齐"（《孟子·公孙丑下》），"夫子加齐之卿相，得行道焉"（《孟子·公孙丑上》）。孟子也自视甚高，"王如用予，则岂徒齐民安，天下之民举安"（《孟子·公孙丑下》）。虽然孟子的学说，齐宣王并不能真正地采纳施行，但齐宣王仍愿意以优厚的待遇留孟子在齐国出仕做学问，"我欲中国而授孟子室，养弟子以万钟，使诸大夫国人皆有所矜式"（《孟子·公孙丑下》）。

　　齐宣王也确实想要在齐国实行王政，他修建了明堂，按照孟子的说法："夫明堂者，王者之堂也。王欲行王政，则勿毁之矣。"（《孟子·梁惠王下》）但是却也有人向齐宣王进谏拆除明堂，《新序·刺奢》记载："齐宣王为大室，大盖百亩，堂上三百户，以齐国之大具之，三年而未能成，群臣莫敢谏者。"杨宽先生认为，齐宣王所建"大室"，正是明堂格局①，可能就是齐宣王欲行王政的一个举措。但这时一个叫香居②的大臣大胆向齐宣王进谏，以比较委婉的方式劝谏齐宣王停止修建大室。"香居问宣王曰：'荆王释先王之礼乐而为淫乐，敢问荆邦为有主乎？'王曰：'为无主。''有贤臣以千数而莫敢谏，敢问荆邦为有臣乎？'王曰：'为无臣。'居曰：'今王为大室，三年不能成，而群臣莫敢谏者，敢问王为有臣乎？'王曰：'为无臣。'香居曰：'臣请避矣。'

---

① 杨宽：《战国史料编年辑证》，第 566 页。
② 《吕氏春秋·骄恣》作"春居"。

趋而出。"香居以楚国之事比喻齐国之事，使齐宣王明白自己的失误，并诚恳道歉，改正错误。"王曰：'香子留，何谏寡人之晚也？寡人请今止之。'遂召尚书曰：'书之。寡人不肖，好为大室，香子止寡人也。'"齐宣王召史官记载自己不肖，是需要非常大勇气的，这恰恰是齐宣王的可贵之处。

齐宣王自称"寡人有疾，寡人好色"（《孟子·梁惠王上》），但《列女传》《新序》等书却记载齐宣王的王后是一位奇丑无比的女子。据《列女传·辩通传》："钟离春①者，齐无盐邑之女，宣王之正后也。其为人极丑无双，臼头，深目，长壮，大节，卬鼻，结喉，肥项，少发，折腰，出胸，皮肤若漆。行年四十，无所容入，衒嫁不雠，流弃莫执。"但是此女确是见识极高之人，她向齐宣王自荐为后宫之人，齐宣王虽怒，但仍召见了她，钟离春对齐宣王说："今大王之君国也，西有衡秦之患，南有强楚之雠，外有二国之难。内聚奸臣，众人不附。春秋四十，壮男不立，不务众子而务众妇。尊所好，忽所恃。一旦山陵崩弛，社稷不定，此一殆也。渐台五重，黄金白玉，琅玕笼疏翡翠珠玑，幕络连饰，万民罢极，此二殆也。贤者匿于山林，谄谀强于左右，邪伪立于本朝，谏者不得通入，此三殆也。饮酒沈湎，以夜继昼，女乐俳优，纵横大笑。外不修诸侯之礼，内不秉国家之治，此四殆也。"钟离春之言虽有夸大成分，但无疑振聋发聩，令一直听阿谀奉承之言的齐宣王大惊失色，立即按钟离春的进言改革朝政，"拆渐台，罢女乐，退谄谀，去雕琢，选兵马，实府库，四辟公门，招进直言，延及侧陋。卜择吉日，立太子，进慈母，拜无盐君为后"。拜丑女为后，也是需要勇气的，是齐宣王要时刻提醒自己，勿忘丑女之言，能够经常听到丑女的谏言而为的。

齐宣王对待普通民众也经常没有君王的架子，能够倾听民众的呼声。《说苑·善说》记载，齐宣王到社山打猎，社山父老十三日相约慰劳齐宣王，齐宣王非常高兴，"赐父老田不租""赐父老无徭役"，但父老中的闾丘先生不拜

---

① 《新序·杂事》："齐有妇人，极丑无双，号曰无盐女。"钟离春的故事画像在嘉祥武梁祠东壁和武氏前石室隔梁石西面都有发现，主要刻画了齐王召见钟离春，并与之亲切交谈的场景，人物旁有榜题"无盐丑女钟离春""齐王"。说明这个故事在西汉时期流传较广，但却于史无征。

谢宣王的赏赐，并向宣王进谏："愿大王选良富家子有修行者以为吏，平其法度，如此臣少可以得寿焉；春秋冬夏，振之以时，无烦扰百姓，如是，臣可少得以富焉；愿大王出令，令少者敬长，长者敬老，如是，臣可少得以贵焉。"闾丘先生从寿、富、贵三个方面向宣王进言，请整顿吏治，以贤者为吏；不骚扰民众按农时进行农业生产；令长幼有序，尊敬长者。齐宣王听后，认为闾丘先生见识不凡，当即要请闾丘先生回宫，任命为国相。

《新序·杂事》记载，齐国有一少年名闾丘卬十八岁时向齐宣王自荐，欲出仕为官，齐宣王认为闾丘卬太年轻，不适合为官，但闾丘卬向齐宣王说："夫尺有所短，寸有所长，华骝绿骥，天下之骏马也，使之与狸鼬试于釜灶之间，其疾未必能过狸鼬也；黄鹄白鹤，一举千里，使之与燕服翼试之堂庑之下，庐室之间，其便未必能过燕服翼也；辟闾巨阙，天下之利剑也，击石不缺，刺石不锉，使之与菅槁决目出眯，其便未必能过菅槁也。"在齐宣王表示相见甚晚后，闾丘卬又毫不客气地指出齐宣王身边谄谀之臣堵塞了进贤之路，齐宣王诚恳承认错误，"寡人有过"，并且与闾丘卬同车而归，任用闾丘卬为官。

结　语

战国时代是一个大变革的时代，时间虽短，与春秋时风俗迥异，顾炎武曾言："春秋时，犹尊礼重信，而七国则绝不言礼与信矣；春秋时，犹宗周王，而七国则绝不言王矣；春秋时，犹严祭祀，重聘享，而七国则无其事矣；春秋时，犹论宗姓氏族，而七国则无一言及之矣；春秋时，犹宴会赋诗，而七国则不闻矣；春秋时，犹有赴告策书，而七国则无有矣。邦无定交，士无定主，此皆变于一百三十三年之间。"（《日知录》卷十三《周末风俗》）

齐宣王在位的十九年，正是风云激荡的时代，战国形势波诡云谲，时刻万变，各国纵横捭阖，为各自利益时而连横，时而合纵。笔者认为，齐宣王在外交方面缺乏持续统一的政策，在伐燕、伐楚、赵灭中山等诸多方面存在重大失误。燕国内乱，齐顺势伐燕，正可谓上天赐予齐国的一个绝佳机会，而齐国因暴虐统治，不仅不能占有燕国，反而为齐国种下了一个死敌；楚怀王贪婪成性，在秦国利诱面前，背叛合纵，而齐、韩、魏的大举伐楚，大大削弱了楚国的力量，正中秦国之下怀，帮了秦国的忙；赵国连年攻打中山，中山在存灭之际而齐不救，坐视中山灭亡，壮大了赵国。

齐宣王时期，齐国仍在上升期，齐国国力增长，苏秦在游说齐湣王时，说到齐都临淄的盛况："齐地方二千里，带甲数十万，粟如丘山。齐车之良，五家之兵，疾如锥矢，战如雷电，解如风雨，即有军役，未尝倍太山、绝清河、涉渤海也。临淄之中七万户，臣窃度之，下户三男子，三七二十一万，不待发于远县，而临淄之卒，固以二十一万矣。临淄甚富而实，其民无不吹竽鼓瑟，击筑弹琴，斗鸡走犬，六博蹋鞠者。临淄之途，车毂击，人肩摩，连衽成帷，举袂成幕，挥汗成雨；家敦而富，志高而扬。"（《战国策·齐策一》）无疑，齐威王、齐宣王时期的发展，为齐湣王时期的扩张奠定了良好的基础，故而《盐铁论·论儒》言："及齐湣王奋二世之余烈，南举楚淮北，并巨宋，苞十二国，西摧三晋，却强秦。五国宾从，邹、鲁之君泗上诸侯皆入臣。"

齐威王、齐宣王时期齐国国力的强盛，催生了齐威王、齐宣王派方士入海求不老之药的举动，《史记·封禅书》："自威、宣、燕昭使人入海求蓬莱、方丈、瀛洲。此三神山者，其传在勃海中，去人不远；患且至，则船风引而去。盖尝有至者，诸仙人及不死之药皆在焉。"而支撑这种求仙活动的是齐国对海外人物地理的新认识，齐国稷下学宫中著名的学士邹衍创出了"五德终始"和"大九州"之说，后来燕齐的方士将这种学说发扬光大，被秦始皇所接受，"自齐威、宣之时，驺子之徒论著终始五德之运，及秦帝而齐人奏之，故始皇采用之"。齐景公等国君虽有求长生不老的思想，但当时尚没有思想支撑，而到了齐威王、齐宣王时期，因为有了理论支撑，加上有足够的国力，得以成行。

齐宣王有仁人之心，信任宗族田婴和田文，但缺乏对士人品格和能力鉴别的能力，较易被蒙蔽，但也因为对士人尊重，善于纳谏，敢于接受不利于己的批评意见，并进行改正，这也保证了在治国理政方面不至于出现不可弥补的大错。总体来讲，齐宣王是一位封建时代难得的开明有为的守成型君王。

齐湣王评传

简评：

齐湣王继承了齐威王、齐宣王以来雄厚的基业，通过对外扩张，使齐国进入鼎盛期，与秦并称东西二帝；但齐湣王贪婪、骄暴、刚愎自用的性格，使得他不能很好地识人、用人。不能用孟尝君，反而重用燕国之间谍苏秦；在外交政策上，没有明确的指向，忽左忽右，恶化了齐国与列国的关系；齐国三次大规模攻宋，虽然灭亡了宋国，但齐国因此遭到了五国合纵伐齐的恶果，最终身死国破，令人唏嘘。

齐湣王，名地（《史记·田敬仲完世家》索隐云：“《世本》名遂。”），齐宣王之子，公元前300年至公元前284年在位，在位十七年。《史记·田敬仲完世家》：“（齐宣王）十九年，宣王卒，子湣王地立。”关于齐湣王的在位年限，并非《史记·田敬仲完世家》所言在位四十年。

齐湣王在位时期，齐国国力处于最为强盛的时期，齐湣王依仗父祖打下的雄厚基业，四处出击，开疆拓土，在军事上取得了一系列的胜利，如《盐铁论·论儒》所说：“及齐湣王奋二世之余烈，南举楚淮北，并巨宋，苞十二国，西摧三晋，却强秦。五国宾从，邹、鲁之君泗上诸侯皆入臣。”苏秦也曾经说：“今夫齐王，长主也，而自用也。南攻楚五年，蓄积散。西困秦三年，民憔悴，士罢弊。北与燕战，覆三军，获二将。而又以其余兵南面而举五千乘之劲宋，而包十二诸侯。”（《战国策·燕策一》）在齐国的强势进攻下，齐国的国际地位日增，与秦、赵两国鼎足而立，成为战国中后期最为强盛的国家之一。在齐灭宋后，齐国成为超过秦国的超级强国，齐湣王做起了灭周、称天子的美梦，《史记·田敬仲完世家》："齐遂伐宋，宋王出亡，死于温。齐南割楚之淮北，西侵三晋，欲以并周室，为天子。泗上诸侯邹鲁之君皆称臣，诸侯恐惧。"然而仅仅两年之后，秦、赵、燕、韩、魏五国伐齐，齐国几乎亡国，齐湣王身死莒城，一代帝王梦碎，齐国从强盛之国堕入万劫不复之深渊。

一、齐湣王不能用孟尝君，孟尝君相魏反齐

1. 齐国争夺韩国，插手韩国内政

齐湣王元年（公元前300），韩国太子婴死，公子咎与公子几瑟争夺太子之位，韩国宗族大臣公叔依靠齐、魏之力为相国，与另一依靠秦、楚的大臣公仲争权，《战国策·楚策一》："韩公叔有齐、魏，而太子（指公子几瑟）有楚、秦以争国。"齐相孟尝君正是公叔的背后支持者。公叔欲立公子咎为韩国太子，而公仲则支持公子几瑟。是时，齐、韩、魏正联合伐楚，公叔让齐军入韩，迫使韩襄王立公子咎为太子，公子几瑟出逃楚国。《韩非子·内储说下》："公叔相韩而有攻齐，公仲甚重于王，公叔恐王之相公仲也，使齐、韩约而攻魏。公叔因内齐军于郑，以劫其君，以固其位，而信两国之约。"《战国策·韩策二》："齐师果入，太子出走。"韩国太子之争，实质上是齐国与秦、楚争夺对韩国的控制权的问题。齐湣王二年（公元前299），齐湣王与魏襄王又齐聚韩国，支持公子咎，韩襄王正式立公子咎为太子。《史记·六国年表》："韩襄王十三年，齐、魏王来，立咎为太子。"齐湣王拥立韩太子之举动，实际上是孟尝君意志之体现，通过干涉韩国太子之争，稳固了韩国为齐之盟国关系。

2. 孟尝君合纵伐楚伐秦

孟尝君自齐宣王末年为相后，先后策划了联合韩、魏两次伐楚，楚国被迫向齐国屈服，以太子入质于齐求和，割让宛、叶之土地给韩、魏，已详《齐宣王评传》，不再赘述。孟尝君之贤名远播，秦昭王派泾阳君入质于齐，以求见孟尝君，《史记·孟尝君列传》："秦昭王闻其贤，乃先使泾阳君为质于齐，以求见孟尝君。"齐湣王二年，泾阳君归秦，孟尝君入秦，被秦昭王任命为相

国，但秦昭王听信谗言，认为孟尝君相秦，"必先齐而后秦，秦其危矣"（《史记·孟尝君列传》），囚禁孟尝君，准备借机杀掉他，孟尝君在门客的帮助下，从秦国逃出，回到齐国，齐湣王复任命孟尝君为相，孟尝君怨恨秦昭王出尔反尔，企图加害于他，因此积极合纵攻秦，"孟尝君怨秦，将以齐为韩、魏攻楚，因与韩、魏攻秦"（《史记·孟尝君列传》）。齐湣王三年（公元前298），由孟尝君主谋，齐国联合韩、魏、赵、燕联合伐秦。而当时秦国办了一件令六国非常不齿且愤怒的事情。齐湣王二年，秦昭王约楚怀王于武关相会，要挟楚国割让巫郡和黔中郡给秦国，楚怀王不许，因而被秦国被扣留。齐湣王五年（公元前296），楚怀王在出逃未果后，死于秦国。楚怀王的死，不仅使楚国愤怒，"顷襄王三年，怀王卒于秦，秦归其丧于楚。楚人皆怜之，如悲亲戚。诸侯由是不直秦。秦楚绝"（《史记·楚世家》）。也使其他五国感到秦国无信，"秦虎狼之国不可信"（《史记·屈原贾生列传》），因而此次三国伐秦，同心勠力，迫使秦国向三国求和，联军于齐湣王五年攻入秦之要塞函谷关，直接威胁秦国都城咸阳，《史记·田敬仲完世家》："二十六年（当为齐湣王三年），齐与韩、魏共攻秦，至函谷军焉。二十八年，秦与韩河外以和，兵罢。"此次伐秦的胜利，虽与三国的协力同心有关，但楚怀王的客死于秦也是重要的原因，为楚怀王报仇也是三国伐秦的重要号召。秦昭王害怕三国联军继续进军咸阳，那么秦国将面临灭国之灾，《战国策·秦策四》记载："三国攻秦，入函谷。秦王谓楼缓曰：'三国之兵深矣，寡人欲割河东而讲'；'宁亡三城而悔，无危咸阳而悔也。'卒使公子池以三城讲于三国，三国之兵乃退。"齐湣王五年，秦昭王决定归还韩、魏部分土地，以换取三国的退兵，《史记·魏世家》："（魏襄王）二十三年，秦复予我河外及封陵为和。"《史记·韩世家》："（韩襄王）十六年，秦与我河外及武遂。"齐、韩、魏三国攻秦，持续三年之久，迫使秦国归还之前侵吞的韩、魏土地，三国接受了秦国的求和，收复了部分失地。孟尝君在三晋中的影响日益扩大。马王堆帛书《战国纵横家书》第十四章说："非薛公之信，莫能合三晋以攻秦。"在三国伐秦胜利之时，先前持观望态度的赵、宋、中山也起兵攻秦，向河东进攻，秦国遭到战国以来最为危险的局面。这也是六国合纵攻秦最为成功的一次，是一次能够危及秦国的战争，从中可见孟尝君具备较强的组织协调能力和人格魅力。三国如能继续进攻,围攻咸阳,或许真的能够灭掉秦国,或者使秦国经此一战而一蹶不振,齐国统一的机会或尚有之,历史不容假设,最好的一次破秦机会在三国获得部分利益后丧失。

孟尝君为齐相期间,执行的是联合韩、魏以抗秦、楚的策略。齐国成为韩、魏抵抗秦国的坚强后盾,苏秦曾对魏王说:"齐为王之故,虚国于燕、赵之前,用兵于二千里之外,故攻城野战,未尝不为王先被矢石也。得二都,割河东,尽效之于王。自是之后,秦攻魏,齐甲未尝不岁至于王之境也。"(《战国策·赵策四》)

齐国联合韩、魏伐楚、伐秦,在当时的纵横家看来,齐国没有得到什么好处,好处都让韩、魏得了,"昔齐湣王南攻楚,破军杀将,再辟地千里,而齐尺寸之地无得焉者,岂不欲得地哉,形势不能有也……攻齐所以大破者,以其伐楚而肥韩、魏也。此所谓借贼兵而赍盗粮者也"(《史记·范雎蔡泽列传》)。齐国因连年用兵而受损严重,"齐以二十万之众攻荆,五年乃罢"(《战国策·赵策三》),"南攻楚五年,蓄积散。西困秦三年,民憔悴,士罢弊"(《战国策·燕策一》)。事实上,正是因为齐国对韩、魏的支持,联合抗秦,对抗秦国的连横策略,才使得秦国东出遭到了最有力的阻击,迟滞了秦国蚕食六国领土的步伐。在孟尝君罢相后,齐湣王执行与秦连横的策略,齐湣王为了吞并宋国,韩、魏两国被齐国无情出卖,秦国毫无顾忌地鲸吞韩、魏的土地,最终也使齐湣王尝到了自己种下的苦果。

3. 孟尝君归楚太子,结好楚国

齐湣王二年,秦昭王约楚怀王于武关相会,要挟楚国割让巫郡和黔中郡给秦国,为楚怀王拒绝,秦国扣留楚怀王要挟楚国,楚国为了断绝秦国以怀王要挟的企图,决定立新王,而当时怀王太子横正在齐为质,楚国派使者向齐国报丧,诈言楚怀王已死,请太子横回国即位。围绕是否同意楚太子横回国,齐国君臣展开了激烈的争论。《史记·楚世家》记载:"齐湣王谓其相曰:'不若留太子以求楚之淮北。'相曰:'不可,郢中立王,是吾抱空质而行不义于天下也。'或曰:'不然。郢中立王,因与其新王市曰'予我下东国,吾为王杀太子，不然，将与三国共立之'，然则东国必可得矣。'齐王卒用其相计而归楚太子。太子横至，立为王，是为顷襄王。"齐湣王企图以要挟楚太子横割让楚国淮北之地给齐国，换取让其回国为王，而时任齐国相国的孟尝君认为，楚国如果立了新的君王，则齐国就空留人质，限齐国于不义的境地了。齐湣王最终同意了孟尝君的意见，让楚太子横归国即位，是为楚顷襄王。《战国策·齐策三》将此事中决策人物明确为薛公孟尝君，而建议扣留楚太子的则是苏秦。通过此事，足见孟尝君的卓越见识，要超过齐湣王许多。五国合纵伐齐之时，楚国没有参与伐齐，而是派兵救齐，可能与楚顷襄王安全从齐国归国即位有关。

《战国策·楚策二》记载了此事的另一版本，"楚襄王为太子之时，质于齐。怀王薨，太子辞于齐王而归。齐王隘之（曰）：'予我东地五百里，乃归子。子不予我，不得归。'太子曰：'臣有傅，请追（退）而问傅。'傅慎子曰：'献之，地所以为身也。爱地不送死父，不义，臣故曰献之便。'太子入，致命齐王曰：'敬献地五百里。'齐王归楚太子。太子归，即位为王。齐使车五十乘，来取东地于楚。"齐湣王是在楚太子横答应割让淮北五百里土地后，才将其放归回国的，足见齐湣王之贪婪。在楚太子横即位为王后，齐湣王马上派人到楚国向顷襄王要求割让土地。楚顷襄王一面佯装向齐国献地，而另一面派人加强淮北的防守，一面派人向秦国求救，最终秦国出兵救楚伐齐，齐湣王并没有从楚国得到淮北之地。

4. 孟尝君与齐湣王关系破裂而谋划破齐

经此伐楚、伐秦数役，孟尝君在列国之中的威信猛增，以至于功高盖主。《史记·范雎蔡泽列传》范雎对秦昭王夸张地说："臣居山东时，闻齐之有田文，不闻其有王也。"而齐湣王不甘心当孟尝君的傀儡，希望自己掌握政权。齐湣王七年（公元前294），发生"田甲劫王"事件，《史记·六国年表》："齐湣王三十年（当为七年），田甲劫王，相田文走。"《史记·孟尝君列传》集解引徐广曰："湣王三十四年，田甲劫王，薛文走。"在田甲劫王事件发生后，齐湣王因孟尝君擅权、功高震主，而疑忌为孟尝君所主谋，《史记·孟尝君列传》："居数年，人或毁孟尝君于齐湣王曰：'孟尝君将为乱。'及田甲劫湣王，湣王意疑孟尝君，孟尝君乃奔……齐王惑于秦、楚之毁，以为孟尝君名高其主而擅齐国之权，遂废孟尝君。"《战国策·齐策四》："后期年，齐王谓孟尝君曰：'寡人不敢以先王之臣为臣。'孟尝君就国于薛。"齐湣王罢孟尝君之相位，亲自执政，掌握政权。虽然之后孟尝君门客魏子以死进谏齐湣王孟尝君并无反谋，齐湣王确认田甲劫王与孟尝君无关，"魏子所与粟贤者闻之，乃上书言孟尝君不作乱，请以身为盟，遂自到宫门以明孟尝君。湣王乃惊，而踪迹验问，孟尝君果无反谋，乃复召孟尝君"（《史记·孟尝君列传》）。但齐湣王并没有重新任命孟尝君为相，《战国策·齐策四》和《史记·孟尝君列传》俱载，齐湣王复召孟尝君，恢复其相位，皆出于策士之传说，并非事实。孟尝君的能力无疑是很强的，如若齐湣王能够驾驭孟尝君，用好孟尝君之能力，对于齐国无疑是大有裨益的，可惜的是，齐湣王在罢孟尝君相位之后，与孟尝君关系破裂，孟尝君怨恨齐湣王，一心谋划联合他国攻齐，报复齐湣王。而齐湣王却对孟尝君的反心并没有察觉，其后在齐攻宋之时仍然将齐国撤兵的消息告知孟尝君，可以看出，齐湣王虽然刚愎自用，有强烈的权利欲，但本身并不想搞坏与孟尝君的关系，反倒是希望孟尝君能够从齐国宗族的立场为齐国谋划，事实证明这不过是齐湣王的一厢情愿而已。齐湣王与孟尝君君臣不和，是其后齐国败亡的重要原因之一，范雎在向秦昭王进言时曾说道："诸侯见齐之罢弊，君臣之不和也，兴兵而伐齐，大破之，士辱丘顿，皆咎其王曰：'谁为此计者乎？'王曰：'文子为之，大臣作乱，文子出走。'"（《史记·范雎蔡泽列传》）孟尝君长期为齐相，熟悉齐国内情，由其进行的反齐活动往往能够触及齐国的根本之处。

孟尝君在罢相后，受魏襄王之邀，到魏国为相。孟尝君怨恨齐湣王，因而在魏国积极谋划合纵伐齐。《史记·孟尝君列传》："后齐湣王灭宋，益骄，欲去孟尝君。孟尝君恐，乃如魏。魏昭王以为相，西合于秦、赵，与燕共伐破齐。"《战国策·秦策三》记载，孟尝君劝秦相魏冉伐齐，以齐地为魏冉封地，"君不如劝秦王令弊邑卒攻齐之事。齐破，文请从所得封君"。实际上，孟尝君在齐湣王灭宋之前，已经为魏相。对于孟尝君背叛母国，时人已有诘难，《战国策·东周策》："薛公［背］故主，轻忘其薛，不顾先君之丘墓。"荀子即对孟尝君有过评价:"韩之张去疾,赵之奉阳,齐之孟尝,可谓篡臣也。"何谓"篡臣"?荀子言曰:"上不忠乎君,下善取誉乎民,不恤公道通义,朋党比周,以环主图私为务,是篡臣者也。""篡臣用则必危。"(《荀子·臣道》)但对于孟尝君这样一个比较复杂的人物,有研究者的评价不失公允,"在合纵连横的复杂形势下,东投西靠,猎取富贵功名者甚众,为一己之私而全然不顾道义者亦不乏其人,于此孟尝君也毫不例外"①。在战国中后期,已经出现了爱国主义的萌芽,如楚国的屈原,齐国的王歜、王孙贾等,但这还是基于宗国的爱国,与当今所提倡的爱国主义是不同的。②

　　齐湣王在罢免孟尝君相国之位后,自己掌握政权。《战国纵横家书》第八章:"薛公相齐也,伐楚九岁,攻秦三年。欲以残宋,取淮北,宋不残,淮北不得。以齐封奉阳君,使梁、韩皆效地,欲以取赵,赵氏不得。身率梁王与成阳君北面而朝奉阳君于邯郸,而赵氏不得。王弃薛公,身断事。立帝,帝立。伐秦,秦伐。谋取赵,得。攻宋,宋残。是则王之明也。"齐湣王抛弃了孟尝君联合韩、魏以对抗秦国的策略,韩、魏两国国力不足以对抗秦国,失去了齐国的支援,两国频繁遭到秦国的侵伐,不断失去大片土地,齐湣王十一年(公元前290),魏国被迫向秦国献河东地四百里,韩国向秦国献武遂地二百里;齐湣王十二年(公元前289),秦攻魏,夺取河内六十一城,魏国国力大损;齐湣王十四年(公元前287),秦国攻取魏国新垣、曲阳;齐湣王十五年(公元前286),秦国攻魏河内,魏国献出安邑之地。杨宽先生认为:"秦如此攻魏,都是在齐的许可下进行的。"③

二、齐湣王佐赵灭中山之失

　　中山国是仅次于七国的二等强国,在齐威王时称王。中山国横亘在赵国中间,成为赵国强大的重大阻碍,自齐宣王十五年起,赵国开始攻打中山国,至

① 赵玉宝等:《战国史》(第三卷),黑龙江人民出版社2020年版,第284页。
② 武振伟:《从楚与中原各国关系看屈原的爱国问题》,《管子学刊》2005年第3期。
③ 杨宽:《战国史》,第419页。

齐宣王末年，中山国在赵国的攻打下，疆土日丧，而齐国作为中山国的邻国和盟国，却并未加以干涉，这无疑是齐宣王外交政策上的一个重大失误，赵国吞并中山国，将会使赵国国力大大增强。齐湣王即位后，赵国加紧了吞并中山的步伐，齐湣王二年，赵武灵王禅位给太子何（赵惠文王），自称主父，自将攻中山，中山王在赵国的大举进攻下，出逃齐国，但尚未亡国，其国都灵寿尚在中山国掌握之中，《史记·秦本纪》："（秦昭王）八年，赵破中山，其君亡，竟死齐。"齐湣王三年，齐联合韩、魏伐秦，赵国一方面暗通秦、宋，结成同盟，妄图破坏三国伐秦之事，一方面加紧进攻中山，《战国策·赵策四》："三国攻秦，赵攻中山，取扶柳，五年以擅呼沲。"扶柳在今河北冀州西北，赵国趁三国伐秦、无暇顾及赵攻中山之际，攻取了中山的扶柳，五年以后占领了今河北滹沱河一带，灭亡了中山。《史记·田敬仲完世家》记载："二十九年（当为齐湣王六年），赵杀其主父。齐佐赵灭中山。"（《史记·六国年表》同）而《史记·赵世家》记载："（赵惠文王）三年，灭中山，迁其王于肤施。"《史记·六国年表》："赵惠文王四年，与齐、燕共灭中山。"对于齐国与燕国配合赵国共灭中山之事，吴师道、梁玉绳力辨并无其事，当为司马迁误记，杨宽先生同意此观点，但又认为："盖赵主父既灭中山，齐、燕乘机略取临近之中山地，犹如齐宣王破燕，中山乘机略取大块燕地，非齐与中山共破燕也。"①而沈长云先生则认为，赵攻灭中山，确实得到了齐、燕的帮助，至于为什么齐国要助赵灭中山，沈先生认为："曾经作为中山依恃的齐国，在中山面临亡国之难时，落井下石，出兵助赵灭中山，应与前面提到的赵对齐国实行的外交政策有关"②；"赵武灵王推行了广结与国的邦交政策。"③ 笔者认为，赵武灵王时期，多次与齐为难，先送燕昭王回国即位，后又图谋联合他国伐齐，破坏了齐占领燕国的意图，应该说，沈先生的推断并不能成立。笔者认为，赵国之所以能够灭亡中山，一是赵国灭亡中山选择的时机非常好，《战国策·齐策五》：

---

① 杨宽：《战国史料编年辑证》，第764页。
② 沈长云等：《赵国史稿》，中华书局2000年版，第170页。
③ 沈长云等：《赵国史稿》，第163页。

"齐、燕战，而赵氏兼中山。"齐、燕权之战时，赵国攻灭了中山。二是抓住了齐滑王贪图小利的性格弱点，让齐国占有部分中山领土，换取赵国对中山的灭国。

中山国并非小国，国力强盛，军力较强，曾战胜燕、赵等强国，《战国策·齐策五》："中山悉起而迎燕、赵，南战于长子，败赵氏；北战于中山，克燕军，杀其将。夫中山千乘之国也，而敌万乘之国二，再战北（比）胜，此用兵之上节也。"赵国攻中山之战，遭到中山国的拼死抵抗，赵武灵王出动二十万大军，历时多年才将中山攻灭，《战国策·赵策二》："以赵二十万之众攻中山，五年乃归。"以赵攻中山之难，如若齐滑王不贪图小利，从长远眼光进行干涉，则赵灭中山会难上加难。在赵国彻底灭亡中山之后，赵国南北领土打通，"起灵寿，北地方从，代道大通"（《史记·赵世家》）。《战国策·秦策三》："昔者中山之地，方五百里，赵独擅之，功成名立则附，则天下莫能害。"赵国一跃成为强国，形成秦、齐、赵三强鼎立的形势，对齐国形成巨大的威胁。这是齐滑王当时没有想到的。

三、燕仇齐与苏秦入齐反间

1. 燕昭王处心积虑向齐复仇

燕国与齐国有着深仇大恨，燕昭王曾经对苏秦说："我有深怨积怒于齐，而欲报之二年矣。齐者，我雠国也，故寡人之所于伐也，直患国弊，力不足矣，子能以燕敌齐，则寡人奉国而委之于子矣。"（《战国策·燕策一》）但燕国国力不足以对抗齐国，苏秦对此有比较清醒的认识，"齐南破楚，西屈秦，用韩、魏之兵，燕、赵之众，犹鞭策也。使齐北面伐燕，即虽五燕不能当"。（《战国策·燕策二》）乐毅曾向燕昭王分析说："齐，霸国之余业也，地大人众，未易独攻也。王必欲伐之，莫如与赵及楚、魏。"（《史记·乐毅列传》）燕国要想向齐国复仇，单独靠自己的力量是不行的，必须依靠赵、魏等国的力量。

燕昭王报复齐国之心，在外人苏秦看来是十分明了的，《战国策·燕策一》记载苏秦与燕昭王的一段对话："（苏秦）'今王有东向伐齐之心，而愚臣知之。'王曰：'子何以知之？'对曰：'矜戟砥剑，登丘东向而叹，是以愚臣知之。'"对于燕昭王复仇之心，齐湣王不可能不知道，因而也视燕国为敌国。齐湣王五年（公元前296），齐国伐燕，大战于权，燕国大败，《战国策·齐策二》："权之难，齐燕战。"《战国策·燕策一》："权之难，燕再战不胜。"《战国策·齐策五》："昔者齐、燕战于桓之曲，燕不胜，十万之众尽。"《战国策·燕策一》："（齐）北与燕战，覆三军，获二将。"秦国欲让赵国救燕，但在孟尝君使者的劝说下，赵国没有救燕。

此后，燕国改变策略，一面派苏秦出使齐国，唆使齐湣王攻宋，转移齐湣王的注意力，使齐不谋燕；一面佯装顺从齐国，派兵跟从齐国伐宋伐秦，以达到麻痹齐国的目的。齐湣王果然中计，放松了对燕国的警惕，为之后五国伐齐埋下了隐患。

2. 苏秦入齐反间

苏秦为东周洛邑人，为战国后期著名的纵横家。苏秦入齐，《史记·苏秦列传》记载："易王母，文侯夫人也，与苏秦私通。燕王知之，而事之加厚。苏秦恐诛……苏秦详为得罪于燕而亡走齐，齐宣王以为客卿。齐宣王卒，湣王即位，说湣王厚葬以明孝，高宫室大苑囿以明得意，欲破敝齐而为燕。"司马迁以为苏秦入齐是在齐宣王时，且为得罪燕王而借机入齐，但根据《战国策》及出土文献马王堆帛书《战国纵横家书》记载，《史记》所载苏秦事迹多不可靠，且将苏秦、苏厉、苏代之事迹混杂。

苏秦入齐，是燕昭王与苏秦谋划破齐的一个惊天阴谋。《战国纵横家书》第四章苏秦自齐献书于燕王说："齐必为燕大患。臣循用于齐，大者可以使齐毋谋燕，次可以恶齐赵之交，以便王之大事，是王之所与臣期也。臣受教任齐交五年，齐兵数出，未尝谋燕。齐、赵之交，壹美壹恶，壹合壹离，燕非与齐谋赵，则与赵谋齐。"苏秦在出使齐国之初，即与燕昭王订下了密约，"事之上，齐赵大恶；中，五和，不外燕；下，赵循和于齐、秦以谋燕"（《战国纵横家书》第一章）。此即苏秦为燕国谋求破齐之策略。苏秦为燕国之死间，至死忠于燕昭王，苏秦向燕昭王自述："王（燕昭王）之于臣也，贱而贵之，辱而显之，臣未有以报王……臣之德王，深于骨髓。臣甘死辱，可以报王，愿为之。"(《战国纵横家书》第四章）虽然苏秦在齐国的行为颇为可疑，但齐湣王并没有怀疑苏秦，依然信任苏秦，事事征求苏秦意见，而苏秦又将得到的情报尽数报告给了燕昭王，为燕昭王作出新的决策提供了最重要的参考。

四、齐湣王灭宋

宋国地处天下之中，为膏腴之地，陶邑更是天下闻名的商业大都市，宋国在宋康王时自立为王，对内暴虐统治，对外与邻国齐、楚、魏等为敌，《史记·宋微子世家》："君偃十一年，自立为王。东败齐，取五城；南败楚，取地三百里；西败魏军，乃与齐、魏为敌国。盛血以韦囊，县而射之，命曰'射天'。淫于酒妇人。群臣谏者辄射之。于是诸侯皆曰'桀宋'。宋其复为纣所为，不可不诛。"《战国策·宋卫策》也记载："（宋康王）于是灭滕伐薛，取淮北之地，乃愈自信。欲霸之亟成，故射天笞地，斩社稷而焚灭之。曰威服天下（地）鬼神。骂国老谏曰（者），为无颜之冠以示勇。剖伛（者）之背，锲朝涉之胫，而国人大骇。"宋康王骄奢淫逸，射天笞地，对天地祖宗不敬，施政暴虐，这在当时都是大罪，人神共愤，时称"桀宋"，意在以夏朝末代君主桀比喻宋康王。[①] 面对这样倒行逆施的宋国，诸侯纷纷将矛头对准了宋国，意图以替天行道之名行霸占宋国土地之实，而齐湣王就是其中最为积极的一个，《战国策·秦策三》："宋罪重，齐怒深。"

早就对宋国垂涎三尺的齐湣王，在苏秦的怂恿下，对于伐宋心动不已，苏秦[②]对齐湣王说："当世之举王，必诛暴正乱，举无道，攻不义。今宋王射天笞地，铸诸侯之象，使侍屏匽，展其臂，弹其鼻。此天下之无道不义，而王不伐，王名终不成。且夫宋，中国膏腴之地，邻民之所处也。与其得百里于燕，不如得十里于宋。伐之，名则义，实则利，王何为弗为？"（《战国策·燕策二》）齐湣王在苏秦伐宋既有义又有利的蛊惑下，开始了攻宋的步伐。但垂涎

---

① 《孟子·万章》："宋小国，将行王政，齐楚恶而伐之。"钱穆先生认为《战国策》和《史记·宋世家》之言与《孟子》之言不合，"盖出于一时忌嫉之口"。（见《先秦诸子系年》，商务印书馆 2001 年版，第 368 页。）

② 《战国策》作"客"，但据《战国纵横家书》，当为苏秦无疑。

宋国的不只有齐国，魏国、楚国、秦国等国莫不希望得到宋国的领土，秦国虽不与宋国接壤，但秦相魏冉一直想得到陶邑作为自己的封地，因而齐湣王的攻宋与秦、魏等国产生了不可调和的矛盾。苏秦之所以鼓动齐湣王伐宋，意在通过齐攻宋，以转移齐国的注意力，避免齐伐燕，又以伐宋之举疲敝齐国，恶化齐国与各国的关系，从而谋求合纵伐破齐国。

宋国虽然相比齐、秦等国来说是小国，但宋国实力并不弱，时称"五千乘之劲宋""巨宋"，因而齐湣王攻宋并不顺利，历时多年，前后三次大规模攻宋，最终在公元前286年将宋国灭掉。为了将宋国吞并，齐湣王忽而与赵联合发动合纵攻秦，忽而与秦联合攻赵，目的都是企图防止秦、赵等国对他扩张领土进行干涉，造成攻灭宋国的有利形势，以达到其取得陶邑等大商业城市的目的。① 如《战国纵横家书》第七章所说："齐先鬻赵以取秦，后卖秦以取赵而攻宋，今又鬻天下以取秦。"

齐湣王十一年（公元前290），齐湣王任用主张秦、齐联合的韩珉为相，《战国策·赵策四》："天下争秦，秦王内韩珉于齐。"齐湣王任用韩珉，是为了争取秦国对齐国攻宋的支持。燕昭王改变之前与齐为敌的策略，转而向齐屈服，为了表明燕国的态度，燕昭王派将领张魁率军两万，自备粮草，随同齐军伐宋。《战国纵横家书》第十一章："以燕之事齐也为尽矣。先为王绝秦，质子，宦二万甲自食以攻宋，二万甲自食以攻秦。"《吕氏春秋·行论》也记载："齐攻宋，燕王使张魁将燕兵以从焉，齐王杀之。"但齐湣王却将燕将张魁杀死，这令燕昭王感到非常的屈辱，准备攻齐，在苏秦的劝说下，燕昭王派人向齐湣王请罪，认为选人不慎是自己的错误，与齐湣王无干，"此尽寡人之罪也。大王贤主也，岂尽杀诸侯之使者哉？然而燕之使者独死，此弊邑之择人不谨也。愿得变更请罪"。而齐湣王却骄狂自大，傲慢无礼，有意凌辱燕国使者，"使者行至齐，齐王方大饮，左右官实御者甚众，因令使者进报。使者报，言燕王之甚恐惧而请罪也。毕，又复之，以矜左右官实。因乃发小使以反令燕王复舍。此济上之所以败，齐国以虚也"。燕昭王的忍辱含垢，正是为了

---

① 杨宽：《战国史》，上海人民出版社2016年版，第419页。

之后的向齐复仇。

是时，魏相孟尝君与赵将韩徐为正策划合纵伐齐，齐湣王为了争取赵国，派公玉丹到赵国游说赵相奉阳君李兑，约定在灭宋后将宋国的蒙邑送给李兑为其封邑，李兑接受了这个条件，赵国转而支持齐国灭宋，但这不符合燕国的利益，苏秦因此游说齐湣王不给李兑蒙邑，破坏齐赵关系，并劝阻齐湣王攻宋，召回了前线的齐军，《战国策·燕策二》："使齐不信赵者，苏子也；令齐王召蜀（触）子使不伐宋者，苏子也。"宋国也向齐国提出讲和，割让淮北给齐国，《战国纵横家书》第十四章："宋以淮北与齐讲。"齐湣王第一次攻宋，在苏秦的劝说下，草草结束。

为了避免秦、赵、魏等国对齐灭宋的干涉，齐湣王令人分赴各国游说，以宋陶邑为秦相魏冉封地、宋地为泾阳君封地，又向赵相奉阳君李兑许诺以陶邑为其封地，《战国策·赵策四》："齐将攻宋，而秦、楚禁之。齐因欲与赵，赵不听。齐乃令公孙衍（当为公孙弘）说李兑以攻宋而定封焉。"《战国纵横家书》第十二章也说："欲以平陵馳薛，以陶封君。"李兑果然为了陶邑而答应了齐国的请求，"绝和于秦，而收齐、魏，以成取陶"（《战国策·赵策四》）。在魏相孟尝君与赵将韩徐为约燕昭王共同密谋伐齐之时，李兑为了得到陶邑而出卖了苏秦，归罪于燕国，"薛公、韩徐为与王约攻齐，奉阳君鸷臣，归罪于燕，以定其封于齐"（《战国纵横家书》第四章）。为了争取魏国的支持，苏秦又建议齐湣王以平陵为魏相孟尝君封地，可以说，为了达到灭宋的目的，齐湣王可谓用心良苦，将陶邑许诺给了好几个重要人物，在利益面前，秦、赵果然对齐灭宋起到了重要作用。

齐湣王十三年（公元前288），齐湣王以秦将吕礼为相，与秦联合。秦昭王与齐湣王相约称帝，齐湣王为了吞并宋国，去帝号，发动五国攻秦，阻止秦国对齐国攻宋的干涉，齐、秦之交破裂。五国攻秦，因各怀鬼胎而滞留魏地，齐湣王并不想在攻秦上出力，只想借机灭宋。齐湣王十四年（公元前287），当五国合兵会师于成皋、荥阳之际，齐湣王即发动了第二次攻宋战争，但赵、魏也合兵攻宋，与齐争夺宋地，齐湣王让苏秦告知赵相李兑，他对魏国有四点不满："梁氏留齐兵于观，数月不逆，寡人失望，一。释齐兵于荥阳、成皋，数月不从，而攻宋，再。寡人之仍攻宋也，请于梁闭关于宋而不许。寡人已举宋讲矣，乃来争得，三。今燕赵之兵皆至矣，俞疾攻菑，四。"（《战国纵横家书》第十二章）当齐军停留于成皋、荥阳之际，魏国一再攻宋，当齐攻宋时，要求魏国关闭与宋国交界的关卡，魏国却不许，当齐与宋讲和时，魏又来争夺土地。燕、赵之兵到来后，魏国加紧攻取宋国的菑邑。从中可以看出，宋国已然成为众国角逐的新战场。本为五国伐秦，但却为了争夺宋地，加入攻宋的战争中来。《战国纵横家书》第十四章中苏秦向齐湣王说："天下之兵皆去秦而与齐争宋地，此其为祸不难矣。"燕昭王也与群臣在策划趁齐国攻宋疲敝之时，乘机攻齐。但燕王谋事不密，其密谋被齐湣王得知，齐湣王深为震惊，恐怕燕国从背后偷袭齐国，因而决定紧急召回前线的攻宋齐军，《战国纵横家书》第六章："今燕王与群臣谋破齐于宋而攻齐，甚急，兵率有子循而不知寡人得地于宋，亦以八月归兵，不得地，亦以八月归兵。"齐湣王尚不知苏秦为燕国之间谍，更不知孟尝君正在策划合纵伐齐，将齐国从宋国收兵的决定告知了苏秦和孟尝君，而孟尝君也不知苏秦为燕之死间而转告苏秦，苏秦马上向燕昭王递送情报，要求燕昭王停止攻齐的举动。齐湣王第二次攻宋，因为他国的阴谋也紧急撤兵。但齐湣王对宋国的垂涎不可能因外部干涉而轻易放弃。

秦国是齐灭宋的重大障碍，秦昭王也想得到宋地，齐湣王为取得秦国的同意，派使者入秦，游说秦昭王，"齐令宋郭之秦，请合而以伐宋，秦王许之"（《战国策·魏策二》）。但真到了齐国攻宋的时候，秦昭王又后悔允许齐国攻宋，因为秦昭王也想得到宋国的土地，《战国策·韩策三》："韩人（珉）攻宋，秦王大怒曰：'吾爱宋，与新城、阳晋同也。韩珉与我交，而攻我甚所爱。'"在苏秦游说以利害下，秦昭王才同意了齐国攻宋的请求。齐湣王十五年（公元前286），齐湣王为了换取秦国对齐国攻取宋国的允许，与秦国达成协议，齐国默许秦国攻取魏国的旧都安邑而不干涉，《战国策·燕策二》："秦欲攻安邑，恐齐救之，则以宋委于齐，曰：'宋王无道，为木人以写寡人，射其面。寡人地绝兵远，不能攻也。王苟能破宋有之，寡人如自得之。'已得安邑，塞女戟，因以破宋为齐罪。"在外交斡旋和军事进攻下，齐国终于攻灭宋国，《史记·宋微子世家》："王偃立四十七年，齐湣王与魏、楚伐宋，杀王偃，遂灭宋而三分其地。"宋康王逃亡至魏国，在魏国温地被杀，《史记·秦本纪》："齐破宋，宋王在魏，死温。"《战国策·宋卫策》："齐闻而伐之，民散，城不守。王乃逃倪侯之馆，遂得而死。"齐国的连年进攻，加之宋康王的倒行逆施，宋国又在外交上处于孤立地位，宋国很快在齐国第三次大规模进攻下灭亡。《战国策·燕策二》："齐兴兵伐宋，三覆宋，宋遂举。"

齐国灭宋，成为改变齐国国运的转折点。齐国虽然占有了宋国，版图扩大，但多年的战争让齐国也损失很大，几十年来蓄积的资财在攻宋中化为乌有，国力受损，士民疲敝；齐国独吞宋国的行为，又侵犯了秦、魏、楚、赵等国的利益，齐湣王贪婪的本性，使他不愿意把辛辛苦苦打下的宋国土地送给秦、赵、魏，不仅不兑现诺言，反而南侵楚、西侵魏，《史记·田敬仲完世家》："齐南割楚之淮北，西侵三晋，欲以并周室，为天子。"秦、赵等国不愿意看到齐国独大，害怕齐国在灭宋之后，会对其他国家动手。特别是秦国在攻取安邑之后，齐秦之间的形势发生改变，称霸中原的野心使得秦昭王不会坐视齐国的强大而无动于衷。因而在破齐上，秦、赵、燕形成前所未有的一致，而齐湣王则沉浸在胜利之中，对当时的国际形势还一概不知。

五、齐秦并帝与五国伐秦

在列国都已称王，特别是中山、宋等小国国君也称王的情况下，作为战国中最强的国家，秦国已经不满足于称王，王号已经不再尊贵，"帝"原是上帝的称号，在古史传说中已经成为德行比王高一级的称号。秦相魏冉想尊秦王为帝，让魏昭王入秦尊秦昭王为帝，但遭到了魏王的拒绝。《吕氏春秋·应言》记载："秦王立帝，宜阳令许绾诞魏王，魏王将入秦。魏敬谓王曰：'以河内孰与梁重？'王曰：'梁重。'又曰：'梁孰与身重？'王曰：'身重。'又曰：'若使秦求河内，则王将与之乎？'王曰：'弗与也。'魏敬曰：'河内，三论之下也；身，三论之上也。秦索其下而王弗听，索其上而王听之，臣窃不取也。'王曰：'甚然。'乃辍行。"魏昭王见楚怀王入秦，被秦扣留而不能归国，故而不敢入秦。秦国欲称帝的举动，也遭到齐国的反对，《韩非子·内储说下》："穰侯相秦而齐强。穰侯欲立秦为帝而齐不听，因请立齐为东帝而不能成也。"秦相魏冉因此采用齐秦并帝的形式，以争取齐湣王的同意。

齐湣王十三年（公元前 288），秦昭王在宜阳自立为西帝，同时派相国魏冉前往齐国，向齐国致送东帝的称号，《战国策·齐策四》："秦使魏冉致帝。"《史记·田敬仲完世家》："三十六年（当为齐湣王十三年），王为东帝，秦昭王为西帝。"《史记·六国年表》作："齐湣王三十六年（当为十三年），为东帝二月，复为王。"杨宽先生认为："秦国这是拉拢齐国并称为帝，是连横的策略，主要目的在于邀约五国结盟而共同伐灭赵国而三分赵国。"[①] 齐秦并帝之后，两国约和韩、魏、燕三国订立盟约，共同伐赵，《战国策·齐策四》："两帝立，约伐赵。"《战国策·赵策一》："昔者五国之王尝合横而谋伐赵，三分赵国壤地，著之盘盂，属之仇柞，五国之兵有日矣。"这时候赵国虽然吞并了中山，国力大增，但以赵国之力独抗五国是不可能做到的，赵国已到生死存亡之际。秦国试图拉拢齐国，以消灭赵国，通过各个击破，消灭秦国扩张领土的障碍。

破坏秦齐连横的是由燕入齐反间的苏秦，苏秦至齐之后，齐湣王向苏秦询问与秦国并称帝之事，苏秦为了瓦解秦齐联盟，恶化秦齐关系，向齐湣王进言："与秦为帝，而天下独尊秦而轻齐；齐释帝，则天下爱齐而憎秦；伐赵不如伐宋之利。故臣愿王明释帝，以就天下；倍约傧秦，勿使争重；而王以其间举宋。"（《战国策·齐策四》）苏秦说，与秦称帝，天下各国只会尊重秦国而轻视齐国；如果齐国放弃帝号，那么天下各国就会尊重齐国而憎恨秦国；讨伐赵国不如讨伐宋国有利。苏秦建议齐湣王放弃帝号，乘间攻灭宋国。齐湣王认为苏秦讲得有理，接受了苏秦的建议，取消了与秦联合攻赵的决定，并与赵惠文王在阿地会面，相约攻秦，迫使秦国也取消帝号。《战国纵横家书》第四章记载："齐、赵遇于阿，王忧之。臣与于遇，约攻秦去帝。"苏秦之所以破坏秦齐联合伐赵之计划，正如杨宽先生所说："（苏秦）真正的目的并不是为了挽救赵国，还是为了将来实现燕联合秦、赵攻破齐国的'大事'……如果出现秦齐两强连横攻赵的局势，一旦赵被攻灭，齐的国力将更强大，必然造成对

---

① 杨宽：《战国史》，第 416 页。

燕十分不利的结果。"①

齐湣王自去帝号之后，由相国苏秦联合其他诸侯合纵伐秦，以迫使秦国废除帝号。当时，苏秦一身兼有齐、赵、燕三国之相国，并同封为武安君，一时声名显赫，威震六国。齐、赵、燕、韩、魏五国之军齐聚魏国，准备攻秦，但各国各怀鬼胎，目的并不一致，都不想在攻秦上出头，因而此次合纵注定失败。由于魏国的阻挠，五国联军停留在成皋、荥阳之间，齐湣王也只是希望乘五国合纵伐秦之际，乘机攻宋灭宋。秦国称帝，遭到了五国的反对，在五国伐秦的形势下，秦昭王也被迫放弃帝号，重新称王，与五国讲和，归还了魏、赵的部分土地，"秦发令素服而听，反温、枳、高平于魏，反三公、什清于赵"。（《战国策·赵策一》）苏秦组织的五国合纵伐秦，就这样草草结束。当年，赵将赵梁即攻齐，成为五国伐齐的先声，这标志着合纵联盟的彻底破产。

齐湣王与秦昭王并称东帝和西帝，这是齐湣王事业的顶点，标志着齐国鼎盛时期的到来。但也正如有论者所说："齐国与秦国东西并帝后，能主动放弃帝号，与赵、楚、韩、魏四国组成伐秦盟军，可以说是战略上的明智之举……齐国错失了此次伐秦良机，因一心想攻占宋国，引起了赵、魏两国的强烈不满，导致合纵攻秦活动以联军内部矛盾的激化而草草收场。这一次齐国对宋国的攻伐，给秦国以喘息的机会，也使自己一步步迈向万劫不复的深渊。"②

六、五国伐齐，齐国大败

因为齐国灭宋，齐国国力凌驾于其他国家之上，使秦国感到了空前的压力，这与秦国的对外扩张产生了巨大矛盾，"秦之欲伐韩，以东窥周室甚，唯寐忘之"（《战国策·韩策一》）。秦国吞并中原的野心只有在睡觉的时候才会忘记，形象地刻画出秦昭王的野心。齐湣王的骄暴也令诸侯感到了压力，"诸侯害齐湣王之骄暴，皆争合从与燕伐齐"（《史记·乐毅列传》）。而齐国国内矛盾也十分尖锐，"诸侯皆欲背秦而服于齐。湣王自矜，百姓弗堪"（《史记·

---

① 杨宽：《战国史》，第 417 页。
② 赵玉宝等：《战国史》（第三卷），第 175 页。

乐毅列传》）。秦昭王在诸侯间积极奔走，积极促成伐齐的联盟。齐湣王十六年（公元前285），秦昭王与赵惠文王在中阳相会，又与楚顷襄王在宛相会，并结为婚姻之国，《史记·楚世家》："（楚顷襄王）十四年，楚顷襄王与秦昭王好会于宛，结和亲。"秦昭王向天下诸侯宣告与齐国势不两立，"秦欲攻齐，恐天下救之，则以齐委于天下，曰：'齐王四与寡人约，四欺寡人，必率天下以攻寡人者三。有齐无秦，无齐有秦，必伐之，必亡之！'"（《战国策·燕策二》）当年，秦昭王即派蒙骜伐齐，攻占了齐国河东的九个城池。而在此前的公元前287年，赵将赵梁攻齐，成为此后五国伐齐的先声。就在齐湣王灭宋的公元前286年，赵国将领韩徐为率军攻齐。赵、秦已经充当了伐齐的急先锋。齐湣王十七年（公元前284），秦昭王与韩釐王、魏昭王在西周城相会，燕昭王到赵国与赵惠文王相会，这时五国伐齐联盟已经基本形成了。而这时齐湣王还停留在灭宋的喜悦中，陷入空前自大的状态中，没有觉悟到诸侯对齐国的敌意，没有把六国的联合当回事。而秦国这次主谋伐齐，目的不在于削弱齐国，而是要彻底打垮齐国，改变长期以来秦、齐东西对峙的局面，彻底消除来自东方齐国对韩、魏的支持，利于秦国攻占韩、魏的土地，扩张秦国的势力。因而秦昭王为了取得伐齐的胜利，可谓下足了功夫，为了取得诸侯的信任，秦昭王派遣质子到各国为质，"欲亡韩吞两周之地，故以韩（齐）为饵，先出声于天下，欲邻国闻而观之也。恐其事不成，故出兵以佯示赵、魏。恐天下之警觉，故微韩以贰之。恐天下疑己，故出质以为信"（《战国策·赵策一》）。秦国以瓜分齐国为诱饵，拉拢赵、燕、韩、魏，发动合纵伐齐。这正合燕昭王向齐复仇之心，因而燕昭王以相国乐毅为上将军，统军与诸侯合兵，赵惠文王也授乐毅相国之印，统领赵国军队，秦国也派尉斯离率军与诸侯联军会合。诸侯合纵伐齐，以秦、赵、燕三国为主，韩、魏两国本不想得罪齐国，但为形势所逼，被迫参与伐齐之举。

齐湣王十七年，秦、赵、燕、韩、魏五国联军伐齐，《史记·赵世家》："十四年，相国乐毅将赵、秦、韩、魏、燕攻齐，取灵丘。与秦会中阳。十五年，燕昭王来见。赵与韩、魏、秦共击齐，齐王败走，燕独深入，取临菑。"《史记·田敬仲完世家》记载："四十年（当为十七年），燕、秦、楚、三晋合谋，各出锐师以伐，败我济西。王解而却。"《史记·秦本纪》："二十三年，尉斯离与三晋、燕伐齐，破之济西。"《史记》中关于五国伐齐的多处记载并不一致，主要在于楚国是否参与了伐齐。从之后楚顷襄王派淖齿率军救齐看，楚国并未参与伐齐。楚国为何不参与伐齐，如楚国令尹昭阳所说："五国以破齐，秦必南图楚。"（《战国策·楚策一》）齐国的败亡对楚国来说并无好处。

齐湣王在得知五国伐齐后，首先想到的是要御敌于国门之外，以触子为主将，率齐军主力御敌于济西。《吕氏春秋·权勋》记载了济西之战的过程："昌国君将五国之兵以攻齐。齐使触子将，以迎天下之兵于济上。齐王欲战，使人赴触子，耻而訾之曰：'不战，必划若类，掘若垄！'触子苦之，欲齐军之败。于是以天下兵战。战合。击金而却之，卒北，天下兵乘之。触子因以一乘去，莫知其所，不闻其声。"触子是齐军中的老将，曾率军伐宋，取得胜利，但齐湣王暴躁的性格使得他做出令人不堪的举动来，他派使者催促触子主动出战，并威胁触子"如果不出战，就杀了全家，掘了祖坟"，这令触子非常生气，一心想让齐军失败，齐军刚与诸侯联军交战，触子就鸣金收兵，要齐军撤退。齐军败逃，诸侯军趁机追击齐军。触子于是乘一辆兵车离开了，没有人知道他去了哪里。齐军主力就这样在济西莫名其妙地被诸侯联军一举击溃，恐怕这样的胜利也是诸侯联军所未料到的。《战国策·齐策六》也记载："燕举兵，使昌国君将而击之。齐使向子将而应之。齐军破，向子以舆一乘亡。"向子即触子之形误。

济西之战后，乐毅统帅燕军继续向齐都临淄进军，而其他诸侯军队则不再进军，转而侵占与齐国接壤的土地。秦国攻取了最富庶的陶邑及其附近地区，而魏国则因地理之便，攻占了大片宋国土地，设置了大宋和方与两个郡。楚国则收回了当时被宋国侵占的淮北地区，《荀子·议兵》："齐能并宋而不能凝也，故魏夺之。"齐国灭宋，而不能占有，反而给秦、魏做了嫁衣裳，为秦、魏所占有。弱小的鲁国也趁机占领了齐国的徐州，《吕氏春秋·首时》："齐以东帝困于天下，而鲁取徐州。"《史记·乐毅列传》："诸侯兵罢归，而燕军乐毅独追，至于临菑。"在济西兵败之后，齐将达子收合余兵于临淄附近的秦周城，欲再与燕军决战，向齐湣王请求奖赏，以鼓舞士气，而齐湣王不但不给奖赏，反倒侮辱齐军将士，讽刺齐军为残军败卒，《吕氏春秋·权勋》："达子又帅其余卒，以军于秦周，无以赏，使人请金于齐王。齐王怒曰：'若残竖子之类，恶能给若金？'与燕人战，大败，达子死，齐王走莒。"《战国策·齐策六》："达子收余卒，复振，与燕战，求所以偿者，闵王不肯与，军破走。"齐国本来还有最后的一线希望，齐国军队陆续聚集于国都临淄，而齐湣王因其贪婪吝啬的本性，不予齐军将士赏赐。在秦周，齐军又与挺进临淄的燕军进行了最后的决战，齐军战败，齐将达子战死，齐国最后一道防线被攻破，乐毅统帅燕军攻入齐都临淄。1997 年淄博市临淄区齐都镇龙贯村村民在村东淄河滩内挖沙时，发现一柄青铜剑，上有八字铭文"郾王职作武□□剑"。① 郾王职即燕昭王，燕王剑在临淄的发现，是当年燕军攻破临淄的实物见证。上海博物馆购自海外的"郾王职壶"，也是燕国破齐的实证，铭文："唯郾王职莅阼承祀□几□，东创敌国。命日壬午，克邦嬩城，灭水齐之杀。"②《战国策·燕策二》："燕王闻之，绝交于齐，率天下之兵以伐齐，大战一，小战再，顿齐国，成其名。""大战一"即济西之战，"小战再"即秦周之战，乐毅破齐，主要经历这两场战役。按《说苑·奉使》记载："昔燕攻齐，遵雒路，渡济桥，焚雍门，击齐左而虚其右，王歜绝颈而死于杜山，公孙差格死于龙门，饮马乎淄渑，定获乎琅邪，王与太后奔于莒，逃于城阳之山。"燕军在秦周战胜齐军后，焚雍门而攻入临淄，乘胜追击，向东一直攻至琅邪，几乎占领了齐国的全境。临淄在历史上虽多次被诸侯联军围困，但从未被攻破过，齐国历代国君苦心经营数百年的基业毁于一旦，而燕军本就为复仇而来，因而进入临淄之后，烧杀抢掠，将齐国的财宝尽数掠夺回燕国。《战国策·燕策二》："若先王之报怨雪耻，夷万乘之强国，收八百岁之蓄积。"《史记·田敬仲完世家》："燕将乐毅遂入临淄，尽取齐之宝藏器。"《史记·乐毅列传》："燕昭王大说，亲至济上劳军，行赏飨士，封乐毅于昌国，号为昌国君。于是燕昭王收齐卤获以

① 张龙海、张爱云：《山东临淄齐国故城发现郾王职剑》，《考古》1998 年第 6 期。
② 周亚：《郾王职壶铭文初释》，《上海博物馆集刊》2000 年第 8 期。

归，而使乐毅复以兵平齐城之不下者。乐毅留徇齐五岁，下齐七十余城，皆为郡县以属燕，唯独莒、即墨未服。""珠玉财宝，车甲珍器，尽收入燕。大吕陈于元英，故鼎反乎历室，齐器设于宁台。蓟丘之植，植于汶篁。"《战国策·燕策一》："燕兵独追北，入至临淄，尽取齐宝，烧其宫室宗庙。"在近年的考古发掘中，考古人员在临淄齐国故城 10 号建筑遗址发现，"夯土台基周围废弃堆积中有大量烧红的夯土块、瓦片等建筑材料以及木炭、熔化变形的铜构件，证明台上建筑曾经历严重火灾……从该建筑火灾毁坏的严重程度以及完整门板被拆卸抛弃的现象看，以战争灾难最为可能"①。很可能与燕齐战争中燕军的劫掠纵火有关。燕国入齐，如同当年齐破燕一样，行为相同，给两国人民带来了深重的灾难。《资治通鉴·周赧王三十一年》说："乐毅修整燕军，禁止侵掠，求齐之逸民，显而礼之，宽其赋敛，除其暴令，修其旧政，齐民喜悦"；"祀桓公、管仲于郊，表贤者之闾，封王蠋之墓，齐人食邑于燕者二十余君，有爵位于蓟者百有余人。"此说并不符合事实，出于后人之溢美。燕军一举破齐，燕昭王成功雪耻，亲自到济上劳军行赏，封乐毅为昌国君②。齐国绝大部分国土沦陷于燕国之手，成为燕国的郡县，直至五年之后，齐国才得以复国，收复大部分国土。

在燕军攻入临淄时，齐湣王匆忙出逃，据《史记·田敬仲完世家》记载："湣王出亡，之卫。卫君辟宫舍之，称臣而共具。湣王不逊，人侵之。湣王去，走邹、鲁，有骄色，邹、鲁君弗内，遂走莒。"齐湣王在逃出临淄后，先后逃到卫、邹、鲁等国，但齐湣王却依然摆着天子的架子，"容貌充满，颜色发扬，无重国之意"（《吕氏春秋·过理》），齐湣王对三国国君不逊，三国不接纳齐湣王的避难。《战国策·赵策三》也记载："齐闵王将之鲁，夷维子执策而从，谓鲁人曰：'子将何以待吾君？'鲁人曰：'吾将以十太牢待子之君。'维子曰：'子安取礼而来待吾君？彼吾君者，天子也。天子巡狩，诸侯辟舍，

---

① 山东省文物考古研究所、淄博市临淄区文物管理局：《山东临淄齐国故城 10 号建筑遗址发掘简报》，《文物》2016 年第 8 期。

② 昌国故城遗址位于今淄博市张店区沣水镇昌城村。

纳于筦键，摄衽抱几，视膳于堂下，天子已食，退而听朝也.'鲁人投其籥，不果纳，不得入于鲁。将之薛，假涂于邹。当是时，邹君死，闵王欲入吊。夷维子谓邹之孤曰:'天子吊，主人必将倍殡柩，设北面于南方，然后天子南面吊也.'邹之群臣曰:'必若此，吾将伏剑而死.'故不敢入于邹。"齐湣王只好转而逃到齐国的莒城，以求自保。在燕国的进击下，齐国只剩下莒和即墨两城没有被燕军攻下①，齐国已危如累卵。

五国伐齐的后果是当初各国所意想不到的，有论者论述此战之影响较为精辟:"秦国则在成功扭转了五国伐秦不利局面之后，把握住燕、赵为首的五国联盟伐齐的良机，将老对手齐国彻底击垮……秦强齐弱格局的形成，打破了原来各国实施合纵连横政策势均力敌的平衡局面，而这正是秦国所希望达到的。削弱齐国，为秦国实现统一霸业扫除了前进道路上的最大障碍，胜利的天平由此向秦国倾斜。"②

七、齐湣王之死

在齐湣王退保莒城时，楚顷襄王派将领淖齿率军救齐，《战国策·齐策六》:"燕之伐齐之时，楚王使将军将万人而佐齐。"《史记·田敬仲完世家》:"楚使淖齿将兵救齐，因相齐湣王。"齐湣王就像抓住了救命的稻草，任命淖齿为齐相，试图借助楚国的力量复国，但淖齿却没有执行楚顷襄王救齐的旨意，反而贪图齐国的财宝，妄图与燕国共同瓜分齐国的财宝，转而杀害了信任他的齐湣王，《史记·田敬仲完世家》:"淖齿遂杀湣王，而与燕共分齐之侵地、卤器。"

淖齿杀害齐湣王，还找了冠冕堂皇的理由，数落齐湣王之罪:"王奔莒，淖齿数之曰:'夫千剩、博昌之间，方数百里，雨血沾衣，王知之乎?'王曰:'不知。''嬴、博之间，地坼至泉，王知之乎?'王曰:'不知。''人有当阙

---

①　齐国城邑未落于燕国之手者，尚有三城之说，如《史记·燕召公世家》:"齐城之不下者，独唯聊、莒、即墨，其余皆属燕，六岁。"

②　赵玉宝等:《战国史》(第三卷)，第177页。

而哭者，求之则不得，去之则闻其声，王知之乎？'王曰：'不知。'淖齿曰：'天雨血沾衣者，天以告也；地坼至泉者，地以告也；人有当阙而哭者，人以告也。天地人皆以告矣，而王不知戒焉，何得无诛乎？'于是杀闵王于鼓里。"（《战国策·齐策六》）齐湣王至死都不知道自己为什么败得这么惨，为什么遭到诸侯的围攻，以至于向公玉丹询问："我已亡矣，而不知其故。吾所以亡者，果何故哉？我当已。"公玉丹竟然回答说："王之所以亡也者，以贤也。天下之王皆不肖，而恶王之贤也，因相与合兵而攻王。此王之所以亡也。"齐湣王竟然深以为然。（《吕氏春秋·审己》）

齐湣王作为一代帝王，其死极为悲惨，《战国策》《韩非子》《韩诗外传》中多处记载了齐湣王之死，如《战国策·楚策四》："淖齿用齐，擢闵王之筋，悬于其庙梁，宿夕而死。"淖齿抽掉齐湣王的筋，然后把齐湣王挂在庙梁上，隔了一夜齐湣王才断气。这种惨烈的死法，古今罕有。齐湣王之死，也说明齐湣王无识人之明，用淖齿为相，而为其所杀，故而《韩非子·难一》说："湣王一用淖齿，而身死乎东庙。"东庙疑为莒城所建齐之宗庙。

齐湣王被杀后，太子法章害怕被杀，改变姓名，为莒太史家用人，《战国策·齐策六》记载，"齐闵王之遇杀，其子法章变姓名，为莒太史家庸夫"，"太子乃解衣免服，逃太史之家为溉园"。其后齐国逃亡之臣和莒城百姓寻找齐湣王太子，共立法章为王，是为齐襄王，但此时的齐国已处生死存亡一线之间。

淖齿虐杀湣王的举动，激怒了齐人，湣王身边的侍从少年王孙贾率领齐人，诛杀淖齿，巩固了齐人在莒城的防卫力量。《战国策·齐策六》："王孙贾年十五，事闵王。王出走，失王之处。其母曰：'女朝出而晚来，则吾倚门而望。女暮出而不还，则吾倚闾而望。女今事王，王出走，女不知其处，女尚何归？'王孙贾乃入市中，曰：'淖齿乱齐国，杀闵王，欲与我诛者袒右。'市人从者四百人，与之诛淖齿，刺而杀之。"

在燕国破齐之后，齐国涌现出一些可歌可泣的忠义人物，如王蠋义不降燕，自刭而死，《史记·田单列传》："燕之初入齐，闻画邑人王蠋贤，令军中曰'环画邑三十里无入'，以王蠋之故。已而使人谓蠋曰：'齐人多高子之义，

吾以子为将，封子万家。'蠋固谢。燕人曰：'子不听，吾引三军而屠画邑。'
王蠋曰：'忠臣不事二君，贞女不更二夫。齐王不听吾谏，故退而耕于野。国
既破亡，吾不能存；今又劫之以兵为君将，是助桀为暴也。与其生而无义，固
不如烹！'遂经其颈于树枝，自奋绝脰而死。齐亡大夫闻之，曰：'王蠋，布
衣也，义不北面于燕，况在位食禄者乎！'"

八、齐湣王败亡的教训

齐国的溃败发生在齐国国力最为强盛的时期，是在齐湣王灭宋后不久，是
齐国版图最大的时候，如《战国策·燕策二》所说："因其强而强之，乃可折
也；因其广而广之，乃可缺也。"

齐国与五国济西之战的失败，是决定齐国国运的关键一战，而此战因主
将的失误而大败，齐湣王对前线将领的横加指责和罹骂对将领的指挥产生了
关键性作用，此战并不能说明齐军弱于诸侯联军，应该说齐国的盛衰转换有
一定的偶然性。但也正如有论者指出的齐湣王的败亡也有其必然性："盛世
中的种种隐患，如齐湣王蛮横暴虐的恶劣品性；轻视人才、杜绝忠言的专制
作风；四处征战、随意征伐的好战喜功行为，都促使齐国人才大量流失，重
大决策接连失误，最终导致齐国由盛转衰，走入历史上最为艰难的时期，这
似乎又是历史的必然。五国伐齐，是齐湣王内政外交政策失败的结果，是齐
国走向衰败的导火索和加速剂"，"对于齐国的衰败，齐湣王负有不可推卸
的责任"。①

通过齐湣王时期的内政外交的分析，我们可以看出齐湣王败亡的原因有以
下几点：

1. 齐湣王对战争形势判断失误

齐国灭宋之后，独吞宋国的行为侵犯了对宋国土地有野心的秦、赵、魏等
国的利益，齐湣王许诺给秦相魏冉、赵相李兑的封地没有兑现，使秦、赵等国
从联盟成为敌国；另外，秦、赵等国不允许齐国独大，宋国虽小，但为天下膏

---

① 赵玉宝等:《战国史》(第三卷),第 176—177 页。

腴之地，谁吞并了宋国，都会令自身实力暴增，这就打破了列国之间的实力均衡的状态。苏秦曾向燕昭王分析说："以宋加淮北，强万乘之国也，而齐并之，是益一齐也。北夷方七百里，加之以鲁、卫，此所谓强万乘之国也，而齐并之，是益二齐也。夫一齐之强，而燕犹不能支也，今乃以三齐临燕，其祸必大矣。"（《战国策·燕策一》）齐国吞并宋国，鲁、卫等小国又臣服于齐国，齐国的实力已经远远超过列国之中任何一国的实力。因而秦昭王充当了反齐联盟盟主的角色，积极合纵破齐，很快即争取了赵、楚、韩、魏的加入，五国反齐同盟建立，赵国率先攻齐，秦国跨过韩、魏，攻下齐河东九城，在五国伐齐之前，反齐联盟已经出现兆头，而齐湣王仍然没有觉察，如果能适时改善与赵国等国的关系，反齐联盟的形成就没有那么容易。而赵国是关东六国中与齐国并驾齐驱的大国，没有赵国的参与，伐齐不可能顺利，韩珉曾分析说："伤齐者，必赵也。秦虽强，终不敢出塞溯河，绝中国而攻齐。楚、越远，宋、鲁弱，燕人承，韩、梁有秦患，伤齐者必赵。"（《战国纵横家书》第八章）赵国的关键又在于国相奉阳君李兑，如果齐湣王兑现承诺，把陶邑献给李兑作为封邑，赵国虽有韩徐为等反齐派，但赵国就不可能如后来那样成为反齐的主力。燕国数年来向齐湣王表现出顺从的样子，着实迷惑了齐湣王，以至于对燕国毫不设防，"齐之信燕也，至于虚北地行其兵"（《战国策·燕策二》）。这无疑对燕国从事反齐活动有极大的便利。

2. 齐湣王盲目自大，对齐国的实力估计过高

齐国对外接连的军事胜利，令齐湣王利令智昏，以为齐国已经成为战国的霸主，做起了天子的美梦，不把其他国家放在眼里，但实际上齐国虽强，却根本不可能单独与其他六国相对抗。战国中后期，秦、赵、齐的国力虽强于其他国家，但也只是在一对一的情况下的对比，任何一国都不具备单独对抗其他六国的实力，即使是战国中实力最强的秦国，在齐、韩、魏三国伐秦时，也力不从心，只能割地求和。因而秦国对外扩张领土的基本政策即是各个击破，不让六国形成合纵联盟。齐湣王的败亡，恰恰在于齐国的外交出现了问题，使六国形成了反齐的联盟，齐国又没有能力破坏这种联盟，齐国的败亡也就成为必然了。

3. 齐湣王性格暴虐，不能凝聚人心

齐湣王性格暴虐，对前线将领不尊重，动辄以灭族挖祖坟相威胁，齐湣王刚刚即位之时，齐、韩、魏三国联合伐楚，相持不下，齐湣王派人向前线主将章子催战。"齐令周最趣章子急战，其辞甚刻。章子对周最曰：'杀之免之，残其家，王能得此于臣。不可以战而战，可以战而不战，王不能得此于臣。'"（《吕氏春秋·处方》）在济西大战之前，齐湣王又派人威胁前线主将触子，"齐王欲战，使人赴触子，耻而詈之曰：'不战，必刬若类，掘若垄！'"（《吕氏春秋·权勋》）齐湣王的言行令将领寒心，一心求败，齐湣王为自己的行为付出了惨痛的代价。

4. 齐湣王刚愎自用，应战战略失当，不能守险

齐国地处东方，虽不如秦国地势之险要，但地势并非全然不利，苏秦曾对齐王说："齐南有太山，东有琅邪，西有清河，北有渤海，此所谓四塞之国也。齐地方二千里，带甲数十万，粟如丘山。齐车之良，五家之兵，疾如锥矢，战如雷电，解如风雨，即有军役，未尝倍太山，绝清河，涉渤海也。"（《战国策·齐策一》）张仪也曾对秦王说："昔者齐南破荆，中破宋，西服秦，北破燕，中使韩、魏之君，地广而兵强，战胜攻取，诏令天下，济清河浊，足以为限，长城、钜坊，足以为塞。齐，五战之国也，一战不胜而无齐。故由此观之，夫战者万乘之存亡也。"（《战国策·秦策一》）燕昭王也曾说："齐有清济、浊河，可以为固；有长城、钜防，足以为塞。"（《战国策·燕策一》）齐国西有黄河、济水之天然屏障，有济水长城和山地长城之防御设施，构成了完备的防御体系，可谓四塞之国。如若齐国能够守住险要之地，五国要想攻破齐国，并不容易。但齐湣王悉全国之兵力于济西，意图与五国决战，拒敌于国门之外，但齐军无险可守，一战尽失地利之便，黄河、济水之天然屏障，齐国数代苦心修筑之齐长城均没有发挥作用。从历史上看，敌国从齐国西面进攻齐国，多从济水与泰山之间平阴进攻，齐灵公二十八年晋国率诸侯联军进攻齐国，即是从此地。如若齐国能守住济水的渡口和平阴隘口，五国伐齐可能劳而无功。济西之战的失败与齐顷公鞌之战和齐灵公平阴之战的失败如出一辙。

5. 齐湣王弃社稷于不顾，弃临淄而出逃

齐国立国以来，除很短的一段时间外，临淄一直是齐国的国都，保守算来，临淄为齐国历代国君苦心经营六百余年①，城池坚固，可谓金城汤池，历史上虽有诸侯联军围困临淄之事，但临淄从未被外敌攻克过。即使到战国末期，秦国要想攻克一国都城，往往付出巨大代价。以魏国都城大梁而言，如须贾为魏王所言："魏氏悉其百县胜兵，以止戍大梁，臣以为不下三十万。以三十万之众，守十仞之城，臣以为虽汤、武复生，弗易攻也。"（《战国策·魏策三》）事实确如须贾所说，秦国虽数次兵围大梁，但不曾攻破大梁，"秦十攻魏，五入国中，边城尽拔。文台堕，垂都焚，林木伐，麋鹿尽，而国继以困"（《战国策·魏策三》）。齐国济西败后，如能集中兵力坚定决心守卫国都临淄，以临淄城防之坚固、临淄人口之多，单靠燕军之兵力是不太可能攻破临淄的。苏秦曾说："临淄之中七万户，臣窃度之，下户三男子，三七二十一万，不待发于远县，而临淄之卒，固以二十一万矣。临淄甚富而实。"（《战国策·齐策一》）据考古勘探发掘，临淄齐国故城的城墙在 23—55 米之间②，且东有淄水、西有时水、西北有系水，构成天然屏障。但齐湣王在秦周战后，轻弃社稷，出逃他国，置国民于不顾。当时齐人眼见燕军攻破临淄，争相出逃，"燕军攻安平，城坏，齐人走，争涂，以辖折车败，为燕所虏"（《史记·田单列传》）。轻弃坚城，放弃国都，实为不智之举。齐湣王没有与国都共存亡的决心，因而率先出逃，国人无心迎战，也将临淄让给了燕军。

6. 齐湣王贪婪吝啬，因小失大

济西之战败后，齐将达子收集齐军士卒，准备背城一战，请求齐湣王给予奖赏，提升士气，但齐湣王不予奖赏，反而恶语相加，最后齐湣王积攒的钱财，全成了燕军的战利品。《吕氏春秋·权勋》："达子又帅其余卒以军于秦周，无以赏，使人请金于齐王。齐王怒曰：'若残竖子之类，恶能给若金？'与燕人战，大败，达子死，齐王走莒。燕人逐北入国，相与争金于美唐甚多。

---

① 临淄是否齐国之初都营丘尚有争论。
② 山东省文物考古研究所：《临淄齐故城》，文物出版社 2013 年版，第 20—23、39—42 页。

此贪于小利以失大利者也。"

7. 齐湣王连年用兵，国弱兵疲

齐湣王连年对外用兵，劳民伤财，国力大损，《战国策·燕策一》："今夫齐王，长主也，而自用也。南攻楚五年，蓄积散。西困秦三年，民憔悴，士罢弊。北与燕战，覆三军，获二将。而又以其余兵南面而举五千乘之劲宋，而包十二诸侯。此其君之欲得也，其民力竭也，安犹取哉？且臣闻之，数战则民劳，久师则兵弊。""天时不与，虽有清济、浊河，何足以为固？民力穷弊，虽有长城、钜防，何足以为塞？且异日也，济西不役，所以备赵也；河北不师，所以备燕也。今济西、河北，尽以役矣，封内敝矣。"齐国当时国内矛盾已经十分尖锐，正如淖齿所说，齐国多地已经出现多种示警，而齐湣王仍然罔顾，我行我素。相比之下，燕国经过长时间的休养生息，"燕国殷富，士卒乐佚轻战"（《战国策·燕策一》），形成对齐国的优势。

8. 齐湣王不听忠言，杀害忠良，重用"态臣"

齐湣王灭宋之后，被胜利冲昏了头脑，不但不接受大臣的谏言，反而将忠臣残杀，致使大臣不亲，百姓不附，宗族离心。《战国策·齐策六》："齐负郭之民有狐咺者，正议闵王，斮之檀衢，百姓不附。齐孙室子陈举直言，杀之东闾，宗族离心。司马穰苴为政者也，杀之，大臣不亲。"《吕氏春秋·贵直》对狐援进谏有更为详尽的记载："狐援说齐湣王曰：'殷之鼎陈于周之廷，其社盖于周之屏，其干戚之音在人之游。亡国之音不得至于庙，亡国之社不得见于天，亡国之器陈于廷，所以为戒，王必勉之。其无使齐之大吕陈之廷，无使太公之社盖之屏，无使齐音充人之游。'齐王不受……斮之东闾。"齐湣王杀害忠良的行为，使得忠良不再为齐国所用，纷纷离齐而去。《吕氏春秋》因此认为齐军前线的失败与此紧密相关："此触子之所以去之也，达子之所以死之也。"《盐铁论·论儒》在总结齐湣王败亡的教训时也提道："（齐湣王）矜功不休，百姓不堪。诸儒谏不从，各分散，慎到、捷子亡去，田骈如薛，而孙卿适楚。内无良臣，故诸侯合谋而伐之。"笔者不禁想到，齐国举国之力，以稷下学宫养士千人，齐王却不知如何使用，最终因齐湣王的骄横而导致稷下学士纷纷逃出齐国，为他国服务。《管子》一书有许多篇章即为稷下学士所撰写，他们为齐国出谋划策，许多闪光的策略至今仍有借鉴意义，设若当年的齐国统治者能够真的好士、知士、用士，何愁霸业不成？

齐湣王曾对诸子百家中的名家著名人物尹文说："寡人甚好士。"但当尹文问齐湣王："什么样的人才算得上是士？"齐湣王却回答不上来，实际上齐湣王并不知道士是怎样的人，只是想博得一个好士的名声罢了。因而《吕氏春秋·正名》下结论道："故国残身危，走而之谷如卫。齐湣王，周室之孟侯也。"《列女传·辨通传》记载齐湣王有一位丑女王后（宿瘤女）："宿瘤女者，齐东郭采桑之女，闵王之后也。项有大瘤，故号曰宿瘤。"在宿瘤女的劝谏之下，"出令卑宫室，填池泽，损膳减乐，后宫不得重采。期月之间，化行邻国，诸侯朝之，侵三晋，惧秦楚，立帝号。闵王至于此也，宿瘤女有力焉。及女死之后，燕遂屠齐，闵王逃亡，而弑死于外"。以齐湣王之性格，如若真有立宿瘤女为王后之事，那也只是为了博得好贤之名声而已。《列女传》将齐湣王功业的取得和齐湣王的身死国破与宿瘤女的生死联系起来，未免言过其实，混淆了主次矛盾。齐湣王招致五国伐齐，恰恰是因为灭宋、侵三晋、楚、燕，恶化了与邻国的关系，如若宿瘤女真能如《列女传》所说，谏言齐湣王不为诸多攻伐行为，可能也不会招致诸国的讨伐。

齐湣王一方面杀害进忠言的良臣，另一方面又重用苏秦这样的"态臣"，"内不足使一民，外不足使拒难，百姓不亲，诸侯不信，然而巧敏佞说，善取宠乎上，是态臣者也"（《荀子·臣道》）。苏秦是为燕国破齐反间而来，自然不可能真正为齐国服务，《史记·苏秦列传》："湣王即位，（苏秦）说湣王厚葬以明孝，高宫室大苑囿以明得意，欲破敝齐而为燕。"据《战国策·燕策二》记载，在五国攻齐之时，齐湣王听信谗言，以苏秦为将，率军抵御燕军，"与燕人战于晋下，齐军败，燕得甲首二万人"。苏秦故意败给燕军，齐湣王仍不醒悟，仍以苏秦为将，再与燕军战于阳城，"燕人大胜，得首三万。齐君臣不亲，百姓离心"。齐军一败再败，不仅使得燕军士气高涨，同时对低落齐军士气也有作用，最终使得齐国君臣不亲，百姓离心。故而荀子曾说："用篡臣者危，用态臣者亡。态臣用则必死，篡臣用则必危……故齐之苏秦、楚之州侯、秦之张仪，可谓态臣者也。"（《荀子·臣道》）《吕氏春秋·知度》也说：

"齐用苏秦而天下知其亡。"在五国伐齐后，齐湣王得知苏秦为燕破齐的阴谋，将其处以车裂之刑，《战国策·楚策一》："凡天下所信约从亲坚者苏秦，封为武安君而相燕，即阴与燕王谋破齐共分其地。乃佯有罪，出走入齐，齐王因受而相之。居两年而觉，齐王大怒，车裂苏秦于市。"但为时已晚，苏秦的死对于挽救齐国已毫无作用。

齐湣王的败亡，时人早已有所预言，白圭曾到中山和齐国，认为两国将要灭亡。"所学有五尽。何谓五尽？曰：莫之必，则信尽矣；莫之誉，则名尽矣；莫之爱，则亲尽矣；行者无粮，居者无食，则财尽矣；不能用人，又不能自用，则功尽矣。国有此五者，无幸必亡。中山、齐皆当此。"（《吕氏春秋·先识》）言而无信，没有人信任他，那么信义就丧尽了；没有人赞誉他，那么名声就丧尽了；没有人喜爱他，那么亲人就丧尽了；行路的人没有干粮、居家的人没有吃的，那么财物就丧尽了；不能任用人，又不能发挥自己的作用，那么功业就丧尽了。有此五者，国家必亡。

9. 齐湣王成也"技击"，败也"技击"

"技击"是战国时期齐国的精锐军队，《汉书·刑法志》说："齐愍（王）以技击强。"孟康对"技击"注曰："兵家之技巧。技巧者，习手足，便器械，积机关，以立攻守之胜。"可见，齐国技击之士以军事技能见长。《荀子·王霸》云："（齐闵、薛公）南足以破楚，西足以诎秦，北足以败燕，中足以举宋。"齐湣王依靠这支"技击"之士横行天下，但这支军队却有先天的不足，这是齐人贪利的本性和齐国统治者的不善引导造成的。《荀子·议兵》记载："齐人隆技击……齐之技击，不可以遇魏氏之武卒；魏氏之武卒，不可以遇秦之锐士"；"齐人隆技击，其技也，得一首者，则赐赎锱金，无本赏矣。是事小敌毳，则偷可用也，事大敌坚，则涣然离耳，若飞鸟然。倾侧反复无日，是亡国之兵也，兵莫弱是矣。是其出赁市佣而战之，几矣"。荀子认为，齐国虽有强大的兵力，但不行仁义，兵士战场杀敌只是为了获取奖赏，在获得奖赏与生命危险相比时，齐国的士兵就像在市场上临时雇佣的一样，不能真正派上用场。在五国伐齐时，齐国军队真正遇到强敌，不堪一击，"及以燕、赵起而攻之，若振槁然，而身死国亡，为天下大僇，后世言恶则必稽焉"（《荀子·王

421

霸》）。

　　齐国自始至终没有设置奖励军功的爵位（封君制并不是常规举措）。齐廉允在《齐秦两国军事制度之比较》① 一文中，分析了齐国与秦国在军事制度上的差异，认为秦国实行军功爵制，对士卒有更大的吸引力，《商君书·境内》说："能得爵首一者，赏爵一级，益田一顷，益宅九亩，一除庶子一人，乃得人兵官之吏。"《韩非子·定法》也指出："商君之法曰'斩一首者爵一级，欲为官者为五十石之官；斩二首者爵二级，欲为官者为百石之官。'"秦国对斩首士卒除了优渥的物质赏赐之外，更有政治上的优待，这无疑对民众具有也更容易激发人的战斗激情，对秦军战斗力的提升居功至伟。相比之下，齐国富裕的市民不愿意冒着生命危险为国家上战场，以至于齐国覆亡，"秦兵卒入临淄，民莫敢格者"（《史记·田敬仲完世家》）。有研究者认为，重商主义的盛行是造成齐国"兵弱"的经济因素。②

　　从五国伐齐这场战争中可以看出齐国在军队建设方面存在的深层次的问题，这些问题终齐国之世都没有解决，也是导致齐国最终灭亡的原因之一。对士卒的道义教育是重要的一方面，这一点在我国先秦思想中已经得到重视，《管子·牧民》中即提出国有四维——礼、义、廉、耻，"四维不张，国乃灭亡"，吴起认为："凡制国治军，必教之以礼，励之以义，使有耻也。"（《吴子·图国》）解决齐国"兵弱"的最直接措施莫过于实施如秦国一样的军功爵制，但从根本上讲，对士卒的精神层面的教育才是打造强军的不二法宝，锻造一支能够有爱国主义精神、作风优良的军队，战时才能打硬仗、打胜仗，有效维护国家的安全、稳定。

结　语

　　关于齐湣王之谥号，"湣"又作"闵""愍"，古籍中多通用，《逸周书·谥法解》："在国逢难曰愍，使民折伤曰愍，在国连尤曰愍，祸乱方作曰愍。"

---

① 齐廉允：《齐秦两国军事制度之比较》，《管子学刊》2010 年第 2 期。

② 刁俊：《齐国"兵弱"说小考》，《黑龙江史志》2011 年第 15 期。

《史记正义·谥法解》："在国遭忧曰愍，在国逢囏曰愍，祸乱方作曰愍，使民悲伤曰愍。"意思是：在位期间遭遇外患的谥号"愍"，使百姓死伤的谥号"愍"，在位期间连续发生水旱疫灾的谥号"愍"，灾害与暴乱同时发生的谥号"愍"。联系齐湣王之一生，此谥号可谓精当。

齐襄王评传

简评：

　　齐襄王即位于齐国存亡之际，成为齐国抗燕的旗帜，在位时期正值齐国败亡之后，赖田单之力，齐国成功复国，襄王得以返回临淄，但齐国遭受巨变，国家疲敝，百废待兴，齐襄王采取了与民休息，发展国力，招贤纳士的政策，稷下学宫得以复建。另一方面，齐襄王心胸狭隘，容不下首功之臣田单，对田单非常忌惮，不能真心实意地任用，自断股肱，终襄王之世，齐国终难复兴。

　　齐襄王，名法章，齐湣王之子，公元前 283 年至公元前 265 年在位，在位十九年。

一、即位于危急存亡之秋

　　齐湣王十七年（公元前 284），秦、赵、燕、韩、魏五国合纵伐齐，齐国在济西之战中大败，齐军主力丧失，在临淄城西之秦周一役中又败于燕军，齐湣王仓皇出逃，燕军攻克齐国都城临淄，随后，燕军逐步攻取齐国七十余城，齐国仅有莒、即墨二城没有被沦陷于燕军之手。《战国策·齐策六》："燕攻齐，取七十余城，唯莒、即墨不下。"齐湣王在莒城被前来救齐的楚国将军淖齿所杀，跟随齐湣王出逃莒城的太子法章害怕被杀，改变姓名和服装，到莒太史敫家当灌溉菜园的用人。在淖齿被杀后，莒城之人和齐国逃亡到莒的大臣寻找齐湣王之子，欲立为齐王，太子法章起初害怕他们并非要立自己为王，而是诛杀自己，很久之后才敢申明自己就是齐湣王的儿子。于是莒人共同拥立太子法章为王，是为齐襄王。《史记·田敬仲完世家》记载："湣王之遇杀，其子法章变名姓为莒太史敫家庸。太史敫女奇法章状貌，以为非恒人，怜而常窃衣食之，而与私通焉。淖齿既以去莒，莒中人及齐亡臣相聚求湣王子，欲立之。法章惧其诛己也，久之，乃敢自言'我湣王子也'。于是莒人共立法章，是为襄王。以保莒城而布告齐国中：'王已立在莒矣。'"《战国策·齐策六》也记载："杀闵王于鼓里，太子乃解衣免服，逃太史之家，为溉园。"齐襄王被立为齐王之后，立与其私订终身的莒太史敫之女为王后，即后来之君王后。

齐襄王的即位，正值齐国败亡之际，齐国除二城外，已无其他领土，齐襄王虽号为齐王，但与之前的齐王相比，毫无尊贵可言，时刻面临燕军的进攻，面临死亡的考验。无疑，齐襄王于危难之秋即位于莒城，向列国和齐国百姓昭示了齐国王系的传承，为齐国百姓抗燕存齐树立了一面正统的旗帜，坚定了抗燕的信心和决心。齐湣王虽统治暴虐，但齐国王室对齐国百姓来讲，仍有号召的重要价值，这是齐襄王即位的重大意义所在。

齐襄王即位之后，面临的形势是严峻的，为了避免莒城被燕军攻克后被俘的命运，齐襄王与王室成员并没有住在城内，而是住在城外的城阳山中。《说苑·奉使》记载："（齐湣）王与太后奔于莒，逃于城阳之山。"《战国策·齐策六》记载："（田单）为栈道木阁，而迎（齐襄）王与后于城阳山中，王乃得反，子临百姓。"齐襄王为躲避燕军的进攻，躲在道路险阻的城阳山中。

齐襄王即位于莒后，燕军加紧进攻莒城，莒城百姓同心勠力，抵抗燕军，燕军数年之内没有攻克莒城，《史记·田单列传》："燕军闻齐王在莒，并兵攻之。淖齿既杀湣王于莒，因坚守，距燕军，数年不下。燕引兵东围即墨，即墨大夫出与战，败死。"燕军转而进攻另一未攻取之城邑即墨，即墨大夫轻率出战，战败身死。在即墨存亡之际，即墨人推举齐国偏远宗室后裔田单为将，率领残军坚守即墨。

二、田单大破燕军，光复齐国，齐襄王返回国都临淄

齐国以莒、即墨二城与燕军相持五年之久，二城之所以能够与燕军相持如

此之久，与二城特殊的地位是分不开的。莒城原为莒国之国都，后为齐国占有。① 考古调查发现，莒国故城有三重城墙，大城周长 19 公里，内城周长 7 公里，总面积达 24.75 平方公里，是春秋战国时期山东地区面积最大的古城②；即墨是春秋战国时期仅次于临淄的大城，是齐国经营东方的重要据点，《史记·田敬仲完世家》记载，齐威王因"田野辟，民人给，官无留事，东方以宁"而重赏即墨大夫。即墨常与临淄并举，"大王不事秦，秦驱韩、魏攻齐之南地，悉赵涉河关，指搏（博）关，临淄、即墨，非王之有也。"（《战国策·齐策一》）杨宽先生认为："在战国时代，只有齐国始终没有设郡，而设有都。齐国共设有五个都，除国都临淄以外，四边的都具有边防重镇的性质……即墨、莒也该是五都之一。"③ 笔者认为，此说有可商榷之处④，但齐国的"都"的确具有重要的地理价值和军事意义，莒和即墨无疑是齐国所设重要都邑。据考古探查，即墨故城城基宽约 40 米，外城南北长约五公里，东西宽近三公里。1986 年冬，即墨故城出土燕国刀币达二十八公斤，另出土有弩机、铜舫、剑、戈、刀、币等。⑤ 足见当时燕军围困即墨之久、战事之惨烈。

五年之中，燕军几乎占领了齐国全境，并设为燕国的郡县，但燕国独吞齐国的行为也令其他诸侯不满，《战国策·燕策二》："（秦国）已得宜阳、少曲，致蔺、石，因以破齐为天下罪。"燕军在齐国的烧杀掳掠行为也令齐国人不满，燕国虽破齐复仇，但燕国正坐在即将爆发的火山口上。事件的转折点发生在齐襄王五年（公元前 279），一代雄主燕昭王死去，其子燕惠王即位。

燕惠王与乐毅素来不和，田单因而行反间之计于燕惠王，燕惠王果然中计，以骑劫代乐毅为将，乐毅出奔赵国，《史记·乐毅列传》："会燕昭王死，

---

① 楚简王元年（公元前 431），楚北伐灭莒。因莒地距离楚国遥远，楚国实力所限，不能保有其地，后为齐国所占有，并成为齐国东南部重要的城邑。另一种说法，莒国并非亡于楚国，而是亡于齐国。《墨子·非攻中》："东方有莒之国者，其为国甚小，间于大国之间，不敬事于大，大国亦弗之从而爱利，是以东者越人夹削其壤地，西者齐人兼而有之。计莒之所以亡于齐、越之间者，以是攻战也。"《战国策·西周策》："郑、莒亡于齐；陈、蔡亡于楚，此皆恃援国而亲近敌也。"

② 张从军、王书德：《山东大遗址之：莒国故城》，《走向世界》2007 年第 17 期。

③ 杨宽：《战国史》，上海人民出版社 2016 年版，第 248 页。

④ 武振伟：《齐国都邑制考》，《齐文化与稷下学论丛（2019）》，齐鲁书社 2020 年版。

⑤ 毛公强：《即墨故城与即墨刀币》，《管子学刊》1992 年第 3 期。

子立，为燕惠王。惠王自为太子时尝不快于乐毅，及即位，齐之田单闻之，乃纵反间于燕，曰：'齐城不下者两城耳。然所以不早拔者，闻乐毅与燕新王有隙，欲连兵且留齐，南面而王齐。齐之所患，唯恐他将之来。'于是燕惠王固已疑乐毅，得齐反间，乃使骑劫代将，而召乐毅。"《史记·田单列传》有相似的记载。

田单用计令骑劫改变乐毅之前的作战方针，对齐国降兵施以劓刑（割掉鼻子），挖掘即墨城外的齐人先祖坟墓，焚烧尸体，激起齐国人强烈的复仇之心，"即墨人从城上望见，皆涕泣，俱欲出战，怒自十倍"（《史记·田单列传》）。田单为了迷惑燕军，使老弱妇女登城守卫，又派人向燕将送去金银珠宝，佯装要投降，令燕军对即墨守军麻痹大意，防备松懈。接着田单收集城中一千余头牛，画上五彩龙纹，牛角上绑上尖刀，牛尾上绑上有油脂的芦苇，在城墙上凿了几十个洞，趁夜间燕军熟睡之际，田单令人凿破城墙，点燃牛尾，一千余头"火牛"冲出即墨城，直捣燕军营寨，田单率领五千壮士紧随其后，燕军在"火牛阵"的突然袭击之下，迅速崩溃败逃，燕将骑劫被杀，田单率军乘胜追击，所过城邑皆叛燕归齐，齐国沦陷的七十余城陆续收复。《史记·田单列传》："燕军大骇，败走。齐人遂夷杀其将骑劫。燕军扰乱奔走，齐人追亡逐北，所过城邑皆畔燕而归田单，兵日益多，乘胜，燕日败亡，卒至河上，而齐七十余城皆复为齐。"田单创造了军事史上的一个神话，以区区数千人而破燕军主力，光复齐国。《战国策·齐策六》："安平君（田单）以惴惴之即墨，三里之城，五里之郭，敝卒七千，禽其司马，而反千里之齐，安平君之功也。"司马迁也评价说："兵以正合，以奇胜。善之者，出奇无穷。奇正还相生，如环之无端。夫始如处女，适人开户；后如脱兔，适不及距：其田单之谓邪！"田单可谓善于用兵之人。

田单光复齐国之后，没有自己称王，而是亲自迎接齐襄王返回临淄，"为栈道木阁，而迎王与后于城阳山中，王乃得反，子临百姓"；"齐以破燕，田单之立疑，齐国之众皆以田单为自立也。襄王立，田单相之"（《战国策·齐策六》）。"襄王在莒五年，田单以即墨攻破燕军，迎襄王于莒，入临菑。齐故地尽复属齐。齐封田单为安平君。"（《史记·田敬仲完世家》）齐襄王在度过五年颠沛流离生活之后，终于可以走出深山，返回齐国都城临淄，君临齐国，为了纪念齐国复国，齐国专门铸造了"齐返邦长法化"刀币。① 田单因大功被拜为相国，封为安平君。可以说，没有田单，即没有齐襄王的王位，田单复国为齐国续命五十余年。

齐国之所以能够复国，在于齐国君臣一心，同心抗敌，鲁仲连在分析田单之所以能够破燕之原因时说："将军之在即墨，坐而织蒉，立则丈插，为士卒倡曰：'可往矣！宗庙亡矣！云日尚矣！归于何党矣！'当此之时，将军有死之心，而士卒无生之气，闻若言，莫不挥泣奋臂而欲战，此所以破燕也。"（《战国策·齐策六》）田单作为将军，有誓死为国的决心，士兵没有贪生的念头，面对强敌，没有一个不挥泪振臂而请求决一死战的，这就是齐国得以复国的缘故。

三、齐襄王与相国田单之间的矛盾

田单以区区即墨一城之力力克燕军，光复齐国，立下不世之功，虽然迎齐襄王返国执政，但齐襄王对于田单的感情非常复杂，一方面要感谢田单，非田单，即襄王不可能拥有齐国；另一方面，田单功高盖主，田单的威望压过了君王，令齐襄王产生深深的恐惧感，害怕田单取代自己而称王。《战国策·齐策六》记载，齐襄王有九个宠幸的侍臣，他们合伙要谋害田单，对齐襄王说："安平君之与王也，君臣无礼，而上下无别。且其志欲为不善，内牧百姓，循抚其心，振穷补不足，布德于民；外怀戎、翟，天下之贤士，阴结诸侯之雄俊豪英。其志欲有为也。愿王之察之。"从中可以看出，田单在为相后，可能在君臣礼节上有所怠慢，给了九人以可乘之机；另一方面，田单忠心为国，内抚百姓，外交诸侯，令齐襄王产生了田单有异志的想法。齐襄王在听到九人的谗言后，马上命令："召相国田单来见。"田单从齐襄王的语气上断定并非好事，"田单免冠徒跣肉袒而进，退而请死罪。五日，而王曰：'子无罪于寡人，子为子之臣礼，吾为吾之王礼而已矣'"。在田单请罪五日之后，齐襄王又对田

---

① 李英森等：《齐国经济史》，《齐文化丛书》（十四），齐鲁书社1997年版，第593页。

单说其无罪，只是希望彼此能够尽到各自的礼节而已。齐襄王此举，无疑是在敲打田单，让其好自为之，要尽臣子之礼，不要产生其他想法。齐国君臣在复国之后，不免飘飘然起来，被安逸荣华的生活所俘虏，早已忘却了当年抗燕的艰苦生活。正如鲁仲连对田单所说："当今将军东有夜邑之奉，西有菑上之虞，黄金横带，而驰乎淄、渑之间，有生之乐，无死之心，所以不胜者也。"（《战国策·齐策六》）

从这一事件来看，一方面，田单作为相国并没有限制齐襄王用人的权力，齐襄王尽可任用其宠幸的小人，而田单并没有干涉；另一方面，齐襄王心胸狭隘，对田单疑忌很深，想通过任用私人来制衡田单，恐田单在国内国外招揽人心，取代自己称王。

另一事件也足以暴露齐襄王对田单的忌惮之意。《战国策·齐策六》记载，有一次田单路过菑水，看见一位老者赤足渡河非常寒冷，僵坐在岸边的沙土上，不能走路。田单看见老者身体寒冷，脱下自己的皮裘给老人穿上。这本是齐国执政者对百姓爱护之好事，但齐襄王内心认为这是田单收买人心的行为："田单之施，将欲以取我国乎？不早图，恐后之。"齐襄王自言自语道：田单这样用小恩小惠收买人心，难道是想要图谋我的王位吗？如果不先发制人，恐怕将来就会很被动。齐襄王在贯珠者的建议下，"召田单而揖之于庭，口劳之。乃布令求百姓之饥寒者，收谷之。乃使人听于闾里，闻丈夫之相与语，举曰：'田单之爱人，嗟，乃王之教泽也！'"将田单爱民之举据为己有，齐襄王试图以此举与田单争夺民意，以此可见，齐襄王之气度与其先祖差之太远。

齐人貂勃受田单之知遇，在出使楚国归国后，齐襄王设宴款待貂勃，齐襄王非常无礼地对臣下说："召相田单而来。"貂勃为田单不平，对齐襄王说："请大王和周文王比一下，谁有才能？"襄王说："我不如周文王。"貂勃说："是的，臣下本来知道您不如。请和齐桓公比一下，谁有才能？"襄王说："我不如齐桓公。"貂勃说："是的，臣下本来知道您不如。既然如此，那么周文王得到吕尚，把他尊为太公，齐桓公得到管仲，把他尊为仲父，如今大王得到安平君，却偏偏直呼其名叫'单'。再说自从开天辟地以来，治理百姓的人，作为臣子而建立功勋的人，有谁的功劳能比安平君更大呢？可是大王却直接叫他'单，单'。怎么能说出这种亡国的话呢？"如果田单光复齐国的时候，自己称王，谁也不能阻止，何必等到现在？貂勃谏言齐襄王杀掉进谗言之九人，向田单谢罪。齐襄王听闻貂勃之言后，认为有理，杀掉了那九个佞幸之臣，驱逐了他们的家眷，又把万户的夜邑加封给田单。（《战国策·齐策六》）

齐襄王的气度，决定了其不是有所作为的国君，不具备容人之量，不具有识人之眼光，不辨忠奸，如无忠臣辅佐，难保齐国不失。

田单光复齐国之后，尚有齐国国土被他国占据，田单率军攻克狄邑，又攻取了齐国西部的聊城。齐襄王十九年（公元前265），赵孝成王在平原君的建议下，礼请田单入赵，率赵军抵抗燕国的进攻。《战国策·赵策四》："燕封宋人荣蚠为高阳君，使将而攻赵。赵王因割济东三城，令卢、高唐、平原陵地城邑市五十七，命以与齐，而以求安平君而将之。"田单入赵后，率赵军攻取了燕国的中阳、韩国的注人，《史记·赵世家》："齐安平君田单将赵师而攻燕中阳，拔之。又攻韩注人，拔之。二年，惠文后卒。田单为相。"第二年，田单留在赵国，任赵相，最后客死于赵。

四、齐襄王在位时期的齐国内政外交

齐国复国以后，在战乱中垮掉的稷下学宫得以复建，齐襄王试图招揽天下之贤士，为己所用，《史记·孟子荀卿列传》："齐襄王时，而荀卿最为老师。齐尚修列大夫之缺，而荀卿三为祭酒焉。"但齐国不复强盛，齐襄王也没有招揽贤士的胸怀，稷下学士许多已投靠秦国，可以说齐襄王的好士对齐国并无大补。

五国伐齐之后，齐国败亡，战国形势发生彻底改变，齐、秦东西对峙的局面不复存在，秦国肆意进攻东方的韩、魏、楚、赵、齐五国，而东方六国却不能团结抗秦，时时陷入内讧之中，互相争夺土地，试图将从秦国那里丢失的土地从其他国家补偿回来。这无疑大大恶化了六国之间的关系。

齐国自湣王败亡以后，元气大伤，不断遭到他国的进攻，尤以赵国为甚。齐襄王元年，赵攻取了齐国的阳晋；齐襄王四年，赵国再次攻齐，攻取了麦丘；齐襄王五年，赵国又攻齐。在齐国复国以后，赵国又在齐襄王十年攻取了齐国的昌城（今河北冀州区西北，非淄博张店之昌国故城）和高唐（今山东高唐东北）；齐襄王十三年，赵相蔺相如率军攻齐，至平邑而还。齐襄王十四年，秦相魏冉为扩大自己的封邑陶邑的范围，攻打齐国，攻取了刚、寿二邑。齐襄王在位时期，齐国在对外战争中，几乎都是被动挨打，说明齐国国力的下降非常明显，军队战斗力不复从前齐湣王时期的强悍。

齐襄王复国之后，与楚国、魏国相继交好，成为盟国。齐襄王复国后，派貂勃为使者出使楚国，以答谢五国伐齐之时楚国给予齐国的帮助，《战国策·齐策六》："燕之伐齐之时，楚王使将军将万人而佐齐。今国已定，而社稷已安矣，何不使使者谢于楚王……貂勃使楚，楚王受而觞之，数日不反。"貂勃回国之后，楚国又派使者回访齐国，齐襄王在梧宫高规格接待楚国使者，《说苑·奉使》："楚使使聘于齐，齐王飨之梧宫。"齐襄王十八年（公元前266），齐、楚相约伐魏，魏国求救于秦，秦国出兵，齐、楚撤兵而去。

齐襄王还参与了与魏国、赵国的合纵，《史记·穰侯列传》："明年，魏背秦，与齐从亲。秦使穰侯伐魏，斩首四万，走魏将暴鸢，得魏三县。"但在秦攻魏之时，齐国并未出兵援救，这也是后来秦国指责齐国背约之事，"齐与大国救魏而倍约，不可信"（《战国策·秦策二》）。第二年，秦再攻韩、赵、魏，破三晋于华阳，斩首十万，攻取魏国四城，又迫使赵国与秦国一起攻打齐国，齐襄王惧怕秦国攻齐，派苏代为使者，游说秦相魏冉退兵，齐国的国力确如苏代所说："夫齐，罢国也，以天下攻齐，如以千钧之弩决溃痈也，必死。"齐国作为一个战后重建之国，以秦、赵二国之兵伐齐，齐国绝不可能抵挡得住。齐襄王一面"令田章以阳武合于赵，而以顺子为质"，将阳武城献给赵国，并以顺子为人质，换取赵国的同情；同时派苏代出使秦国游说秦相魏冉以伐齐之利害，伐齐只能有利于赵、楚，而不利于齐、秦，魏冉在苏代的游说下，没有攻齐，令齐襄王松了一口气。

齐襄王十九年（公元前265），秦国趁赵惠文王死、孝成王新立之机，大举攻赵。《史记·赵世家》："孝成王元年，秦伐我，拔三城。赵王新立，太后用事，秦急攻之。赵氏求救于齐，齐曰："必以长安君为质，兵乃出。"赵太后起初不肯以长安君为质于齐，但在左师触龙的劝谏下，"为长安君约车百乘，质于齐，齐兵乃出"。齐襄王派兵助赵击秦，解了赵国之危，可谓齐襄王晚年较为英明的决策。齐国助赵，对于秦国肆无忌惮地攻击他国，是有力的阻击，对于六国团结抗秦是有利的。

齐国宗室孟尝君在五国伐齐之时，积极合纵破齐，因而孟尝君成为齐国敌对者，齐襄王复国后，孟尝君在封地薛邑，"招致天下任侠，奸人入薛中盖六万余家矣"。孟尝君在薛，形同小国诸侯，《史记·孟尝君列传》："齐襄王立，而孟尝君中立于诸侯，无所属。齐襄王新立，畏孟尝君，与连和，复亲薛公。文卒，谥为孟尝君。诸子争立，而齐魏共灭薛。孟尝绝嗣无后也。"齐襄王惧怕孟尝君再次合纵攻齐，因而采取了亲近孟尝君的策略，在孟尝君死后、诸子争立的情况下，齐襄王联合魏国灭亡了孟尝君家族。

五、齐襄王不能中兴齐国的原因分析

春秋战国历史上多有几乎遭受灭国之祸而又中兴的事例，楚国、越国、燕国均曾几乎灭国而又中兴。楚昭王时，吴王阖庐以伍子胥、孙武为将，长途奔袭楚国，五战五胜，攻破楚国都城郢都，楚昭王仓皇出逃，若无秦国出兵援救，楚国已然亡国，后楚昭王中兴楚国，楚国又成为战国最有实力的国家之一；越王勾践与吴国争霸，被吴王夫差打败，国亡而身入吴都为奴，归国后卧薪尝胆，终于灭吴，成为中原霸主；燕王哙禅位于子之，引发燕国内乱，齐宣王乘机灭燕，燕昭王收破燕即位，招纳贤士，发展国力，终积二十余年之力而合纵破齐。齐襄王依靠田单于燕国占领齐国五年之后复国，但齐国却并没有像楚、越、燕等国一样能够中兴，究其原因，笔者认为有以下几点：

1. 齐国遭受重创，难以短时间内恢复

齐国遭受五国攻伐，这是齐国独力难当的，燕国以强烈复仇之心进攻齐国，报复手段之残忍是其他国家所难以匹敌的，燕军占领齐国的时间足有五年之久，齐国积累的数百年基业一朝之间被劫掠一空，遭受的损失是难以统计的。考古发现证明，齐国境内曾出土大批量的"齐明刀""燕明刀"货币，诸多学者认为这是燕国占领齐国五年的时间里所铸货币,这批货币多铸造粗糙,币文不清,今出土所见多为着手即断,品相低劣,从铸币金属合金成分测试结果看,应视为劣币。① 这很可能就是燕军统治齐国期间施行经济掠夺的见证。齐襄王在位前五年,一直处于燕军的包围之下,难以有所作为,在复国之后,齐国国力大损,齐国迫切需要的是休养生息,恢复国力。楚昭王、越王勾践、燕昭王在位时间较长,能够施行较为长期而一致的政策,最终国家中兴,大仇得报。相比之下,齐襄王能够执掌国政的时间仅仅十四年的时间,这是对于齐国国力恢复非常不利的。

2. 齐襄王智识谋略均为中人水平,难以担当中兴大任

齐国复国后,齐襄王本应像燕昭王一样,虚心求贤,渴求人才,以发展国力,事实上齐襄王虽有重建稷下学宫之举,但却没有招揽到管仲、乐毅这样的天下大才,即使是为齐国复国立下大功的田单,齐襄王都心怀忌惮之心,不能真心诚意的任用,最终田单出为赵相,客死于赵。这无疑是齐国的重大损失。

3. 战国形势的发展给齐国中兴的时间已经无多

五国伐破齐国后,秦国再无齐国的掣肘,开始鲸吞韩、魏、楚等国的土地。齐襄王五年,秦国大举进攻楚国,攻取了楚国的陪都鄢城,楚人几十万人死于此,秦国取得对楚国的决定性胜利,楚国被迫徙都于陈。秦国不断攻魏,多次包围魏都大梁,打到齐国边境,将六国从中间断开,韩、魏两国的实力大损,被迫依附秦国,不断割地于秦。众多论者认为,齐国不予五国支持以抵抗秦国,是六国陆续被灭的重要原因,但齐国毕竟并非昔日之齐国,齐国自身因战争之疲敝,对五国抗秦着实不能提供太多的帮助,如果像齐湣王初期那样,齐国每年都用兵于韩、魏边境,齐国可能早已被战争所拖垮。战国形势的发展,给予齐国发展国力时间确实已经不多了,秦国已经展开以统一全国为目标的攻伐行动,对于齐襄王来说,是不得不接受的现实。

① 张光明:《齐明刀研究概论》,载《齐地考古与齐文化研究》,中国戏剧出版社 2009 年版,第238 页。

结　语

　　齐襄王十九年，齐襄王走完了自己的一生，他与君王后所生之子田建继承王位，这也是齐国最后一任国君。齐襄王的一生，经历了大起大落，生死存亡只在一线之间，从地位尊贵的太子到低贱的用人，再到成为义军抗燕旗帜的齐王，五年颠沛流离的生活是襄王一生重要的阅历，但襄王并非大智大勇、有雄才大略的君主，缺少任用人才的胸襟，自然难当中兴齐国的大任。

齐王建评传

简评:

齐王建是田齐最后一位国君,可谓生于忧患,死于忧患,出生于齐国危亡之际,最后投降秦国,饿死于共地。齐王建的一生,见证了齐国败亡的全过程。齐襄王死后,齐王建即位,在战国波诡云谲的动荡局势下,齐王建与君王后事秦谨,不与诸侯抗秦,坐视五国相继被灭,齐国的灭亡注定只是时间问题。齐王建对齐国的灭亡有着不可推卸的责任,齐王建昏庸无能,任用奸佞,不听忠言,目光短浅,贪图偏安一隅,安逸享乐,四十余年间毫无作为,身死国灭,不亦宜哉!

齐王建,名建,齐襄王之子,公元前264年至公元前221年在位,在位四十四年,因被秦国所灭,作为亡国之君,无谥号,史称齐王建。《史记·田敬仲完世家》:"十九年,襄王卒,子建立。"

齐王建在位期间,可明显分为前后两期,以齐王建十六年为界。前期由母后君王后执政,后期在君王后死后,齐王建亲政,但无执政之才,齐国亡于秦国。

一、母后临朝,傀儡国君

齐王建即位后,因年幼由其母后君王后临朝听政,《资治通鉴·周赧王五十年》:"齐襄王薨,子建立,建年少,国事皆决于君王后。"按,齐王建为齐

435

襄王于莒城即位之后与君王后所生之子，齐襄王在位十九年，则齐王建年龄当不超过十九岁，在当时尚属年幼。君王后于齐王建十六年卒，在这十六年里，齐王建都是作为一个傀儡国君存在，国家大权由君王后掌握。《史记·田敬仲完世家》记载："始，君王后贤，事秦谨，与诸侯信，齐亦东边海上，秦日夜攻三晋、燕、楚，五国各自救于秦，以故王建立四十余年不受兵。"在君王后执政的十六年间，齐国一直奉行奉事秦国、不助五国抗秦的策略，因齐国地处东方，与秦国不直接接壤，因而在秦国日夜攻打五国的时候，齐国得以偏安东方，过了数十年安逸的日子。齐国不助五国抗秦，实则是帮了秦国的大忙，秦国能够从容地一一将其他诸侯攻破，蚕食国土，逐渐将五国压制得再也无法与秦国对抗。《史记》所言"以故王建立四十余年不受兵"的记载言过其实，并不确切，魏国曾攻取齐国之平陆，楚国曾攻齐国之南阳，《战国策·齐策六》："楚攻南阳，魏攻平陆，齐无南面之心。"可见，齐国的自保政策并不高明。

《史记》所言君王后"与诸侯信"，也不确切。齐王建五年，秦国大举进攻赵国，两国集结大军对峙于长平，两国对此战都异常重视，均视为两国国运之战。当时的形势，平都君曾对魏王说："秦、赵久相持于长平之下而无决。天下合于秦，则无赵；合于赵，则无秦。"（《战国策·魏策四》）秦国为了防止魏国救赵攻秦，曾许诺将韩国之垣雍割让于魏国，可见秦国对此战之重视。秦国秘密以白起代王龁为主将，征发国内十五岁以上的男子补充到长平前线，《史记·白起王翦列传》："（秦昭）王自之河内，赐民爵各一级，发年十五以上悉诣长平。"相对于秦国的倾全国之力于长平之战，赵国也"悉其士民，军于长平之下"（《韩非子·初见秦》），赵王不听忠言，中秦反间之计，以赵奢之子赵括代老将廉颇为将。此时赵国缺粮，四十余万士卒的粮食成了大问题，赵国向齐、燕求救，齐、燕虽表面答应救赵，但却并不付诸行动，齐国不肯借粮给赵国，齐国谋臣周子向齐王和君王后谏言道："赵之于齐楚，扞蔽也，犹齿之有唇也，唇亡则齿寒。今日亡赵，明日患及齐楚。且救赵之务，宜若奉漏甕沃焦釜也。夫救赵，高义也；却秦兵，显名也。义救亡国，威却强秦之兵，不务为此而务爱粟，为国计者过矣。"（《史记·田敬仲完世家》）《战国策·齐策二》也有几乎相同的记载。意思是，赵对于齐、楚两国来说，是抵抗秦国的屏障，这就像牙齿跟嘴唇的关系，没有了嘴唇，牙齿就会感到寒冷。今日赵国灭亡，明日亡国的就是齐、楚两国了。周子所讲可谓切中肯綮，指出了问题的关键，当下能够抗衡秦国的只剩赵国，《战国策·赵策二》："当今之时，山东之建国，莫如赵强。"赵国如果被秦所灭，齐国自身也难保，唇亡齿寒的道理人尽皆知，但齐国的君王后和齐王建没有听从周子的谏言，"齐王弗听。秦破赵于长平四十余万，遂围邯郸"（《史记·田敬仲完世家》）。

赵括在缺粮的情况下，轻率出战，致使赵军陷入秦军重围，粮道被秦军断绝，赵国四十余万士卒在突围无果后降秦被杀。赵国主力几乎被全歼，六国中再无任何一国能够对抗秦国。《史记·秦本纪》："（秦昭王）四十七年，秦攻韩上党，上党降赵，秦因攻赵，赵发兵击秦，相距。秦使武安君白起击，大破赵于长平，四十余万尽杀之。"

齐国不只没有援助赵国，在赵国遭受长平巨大损失后，趁秦国兵围赵都邯郸之机，齐国、魏国起兵攻占了赵国的一部分领土，《战国策·齐策三》："秦破马服君之师，围邯郸。齐、魏亦佐秦伐邯郸，齐取淄鼠，魏取伊是。"然而正如齐国大夫国子对齐王建所说："三国之于秦壤界而患急，齐不与秦壤界而患缓，是以天下之势不得不事齐也。故秦得齐，则权重于中国；赵、魏、楚得齐，则足以敌秦。故秦、赵、魏得齐者重，失齐者轻。"齐国可以说是合纵与连横的关键一环，齐国投向哪一端，哪一端将有所偏重，有齐则六国抗秦有利，无齐则六国抗秦无力。可惜的是，齐国当时奉行孤立外交政策，对五国抗秦坐视不理。

赵国在五国伐齐时担当了重要的角色，赵国可以说与齐国有着深仇大恨，齐国复国之后，赵国仍不断攻齐，齐国不助赵国从情感角度看，情有可原；秦国攻赵，从狭隘的角度看，是秦国为齐国雪耻，齐国乐见其成。但从当时战国局势看，自齐国败亡之后，秦国独大的局面已经形成，关东六国正如待宰的羔羊一样，如不能团结抗秦，则势必一个一个被秦国吃掉。君王后与齐王建的昏庸正在于其看不到形势的发展并不利于齐国的偏安。从此一事件来看，君王后何来"贤"之称誉？何来"与诸侯信"之说？

早在齐襄王十八年（公元前 266），秦国就制定了远交近攻的国策，不断进攻靠近秦国的韩、魏两国，鲸吞两国的国土，而拉拢远离秦国的齐国等国，齐国的孤立外交正中秦国之下怀，间接帮了秦国的大忙。

秦大破赵国之后，加速了吞并六国的步伐，偏居一隅的周王室在齐王建九年（公元前256）也被秦国所灭，《史记·秦本纪》："（秦昭王五十一年）西周君背秦，与诸侯约从，将天下锐兵出伊阙攻秦，令秦毋得通阳城。于是秦使将军摎攻西周。西周君走来自归，顿首受罪，尽献其邑三十六城，口三万。秦王受献，归其君于周。五十二年，周民东亡，其器九鼎入秦。周初亡。"秦已不再顾虑周王室的天下共主地位，秦取代周已成大势所趋，各国再无敢问罪者。齐王建十年（公元前255），大丧国土于秦、迁都于陈的楚国北上灭亡了齐国的邻国鲁国①，扩充自己的国土，故《史记·春申君列传》言："当是时，楚复强。"楚国的北上，与齐国成为南北邻国，令齐国南部面临重大威胁。鲁国在齐国强盛时，是臣服于齐国的，当齐实力衰弱后，鲁国也不能得到齐国的庇护，被楚国所灭，而齐国对此竟毫无反应。

面对齐国统治者的昏庸统治，齐国的贤能之士纷纷离开齐国，到他国寻求发展，曾在齐襄王时"三为祭酒"的稷下学士荀子这时也离开齐国，转而投奔楚国，被楚相春申君任为兰陵令，《史记·孟子荀卿列传》："齐人或谗荀卿，荀卿乃适楚，而春申君以为兰陵令。"荀子的学生李斯见楚国衰弱，六国覆灭在即，入秦寻求机会，《史记·李斯列传》："（李斯）从荀卿学帝王之术。学已成，度楚王不足事，而六国皆弱，无可为建功者，欲西入秦。"这正反映了战国末年学术发展的趋势。

二、齐王建亲政与齐国的灭亡

齐王建十六年（公元前249），君王后卒。君王后在临终之际，对齐王建

---

① 鲁国灭亡时间有两说：公元前249年说，《史记·鲁周公世家》："（鲁顷公）二十四年，楚考烈王伐灭鲁。顷公亡，迁于下邑，为家人，鲁绝祀。顷公卒于柯。"《史记·六国年表》："楚考烈王十四年，楚灭鲁。"公元前255年说，《史记·春申君列传》："春申君相楚八年，为楚北伐灭鲁，以荀卿为兰陵令。当是时，楚复强。"《史记·六国年表》："楚考烈王八年，取鲁，鲁君封于莒。"杨宽先生认为，鲁亡于公元前255年，鲁顷公死于公元前249年，公元前255年，楚取鲁，亦即灭鲁。见杨宽：《战国史料编年辑证》，第1117页。

的执政能力并不放心，《战国策·齐策六》记载："及君王后病且卒，诫建曰：'群臣之可用者某。'建曰：'请书之。'君王后曰：'善。'取笔牍受言。君王后曰：'老妇已亡矣！'"君王后在病危之时，要嘱咐齐王建哪些大臣可以任用，但齐王建明显对大臣的能力并不熟悉，吩咐手下拿纸笔将君王后的遗言记下来，面对如此低能的儿子，君王后似乎觉得即使用纸笔记下来，齐王建也不会当回事，索性不说罢了，应该说是含恨而终。

君王后死后，齐王建得以亲政，但齐王建亲政之后齐国政治并无改观，反而在事秦、不助六国的道路上越走越远，齐王建任用奸人后胜为国相，后胜为人贪婪，接受了秦国的大量贿赂，为秦在齐反间，大杀忠臣，"齐王建杀其故世忠臣而用后胜之议……诛杀忠臣而立无节行之人，是内使群臣不相信而外使斗士之意离也"（《史记·蒙恬列传》子婴语）。这正是秦国削弱六国的重要手段，《史记·秦始皇本纪》记载，魏国人尉缭向秦王政谏言："愿大王毋爱财物，赂其豪臣，以乱其谋，不过亡三十万金，则诸侯可尽。"《史记·李斯列传》也记载："秦王乃拜斯为长史，听其计，阴遣谋士赍持金玉以游说诸侯。诸侯名士可下以财者，厚遗结之；不肯者，利剑刺之。离其君臣之计，秦王乃使其良将随其后。"后胜即是秦国在齐国找的代理人。1992年临淄商王村战国晚期一号墓共出土秦国所制的器物三件，其中有铜蒜口瓶一件、银耳杯两件。蒜口瓶是秦国的典型器物，普遍见于秦国的贵族墓葬中，两件银耳杯均刻有秦国铭文。上述器物可能是秦国贿赂齐国重臣的礼品。①

后胜相齐，劝齐王建朝见秦王，不修武备，《史记·田敬仲完世家》："君王后死，后胜相齐，多受秦间金，多使宾客入秦，秦又多予金，客皆为反间，劝王去从朝秦，不修攻战之备，不助五国攻秦，秦以故得灭五国。"齐王建执行的实际上仍是君王后时期的对外政策。

齐王建十八年（公元前247），魏国信陵君发起合纵攻秦，信陵君率魏、

---

① 据考古发掘，该墓葬的年代当在齐王建在位期间。见淄博市博物馆：《山东临淄商王村一号战国墓发掘简报》，《文物》1997年第6期；淄博市博物馆、齐故城博物馆：《临淄商王墓地》，齐鲁书社1997年版，第137页。

赵、韩、楚、燕五国军队攻秦，在河外大败秦军，秦将蒙骜败走，秦军据守函谷关，不敢出战，《史记·魏公子列传》："魏安釐王三十年，公子使使遍告诸侯。诸侯闻公子将，各遣将将兵救魏。公子率五国之兵破秦军于河外，走蒙骜。遂乘胜逐秦军至函谷关，抑秦兵，秦兵不敢出。"齐王建因执行孤立外交政策，不与诸侯攻秦，没有参与此次合纵。此次合纵的胜利，证明六国如能一致抗秦，尚有能力抗衡秦国，不至于被秦国一一吃掉。齐王建二十四年（公元前241），赵国发动了战国历史上最后一次合纵攻秦，《史记·秦本纪》："（秦王政）六年，韩、魏、赵、卫、楚共击秦，取寿陵。秦出兵，五国兵罢。"等到秦国出兵，五国退兵。赵国一撤兵即转头攻齐，夺取了饶安（今河北盐山西南），《史记·赵世家》："四年，庞煖将赵、楚、魏、燕之锐师，攻秦蕞，不拔；移攻齐，取饶安。"关东六国不仅不团结抗秦，反而内讧，更给了秦国以各个击破的机会。

齐王建二十八年（公元前237），齐王建入秦朝见秦王政，此时秦王政刚刚亲政，齐王建的入朝，无疑壮大了秦王政的威势，也将齐国放在了更低的层面上。自齐王建三十五年（公元前230）起，秦国展开了灭亡六国的统一战争，《史记·田敬仲完世家》："（齐王建）三十五年，秦灭韩。三十七年，秦灭赵。三十八年，燕使荆轲刺秦王，秦王觉，杀轲。明年，秦破燕，燕王亡走辽东。明年，秦灭魏，秦兵次于历下。四十二年，秦灭楚。明年，虏代王嘉，灭燕王喜。"

在五国相继被秦国灭亡的情况下，特别是秦灭魏后，已攻至齐地历下，齐王建在相国后胜的蛊惑下，仍然不修战备，秦军于齐王建四十四年（公元前221）从燕地南下攻齐，齐王建在未经一战的情况下投降，将齐国拱手奉给秦国。《史记·田敬仲完世家》："四十四年，秦兵击齐。齐王听相后胜计，不战，以兵降秦。"千年之后的北宋文人苏洵曾在《六国论》中沉痛地说："齐人未尝赂秦，终继五国迁灭，何哉？与嬴而不助五国也。五国既丧，齐亦不免矣。"齐国不助五国抗秦，终自尝恶果。

在秦军攻齐之前，秦国派说客陈驰引诱齐王建，如果齐王建投降，秦国就封给齐王建五百里的土地作为封地，齐王建自思齐国并非秦国对手，齐国即使抵抗也无济于事，不如接受秦国的封地，《战国策·齐策六》："秦使陈驰诱齐王内之，约与五百里之地。"齐国大臣即墨大夫与雍门司马坚决反对齐王建接受这样的投降条件，向齐王建谏言："齐地方数千里，带甲数百万。夫三晋大夫，皆不便秦，而在阿、鄄之间者百数，王收而与之百万之众，使收三晋之故地，即临晋之关可以入矣。鄢、郢大夫，不欲为秦，而在城南下者百数，王收而与之百万之师，使收楚故地，即武关可以入矣。如此，则齐威可立，秦国可亡。夫舍南面之称制，乃西面而事秦，为大王不取也。"即墨大夫与雍门司马认为，齐国土地方圆数千里，拥有数百万军队，尚未经一战。如果能够充分利用被灭的五国之残余力量，尚可与秦国一决高下。被灭国的赵、魏、韩三国的大夫们都不愿为秦国做事，在齐国的东阿和鄄城两地之间聚集了数百人。齐王如能够能给赵、魏、韩三国大夫百万之师，就能收复三国被秦国占领土地，还可以攻打秦国东边的临晋关；已灭国的楚国的大夫们也不愿意为秦国做事，在齐国南部的城南聚集了数百人，齐王如能给予楚国大夫以百万大军，就能收复楚国被秦国占领的失地，还可以攻入秦国南边的武关。这样一来，齐国的威势就可以建立，秦国就可以被灭亡。这样的建议，未免出于书生之见。齐国之军力何曾有数百万之众，齐国已数十年不修战备，以秦国的实力，对付齐国，齐国哪堪一击？《史记·田敬仲完世家》："五国已亡，秦兵卒入临淄，民莫敢格者。"齐人长久不习征战，奢侈之风愈演愈烈，张仪曾称："天下强国无过齐者，大臣父兄殷众富乐无过齐者。"（《战国策·齐策一》）可见富足享乐已成风气，"临淄甚富而实，其民无不吹竽鼓瑟，击筑弹琴，斗鸡走犬，六博蹹踘者"（《战国策·齐策一》），齐国上下充斥着奢靡的风俗，这种民风必然对国家的战斗力造成影响，"有生之乐，无死之心"（《战国策·齐策六》），对于秦军的到来，竟然没有敢于与秦军对战者，这不得不说是齐国的悲哀。

齐王建不听即墨大夫与雍门司马之进谏，执意听从陈驰之诱惑，动身前往咸阳，朝见秦王政。但秦王政哪里会兑现对亡国之君齐王建的承诺，将齐王建迁到共地，软禁在松柏林中，断绝饮食，齐王建很快饿死于共地。《战国策·齐策六》："齐王不听即墨大夫而听陈驰，遂入，秦处之共松柏之间，饿而死。"齐人对齐王建的遭遇，既怒其不争，又哀其不幸，《史记·田敬仲完世家》："齐人怨王建不蚤与诸侯合从攻秦，听奸臣宾客以亡其国。"齐国人为齐王建编了首歌谣："松耶柏耶？住建共者客耶？"齐人认为，让齐王建死在共地的，不就是那些诡诈多变的策士吗？

与《史记·田敬仲完世家》记载不同的是，《史记·秦始皇本纪》《史记·蒙恬列传》等记载，齐国是与秦军经过大战而失败的。《史记·秦始皇本纪》："二十六年，齐王建与其相后胜发兵守其西界，不通秦。秦使将军王贲从燕南攻齐，得齐王建……齐王用后胜计，绝秦使，欲为乱，兵吏诛，虏其王，平齐地。"《史记·蒙恬列传》："始皇二十六年，蒙恬因家世得为秦将，攻齐，大破之，拜为内史。"但范祥雍先生认为："（以上记载）与《田完世家》及《策》语异，盖此秦史官所记。秦人讳言用间，欲示灭国有名，掩饰侵略，其词多诬，不足信。"① 笔者认为，此说有理。

在秦军攻来时，齐王建采取了不抵抗的政策，虽然齐国灭亡了，但齐都临淄城因此没有遭受战火的洗劫，在一定程度上保护了临淄的经济发展和安定繁荣，秦汉时期临淄一直作为东方大都会而存在。

齐王建的降秦，标志着享国 165 年的田氏齐国政权灭亡。齐国在被秦国灭国之后，秦在齐地设齐郡，施行郡县制管理。秦灭齐后，将一部分田氏宗族迁往关中，虽然如此，齐地的田氏仍然保持着强大的地方势力，伺机东山再起。公元前 209 年，陈胜、吴广起义揭开了秦末农民战争的序幕，六国旧贵族乘势而起，纷纷复辟旧国。齐地首先起兵反秦自立为齐王的是齐国的王族田儋，在田儋死后，齐王建之弟田假被拥立为齐王，《史记·田儋列传》："齐人闻王田儋死，乃立故齐王建之弟田假为齐王，田角为相，田间为将，以距诸侯。"在项羽进入咸阳后，大封天下诸侯，齐王建之孙田安被立为济北王，《史记·田儋列传》："故齐王建孙田安，项羽方渡河救赵，田安下济北数城，引兵降项羽，项羽立田安为济北王，治博阳。"除此之外，齐地田氏后裔中先后有田市、田都、田荣、田广、田横在齐地称王十余年，最后归于汉朝。

---

① 范祥雍：《战国策笺证》，上海古籍出版社 2011 年版，第 741 页。

姜齐世系表

齐太公吕尚 → 齐丁公伋 → 齐乙公得 → 齐癸公慈母 → 齐哀公不辰（？—前883？）→ 齐胡公静（前882?—前860）→ 齐献公山（前859—前851）
→ 齐武公寿（前850—前825）
→ 齐厉公无忌（前824—前816）
→ 齐文公赤（前815—前804）
→ 齐成公脱（前803—前795）
→ 齐前庄公购（前794—前731）
→ 齐僖公禄甫（前730—前698）
→ 齐襄公诸儿（前697—前686）→ 齐桓公小白（前685—前643）→ 齐孝公昭（前642—前633）

齐惠公元（前608—前599）← 齐懿公商人（前612—前609）← 齐昭公潘（前632—前613）
→ 齐顷公无野（前598—前582）
→ 齐灵公环（前581—前554）
→ 齐后庄公光（前553—前548）→ 齐景公杵臼（前547—前490）
安孺子荼（前489）→ 齐悼公阳生（前488—前485）
齐简公壬（前484—前481）→ 齐平公骜（前480—前456）
→ 齐宣公积（前455—前405）
→ 齐康公贷（前404—前379）

附录二

田齐世系表

田齐太公和（前404—前386年列为诸侯—前385年）
↓
齐侯剡（前384—前375）→田齐桓公午（前374—前357）
↓
齐威王因齐（前356—前320）
↓
齐宣王辟彊（前319—前301）
↓
齐湣王地（前300—前284）
↓
齐襄王法章（前283—前265）
↓
齐王建（前264—前221）

主要征引文献和参考书目

[1] [汉]司马迁撰,[宋]裴骃集解,[唐]司马贞索隐,[唐]张守节正义:《史记》,中华书局 1982 年版。

[2] [汉]班固,[唐]颜师古注:《汉书》,中华书局 1962 年版。

[3] 徐元诰:《国语集解》,中华书局 2002 年版。

[4] (战国)左丘明撰,(西晋)杜预集解:《左传(春秋经传集解)》,上海古籍出版社 1997 年版。

[5] 杨伯峻:《春秋左传注》,中华书局 1990 年版。

[6] [清]陈立:《公羊义疏》,中华书局 2017 年版。

[7] [清]钟文烝:《春秋穀梁经传补注》,中华书局 2009 年版。

[8] 柯劭忞:《春秋穀梁传注》,中华书局 2020 年版。

[9] [清]阮元:《十三经注疏》,上海古籍出版社 1997 年版。

[10] 宋元人注:《四书五经》,天津市古籍书店 1988 年版。

[11] [汉]刘向集录:《战国策》,上海古籍出版社 1998 年版。

[12] [汉]刘向集录,范祥雍笺证:《战国策笺证》,上海古籍出版社 2011 年版。

[13] 黎翔凤:《管子校注》,中华书局 2004 年版。

[14] 张纯一:《晏子春秋校注》,中华书局 2014 年版。

[15] 吴则虞:《晏子春秋集释》,中华书局 1962 年版。

[16] 黄怀信、张懋镕、田旭东:《逸周书汇校集注》,上海古籍出版社 2007 年版。

[17] [清]王先谦:《荀子集解》,中华书局 1988 年版。

［18］［清］焦循:《孟子正义》,中华书局 1987 年版。

［19］［清］孙星衍:《尚书今古文注疏》,中华书局 2004 年版。

［20］［清］孙诒让:《墨子间诂》,中华书局 2001 年版。

［21］［清］王先慎:《韩非子集解》,中华书局 2016 年版。

［22］向宗鲁:《说苑校证》,中华书局 1987 年版。

［23］石光瑛:《新序校释》,中华书局 2017 年版。

［24］岑仲勉:《墨子城守各篇简注》,中华书局 1958 年版。

［25］陈奇猷:《韩非子新校注》,上海古籍出版社 2000 年版。

［26］许维遹:《吕氏春秋集释》,中华书局 2017 年版。

［27］陈奇猷:《吕氏春秋新校释》,上海古籍出版社 2002 年版。

［28］许维遹:《韩诗外传集释》,中华书局 1980 年版。

［29］蒋礼鸿:《商君书锥指》,中华书局 1986 年版。

［30］唐书文:《六韬·三略译注》,上海古籍出版社 2006 年版。

［31］黄晖:《论衡校释》,中华书局 1990 年版。

［32］程俊英:《诗经译注》,上海古籍出版社 2004 年版。

［33］王利器:《盐铁论校注》,中华书局 1992 年版。

［34］何宁:《淮南子集释》,中华书局 1998 年版。

［35］张涛:《列女传译注》,山东大学出版社 1990 年版。

［36］杨丙安:《十一家注孙子校理》,中华书局 1999 年版。

［37］张震泽:《孙膑兵法校理》,中华书局 2014 年版。

［38］娄熙元、吴权抨:《吴子译注》,河北人民出版社 1992 年版。

［39］［清］顾栋高:《春秋大事表》,中华书局 1993 年版。

［40］［清］高士奇:《左传纪事本末》,中华书局 2015 年版。

［41］［清］顾炎武撰,黄汝成集释,栾保群校点:《日知录集释》,中华书局 2020 年版。

［42］［清］程余庆撰,高益荣等编撰:《历代名家评注史记集说》,三秦出版社 2011 年版。

［43］［明］董说:《七国考》,中华书局 1956 年版。

［44］陈桥驿:《水经注校证》,中华书局 2013 年版。

［45］范祥雍订补:《古本竹书纪年辑校订补》,上海古籍出版社 2011 年版。

［46］中国社会科学院考古研究所:《殷周金文集成》,中华书局 2007 年版。

［47］陈青荣、赵缊主编:《海岱古族古国吉金文集》,齐鲁书社 2011 年版。

［48］缪文远:《七国考订补》,上海古籍出版社 1987 年版。

［49］杨宽:《西周史》,上海人民出版社 2016 年版。

［50］童书业:《春秋史》,上海世纪出版集团 2010 年版。

［51］顾德融、朱顺龙:《春秋史》,上海人民出版社 2019 年版。

［52］童书业:《春秋左传研究》,上海人民出版社 2019 年版。

［53］王贵民、杨志清:《春秋会要》,中华书局 2009 年版。

［54］李卫军:《左传集评》,北京大学出版社 2016 年版。

［55］杨树达:《春秋大义述》,上海古籍出版社 2013 年版。

［56］廖平著,陈绪波校注:《春秋左传杜氏集解辨证》,华东师范大学出版社 2020 年版。

［57］杨宽:《战国史》,上海人民出版社 2016 年版。

［58］杨宽:《战国史料编年辑证》,上海人民出版社 2016 年版。

［59］缪文远:《战国策考辨》,中华书局 1984 年版。

［60］李学功、宫长为主编:《战国史》,黑龙江人民出版社 2020 年版。

［61］杨宽、吴浩坤:《战国会要》,上海古籍出版社 2005 年版。

［62］韩兆琦:《史记笺证》,江西人民出版社 2004 年版。

［63］王叔岷:《史记斠证》,中华书局 2007 年版。

［64］王阁森、唐致卿:《齐国史》,山东人民出版社 1992 年版。

［65］宣兆琦、杨宏伟:《齐国史话》,兰州大学出版社 1997 年版。

［66］李玉洁:《齐国史》,科学出版社 2007 年版。

［67］《齐文化丛书》编辑委员会:《齐文化丛书》,齐鲁书社 1997 年版。

［68］战化军、姜颖:《齐国人物志》,齐鲁书社 2004 年版。

［69］吕思勉:《先秦史》,上海古籍出版社 2005 年版。

［70］谭其骧:《中国历史地图集》,中国地图出版社 1982 年版。

［71］钱穆:《史记地名考》,商务印书馆2001年版。

［72］钱穆:《先秦诸子系年》,商务印书馆2001年版。

［73］吴爱琴:《郑国史》,科学出版社2020年版。

［74］李玉洁:《魏国史》,科学出版社2017年版。

［75］沈长云等:《赵国史稿》,中华书局2000年版。

［76］山东省文物考古研究所:《临淄齐故城》,文物出版社2013年版。

［77］仝晰纲、王耀祖编:《姜太公研究资料汇编》,山东文艺出版社2007年版。

［78］(台湾)三军大学:《中国历代战争史》,军事译文出版社1983年版。

［79］李学勤主编:《清华大学藏战国竹简》(贰),中西书局2011年版。

［80］李松儒:《〈清华简系年〉集释》,中西书局2015年版。

［81］马王堆汉墓整理小组:《战国纵横家书》,文物出版社1976年版。

［82］王献唐:《山东古国考》,齐鲁书社1983年版。

［83］战化军:《管仲评传》,齐鲁书社2001年版。

［84］战化军:《晏婴评传》,山东人民出版社2015年版。

［85］郭丽:《简帛文献与〈管子〉研究》,方志出版社2015年版。

［86］任传斗主编:《齐文化简明读本》,齐鲁书社2019年版。

后 记

　　"齐国国君研究"这个课题是齐文化研究院 2021 年度重点研究项目之一，是齐文化研究院五年研究规划中的一个阶段性研究成果。

　　笔者生长于古齐地，在齐文化的浓厚土壤中长大，少时即经常在齐都临淄的古迹中徜徉游历，之后又忝为齐文化研究队伍中的一员，虽抱有鸿志，但学识学养仍浅，不揣固陋，成此《齐国国君评传》一书。

　　为齐国国君逐一作评传，不仅要系统梳理齐国的历史，而且要对有关史实加以评说，绝非易事。评说既包括历代评说，也包括当今史家的研究，从一定意义上讲，《齐国国君评传》是一部齐国通史类的研究著作。通史研究一般是比较宏大的，需要作者有深厚的学术素养和长久的学术积累，笔者自愧在这两方面还存在较大的差距，希望在以后的研究中能更进一步。

　　在本书撰写过程中，笔者得到了诸多领导和学者的帮助、指导，同事王锋在齐桓公、齐孝公等国君评传中出力颇多，在此谨致谢意，并希望业内方家不吝批评指正。

武振伟

2021 年 8 月